平远年鉴

PINGYUAN YEARBOOK

2019

（总第28卷）

平远年鉴编纂委员会 编

方志出版社

图书在版编目（CIP）数据

平远年鉴. 2019 / 平远年鉴编纂委员会编. —— 北京：方志出版社，2019.12
ISBN 978-7-5144-4040-9

Ⅰ. ①平… Ⅱ. ①平… Ⅲ. ①平远县—2019—年鉴
Ⅳ. ①Z526.54

中国版本图书馆CIP数据核字(2019)第273226号

平远年鉴（2019）

编　　者：平远年鉴编纂委员会
责任编辑：罗　滔

出 版 者：方志出版社
地址　北京市朝阳区潘家园东里9号（国家方志馆4层）
邮编　100021
网址　http://www.fzph.org
发　　行：方志出版社图书经销中心
电话（010）67110500
经　　销：各地新华书店
印　　刷：梅州市强鑫印务有限公司

开　　本：787×1092　1/16
印　　张：30
字　　数：649 千字
版　　次：2019年12月第1版　2019年12月第1次印刷
印　　数：0001～1500册

ISBN 978-7-5144-4040-9　　**定价**：200.00元

平远县人民政府地方志办公室　广东省地图院　合编

审图号：粤S(2017)08-020号

致 读 者

《平远年鉴》是综合记载平远县自然、经济、政治、社会各方面资料的年度性工具书，具有很强的实用性。一方面，它为各方人士了解和研究平远县历史，为平远县招商引资、对外文化交流等提供丰富的信息资料；另一方面，为各级领导进行科学决策、发展经济提供翔实的资料依据。由于年鉴纸质本印数较少，传播渠道相对狭窄，信息利用率偏低，有悖于年鉴编写出版的初衷，故平远县人民政府地方志办公室从2007年起，与清华大学中国学术期刊（光盘版）电子杂志社合作，将《平远年鉴》各年版本均编入电子期刊《中国知识资源总库》的《中国年鉴全文数据库》（China Yearbook FuII-text Database简称CYFD）中，以互联网的形式传播，并与《中国知识资源总库》中其他数据内容关联整合，向公众提供全文搜索、浏览、下载服务。这将为《平远年鉴》信息传播打开广阔的空间，充分发挥其“存史、资治、教化”的功能。

CYFD网站：http://www.cnki.net

编辑说明

一、《平远年鉴（2019）》为总第28卷，以马克思列宁主义、毛泽东思想、邓小平理论、“三个代表”重要思想、科学发展观、习近平新时代中国特色社会主义思想为指导，坚持辩证唯物主义和历史唯物主义的立场、观点和方法，主要记载2018年平远县经济社会发展和精神文明建设等方面的情况，供有关单位和各界人士了解和研究平远时参考使用，既是为平远经济建设和社会各项事业发展服务，亦为下轮编修县志积累资料。

二、该年鉴采用述、记、录、图、表等体裁，以文为主，图文结合。该年鉴正文采用分类编辑法，以类目、分目、条目组成主体，条目为基本形式，其标题以黑体字加“【 】”表示。不同层次的标题，以不同的字体、字号和版式加以区别。正文设特载、大事记、县情概览、中共平远县委员会、平远县人民代表大会、平远县人民政府、政协平远县委员会、平远县纪委监委、群众团体、军事·法治、农业·水利·气象、工业、信息化建设与邮政通信、公路与汽车运输、商业·贸易、旅游开发、财税·金融、城建·市政管理、综合经济管理、行政管理、教育·科技、社会科学、文化·传媒、卫生·计划生育·体育、各镇概况、光荣榜、法规选录、文献选录、附录等类目，全书约65万字，彩页30版。

三、该年鉴资料来源，由各镇、县直各单位（部门）及省、市属驻平远单位提供年度工作总结、有关资料及年鉴专稿（凡提供专稿的单位，均在稿末注明撰稿人姓名），由年鉴编辑部人员分工编纂，主编负责总纂，修改后形成征求意见稿，反馈给各单位修改、补充。年鉴编辑部汇总修改后，进行集中评议，再形成第二次征求意见稿，交由年鉴编纂委员会委员修改和补充，最后由年鉴编纂委员会主要负责人审查定稿。

四、数字、标点运用等，一律按国家有关规定执行。计量单位，除个别便于表述和为世人所理解使用市制（如“亩”）外，其余均使用法定计量单位。所用统计数据来自平远县统计局和有关单位确定上报的数字。所用照片除署名者外，均为该编辑部或各有关单位提供。

五、为促进各部门工作及保存人事资料的需要，该年鉴继续收录局级以上单位正、副职及副局级单位正职负责人名录和各镇党委、人大、政府领导名录。具体名单由县直各单位及各镇上报。

六、该年鉴特设有“领导关怀”“大事剪影”等系列彩页。为反映全县重大活动和各行各业新貌，部分彩页照片年限可延至2019年。

平远年鉴编纂委员会

平远年鉴编辑部

数字平远·2018

◆土地面积1381平方千米

◆年末常住人口23.5万人

◆年末户籍总人口26.5万人

◆地区生产总值82.1亿元

◆第一产业增加值12.21亿元

◆第二产业增加值24.5亿元

◆第三产业增加值45.38亿元

◆人均地区生产总值3.49万元

◆农林牧渔业增加值12.22亿元

◆工业增加值21.06亿元

◆规模以上工业增加值10.22亿元

◆固定资产投资34.42亿元

◆社会消费品零售总额29.75亿元

◆出口总额3.39亿美元

◆进口总额181.2万美元

◆实际利用外资123万美元

◆地方一般公共预算收入7.59亿元

◆地方一般公共预算支出34.15亿元

◆国家税收收入4.74亿元

◆地方税收收入5.89亿元

◆城乡居民人民币存款余额96.04亿元

◆城镇居民人均可支配收入2.42万元

◆农村居民人均可支配收入1.65万元

◆卫生机构床位722张

领导关怀

2018年4月4日，全国政协外事委员会副主任、香港广东社团总会主席、香港客属社团总会荣誉主席、香港梅州社团总会主席、丝宝集团董事长梁亮胜（右三）、古尔夫伉俪到平远考察。县委书记宋才华（左三），县长杨栋（右二）等陪同考察（朱双玲 供）

2018年11月15—16日，省政协主席王荣（左二）率省政协调研组到平远县，先后到长田镇广东新大地生物科技有限公司、河头镇向阳村等地，就“推进我省乡村振兴战略落实”专项民主监督活动开展专题调研（朱双玲 供）

2018年11月4日上午，2018年南粤古驿道“天翼4K高清杯”定向大赛暨《寻乌调查》红色之旅（第七站•梅州平远）开幕式在平远县八尺镇进士广场举行。图为副省长许瑞生鸣锣开赛 （钟小丰 摄）

2018年12月12日，市委书记陈敏（右三）到平远县调研农业工作，市领导陈晓建、温向芳以及县领导杨栋、胡新文、陈琼宏、陈远航等参加调研活动 （朱双玲 供）

2018年11月4日上午，2018年南粤古驿道定向大赛“天翼4K高清杯”暨《寻乌调查》红色之旅（第七站•梅州平远）开幕式在平远县八尺镇举行。梅州市市长张爱军致辞

（朱双玲 供）

2018年2月7日，省住建厅厅长张少康（左二）率队到平远调研古驿道保护利用开展工作，实地走访差干松溪古驿道全线

（朱双玲 供）

大事剪影

2018年1月16日，平远县监察委员会挂牌成立

2018年3月22日，平远县2017年精神文明建设总结暨创建“全国县级文明城市”动员会在县迎宾馆召开

2018年4月8日，平远县第二届“棕榈杯”足球联赛在平远县城南中学足球场开幕

2018年4月21日，平远县第二届“客家炒绿”茶香节活动在石正镇源丰茶园举行，图为签约仪式现场

2018年7月3日，平远县召开全县乡村振兴现场会

2018年9月29日，泗水梅畲田园综合体开园，图为游客们一起徒步庆丰收场景

2018年10月17日，平远县旅游产业发展暨全域旅游工作推进会在县迎宾馆召开

2018年10月20日，第9届北京国际山地徒步大会梅州·平远站开走

2018年11月28日，国道206线平远县田螺纽至超竹段改建工程启动仪式在大柘镇示范农场举行

2018年11月29日，平远县“客家菜师傅”工程在县职业技术学校全面启动

2018年12月7日，第十四届平远脐橙文化旅游节启动

2018年12月14日，全省农业产业现场会在平远召开

（本栏供图：朱双玲）

青年志愿者组织大扫除活动

志愿者散发致全县人民的一封公开信

单位干部、职工参与创文创卫行动

专业队员向群众宣传病媒生物防制知识

病媒生物防制专业队整装待发

开展城区病媒生物消杀

健身体育活动

文体活动

喜庆的舞龙民俗

悠闲的市民生活

美丽乡村一角

平整干净的县城道路

美丽乡村建设

编者按： 近年来，平远县围绕建设“看得见山、望得见水、记得住乡愁”的美丽乡村目标，把美丽乡村建设与创建国家全域旅游示范县、中小河流治理、扶贫开发等结合起来，把全县当作一个大景区来规划，把镇村当作一个个景点来设计，严格按照村庄规划“三张图”，有效整合交通、水利、农业、林业等项目资源，全面加快美丽乡村建设。同时，扎实推进村庄整治三年行动计划，严格落实城乡环境综合整治测评办法，实行县政府挂牌督办重点环境问题制度，加大问责力度，扎实开展“脏乱差”“两违”和大气、水、土壤污染等综合整治，让乡村成为幸福生活的家园、游客驻足休闲的公园，巧妙地把一处处散落的“盆景”串成了连片美景。

如今的平远县，12个镇、136个行政村的乡村环境都有了“脱胎换骨”的变化。村道、污水处理、房屋外立面改造、公厕等农村基础设施建设，农村基本公共服务不足等难题都得到有效破解。

中行镇中行河　（摄于2019年4月）

走进平远，可以看到小桥流水人家般的沿河景观带、各式休闲文化广场、白墙黛瓦的农家屋、湍湍的溪水和田野金黄色的水稻等交织其中的富含乡野气息、古朴韵味却不乏现代气息的秀美乡村，还可以看到老人带着孙儿在村道上悠闲地逗乐嬉戏和不同年龄的村妇融合在休闲广场上翩翩起舞的和谐情景。可以说，今天的平远，美了！美了！

（图片由各镇政府提供）

中行镇中行村　（摄于2019年4月）

河头镇黄田村址公园

（韩琴 摄于2018年3月）

河头镇向阳村村规民约展廊

（韩琴 摄于2018年6月）

八尺镇角坑村荷树下

八尺镇角坑村银坪片

石正镇美丽乡村一角 （摄于2018年8月）

石正镇坪湖村全貌 （摄于2017年7月）

大柘镇黄沙红色村新农村

大柘镇田兴村（宁江安置示范小区）

上举镇上举村一角
（林庄 摄于2018年9月）

上举镇八社村赤城新农村建设一角
（林庄 摄于2018年9月）

东石镇锡水淦上广场
（摄于2019年，东石镇政府供）

东石镇汶水村长潭陂林氏老祖屋
（摄于2019年，东石镇政府供）

仁居镇仁居村一角 （摄于2019年4月）

仁居镇上远村一角 （摄于2019年4月）

泗水镇泗水村上磜子村一角
（王世雄 摄于2019年）

泗水镇文贵村路宽堤固岸绿水清的河道
（林双浪 摄于2018年6月）

长田镇曼佗山庄儿童乐园

长田镇长田村石赖坑新农村

热柘镇下黄地村坎头村民小组民居（刘强 摄于2017年）

热柘镇布心坪老祖屋
（曹有权 摄于2019年2月）

差干镇杞溪广场

差干镇金星沿河休闲步道

扫黑除恶专项斗争

综合施策 多措并举 扫黑除恶促和谐

文/图：县委政法委、县公安局

2018年，平远县按照中央、省、市的部署要求，提高政治站位，综合施策、多措并举，推动扫黑除恶专项斗争向纵深发展。截至12月底，全县共摸排掌握线索288条，受理中央、省、市转办交办线索76条，共立涉黑恶案件25宗，破获21宗，刑拘96人，行政拘留48人，提请逮捕64人，查封、冻结扣押涉案资产18.67万元，打掉涉恶团伙数11个，打掉涉恶势力集团1个，共有11人投案自首，查封、冻结、扣押涉案资产18.67万元，发放举报线索奖励金2.3万元，依法查处3宗党员干部涉黑涉恶腐败或充当黑恶势力保护伞问题。主要做法为：

一、强化统筹谋划。坚持把扫黑除恶专项斗争作为一项重要政治任务，从建立机构、完善机制、保障经费等方面抓紧抓实，县委书记亲自部署和推动，县委政法委牵头抓总，各镇、各成员单位积极履职，形成齐抓共管的强大合力。

二、强化依法打击。围绕10类打击重点，结合平远实际细化25类摸排重点，并制定有奖举报奖励制度，深入摸排的同时积极动员群众检举揭发。县政法部门对掌握的线索及时收网打击，迅速打掉一批人民群众深恶痛绝的黑恶势力犯罪，形成强大震慑。同时，将扫黑除恶与反腐败斗争相结合，深挖涉黑恶线索和案件背后“保护伞”，确保扫黑与打击“保护伞”同频共振。

三、强化源头治理。按照“有黑扫黑、有恶除恶、有乱治乱”的原则，全面加强乱象治理，有效治理一批行业乱象问题。同时，切实加强基层党组织建设，及时撤换调整15名“四不”村（社区）党组织书记，确定13个软弱涣散村党组织进行精准整顿，并选取66个基层党组织进行示范打造，把基层党组织建设成为扫黑除恶坚强战斗堡垒。

四、强化宣传发动。充分依托传统主流媒体、政府网站、微信公众号等对专项斗争开展宣传报道，在人员密集和重要场所设立宣传牌、电子屏，并创新宣传方式，加强以案释法，营造浓厚氛围。

五、强化督导整改。组织开展多轮由县领导带队的专项督导和领导小组对各镇、各成员单位的工作约谈，以督导约谈倒逼工作落实。同时，围绕中央、省、市督导（暗访）问题反馈，认真落实整改工作，并以落实整改推动打“伞”、打财等重点任务的突破。

六、强化工作创新。为进一步突出扫治扫建并举，出台《平远县扫黑除恶专项斗争扫建结合八大专项行动工作方案》，在全县范围内开展两大打击、六大整治专项行动，实现全域管理、长效治理。

2018年2月9日，平远县扫黑除恶专项斗争会议在县迎宾馆召开

2018年9月5日，平远县扫黑除恶专项斗争领导小组会议在县迎宾馆召开

2018年8月20日，平远县扫黑除恶领导小组组织开展统一清查整治行动　（陈芳　摄）

2018年9月13日，县委书记宋才华（右一）到县公安局调研扫黑除恶专项斗争工作

（陈芳摄）

2018年8月23日，在平远的市人大代表第一小组到县公安局调研扫黑除恶专项斗争工作

（陈芳摄）

进校园宣传活动

破获电信诈骗案件　（平公宣）

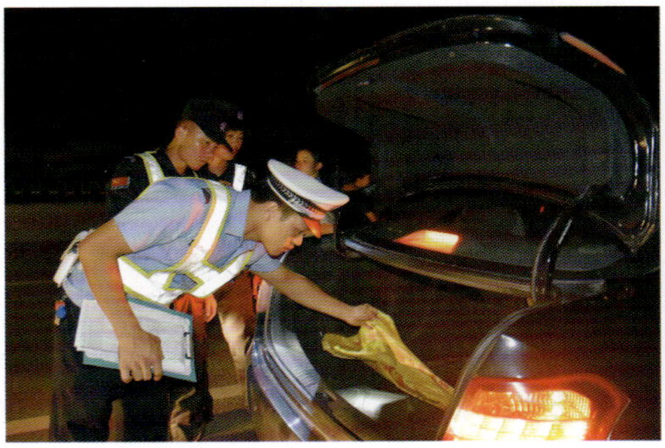

扫黑除恶清查行动

防范电信诈骗宣传活动　（陈芳 摄）

收缴的枪支　（钟颖 摄）

县法院对涉黑涉恶案件开庭审理

宣传牌

政法系统志愿者服务队在公共场所宣传

领导嘉宾们与获奖选手合影留念

大赛期间，足球名宿与平远学子们合影

运动员宣誓

2018年11月4日，古驿道界碑，选手们进行手机定向比赛

盖有“南粤古驿道文化之旅”字样纪念章的《寻乌调查》赠本

平远旅游宣传手册广受关注

青春韵律

文化创意作品

会场一角

“非遗”民俗歌舞——船灯舞表演

泗水梅畲田园综合体运营启动

文/图：泗水镇

2018年9月29日，平远县泗水梅畲田园综合体举行运营启动仪式，“山沟沟里的粉”“田园梅畲客栈”正式完成交授钥匙开始试运营。梅畲田园综合体是2017年由梅州市客天下实业有限公司结合企业优势投资建设的带有乡村振兴示范项目的田园综合体。

2018年9月29日，梅畲田园综合体举行运营启动仪式。图为推杆启动运营场景

项目主要是整合传统古村落保护、南粤古驿道活化利用、农村环境综合整治、生态宜居美丽乡村建设和农业综合开发等。运营启动活动现场载歌载舞，有田园梅畲乡村振兴主题曲《千年的期盼》演唱，有舞狮、舞蹈和客家五句半表演。开园仪式以“迎国庆、庆丰收、走驿道、健康行”为主题，有200多人一起完成从游客中心—溯溪步道—田园蔬菜种植基地—龙颈梯田—达魁公祠—田园巴厘—乡村河道的行程，其间穿越龙颈梯田采摘生态果蔬，溯溪而上观赏梯田风光，在田园巴厘体验收割稻谷，一路品尝丰收的喜悦。活动现场同步设置梅畲农特产品展区，吸引了不少游客驻足品尝和购买。农产品有梅畲黄粄、凉粉、蜂蜜与新鲜采摘的红辣椒、南瓜、青瓜、苦瓜、茄子等。

开幕场景

谭俊芳老师演唱田园梅畲乡村振兴主题曲《千年的期盼》

交钥匙

健步行古驿道

梅畲农特产品展示

村民认真研读田园梅畲规划

热闹的“山沟沟里的粉”品尝区

古驿道活化利用

平远县南粤古驿道修复活化利用情况

文/图：编者

平远县境内现存的古驿道、古道是千百年来粤盐赣米闽茶贸易的重要通道，是土地革命和抗战时期的红色古道。中央苏区史上唯一的两条以伟大的无产阶级革命导师马克思和列宁的名字命名的交通运输线“马克思路”和“列宁路”经过平远县。平远县古驿道分布在全县12个镇，已摸清线路情况200多千米。其中，川风坳—八尺梅州岃—盐铺潭段、白岭村—成文村段、湖洋村—湍溪村—东湖段、中行—河头—东石段中央苏区交通运输线，线路总长124.12千米。截至2018年12月31日，累计完成本体修复24.1千米，连接线98.74千米，古遗存修复27处，标识安装384个，建设驿站驿亭14个，停车场活动场所28处。平远县古驿道重点线路保护利用工作获得省财政古驿道保护利用专项资金5454万元。

古驿道修复利用的主要做法是：1.完善工作机制，协同协力效应充分发挥。专门成立平远县南粤古驿道重点线路保护和修复利用工作领导小组。同时，制定《平远县2018年南粤古驿道重点线路保护和修复利用工作方案》，发挥各镇各部门职能，形成齐抓共管工作机制，为古驿道活化利用提供坚定基础，切实保障各项工作有序推进。2.打造“古驿道+”，红色文化得到传承发展。深挖红色记忆，特别是毛泽东主席《寻乌调查》，朱德、陈毅元帅率红四军三进平远等红色印记，结合新时期党建工作建设基层党建阵地。联合党史办、方志办等单位梳理古驿道周边的景点、文物、革命遗址简介及相关故事传说，打造红色教育基地。在古驿道沿线重点打造八尺镇红色党建阵地，其中角坑二级驿站结合红色文化、基层党建、党群服务中心等多功能一体化进行建设，红色文化展馆以红四军三进平远为主线，展示八尺深厚的红色文化，同时深入挖掘和再现毛泽东《寻乌调查》光辉历史。同时，不断推动仁居镇红军纪念园等红色古镇主题规划建设。古驿道文化深入人心。3.乘古驿道修复利用“东风”，沿线村庄环境明显提升。平远古

修复好的梅州岃

八尺镇凤头村与江西满坑交界处遗存的满坑坳茶亭

驿道重点线路沿线有10个省定贫困村、9个传统村落、1个历史名镇名村。结合丰富的特色资源，各镇抢抓机遇，依托古驿道保护利用工作，有效整合资源，大力推进社会主义新农村建设、农村人居环境综合整治工作。做美人居环境，建设美丽家园，大力开展“三清三拆三整治”工作；加大基础设施建设投入，拓宽村道，修复路面和边沟、护坡；美化房前屋后，落实客家特色外立面改造，提升村民获得感。贯彻落实“绿水青山就是金山银山”的发展理念，围绕社会主义新农村建设，不断加强绿色生态保护。4.组织或承办多样活动，助推乡村产业振兴，带动乡村旅游。2018年7月中旬，成功承办中国南粤古驿道第二届文化创意大赛活动（第五站梅州平远站：大美客都，红色记忆）。来自23所高校的师生团队约100人，通过重走历史足迹，踏寻红色印记，以及与文史旅游企业等座谈交流，进而将大赛活动主题多类型多途经融入文化创意设计方案中。11月3—4日，2018年南粤古驿道“天翼4K高清杯”定向大赛第七站（梅州平远）在梅州市平远县八尺镇角坑村成功举办。该站赛事由广东、江西两省联动，吸引参赛选手、领导嘉宾、观光游览者共1万多人参与。平远县紧紧抓住南粤古驿道定向大赛的举办机遇，把赛事引进来、把游客引进来、把体育休闲文旅产业引进来，结合美丽乡村和省定贫困村创建新农村示范村建设，活化利用古驿道沿线历史文化遗产，把古驿道资源和红色文化，打造成乡村振兴过程中新的发展新动力。5.以南粤古驿道为新动脉，融合旅游资源，推动全域旅游工作。差干、仁居、泗水、东石、河头、中行等镇通过古驿道与周边景区相结合，转化为日常旅游资源，为景区增添新的旅游节点。各相关单位部门加大力度宣传推广古驿道资源，又进一步带旺景区，激活景区。国庆期间，泗水镇利用白岭—梅畲段古驿道保护利用工作，结合梅畲田园综合体运营启动，开展“迎国庆、庆丰收、走驿道、健康行”乡村旅游活动，吸引千余人参加该活动。6.坚持多元融合，乡村产业经济得到发展。以举办定向大赛为契机，将修复古驿道、弘扬红色文化、加强基层党建、建设美丽乡村等有机结合，以修复梳理古驿道为基础，突出党建引领、文化聚力和体育为媒，采用“古驿道+体育文化+旅游+特色农业”等创新模式，全面促进体育、旅游、文化、农业产业融合发展，带动精准扶贫精准脱贫，使群众共享赛事成果，推动古驿道沿线村庄全面振兴。

八尺镇梅州屶古驿道一段

坝头圩上的老码头

差干湖洋村古驿道上的单拱桥

差干湖洋与江西大中交界处的乐公亭

河头七岐岃茶亭

河头七岐岃古道

河头思茅坪—东石古驿道修复中的行乐亭

河头思茅坪—东石修复好的一段古道

金穗山庄内修复好的盐米古道

梅州岃古驿道遗存物

泗水梅畲古驿道上运送修缮材料的骡马

小柘往金鹅寨的古驿道

有红军墙标的韩坑古驿道茶亭

中行盐铺潭新桥亭

差干松溪古道

差干松溪桥

大柘镇黄沙村到漳演古道

大柘镇黄沙村到漳演古道上的风雨亭

东石到仁居古道

东石镇白岭到泗水镇梅畲的古道

梅畲古道

梅畲古道上的望梅亭

梅畲古道上的仙人桥

仁居梯云岭古道

中行甘露和梅亭

目　录

特　载

大事记

县情概览

中共平远县委员会

平远县人民代表大会

平远县人民政府

政协平远县委员会

平远县纪委监委

群众团体

军事·法治

农业·水利·气象

工　业

信息化建设与邮政通信

公路与汽车运输

商业·贸易

旅游开发

财税·金融

城建·市政管理

综合经济管理

行政管理

教育·科技

社会科学

文化·传媒

卫生和计划生育·体育

各镇概况

光荣榜

法规选录

文献选录

附　录

特　　载

在县委十三届七次全会上的报告

（2019年1月21日）

中共平远县委书记　宋才华

一、2018年主要工作

一年来，县委常委会坚持以习近平新时代中国特色社会主义思想为统领，示范引领全县各级党组织和广大党员干部树牢“四个意识”、坚定“四个自信”、坚决做到“两个维护”，确保党中央和省委、市委决策部署在平远不折不扣落实到位。

一是深入开展“大学习、深调研、真落实”活动。坚持以上率下、层层推进，组织开展大学习、大宣讲、大培训、大调研等系列活动，一体学习领会、整体贯彻落实习近平新时代中国特色社会主义思想、党的十九大精神、习近平总书记对广东重要讲话和重要指示批示精神，以及省委十二届四次、五

县委书记宋才华在县委十三届七次全会上作报告

次全会和市委七届四次、五次全会精神，推动学习宣传贯彻深入基层、深入人心。充分运用9个重大问题调研成果，与时俱进丰富完善发展思路和举措。制定出台《关于贯彻落实〈中共广东省委关于深入学习贯彻落实习近平总书记重要讲话精神奋力实现“四个走在全国前列”的决定〉的意见》《中共平远县委关于营造风清气正政治生态建设新时代新担当新作为干部队伍的决定》等系列文件，贯彻到平远改革发展的全过程各方面。

二是坚决全面彻底肃清李嘉、万庆良恶劣影响。坚决拥护和执行党中央、省委、市委关于坚决全面彻底肃清李嘉、万庆良恶劣影响的决定和部署，全方位多层次开展警示教育、自查摸排、清除负面信息等系列肃清行动，举办专题研讨班和专题民主生活会，以见人见事见物的成效让全县党员干部受到了一次严肃的政治教育和党性锻炼，牢记“五个必须”，反对“七个有之”，切实做到“三个决不允许”，进一步树立浩然正气，扫除歪风邪气，提振发展士气。

三是狠抓巡视、督察、督导、审计整改工作。把中央巡视广东反馈的6大方面问题和省委巡视梅州反馈的8大方面问题，分别细化为45个和48个具体问题，举一反三，全面整改、全面提升，取得阶段性成效。积极配合省委第八巡视组来平开展巡视工作，突出边巡视边整改，县领导主动清退不规范使用的工作经费等。收到中央和省环保督察交办案件47宗，办结46宗，提升生态文明建设成效。整改落实中央、省扫黑除恶督导和市明察暗访反馈的共性问题以及10个涉平远的具体问题，受理中央、省、市交办线索76条，打击涉黑涉恶犯罪集团、打“伞”和打财取得突破。推动审计反馈问题整改落实。

四是举办“三好一正”系列活动。通过举办第九届北京国际山地徒步大会平远站活动、南粤古驿道定向大赛暨《寻乌调查》红色之旅、第十四届脐橙文化旅游节、广东省现代农业产业园建设工作推进现场会平远考察点活动、“迎新年·颂党恩·展新貌”大合唱等，聚集人气，扩大影响，展示了平远各项事业发展成效，展现了平远干部良好的精神风貌，更好地讲述了平远好故事，传播了平远好声音，树立了平远好形象，传递了平远正能量。

通过抓实抓好上述一系列大事要事喜事，全县上下“四个意识”更加牢固，“四个自信”更加坚定，践行“两个维护”更加坚决，政治生态有了新的改善，党员干部精气神得到提振，干事创业氛围日益浓厚。

一年来，县委常委会坚持稳中求进工作总基调，贯彻新发展理念，按照“生态优先、绿色发展”要求，全力推动“一城一区一带”建设，全县各项事业取得新进展、新成效。预计全年实现生产总值83.92亿元，比增2.5%，完成规上工业增加值10.22 亿元、固定资产投资34.42亿元、一般公共财政预算收入7.6亿元、贸易出口总额3.4亿美元、社会消费品零售总额29.86亿元，居民人均可支配收入20166元，比增8%。

（一）党的建设全面加强。按照地方党委工作条例规定，县委常委会2018年抓党建工作情况书面报告已印发全会，请大家认真审议。一年来，我们全面落实新时代党的建设总要求，自觉当好全面从严治党的践行者、引领者、推动者，充分发挥县委各职能部门作用，建立纲举目张、各尽其职的责任体系，撬动班子成员示范引领履行“一岗双责”，并把责任传导到基层、落实在末梢，推动各级党组织和党员领导干部守土有责、守土负责、守土尽责。强信念严纪律。开展“大学习、深调研、真落实”活动和“铭记光辉历史，传承红色基因”主题教育，加强理论武装，夯实广大党员干部理想信念。通过坚决全面彻底肃清李嘉、万庆良恶劣影响，落实巡视、督察、督导、审计整改工作，召开专题民主生活会等，引领党员干部提高政治觉悟，坚守政治忠诚，严肃政治生活，严明政治纪律。牢牢把握意识形态工作领导权，加强意识形态阵地管理，做大做强主流思想舆论，围绕改革开放40周年等重要时间节点及中心工作，切实加强舆情监管，有效应对引导处置“2·3”案件等涉平网络舆情。强组织抓队伍。以强化政治功能、提升组织力为重点，落实加强党的基层组织建设三年行动计划，全面推进农村、社区、机关事业、学校等各领域党的建设，整顿13个软弱涣散基层党组织，打造2个“红色村”、52个党建工作示范点和143个村（社区）党群服务中心，完成县直机关党组织优化设置，稳妥推进增设村（社区）党组织委员工作，扩大“两新”组织党的组织覆盖和工作覆盖，党的组织建设和阵地建设得到全面加强。坚持党管干部原则，注重从重点项目、乡村振兴及脱贫攻坚等工作中比选干部，年内提拔（重用）县管干部26人、交流轮岗20人，调整15名“四不”村支部书记，向农村基层党组织选派第一书记29名，各级领导班子不断优化。转作风深反腐。把从严管理干部队伍体现在日常和经常，开展经常性提醒警示谈话，用好用活正反面教材，发挥正面激励和反面警示作用，筑牢拒腐防变的思想道德防线。推进纪检监察体制改革，健全完善“四个全覆盖”的权力监督格局。充分发挥巡察“利剑”作用，完成对全县33个单位党组织巡察，并切实做好巡察“后半篇文章”。压实“两个责任”，落实基层正风反腐三年行动方案，深入实践监督执纪“四种形态”，严查顶风违纪和隐形变异的“四风”问题。2018年，全县纪检监察系统共运用“四种形态”处置204人次，立案90件90人，党纪处分79人、政务处分12人。聚焦扶贫领域腐败和作风问题治理，严惩群众身边的“微腐败”，排查扶贫领域线索47条、立案17件。

（二）“一城一区一带”建设全面推进。我们坚持以城带乡、城乡互动、产城联动，促进协调发展。县城面貌不断改善。实施县城总体城市设计及控制性详细规划编制，开展“多规合一”专项规划编制，做到县城规划区控规全覆盖。坚持刚性管控，强势推进违法建设专项治理。坚持项目带动，完成G206线绕城段项目立项并启动建设，碧桂园二期、平城花园三期、优山美地二期等项目稳步推进，南区市场片区改造、县旅游综合服务中心项目征拆基本完成。有序开展“双创”“两美”行动，启动县城“微改造”，实施城市功能完善提升、美化亮化等工程项目，推动县城宜居环境提档升级。推进中心镇“六个一”和一批圩镇扩容提质项目，强化公共服务配套功能。县域经济稳中有进。突出园区扩容、招商引资、增资扩产和挂钩帮扶等多管齐下，增强“一区”主引擎作用，带动工业经济稳步发展。园区新征土地1480亩，平整土地200亩，加快建设创业创新孵化基地、标准厂房及水电路讯等基础设施，推动省级高新区创建。优化“一区多园”布局，高起点规划、高标准宣传推介东台生态园，打造高质量绿色发展平台。开展商会招商、乡贤招商、以商招商活动，共签约18个项目，计划投资额77.38亿元，其中园区新落户动工企业5家，新建成投产企业8家。大力开展“育上规”“保规上”和“育高企”活动，新增规上企业12家、高新技术企业4家、省级工程研发中心4家。探索制定政企“互评”、廉洁高效管理和“亲”商服务机制，着力构建亲清政商关系。乡村振兴开局良好。按照“五个振兴”要求，激发全县上下齐努力、干部群众齐用力、社会各界齐参与，扎实推进乡村振兴各项工作，群众更有甜头、干部更有劲头、农村更有看头、事业更有奔头。完成县城乡村建设规划及20个省定贫困村村庄规划编制，实施“五片示范·百村整治”，打造了河头向阳、八尺角坑、上举八社、仁居社南、东石锡水、石正坪湖等一批示范村，充分发挥其示范、引领和标杆作用，以点带面持续推进美丽乡村建设，全县70%以上的村庄“三清三拆三整治”任务基本完成，其中“20+10”先行示范村全部建成干净整洁村。依托资源禀赋和原有产业集聚优势，着力打通“绿水青山就是金山银山”转化通道，差干旅游特色小城镇、八尺酒业特色小城镇、梅畲田园综合体、平远脐橙省级现代农业产业园等加快建设，带动构建镇镇有特色产业、村村有优势品种的生态富民带。

（三）民生福祉全面改善。我们以群众获得感、幸福感、安全感更加充实、更有保障、更可持续为目标，集中75%的财力用于民生建设。打好三大攻坚战。大力整治金融诈骗、非法集资等乱象，政府债务得到化解和严控。落实落细精准扶贫措施，完成预脱贫1495户3954人，预脱贫率达到95%。落实环保督察整改，全面推行“河长制”，抓好护林造林，常态化开展城乡人居环境综合治理，顺利完成2018年国家重点生态功能区县域生态环境质量考核工作。民生短板不断补齐。顺利完成“十件民生实事”。加快实验中学西教学楼、县医疗养生保健中心等项目建设，推进县人民医院综合大楼、城南小学、幼儿园等项目。稳步推进梅平高速、中小河流治理、镇村污水处理设施、村村通自来水工程、县残疾人康复中心等项目，完成一批“四好农村路”、农村危房改造和城镇保障性住房建设。大力实施创业带动就业工程，启动“客家菜师傅”工程等。有效引导工商企业、民间团体和慈善机构等参与扶贫济困、民生改善。“平安平远”“法治平远”深入推进。扎实推进扫黑除恶专项斗争，严厉打击各类刑事犯罪，严防和打击各种危害国家安全活动，认真组织开展社会矛盾专项治理行动，化解一大批信访案件，深入开展法治建设三级同创和“七五”普法活动，加强重点领域安全生产监管，实现“五个不发生”，群众安全感和政法工作群众满意度连续八年居省市前列。创新社会治理模式，依托党群理事会、村民监事会、村民议事日等，引导群众有序参与自治事务。精神文明建设上新台阶。巩固和提升省级文明城市创建成果，启动全国县级文明城市创建工作，对标对表创“国文”八大版块扎实推进。实施“铸魂立德、创优提质、弘扬新风、志愿关爱”四大工程，提高社会文明程度。推进基层综合性文化服务中心、县图书馆扩建工程和红四军纪念馆扩容提质工程，组织开展系列城乡群众文化活动，文化和文艺事业齐头并进。

（四）改革开放全面深化。我们坚持把改革开放作为推动县域发展的关键一招，扎实推进10个方面48项重点改革任务。稳妥有序推进党政机构改革。出台县总工会、共青团、妇联、侨联、科协和营商环境、医疗卫生等改革方案或行动方案，推动重点领域和关键环节改革取得新成效、新突破。深入推进营商环境综合改革，优化项目审批流程，提升办事效率；修改完善实体经济扶持奖励实施办法，共兑现各类扶持奖励资金、信贷风险补偿基金和股权投资7166万元；主动融入粤港澳大湾区建设，南沙·平远国际经贸合作中心实现常态化运营，首批9家企业签约落户。全面推进紧密型医联体建设，实现以县级医院为龙头、镇卫生院为枢纽、村卫生站为基础的县镇一体化管理。顺利推进“县管校聘”工作，为全市铺开此项改革提供了样本经验。全面完成农村土地承包经营权确权登记颁证工作，积极探索农村集体产权制度改革。镇村电商平台日趋完善，一大批特色农产品走出农村、销往各地，获评“互联网+消费扶贫示范县”。

一年来，县委总揽全局、协调各方，坚持党的领导、人民当家做主、依法治县有机统一，县人大、政府、政协以及统一战线、人民武装、群团组织等围绕中心、服务大局，履职尽责、扎实干事，政通人和、步调一致、凝心聚力、开拓进取的氛围日渐浓厚。正是因为有这种良好氛围，我县的乡村振兴、古驿道活化利用、生态旅游、现代农业产业园建设等工作在全市乃至全省走在前列，得到省政协主席王荣、省委常委叶贞琴、省政府副省长许瑞生、市委书记陈敏、市政府市长张爱军等省市领导和外出乡贤充分肯定。

回顾过去一年的工作，我们积极应对复杂多变的外部环境和经济下行压力，始终保持工作力度不减、节奏不乱、劲头不松，实现总体平稳、稳中有进。成绩来之不易，饱含责任担当，浸透辛勤汗水。这是我们在党中央和省委、市委的正确领导下，坚持以习近平新时代中国特色社会主义思想为统领，坚决贯彻上级决策部署的结果；是社会各界人士广泛参与、广大乡贤鼎力支持的结果；是全县各级各部门锐意进取、苦干实干的结果。在此，我代表县委常委会表示衷心的感谢并致以崇高的敬意！

同时，也要清醒地看到，在推动解决发展不充分、发展不优质过程中，我们的工作还存在不足。*一是县域经济离高质量发展要求还有差距。*县域经济发展稳中有压有忧，传统主导产业支撑弱化，新兴产业还不够强，稳增长动能较为疲软，下行压力进一步加大。资金、土地等瓶颈要素制约较大，部分重点项目建设进度偏慢，发展后劲不足。*二是解决发展不平衡不协调问题任重道远。*与人民对更优美人居环境、更便捷交通条件、更优质公共服务等美好生活需要相比，交通、水利、信息、科技、环保等基础设施仍然不配套、不完善，更优质的教育医疗等资源供给不足，城小乡大带来的小马拉大车格局仍然没有得到根本性改善。*三是敢担当善作为的优良作风仍需加强。*一些单位和干部安于现状、得过且过的思想较为突出，存在规避责任、为官不为、懒政惰政等问题，对县委的决策部署反应不敏锐，落实不积极，遇到问题不敢碰硬，这些虽然是少数，但事关平远发展大局，影响党委政府整体形象。对这些问题，我们要高度重视，采取有力措施，认真加以解决。

二、2019年工作安排

2019年是新中国成立70周年，是决胜全面建成小康社会的关键之年，做好今年工作至关重要。

习近平总书记多次对广东工作作出重要指示批示和重要讲话，2018年先后提出“四个走在全国前列”、当好“两个重要窗口”，深化改革开放、推动高质量发展、提高发展平衡性和协调性、加强党的领导和党的建设，为我们开创改革发展新局面提供了强大动力和根本遵循。省委十二届六次全会对深入学习贯彻落实习近平总书记视察广东重要讲话精神，奋力开创新时代改革开放新局面作出安排，进一步完善优化提升了“1+1+9”工作部署，提出要构建区域协调发展新机制，建立差异化考核评价体系，使各个区域各尽其能、各展所长又协调配合、相互促进，强调粤北山区要在高水平保护中实现高质量发展，把生态环境屏障筑牢。市委七届六次全会提出要明确“六新”形势，推动“六争六补”，构建“五星争辉”，打造

"三宜"城市范例，实现美丽与发展共赢；指出平远要向东南发展，打造梅州优山美水生态之星，具体要围绕建设精致休闲山水城镇，谋划五指石旅游特色小镇，发展生态旅游产业，全力建设国家全域旅游示范县，推进南沙（平远）工业园建设，发展绿色家居建材等产业，建设"精致小城·大美平远"。对此，我们必须对标党中央和省委、市委的决策部署，突出政治统领，自觉把总书记思想指导、党中央和省委、市委坚强领导作为做好一切工作的坚强保证，进一步树牢"四个意识"，坚定"四个自信"，坚决做到"两个维护"，落实"三个决不允许"；必须锻造坚强有力的领导班子，营造风清气正的政治生态，集聚齐心协力谋发展、同心同德干事业的强大合力，巩固干部有为、群众有劲、事业有成的大好局面；必须把正确落实与创造性落实统一起来，既从大局出发、大处着眼，将平远的工作融入中央的顶层设计和全省全市的工作大局，又从问题入手、细节发力，对标最高最好最优，认准目标、选好路径、渐次展开，把上级的决策部署落细落小落具体。我们要按照干在实处、自我加压、自我提升的要求，一方面要立足现有基础和比较优势，在生态文明、乡村振兴、脱贫攻坚、文明创建、社会治理、基层党建、生态旅游等方面放大优势拉长板、走在前列，成为"引领者"；另一方面要正视差距、追赶一流，在交通建设、实体经济、创新驱动、平台建设、改革开放、民生改善、扩容提质等方面精准发力补短板、迎头赶上，成为"齐跑者"。

今年工作的总体要求是，**高举习近平新时代中国特色社会主义思想伟大旗帜，全面贯彻党的十九大和十九届二中、三中全会以及中央经济工作会议精神，深入贯彻习近平总书记系列重要讲话尤其是视察广东重要讲话精神，围绕省委十二届六次全会和市委七届六次全会部署，统筹推进"五位一体"总体布局，协调推进"四个全面"战略布局，坚持稳中求进工作总基调，坚持新发展理念，坚持推动高质量发展，坚持以供给侧结构性改革为主线，坚持深化市场化改革、扩大高水平对外开放，按照省"一核一带一区"区域协调发展布局和"1+1+9"工作部署，对标对表市"六争六补"和"123456"的思路举措，统筹做好稳增长、促改革、调结构、惠民生、防风险、保稳定、强党建各项工作，主攻"一城一区一带"，创建优山美水生态之星"精致小城·大美平远"，为梅州打造"三宜"城市范例、实现美丽与发展共赢和广东实现"四个走在全国前列"、当好"两个重要窗口"贡献力量。**

县委考虑，今年全县经济社会发展预期目标是，生产总值增长5%左右，规上工业增加值增长8%，固定资产投资增长6%，一般公共预算收入增长5%，居民人均可支配收入增长与经济增长基本同步。完成这些目标，需要全县上下共同努力。稍后，杨栋同志将对今年经济工作作具体部署，请大家抓好落实。对于今年工作，我们要围绕"11356"思路和举措来推进。

（一）坚定"一个指引"，持续深入学习宣传贯彻习近平新时代中国特色社会主义思想。抓好学习贯彻是一个常学常新、历久弥新的工作。我们要在前一阶段学习贯彻的基础上，坚持用习近平新时代中国特色社会主义思想武装头脑，与党的十九大精神、习近平总书记对广东重要指示批示和重要讲话精神及省委全会、市委全会精神一体学习领会、整体贯彻落实，切实在"学懂弄通做实"上做出表率、走在前列。

一要用深学笃信坚定信仰信念信心。要正确把握"四个走在全国前列"与习近平总书记视察广东重要讲话精神的一致性，既是紧密联系的逻辑关系，也是一脉相承的整体关系。“四个走在全国前列”的目标指向是体制机制、格局体系，都必须靠改革开放“关键一招”开路；推动高质量发展既是“四个走在全国前列”题中之意，又是“四个走在全国前列”的主要动力；提高发展平衡性和协调性是“四个走在全国前列”的必然要求；加强党的领导和党的建设是“四个走在全国前列”的根本政治保证。全县各级各部门要按照“学懂弄通做实”要求，用好党委理论中心组、县镇党校、新时代文明实践中心（站、所）等平台载体，采取专题学习会、党校主体班、“六进”宣讲等形式，坚持集体学习与个人自学相结合、专题学习与理论研讨相结合，推动学习宣传贯彻工作不断往深里走、往实里抓，进一步树牢“四个意识”，坚定“四个自信”，坚决做到“两个维护”。

二要把习近平新时代中国特色社会主义思想贯彻落实到平远改革发展各方面全过程。坚持边学习边调研边落实，深化“大学习、深调研、真落实”工作，全方位对标对表习近平总书记对广东重要指示批示和重要讲话精神，由县委、县人大、县政府、县政协班子成员牵头抓好10个调研专题，对全县争先补短工作的目标、思路、举措进行全面优化提升，在目标任务上更加聚焦，在实施路径、工作举措上更加具体明晰、务实管用可操作。下来，对于争先补短各项工作，在抓好调查研究的基础上，关键还是要抓落实落地。每项工作都要由县党政领导牵头，结合各镇各部门的实际和职责，找准着力点和突破口，制定“路线图”“时间表”，一个一个“硬骨头”啃下来，一个阶段一个阶段向前推进，用结果说话，以实绩论英雄，努力推动习近平总书记重要指示批示和重要讲话精神在平远全面落地生根、形成生动实践。

（二）用好“关键一招”，将改革开放进行到底。认真学习贯彻习近平总书记在庆祝改革开放40周年大会上的重要讲话精神，坚持全面发力、多点突破、纵深推进，依靠改革把发展潜力转化为发展优势，激活各类要素，持续提供改革开放强劲动能。

一要稳妥有序推进机构改革。严格按照改革的路线图和时间表，细化完善我县机构改革实施工作方案，有步骤、有纪律地做好动员部署、干部配备、转隶组建和“三定”方案制定等工作，确保高质量完成机构改革任务，构建系统完备、科学规范、运行高效的机构职能体系，促进各方面改革有机衔接、协调联动，发挥改革整体效应。这里要强调的是，我县机构改革方案已上报省委，批复后将召开动员会进行部署落实。这期间，要提高政治站位，严明纪律要求，确保思想不乱、工作不断、队伍不散、干劲不减、资产不流失。

二要协同推进体制机制改革。聚集发力“数字政府”建设、“放管服”改革、商事登记制度改革、财税金融体制改革等重点领域和关键环节，用改革成效增创营商环境新优势。进一步完善权责清单和公共服务清单，让“一门式、一网式”覆盖更多事项、更广领域，为企业群众提供更便捷更高效服务。推动镇村医保一体化、国家公园体制、宅基地“三权分置”、集体经营性建设用地入市等改革取得引领性突破，努力在更多领域拿出平远方案，为省市重点领域改革探索路径、积累经验。对接省市政绩考核办法调整，出台推动高质量发展的考核评价体系，在考核共性指标的基础上，侧重考核环境质量、生态建设、基本公共服务均等化等指标，加大乡村振兴、居民收入等指标的考核权重。

三要全面扩大对外开放。加快推进出省通道建设，是当前我县交通建设面临的重要任务，是我县扩大对外开放的关键一招，要积极主动与江西赣州、福建龙岩及省市交通部门对接，力促瑞梅铁路、平武高速、平蕉大高速等项目尽快立项建设，畅通人流、物流，加快构建全方位对外开放新格局。要利用区位特点、对口帮扶安排和人缘资源，深化与南沙区共建共享，发挥南沙·平远国际经贸合作中心“飞地”作用，深度对接粤港澳大湾区经济圈，找准产业合作共建的切入点，积极探索互补项目落地税收等利益共享机制；深化与粤闽赣边苏区县交通互联互通、旅游互惠共赢、边界护林联防等，推动区域协同发展；以乡情为纽带，加强与客属社团、商会的沟通对接，促进与港澳台、“一带一路”沿线国家及客属地区的经贸文化交流合作。引导家具等外贸企业主动应对中美经贸摩擦，切实把这个最大不确定因素的负面影响降到最低，推动外贸进出口稳中提质。

（三）实施“三个创建”，推动县域经济量增质优。立足生态发展区定位，从长期大势中认识当前形势，坚持以新发展理念引领发展，在绿色发展路径选择和发展成果共享上全面把握，既要善于集中资源办大事，增强县域经济综合实力和竞争力，又要注重激励城乡居民创业增收和勤劳致富，持续提高城乡居民生活水平。要以推进供给侧结构性改革为主线，坚定落实“巩固、增强、提升、畅通”八字方针，坚持一产抓融合、二产抓提升、三产抓拓展，推动农林产业向精致高效绿色惠民延伸、工业产业向中高端迈进、旅游产业向主导产业转化，实现美丽与发展共赢。

一要创建省级高新区。围绕“万千百十”目标，坚持从优化布局、招商引资、增资扩产、创新驱动和挂钩帮扶上下功夫，努力把生态园区打造成绿色低碳新型工业发展平台。高起点谋划、高标准建设东台生态园，抓紧土地储备、主体路网水系建设和招商企业落户等工作，推进规划落地，促进资源集约利用、项目集中布局、产业集群发展。加大园区征地平整和土地调规报批力度，清理园区“僵尸企业”和盘活闲置用地，保障园区用地需求，力争提前实现“万亩”目标。配套完善园区服务功能，重点推进创业创新孵化基地、标准厂房、路网和污水处理系统等基础设施建设。立足引进亿元项目为基础，加大招商引资力度，跟紧宜华高端家居、华清园、三一筑工、晨光乳业、古欧家具、热柘温泉等在谈亿元以上项目，加快建设一抹禾香酒业、瑞冠金属软磁粉芯、金森机械制造、越科新材料、粤电茅坪风电场等项目，力争年度落户、动工、竣工、投产各达到10家以上。完善产学研协同创新、科技成果转化等机制，全力培育科技型中小企业和高新技术企业，建设工程研发中心，促进企业与互联网、大数据、人工智能深度融合。深化“暖企”服务，采取更有力度、更有温度的政策措施，扶持骨干企业及一批中小型企业增资扩产、上规进阶、技改升级。

二要创建广东省特色农产品优势区。围绕“特色、质量、品牌、电商、双创”关键点，以农业供给侧结构性改革为主线，做强脐橙、油茶、南药、茶叶、优质稻等特色产业，巩固发展畜禽、水产、蔬菜等传统产业，做大休闲观光农业、林下经济等新产业新业态，促进农业产业化、规模化发展。要充分发挥政策撬动效应，实施“提升新型农业主体”工程，完善新型经营主体同小农户的利益联结机制，推动土地、山林等生产要素有序流转，着力把平远脐橙现代农业产业园建设成为示范园，力争成功申报省级现代农业产业园平远县南药产业园。要把发展“一村一品、一镇一业”作为做强富民兴村产业的首要任务来抓，在选优品种、做强产品、做优品质、打响品牌上下功夫，深入实施“百企帮百村”行动，促进龙头企业与“一村一品”深度融合。巩固提升县镇村电商平台，严格农产品质量管理，打造一批“三品一标”品牌，推动大宗农副产品精深加工和上线流通，不断提升农副产品附加值。狠抓重大动物疫病防控及防疫检疫，严防非洲猪瘟。

三要创建省级全域旅游示范县。顺应市场需求变化，以创建全域旅游示范县为引领，积极参与梅江韩江绿色健康文化旅游产业带建设，加快推进G358线八尺至湍溪段、东石白岭至泗水梅畲、差干罗车至上举双门和差干上坊至五指石至塔子里等旅游公路建设，提升景区通达能力，促进区域景区联动发展。加强招商引资，强化要素保障，大力推进差干旅游特色小城镇、八尺酒业特色小城镇、南台森林康养小镇、威华茶博园、大河背、宜华康养、热柘温泉等项目。结合实施乡村振兴战略，精心打造古驿道重点线路，推动八尺角坑、泗水梅畲等创建国家AAA级乡村旅游景区，规划建设1~2条乡村旅游精品线路，推动旅游业与一、二、三产业融合发展，带动发展体育休闲、健康养生、绿色食品、文化创意等产业，加速从景点游向全域游延伸，确保今年成功创建省级全域旅游示范县。

（四）狠抓“五美”建设，全力打造“精致小城·大美平远”。围绕市委提出的平远要创建优山美水生态之星“精致小城·大美平远”的目标定位，以更加精准、更加有力的措施，全面提高发展平衡性和协调性，不仅让城乡有山清水秀、干净整洁的“高颜值”，更要有宜居宜业、平安幸福的“深内涵”。

一要美在精致小城。要紧扣建设“精致小城”的目标，以扩县城、建新城、改老城的思路和举措，扎实推进县城扩容提质，让县城形态更美、面貌更靓。坚持规划引领，完成县城总体城市设计及控制性详细规划编制和“多规合一”专项规划编制工作，实施新一轮县城总体规划修编，提高城市发展的前瞻性、系统性、科学性，做到一张蓝图干到底。突出向东南发展，围绕G206线绕城段建设推动县城扩容，上半年全面完成G206线绕城段项目征地，同步推进项目建设并做好周边发展用地储备以及沿线村庄美丽乡村规划建设。围绕打造南部新城，重点推进碧桂园、优山美地等商住项目，配套建设城南小学、幼儿园等项目，同步推进其他片区商住、市政、市场等项目建设，推动“一城多组团”协调发展。围绕“微改造”推动老城提质，结合开展“双创”“两美”行动，从城市最薄弱的环节入手，突出精建、细管、善治，加快南区市场片区改造、县旅游综合服务中心招商选资，实施一批县城“微改造”项目，以及进城大道、S225线等生态景观廊道建设，逐步提升重点路段、重点区域绿化亮化美化水平。加快凤池水库立项报批步伐，打造大柘河、岭下河“两河四岸”亲水型生态景观带，推进县城供水扩容提质、污水处理厂配套管网续建工程等，不断完善县城生态水系和水景观。深化城市综合执法体制改革，提高县城精细化、人性化管理水平，加快智慧城市建设，大力整治“六乱”。同时，稳步推进中心镇“六个一”建设和圩镇扩容提质，强化教育、卫生、文化、体育等公共服务配套功能，把城镇打造成上接城区、下联乡村的重要节点。

二要美在美丽乡村。全县上下要秉承坚定执着的信心、坚韧不拔的干劲、久久为功的耐力，锲而不舍，持续推进，努力推动乡村振兴走在前列。要完成各镇总体规划修编和控制性详细规划、村庄规划、村土地利用规划编制。要全力推进“三清三拆三整治”和创建“无违章建筑县、镇、村”等农村人居环境整治，积极开展“美丽村道、美丽农房、美丽庭院”创建行动，确保全县136个行政村完成“三清三拆三整治”任务，70%的行政村达到干净整洁村标准，先行启动的“20+10”示范村顺利通过省、市验收。要注重部门联动、整合资源、抓实基础，推动城乡基础设施互联互通、公共服务向农村延伸、社会事业向农村覆盖，持续推进“四好农村路”、行政村公交全覆盖、公共文化体育设施配套建设等。要突出分类建设、集中用力，加快推动省级新农村连片示范建设工程和“五个示范片”建设，各镇要筛选1~2个基础较好、有产业支撑的村谋划升级打造为特色精品村，着力把差干、上举打造成为“五指相思·游客向往”示范片，八尺、仁居打造成为“酒茶果香·红色故乡”示范片，东石、泗水打造成为“钟灵毓秀·田园农庄”示范片，河头打造成为“十里水乡·梦里老家”示范片，石正打造成为“烟雨南台·石泉石美”示范片，其他各镇也要立足资源禀赋和产业基础，因地制宜，串点成线，串村成片，形成整体提升效果和规模带动效应，让每个镇村更具有农村的田园风光，又不失城市的园林雅趣。要把实施乡村振兴战略作为检验干部能力作风的重要“试金石”，有组织、有计划地把干部放到乡村振兴一线去磨砺锻炼，靠作风说话、凭实绩用干部。要坚持每两个月组织督查等行之有效的制度，对工作不实、推进不力的，要严格按照有关规定进行约谈提醒、通报批评、追责问责，以严督实查发现问题、推进工作。

三要美在山清水秀。坚守生态良好第一底线，在生态保护上保持定力、精准发力、持续给力，确保生态底色永不变色、永不褪色。优化国土生态空间布局，科学划定城镇、农业、生态空间和生态保护红线、永久基本农田、城镇开发边界等“三区三线”。持续打好蓝天、碧水、净土攻坚战，加强饮用水水源水质保护，强化工业污染治理，抓好农用地土壤污染治理修复，巩固中央、省环保督察和国家重点生态功能区县域现场核查反馈问题整改成效。全面落实“河长制”“湖长制”，扎实开展“五清”专项行动。加强矿山地质环境恢复和综合治理。深入推进“两美”“绿满平远”大行动，加强森林公园、自然保护区、地质公园等自然保护地建设管理，争创国家森林城市。

四要美在城乡文明。加快全国县级文明城市创建步伐，深化城乡“三级联创”，让文明新风吹遍城乡每个角落。建好新时代文明实践中心，加强中国特色社会主义和中国梦宣传教育，培育践行社会主义核心价值观，开展修订村规民约、家训家规等，把传统美德传承下来、弘扬开来，实现“德”润万家。加强“红色村”、古村落、古驿道等资源的活化利用，深度开发红色旅游新业态。统筹推进市政文化基础设施和行政村基层综合性文化服务中心建设，补齐文化体育公共设施短板。加快发展现代文化产业，推进文艺精品工程，支持平远船灯、落地金钱等非遗和传统艺术发展。

五要美在平安和谐。坚持公共财力向民生倾斜，用心用情用力推动脱贫攻坚、交通水利、教育医疗、平安创建等重点民生，不断增强群众的获得感、幸福感和安全感。1.打好精准脱贫攻坚战。深入实施“五个一批”工程，结合“客家菜师傅”等工程提高技能就业，不断提高脱贫攻坚成效，高质量完成脱贫攻坚任务。2.加强交通水利基础设施建设。完成县域综合交通体系专项规划编制，确保梅平高速平远段上半年通车，加快推进S239线长田至坝头段路面大修和100多公里的县乡道新升省道路面大修工程，建设一批“四好农村路”，提升县城连接市区、圩镇、园区、景区的通达能力。抓好中小河流治理、凤池水库等重大水利基础设施建设，稳妥有序推进水资源管理体制改革。3.统筹教育医疗等社会事业发展。加快推进幼儿园普惠性、规范化建设，推进教师交流和校长“职级制”改革，完善高中教育的招生、教研和“培优”激励机制，推动优质均衡发展，不断提高教育教学质量。加快县人民医院综合大楼、县医疗养生保健中心等项目建设，深化医疗卫生体制改革，加强卫生人才队伍建设。深入推进国家卫生县城创建，做好食品药品安全风险监测，提升突发公共卫生事件应急处置能力。坚持就业优先，不断扩大就业创业新渠道。实施全民参保计划，推进医保支付制度、社保精准扶贫等社保改革。落实社会救助、社会福利和优抚安置等政策，做好残疾人、农村留守儿童和妇女、老年人的关爱服务。办好南粤古驿道定向大赛等活动，统筹抓好城乡文体设施建设，促进文化体育事业均衡发展。4.积极推进平安之乡创建。深化平安平远建设，推进扫黑除恶专项斗争，严厉打击各类违法犯罪，开展维护政治安全专项行动，做好中华人民共和国成立70周年、澳门回归20周年等特殊时期维稳安保工作。加强公安派出所等政法基层基础建设，完善“中心+网格化+信息化”平台，认真开展社会矛盾专项治理和信访案件化解工作。推进基层治理创新，总结提升八尺镇综治“中心4+”、长田镇村民理事会“一带四参与”社会治理新模式，推广运用为平远新时代“枫桥经验”。加强法治平远建设，推进法治政府建设和法治建设三级同创，深化司法体制综合配套改革，深入开展“七五”普法宣传教育。整合应急管理资源，提高防灾减灾救灾能力，坚决防范和遏制重特大事故发生。增强风险防控意识，加强对各类风险苗头的监测和重点领域风险排查，打好防范化解重大风险攻坚战。

（五）突出“六个强化”，坚定不移加强党的领导和党的建设。认真落实新时代党的建设总要求，不断推进党的建设新的伟大工程，推动我县基层党建工作走在前列，努力把全县各级党组织锻造得更加坚强有力，巩固党在各项事业中的领导核心地位，形成推动平远各项事业发展的强大合力。

一要强化党的政治建设。深入推进新时代文明实践中心建设，坚持不懈用党的创新理论武装头脑，把学习贯彻习近平新时代中国特色社会主义思想、党的十九大精神和习近平总书记系列重要讲话精神作为各党委（党组）会议的第一议题、理论学习中心组学习会的常设议题、基层党组织“三会一课”的长期主题，推动学习贯彻往深里走、往实里走、往心里走。坚持从知行合一高度出发，从坚守政治忠诚、严肃政治生活、严明政治纪律、提高政治觉悟等方面入手，认真落实新形势下党内政治生活若干准则，坚持民主集中制原则，不断提高民主生活会和组织生活会质量，督促党员干部在树牢“四个意识”、坚定“四个自信”中不断增强坚决做到“两个维护”的思想自觉、政治自觉和行动自觉，牢记“五个必须”，杜绝“七个有之”，做到“三个决不允许”。持续抓好中央、省委巡视整改工作，特别是要不折不扣抓好省委第八巡视组巡视平远反馈意见的整改落实。加强机关党的政治建设，推进模范机关创建活动。深入开展“不忘初心，牢记使命”和“铭记光辉历史、传承红色基因”主题教育活动，深刻吸取李嘉、万庆良、曾志权案件教训，坚决铲除山头主义、官商勾结、权钱交易的滋生土壤，用良好的政治文化涵养风清气正的政治生态。

二要强化意识形态工作。坚持党管意识形态、党管宣传、党管媒体，压实意识形态工作责任制，加强对意识形态工作的巡察和检查考核，牢牢掌握意识形态工作的领导权管理权主动权。全方位加强阵地管理，突出加强思想理论、新闻媒体、互联网、文化、宗教、社会组织等的引导管理。加强部门联动，定期排查研判各类意识形态风险隐患，抓好重大舆情的监管预警、应急处置。牢牢把握正确的舆论导向，积极发挥传统媒体和新媒体的舆论和引导作用，突出抓好网络意识形态工作，把党的声音和主张传播好。深入开展“三好一正”活动，进一步凝聚人心、鼓舞士气、团结一致向前进。

三要强化基层组织建设。进一步压实抓基层党建责任，以规范化建设、组织力提升为重点，深入实施加强党的基层组织建设三年行动计划，推动基层党组织全面进步、全面过硬。强化基层党组织领导核心地位，推动村党组织书记通过法定程序担任村委会、集体经济组织、农民合作组织负责人，加强基层党组织对其他基层组织和各方面力量的全面领导，让基层党组织真正成为群众的“主心骨”“贴心人”。实施“头雁”工程，建设带头人队伍，优化村党组织设置，持续整顿软弱涣散基层党组织。严格落实党支部工作条例，推进基层党支部规范化标准化建设。实施党员先锋工程，提高发展党员质量。加强基层基础保障，建强农村、社区、机关（事业）单位、学校、“两新”组织等领域基层党组织。用好村党组织服务群众专项经费等，加强党群服务中心建设，为群众提供更加优质的服务。

四要强化干部队伍建设。坚持党管干部原则，坚持好干部标准，把政治标准放在第一位，贯穿“选育用管储”各个环节，努力打造一支忠诚干净担当的高素质专业化干部队伍。强化正确选人用人导向，把握好选人用人“十个关系”，建立健全素质培养、知事识人、选拔任用、从严管理、正向激励体系，加强党外干部培养选拔使用，大胆启用敢于改革、敢于担当的干部。结合机构改革，加大干部交流力度，优化领导班子的年龄结构、知识结构和专业结构。加强教育培训，有计划有组织把干部放在乡村振兴、脱贫攻坚、重点项目、维护稳定等一线培养锻炼，推动干部知识更新、能力提升和实践锻炼，提高“八大本领”。坚持党管人才原则，实施好重大人才工程。坚持严管和厚爱相结合，完善干部考核评价机制，激励干部担当作为，落实“三个区分开来”，让真正干事的干部放下包袱、轻装上阵。

五要强化正风反腐。打好作风建设持久战，严格落实中央八项规定及其实施细则精神，集中惩治形式主义、官僚主义，对享乐主义、奢靡之风等歪风陋习露头就打。加强“庸懒散浮拖”等问题专项治理，严肃问责不作为不担当的党员干部和衙门作风。加强干部监督管理，突出加强对“一把手”的监督，加大谈心谈话、述职述廉、政治巡察等监督力度。坚持靶向治疗、精确惩治，盯紧重点人员、重点问题、重点领域，坚决查处选人用人、土地开发、项目审批、工程建设、资金使用、生态环保、民生保障等领域的违规违纪违法问题。推进基层正风反腐三年行动，严惩扶贫领域和落实惠民政策中的腐败和作风问题。深挖彻查涉黑涉恶腐败和黑恶势力背后的“保护伞”，坚决铲除黑恶势力滋生土壤。深化纪检监察体制改革，健全完善监督体系，持续深化政治巡察，更好发挥巡察利剑作用。

六要强化党委领导核心作用。加强县委常委会自身建设，着力提高把方向、管大局、作决策、保落实的能力水平。坚持党委定期听取工作汇报制度，不断改善领导方式，充分调动各镇各部门各方面的积极性。支持和保证人大、政府、政协依法依章、协调一致开展工作。支持法院、检察院依法独立公正

行使职权。加强统一战线工作，充分发挥民主党派、工商联、无党派代表人士的积极作用。深化工会、共青团、妇联等群团组织改革。大力支持国防和军队建设，扎实推进党管武装和双拥工作，做好军民融合工作。

同志们！东风再乘续改革之章，奋勇争先推绿色发展。让我们更加紧密地团结在以习近平同志为核心的党中央周围，高举习近平新时代中国特色社会主义思想伟大旗帜，在省委、市委的坚强领导下，不忘初心、牢记使命，对标前行、苦干实干，主攻“一城一区一带”，创建优山美水生态之星“精致小城·大美平远”，以优异成绩迎接建国70周年，为梅州打造“三宜”城市范例、实现美丽与发展共赢和广东实现“四个走在全国前列”、当好“两个重要窗口”做出更大贡献！

发展战略创意标识

政府工作报告

——在平远县第十五届人民代表大会第四次会议上

（2019年3月5日）

平远县县长　杨　栋

2018年工作回顾

2018年，是全面贯彻落实党的十九大精神的开局之年，是改革开放40周年，也是平远提振精气神、迈向新征程的重要一年。一年来，在市委、市政府和县委的正确领导下，在县人大、县政协的监督支持下，县政府坚持以习近平新时代中国特色社会主义思想为指导，深入贯彻党的十九大精神、习近平总书记视察广东重要讲话精神以及对广东工作的重要指示批示精神，牢固树立新发展理念，认真落实高质量发展要求，坚持稳中求进工作总基调，扎实推进“一城一区一带”建设，基本完成十五届人大三次会议确定的各项目标任务。全年实现生产总值82.10亿元、规上工业增加值10.22亿元、固定资产投资34.42亿元、一般公共财政预算收入7.60亿元、贸易出口总额3.40亿美元、社会消费品零售总额29.75亿元。

——重点基础设施日益完善。投入6.43亿元推进高速公路、国省道和县乡公路建设，梅平高速平远段实现无障碍施工，完成工程总量的70%；平武高速闽粤两省交接点初步确定并开展前期工作；平蕉大高速列入市“十

县长杨栋在县人大十五届四次会议上作报告

三五”路网规划，正积极争取列入省路网规划；瑞梅铁路前期工作有序推进；国道206线绕城段项目完成立项并启动征拆和建设；国道358线湍溪至八尺段改建工程启动征拆；省道225线大柘至热柘段路面改造工程竣工通车；东石白岭至泗水梅畲旅游公路、园山湖产业园基地公路等“四好农村路”建设有序推进；完成新农村道路硬底化55.3公里、农村公路安全生命防护工程258公里、行政村窄路基路面拓宽改造工程34.5公里；开通运行公交线路21条。投入1.5亿元完成21.7公里山区中小河流治理、49宗村村通自来水工程、12个镇级和20个省定贫困村污水处理工程、6个2017年度“五沿”崩岗治理工程、2018年度革命老区及原中央苏区崩岗治理一期工程等建设；认真落实河长制，推动碧水保卫战常态化、制度化，成功打造河头河“十里水乡”、石正河“十里杏花长廊”等一批水生态景观节点。20个省定贫困村农网升级改造和低电压改造等基础电网建设扎实推进，全县电网供电能力、供电可靠性和电网抗灾能力进一步提升。

——县镇宜居宜业水平不断提升。坚持规划先行，突出建管并重，完成县城总体城市设计、控制性详细规划初稿编制，建成“多规合一”平台并试运行；启动镇域控制性详细规划编制和136个行政村村庄规划修编工作，规划刚性管控覆盖到镇村。平兴高速县城出入口道路改扩建工程、县旅游综合服务中心一期项目基本完成土地平整；南区市场片区改造项目基本完成征拆；碧桂园二期、优山美地二期、平城花园三期、翠拥华庭、山水豪庭等宜居项目稳步推进。扎实开展“双创”“两美”行动，持续推进县城“微改造”，完成30栋楼体和9座桥梁美化亮化，龙抬头至雷公陂亲水步道及平城中路戏院岗段、建设路雨污分流和人行步道改造工程；新建公交站亭52个；平城南路提质改造、新岭路人行步道改建等项目有序推进；县城生活垃圾无害化处理率达100%、绿化覆盖率达40.3%、路灯亮灯率达99.3%，绿化美化亮化净化水平显著提高。持续开展整治违法建设违法用地“雷霆行动”，治理违法建设11.7万平方米，拆除违法建筑7.8万平方米。仁居、东石、石正中心镇“六个一”项目完成年度投资3.22亿元，镇域基础设施整体水平得到有效提升。

——工业经济保持平稳发展态势。把园区作为推动全县工业提速发展的主战场，投入2亿元新征土地1480亩、平整土地200亩和完善孵化基地、标准厂房、污水处理系统、水电路讯气等基础配套设施。园区全年承接梯度转移项目6个、产业共建项目2个，促成越科新材料、华和机械等5个项目落户动工，推动航驿水上乐园设备、雅玛西新能源、玖诚科技等8个项目建成投产，实现产值27.95亿元、规上工业增加值5.54亿元、税收2.24亿元。扎实推进“一区多园”建设，完成东台生态园控制性规划编制和招商宣传片制作。深入贯彻省“实体经济十条”“民营经济十条”，修订完善县实体经济扶持奖励实施办法，将专项扶持资金由1000万元提高至3000万元，落实各类扶持资金7000多万元，有力促进企业技改挖潜、增资扩产。全年新培育利天新能源、元宝时代家居、佳之朋科技等12家工业企业上规模，新增洪裕汽配、恒盛宇科技等4家高新技术企业，以及获赛尔机械铸造、达士通精密工业等4家省级工程研发中心。积极开展商会招商、乡贤招商、以商招商活动，共签约瑞冠新材料、越科新材料、玖诚科技等18个项目，计划投资额达77.38亿元，县域经济发展后劲不断增强。

——乡村振兴迈出坚实步伐。深入实施“五片示范·百村整治”工程，加快推进农村人居环境综合整治、“三清三拆三整治”、客家民居外立面改造等工作，完成20个省定贫困村村庄规划编制，全县70%以上的村庄基本完成“三清三拆三整治”，“20+10”先行示范村全部建成干净整洁村，打造了河头向阳、八尺角坑、仁居社南、石正坪湖、上举八社等一批示范村。严格抓好耕地保护，完成1.22万亩高标准农田建设任务，垦造水田1418亩。强化龙头带动，大力发展“一村一品、一镇一业”，成功申报并加快建设平远脐橙省级现代农业产业园，新培育县级龙头企业4家、市级示范合作社3家、家庭农场17家，新增绿色食品认证1个、有机食品认证2个、省级名牌产品3个，实现农业总产值19.1亿元、农村居民人均可支配收入16486.6元。全力推进全域旅游建设，投入2.9亿元推动五指石、南台卧佛山等景区提档升级；建成启用县旅游大数据中心、12个镇级旅游驿站；完成30座新改建旅游厕所验收；差干旅游特色小城镇、八尺酒业特色小城镇、梅畲田园综合体、威华茶博园、长布半岛休闲度假区等加快建设。做好“旅游+”文章，成功举办第九届北京国际山地徒步大会平远站赛事、南粤古驿道定向大赛暨《寻乌调查》红色之旅、第十四届脐橙文化旅游节等活动，平远旅游知名度、美誉度得到进一步提升，获评“第八届广东省县（市）域旅游创新发展十强”。

——“三大攻坚战”实现良好开局。坚决打好防范化解重大风险攻坚战，加强政府债务管理，全年无新增隐性债务、无风险预警；大力整治金融诈骗、非法集资等乱象；有力防控非洲猪瘟等重大动物疫病。坚决打赢脱贫攻坚战，至2018年年底累计筹集帮扶资金13129.5万元，投入帮扶资金9130.9万元，1460户3877人实现脱贫，脱贫率达93.9%。坚决打好污染防治攻坚战，办结中央环保督察“回头看”交办案件15宗，办结率达100%，办结省环保督察交办案件31宗，办结率达97%；顺利通过国家重点生态功能区县域生态环境质量考核现场核查；扎实推进第二次全国污染源普查工作；主要河段交接断面及饮用水源地水质达标率100%，空气质量优良率连续三年居全市第一，全县生态环境质量总体稳定良好；有力推进国家森林城市创建工作；深入开展新一轮绿满平远大行动；完成森林碳汇工程6200亩，营造、抚育生态景观林带76公里。

——深化改革开放取得新进展新成效。把改革开放作为推动高质量发展的关键一招，盯住重点领域、关键环节，扎实推进48项重点改革事项。稳妥有序推进政府机构改革。深化政务服务“马上办”改革，加快推进“数字政府”建设，“平远发布”政务微信影响力位居全市前列，全国基层政务公开标准化规范化试点县工作顺利通过验收并获评良好等级，政务服务事项网上全流程办理率达72.4%，“最多跑一次”事项达90.9%。扎实推进“放管服”改革，完成5883项权责事项、6015项政务服务事项“十统一”标准化梳理工作。不断深化营商环境改革，公布48项中介服务事项清单，取消44项涉企涉民证明事项。顺利完成“县管校聘”管理改革。全面完成农村土地确权登记颁证工作。公务用车制度改革顺利通过国家评估考核。医药卫生体制改革、事业单位分类改革持续深化。不断扩大对外开放，深化与南沙区共建共享，“南沙·平远国际经贸合作中心”完成验收并投入使用，引导南峰船务、呈晟投资、中源实业等9家企业签约进驻。

——人民群众幸福感持续提高。坚持公共财政支出向民生倾斜，落实各类民生资金25.62亿元，同比增支5.79亿元，增幅达29.2%。全面完成年度“十件民生实事”。提供就业岗位5380个，城镇新增就业1903人，城镇失业人员再就业1897人，城镇登记失业率控制在3.5%以内。城乡居民基本医疗保险和居民基本养老保险保持全覆盖，基本养老等社会保障水平稳步提升。低保、特困人员、优抚对象补助和残疾人“两项补贴”逐步提高。落实54户困难家庭住房补贴，完成494户农村危房、30套棚户区和100户贫困重度残疾人家庭无障碍改造。完成县图书馆改扩建工程和54个基层综合性文化服务中心建设，实现全县公共文化场所向社会免费开放。加大文物保护力度，完成姚雨平将军旧居维修工程。顺利通过广东省推进教育现代化先进县督导验收暨教育强县复评；东石中心小学教学楼主体工程、县实验中学西教学楼及运动场首期主体工程完成建设；县特殊教育学校二期工程、城南小学、城南幼儿园启动建设。投入360多万元加快县残疾人康复中心建设。至2018年年底累计投入6亿多元大力推进县医疗养生保健中心等医疗卫生基础设施建设，完成12间镇卫生院标准化、规范化建设和129间村卫生站公建规范化建设；率先启动镇村医保一体化试点改革；成功创建“全国基层中医药工作先进单位”。大力实施振兴足球战略，顺利举办“棕榈杯”平远足球联赛，新建7人制足球场1个、5人制足球场1个。2017年卷《平远年鉴》获得广东省年鉴质量评比一等奖和全国地方志优秀成果提名奖。深入开展扫黑除恶专项斗争，摸排掌握线索288条，共立涉黑案件25宗，破获21宗，打掉了一批涉黑犯罪团伙。全面深入推进维护国家政治安全、社会稳定、平安建设、法治建设等工作,实现“五个不发生”工作目标，全县公众安全感和政法工作群众满意度连续八年居省市前列。信访态势平稳可控，安全生产形势稳定，食品药品安全保障有力，防灾减灾扎实有效。国防教育、兵役征集、双拥共建、国家安全、青年发展、关爱妇女儿童、老年人、残疾人、民族宗教、外事侨务、统计、供销、粮食、烟草、气象、对台、打私、打假、应急、人防、档案和红十字会等工作全面进步。

——*政府自身建设得到明显加强*。始终把政治建设摆在首位，坚决全面彻底肃清李嘉、万庆良恶劣影响，全力抓好上级巡视和审计反馈问题整改落实。扎实开展“大学习、深调研、真落实”活动，组织20次集中学习，形成9个专题调研报告和系列行动方案。坚决服从县委领导，自觉接受人大及其常委会的工作监督、法律监督和政协民主监督，办理市县两级人大代表建议意见34件、政协提案62件。坚持把依法行政贯穿政府工作始终，严格执行领导干部学法制度，加强政府法律顾问队伍建设和执法人员培训，畅通行政复议渠道，组织集中学法活动9次，开展行政执法检查4批次，办理行政复议案件2宗、行政诉讼案件1宗。不断完善县政府工作规程和议事规则。严格坚持重大行政决策听证制度。“七五”普法扎实推进。意识形态工作责任制全面落实。严格执行中央八项规定及其实施细则精神。深入开展扶贫领域腐败和作风问题治理，排查扶贫领域线索47条，立案16件，党纪政务处分12人。

各位代表，奋斗饱含艰辛，成绩凝聚汗水。一年来，我们凝心聚力、攻坚作为，用坚韧和勇气克服了经济运行中的诸多困难，用担当和实干破解了制约发展的各种瓶颈，用拼搏和汗水提振了改革发展的信心决心。这些成绩的取得，是县委总揽全局、坚强领导的结果，是县人大、县政协依法监督、鼎力支持的结果，是全县上下戮力同心、苦干实干的结果。在此，我代表平远县人民政府，向全县人民、驻平远部队官兵和社会各界人士，致以崇高的敬意！向长期关心和支持我县建设与发展的省市属驻平远单位、港澳台同胞、海外侨胞及外出乡贤，表示衷心的感谢！

各位代表，过去皆为序章，发展永无止境。在前进的道路上，我们也清醒地认识到还面临着不少发展“短板”和“痛点”。一是经济发展效益不高。受宏观经济形势、实体经济效益下滑等因素影响，主要经济指标增速有所放缓，有的甚至出现负增长，实体经济短板突出。二是产业结构不够优化。产业比例不够协调、层次偏低、质量不高、创新不足，传统产业转型升级步伐还不够快，新兴产业还挑不起大梁。三是项目支撑能力较弱。支撑高质量发展的项目特别是科技含量高、质量效益好、发展潜力大的项目不多，一些项目落地进展不快、项目问题久拖不决、项目久建不成的现象依然存在。四是作风建设亟需加强。个别干部不想为、不敢为、不会为，担当负责不够、政策研究不透、执行落实不力等顽疾还没有彻底根除。对此，我们绝不推诿回避，将坚持问题导向，采取有效措施，一项一项扎实改进，一步一步努力解决。

2019年工作安排

2019年是新中国成立70周年，是全面建成小康社会、实现第一个百年奋斗目标的关键之年，做好今年政府工作意义重大。面对复杂严峻的发展形势和艰巨繁重的工作任务，我们要按照县委十三届七次全会的决策部署，保持战略定力，坚定发展信心，牢牢把握机遇，从容应对挑战，以更加鲜明的目标导向、更加紧迫的忧患意识、更加强烈的创业精神，奋力推动经济社会平稳健康发展。今年政府工作的总体要求是：**坚持以习近平新时代中国特色社会主义思想为指导，深入学习贯彻党的十九大和中央、省、市有关会议精神，统筹推进“五位一体”总体布局，协调推进“四个全面”战略布局，牢牢把握高质量发展这个根本要求，坚持稳中求进工作总基调，按照省“一核一带一区”区域协调发展布局和“1+1+9”工作部署，对标对表市“六争六补”和“123456”的思路举措，坚持“11356”工作部署不动摇，全力以赴稳增长，多措并举调结构，刀刃向内抓改革，千方百计防风险，矢志不渝惠民生，主攻“一城一区一带”，创建优山美水生态之星“精致小城·大美平远”，为全面建成小康社会收官打下决定性基础，以优异成绩向新中国成立70周年献礼。**

今年全县经济社会发展的主要预期目标是：生产总值增长5%左右，一般公共预算收入增长5%，固定资产投资增长6%，规上工业增加值增长8%，居民人均可支配收入增速与经济增长基本同步。

围绕上述目标，我们将重点抓好以下八个方面工作：

一、坚持高品位打造精致小城

按照县委提出的全力打造“精致小城·大美平远”决策部署，坚持规建管并重，弘扬工匠精神，下足绣花功夫，持续提升县城宜居宜业水平。

——以科学规划引领城市发展。突出规划引领作用，启动县城新一轮（2020—2035）总规编制，完成县城46平方公里和11个镇核心区控制性详细规划编制，完善“多规合一”平台，实现土地利用规划、城乡规划等有机融合，构建统一高效的国土空间规划体系，实现“一张蓝图干到底”。同步做好城区和11个圩镇边界划定工作。充分利用垦造水田、拆旧复垦等土地政策，促进土地资源节约集约利用，提高资源惠民水平，保障建设用地需求。统筹做好乡村旅游、美丽乡村规划，优化城乡空间布局，促进城乡协同发展。

——以项目建设带动城市开发。紧扣建设

“精致小城”目标，围绕县委提出的“扩县城、建新城、改老城”工作思路，强力推进项目建设，完善功能配套，带动城市开发。坚持精准化扩县城。按照市委提出平远要向东南发展的要求，结合国道206线绕城段、瑞梅铁路等重大项目的规划建设，同步做好周边发展用地储备；完成国道206线绕城段项目征拆工作，分段有序推进路基建设；选址规划配套物流产业园建设项目；加快河岭嶂片区用地规划；有序推进县旅游综合服务中心、县城高速公路出入口市政道路及景观提升工程等项目建设；稳步推进中心镇“六个一”项目建设和圩镇扩容提质，优化拓展城市空间，协同提升中心城区品质。坚持精品化建新城。加快启动汇胜木业、梅盛水泥、健华汽修厂、汽车底盘厂等“三旧改造”项目；继续完善碧桂园、优山美地、金绿新城、山水豪庭等商住项目；主动对接宜华·平远生态康养城项目；加快城南小学和城南幼儿园建设；完善城南排水基础设施等市政配套项目规划并逐步启动建设，不断夯实城南新区发展基础。坚持精致化改老城。持续推进“微改造”和市容市貌提升工程，尽快确定南区市场片区改造项目投资主体，逐步实施主体及周边配套设施建设；加快推进县城供水扩容提质工程；启动老粮所片区改造项目前期工作；鼓励引导平远大道沿街业主实施楼体亮化工程，规划建设大柘河、岭下河河道蓄水工程，丰富“两河四岸”观光、休闲功能，加快实施平城南路羊子甸桥至官田广场段提质工程，启动沿街外立面改造，打造“两美工程”示范街区；规划建设3至5处集中停车场；分步实施县城主干道人行步道及管线改造，优化公交线路和站亭分布，扩大城区道路黑底化、设施亮化、园林绿化覆盖面，不断加快城市有机更新。

——以规范管理提升城市品质。以机构改革为契机，理顺城市管理体制机制，组建城市管理和综合执法局，深化执法体制改革，积极探索城市综合执法向乡村延伸的有效途径，努力提升综合执法效能。强化刚性约束，严肃查处违法用地违法建设行为，不断提升管控水平。继续巩固并深入推进“双创”工作，确保上半年顺利通过国家卫生县城考核验收。充分发挥数字城管平台作用，深化“网格化”治理模式，巩固“两美”行动成效，着力攻克城市管理顽疾，全面提升城市精细化、科学化、人性化管理水平。

二、坚持高起点加快乡村振兴

充分发挥我县生态环境和资源禀赋优势，补齐短板，打造亮点，把业已形成的乡村振兴“起势”转化为“胜势”和“定势”，变“跟跑”“齐跑”为“领跑”，开创乡村振兴各美其美、美人之美、美美与共新局面。

——坚定不移让农业强起来。围绕县委提出的“创建广东省特色农产品优势区”目标，把“一村一品、一镇一业”与现代农业产业园建设有机结合，推进农业供给侧结构性改革，深入实施“百企帮百村”行动，着力把平远脐橙现代农业产业园建设成为示范园，积极申报南药省级现代农业产业园，不断壮大脐橙、南药、油茶、优质稻、有机茶等优势产业，巩固发展畜禽、水产、蔬菜等传统产业，大力培育石金钱龟、淡水龙虾、铁皮石斛等特色产业。加快发展农产品加工、储藏、包装、运输、商品化处理等相关产业，延伸产业链、提升价值链，挖掘农业增收潜力。深入实施“互联网+现代农业”行动，巩固提升县镇村电商平台，大力发展农产品电子商务、订单农业、众筹农业等，让农产品卖得出、卖得远、卖出好价钱。继续举办好南粤古驿道定向大赛、北京国际山地徒步大会、脐橙文化旅游节等节会活动，大力发展休闲农业、创意农业等新兴业态，推进农业与旅游、体育、文化、康养等产业深度融合发展，让农业有文化说头、景观看头、休闲玩头。

——坚定不移让农村美起来。围绕县委提出的狠抓“五美”建设之“美在美丽乡村”目标，强力推进人居环境整治，完成全县136个行政村“三清三拆三整治”基础整治任务，确保全县70%以上行政村建成干净整洁村。坚持特色化、差异化发展，优化各镇区域功能定位，突出省级新农村连片示范建设工程和“四沿”村庄，扎实推进“五片示范·百村整治”建设，先行启动八尺角坑、河头向阳、石正中东等示范片建设，全域推进生态宜居美丽乡村建设，确保全县40%以上行政村建成生态宜居美丽乡村。加大仁居镇仁居村、大柘镇黄沙村等红色村的建设力度，加强对古村落、古驿道、历史建筑、革命遗址的修复保护和活化利用，实现“千村一面”向“各美其美”转变。积极开展群众性“最靓屋夸”“无违章建筑县镇村”和“美丽村道、美丽农房、美丽庭院”创建活动，引导村民参与乡村事务管理，让农村的“内在气质”和“外在颜值”同步提升。对照全域旅游示范县创建标准和验收细则，细化任务，落实责任，确保今年成功创建省级全域旅游示范县。加快推进国道358线湍溪至八尺段、省道239线长田至坝头段、东石白岭至泗水梅畲等旅游公路建设；启动五指石景区创建国家AAAAA级旅游景区工作；推动八尺角坑、泗水梅畲等创建国家AAA级（乡村）旅游景区；加快推进南台卧佛山旅游度假区、长布半岛休闲度假区等项目建设，以“全域旅游”扮靓“大美平远”。

——坚定不移让农民富起来。实施“提升新型农业经营主体”工程，加强新型职业农民培训，引导农民工、大学生、退役军人回乡就业创业；实施“客家菜师傅”工程，培训“客家菜师傅”60名，发展壮大农家乐、民宿客栈，推动客家菜产业化；培育省级家庭农场1家、市级示范农民专业合作社4家、县级以上农业产业化龙头企业4家，引导龙头企业、专业合作社集约土地扩大种植规模，着力建立企业、合作社和农民共建共享利益联结机制，带动农民拓宽收入渠道。大力发展村集体经济，鼓励村集体依托特色产业、闲置资产、集体土地等资源，参与或兴办经济实体；全力推进差干旅游特色小城镇、八尺酒业特色小城镇、梅畲田园综合体、威华茶博园、中裕现代农业生态园等项目建设，让农民在三产融合发展中增收致富。

三、坚持高质量发展实体经济

坚守“产业兴县、工业强县”战略定力，坚持质量并举，谨防脱实向虚，矢志创新驱动，不断优化产业结构，促进产业升级，为高质量发展提供持久强劲动力。

——突出工业“主引擎”。大力推动稀土新材料、机械制造、家居建材、电子信息等优势产业企业增资扩产、转型升级，滚动实施雅玛西充电桩电子线圈自动化生产线、兴丰建材碳酸钙智能化生产线等18个技改项目，力争实现技改投资增长10%的目标。加大力度扶持中小企业发展，全力培育汇亿基科技、富莱利家居、昱淦实业等15家拟上规企业，力争新增规上工业企业10家以上，实现全县规上工业增加值增长8%的目标。深入实施创新驱动发展战略，抓好高新企业培育、创新平台建设和科技成果转化，在确保高新企业存量达到10家的基础上力争实现10%以上增长，规上工业企业设立研发机构的比例达到30%以上。加快推动工业化和信息化融合发展，引导鑫荣达挂车等3家企业实施“机器换人”项目。

——巩固园区“主战场”。围绕县委提出的创建“省级高新技术产业开发区”目标，做好园区扩园申报工作，完成新征土地1000亩、平整土地1000亩任务。在项目用地调规和报批上加速发力，保障入园项目用地需求。坚定不移推进闲置土地、闲置厂房清理，积极稳妥处置“僵尸企业”，加快“腾笼换鸟”步伐，提高土地节约集约利用水平。进一步完善园区水电路讯气等基础设施，上半年完成南沙路建设，年底前完成科创路、工业园区大道改造；继续实施工业用水、生活用水和污水等管网工程建设。加快园区创业创新孵化基地、标准厂房等配套设施建设，上半年完成孵化基地一期商业体工程并交付使用，年底前完成5栋标准厂房和孵化基地二期项目主体工程建设。深化与南沙区合作共建，加大力度承接珠三角等先进地区的产业转移。加快推进东台生态园建设，启动项目用地调规、报批及征拆等工作。

——*壮大民营“主力军”*。认真贯彻国家和省对小规模纳税人“六税两费”减按50%征收等减税降费政策，全面落实省“实体经济十条”“民营经济十条”，完善县中小微企业信贷风险补偿基金管理办法等扶持奖励机制，帮助企业跨越市场的“冰山”、融资的“高山”、转型的“火山”。深化商事制度改革，扎实推进“证照分离”“多证合一”等改革举措，强化“双随机一公开”监管，打造优质营商环境。全面实施市场准入负面清单制度，破除歧视性限制和各种隐性障碍。主动应对中美经贸摩擦带来的外部环境变化，持续开展“暖企行动”，深入实施县领导挂钩联系工业企业和省市重点项目制度，努力构建“亲”“清”新型政商关系，营造尊重创新创业、尊崇企业家的浓厚氛围，真正让民营企业家成为“香饽饽”、民营经济成为“主力军”，力争全县民营企业规上工业总产值和贸易进出口总额稳中有增。不断完善总部经济政策，优化总部经济发展环境，加快做好总部企业资格认定和奖励兑现工作，吸引和培育一批总部企业，推动全县总部经济持续健康快速发展。

四、坚持高强度扩大有效投资

紧紧抓住上项目、扩投资这个关键，大力实施项目带动战略，以项目建设扩大有效投资，拉动即期增长，积蓄发展后劲。

——*更加精准招商引资*。进一步完善招商激励机制，健全协调服务机制，实施“乡贤回乡投资兴业工程”，发挥“南沙·平远国际经贸合作中心”作用，打造双向招商交流平台，承接珠三角优质产业梯度转移，着力引进一批投资强度大、市场前景好、产业关联度高的项目，促进产业集聚，提升产业质态。围绕传统优势产业、大健康产业、现代农业、生态旅游等招商重点，制作招商地图，实施精准招商和跟踪招商，重点做好南区市场片区改造、晨光乳业、热柘温泉、三一筑工、古欧家具等项目的招商引资工作，力争引进1亿元以上项目10个，推动10个项目动工建设、10个项目竣工投产。突出以商招商，加大对落户企业的帮扶力度，以优质服务赢得企业信任，让投资者主动扩资、增资、引资，实现“引进一个、建好一片、带来一批”的良性循环。

——*更加强劲推进项目*。围绕固定资产投资增长6%的目标，紧盯国家和省市产业政策、资金投向和扶持重点，主动向上争取项目和资金，继续执行重大项目指挥部负责制，实行“一个项目、一位领导、一套班子、一抓到底”工作机制，坚持“周调度、月汇报”，扎实推进38项总投资155.23亿元、年度计划投资41.33亿元的重点项目建设。特别是要聚焦县委提出在生态文明、乡村振兴、脱贫攻坚、文明创建、社会治理、基层党建、生态旅游等方面放大优势拉长板、走在前列的要求，加快推进新农村示范村、南台卧佛山旅游度假区等项目建设；按照在交通建设、实体经济、创新驱动、平台建设、改革开放、民生改善、扩容提质等方面精准发力补短板、迎头赶上的要求，加快推进一抹禾香酒业、宜华高端家居、中合稀土重组、省道225线大柘至石正段改建工程等项目建设。

——更加有效强化保障。坚持要素跟着项目走，强化用地、环境、资金、基础设施等要素配置。完善项目协调机制，聚焦土地、环评、立项、审批等制约瓶颈，主动对接，靠前服务，确保项目早开工、早投产、早见效。抢抓今年启动《2020—2030年国土空间规划》编制工作的关键时机，超前谋划，提前做好今后3至5年重点项目的规划选址工作，不断增强发展后劲。充分发挥财政资金“四两拨千斤”作用，综合运用基金引导、融资担保等多种方式，吸引撬动更多社会资本参与投资建设。探索完善引进和激励人才机制，贯彻落实“扬帆计划”、“珠江人才计划”、“广东特支计划”、市人才新政“20条”等人才政策，为项目建设提供强有力的人才保障。

五、坚持高标准打好“三大攻坚战”

紧紧围绕年度攻坚任务，针对突出问题，坚持标准不降、要求不松、力度不减，拿出过硬办法，既打好歼灭战，又打好持久战，坚决把经济社会发展的底线守好守牢。

——加强防范重大风险。树立长期过紧日子思想，在守好“保工资、保运转、保民生”底线基础上，参照市标准，按不低于5%的幅度压减一般性支出，集中财力保重点。坚持政府性债务全口径预算管理，妥善处置存量，严控债务增量，牢牢守住警戒底线。严厉打击网络电信诈骗、非法集资、涉黑涉恶洗钱等违法行为，依法联动制裁“老赖”行为，持续稳定金融秩序。切实做好房地产市场、非洲猪瘟等有关风险防范工作。

——决战决胜脱贫攻坚。聚焦长期稳定实现“两不愁、三保障、一相当”目标，认真落实打赢脱贫攻坚战三年行动方案，因地制宜推进产业扶贫、就业扶贫、资产收益扶贫、金融扶贫、乡村旅游扶贫、“互联网+”扶贫等模式，形成竞相发展、精准有效的扶贫新格局。深入开展贫困户劳动技能培训，实施“家门口”就业计划，优先安排一定比例的贫困劳动力在道路养护、园林维护、村庄保洁等公益性岗位就业。着力抓好深度贫困群众政策兜底，保障实现深度贫困群众家庭收入倍增计划。借势乡村振兴战略，全面提升省定贫困村水电路讯、文化、教育、卫生等基础设施和公共服务。树立“幸福都是奋斗出来的”扶贫导向，注重扶贫同扶智、扶志相结合，激发贫困群众内生脱贫动力。切实提高脱贫质量，完善防范返贫机制，确保脱贫成果经得起群众和历史检验。坚持从严从实，扎实抓好扶贫领域腐败和作风问题专项治理。

——铁腕治理生态环境。牢固树立“绿水青山就是金山银山”发展理念，切实强化道路扬尘、工业源、露天焚烧等污染防控，加强矿山治理、农业面源污染防治和生活垃圾无害化处理，科学编制《禽畜养殖产业发展和污染防治专项规划》，进一步完善养猪业禁养区、限养区、适养区的划分；深入实施“水十条”，全面落实河长制、湖长制，全力推进中小河流治理、镇村污水处理、农村生活垃圾处理和饮用水水源水质保护。推进环境监管执法全覆盖。从严从实抓好中央、省环保督察交办案件整改情况的跟踪落实。严守生态和环保底线，严格产业准入门槛，推动产业绿色化转型。确保饮用水源地水质达标率持续保持100%，力争实现城市生活垃圾无害化处理达到100%、工业危险废物安全处置率达到100%、医疗废物安全处置率达到99%、空气质量优良天数达到99.5%的目标。

六、坚持高层次深化改革开放

深刻认识新形势下改革开放的时代性、体系性、全局性问题，在更高起点、更高层次、更高目标上推进改革开放，不断提升改革开放的质量和水平。

——*以更大的力度深化重点领域改革*。高质量完成政府机构改革，优化职能配置，理顺权责关系，提高行政效能。继续深化“放管服”改革，加快“数字政府”建设，巩固全国基层政务公开标准化规范化试点工作成果，推动政务信息系统共建共享，让数据多跑路、群众少跑腿。落实统计制度改革，扎实开展第四次全国经济普查。统筹抓好农村产权制度、教育、卫生、环保、司法、财税等领域改革，向改革要红利。打破各种各样的“卷帘门”“玻璃门”“旋转门”，在市场准入、审批许可、经营运行、招投标等方面，打造公平竞争环境。

——*以更宽的视野扩大对外开放水平*。抢抓“两大政策”和省推动“一核一带一区”区域协调发展以及粤港澳大湾区建设的机遇，主动对接粤港澳大湾区辐射带动，加强与客属社团、商会的交流合作，加快外联交通基础设施建设，深化与粤闽赣苏区县交通互联互通、旅游互惠共赢、边界护林联防，努力构建区域经济合作发展新格局。落实省“外资十条”“稳外贸九条”，加快构建更高水平的开放型经济新体制，坚持“走出去”与“引进来”相结合，支持汇胜木业、友邦木业等企业扩大出口贸易份额，让更多的平远产品、平远品牌走出围龙、走向世界。

七、坚持高水平增进人民福祉

坚持民之所望、政之所向，贯彻以人民为中心的发展思想，进一步织密扎牢民生保障网，使人民群众的获得感、幸福感、安全感更加充实、更有保障、更可持续。

——*办好民生实事持续提高群众获得感*。突出问题导向，围绕群众最关心、最直接、最现实的热点难点问题，倾注真情实感，拿出真招实策，尽力而为、量力而行，集中力量办好十件民生实事，在幼有所育、学有所教、劳有所得、病有所医、老有所养、住有所居、弱有所扶上不断取得新进展，使人民群众日益增长的美好生活需要在共建共享的生动实践中逐步实现。

——*发展普惠事业持续提高群众幸福感*。巩固提升“县管校聘”管理改革和广东省推进教育现代化先进县创建成果；积极适应新高考改革；加快县特殊教育学校二期工程建设进度；确保实验中学西教学楼在今年秋季投入使用；完成差干、仁居、东石3所民办幼儿园转制工作，不断扩大公办和普惠性民办幼儿园比例。完成县残疾人康复中心建设；全力加快县中医医院、县妇幼保健计划生育服务中心、县人民医院综合大楼等医疗卫生重点项目建设；深入推进镇村医保一体化试点等医药卫生体制改革。积极实施技能晋升培训和创业带动就业等工程，城镇登记失业率控制在3.5%以内。加大扩面征缴工作力度，提高养老、医疗、失业、工伤等险种标准。完善社会救助体系，提高底线民生保障水平。全力推进养老服务体系建设，加快办理原皓泓日用品公司土地、厂房等国有资产流转手续，加快清福堂养老服务中心和镇村居家养老服务中心建设。进一步深化殡葬改革，重视支持镇村公益性公墓建设。加快推进县国防教育训练基地建设。落实好优抚安置政策，完善复退军人服务体系，积极开展“广东省双拥模范县”创建活动。推进红四军纪念馆扩容提质工程建设。上半年完成县图书馆新馆搬迁工作。全面完成自然村落历史人文普查工作。支持工会、共青团、妇联等群团组织发挥作用，关心关爱妇女儿童、退役军人、农民工等社会群体，重视做好国防动员、军民融合发展、后备力量建设、民族宗教、外事侨务、史志档案、人防气象、统计物价、防震减灾等工作。

——创新社会治理持续提高群众安全感。推进社会主义核心价值观“六个一”工程和基层示范点建设。以做好新中国成立70周年、澳门回归20周年等重大活动维稳安保工作为主线,扎实推进“平安之乡”创建，深入推进法治建设和扫黑除恶专项斗争，努力把平远建设成为全省最安全稳定、最公平公正、法治环境最好的县域之一。总结提升八尺镇“中心4+”、长田镇村民理事会“一法一带四参与”社会治理模式，打造可复制、可推广的“枫桥经验”平远样板。加快推进“雪亮工程”和综治视联网建设，形成共建共治共享的社会治理格局。加强群众来信来访工作，深化信访矛盾化解专项行动。加强特殊人群管理管控，严防命案和极端案事件发生。加大赌博违法犯罪行为的综合打击整治力度，净化社会风气。加强应急管理，加大企业生产、消防、交通、食品药品等领域的隐患排查，防范遏制重特大事故发生。

八、坚持高效率加强政府建设

平远的高质量发展不是等得来、喊得来的，而是拼出来、干出来的。我们必须勇立潮头、奋勇拼搏，抢抓机遇、苦干实干，以一流的作风、一流的业绩兑现向全县人民的承诺。

——让忠诚成为政治底色。始终保持高度的思想自觉、政治自觉和行动自觉，切实增强“四个意识”、坚定“四个自信”，坚决做到“两个维护”。对照省委第八巡视组反馈问题，强化政治担当，压紧压实责任，抓好任务分解，注重标本兼治，高效有序做好巡视“后半篇文章”，确保巡视反馈问题全面彻底整改到位，以巡视整改的实际成效体现对党的绝对忠诚。坚定不移全面加强党的建设。严格落实意识形态工作责任制。持续开展“大学习、深调研、真落实”活动和“不忘初心、牢记使命”主题教育。坚决贯彻落实党中央、国务院、省、市和县委的各项决策部署，确保政令畅通、令行禁止。

——让法治成为干事习惯。牢固树立法治意识，强化依法行政，让按规则办事成为权力运行的常态。坚持科学民主决策，提高重大决策公众参与度。严格落实县政府常务会议、县长办公会议议事规则及重大事项合法性审查、风险评估机制。主动接受人大及其常委会的工作监督、法律监督和政协民主监督，自觉接受监察监督、司法监督和社会舆论监督。高质量办理人大代表建议和政协委员提案。深入推进政务公开，让权力公开透明、阳光运行。

——让担当成为工作常态。市政府把今年定为“转作风、抓落实”之年。我们将瞄准各项目标任务，紧盯发展难题短板，弘扬苏区精神，传承红色基因，坚决克服“这也不行、那也不行”等消极思想，坚决破除怕担责、守摊子、吃老本等求稳心理，坚决纠正不作为、慢作为、乱作为、表态多调门高、行动少落实差等突出问题，坚持“马上就办、办就办好”和“官不避事、事不避难”，抢抓机遇干大事，竭尽全力解难事。强化正向激励，健全容错纠错机制，努力形成勇于担当、务实尽责的工作氛围。

——让廉洁成为行动自觉。始终把纪律和规矩挺在前面，深入推进政府系统模范机关创建，全面履行“两个责任”，严格落实“一岗双责”，认真贯彻中央八项规定精神，严防“四风”问题隐形变异、反弹回潮，从严控制“三公”经费。严格预算执行，强化审计监督、财政监督。严肃查处工程建设、招投标、扶贫等重点领域和发生在群众身边的腐败行为，切实做到干部清正、政府清廉。

各位代表，时代赋予重任，人民寄予重托。让我们更加紧密地团结在以习近平同志为核心的党中央周围，在县委的坚强领导下，在县人大、县政协的监督支持下，以永不懈怠的精神状态和一往无前的奋斗姿态，紧紧团结和依靠全县人民，苦干实干干出新成效，创业创新创出新辉煌，为决胜全面建成小康社会、推动平远高质量发展而不懈奋斗，以优异成绩庆祝新中国成立70周年！

附件：

1. 2019年十件民生实事

2. 名词解释

附件1：

2019年十件民生实事

2019年，县政府按照保基本、兜底线、促公平的原则，坚持尽力而为、量力而行，继续办好十件民生实事。

一、提高底线民生保障水平。城乡居民基本养老保险基础养老金最低标准从每人每月148元提高到170元；城镇、农村低保对象最低生活保障人均补差水平，分别从每人每月503元、228元提高到554元、251元；特困人员基本生活标准按不低于当地最低生活保障标准的1.6倍且不低于当地现行特困人员基本生活标准确定；孤儿基本生活最低养育标准集中供养和分散供养水平，分别从每人每月1560元、950元提高到1685元、1025元；城乡低保对象、建档立卡贫困人口政策范围内基本医疗救助比例达到80%以上。

二、扶持创业就业。为符合条件的创业者提供最高30万元、最长3年的创业担保贷款及贴息；培训“客家菜师傅”60名；实施劳动力技能晋升培训补贴、失业保险技能提升补贴政策，对按规定参加职业技能培训、符合条件的省内外城乡劳动者发放补贴400人次；将生活困难的应届高校毕业生求职创业补贴标准从每人1500元提高到2000元；工伤保险在全面实施浮动费率的基础上，阶段性下调缴费费率，全县平均费率再下降30%左右。

三、促进教育更加公平均衡。建立学前教育、公办普通高中生均拨款制度及逐步增长机制，公办幼儿园生均公用经费补助标准不低于每生每年300元，对符合条件的普惠性民办幼儿园参照给予补助；公办普通高中生均公用经费补助标准不低于每生每年500元；继续落实义务教育公用经费、中等职业教育生均拨款制度，义务教育学校生均公用经费标准小学不低于每生每年1150元、初中不低于每生每年1950元，中等职业教育生均财政拨款基本标准不低于每生每年3000元（不含免学费补助）。规划建设城南小学和城南幼儿园。

四、提升医疗卫生服务能力。职工基本医疗保险基金年度累计最高支付限额从10万元提高到11万元，补充险最高支付限额从28万元提高到30万元；城乡居民大病保险起付标准从0.8万元降为0.7万元、年度最高支付限额从16万元提高到20万元；实行困难群众市内就医“基本医疗保险+大病保险+医疗救助”一站式结算，实行省内异地就医“基本医疗保险+大病保险”直接结算；提高城乡居民医疗保险符合计划生育政策分娩补助标准，顺产补助从1000元提高到1300元、剖宫产补助从1300元提高到1500元；培训全科医生15名、产科医生（含助产士）6名、儿科医生

1名；扩大订单定向医学生招收规模至每年5名；为20个省定贫困村卫生站配备8类健康监测仪器设备包。

五、实施文化惠民工程。加大力度推进《客家文化（梅州）生态保护实验区总体规划》实施；举办“2019年文化和自然遗产日”“2019客家文化（非遗）艺术周”等大型非遗传播和文化惠民活动。

六、关爱特殊群体。困难残疾人生活补贴、重度残疾人护理补贴标准，分别从每人每月157.5元、210元提高到165元、220元；为重度残疾人、精神和智力残疾人缴纳城乡居民基本养老保险标准，从每人每月10元提高到20元。

七、完善城区公共服务设施。新建和提升改造城市公厕各1座；新建旅游厕所6座。

八、改善农村生活生产条件。新建和提升改造乡村公厕347座，农村无害化户厕普及率达到98.5%；建设临水临崖、急弯陡坡和安全事故多发路段的农村公路安全生命防护工程22.043公里；完成20个省定贫困村通20户以上自然村村道路面硬化29.237公里，优先做好连接现代农业产业园、历史文化古村落、南粤古驿道沿线、AAA级以上旅游景区和乡村旅游点等道路的改扩建；支持4个农业特色专业村发展“一村一品、一镇一业”；按省有关政策提高省级以上生态公益林每亩补偿标准。

九、保障公共安全。完成不少于825批次食品抽检任务，食品检验量达到每年每千人3.5批次；在全面开展监督抽检的基础上，对不少于3家的食用农产品集中交易市场开展以蔬菜类、水产品类和肉类为主的快速检测，及时公示快速检测信息，不合格产品处置率达到100%，全年快速检测不少于12128批次；县内生产的药物品种抽检覆盖率达到100%；建设县“120”急救指挥中心急救优先分级指挥调度子系统；建设城市消防远程监控系统。

十、加大政务便民服务力度。进一步提升“粤省事·梅州”移动政务服务平台服务事项的广度和深度；积极承接省统筹在户政、安全技防、医疗救助、劳动仲裁、社保医保等领域高频政务服务事项的落地实施，推动我县更多特色服务事项进驻；优化平台已上线服务事项业务流程，实现群众填写表格、提交材料、跑动次数减少50%以上，已上线服务事项“零跑动”超过80%；依托“粤省事·梅州”平台支撑，提升公共法律服务水平，实现刑事案件律师辩护100%覆盖。

附件2：

名词解释

1.一城一区一带：宜居宜业美丽县城、万亩生态工业园区、生态富民带。

2.“四好农村路”建设：建好、管好、护好、运营好农村公路。

3.多规合一：将国民经济和社会发展规划、城乡规划、土地利用规划、生态环境保护规划等多个规划融合到一个区域上，实现一本规划、一张蓝图，解决现有各类规划自成体系、内容冲突、缺乏衔接等问题。

4.双创：创建国家卫生县城、全国县级文明城市。

5.“两美”行动：“美丽平远·美好家园”城乡环境大提升行动。

6.中心镇“六个一”项目：完善一个合实际、能落地的规划；建设完善一批市政工程和学校、医院、文化、环保及公园等公共设施；整理或征用一片建设用地和产业用地；建成一个有品质、能聚人的住宅小区；改造提升一条有特色、聚人气的商业街；建设一个便民利商的政务中心。

7.三清三拆三整治：三清即清理村巷道及生产工具、建筑材料乱堆乱放，清理房前屋后和村巷道杂草杂物、积存垃圾，清理沟渠池塘溪河淤泥、漂浮物和障碍物；三拆即拆除旧房危房、废弃猪牛栏及露天厕所茅房，拆除乱搭乱建、违章建筑，拆除非法违规广告、招牌等；三整治即整治垃圾、生活污水、水体污染。

8.五个不发生：不发生危害国家安全和社会稳定的重大政治事件，不发生重大公共安全事件，不发生规模性到省进京集访事件，不发生严重暴力恐怖和个人极端事件，不发生重大群体性事件。

9.一核一带一区：推动珠三角核心区优化发展；把粤东、粤西打造成新增长极，与珠三角城市串珠成链形成沿海经济带；把粤北山区建设成为生态发展区，以生态优先和绿色发展为引领，在高水平保护中实现高质量发展。

10.“1+1+9”：第一个“1”是指以推进党的建设新的伟大工程为政治保证；第二个“1”是指以全面深化改革开放为发展主动力；“9”是指九方面重点工作：以粤港澳大湾区建设为重点，加快形成全面开放新格局；以深入实施创新驱动发展战略为重点，加快建设科技创新强省；以提高发展质量和效益为重点，加快构建推动经济高质量发展的体制机制；以构建现代产业体系为重点，加快建设现代化经济体系；以大力实施乡村振兴战略为重点，加快改变广东农村落后面貌；以构建“一核一带一区”区域发展新格局为重点，加快推动区域协调发展；以深入推进精神文明建设为重点，加快建设文化强省；以把广东建设成为全国最安全稳定、最公平公正、法治环境最好的地区之一为重点，加快营造共建共治共享的社会治理格局；以打好三大攻坚战为重点，加快补齐全面建成小康社会、跨越高质量发展重大关口的短板。

11.六争六补：“六争”即创先争优、追赶一流，推动生态文明建设、乡村振兴、脱贫攻坚、文化名城建设、社会治理和基层党建六方面走在全省前列；“六补”即正视差距、下足功夫，补齐对外交通、实体经济、技术创新、发展平台、改革开放和民生事业六方面短板。

12.“123456”：“1”是指走好一条绿色发展之路，推动经济“换道超车”；“2”是指深化“两带”建设，推动实体经济发展壮大；“3”是指建设“三宜”城市，推动城乡一体化发展；“4”是指改善四个重点民生，推动幸福梅州建设；“5”是指构建“五星争辉”格局，推动区域协调发展；“6”是指突出六个方面，全面加强党的建设。

13.“11356”：第一个“1”是指坚定“一个指引”，持续深入学习宣传贯彻习近平新时代中国特色社会主义思想；第二个“1”是指用好“关键一招”，将改革开放进行到底；“3”是指实施“三个创建”，推动县域经济量增质优；“5”是指狠抓“五美”建设，全力打造“精致小城·大美平远”；“6”是指突出“六个强化”，坚定不移加强党的领导和党的建设。

14.六税两费：六税即资源税、城市维护建设税、房产税、城镇土地使用税、印花税（不含证券交易印花税）、耕地占用税；两费即教育费附加费、地方教育附加费。

15.双随机一公开：在监管过程中随机抽取检查对象，随机选派执法检查人员，抽查情况及查处结果及时向社会公开。

16.两不愁、三保障、一相当：农村贫困人口不愁吃、不愁穿，义务教育、基本医疗和住房安全有保障，基本公共服务主要指标相当于全省平均水平。

17.社会主义核心价值观“六个一”工程：建设一批文明示范村、培育一批特色示范镇、创建一批星级示范户、宣传一批新乡贤、命名一批星级文明公厕、打造一批行业示范窗口。

大　事　记

1月

2—4日　省督导验收专家组对平远县申报广东省推进教育现代化先进县暨教育强县复评工作进行督导验收。县委副书记、副县长、代县长杨栋，副县长刘兰娇以及市县相关单位负责人参加活动。

3日　平远县十五届人大常委会召开第十一次会议，会议任命杨栋为县人民政府副县长，决定其代理县长职务。

6日　省委农办主任陈祖煌率队到泗水镇梅畲村调研中国·客天下平远梅畲田园综合体建设项目推进情况。副市长曾尚忠和县领导宋才华、杨栋、温助民、陈琼宏、陈远航等陪同调研。

9日　中国共产党平远县第十三届委员会第五次全体会议在县城召开。县委书记宋才华代表县委常委会向全会作工作报告，县委副书记、代县长杨栋就经济工作作专题讲话。

10日　省司法厅副厅长张荣辉率领省督导组到平远县检查督导严重精神障碍患者救治救助工作。县委常委、政法委书记姚永波等陪同督查。

是日　政协第十届平远县委员会第三次会议在县迎宾馆大会堂隆重开幕，于1月11日下午胜利闭幕。

11日　省考评专家组一行到平远县考评广东省食品安全示范街工作。副县长李远林出席汇报会并陪同考核。

是日　平远县第十五届人民代表大会第三次会议在县城隆重开幕，于1月12日下午胜利闭幕。会议选举杨栋为县人民政府县长、徐万宝为县监察委员会主任、周铁军为县人民检察院检察长。

15日　水利部珠江水利委员会水源局党组书记黄建强率领国家核查组到平远县进行全面建立河长制中期评估核查。副市长曾尚忠，县委副书记、县长杨栋，县委常委、常务副县长温助民等陪同核查。

16日　平远县监察委员会正式挂牌成立，县检察院共划转编制10名，转隶10人，实现应转尽转、平稳过渡。县领导宋才华、杨栋、姚永波、黄钧震、徐万宝、赖家琳和县检察院检察长周铁军以及县纪委副书记梁裕彝、冯浪等参加挂牌仪式。

18日　市评估验收组到平远县评估验收法治县、法治镇创建工作。县委常委、政法委书记姚永波，县人大常委会常务副主任凌小宏，副县长张善波、刘兰娇等陪同评估验收或参加座谈。

23日　平远县召开2018年春运工作会议，副县长李远林出席会议并讲话。2018年春运从2月1日开始至3月12日结束，共计40天。平远县成立春运工作领导小组，结合实际制定春运工作方案和应急预案，积极排查道路交通安全隐患，确保春运工作顺利开展。

24日　市委常委、组织部部长杜敏琪到大柘镇超竹村开展春节走访慰问活动，看望生活困难党员、老党员和老干部。县委常委、组织部部长黄钧震和大柘镇党委负责人陪同参加。

28日 省民政厅督导组到平远县督导防寒保暖工作。县领导杨栋、温助民、李远林等陪同督导或会见督导组。

是日 平远县召开迎接市对县扶贫开发成效考核工作会议。县领导宋才华、杨栋、温助民、刘海鹏、陈远航、刘兰娇、韩旭参加会议。

30日 平远县开展春运安全督查活动。副县长李远林，县政府办、公安交警、交通运输、安监、公路等部门负责人参加督查。

31日 市综治工作考评组一行到平远县开展2017年度综治（平安建设）现场考评工作。县委常委、政法委书记姚永波，县政协副主席姚小玲参加活动。

是日 市扶贫开发成效核查组到平远县考核2017年度扶贫开发工作成效。考核工作至2月5日结束。县委常委、常务副县长温助民陪同考核并参加情况反馈会。

2月

1日 平远县举行民企、外企类和农旅、电商、中介及社会组织类两个新的社会阶层人士统战工作实践创新示范基地揭牌仪式。市委常委、统战部部长张文广，县委书记宋才华出席并为示范基地揭牌。揭牌仪式由县委常委、统战部部长林忠云主持，县长杨栋为示范基地主任颁发聘书。市委统战部副部长侯银生，县委常委、县委办公室主任陈琼宏及各示范基地新的社会阶层人士代表共160多人参加揭牌仪式。

2日 平远县召开食盐监管职能移交工作会议。副县长韩旭参加会议。

5日 平远县召开全县安全生产和春运交通安全工作会议。县领导杨栋、温助民、刘海鹏、陈远航、李远林、张善波、刘兰娇、韩旭等参加会议。

6日 中共平远县第十三届纪律检查委员会第三次全体会议在平远县迎宾馆大会堂召开。宋才华、杨栋、凌声宏、胡新文、姚永波、肖桂华、温助民、陈琼宏、黄钧震、徐万宝、林忠云、刘海鹏等县委、县人大常委会、县政府、县政协、县纪委全体领导参加会议。

是日 县长杨栋率队开展安全生产督查。县委常委、常务副县长温助民，以及县安监、交通运输、旅游、食药监、工商质检、公安交警、公安消防等部门负责人陪同督查。

7日 省住建厅厅长张少康率队到平远县调研古驿道修复保护利用工作。县委副书记、县长杨栋，副县长陈远航等陪同调研。

是日 副市长张晨率领慰问组，深入到平远县石正镇、大柘镇走访慰问一线医务人员，看望慰问贫困残疾人以及计生特难户。副县长刘兰娇以及市县相关部门负责人陪同慰问。

是日 平远县开展节前打假打私暨食品安全联合检查行动。副县长李远林以及打假办、食安办等部门负责人和执法人员参加检查活动。

是日 副市长吴泽桐率队督查平远县春运交通安全工作落实情况，要求平远县要严格落实安全防范措施，全力做好保安全、保畅通、保服务各项工作，确保春运交通安全。

9日 市检查验收组深入平远县泗水镇检查验收市政府挂牌督办火灾隐患重点地区整治工作。副县长、公安局局长张善波陪同检查。

11日 县委、县政府在县迎宾馆召开各界人士春节团拜会，宋才华、杨栋、凌声宏、胡新文等县委、县人大常委会、县政府、县政协领导，以及“两代表一委员”、企业界代表、先进工作者代表、驻平远部队官兵、政法公安干警、环卫工人代表、优秀外来工代表、新闻工作者代表、社会各界人士代表等80多人出席团拜会。

16日　广东省平远商会新春交流活动在商会平远分会办公址举行，县委副书记、县长杨栋与企业家们进行亲切的座谈交流，商讨内外联合，推动平远县“一城一区一带”发展战略的实施。副县长韩旭，广东平远商会会长刘忠平以及县府办等相关负责人陪同。

20日　平远县“春暖平远”大型就业招聘会暨人社政策宣传活动在县人民广场隆重举行，吸引近3000名城乡劳动力和外出返乡人员进场应聘，800多人与用人单位达成就业意向。

26日　市委书记谭君铁到平远县调研田园综合体建设工作。县委书记宋才华，县委副书记、县长杨栋，县委常委、县委办主任陈琼宏，副县长陈远航等陪同调研。

3月

2日　中国·客天下平远梅畲田园综合体启动仪式暨平远县与鸿艺集团战略合作签约仪式在泗水镇梅畲村举行。副县长陈远航、广东鸿艺集团总裁蔡雪峰等出席启动仪式。

7日　省安全生产监督管理局党组成员、副局长余德旋率督查组到平远县开展安全生产工作督查。县委副书记、县长杨栋以及市、县安监局相关负责人陪同督查。

8日　省立法研究所理事会理事长、省人大常委会原副主任张广宁，省人大常委、省人大常委会法工委副主任、省立法研究所所长李如章等到平远县调研农村公路、爱国卫生工作、人大规范性文件备案审查等立法课题工作。县领导胡新文、凌小宏、廖文香、刘兰娇等陪同调研。

是日　“南方号·平远矩阵”——平远县政务新媒体入驻“南方号”启动仪式在县委宣传部举行。《南方日报》地方新闻部主任练学华，县委常委、宣传部部长肖桂华等出席仪式，并为平安平远、健康平远、平远旅游、平远天气、文明平远和平远青年6家政务新媒体代表授牌。

9日　平远县召开扫黑除恶专项斗争工作领导小组会议。县委常委、政法委书记姚永波，副县长、公安局局长张善波，县人民法院院长刘鹏飞，县人民检察院检察长周铁军，县纪委副书记、监察委副主任冯浪等出席会议。

13日　县民政局与县公安消防大队在县民政局签订民政服务机构消防安全共建战略合作协议。副县长陈远航出席签订仪式。

是日　县委副书记、县长杨栋率队到工业园区开展“暖企行动”。县委常委、政法委书记姚永波，县委常委、副县长刘海鹏参加活动或座谈会。

14日　平远县召开2018年春季重大动物疫病防控工作会议。副县长陈远航参加会议。

15日　广东省旅游局副局长曾晓峰率队到平远县开展安全生产督查。县领导杨栋、温助民以及省市县相关部门和企业负责人陪同督查。

16日　省体育局副局长麦良率队到平远县八尺镇勘察2018年南粤古驿道定向大赛竞赛场地。副县长陈远航及体育局等相关单位负责人陪同调研。

是日　平远县召开卫生计生工作会议，总结过去5年和2017年的全县卫生计生工作，部署2018年工作重点。副县长李远林，县政协副主席、县人民医院院长卢斌等出席会议。

是日　平远县召开十三届县委第三轮巡

察工作动员会，贯彻落实中央、省、市、县委有关巡视巡察工作的新要求，动员部署平远县第三轮巡察工作。县委常委、县纪委书记、县监委主任徐万宝，县纪委副书记、县监委副主任梁裕彝，县委巡察工作领导小组成员，第三轮被巡察单位主要负责人、分管领导，巡察单位所在的派驻纪检组组长以及巡察组、巡察办全体人员等参加动员会。

19日　省司法厅党委委员、巡视员何流明，计财装备处处长黄奕，市政府副秘书长邓国功到平远县调研司法行政计财装备工作。县委副书记、县长杨栋，副县长张善波陪同调研。

22日　平远县召开第一季度安全生产工作会议，县委书记宋才华出席并讲话。会议由县长杨栋主持，县委常委、常务副县长温助民，县委常委、县委办主任陈琼宏，副县长张善波等出席会议。

是日　平远县召开精神文明建设工作总结暨创建“全国县级文明城市”动员会。县委书记宋才华，县委副书记、县长杨栋，县委常委、宣传部部长肖桂华，县人大常委会副主任陈永和，副县长李远林，县政协常务副主席刘志刚等出席会议。

24日　广东省平远商会第一届第四次会员大会暨平远招商交流会在广州举行。广东省通信管理局局长苏少林，县委副书记、县长杨栋，县委常委、政法委书记姚永波，县委常委、统战部部长林忠云，县委常委、副县长刘海鹏，广东省平远商会荣誉会长、欧派家居集团股份有限公司董事长姚良松，广东省大埔、丰顺、饶平、博罗等兄弟商会相关负责人，广东省平远商会会长刘忠平以及县直相关部门负责人参加会议。

27日　平远县在平远中学召开创建“广东省推进教育现代化先进县”总结通报暨“县管校聘”管理改革动员会。县委副书记、县长杨栋，副县长刘兰娇出席会议。

4月

4日　全国政协外事委员会副主任、香港广东社团总会主席、香港客属社团总会荣誉主席、香港梅州社团总会主席、丝宝集团董事长梁亮胜、古尔夫伉俪到平远考察。县委书记宋才华，县长杨栋，县政协主席凌声宏，县委常委、县委办主任陈琼宏等陪同考察。

是日　平远县各界人士在县革命烈士陵园举行祭奠先烈活动。王士刚、陈远航等县领导，老战士联谊会代表和部分县离退休老同志代表，县军烈属、复员退伍转业军人代表，学生代表，驻平远部队代表及县民政局全体干部职工等共300多人参加祭奠活动。

8日　副市长张晨到平远县调研食品安全和经济工作。县长杨栋、副县长刘兰娇等陪同调研。

是日　平远县足球协会召开第二届会员代表大会。选举产生新一届领导机构及人员，赖国传当选为新一届县足协主席。副市长张晨，县委副书记、县长杨栋，副县长刘兰娇，棕榈股份创始人之一赖国传出席会议。

是日　2018“棕榈杯”平远足球联赛在平远县城南中学足球场开幕。副市长张晨，县委副书记、县长杨栋以及廖文香、刘兰娇、韩垂辉等县领导，冠名企业、棕榈股份创始人之一、县足协主席赖国传等相关领导、嘉宾出席开幕式。

11日　平远县召开全县中小学校安全工作会议。副县长刘兰娇出席会议并讲话。

12日　平远县召开全县食品安全工作会议。副县长刘兰娇出席会议并讲话。

12—13日　广东省森林公园协会第一届

五次会员代表大会暨森林旅游创新论坛在平远县召开。广东省国有林场和森林公园管理局局长米明福、副县长陈远航等领导和嘉宾参加活动。

13日 全县创新发展与重点项目建设工作会议在县迎宾馆大会堂召开。县委书记宋才华出席会议并讲话，县委副书记、县长杨栋主持会议。县委、县人大常委会、县政府、县政协、县纪委全体领导出席会议。

18日 市委副书记、代市长陈敏到平远县调研。副市长吴泽桐，市政府秘书长、办公室主任林健雄，县委书记宋才华等陪同调研。

是日 平远县召开全面深化改革领导小组会议。县领导宋才华、胡新文、姚永波、温助民、陈琼宏、黄钧震、林忠云、刘海鹏等参加会议。

19日 平远县召开全县严重精神障碍患者救治救助工作会议。县委常委、政法委书记姚永波出席会议并讲话。副县长、县公安局局长张善波主持会议。

是日 平远县开展汛前“三防”安全生产检查工作。副县长陈远航以及相关部门负责人参加检查。

20日 平远县在官田广场开展以“关注小环境、共享大健康”为主题的平远县第30个爱国卫生月活动。副县长、县爱卫会主任李远林参加活动并作动员讲话。

21日 平远县第二届“客家炒绿”茶香节活动在石正镇源丰茶园举行，多家企业与平远县茶企签订茶叶采购合同。副县长陈远航参加活动并致辞。

25日 梅州军分区司令员杨芝春大校率队到平远县检查民兵整组工作情况。梅州军分区动员处处长李宁、县人武部部长王士刚、县人武部政委裴中秋陪同检查。

28日 县政协组织部分政协委员，对全县镇、村污水处理设施建设情况开展专题协商活动。副县长陈远航，县政协常务副主席刘志刚，县政协副主席韩垂辉参加视察和协商座谈活动。

5月

7日 平远县开展涉校安全隐患排查整治专项行动，副县长刘兰娇参加活动。

8日 平远县召开全县党风廉政建设工作专题会议。县领导宋才华、杨栋、姚永波、肖桂华、陈琼宏、黄钧震、徐万宝以及县纪委副书记梁裕彝、冯浪等参加会议。

9日 平远县召开精准扶贫暨新农村建设工作会议。副县长陈远航参加会议。

15日 市委常委、常务副市长李远青到平远县调研。县委副书记、县长杨栋，县委常委、常务副县长温助民等陪同调研。

23日 平远县召开县委保密委员会全体会议，县委副书记、县委保密委主任胡新文，县委常委、常务副县长温助民，县委常委、县委办主任陈琼宏出席会议。

6月

1日 平远县召开文化市场安全综合整治工作会议，副县长刘兰娇出席会议。

是日 平远县召开全县禁毒工作暨青少年毒品预防教育“6·27”工程和社区戒毒社区康复“8·31”工程推进会，副县长、公安局局长张善波参加会议。

5日 平远县在官田广场举办纪念“6·5”世界环境日暨第二次全国污染源普查宣传活动，副县长李远林参加活动并讲话。

8日 平远县召开全域推进人居环境整治、建设生态宜居美丽乡村工作会议，县委副书记胡新文、县人大常委会副主任马文生、副县长陈远航、县政协副主席罗益新等参加会议。

是日 平远县召开迎接中央环保督察第五督察组“回头看”工作会议。副县长李远林出席会议并讲话。

11日 平远县在县城人民广场举办“智慧新警务、护航新发展”2018平远公安警察开放日暨“移动式一窗通办”“显性用警”启动仪式活动。县委副书记、县长杨栋，县委常委、政法委书记姚永波，县委常委、县委办主任陈琼宏，副县长、公安局局长张善波出席活动。

12—13日 省政协副主席袁宝成率调研组到平远开展“以乡村民宿改造为抓手，发展乡村旅游，推动乡村振兴”专题调研，为平远县民宿行业发展“把脉问诊”。市政协主席陈建青，县政协主席凌声宏，县委常委、统战部部长林忠云，副县长陈远航、刘兰娇，县政协副主席涂其标等县领导陪同调研或参加座谈会。

13日 省政协常委、文化和文史资料委员会主任方健宏率领省政协专题调研组到平远调研古驿道保护利用和精准扶贫工作。副县长李远林，县政协常务副主席刘志刚陪同调研。

14日 参加全市乡村振兴工作会议的与会人员兵分两路，实地参观考察平远县河头镇向阳村、石正镇南台村等美丽乡村示范点，现场感受平远县新农村“蝶变”成果，学习借鉴先进的建设发展模式。县委书记宋才华，县委副书记、县长杨栋，县委常委、县委办主任陈琼宏，副县长陈远航陪同市委副书记、市长陈敏等市委、市政府领导考察。

15日 平远县召开2018年广东扶贫济困日活动工作会议，副县长陈远航参加会议。

是日 平远县召开精准扶贫工作会议，副县长陈远航参加会议。

7月

16—18日 市督导组到平远县督导检查扫黑除恶专项斗争工作开展情况，县委常委、政法委书记姚永波，副县长、公安局局长张善波陪同检查。

19日 中国共产党平远县第十三届委员会第六次全体会议在县城迎宾馆召开。县委书记宋才华，县委副书记、县长杨栋，县人大常委会主任凌志达，县政协主席凌声宏等县委、县人大常委会、县政府、县政协领导参加会议。

20日 新组建的国家税务总局平远县税务局正式挂牌成立，县委副书记、县长杨栋，国家税务总局梅州市税务局联合党委委员、副局长曾建东，副县长陈远航出席挂牌仪式。

是日 平远县召开十三届县委第四轮巡察工作动员部署会，县委巡察工作领导小组组长徐万宝，县委巡察工作领导小组副组长黄钧震，县委巡察工作领导小组成员，第四轮被巡察单位主要负责人、分管领导，巡察单位所在的派驻纪检组组长以及巡察组、巡察办全体人员等参加动员会。

25日 在平远的省、市人大代表第二小组深入到县工业园区视察园区建设及入园企业市场经营情况，围绕县委“一城一区一带”发展战略，把脉开方、建言献策。县委常委、副县长刘海鹏，县人大常委会副主任陈永和等陪同视察。

是日 县委书记、县委全面深化改革领导小组组长宋才华主持召开县委全面深化改革领导小组会议，杨栋、胡新文、姚永波、肖桂华、温助民、陈琼宏、徐万宝、林忠云、刘海鹏等县领导参加会议。

27日　县委书记宋才华一行前往梅州，看望慰问96715部队和梅州军分区广大官兵。县委常委、常务副县长温助民，县委常委、县委办主任陈琼宏，县人武部部长王士刚，副县长陈远航等参加慰问活动。

30日　县委副书记、县长杨栋看望慰问县人武部、96715部队78分队、县公安消防大队、县武警中队等驻地部队，县委常委、常务副县长温助民，县人武部部长王士刚，县人武部政委裴中秋，副县长陈远航、张善波等参加慰问活动。

8月

1日　县政府召集县财政、国资办、经信、审计、国土、林业、水务、农业、教育、房管等相关部门，就前段时间县人大常委会调研组调研平远县国有资产运营和管理情况过程中对存在问题提出的意见进行研究。县委常委、常务副县长温助民，县人大常委会副主任朱天英参加会议。

是日　平远县召开南粤古驿道保护修复活化利用暨定向大赛工作推进会，宋才华、凌声宏、陈琼宏、徐万宝等县领导出席会议。

3日　平远县在县公安局召开道路交通安全工作联席会议，副县长张善波出席会议并讲话。

5日　平远县家训家风教育基地在县税务局挂牌揭幕。家训家风教育基地以图文资料、音像资料、实物资料生动展示的方式，把中国的优秀传统文化、平远的历史人文和家训家规有机整合。基地的建成启用，有助于广大干部群众进一步传承家规家训，强化家庭教育，倡导清廉家风，推进崇廉尚洁意识的培养和传承，为平远全面振兴发展提供良好的社会环境与精神支撑，凝聚稳健发展的正能量。

6日　全县加强基层党组织建设工作会议在县迎宾馆召开。县委书记宋才华出席会议并讲话，县委副书记、县长杨栋主持会议，胡新文、肖桂华、陈琼宏、黄钧震、徐万宝等县领导出席会议。

是日　平远县召开全县打赢脱贫攻坚战工作推进会和扶贫工作集体约谈会。县委书记宋才华出席会议并讲话，县长杨栋主持会议，县政协主席凌声宏、县委副书记胡新文、陈琼宏、赖家琳、陈远航等县委、县人大常委会、县政府、县政协有关领导；广州市派驻平远县扶贫工作组组长；各镇党委、政府主要负责人和分管负责人，各村（社区）党支部书记；县直副局以上单位和省、市属驻平远单位主要负责人及驻村干部；全县20个相对贫困村驻村工作队队长、第一书记参加会议。

7日　全县推进巡视整改工作动员会议在县迎宾馆大会堂召开。县委、县人大常委会、县政府、县政协、县纪委全体领导，县人武部、县法院、县检察院、龙文—黄田省级自然保护区管理处主要负责人；各镇党委书记、镇长、纪委书记、组织委员、宣传委员，各村（社区）党支部书记；县直各副局以上单位和省、市属驻平远各单位主要负责人，县人大常委会、县政协各专（工）委主任；县纪委监委、县委组织部、县委宣传部领导班子成员，县委巡察办主任、县委巡察组组长等参加会议。

8日　省侨办率领深圳侨资企业考察团一行到平远县开展“2018‘侨资企业粤北行’”投资考察活动。省侨办副巡视员李仲民，县委副书记、县长杨栋，县委常委、统战部部长林忠云等陪同考察或参加座谈会。

10日　副市长张晨一行到平远县“两未通”贫困村调研，认真落实省委巡视整改要求。县委副书记、县长杨栋，副县长韩旭及市县相关单位负责人陪同调研。

13日 市委副书记、市长陈敏率队到平远县调研全域旅游工作。市政府秘书长、办公室主任林健雄，副县长陈远航、李远林及市、县有关单位负责人参加调研。

21日 县人大常委会组织6个县人大代表小组代表分赴6个镇继续开展“更好发挥人大代表作用”主题活动，县委副书记胡新文，县委常委、统战部部长林忠云，县人大常委会常务副主任赖家琳、凌小宏，副主任马文生、朱天英、廖文香、陈永和，副县长韩旭，县人民检察院检察长周铁军等到相关镇参加活动。

23日 在平远的市人大代表第一小组深入到县公安局、大柘镇调研平远县扫黑除恶专项斗争工作情况。县人大常委会副主任陈永和，副县长、公安局局长张善波参加活动。

24日 县委、县政府领导班子召开巡视整改暨全面彻底肃清李嘉、万庆良恶劣影响专题民主生活会。省委第八巡视组副组长吴素青、巡视组成员肖国华；市督导组组长、市委组织部副部长钟利文等到会指导；会议由县委书记宋才华主持。县党政领导班子参加会议并作发言，县人大常委会和县政协党组负责人，挂职县委常委及县政府非党员副县长列席会议。

28日 县委书记、县人武部党委第一书记宋才华主持召开县委议军会议。县委常委、常务副县长温助民，县人武部部长王士刚，县人武部政委裴中秋，副县长李远林，相关镇和县直单位负责人参加会议。

29—30日 省扫黑除恶专项斗争第四督导组到平远县督导扫黑除恶工作，县委书记宋才华在专题汇报会上作全县扫黑除恶专项斗争工作情况汇报，县委副书记、县长杨栋主持会议。胡新文、姚永波、肖桂华、黄钧震、徐万宝、张善波、刘鹏飞等县领导参加会议。

30日 市委常委、市政府党组副书记黄文沐到平远县调研古驿道活化利用、水田垦造、特色小镇、重点项目建设等工作。市府办、市住建局、市国土局、市发改局等单位负责人以及副县长陈远航等陪同调研或参加座谈会。

31日 县委召开2018年纪律教育学习月活动动员大会，县委书记宋才华出席会议并作辅导报告，县委常委、纪委书记、县监委主任徐万宝主持会议。县委、县人大常委会、县政府、县政协、县纪委领导，法检两长，各镇党委书记、镇长以及县直相关单位负责人参加活动。

是日 市委常委、组织部部长杜敏琪到省委巡视反馈的平远县未通自来水、又未道路硬底化的贫困村进行实地调研，县委常委、组织部部长黄钧震，副县长陈远航及相关部门负责人等陪同调研。

9月

3日 省委第八巡视组巡视平远县工作动员会议召开。动员会前，省委第八巡视组组长黄创强，副组长吴素青、周征延及联络员与平远县委书记宋才华，县委副书记、县长杨栋举行见面会。动员会上，黄创强就开展巡视工作进行安排部署、提出具体要求。宋才华主持会议并作表态讲话。省委第八巡视组全体成员；平远县四套领导班子成员；县人民法院、县人民检察院党组主要负责人；县人武部部长、政委；近三年离退休处级干部；各镇党政主要负责人；县纪委监委、县委组织部领导班子成员；县人大办、县政府办、县政协办主要负责人；县委巡察办主任和巡察组组长，县直正科以上单位、党组织关系在平远的省市属驻平远单位主要负责人参加会议。

5日　省审计厅副厅长黄建勋率调研组到平远调研审计工作，县委副书记、县长杨栋陪同调研。

7日　平远县在县城召开庆祝2018年教师节暨刘宪奖教奖学金颁奖大会，县长杨栋，县委副书记胡新文，县人大常委会副主任廖文香，副县长刘兰娇，县政协副主席姚小玲，县纪委副书记、监委副主任冯浪，以及县政府办，威华集团代表，各镇党委或政府负责人，全县中小学校长、教师代表、县教育局全体干部，受表彰的优秀教师、教育工作者和尊师重教先进单位代表等400多人出席颁奖大会。

是日　省供销合作联社党组书记、理事会主任李朝明，广东天禾农资股份有限公司董事长邹宁，广东新供销天润粮油集团公司董事长、总经理陈伟进一行到平远调研供销社综合改革及乡村振兴相关工作，县委副书记、县长杨栋，副县长陈远航陪同调研。

11日　市督查组到平远县开展安全生产综合督查工作，县委常委、常务副县长温助民陪同检查并作讲话。

12日　平远县召开全县工商和市场监管领域扫黑除恶专项斗争工作推进会，副县长韩旭参加会议并讲话。

12—13日　省验收工作组到平远县开展基层政务公开标准化规范化试点验收评估工作，县委常委、常务副县长温助民及市县相关单位负责人陪同检查验收。

13日　县委副书记、县长杨栋率队调研双台风“百里嘉”和“山竹”防御工作情况，副县长李远林及水务、交通、财政、国土，县委组织部、农办等相关部门负责人陪同调研。

16日　县委书记宋才华赶赴各镇督查台风防御工作，县委常委、县委办主任陈琼宏，副县长陈远航、李远林，县政协副主席姚小玲等陪同调研。

19—20日　北京市门头沟区体育局副局长吴志勇一行到平远督导“绿地·华侨城杯第九届北京国际山地徒步大会梅州平远站20Km穿越世界第一天然大佛徒步活动”筹备工作。副县长刘兰娇及相关单位负责人参加活动。

21日　市工商联主席、广东宝丽华新能源股份有限公司董事长、梅州客商银行股份公司董事长宁远喜率领市工商联、梅州客商银行的领导和企业家共40多人到平远参观调研。县委副书记、县长杨栋，县委常委、统战部部长林忠云，副县长韩旭等参加活动。

25日　平远县召开第四次全国经济普查动员暨单位清查培训会议，县委常委、常务副县长温助民出席会议并讲话。

27日　平远县召开第二次全国污染源普查全面入户调查工作部署（培训）暨污染防治攻坚战推进会，副县长李远林出席会议并讲话。

28日　全县基层党组织书记培训班在县迎宾馆大会堂举办，县纪委副书记、监委副主任梁裕彝出席开班仪式。全县各村（居）党支部书记、县直副局以上单位党组织负责人、各镇纪委书记260人参加培训。

29日　省环保厅厅长鲁修禄率领省调研组一行到平远县现场调研生态环境保护工作，要求平远县进一步明确责任，继续扎实做好生态环境质量保护与建设工作，保护好平远的青山绿水。县委书记宋才华，副县长李远林，县政协副主席、龙文—黄田省级自然保护区管理处主任罗益新等陪同调研。

是日　县政府组织教育、安监、工商质监、食药监、民政、公安消防大队等部门对校园周边午晚托机构开展安全检查，摸排调研校外午晚托情况。副县长张善波、刘兰娇参加检查活动。

是日　县政协主席凌声宏带领部分政协委员，对平远县“万亩生态工业园区”建设情况开展专题协商活动，县委常委、副县长刘海鹏，县政协副主席罗益新参加视察和协商座谈活动。

30日　县委书记宋才华，县长杨栋率队开展节前安全生产大检查。县委常委、常务副县长温助民，县委常委、县委办主任陈琼宏及县直相关部门参加检查。

是日　平远县在县革命烈士陵园举行公祭仪式，县委书记宋才华，县长杨栋，县政协主席凌声宏，县委副书记胡新文等县委、县人大常委会、县政府、县政协、县纪委监委的全体领导，县无党派人士代表，县军烈属，复员退伍转业军人代表，县直单位先进党员代表，县直各副局以上及省、市属驻平远各单位负责人，公安干警、工人、农民、市民、学生代表，以及驻平远部队、武警战士代表等共500多人参加公祭活动。

是日　县委书记宋才华，县长杨栋率队到八尺检查站检查非洲猪瘟防控工作。要求各相关部门要加强沟通协作，严格落实生猪及其产品调运监管措施，筑牢非洲猪瘟防控屏障，全力以赴确保把疫情堵在省域外。

10月

8—9日　省体育局一行到平远调研南粤古驿道定向大赛筹备工作情况，副县长刘兰娇陪同调研。

10日　副市长吴泽桐到平远县调研交通公路建设和工业企业发展工作，县委副书记、县长杨栋，副县长韩旭陪同调研。

13日　由工业和信息化部原材料工业司巡视员骆铁军率领的调研组，到平远县稀土相关企业调研稀土产业发展情况，县委副书记、县长杨栋，副县长韩旭参加调研活动。

15日　平远县召开2018年平远县未成年人思想道德建设工作会议，县委常委、宣传部部长肖桂华，副县长刘兰娇参加会议。

是日　平远县召开“扫黄打非”工作会议，县委常委、宣传部部长肖桂华，副县长刘兰娇参加会议。

是日　平远县召开深化扶贫领域腐败和作风问题专项治理工作推进会，县委常委、纪委书记、监委主任徐万宝，副县长陈远航，县纪委副书记、监委副主任冯浪等出席会议。

17日　平远县召开旅游产业发展暨全域旅游工作推进会，县委副书记、县长杨栋，县人大常委会主任凌志达，县政协主席凌声宏，副县长陈远航参加会议。

20日　由北京市门头沟区人民政府、北京市民间组织国际交流协会主办，北京市门头沟区体育局、县人民政府、市体育局、北京奥健国际山地运动发展中心承办的绿地·华侨城杯第九届北京国际山地徒步大会梅州·平远站在平远南台卧佛山顺利开走，陈琼宏、刘海鹏、廖文香、陈远航、姚小玲等县领导以及县纪委副书记冯浪参加启动仪式。

是日　副市长张晨率队前往八尺镇实地调研南粤古驿道定向大赛（平远站）筹备工作，市政府副秘书长黄伟华，市体育局局长陈建新，县委副书记、县长杨栋，副县长陈远航陪同调研。

24日　市委常委、市政府党组副书记黄文沐到平远县调研定向大赛筹备情况，县委副书记、县长杨栋，副县长陈远航以及市县相关部门负责人陪同调研。

是日　在平远的省、市人大代表视察平远县特色小城镇建设工作，县人大常委会副主任陈永和，副县长李远林陪同视察。

是日　平远县召开工业园项目建设推进工作会，县委常委、政法委书记姚永波，县委常委、统战部部长林忠云，县委常委、副县长刘海鹏参加会议。

28日　省科学院副院长李定强带领专家学者到平远县调研科研成果转化工作，副县长韩旭陪同调研。

31日　县领导宋才华、杨栋、凌志达、凌声宏、胡新文等前往八尺镇实地检查2018年南粤古驿道“天翼4K高清杯”定向大赛暨《寻乌调查》红色之旅（第七站·梅州平远）活动筹备工作。

11月

2日　平远县传达学习贯彻习近平总书记考察广东重要讲话精神干部大会在迎宾馆大会堂召开，县委、县人大常委会、县政府、县政协、县纪委监委全体领导参加会议。

3日　平远县酒香节优质特色农产品展览会在八尺镇进士广场八尺中学操场隆重开幕，广东省科技基础条件平台中心副主任赵昌平、广东省酒类行业协会会长彭洪、副县长韩旭出席展览会开幕式。

4日　2018年南粤古驿道“天翼4K高清杯”定向大赛暨《寻乌调查》红色之旅（第七站·梅州平远）在八尺镇进士广场举行开幕仪式，副省长许瑞生，省人民政府副秘书长钟旋辉，省体育局党组书记、局长王禹平，省出版集团公司董事长谭君铁，市委副书记、市长张爱军，省体育局副局长麦良，省自然资源厅党组成员杨林安，省文化和旅游厅党组成员龙家有，省自然资源厅副巡视员方为民，省核工业地质局副局长莫纯銮，省足球协会主席叶细权，省户外运动协会会长田新德，省住房和城乡建设厅总经济师潘伟堂，省自然资源厅（原省住建厅总规划师）李永洁，省科学院广州地理研究所所长张鸿鸥，市委常委、市政府党组副书记黄文沐，市委常委、宣传部部长陈晓建，副市长张晨，市人民政府秘书长、办公室主任陈亮，市体育局局长陈建新，县委书记宋才华，县委副书记、县长杨栋等领导和嘉宾出席开幕式。参加活动的人员还对平远县南粤古驿道活化利用工作进行调研。

7日　平远县召开农村集体资产清产核资工作推进会，县委副书记胡新文、副县长陈远航出席会议。

9日　梅州市柑橘黄龙病综合防控工作推进与问策会在平远县召开，省农业农村厅党组成员、副厅长黄斌民，中国农业科学院、国家柑橘产业技术体系栽培研究室主任彭良志，中国柑橘学会理事长邓子牛、副理事长白先进，省农科院副院长易干军，以及县委副书记胡新文、副县长陈远航等领导和嘉宾参加会议。

10日　平远县在县人民广场举行今冬明春火灾防控工作动员部署会暨“119”消防安全宣传月启动仪式，副县长、公安局局长张善波参加活动并宣布“119”消防安全宣传月活动启动。

12—13日　以省政协农业和农村委员会主任陈祖煌为组长的省政协调研组到平远督查乡村振兴战略实施工作，副县长陈远航，县政协常务副主席刘志刚等参加活动。

13日　省参事室（省文史馆）调研组一行到大柘、八尺两个镇，就“历史文化遗存保护与利用”工作进行专题调研，副县长刘兰娇陪同调研。

15—16日　省政协主席王荣率省政协调研组到平远县，先后到长田镇广东新大地生物科技有限公司、河头镇向阳村等地，就

“推进我省乡村振兴战略落实”专项民主监督活动开展专题调研，省政协副主席邓海光、省政协秘书长吴伟鹏、市委书记陈敏、市政协主席陈建青、县长杨栋、县政协主席凌声宏参加活动。其间，王荣还到平远县政协机关看望政协机关干部并合影留念。

16日　平远县召开全县森林防火工作会议，副县长陈远航出席会议。

20日　市政府督导组到平远县就2018年度消防工作责任目标完成情况进行督导检查，副县长、公安局局长张善波参加督导汇报会。

21日　平远县在迎宾馆召开扫黑除恶专项斗争领导小组成员暨中央、省、市督导（暗访）反馈意见落实整改工作推进会，姚永波、张善波、姚小玲、刘鹏飞、周铁军等领导以及县纪委副书记冯浪参加会议。

21—22日　省生态环境厅专家一行到平远县开展国家重点生态功能区县域现场核查工作。县长杨栋，副县长李远林陪同核查或参加核查反馈会。

22日　全县科级干部学习贯彻习近平总书记考察广东重要讲话精神专题研讨班在县迎宾馆开班，县领导杨栋、凌志达、凌声宏、胡新文、陈琼宏、黄钧震等出席开班仪式。

28日　国道206线平远县田螺纽至超竹段改建工程启动仪式在大柘镇示范农场举行，县领导杨栋、凌声宏、陈琼宏、张善波、韩旭以及县人武部部长王志刚、县人民法院院长刘鹏飞等参加启动仪式。

28—30日　第40届全县中小学生田径运动会在县城城南中学举行，副县长刘兰娇出席开幕式和闭幕式。

29日　平远县“客家菜师傅”工程在县职业技术学校全面启动，副县长陈远航、韩旭等县领导参加启动仪式。

30日　平远县召开县城“微改造”工作会议，县领导杨栋、肖桂华、温助民、李远林、韩旭等出席会议。

12月

4日　省农业农村厅领导到平远县调研省级现代农业园建设工作，副县长陈远航等陪同调研。

6日　文化和旅游部资源开发司到平远调研红色旅游发展工作，县委常委、副县长刘海鹏陪同调研。

7日　为期2天的第十四届脐橙文化旅游节农特产品展销活动在县城人民广场举行，县委副书记、县长杨栋，县委副书记胡新文，副县长陈远航等县领导到活动现场检查指导展销活动。

是日　2018年平远特色客家菜烹饪大赛的颁奖仪式、第十四届脐橙文化旅游节开幕暨文艺晚会在平城花园南门广场举行。副市长张晨，县长杨栋，市农业局局长刘玉涛，省农担公司董事长饶伟强，县委副书记胡新文及马文生、陈远航、韩旭、刘志刚、韩垂辉等领导参加活动。在晚会上，还举行“金融助农·龙头联农”系列签约活动。

10日　副市长温向芳到平远县调研现代农业产业园工作以及全省现代农业产业园建设工作推进现场会平远考察点筹备工作，县委副书记、县长杨栋，县委副书记胡新文，副县长陈远航等市、县领导陪同。

是日　市食品安全考核组到平远县现场考核食品安全工作，副县长刘兰娇参加汇报会并陪同考核。

12日　市委常委、市政府党组成员、市委政法委书记、市公安局局长陈俊钦一行到平远调研，县委常委、政法委书记姚永波，副县长、公安局局长张善波，县人民法院院长刘鹏飞，县人民检察院检察长周铁军等参加调研活动。

是日　市委书记陈敏到平远县调研农业工作，市领导陈晓建、温向芳，以及县领导杨栋、胡新文、陈琼宏、陈远航等参加调研活动。

13日　省农业农村厅巡视员牛宝俊到平远县调研省级现代农业产业园建设工作，县委副书记胡新文，副县长陈远航，以及市、县农业部门相关负责人等陪同调研。

是日　平远县召开中共平远县委深化机构改革工作领导小组第一次会议，县委副书记、县长、县委深化机构改革工作领导小组常务副组长杨栋出席会议并讲话。县委副书记胡新文，县委常委、县委办主任陈琼宏，县委常委、组织部部长黄钧震，副县长韩旭等县领导及各相关单位主要负责人参加会议。

15日　省农业农村厅厅长顾幸伟一行到平远调研农业农村工作，省农业农村厅副厅长黄斌民，副市长温向芳，县委副书记、县长杨栋，副县长陈远航等参加调研活动。

17日　平远县召开推进“美丽梅州·美好家园”城乡环境大提升行动动员大会。县委副书记、县长杨栋出席会议。县人大常委会副主任朱天英，副县长李远林，县政协副主席涂其标及相关部门负责人参加会议。

19日　华南农业大学党委副书记钟仰进带领专家学者一行到平远调研科技助农工作，副县长刘兰娇陪同调研。

21日　唱响新时代·迈向新征程——2018平远县“迎新年·颂党恩·展新貌”大合唱活动在县文体中心进行决赛，县委副书记、县长杨栋，县人大常委会主任凌志达，县政协主席凌声宏，县委副书记胡新文等到场观看比赛并分别为获奖队伍颁奖。

24日　中国科学院院士、南京大学教授、博士生导师、纳米材料科学首席科学家都有为一行到平远考察新材料产业，县委副书记、县长杨栋，县委常委、统战部部长林忠云参加活动。

24—25日　广州市委常委、南沙区委书记蔡朝林率队到平远调研对口帮扶工作，梅州市委常委、副市长刘琮会，县领导杨栋、陈琼宏、刘海鹏、陈远航等陪同调研。

25日　省港澳办主任廖京山一行到平远调研乡村振兴、教育发展等工作，县委副书记、县长杨栋，县委常委、统战部部长林忠云陪同调研。

县情概览

基本地情

【地理位置】 平远县地处广东省东北部，梅州市西北部，位于北纬24° 23'38"～24° 56'01"、东经115° 23'41"～116° 07'01"之间。东邻蕉岭县，南接梅县、兴宁，西、北分别与江西省、福建省交界。全县总面积1381平方千米。

【地形地貌】 平远县属丘陵山区，山地、丘陵占总面积的80.8%，其余为河谷盆地。地形平面呈四指并拢向上的巴掌状。因有闽赣边境的武夷山脉南伸所致，西北部高于东南部，形成北高南低的地势。海拔高度大多为200～800米。县境内海拔1000米以上的山峰有4座；北部与江西省交界的项山甑，海拔1529.8米，为平远县最高峰；西部八尺的角山嶂，海拔1030米；中部东石的尖山，海拔1007米；东部与蕉岭县交界的铁山嶂，海拔1164米。差干的五指石和石正的南台山，属丹霞地貌，形成南北对峙的姐妹山，为古今游人向往的风景山，海拔分别为460米、645米。

平远山脉以北部最高峰的项山甑为主，分为两支，一支从项山向东折南，较高的山峰有鸡笼嶂、五指石、鹅石（又名凤山）、梯云岭、尖笔山、大和峰、尖山；另一支从项山向西南方向延伸，高山有帽子山、珠宝峰、七娘峰、屏风峰、角山嶂、黄坑嶂、河岭峰、石龙寨等。

【建置沿革】 平远县治始设于明嘉靖四十一年（1562）。当时以广东程乡县的豪居都（今仁居镇）为中心，并析福建的武平、上杭，江西的安远，广东惠州府的兴宁四县边地，以原设在豪居都林子营通判府馆址为基础，扩大筑城，罢馆置县。因其界于福建武平、江西安远之间，故名“平远”。初隶江西赣州府。明嘉靖四十三年（1564），调整县域，归还闽赣两省武平、上杭、安远三县原析之地，增析程乡的义化、长田、石窟三都及兴宁原析之大信一里，仍组成平远县，改隶广东潮州府，县治仍设在豪居都。明崇祯七年（1634），析平远的石窟一图、二图，及程乡部分地域，增置镇平县（即今蕉岭）。清雍正十一年（1733），程乡县升格为嘉应州，平远改隶嘉应州，与程乡、兴宁、长乐、镇平4县并称嘉应五属。

中华民国成立后，废除原有建制，省县之间另设道。民国3年（1914），设潮循道，平远为下属之一县。民国9年（1920），裁道，平远直属于省。民国25年（1936）8月，两广还政中央，广东取消绥靖区，改设9个行政督察区，平远属第六区。民国38年（1949），调整改属第九行政督察区。

1949年5月22日，平远宣告和平解放。是年10月，中华人民共和国成立后，省县之间仍沿袭民国时期的专员公署制，作为省派出机构以领导县，平远隶属于兴梅专员公署。1952年，兴梅专署被撤销，改隶粤东行政公署。1956年,粤东行政公署被撤销，分设惠阳、汕头两个专区，平远隶属汕头专区。1965年，兴梅与潮汕分设专区，平远隶属于梅县地区行政专员公署。1988年，梅县行署改为市一级政权机构，称梅州市，平远隶属于梅州市。

1951年5月，大信乡划归兴宁县辖。1956年1月，梅县石扇乡黄竹坪村划入平远热柘乡。至此，县属地域均为原程乡县地。县治所在地，从1562年建县至1952年的390年，一直在仁居镇（明朝称“豪居都”）。1952年6月，平远与蕉岭合署办公，领导土地改革。8月，广东省人民政府行文:“平远并入蕉岭县”“保留平远县名”。县治设在蕉城镇。1954年3月，平远与蕉岭分县而治，平远县治迁往大柘镇。1958年11月，为适应当时人民公社化运动和“大跃进”的需要，平远并入兴宁县，县治设在兴城镇。1961年1月，兴宁、平远分县。此后，平远县治一直设在大柘镇。

【行政区划】 平远明朝建县后，设4都2图，即义田都、义化都、长田都、石窟都，石窟一图、二图。明崇祯年间割石窟一图二图与镇平，仍有4都，后改划为15乡。民国26年（1937）调整为13乡，全县划为160保、1758甲。民国30年（1941），实行新县制，按《县各级组织纲要》规定，全县调整为142保、1676甲。

中华人民共和国成立初期，全县设7个区、3个市、56个行政村。1950年调整为4个区、2个镇、13个乡。1954年，划为4个区、71个小乡、2个镇。1956年撤区并乡，成立13个乡、1个镇、71个村。1958年“政社合一”，全县成立4个人民公社、1个镇。1961年与兴宁分县后，平远县调整为14个公社、3个农场、1个镇。20世纪70年代中期，划为16个公社、1个镇。1983年11月，恢复区、乡建制，取消政社合一的队制。全县设14个区（差干、仁居、黄畲、八尺、中行、河头、上举、泗水、东石、坝头、大柘、石正、长田、热柘）、1个区级镇（大柘镇）、95个乡、3个城镇管理区、4个县属国营农林场。

1986年11月撤区建乡设镇。全县设立5个镇（大柘、仁居、东石、石正、八尺），11个乡（差干、黄畲、河头、中行、上举、泗水、坝头、茅坪、超竹、长田、热柘），149个村，7个城镇居委会。1994年，11个乡改镇建制，全县设16个镇。2003年9月，撤销超竹镇、黄畲镇和茅坪镇的镇级行政区划建制。原超竹镇并入大柘镇，原黄畲镇并入仁居镇，原茅坪镇并入东石镇。2004年11月，撤销坝头镇的镇级行政区划，将其并入大柘镇行政区划。行政区划调整后，全县设12个镇（差干、仁居、八尺、河头、中行、上举、泗水、东石、大柘、石正、长田、热柘）。2014年，全县辖12个镇、136个村委会、7个居委会。县城设在大柘镇。

【常年气候特点】 平远县地处南亚热带与中亚热带过渡的气候区，气候温和，四季分明，夏冬长，秋春短，雨热同季，热量丰富，雨量充足，风力小，霜期短。年平均气温20.7℃，历年变化范围在20.1℃～21.7℃之间，变幅1.6℃；年平均日照时数1859.8小时，日照百分率为42%；年平均降水量为1683.6毫米。

【河流】 平远境内主要河流有3条，即北部的差干河、中部的柚树河和南部的石正河，均属韩江水系。全县集雨面积100平方千米以上的河流6条，10平方千米的小溪18条。这些河流，除差干河自西向东流外，其他河流均由西北流向东南。此外，八尺境的排下溪，向西北经江西省寻乌县到广东省龙川县汇入东江，是县境内唯一不属韩江水系支流。

【土地资源】 平远县土地资源丰富，且土地肥沃。地带性的自然土壤为红壤，有利于发展立体生态农业和多种商品生产基地。全县土地面积138100公顷。其中，农用地127247.3公顷；建设用地7753.3公顷；未利用地3099.4公顷。人均土地面积0.57公顷。

【水力资源】 平远县水力资源丰富，水力资源理论蕴藏量为5.93万千瓦，可开发量为4.26万千瓦，发电量1.7亿千瓦时。平远县是全国首批100个电气化县之一。

【矿物资源】 平远县地质构造复杂，矿物资源丰富。现有的资源中，计有矿种29个，矿床、矿（化）点159个，其中中型规模的矿床7个：铁矿、铌钽铷矿、高岭土矿、石灰岩、珍珠岩各1个，离子吸附型稀土矿2个。按矿种分类，黑色金属矿物有铁矿和锰矿；有色金属和贵金属有钨、钼、钴、铜、锡、铅、锌、铋、金；稀有金属矿有钽、铌、铷、稀土；建筑材料和非金属矿物有石灰岩、高岭土、萤石、脉石英、珍珠岩、沸石、钾长石、建筑石等；燃料矿物有无烟煤；其他矿物有铀矿、矿泉水、温泉等。铁矿蕴藏量7800余万吨，稀土8万吨，石灰石藏量2亿吨以上，花岗岩100万立方米。经国家地质部门勘查，境内稀土矿属品位较高、开采条件较好的中型矿藏。

【森林资源】 平远县森林资源丰富，是全国造林绿化先进县、中国绿色名县、省林业生态县、省用材林基地县。2018年，全县林业用地面积10.76万公顷，森林覆盖率77.04%，活立木蓄积733.17万立方米，是粤东动植物资源保护得最好的县之一。县内龙文—黄田自然保护区为省级自然保护区。据调查，全县有野生维管植物188科、642属、1300种，由乔木、灌木、藤木、草本组成种类树种。有珍稀濒危植物25种。其中，属国家一、二级保护植物21种；省级保护植物4种。

【野生动物资源】 平远的野生脊椎动物有78科206属287种。主要分布在山高林密的北部山区，主要有：野猪、黄猄、长尾鹊、猫头鹰、画眉、黑斑蛙、蛇类、松鼠、黄鼠狼、果子狸、刺猬、穿山甲、白头翁、白鹇、鸢、鹧鸪、燕隼、翠鸟、雉鸡等。

【旅游资源】 平远是“中国最佳文化休闲旅游县”“全国森林旅游示范县”。旅游资源按国家旅游分类系统标准，主要涉及有自然旅游资源、人文旅游资源和服务资源3大景系，共有7个景类、37个景型。主要景区有五指石景区、松溪河景区、南台山景区、上举相思谷景区（龙文景区）、大河背景区和仁居古镇等。广东省地质公园、国家AAAA级旅游景区、省级风景名胜区五指石以“中国丹霞地貌盆景”著称，其中的广东第一高空栈道——五指石栈道是广东旅游的新亮点；松溪河景区是国家AAA级旅游景区，原始生态的迤逦山水风光被大家称为“小桂林”，景区内有清道光年间建造的保存得特别完好的石拱桥——松溪桥，是通往下坝村的必经之桥，还有革命战争年代红四军走过的红军路；粤东名胜、广东南台山国家森林公园的南台卧佛山号称“世界第一天然大佛”；上举相思谷景区（龙文景区）也是国家AAA级旅游景区；大河背景区内，群峰突兀，岩崖峻峭，呈现独特的“奇峰丛立，沟壑纵横，赤壁悬崖”的丹霞地貌景观，山势雄浑，自然风光秀丽；长田的国家AAA级旅游景区曼佗山庄，一片花海；中行的国家AAA级旅游景区金穗休闲旅游区，生意盎然。

【民族】 2010年全国第六次人口普查数据显示：全县除汉族外，少数民族有148人，占全县总人口的0.64‰。少数民族有壮族、苗族、瑶族、满族、黎族、土家族、蒙古族等16个。

【人口与姓氏】 2018年年底，全县户籍人口26.5万人，常住人口23.5万人。全县姓氏共有157个。

【语言】 语言以本土的客家话为主，随着外来人员的增多，普通话交流亦较为普遍。

【平远精神】 1997年，平远县把“团结、务实、创新、自强”确定为“平远精神”。

【平远县花】 1998年1月，县十届人大常务委员会第三十一次会议确定“宝巾花”（又名为簕杜鹃）为平远县花。

【平远人文】 平远人文资源厚重，客家文化特点鲜明，是粤东客家先民的始兴地，客家先贤程旼的故乡，享有“世界客都文化始祖地”“世界客都第一村”美誉。境内有保存完好的客家围龙建筑，有客家传统民间艺术船灯舞、落地金钱等。曾涌现世界客属名贤首贤程旼，明监察御史韩元勋，辛亥革命时期广东北伐军总司令姚雨平，民国时期的爱国侨领姚德胜、文学博士吴康、交通部部长曾养甫和抗日英烈黄梅兴、姚子青、姚中英等著名人物。还有老红军林钦才、傅才秀，还有为社会主义建设事业做出贡献的外交大使吕志先（原名姚琬卿）、北京航空学院一级教授林士谔、知名教授吴三立、国兰泰斗吴应祥等。

平远是原中央苏区县。历史上，太平军4次进入平远，红四军3次到过平远，抗日战争后期，广东省政府曾播迁到平远办公。

【平远名片】 平远县是原“中央苏区县”和“世界客都文化始祖地”“世界客都第一村”“中国最佳文化休闲旅游县”“中国最佳文化生态旅游目的地”“全国十佳生态休闲旅游城市”“全国休闲农业与乡村旅游示范县”“中国仙草之乡”“中国油茶之乡”“广东橙乡”“中国绿色名县”“全国农产品加工创业基地”“全国绿色食品原材料标准化生产基地”“全国粮食生产先进县”“全国造林绿化先进县”“全国森林旅游示范县”“广东省中医药文化养生旅游示范基地”“中国民间文化艺术之乡（船灯舞）”“生态自然旅游城市”“大众休闲健康养生旅游城市”“中国候鸟旅居县”。

【平远土特产】 平远土特产有平远脐橙、金柚、八珍娘系列酒、黄粄、梅菜、锅舀茶、石正云雾茶、南台茶、香菇、木耳、水柿、蒜头、浸姜、蜂蜜、牛肉干、高山茶油等。

2018年经济社会发展概况

【经济社会发展情况】 2018年，平远县坚持以习近平新时代中国特色社会主义思想为指导，深入贯彻中共十九大精神、习近平总书记考察广东重要讲话精神以及对广东工作的重要指示批示精神，牢固树立新发展理念，认真落实高质量发展要求，坚持稳中求进工作总基调，扎实推进“一城一区一带”建设。全年实现生产总值82.10亿元、规模以上工业增加值10.22亿元、固定资产投资34.42亿元、一般公共财政预算收入7.60亿元、贸易出口总额3.40亿美元、社会消费品零售总额29.75亿元。

【工业园区建设】 2018年，平远县把园区作为推动全县工业提速发展的主战场，投入2亿元新征土地98.67公顷（1480亩）、平整土地13.33公顷（200亩）和完善孵化基地、标准厂房、污水处理系统、水电路讯气等基础配套设施。园区全年承接梯度转移项目6个、产业共建项目2个，促成越科新材料、华和机械等5个项目落户动工，推动航驿水上乐园设备、雅玛西新能源、玖诚科技等8个项目建成投产，实现产值27.95亿元、规模以上工业增加值5.54亿元、税收2.24亿元。扎实推进“一区多园”建设，完成东台生态园控制性规划编制和招商宣传片制作。深入贯彻省“实体经济十条”“民营经济十条”，修订完善县实体经济扶持奖励实施办法，将专项扶持资金由1000万元提高至3000万元，落实各类扶持资金7000多万元，有力促进企业技改挖潜、增资扩产。全年新培育利天新能源、元宝时代家居、佳之朋科技等12家工业企业上规模，新增洪裕汽配、恒盛宇科技等4家高新技术企业，以及获赛尔机械铸造、达士通精密工业等4家省级工程研发中心。积极开展商会招商、乡贤招商、以商招商活动，共签约瑞冠新材料、越科新材料、玖诚科技等18个项目，计划投资额77.38亿元，县域经济发展后劲不断增强。

【乡村振兴工程】 2018年，平远县深入实施“五片示范·百村整治”工程，加快推进农村人居环境综合整治、“三清三拆三整治”、客家民居外立面改造等工作，完成20个省定贫困村村庄规划编制，全县70%以上的村庄基本完成“三清三拆三整治”，30个先行示范村全部建成干净整洁村，打造河头向阳、八尺角坑、仁居社南、石正坪湖、上举八社等一批示范村。严格抓好耕地保护，完成813.33公顷（1.22万亩）高标准农田建设任务，垦造水田94.53公顷（1418亩）。强化龙头带动，大力发展“一村一品、一镇一业”，成功申报并加快建设平远脐橙省级现代农业产业园，新培育县级龙头企业4家、市级示范合作社3家、家庭农场17家，新增绿色食品认证1个、有机食品认证2个、省级名牌产品3个，实现农业总产值19.1亿元、农村居民人均可支配收入16486.6元。

【全域旅游文章】 2018年，平远县全力推进全域旅游建设，投入2.9亿元推动五指石、南台卧佛山等景区提档升级；建成启用县旅游大数据中心、12个镇级旅游驿站；完成30座新改建旅游厕所验收；差干旅游特色小城镇、八尺酒业特色小城镇、梅畲田园综合体、威华茶博园、长布半岛休闲度假区等加快建设。做好“旅游+”文章，成功举办第九届北京国际山地徒步大会平远站赛事、南粤古驿道定向大赛暨《寻乌调查》红色之旅、第十四届脐橙文化旅游节等活动，平远旅游知名度、美誉度得到进一步提升，获评“第八届广东省县（市）域旅游创新发展十强”。

【重点基础设施建设】 2018年，平远县投入6.43亿元推进高速公路、国省道和县乡公路建设，梅平高速平远段实现无障碍施工，完成工程总量的70%；平武高速闽粤两省交接点初步确定并开展前期工作；平蕉大高速列入市“十三五”路网规划，正积极争取列入省路网规划；瑞梅铁路前期工作有序推进；国道206线绕城段项目完成立项并启动征拆和建设；国道358线湍溪至八尺段改建工程启动征拆；省道225线大柘至热柘段路面改造工程竣工通车；东石白岭至泗水梅畲旅游公路、园山湖产业园基地公路等“四好农村路”建设有序推进；完成新农村道路硬底化55.3千米、农村公路安全生命防护工程258千米、行政村窄路基路面拓宽改造工程34.5千米；开通运行公交线路21条。投入1.5亿元完成21.7千米山区中小河流治理、49宗村村通自来水工程、12个镇级和20个省定贫困村污水处理工程、6个2017年度“五沿”崩岗治理工程、2018年度革命老区及原中央苏区崩岗治理一期工程等建设；认真落实河长制，推动碧水保卫战常态化、制度化，成功打造河头河“十里水乡”、石正河“十里杏花长廊”等一批水生态景观节点。20个省定贫困村农网升级改造和低电压改造等基础电网建设扎实推进，全县电网供电能力、供电可靠性和电网抗灾能力进一步提升。

【城镇规划建设】 2018年，平远县坚持规划先行，突出建管并重，完成县城总体城市设计、控制性详细规划初稿编制，建成“多规合一”平台并试运行；启动镇域控制性详细规划编制和136个行政村村庄规划修编工作，规划刚性管控覆盖到镇村。平兴高速县城出入口道路改扩建工程、县旅游综合服务中心一期项目基本完成土地平整；南区市场片区改造项目基本完成征拆；碧桂园二期、优山美地二期、平城花园三期、翠拥华庭、山水豪庭等宜居项目稳步推进。扎实开展“双创”“两美”行动，持续推进县城“微改造”，完成30栋楼体和9座桥梁美化亮化，龙抬头至雷公陂亲水步道及平城中路戏院岗段、建设路雨污分流和人行步道改造工程；新建公交站亭52个；平城南路提质改造、新岭路人行步道改建等项目有序推进；县城生活垃圾无害化处理率100%、绿化覆盖率达40.3%、路灯亮灯率99.3%，绿化美化亮化净化水平显著提高。持续开展整治违法建设违法用地“雷霆行动”，治理违法建设11.7万平方米，拆除违法建筑7.8万平方米。仁居、东石、石正中心镇重点项目完成年度投资3.22亿元，镇域基础设施整体水平得到有效提升。

【“三大攻坚战”】 2018年，平远县坚决打好防范化解重大风险攻坚战，加强政府债务管理，全年无新增隐性债务、无风险预警；大力整治金融诈骗、非法集资等乱象；有力防控非洲猪瘟等重大动物疫病。坚决打赢脱贫攻坚战，至2018年年底累计筹集帮扶资金13129.5万元，投入帮扶资金9130.9万元，1460户3877人实现脱贫，脱贫率93.9%。坚决打好污染防治攻坚战，办结中央环保督察“回头看”交办案件15宗，办结率100%，办结省环保督察交办案件31宗，办结率97%；顺利通过国家重点生态功能区县域生态环境质量考核现场核查；扎实推进第二次全国污染源普查工作；主要河段交接断面及饮用水源地水质达标率100%，空气质量优良率连续三年居全市第一，全县生态环境质量总体稳定良好；有力推进国家森林城市创建工作；深入开展新一轮绿满平远大行动；完成森林碳汇工程413.33公顷（6200亩），营造、抚育生态景观林带76千米。

【政务服务改革】 2018年，平远县把改革开放作为推动高质量发展的关键一招，盯住重点领域、关键环节，扎实推进48项重点改革事项。稳妥有序推进政府机构改革。深化政务服务“马上办”改革，加快推进“数字政府”建设，“平远发布”政务微信影响力位居全市前列，全国基层政务公开标准化规范化试点县工作顺利通过验收并获评良好等级，政务服务事项网上全流程办理率72.4%，“最多跑一次”事项达90.9%。扎实推进“放管服”改革，完成5883项权责事项、6015项政务服务事项标准化梳理工作。不断深化营商环境改革，公布48项中介服务事项清单，取消44项涉企涉民证明事项。顺利完成“县管校聘”管理改革。全面完成农村土地确权登记颁证工作。公务用车制度改革顺利通过国家评估考核。医药卫生体制改革、事业单位分类改革持续深化。不断扩大对外开放，深化与南沙区共建共享，“南沙·平远国际经贸合作中心”完成验收并投入使用，引导南峰船务、呈晟投资、中源实业等9家企业签约进驻。

【民生实事】 2018年，平远县坚持公共财政支出向民生倾斜，落实各类民生资金25.62亿元，同比增支5.79亿元，增幅29.2%。全面完成年度“十件民生实事”。提供就业岗位5380个，城镇新增就业1903人，城镇失业人员再就业1897人，城镇登记失业率控制在3.5%以内。城乡居民基本医疗保险和居民基本养老保险保持全覆盖，基本养老等社会保障水平稳步提升。低保、特困人员、优抚对象补助和残疾人“两项补贴”逐步提高。落实54户困难家庭住房补贴，完成494户农村危房、30套棚户区和100户贫困重度残疾人家庭无障碍改造。

【文化教育事业】 2018年，2017年卷《平远年鉴》获得广东省年鉴质量评比一等奖和全国地方志优秀成果提名奖。平远县完成县图书馆改扩建工程和54个基层综合性文化服务中心建设，实现全县公共文化场所向社会免费开放。加大文物保护力度，完成姚雨平将军旧居维修工程。顺利通过广东省推进教育现代化先进县督导验收暨教育强县复评；东石中心小学教学楼主体工程、县实验中学西教学楼及运动场首期主体工程完成建设；县特殊教育学校二期工程、城南小学、城南幼儿园启动建设。

【卫生体育事业】 2018年，平远县投入360多万元加快县残疾人康复中心建设。至年底累计投入6亿多元大力推进县医疗养生保健中心等医疗卫生基础设施建设，完成12间镇卫生院标准化、规范化建设和129间村卫生站公建规范化建设；率先启动镇村医保一体化试点改革；成功创建“全国基层中医药工作先进单位”。大力实施振兴足球战略，顺利举办“棕榈杯”平远足球联赛，新建7人制足球场1个、5人制足球场1个。

【扫黑除恶专项斗争】 2018年，平远县深入开展扫黑除恶专项斗争，摸排掌握线索288条，共立涉黑案件25宗，破获21宗，打掉一批涉黑犯罪团伙。同时，全面深入推进维护国家政治安全、社会稳定、平安建设、法治建设等工作，信访态势平稳可控，全县公众安全感和政法工作群众满意度连续八年居省市前列。

【政务环境优化】 2018年，平远县始终把政治建设摆在首位，坚决全面彻底肃清李嘉、万庆良恶劣影响，全力抓好上级巡视和审计反馈问题整改落实。扎实开展“大学习、深调研、真落实”活动，组织20次集中学习，形成9个专题调研报告和系列行动方案。坚持县委领导，人大及其常委会监督、法律监督和政协民主监督，办理市、县两级人大代表建议意见34件、政协提案62件。坚持把依法行政贯穿政府工作始终，严格执行领导干部学法制度，加强政府法律顾问队伍建设和执法人员培训，畅通行政复议渠道，组织集中学法活动9次，开展行政执法检查4批次，办理行政复议案件2宗、行政诉讼案件1宗。不断完善县政府工作规程和议事规则。严格坚持重大行政决策听证制度。“七五”普法扎实推进。意识形态工作责任制全面落实。严格执行中央八项规定及其实施细则精神。深入开展扶贫领域腐败和作风问题治理，排查扶贫领域线索47条，立案16件，党纪政务处分12人。

【精神文明建设】 2018年，平远县深入贯彻落实中共十九大精神和习近平总书记考察广东重要讲话精神，以培育和践行社会主义核心价值观为工作主线，大力抓好精神文明建设，为平远县坚定发展生态之路，主攻“一城一区一带”，全面加快振兴发展步伐，提供强大精神动力和坚实道德支撑。

1．加强核心价值观宣传。（1）突出思想引领，坚持以习近平新时代中国特色社会主义思想为统领，继续推进“两学一做”学习教育常态化制度化，开展好“大学习、深调研、真落实”活动和“不忘初心、牢记使命”主题教育，组织学好用好《习近平谈治国理政》第一卷、第二卷和《习近平新时代中国特色社会主义思想学习纲要》等，加强宣传方式、阐释手段创新，开展对象化、分众化、互动化宣讲，持续推动中共十九大精神进企业、农村、机关、校园、社区，在网上网下充分覆盖、不断深化。（2）突出价值引领，深入开展核心价值观提升行动和诚实守信行动，全面建立信用记录和信用信息归集制度。（3）突出精神引领，大力弘扬民族精神和时代精神。利用平远县红军纪念园等省、市、县爱国主义教育基地开展党性教育和革命传统教育，打造具有平远客家特色的理论宣讲品牌。（4）突出典型引领，做好省、市好人，市书香家庭，市客都好乡贤以及县第七届五星道德模范的推荐和评比工作，用典型事迹激励普通市民。2. 开展精神文明创建活动。（1）召开精神文明建设工作总结暨创建全国县级文明城市动员会，启动全国县级文明城市创建，对创建全国县级文明城市作出明确要求。扎实开展市容秩序整治，重点开展出店经营、占道摆摊等违规乱象执法整治行动。大力推进县城市政基础设施建设，投入2748万多元完成一批市政基础设施。县城区生活垃圾无害化处理率100%，路灯亮灯率99.3%，县城绿化覆盖率40.3%，绿地率37.06%，人均公园绿地面积20.2平方米。（2）以农村精神文明建设示范镇村创建为带动，全域推进文明村镇创建。加强乡镇环境综合整治。提高村庄规划建设水平，做好镇村规划。补齐基础设施和公共服务短板，推动基层综合性文化服务中心建设工作。（3）开展"文明家庭"评选活动，深化文明家庭创建。向市推荐市级文明家庭3个，评选县级文明家庭10个；获评省级最美家庭1个、市级最美家庭1个、县级最美家庭9个。同时，在全县广泛开展"五星级文明户"评选活动，县级共评选出"五星级文明户"3032户。（4）深化文明校园创建。平远中学等6间中小学被评为梅州市第二届文明校园，评选出平远县文明校园10间。3. 加强公民道德建设。（1）抓好党风廉政建设，加强基层党组织建设，深入开展党章和党内法规学习教育，纯正党风政风。（2）进一步在全县倡导"明家训、正家风、促清廉"的良好风尚，引导全县广大党员干部传承好家训,培育好家风，使中华优秀传统文化成为涵养社会主义核心价值观的重要源泉，敦化家风民风。（3）推进文明交通行动，采取"宣传与疏导相结合、教育纠正与执法处罚相结合、日常管理与集中整治相结合"方式，加大对县城机动车乱停乱放、乱鸣喇叭等现象进行整治，最大限度实现保畅通，倡树礼仪雅风。（4）充分利用春节、元宵节、清明节、七夕节、中秋节等传统节日，广泛开展"我们的节日"主题活动，涵养文化新风。4.扎实推进"美丽乡村"公益志愿行动，围绕精准扶贫、生态文明等国家战略和开展移风易俗、弘扬时代新风行动等，加强志愿服务形式内容创新，推进打造一批志愿服务项目品牌。平远县公益义工协会志愿者，平远县"消费权益保护·金融知识宣传"志愿服务队被评为梅州市最佳志愿服务组织；肖泰清被评为梅州市最佳志愿者；"'扶志助飞'资助贫困大学生圆梦"被评为梅州市最佳志愿服务项目。5. 广泛开展"童心向党""客家童谣传唱""扣好人生第一粒扣子""戏曲进校园"等系列主题实践活动以及"自强不息好少年"评选表彰活动，大力弘扬客家优秀传统文化，加强未成年人思想道德建设。

【存在问题】 2018年，平远县存在的主要问题是：1.经济发展效益不高。受宏观经济形势、实体经济效益下滑等因素影响，主要经济指标增速有所放缓，有的甚至出现负增长，实体经济短板突出。2.产业结构不够优化。产业比例不够协调、层次偏低、质量不高、创新不足，传统产业转型升级步伐还不够快，新兴产业还挑不起大梁。3.项目支撑能力较弱。支撑高质量发展的项目特别是科技含量高、质量效益好、发展潜力大的项目不多，一些项目落地进展不快、项目问题久拖不决、项目久建不成的现象依然存在。4.作风建设亟需加强。个别干部不想为、不敢为、不会为，担当负责不够、政策研究不透、执行落实不力等顽疾还没有彻底根除。

2018年平远县国民经济和社会发展统计公报

2018年，平远县坚持兴工强农、文旅带动、城乡统筹，大力实施“一城一区一带”，创建优山美水生态之星“精致小城·大美平远”，推动生态富民强县，围绕粤东西北振兴发展战略目标，努力克服经济运行中遇到的各种困难和问题，致力发展地方经济，着力抓好民生工程建设，推动全县经济社会稳步向前发展，国民经济和社会发展取得新成就。

一、综合

初步核算，2018年全县实现地区生产总值821020万元，按可比价计算，比上年增长0.9%。其中，第一产业增加值122169万元，增长4.9%,对地区生产总值增长的贡献率为77.15%；第二产业增加值245008万元，下降2.3%，对地区生产总值增长的贡献率为-100.07%，其中工业增加值210646万元，下降2.9%；第三产业增加值453843万元，增长2.4%,对地区生产总值增长的贡献率为122.92%。经济结构调整取得新进展，三次产业结构比例为14.88：29.84：55.28，对比“十二五”时期的2013年，第一产业比重降低2.86个百分点，第二产业比重降低12.08个百分点,第三产业比重提高14.94个百分点。全县人均地区生产总值34922元，比上年增长0.8%。

全年税收收入（全口径）106465万元，比上年下降10.9%。其中，国税收入47483万元，下降4.0%；地税收入58982万元，下降15.8%。全年地方一般公共预算收入75959万元，比上年下降6.7%。全年地方一般公共预算支出341519万元，比上年增长43.1%。

全年市场物价稳中有升。据市统计局反馈的价格品调查结果：商品零售价格总指数101.4%，上升1.4%；居民消费价格总指数101.7%，上升1.7%；工业品出厂价格指数101.8%，上升1.8%；固定资产投资价格指数105.7%，上涨5.7%。

劳动就业形势保持稳定。年末全县从业人员12.26万人。据就业服务管理部门统计，全年新增转移就业人数1721人。全县城镇登记失业人员实现再就业1897人；年末城镇登记失业人数773人，登记失业率2.41%。

虽然全县经济社会发展总体态势良好，但仍然存在一些比较突出的问题：1.经济总量较小、人均GDP水平较低、结构不够合理；2.经济增长方式比较粗放，农业集约化生产程度偏低，产业化程度不高，经济增速趋缓，增幅回落较大；3.非再生性资源型经济比重较大，依赖资源型工业经济支撑的发展格局有待改变；4.人均收入水平偏低，消费需求不高；5.社会劳动就业和保障压力较重；6.财政收支矛盾突出，经济对财税贡献率有待进一步提高；7.当年能源消耗大幅增长，节能降耗形势严峻。

二、农业

全年农、林、牧、渔业增加值122169万元，比上年增长4.9%。其中，农业增加值86326万元，增长5.4%；林业增加值12676万元，增长5.3%；畜牧业增加值16217万元，增长2.6%；渔业增加值6950万元，增长4.8%。

当年造林面积3007公顷，全民义务植树70万株，木材采伐量24829立方米，木材收购量57立方米。森林资源继续走可持续发展道路，保持年生长量大于年消耗量。

三、工业和建筑业

全年工业增加值210646万元，按可比价计算，比上年下降2.9%，其中规模以上工业增加值102192万元，下降9.5%。全年全社会用电量48125万千瓦时，比上年增长8.1%；全年工业用电量25784万千瓦时，比上年增长4.3%。

2018年平远县主要工业产品产量表

表1

产品名称	单位	当年实绩	对比上年增减（%）
水泥	万吨	153.63	–0.7
发电量	万千瓦时	17380	–29.8
人造板	立方米	46788	28.5
家具	万件	121.5	–4.2
稀土分离产品	吨	1494.4	–54.1

全年建筑业增加值34362万元，比上年增长3.0%。商品房屋建筑施工面积490163平方米，比上年下降26.3%。商品房屋竣工面积168677平方米，比上年下降27.2%。商品房屋销售面积197834平方米，比上年下降38.7%。

四、固定资产投资

全年固定资产投资（不含农户）344197万元，比上年下降11.0%，其中房地产开发投资142057万元，下降11.6%。

五、交通、邮电

全年交通运输、仓储和邮政业增加值15021万元，比上年增长2.0%。完成旅客周转量20097万人千米，比上年增长6.3%；完成货物周转量20099万吨千米，比上年增长4.1%。年末全县机动车辆共70469辆，比上年年末增长3.3%。机动车辆中，民用汽车25051辆、拖拉机1220辆、摩托车44198辆。至年底，全县公路里程达1368.1千米，每百平方千米公路密度达99.6千米。

年末电话用户拥有量20.36万户，比上年年末增长1.2%。其中，本地电话用户2.12万户，下降12.7%；移动电话用户18.24万户，增长3.1%。每百户家庭拥有本地电话26部、移动电话222部。

六、国内贸易

全年社会消费品零售总额297525.8万元，比上年增长9.6%。按行业分，批发零售贸易业零售额269941.5万元，增长9.0%；住宿和餐饮业零售额27584.3万元，增长15.7%。按销售单位所在地分，城镇消费品零售额214388.7万元，增长10.0%；乡村消费品零售额83137.1万元，增长8.5%。

七、对外经济和招商引资

全年贸易进出口总额（海关口径）34149.2万美元，比上年增长13.1%。其中，进口总额181.2万美元，下降39.4%；出口总额33968万美元，增长13.6%，全部为民营和“三资”企业出口。

全年合同协议投资项目11宗，比上年下降45.0%；合同协议投资金额19.68亿元，比上年下降88.0%。

八、金融和保险业

年末金融机构各项存款余额960432万元，比上年年末增长13.2%，其中住户存款余额620666万元，比上年年末增长6.0%。年末金融机构各项贷款余额为453206万元，比上年年末增长10.3%。

全年人财、人寿、平安保险业保费收入合计12219万元，比上年下降11.7%。全年人财、人寿、平安保险业赔付支出合计4967万元，比上年下降29.4%。

九、科学、教育、文化、卫生和体育

年末全县有科研机构2个。年末国有企事业单位拥有自然和社会科学专业技术人员8911人。全年全县专利申请量115件（其中发明15件、实用新型61件、外观设计39件），比上年下降23.3%；专利授权量77件（其中发明6件、实用新型51件、外观设计20件），比上年下降37.4%。

2018年，全县有各类学校78所。其中，普通高中3所，招生918人，在校学生3111人，毕业生1308人，参加高考1473人，考入大专及以上1309人，其中考入本科674人、专科635人，高中专本升学率92.3%；中职学校1所，招生382人，在校学生649人，毕业生

255人；普通初中14所，招生2187人，在校学生6203人，毕业生1881人，初中毕业升学率96.25%；普通小学20所，招生2822人，在校学生15439人，毕业生2154人；幼儿园39所，招生4728人，在园幼儿7650人。全县各类学校教职工人数2908人，其中专任教师人数2599人。专任教师人数中，任教高中453人、任教职中39人、任教初中659人、任教小学965人、任教幼儿园460人。

年末全县有文化馆1个、公共图书馆1个、博物馆1个、广播电台1座、电视台1座，公共图书馆藏书13.0万册。

医疗卫生条件得到改善。2018年，全县有卫生机构17个，其中县级医院2个、专科防治站1个。医疗卫生机构共有病床722张，比上年增长7.1%。每万人拥有病床31张，每万人拥有病床比上年增加2张。卫生从业人员1443人，其中专业卫生技术人员1238人；每万人拥有卫生专业技术人员53人，比上年增加4人。

竞技体育斩获新突破。1.派队参加2018年广东省跆拳道联赛（梅州站）获团体总分第一名；竞技团体第一名；品势团体第二名；电子竞速第一名。2.县代表队参加梅州市第二届“体彩大乐透杯”战尊跆拳道联盟争霸赛，获得团体总分第一名；个人成绩获得17金、11银、17铜及17个第五名。3.参加梅州市第四届“中国体育彩票杯”跆拳道锦标赛上，平远代表队或团体总分第二名，个人成绩获得12金、11银、14铜及21个第五名。

十、人口、能源、环境与人民生活

据县公安局年报统计，年末全县户籍人口265037人，其中乡村人口154852人。据县卫计部门年报统计，全县人口出生3190人，出生率11.31‰，死亡率5.79‰，人口自然增长率5.52‰。

全年能源消耗大幅增长。据初步测算，单位地区生产总值能耗0.6798吨标准煤/万元，比上年增长9.12%；单位工业增加值能耗0.8538吨标准煤/万元，比上年增长40.1%；单位地区生产总值电耗611.1841千瓦时/万元，比上年增长10.77%。

年末全县有环境监测站1个，生活污水处理厂1座，污水处理能力达2.0万吨/日。当年全县空气质量达到一级标准，全年平均气温为20.8℃，全年灰霾天气日数0天。

人民生活水平不断提高。据定点抽样调查，全年城镇居民人均可支配收入24247.5元，比上年增长8.1%，扣除价格因素，实际增长6.3%；全年农村居民人均可支配收入16486.6元，比上年增长8.3%，扣除价格因素，实际增长6.5%。

2018年度，全县参加基本养老保险39633人，其中机关事业个人参加基本养老保险5443人；城乡居民参加社会养老保险101653人，参加工伤保险19213人，参加失业保险15741人，城镇职工参加基本医疗保险23689人，城乡居民参加基本医疗保险209766人。全年各项社会保险费收入50773万元，比上年增长49.4%。

养老、医保、失业保险等保障水平进一步提高。1.提高基本养老金水平。（1）从2018年1月1日起，在调整退休人员基本养老金每人每月定额加发50元的基础上，加发每人每月按调整前基本养老金标准的2.2%，同时，缴费年限每满1年养老金月标准增加1元，缴费年限超过15年的，超过的年限每满1年养老金月标准再增加1元。机关事业单位养老保险待遇领取较调整前月增加64万元，人均月提高226.7元；企业职工养老保险待遇领取较调整前月增加191万元，人均月提高110元。加上机关事业单位的退休人员共有涉调人员20282人。（2）从2018年1月1日起，统一按照省有关规定，提高城乡居民养老保险基础养老金水平，从120元/月提升至148元/月，涉及调整3.2万人，全部补发待遇于10月发放到账，人均养老金提升至174元/月。2.提高医疗保障水平。（1）从2018年1月1日起，职工医疗保险基金年度累计最高支付限额从9万元提高至10万元；职工补充医疗保险基金年度累计最高支付限额从27万元提高至28万元；3月起职工基本医疗保险市内住院起付标准一级医院从450元降至200元、二级医院从600元降至450元、三级医院从800元降至650元。8月起慢性肾功能衰竭（透析治疗）特定病种门诊报销比例从75%提至85%，年度最高支付限额从8万元提高至9万元；恶性肿瘤（放、化疗）特定病种门诊报销比例从75%提至85%。（2）从2018年1月1日起，城乡居民大病保险起付标准从10000元降至8000元，报销比例从70%提高至75%；城乡五保供养对象、建档立卡贫困人员起付标准从2000元降至1000元，报销比例从80%提高至85%，不设年度最高支付限额；3月起城乡居民基本医疗保险市内住院起付标准二级医院从500元降至450元、三级医院从800元降至650元。8月起慢性肾功能衰竭（透析治疗）特定病种门诊报销比例从70%提至85%，年度最高支付限额从6万元提高至8万元；恶性肿瘤（放、化疗）特定病种门诊报销比例从70%提至85%。3.提高失业保险金标准。从2018年5月1日起，失业人员领取失业保险金标准由现行规定最低工资标准的80%提高到90%；7月1日起，最低工资标准从原1210元提至1410元后，失业保险金从1089元同步调高至1269元。

年末全县敬老院12个，床位数434张，入院人数130人、外保人数509人；全县各类社会福利单位收养人数642人。全县城乡社会保障网络体系不断完善，各类社会保险覆盖率逐年提高。

附注：

1.本公报中资料数据均为初步核算数。

2.全县生产总值、各产业增加值总量按现价计算，增长速度按可比价计算。

3.部门统计数据来源于县直相关部门。

4.固定资产投资、能源消耗、社会消费品零售总额增速为调整口径。

5.该公报由平远县统计局于2019年11月供。

2018年平远县国民经济主要统计指标一览表

表2

序号	项　目	单　位	指　标
1	行政区域土地面积	平方千米	1373.98
2	地区生产总值	万元	821020
3	第一产业	万元	121169
4	第二产业	万元	245008
5	工业	万元	210646
6	第三产业	万元	453843
7	人均地区生产总值	元	34922
8	地区生产总值指数	%	100.9
9	第一产业	%	104.9
10	第二产业	%	97.7
11	工业	%	97.1
12	第三产业	%	102.4
13	人均地区生产总值指数	%	100.8
14	年末总人口	人	265037

续表2

序号	项　目	单　位	指　标
15	乡村人口	人	154852
16	城镇人口	人	110185
17	就业人员	人	122585
18	城镇单位在岗职工平均人数	人	14423
19	城镇单位在岗职工工资总额	万元	93727
20	城镇单位在岗职工平均工资	元	64984
21	全社会固定资产投资	万元	344197
22	房地产开发投资	万元	142057
23	地方一般公共预算收入	万元	75959
24	地方一般公共预算支出	万元	341519
25	城镇居民人均可支配收入	元	24248
26	农村居民人均可支配收入	元	16487
27	乡村就业人员	人	98558
28	农林牧渔业总产值	万元	187651
29	农林牧渔业总产值指数	%	103.8
30	总播种面积	公顷	21936.6
31	粮食产量	吨	75867
32	油料产量	吨	2247
33	肉类总产量	吨	14286
34	猪牛羊肉产量	吨	14286
35	水果产量	吨	84152
36	茶叶产量	吨	864
37	工业总产值	万元	703407
38	工业总产值指数	%	96.3
39	公路里程	千米	1368.1
40	民用汽车拥有量	辆	25051
41	邮电业务总量	万元	13017
42	本地电话用户	户	21173
43	乡村电话用户	户	10620
44	移动电话用户	部	182440
45	社会消费品零售总额	万元	297526
46	出口总额（海关口径）	万美元	33968
47	实际利用外资	万美元	123
48	住户存款余额	万元	620666
49	幼儿园学校数	所	39
50	幼儿园在校学生数	人	7650
51	小学学校数	所	20
52	小学在校学生数	人	15439
53	普通中学学校数	所	17
54	普通中学在校学生数	人	9314
55	中职学校	所	1
56	中职学校在校学生数	人	649
57	卫生技术人员	人	1238

说明：该指标由平远县统计局于2019年11月提供

中共平远县委员会

主要会议和活动

【中国共产党平远县第十三届纪律检查委员会第三次全体会议】 2018年2月6日，中国共产党平远县第十三届纪律检查委员会第三次全体会议在县迎宾馆大会堂召开。会议主要议程：回顾总结全县2017年党风廉政建设和反腐败工作，研究部署2018年工作任务，开展平远县镇级和县直有关单位党委（党组）书记向县纪委十三届三次全会述责述廉活动。

【平远县2018年各界人士春节团拜会】 2018年2月11日，平远县2018年各界人士春节团拜会在县迎宾馆二楼大会议厅召开。宋才华、杨栋、凌志达、凌声宏、胡新文等县委、县人大常委会、县政府、县政协领导，“两代表一委员”、企业界、劳动模范、先进工作者、特级教师、驻平远官兵、政法公安干警、环卫工人、优秀外来工、企业员工、新闻工作者等社会各界人士代表参加会议。

【坚决全面彻底肃清李嘉、万庆良流毒影响干部大会暨党委（党组）书记专题学习培训班】 2018年3月19日，平远县召开坚决全面彻底肃清李嘉、万庆良流毒影响干部大会暨党委（党组）书记专题学习培训班在富港酒店一楼会议室召开，县委书记宋才华作辅导报告。县委、县人大常委会、县政府、县政协、县纪委全体领导；县直各副局以上单位和省、市属驻平远各单位主要负责人，各镇党委书记、镇长、人大主席，各村（社区）党支部书记参加培训。

【全县科级干部学习贯彻习近平总书记重要讲话精神集中轮训班开班】 2018年4月27日，全县科级干部学习贯彻习近平总书记重要讲话精神集中轮训班在县迎宾馆开班，县委书记宋才华作动员讲话暨主题报告，县委副书记、县长杨栋主持开班式。姚永波、肖桂华、陈琼宏、黄钧震、徐万宝等县委、县人大常委会、县政府、县政协、县纪委全体领导，县人武部、县法院、县检察院、龙文—黄田省级自然保护区管理处负责人，各镇党委书记、镇长、人大主席，县直副科以上单位正科职领导干部，省、市属驻平远各单位正科职领导干部等参加大会。

2018年4月27日，平远县科级干部学习贯彻习近平总书记重要讲话精神集中轮训班在县迎宾馆开班

（朱双玲　摄）

【全县乡村振兴工作会议】 2018年7月2—4日，平远县召开全县乡村振兴工作会议。会议分为两个阶段进行，第一阶段为现场考察，第二阶段为召开全县乡村振兴工作会议。宋才华、杨栋、凌志达、凌声宏、胡新文等县委、县人大常委会、县政府、县政协全体领导，县人武部部长，县人民法院、县人民检察院、龙文—黄田省级自然保护区管理处主要负责人，县直有关单位主要负责人，各镇党政主要负责人约80人参加各镇考

察点现场考察活动。县领导、县直各副局以上单位和省、市属驻平远各单位主要负责人，各镇主要负责人、分管领导，各村支部书记400多人参加会议。

2018年7月2—4日，平远县召开全县乡村振兴工作会议。图为县委书记宋才华（中）率队开展第一阶段现场考察活动 （朱双玲 摄）

【中国共产党平远县第十三届委员会第六次全体会议】 2018年7月19日上午，中国共产党平远县第十三届委员会第六次全体会议在县迎宾馆召开。县委常委会主持会议。会议主要议程：传达省委十二届四次全会、市委七届五次全会精神。在第一次大会上，县委书记宋才华代表县委常委会作讲话；并就县委关于贯彻落实《中共梅州市委关于贯彻落实〈中共广东省委关于深入学习贯彻落实习近平总书记重要讲话精神奋力实现“四个走在全国前列”的决定〉的意见》意见稿和《关于营造风清气正政治生态建设新时代新担当新作为干部队伍的决定》稿作说明。

2018年7月19日上午，中国共产党平远县第十三届委员会第六次全体会议在县迎宾馆召开 （朱双玲 摄）

【省委第八巡视组巡视平远县工作动员会议】 根据省委巡视工作统一部署，2018年9月3日，省委第八巡视组巡视平远县工作动员会议召开。动员会前，省委第八巡视组组长黄创强，副组长吴素青、周征延及联络员与平远县委书记宋才华，县委副书记、县长杨栋举行见面会。动员会上，黄创强就开展巡视工作进行安排部署、提出具体要求。宋才华主持会议并作表态讲话。省委第八巡视组全体成员，平远县四套领导班子成员，县人民法院、县人民检察院党组主要负责人，县人武部部长、政委，近三年离退休处级干部，各镇党政主要负责人，县纪委监委、县委组织部领导班子成员，县人大办、县政府办、县政协办主要负责人，县委巡察办主任和巡察组组长，县直正科以上单位、党组织关系在平远的省市属驻平远单位主要负责人参加会议。根据省委巡视工作统一部署，省委第八巡视组从9月3日至11月3日对平远县开展巡视。

【陪同省、市领导到平远调研】 2018年，到平远县调研的省、市主要领导先后有张广宁、陈敏、袁宝成、许瑞生、王荣等，县委、县政府领导积极配合，陪同调研。

陪同张广宁到平远调研 2018年3月8日，省立法研究所理事会理事长、省人大常委会原副主任张广宁，省人大常委、省人大常委会法工委副主任、省立法研究所所长李如章等到平远县调研农村公路、爱国卫生工作、人大规范性文件备案审查等立法课题工作。胡新文、凌小宏、廖文香、刘兰娇等县领导陪同调研。

陪同陈敏到平远调研 2018年4月18日，市委副书记、代市长陈敏到平远县调研。陈敏先后到友邦木业、广东新大地生物科技股份有限公司、梅平高速公路建设现场、广东佳之朋科技有限公司、广东富远稀土新材料有限公司等地，实地了解企业运营、工业发展、公路建设、工业园区建设等情况，并主持召开座谈会，听取平远工作情况汇报。副市长吴泽桐，县领导宋才华、杨栋等陪同调研。

陪同袁宝成到平远调研　2018年6月12—13日，省政协副主席袁宝成率领调研组一行到平远县开展“以乡村民宿改造为抓手，发展乡村旅游，推动乡村振兴”专题调研。调研组一行先后到差干镇过岭民宿、红豆人家民宿、蜗牛民宿，八尺镇八珍娘民宿等处，实地察看民宿的客房设置、环境卫生等情况，并听取民宿业主关于民宿经营模式、客源入住、餐饮服务等情况介绍。市政协主席陈建青，县领导凌声宏等陪同调研。

陪同陈敏到平远调研　2018年8月15日，市委副书记、市长陈敏率队到平远县调研全域旅游工作，副市长温向芳，县委副书记、县长杨栋参加调研。陈敏、温向芳等先后到五指石景区高空栈道、五指石地质博物馆、长布半岛等地，实地考察五指石景区、博物馆、长布半岛等景区、景点和差干生态旅游特色小城镇规划建设情况，并主持召开座谈会，听取该县全域旅游工作情况汇报。

陪同许瑞生到平远调研　2018年11月4日，副省长许瑞生到平远县八尺镇角坑村、粤赣交界梅州岃调研古驿道活化利用工作和“寻乌调查红色之旅”组织实施情况。省政府副秘书长钟旋辉，省体育局局长王禹平，省出版集团公司董事长谭君铁，市领导张爱军、黄文沐、陈晓建、张晨，以及县领导宋才华、杨栋等陪同调研。

陪同王荣到平远调研　2018年11月15—16日，省政协主席王荣率省政协调研组到平远县，就“推进我省乡村振兴战略落实”专项民主监督活动开展专题调研。省政协调研组先后到长田镇广东新大地生物科技股份有限公司、河头镇向阳村等地，实地察看乡村环境卫生、村农业产业发展、村旅游产业项目等，并与县、镇、村干部交流，详细了解该县乡村振兴规划的制订、推进乡村振兴战略体制机制和政策体系的建立完善、农村人居环境综合整治及全县文化旅游产业发展状况等方面的情况。省政协副主席邓海光、省政协秘书长吴伟鹏，市委书记陈敏、市政协主席陈建青，县领导杨栋、凌声宏等陪同调研。

陪同陈敏到平远调研　2018年12月12日，市委书记陈敏到平远县调研农业工作。陈敏到大柘镇凤池村飞龙脐橙产业园、广东华清园生物科技有限公司等地，实地了解省级现代农业产业园建设和生产经营情况。期间，陈敏先后到平远梅盛水泥厂了解并听取省第四环保督查组交办案件整改落实情况，到长田镇高南村裕龙动物养殖场调研非洲瘟疫防控工作。市领导陈晓建、温向芳，县领导杨栋、胡新文、陈琼宏、陈远航等陪同调研。

2018年度中共平远县委领导名录

书　记：宋才华
副书记：杨　栋　胡新文
常　委：宋才华　杨　栋　胡新文　姚永波
肖桂华（女）　温助民　陈琼宏
黄钧震　徐万宝　林忠云
刘海鹏（挂职）
王士刚（12月起任）

县委办公室工作

【信息调研】 2018年，平远县委办公室认真做好信息调研工作。1.做好决策参谋服务。圆满完成县委工作会议，县委十三届五次、六次全会报告等事关发展全局的文稿起草以及全省现代农业产业园建设推进现场会等重要汇报材料；完成各种会议、各类型调研、媒体采访和政务参阅等材料。全年完成文字材料190多万字，刊发《工作通报》39期、《情况反映》7期、《县委常委会会议纪要》21期、《县委常委会（扩大）会议纪要》23期、《县委书记专题会议纪要》12期，上报市委政研室《客都论坛》4篇，累计采用4篇。2.服务大局深调研。围绕乡村振兴、生态文明建设、发展工业经济和全域旅游等内容，到乡镇基层、县直单位开展专题调研，形成《平远县深化营商环境综合改革调研报告》等23篇调研成果，并将成果融入各类文稿起草，以不同形式报县委领导决策参考。加强信息采集、分析、整理和上报工作，为县委准确掌握情况、科学决策服务。3.紧贴实际讲好平远故事。围绕中心，宣传全县在实施“一城一区一带”发展战略、抓重点项目、统筹民生保障、全面加强党的建设和加快平远振兴发展建设过程中取得的成效；宣传全县在学习贯彻中共十九大精神，习近平总书记系列重要讲话和对广东工作系列重要指示批示精神等方面的好经验、好做法。2018年，在《梅州日报》、《南方日报》（含南方+）、广东卫视、新华网、人民网等17家市级以上主流媒体刊播1100多条反映该县经济社会发展各方面的新闻作品，对外树好形象，聚集人气，提升平远的知名度和美誉度，为全县加快振兴发展营造良好的舆论氛围。

【办文办会】 2018年，平远县委办公室认真做好办文办会工作。1.严格规范办文。严格执行中央八项规定，从精简文件简报、会议印发材料、改进机关作风入手，高效准确处理上级和各单位来文来电，认真做好县委和县委办的文件、请示、批复、报告等各类文件的拟办、送审、打印、校对、装订、分发等工作。全年办理上级和各单位来文、来电2000多件；制发文件343件，包括县委文件24件、县委办文件33件、常委会会议纪要41件、报告36件、批复6件、便笺通知142件、电文61件；向市委办提交文件报备18份。厉行节约，减少发放纸质文件，提升政务办公协同平台（OA系统）的使用率，推进电子化办公、无纸化办公，配合移动公司做好OA系统升级改造调试工作。2.务实高效办会。严格按照中共八项规定要求，认真遵守县领导参加会议活动和调研考察的迎送、接见合影、乘车标准。坚持多想、多看、多试、多查的“四多工作法”，完成县委十三届五次、六次全会，全市乡村振兴现场会、全县乡村振兴现场会、第九届北京国际山地徒步大会梅州·平远站2018年南粤古驿道定向大赛，全省现代农业产业园现场会等会务活动210多场次。

【后勤接待】 2018年，平远县委办公室认真做好后勤接待工作。1.加强协调服务。发挥联系上下、沟通左右、协调各方的作用，安排服务好县委领导公务活动、日常事务等，做好协调县直部门和乡镇工作。热情接待来人来访，树立县委“窗口”的良好形象。2.加强车辆管理。严格贯彻落实中央八项规定和反对“四风”的要求，完善《财务制度》《公务用车管理制度》和《岗位责任制》等相关制度，科学安排公务用车，严格执行公车用油、修理等制度，全年未发生安全事故和公车私用现象，降低车辆费用支出。3.加强财务管理。建立健全财务管理制度，规范财务行为，严格审批权限，合理、节约、有效地使用资金；严格执行政府采购制度，对大宗物品实行政府集中采购；实行车辆专人管理、定点维修，堵塞各种漏洞，杜绝“跑、冒、滴、漏”现象发生。4.抓好后勤管理。认真做好县委大院及办公大楼的保洁、保绿、维护等工作，营造舒适的工作环境。

【督查工作】　2018年，平远县委办公室围绕县委决策部署、重点工作、重要事项、重大项目及领导关注的热点难点问题，采取书面督查、实地督查、联合督查、电话跟踪等方式，开展决策督查和专项督查，做好领导批示件和交办事项的承办工作，针对市委督查室下达的督查任务，做好督查上报，认真完成上级督查任务，推动各项决策部署和工作事项落实到位。2018年，开展书面督查437次、专题实地督查8次，配合省市实地督查5次，电话跟踪150多人次，形成督查通报12份、督查专报33份、督查上报材料30多份，为全县落实好县委工作部署提供保障。

【党的建设】　2018年，平远县委办公室认真做好党的建设工作。1.落实好“三会一课”制度。围绕学习中共十九大和中共十九届二中、三中全会精神，习近平总书记系列重要讲话和对广东工作系列重要指示批示精神，采取集中学习、听取汇报、专题研讨等多种形式，有计划地组织学习，让党员干部在学习中更新观念，树立正确的世界观、人生观、价值观、党员观，提升政治思想水平和政策法规水平。2.开好组织生活会和民主生活会。根据安排部署，及时召开民主生活会。围绕“两学一做”学习教育重点，在会上组织学党章党规和习近平总书记系列重要讲话精神，并谈体会、谈不足。同时紧抓“做”合格党员，每名党员在会上均围绕主题认真剖析自身问题、开展批评与自我批评，提出整改措施，努力做一名合格党员。3.抓好党风廉政建设工作。把党风廉政建设工作作为一项重要的日常工作抓实抓细，以廉政风险防控工作为切入点，以廉政规章制度为指导，认真执行好落实好廉政风险防控工作，推动党风廉政建设科学化、制度化、常态化。4.抓好党务公开。扎实推进党务公开，提高公开的时效性、政治性，让党员干部群众有更多的知情权监督权，增强党内生活的透明度。按照“依法公开、先党内后党外、积极稳妥、注重实效”的原则，推进党务工作健康有序开展，扩大党内民主，强化党内监督，促进党内和谐。5.完成党建各项任务。严格按要求进行党员组织关系集中排查，党代表和党员违纪违法未给予相应处理排查清理，党费收缴使用管理工作专项检查等各项工作，按时完成并及时上报。抓好中央第十二巡视组巡视广东、省委第九巡视组巡视梅州和第八巡视组巡视平远反馈问题的整改落实工作，提高党组织的组织力和战斗力，为全面加强党的领导提供保证。

2018 年度中共平远县委办公室负责人名录

主　任：陈琼宏

副主任：张永煌　陈奕东　饶良栋　林招军

2018 年度平远县接待办公室负责人名录

主　任：李　洪

副主任：黄晓芬（女）

组织工作

【概况】　2018年，平远县组织系统深入贯彻落实习近平新时代中国特色社会主义思想和中共十九大精神，紧紧围绕新时代党的组织路线，坚持稳中求进工作总基调，真抓实干，全县组织工作取得新成效。

【党员政治思想教育】　2018年，平远县组织系统实施政治统领党建行动，加强党员政治思想教育。1.抓实“两个条例”和新形势下党内政治生活若干准则贯彻执行，印发《关于严肃党的组织生活的通知》，制定党的组织生活制度工作清单，建立健全支部主题党日、“三会一课”纪实制度，营造风清气正政治生态。2.实施思想武装党建行动。坚持用习近平新时代中国特色社会主义思想武装头脑、指导实践、推动工作。把学习习近平新时代中国特色社会主义思想和中共十九大精神作为第一议题，引导党员牢固树立“四个意识”、坚定“四个自信”、坚决做到“两个维护”。

【基层党建】 2018年，平远县组织系统以规范化建设为主题，加强基层党组织建设三年行动计划，推动基层党组织全面进步、全面过硬。1.推进基层党组织规范化建设。优化党组织设置，分行业、分领域理顺组织体系和网络，对各领域党组织设置情况进行清理规范，开展村党组织支委增设工作，建立农村党组织与村民委员会、村民小组、集体经济组织、村务监督委员会的小微权力清单，建立农村基层组织向党组织报告工作的制度，巩固基层党组织领导核心作用。2018年，全县新成立6个村（社区）党委、28个党总支、76个党支部、140个党小组，成立离退休干部党工委、平远县税务局党委。推进党的组织覆盖和工作覆盖，梳理党建空白点，做到应建必建，撤并空壳、瘫痪党支部，强化支部的日常管理，“两新”组织党的组织覆盖率为90%，党的工作覆盖率为100%。坚持“一村一策”、挂图作战、动态管理，持续精准整顿13个软弱涣散基层党组织。推进仁居镇仁居村、大柘镇黄沙村“红色村”党建示范工程建设。统筹安排191.5万元用于机关（事业）单位、农村（社区）、“两新”党组织等52个基层党组织党建工作示范点创建，以点带面打造强基固本红色党建品牌。2.强化党建引领带动。发挥党组织在打赢脱贫攻坚战、推动乡村振兴、扫黑除恶专项斗争等工作中的领导核心作用，探索创新党建引领产业发展模式，在20个省定贫困村推广“党组织+公司+基地+党员+群众”“党支部+合作社+农户”等党建促发展模式；开展党员“三带富”活动，全县培育13个党员创业带富示范基地；全面排查近700名村“两委”干部履职情况，党员干部完成涉黑涉恶自查自审，营造扫黑除恶专项斗争良好氛围。坚持党组织对村民理事会等组织的全面领导，将党的工作有效覆盖到各类群体，引导乡贤、群众有序参与基层治理，完善和提升“村民议事日”、义务护村队、司法“互联网+公共法律服务”等社会治理新模式，开展平安乡村、法治乡村建设，制定完善新时代村规民约、家训家规。3.实施基层党组织“头雁”工程。选优配强基层党组织书记，对村党组织书记履职情况进行全面摸底排查，调整撤换15名村党组织书记。加强对各领域党组织书记的培训培养，按不低于1：2比例培养确定村（社区）党组织书记后备人选，解决村（社区）党组织书记后继乏人问题。做好“红色村”、贫困村、软弱涣散村、集体经济薄弱村第一书记的选派管理工作。加大培训力度，举办村（社区）党组织书记主体培训班。4.实施党员先锋工程。开展党员亮身份、亮职责、亮承诺活动，推广党员示范岗、党员责任区，推行机关党员志愿服务、农村党员包片挂户，实行党员参加重大活动、支部主题党日和“三会一课”等活动时佩戴党徽，农村共产党员户挂牌，彰显共产党员身份，接受群众监督，引导党员发挥作用。加强党务人员培训，开展发展党员专项检查，规范发展党员程序。严格发展党员工作，强化县级对发展对象人选审查把关，实行村“两委”干部近亲属入党审查备案。全县新发展党员170人，培养入党积极分子397名。实施党内关爱工程，完善党员互助基金，2018年累计关爱帮扶困难党员、大病党员和老党员972人，发放帮扶资金64.32万元。5.实施基层基础保障工程。配齐配强基层党建工作力量，机关事业单位基本实现党支部书记与行政负责人交叉。落实农村基层组织工作保障经费，每个村（社区）办公经费10万元，增设每村每年6万元的村党组织服务群众专项经费。投入资金1200多万元用于基层党组织场所阵地建设，规范建设全县143个村（社区）党群服务中心。6.抓好镇党校建设。按照《关于进一步建立健全镇党校建设的实施意见》，全县12个镇党校全部挂牌成立，实现镇党校建设和基层党员干部教育全覆盖。

【干部人事】 2018年，平远县委组织部认真做好干部人事工作。1.树立正确选人用人导向。坚持党管干部原则，发挥党组织在干部选拔任用过程中的领导和把关作用，强化党委（党组）在干部选拔任用中的权重和干部考察识别的责任。突出政治标准选人用人，着重把好政治关、品行关、廉洁关，注重考察干部一贯的政治表现。注重选拔在“一城一区一带”建设主战场和重点工程、重点项目中实绩突出、群众公认、锐意改革、敢于担当的干部。坚持知事识人、依事择人，注重在急难险重工作中考察识别任用干部，有计划、科学地调整优化科级领导班子。系统组织17名县直单位和乡镇领导干部参加“上挂、下派”双向交流锻炼。2.整治选人用人突出问题。实施“选人用人工作规范化行动年”计划，开展“加强领导班子建设”专题调研，组织开展科级领导班子成员政治素质综合反向测评工作，开展“带病提拔”干部选拔任用倒查，抓好超职数配备干部、“裸官”、领导干部不作为、执行任职回避制度不严等专项整治行动，净化选人用人环境。3.完善干部人事工作制度。参照新修订的《市管干部选拔任用工作规程》，结合实际，新修订《县管干部选拔作用工作规程》，完善酝酿动议程序，改进推荐考察方式，注重把功夫下在平时，注重全程纪实、注重从严把关、注重程序规范。修订《干部监督联席会议制度》《组织部门干部监督工作信息员制度》，完善干部监督协作机制。落实干部选拔任用“凡提四必”（对拟提拔或进一步使用人选的干部档案必审、个人有关事项报告必核、纪检监察机关意见必听、线索具体的信访举报必查）机制，推行廉洁自律情况“双签字”，严格执行不得列为考察对象“六种情况”（群众公认度不高的，近三年年度考核有基本称职以下等次的，有跑官和拉票行为的，配偶已移居国（境）外或者没有配偶、子女均已移居国（境）外的，受到组织处理或者党纪政纪处分影响使用的，因其他原因不宜提拔的），防止干部“带病提拔”。4.配合做好省委巡视和县级机构改革工作。以高度的政治责任感，迎接省委第八巡视组工作检查。按照县委工作部署，做好选人用人和领导干部担当作为方面情况材料汇报工作，配合省委选人用人专项检查组到平远开展选人用人方面工作检查和指导。配合省委巡视组、省审计经济责任审查组做好相关材料收集。按照县委统一部署，做好县级机构改革工作，调整优化县党政机构设置和职能配置。严格执行机构编制纪律，强化机构编制岗位约束，全面掌握全县机构编制情况，理清全县新一轮机构改革思路，按时按质完成机构改革任务，做到思想不乱、工作不断、队伍不散、干劲不减。

【干部培训和人才】 2018年，平远县组织系统做好干部培训和人才工作。1.抓好全县干部教育培训工作。抓好科级领导干部、基层党组织书记、新招录工作人员、村“两委”

干部等的思想政治理论学习、党性党纪教育，举办基层党组织书记学习贯彻中共十九大精神专题研讨班、党委（党组）书记专题学习培训班、科级干部学习贯彻习近平总书记重要讲话精神集中轮训班等。2018年，开设党校主体培训班16期，培训全县干部人才3331人（次）。结合平远干部教育培训工作实际，开展学习贯彻习近平新时代中国特色社会主义思想和中共十九大精神心得体会自查自纠工作。2.抓好人才政策文件修订。及时调整县人才工作领导小组成员，强化党对人才工作的领导，制定《平远县人才工作领导小组及成员单位工作责任制》，健全人才工作领导机制。贯彻落实市人才新政20条，形成《关于加快平远县人才发展的实施办法（试行）（初稿）》。3.抓好重大人才工程项目实施。实施入选省“扬帆计划”竞争性扶持市县重点人才工程项目《平远县创建国家全域旅游示范县人才培育工程》，抓好旅游人才驿站建站、人才引进工程、技能提升工程。立足平远旅游产业发展对旅游人才的需求，推进平远县旅游人才驿站建设。4.抓好人才队伍培养管理。实施3轮急需紧缺人才招录工作，引进3名全日制硕士以上研究生教师。落实“千人计划”政策待遇，对引进在平远工作服务满五年的8名紧缺人员按程序发放购房补贴。（肖艳芳）

2018年3月30日，平远县组织工作会议在县迎宾馆二楼会议室召开　（姚志雄　摄）

2018年度中共平远县委组织部负责人名录

部　长：黄钧震

副部长：张　燕（女）　姚爱军　林德志　韩世敬（兼）　刘岸青（兼）　李琼珍（女，兼）

宣传工作

【概况】　2018年，平远县宣传思想文化战线坚持以习近平新时代中国特色社会主义思想为指导，全面贯彻落实中共十九大和中共十九届二中、三中全会精神，深入宣传贯彻落实习近平总书记对广东工作的重要讲话和重要批示指示精神，紧扣省委、市委、县委工作部署，围绕中心，服务大局，各项工作取得新进展新成效，为推动该县实施“一城一区一带”发展战略提供有力的思想保证、精神动力、舆论支持和文化条件。

【思想政治建设】　2018年，中共平远县委宣传部加强思想政治建设。1.牢牢把握正确政治方向。县委宣传部通过召开支部学习会、举办专题学习讨论和主题党课以及脱产培训等形式，全方位学习宣传贯彻习近平新时代中国特色社会主义思想、中共十九大和习近平总书记重要讲话精神。2.贯彻落实县委决策部署。抓好县委重要会议精神的学习宣传贯彻，努力将县委的决策部署转化为宣传文化部门的一致行动。围绕建设“一城一区一带”发展战略，唱响主旋律，打好主动仗。统筹城乡党建，抓好精准扶贫和新农村建设工作。挂钩软弱涣散村双溪村的整顿帮扶工作取得成效，省定贫困村向阳村乡村振兴工作走在全县前列。做好河清村和所挂钩贫困户的帮扶工作，有劳动能力的贫困户全部实现脱贫目标。全力化解原电影公司改革转制遗留问题的信访积案，做好信访维稳工作。开展暖企行动，协调解决企业发展困难，帮助企业发展壮大。全力推进县图书馆扩建工程重点项目建设。3.强化党组织领导作用。坚持和加强党的全面领导，坚决全面彻底肃清李嘉、万庆良恶劣影响，全力抓好上级巡视反馈问题的整改落实。持之以恒贯彻中央八项规定及实施细则精神，开展整治“四风”特别是形式主义、官僚主义问题，推动宣传思想战线转作风、改文风、促政风。推进“两学一做”学习教育常态化制度化，开展主题党日、党员志愿者服务和活力团队活动，安排宣传文化干部参加省、市、县各类专题培训班，加强政治理论和业务知识的学习，提升宣传文化干部队伍素质。

【理论武装】　2018年，中共平远县委宣传部理论武装扎实进行。1.落实理论学习中心组学习制度。推动各级党委（党组）中心组把学习习近平新时代中国特色社会主义思想作为第一议题，作为各级党委（党组）中心组学习首要内容贯穿全年。为县委中心组理论学习做好服务工作，全年完成22个集中学习专题。加强对基层党委（党组）中心组理论学习的指导和督查，推进学习型党组织建设。2.开展宣讲教育活动。围绕学习贯彻习近平总书记重要讲话精神等重大主题，组织举办平远学习论坛、送课下乡等宣讲教育活动，全年送课下基层300多场次，直接受众10万多人次。做好理论读物的推广学习。组织举办新时代红色文化讲习所“6+X”学习体验，围龙讲堂·“学讲话、讲故事、谈感受”百姓宣讲，广东省庆祝改革开放40周年专题宣讲报告会平远专场等活动。县委宣传部被省委宣传部评为2018年全省基层理论宣讲先进集体。3.普及社科理论知识。通过建设科普示范基地、抓好课题规划、组织举办主题征文研讨活动、出版社科读物、举办社科普及周活动等工作，把党的创新理论传播到社会各阶层，提升公众人文社科素养。大柘镇清河村个臣屋被授予市社科普及基地，县社科联被评为全国社科先进单位。4.开展“大学习、深调研、真落实”活动。开展中共十九大精神宣传思想文化建设专题调研，形成《坚定文化自信，推动宣传思想文化工作新时代实现新作为》的调研报告并认真组织实施。针对平远宣传文化领域发展不平衡、不充分的问题，研究制订《关于传承发展我县优秀传统文化的工作方案》。

【舆论宣传】　2018年，平远县多形式、全方位进行正能量舆论宣传。1.组织重大主题宣传。利用大型宣传牌、电子显示屏、宣传专栏、标语横幅等宣传阵地，抓好习近平新时代中国特色社会主义思想和中共十九大、习近平总书记考察广东重要讲话精神、改革开放40周年、省第十二次党代会等重大主题的舆论宣传。利用传统媒体、新兴媒体等载体，宣传各镇各单位学习贯彻动态。全县重要区域累计布置大型宣传牌175块，悬挂横幅、张贴海报500多条（张），专题宣传栏173个；96个电子显示屏、5个阅报亭滚动播放宣传画和宣传标语。2.唱响振兴发展主旋律。牢牢把握正确的舆论导向，聚焦“一城一区一带”建设主战场，依托平远新闻、“平远发布”微信公众号、《平远宣传》双月刊、县内网站等媒体资源，抓好重点项目建设、乡村振兴战略、创“国文、国卫”和“扫黑除恶”专项斗争等重点工作的宣传，激发干部群众干事创业热情。全年播出电视新闻资讯1500多条，选送市级媒体播出近700条；推送宣传创文广告及文章796条（篇）。3.塑造平远好形象。围绕北京国际山地徒步大会、南粤古驿道定向大赛暨《寻乌调查》红色之旅、第十四届脐橙文化旅游节、广东省现代农业产业园建设工作推进现场会、“迎新年·颂党恩·展新貌”大合唱等重要活动节点，加大平远县文化旅游、体育赛事、民俗文化节庆等的对外宣传推介力度，聚集人气，扩大影响。

2018年12月21日，平远县“迎新年·颂党恩·展新貌”大合唱活动圆满落幕　　（朱双玲　摄）

【文化文艺】 2018年，平远县文化事业繁荣发展，满足需求增活力。1.文化惠民政策落实落地。完善公共文化服务体系，推进县图书馆扩建、红四军纪念馆扩容提质工程和12个农家书屋提升工程，建设仁居镇文体中心示范广场，完成54个基层综合性文化服务中心建设。推进总分馆制建设，实现全县文化场馆全部免费开放。全年完成农村公益电影放映1632场。2.城乡群众文化活动如火如荼。组织开展元旦、春节、茶香节、国庆等节庆系列文化活动以及红色文艺轻骑兵为民惠民活动等，举办“宣传十九大·开启新征程”文艺进企业，“军民鱼水情·共筑中国梦”文艺进军营，南海、平远、梅县、潮安四地书法摄影作品联展等活动，丰富城乡群众精神文化生活。3.文艺创作精品迭出。开展乡村里的价值观墙绘活动以及文艺创作、培训、交流和文学采风活动。姚伟文创作的钢笔画《客家吉日图》入选2018年全国美术展览；凌铭创作的相声《真的巧了》获省群众文艺作品曲艺类一等奖；洪树湘作曲的歌曲《喊山》获省群众文艺作品音乐类二等奖。丰富多彩的美术、书法、摄影等赛事和展览活动深受群众欢迎。4.发展壮大文化产业。培育发展文化产业，组织文化企业参加第十四届深圳文博会、第六届客家文博会展览和第三届“客都文化杯”文化创意产品大赛。客里集文化传媒有限公司的作品《印象客家系列》获得文化创意银奖，广东曼佗山庄旅游文化发展有限公司成功申报为第二批省文化旅游融合发展示范区。5.传承客家历史文化。做好省、市文保单位的修缮保护工作，组织平远船灯参加2018年广府庙会民俗巡演和澳门国际幻彩大巡游，组织非遗传承人参加深圳文博会和“文化和自然遗产日”展览活动，组织开展“非遗进校园”等民俗活动暨“非遗”展演等活动。做好古村落认定的申报工作，上举镇龙文村和泗水镇成文村被省文联认定为第六批广东省古村落。6.文化市场监管有序。开展“清源、净网、护苗、固边、秋风”五大专项行动，集中整治文化市场。全年开展5次专项联合执法检查，检查网站、网吧、印刷厂、音像店和图书报刊亭41家次，净化文化市场环境。

【意识形态】 2018年，平远县意识形态工作责任制层层落实，党管宣传、党管意识形态成为全县上下共识。县委宣传部自觉承担全县意识形态工作的指导、组织、协调、督查和抓好落实的职责，确保各项责任落实到位。全县意识形态领域总体平稳良好，县委和各级党委（党组）牢牢把握意识形态领导权，未发生一例重大责任问题。1.建立健全制度。修订《平远县党委（党组）意识形态工作责任制实施方案》，出台情况通报、检查考核、学习研究办法等制度，压实党委（党组）意识形态工作责任，加强督查检查，形成用制度办事、责任到人的工作格局。2.加强研判和阵地管理。落实联席会议制度，全年召开6次意识形态工作研判会议。抓好信息收集、舆情研判、问题处置等工作，形成联席会议成员单位各尽其责、齐抓共管、综合治理的良好局面。加强社会宣传阵地管理，做大做强正面宣传，加强和规范户外广告特别是涉政治类户外广告的管理。加强县广电台等主流媒体阵地建设和管理，严把采编播“三审”关，实现全年安全播出零事故目标。开展宗教活动排查工作，加强宗教场所管理。加强对各类报告会、研讨会、讲座论坛、学术交流活动的管理，全年审批11场次，未出现造成不良影响的涉意识形态安全事件。加强中小学校意识形态工作的管理，开展反邪教警示教育活动，规范教育系统接收捐赠工作，封堵涉意识形态阵地的漏洞。3.抓好巡视整改落实。制定《关于落实中央第十二巡视组及省委第九巡视组意识形态工作责任制情况反馈意见的整改方案》，及时召开整改工作专题会议，对梳理出的8大问题、28项具体问题进行整改，做到举一反三、真改实改、建章立制，巡视整改工作全面到位。做好对省委第八巡视组的巡视对接工作，县委宣传部和相关部门根据省委第八巡视组的工作要求，配合组织做好相关台账提供工作。4.加强网络舆情分析研判和引导管控。抓好涉平舆情监看和分析，全年发出舆情通报处置表140份、舆情快报信息853条，编印舆情信息专报6期。加强网络生态治理，清理网络谣言和虚假信息，抓好网络打击扫黑除恶专项斗争等的贯彻落实，开展网上评论引导工作，弘扬网上正能量。县委宣传部谢旭、陈伟文2人得到市委网信办的通报表扬，县公益义工协会被省委宣传部等3家单位评为“广东十佳网络公益团队”。

【精神文明建设】　参见本类目下“精神文明建设”分目。

2018年3月14日，平远县2018年宣传思想文化工作会议在县迎宾馆召开

2018年度中共平远县委宣传部负责人名录

部　长：肖桂华（女）

副部长：林志红　谢 旭（女）　杨　柳

统战工作

【概况】　2018年，中共平远县委统一战线工作部（以下简称平远县委统战部）坚持服务于全县工作大局，突出重点、破解难点、打造亮点，按照全县统战工作部署及目标管理要求，充分发挥统一战线的独特优势，深入开展各项活动，较好地完成各项工作任务，为全县振兴发展做出贡献。

【政治建设】　2018年，平远县委统战部扎实抓好政治建设。1.抓好理论学习。组织统一战线干部职工通过集中收看电视，举办座谈会、报告会、培训班、专题宣讲、主题党日等多种形式，把中共十九大精神和习近平新时代中国特色社会主义思想等作为学习内容，理解新时代统一战线工作的定位任务、基本方略、原则方法。2.坚决全面彻底肃清李嘉、万庆良恶劣影响。按照县委统一部署，在全县统战系统抓好传达学习，切实把肃清工作抓严抓实抓细。3.深入学习全国、全省、全市统战部部长会议精神。3月22日召开全县统战工作会议，传达学习上级会议精神，部署全县统战工作。

2018年3月22日，平远县2018年统战工作会议在县委统战部四楼会议室召开

【非公有制经济】 2018年，平远县委统战部做好非公有制经济工作。把握“两个健康主题”，帮助广大非公有制经济人士提振发展信心，加快转型升级。1.开展走访调研活动。县委分管领导、县政府联系领导分别带队，以执委企业为重点，开展走访调研活动，分别以“构建亲清新型政商关系 促进我县两个健康发展”和“平远县民营企业高质量发展情况报告”为题开展专题调研，形成调研报告分别上报县委和市工商联。同时，县工商联开展企业走访活动。2.加强非公有制经济人士的学习教育。采取网站、微信群宣传，专题培训、参观考察等形式对非公有制经济人士进行教育培训。（1）6月2—9日，县工商联在四川大学举办“平远县非公经济创新发展研修班”。县委常委、统战部部长林忠云，县政府副县长韩旭及民营企业家、部分县直执委单位代表50人参加培训。培训班围绕创新发展主题和学习贯彻习近平新时代中国特色社会主义思想，邀请国内知名专家、教授作专题辅导。（2）6月29日，县非公系统党委在广东保灵医药有限公司召开纪念中国共产党建党97周年暨宪法宣讲大会。（3）配合组织部门做好梅州市第9期（2018年）清华大学创业创新驱动高级研修班宣传发动工作，动员符合条件的非公有制经济人士尤其是新生代民营企业家报名参加培训，该县发动7名非公有制经济人士参加培训。

【民族宗教】 2018年，平远县委统战部依法管理宗教事务。1.维护民族宗教领域和谐稳定。抓好特别防护期场所安全、大型活动的规范、抵御境外渗透等专项工作和重点工作。2.提高民族宗教事务的管理水平。加强宗教团体自身建设；开展和谐寺观教堂创建活动；加强宗教教职人员的管理，完善全县主要教职人员任职备案工作、宗教教职人员资格认定备案工作、宗教教职人员信息采集及系统录入等工作。3.助推宗教活动场所建设。加强对大佛寺君子坳休闲广场等项目的监督管理，抓好有建设项目场所的安全监管。4.发挥民族宗教界的正能量。引导宗教界参与广东扶贫济困日、宗教慈善周、扶贫助学等慈善救助活动。

【巡视整改】 2018年，平远县委统战部落实巡视整改工作。根据中央第十二巡视组和省委第九巡视组反馈的宗教管理问题，制定整改方案，组织整改工作，取得明显成效。在民宗外侨局和各镇等单位的配合下，经过1个多月的整改，限期整改的全部整改完毕，长期坚持的取得阶段性成效。对全县宗教场所和民间信仰场所进行两轮检查，未发现境外宗教组织渗透的人和事，未发现非法宗教活动情况。加强对宗教政策法规的宣传，向各镇和宗教场所发放《宗教事务条例》500多本；对全县信教群众重新摸底调查；开展对全县党员干部传教信教情况进行排查，全县未发现有党员传教信教情况。

【党外代表人士工作】 2018年，平远县委统战部完善党外后备干部队伍建设工作。1.出台《平远县党外干部管理办法》，明确党外干部的储备、培养，推荐任用和动态管理等规定。2.抓好党外干部发现储备工作。在继续完善党外干部信息库的基础上，充实调整6位副科级党外后备干部。3.抓好党外干部的教育培训工作。7月20日，召开全县党外后备干部（培养对象）座谈会，组织学习《中国共产党统一战线工作条例》有关内容，各位党外干部交流工作心得及对党外干部工作提出意见。12月5—10日，举办平远县党外干部、新的社会阶层人士培训班，组织全县党外副科级后备干部及部分党外副科级干部、统战干部、新的社会阶层人士80人参加为期6天的培训。4.向县委汇报党外干部工作情况，并向县委推荐一批党外干部任职人选。5.推进新的社会阶层人士统战工作。（1）深入调研，摸清底数。汇同工商联等部门，对新的社会阶层人士进行全面摸底调查，建立860多名新的社会阶层人士数据库。（2）成立基地，引领示范。2月，成立平远县民企、外企新的社会阶层人士统战工作实践创新示范基地和平远县农旅、中介和社会组织新的社会阶层人士统战工作实践创新示范基地。（3）注重学习，加强教育。把加强思想教育引领作为新的社会阶层人士工作的重要内容。2018年，组织新的社会阶层人士参加县委统战部举办的学习中共十九大和习近平总书记重要讲话精神学习班、参加县委情况通报会等，挑选人员参加市委统战部组织的新的社会阶层人士培训班，全县有4人参加在省社会主义学院举办为期1周的培训。

【港澳台及海外联谊工作】　2018年，平远县委统战部创新形式开展港澳台和海外交流联谊。1.分别组团到泰国、马来西亚、印度尼西亚和中国台湾地区进行文化和经贸交流，接待台胞7个团300多人次，接待香港、澳门和海外16个团529人次到平远参观考察。2.内外联动开展港澳台乡情普查工作，充实完善港澳台乡贤数据库，夯实港澳台统战工作基础。3.发挥大佛寺为海峡两岸佛文化交流基地的示范点作用，提高平远在台湾的知名度和影响力。

（吴晓希）

2018年度中共平远县委统一战线工作部负责人名录

部　长：林忠云

副部长：林钢平　吴晓希

张惠兰（女，任至2月）

凌坤珍（2月起任）

信访工作

【概况】　2018年，平远县信访工作以打造“阳光信访”“责任信访”和“法治信访”为目标，从畅通群众诉求表达渠道、落实信访工作责任、解决群众合理诉求、维护社会和谐稳定上下功夫，深化信访制度改革，创新信访工作机制，逐步建立畅通、有序、务实、高效的信访工作新秩序，推动全县信访形势持续好转，呈现“三下降一稳定一向好”的局面。1.全县信访总量呈下降趋势。全县受理群众来信来访857批1302人次，批数同比下降5.82%，人数与上年持平。2.群众越级上访量大幅度下降。未发生群众到省集体上访和进京上访，到省上访4批8人次，分别同比下降66.67%和61.9%；到市上访13批31人次，同比下降7.14%和47.46%。3.群众集体上访呈下降趋势。群众集体上访40批325人次，分别同比下降3.5%和11.3%。4.涉众型群体稳定。全县原民办代课教师、离任村干部、涉众型经济纠纷等利益群体稳定，未出现群体性事件和恶性事件。5.信访形势持续向好，实现群众越级信访总量在全市各县（市、区）排位持续靠后目标，全县社会平安稳定。

【队伍建设】　2018年，平远县信访局认真做好队伍建设工作。1.领导带头讲学，带头上党课，带头研讨，带头调研。2.坚持聚焦问题导向，按照“大学习、深调研、真落实”的部署要求，开展《信访工作制度改革》《全县房产证办理信访问题》《营造共建共治共享社会治理格局》3项专题调研，有效地把握信访工作的主动权。3.主动作为，服务大局。通过系列的学习教育，提高政治站位，坚定干部的理想信念，造就一支政治坚定、业务精良、团结务实、敢于担当的信访干部队伍，有效转变工作作风，以新担当、新作为开创全县信访工作新局面。

【信访机制建设】 2018年，平远县信访局强化措施落实，加强信访机制建设。1.突出规范，抓好平台建设。按照上级工作部署和要求，4月，完成信访信息管理系统升级改造任务，成功实现省、市、县、镇四级互联互通，加强业务培训，提升业务水平。加强日常业务督导检查，注重运用微信方式进行业务指导，信访业务正常有效运转，推动业务平台规范化建设。2.注重拓宽信访渠道。县委、县政府重视信访网络平台建设，投入10多万元，设立平远信访网站，开通县级网上信访、手机APP、微信信访等信访业务平台，并与管理系统实现联通。累计受理网上信访（含“梅州民声”）579件，畅通信访渠道，逐步实现“数据多跑路、群众少跑腿”工作目标，有效减少越级上访，规范网上信访工作秩序，全力打造“阳光信访”。3.扎实推进法治信访。深入推进信访制度改革，积极构建法治信访，切实加大诉访分离工作力度，完善涉法涉诉信访事项善后衔接机制，推进依法分类处理信访诉求工作。（1）划定权责清单。上半年，全县22个单位制定依法分类权责清单，编印《平远县依法分类处理信访诉求清单汇编》，做到处理信访事项有章可循、有法可依，促进信访工作的制度化、规范化、法治化建设。（2）发挥律师作用，推进信访问题纳入法治化轨道。全县大力打造法治政府，推行聘任法律顾问制度，延伸基层法律服务，充分发挥驻村律师作用，参与信访工作，推进基层信访问题化解工作。驻村律师参与信访问题调解46宗，出具法律意见书25份，提供法律咨询1558人次。（3）推动依法分类指导。全年有效引导群众行政复议1宗，行政诉讼1宗，劳动仲裁45宗，涉及人数85人，涉及金额230.57万元，启动司法救助12件65人，救助金额42.4万元。4.加强制度建设。（1）完善隐患排查机制。充分发挥综治信访维稳中心“中心+网格化+信息化”的平台作用，做到重点领域重点排查，重视抓好扫黑除恶专项斗争信息线索摸排工作，实现资源共享，把握工作主动权。（2）完善领导责任机制。推行县党政领导挂镇和镇党政领导挂村制度，突出县、镇两级党政领导接访、下访、约访、会商研判、领导包案等制度，压实领导责任，助推信访工作责任重心下移，关口前移。制定包案责任清单，全年共落实县领导包案14宗，解决一批群众关注的热点难点问题，推动积案化解。（3）建立联调工作机制。年初，与县司法局联合，延伸基层法律服务，参与信访问题化解工作，建立县、镇、村三级联调机制，推动初信初访问题化解，重复上访量同比上年减少33%。通过落实责任，强化措施，立足预案，做足做实做细重点群体、重点人员的化解稳控工作，实现全国、省、市、县“两会”特别防护期和各项重大活动期间、重要敏感节点“零上访”的工作目标，维护全县社会稳定。参照省、市考核办法，完善县信访考核机制。2018年上半年，县委办制定印发《平远县解决群众信访诉求考核方案》，严格考核，充分发挥和运用考核“指挥棒”的作用，有效促进信访事项规范化办理和“事要解决”的落实。

【信访案件化解与督查】 2018年，平远县信访局扎实开展信访案件化解与督查工作。1.信访案件化解工作。抓好上级交办、转办案件的办理及化解工作，以提高案件办结质量和化解信访积案作为工作重点，并列入考核的重要内容。开展信访积案集中攻坚活动和重点领域信访突出问题专项治理行动；重视抓好中央巡视组、省委巡视组交办案件和省、市“专件”的办理工作。通过采取领导包案、会商研判、集中或专题听取案件办理情况汇报、重点督查督办、印发办理落实情况通报等有效措施，取得明显成效。全年共化解信访积案8宗、中央巡视组交办案件4宗、省委巡视组交办案件8宗、省“专件”3宗、市“专件”1宗、均已全部办结，办结率100%。2.信访案件督查工作。采取挂案督办和重点督查相结合，加强信访案件的督查督办工作。（1）注重加强平时工作督查督办，实行挂案联系制度，专人督办，并对县领导接访批示案件的落实进展情况实行每月通报制度；同时按照省、市考核实施细则要求，重点加强信访基础业务规范化建设的督查督办，强化整改落实，有效提升业务规范化水平。（2）加强重点领域和重点案件督查督办，对突出的信访问题实行县党政领导包案和挂案督查制度，不定期通报案件办理落实的情况，推动信访问题的化解。（3）督查情况纳入信访工作年度考核内容，推动责任落实。

【存在问题】　2018年，平远县信访工作存在一些问题：1.网上办理信访业务水平发展不平衡，有待提升。2.重点领域的突出信访问题、信访积案、涉众型经济利益问题化解难度大，形成信访工作短板。3.依法分类信访处理机制有待进一步完善。4.基层信访队伍不稳定性较为突出，不同程度影响信访工作的正常开展。　（林福云）

2018 年平远县信访局负责人名录

局　长：吴文胜

副局长：吴可兴　刘连昌

谢春红（女，挂职，8月起任）

机构编制管理

【概况】　2018年，平远县机构编制委员会办公室（以下简称平远县编办）继续推进体制机制改革，科学管理机构编制，加强队伍建设，以新时代新担当新作为，为平远发展提供强有力的体制机制和机构编制保障。

【“放管服”改革】　2018年，平远县全面推进“放管服”改革。1.取消一批行政许可事项。对照《平远县人民政府行政许可事项目录》（2017年版）以及《广东省行政许可通用目录》（2018年版）梳理各单位行政许可事项，并按照省、市要求，及时取消一批国务院决定取消的中央指定地方实施的行政许可事项。2018年，先后公布取消两批国务院决定取消的中央指定地方实施的行政许可事项，合计取消行政许可事项18项。至年底，全县35个县直单位完成5883项权责事项的认领和标准化编制工作。2.加快网上中介超市建设。制定《平远县网上中介服务超市建设方案》，印发《平远县县直部门中介服务事项清单》，公布中介服务事项共48项。同时，对接省网上中介服务超市平台，做好全县网上中介服务超市建设运营工作。3.推进“减证便民”专项行动。提请印发《关于公布平远县取消44项涉企涉民证明事项目录的通知》，对取消的证明事项，任何单位不得以任何方式再行要求办事人提供，开具证明单位也不再开具。4.推动深化政务服务“马上办”改革工作。提请印发《平远县深化政务服务“马上办”改革工作配套落实方案》，对全县深化政务服务“马上办”改革工作做具体的责任分工，梳理汇总形成《平远县部分职能拟委托或下放镇村行政权力事项和公共服务事项明细表》，共74个事项委托或下放镇村，方便群众办事，缩减办事时限。

【体制机制改革】　2018年，平远县继续深化体制机制改革。1.做好全县党政机构改革。根据《深化党和国家机构改革方案》《关于地方机构改革有关问题的指导意见》《广东省关于市县机构改革的总体意见》和《广东省机构改革方案》精神，按照改革要求，从

10月开始，对全县党政、群团、人大、政协以及相关事业单位的现有机构设置进行梳理，对部分机构的职能、职责做调整和划转，草拟《平远县机构改革方案》，为新一轮的机构改革工作做充分准备。至年底，已完成《平远县机构改革方案》一稿、二稿、三稿的报送工作。2.抓好重点领域体制改革。推进监察体制改革；推进城市管理和综合执法体制改革；完善相关管理事项。推进食盐监管体制改革，加强食盐安全监管执法；深化医药卫生体制改革，推进公立医院改革，加强机构编制管理，推进公立医院去行政化，落实公立医院自主权；推进乡镇卫生院改革，推进中小学教师“县管校聘”管理改革，实行编制总量核定管理。3.深化事业单位分类改革。理顺政府与事业单位的关系，强化事业单位公益服务职能，对全县事业单位进行分类，并重新制订“三定”（主要职责、内设机构、人员编制及领导职数进行确定）方案。推进承担行政职能事业单位、从事生产经营活动事业单位改革。加强事业单位法人登记管理和机关群团统一社会信用代码赋码发证工作。

【编制管理】 2018年，平远县编办科学规范编制管理。1.严格控编减编管理。持续抓好《平远县控编减编工作方案》的组织实施，认真开展机构编制联动审批，推动机构编制问题整改，确保全县各类编制均控制在省编委批复的编制总量内。2.规范机构编制日常管理。持续开展政务服务效能评估工作，组织开展对县直单位行政许可实施和监督管理情况督查。完善实名制系统管理，做好年报数据与财政部门决算数据比对等工作。 （赖杏媚）

2018年度平远县机构编制委员会办公室负责人名录

主　任：刘岸青

副主任：韩德云　陈国栋

2018年度平远县事业单位登记管理局负责人名录

局　长：谢鉴芬

台湾事务工作

【概况】 2018年，中共平远县委台湾工作办公室（以下简称平远县台办）认真做好两岸经贸文化交流、接待台胞、台湾新生代认祖归宗、联络在台乡贤捐资助学等工作。围绕平远县“一城一区一带”发展战略，增进民生福祉，努力开创全县台务工作新局面。

【两岸经贸文化交流】 2018年，平远县台办做好两岸经贸文化交流和接待工作。平远县台办接待8个团300多人次台湾嘉宾和乡亲到平远参观、访问、考察。1.文化交流。（1）邀请台北市平远同乡会、台北市苗栗县同乡会回平远参加“六月六”福祖公王节民俗活动（程旼纪念活动）和文化交流活动。8月17—19日，台北市平远同乡会文化交流参访团在会长林政吉带领下回平远参加2018年平远“六月六”民俗文化节。在平远期间，他们参观台资企业、参加拜祖先、缅先贤、祈平和仪式和“非遗”美食展销活动以及联欢活动。（2）做好邀请新生代，尤其是二、三代台胞和平远籍新娘回平远省亲参访。5月20日，台湾中华生产党创党主席卢月香考察团一行34人到平远县参访；6月15日，台湾云嘉南地区乡镇长、乡民代表及农会代表一行50人到海峡两岸交流基地平远大佛寺参观考察；10月25日，台湾联合报系2名记者到平远采访报道，以交流基地为切入点，报道鼓励和支持两岸民间交流的政策措施和积极成效。2.经贸交流。（1）8月，组织文经参访团赴台交流考察，先后拜会台北市平远同乡会、台北市龙生里，与平远籍台胞进行交流和互动。参访团考察台湾的市政建设、现代农业等。（2）服务台胞和台资企业。上半年以台北平远同乡会换届选举为契机，充实完善台北市平远同乡会的有关章程。5月3日，平远县台办和台北平远同乡会会长林政吉到厦门拜会平远籍台商厦门东亚机械股份有限公司董事长韩萤焕。9月12日，省台办副主任方涛一行6人到微风农场有限公司、橡森家具有限公司调研。其间，参观养牛场、蚯蚓养殖、有机蔬菜种植、小龙虾养殖及家具生产销售等，了解在平远台胞办理大陆居住证情况。到9月1日，全县有3位台商办理大陆居住证。

2018年9月12日，省台办副主任方涛（前排左二）一行到微风农场有限公司、橡森家具有限公司调研

【台湾新生代认祖归宗】　2018年，平远县台办做好台湾新生代认祖归宗工作。通过发挥同乡会、宗亲会作用，组织年轻一代慎终追远、追根溯源，回乡祭祖活动，联结两岸情谊。2016年以来接待台北平远同乡会回乡访问拜会团等多个团体，台胞们每年均专程到程旼纪念馆铜像前祭拜客家先贤程旼。

【捐资助学】　2018年，平远县台办联络在台乡贤捐资助学。8月18日，平远县台办与林乾祐教育基金会管理负责人和学校部分师生，在东石铁民中学举行林乾祐教育基金第九届助学金发放仪式。历时10届的资助活动，资助高中、大学学生共61人，资助金额累计27.64万元。2018年，资助的学生22人，其中大学生13人，每人获得资助3000元；重点高中学生9人，每人获得资助1200元。基金会理事长鼓励被资助的学生好好学习、克服困难，树立正确的人生观、价值观。

【宣传教育】　2018年，平远县台办做好宣传教育工作。利用广播、电视、互联网等宣传媒体，宣传该县的台务工作。利用清明节、中秋节、脐橙节台胞回乡或寻根祭祖的机会，开展面对面宣传。同时发挥台务干部业余通信的作用，向广东省《粤台视窗》、市台办、县委办、县府办、统战部报送信息，向新闻单位投送涉台稿件，累计投稿23篇，其中向《粤台视窗》投稿7篇，被采用5篇。

（王子良）

2018年度中共平远县委台湾工作办公室负责人名录

主　任：凌育苑

副主任：谢玉山

精神文明建设

【概况】　2018年，平远县坚持以习近平新时代中国特色社会主义思想为指导，全面贯彻落实中共十九大和中共十九届二中、三中全会精神，深入宣传贯彻落实习近平总书记对广东工作的重要讲话和重要批示指示精神，做好核心价值观宣传、精神文明创建、公民道德建设、学雷锋志愿服务和未成年人思想道德建设等工作，促进平远县精神文明建设上新台阶。

【核心价值观宣传】　2018年，平远县做好核心价值观宣传工作。1.突出思想引领，开展“三项教育”。坚持以习近平新时代中国特色社会主义思想为统领，推进“两学一做”学习教育常态化制度化，开展好“大学习、深调研、真落实”活动和“不忘初心、牢记使命”主题教育，组织学好用好《习近平谈治国理政》第一卷、第二卷和《习近平新时代中国特色社会主义思想学习纲要》等，加强宣传方式、创新阐释手段，开展对象化、分众化、互动化宣讲，推动中共十九大精神进企业、农村、机关、校园、社区。2.突出价值引领，开展“三大行动”。（1）开展核心价值观提升行动。在河头镇启动“崇德向上·敦风化俗——乡村里的价值观墙绘活动”；组织县书画院、美术家协会20多人，投入资金100多万元，先后在河头、大柘、东石、仁居、泗水、上举等镇的20多个村开展墙绘活动，完成墙绘面积2114平方米。（2）抓好党员干部、青少年、公众人物三个重点人群；组织道德模范、身边好人等公众人物深入学校、社区、机关单位开展规范守则的学习宣传教育活动；组织机关党员干部主动参与“道德讲堂”和“重品行、树形象、做榜样”等主题活动；组织中小学师生利用“我们的节日”主题实践活动，践行规范守则教育。2018年，先后组织10多名省、市、县道德模范、机关单位和学校参与主题活动，开展守则教育宣讲活动118场次。（3）开展诚实守信行动。全面建立信用记录和信用信息归集制度。推动各部门梳理制定本部门信用信息目录，出台信用信息归集工作方案和管理办法。2018年有267个商事主体被列入异常名录，其中企业129户、合作社30户、个体户108户。3.突出精神引领，弘扬民族精神和时代精神。做好红色革命文化保护利用，贯彻落实《广东省红色革命遗址保护利用行动实施办法》，推进实施红色革命遗址登记标示、红色历史挖掘整理、红色遗址保护建设、红色展陈提升、红色文化传播等九大行动，推进红四军纪念馆扩容提质工程。文史陈列室主体工程及纪念馆外墙、纪念园大门维修工程竣工验收，推进纪念馆改陈布展工程的陈列布展方案设计工作。发挥平远红色文化资源优势，利用平远县红军纪念园等省、市、县爱国主义教育基地开展党性教育和革命传统教育，打造具有平远客家特色的理论宣讲品牌。如在“平远县红军纪念园”挂牌设立“新时代红色文化讲习所”，作为习近平新时代中国特色社会主义思想的传习基地。2018年，有30多个单位、3000多名党员干部参与“6+X”讲习所学习体验活动。举办“广东省庆祝改革开放40周年专题宣讲报告会平远专场”等系列活动，通过数据、视频、图片等形式，把广东改革开放以来平远的巨大变化展示给广大的干部群众。4.突出典型引领，抓好“三个一批”。做好省、市好人推荐工作，林冬芳被评为广东省第三季“广东好人”；上举镇邱梅英被梅州市评为第一季梅州好人；县实验小学罗皓诗等4人被评为梅州市新时代好少年；韩世任家庭被评为梅州市书香家庭；王德群被评为梅州市“客都好乡贤”。做好平远县第七届五星道德模范评比工作，评选出道德模范及提名奖20人。修订《平远县礼遇帮扶道德模范实施办法》。春节期间，全县慰问道德模范20多人次，发放慰问金近2万元。

【精神文明创建】 2018年，平远县认真做好精神文明创建工作。1.全国县级文明城市创建。（1）3月22日，召开精神文明建设工作总结暨创建全国县级文明城市动员会，县委书记宋才华对创建全国县级文明城市作出要求，县委办、县政府办联合下发《平远县创建全国县级文明城市（2018—2020年创建周期）工作方案》《平远县文明城市、文明镇街、文明村居“三级联创”工作方案》《关于印发〈平远县创建全国县级文明城市国家卫生县城网络化管理办法〉的通知》，县文明委根据测评体系印发相关责任分工等文件。从县直各单位抽调4人充实到县创国文办。召开县精神文明建设委员会第一次全体（扩大）会议，部署全县精神文明建设工作，推进创建全国县级文明城市工作，宋才华到会并对全县精神文明建设工作作部署。（2）开展市容秩序整治行动。开展出店经营、占道摆摊等违规乱象执法整治行动，清理流动摊点720余次，下达责令整改通知书1110余份，取缔主要街道及校园周边流动摊点260余个、纠正流动水果摊贩沿街叫卖3210余起，清理违章占道1250余起，暂扣各类违章物品2100余件，规范1500余家临街门店经营行为。多次组织开展专项整治联合执法行动。对县城规划区内所有户外广告进行拍照登记在册，并开展相应的法律法规宣传，对审批逾期或不符合户外广告设置要求的业主按程序下达《整改通知书》或《限期拆除通知书》，对逾期未拆除的广告牌进行依法强制拆除。拆除违规大型广告牌70多块，其他违规小型户外广告牌、横幅标语等1290多块(条)。推进网格化管理责任制，集中开展专项整治，实行常态化管理。2018年，在市容环境卫生方面立案95宗，结案81宗，处罚金额3000元；发放市容市貌宣传册4000余份，整改店外占道经营、乱摆卖等3142宗，整改乱堆放797宗，清理各类广告条幅、拱门、气球等204条，灯箱、移动招牌等190块。（3）推进县城市政基础设施建设。投入2748万元完成兴隆路市政道路、建设路人行道改造、新岭路至环城路到平城北路、平城中路戏院岗段、旅游公厕工程等一批市政基础设施。县城区生活垃圾无害化处理率100%，路灯亮灯率99.3%，县城绿化覆盖率40.3%，绿地率37.06%，人均公园绿地面积20.2平方米。2.文明村镇创建。县委办、县政府办联合下发《关于推进乡村振兴战略的实施意见》等文件，县文明委下发《平远县深化群众性精神文明创建活动的工作方案》，围绕实施乡村振兴战略，以农村精神文明建设示范镇村创建为带动，全域推进文明村镇创建，加强乡镇环境综合整治，95%以上农村生活垃圾得到有效处理，农村生活垃圾分类减量35%以上，垃圾无害化处理率100%。提高村庄规划建设水平，做好镇村规划。协助、指导、督促石正、仁居、东石镇完成圩镇总体规划修编工作。补齐基础设施和公共服务短板，完成54个基层综合性文化服务中心建设任务。推进20个省定贫困村和10个县示范村文明创建工作，全县30个示范村开展新时代文明实践站活动。对全县10个县级文明镇，79个村（社区）进行复查。仁居镇邹坊十郎公祖屋、热柘镇布心村谯国堂被评为市级文化祠堂。3.文明家庭创建。按照《关于开展第一届平远县文明家庭评选表彰活动的通知》要求，组织开展“文明家庭”评选活动。向梅州市推荐市级文明家庭3个。郭婷婷家庭被评为梅州市文明家庭；全县评选县级文明家庭10个，最美家庭9个，获评市级最美家庭1个，省级最美家庭1个。在全县开展“五星级文明户”评选活动，县级评选出“五星级文明户”3032户。4.文明校园创建。向市推荐文明校园申报工作，2018年上半年，平远中学等6间中小学被评为梅州市第二届文明校园。联合县教育局制定深化文明校园创建工作方案，评选出平远县文明校园10间。

【公民道德建设】　2018年，平远县做好公民道德建设工作。1.抓好党风廉政建设。加强基层党组织建设，深入开展党章和党内法规学习教育。2018年，开设党校主体培训班10期，培训全县干部人才2242人次。加强基层党组织带头人队伍建设，调整撤换15名村党组织书记，精准排查整顿13个软弱涣散村党组织，统筹安排191.5万元创建党建示范点，从各领域选取52个基层党组织作为示范点规范化创建。2.敦化家风民风。在县国税局举行家训家风教育基地挂牌揭幕仪式，在全县倡导“明家训、正家风、促清廉”的良好风尚，并以此教育引导全县广大党员干部传承好家训，培育好家风。家训家风教育基地以图文资料、音像资料、实物资料生动展示的方式，把我国的优秀传统文化、平远的历史人文和家训家规有机整合，分为党和国家领导人谈家风建设、平远百家姓家训、中国传统中的家规、平远名人家风故事、家风家训文化和实物展示等版块。开展好“我们的节日”主题活动，强化节日思想道德内涵。推进优秀传统文化教育进校园、进社区，加强非物质文化遗产保护利用和历史文化名镇名村创建。充分利用“文化和自然遗产日”，在县第一小学等学校开展“非遗进校园”和“非遗”项目展板宣传展示活动。加强基层综合性文化服务中心建设，推进农村文化祠堂建设，推动农村、社区群众文化活动常态化开展。开展倡导绿色生活反对铺张浪费行动，巩固农村移风易俗成果，促进移风易俗工作，倡树社会清风、文明乡风。通过政务微博等新兴媒体报道一些加强移风易俗、遏制陈规陋习的经验做法，利用各村居文化广场、宣传栏、文化墙等阵地，宣传村规民约、文明理事、移风易俗及相关法规政策。把移风易俗教育与公民思想道德教育结合起来，广泛开展文明村、文明信用户、文明示范户创建等工作，教育引导群众参与改陋习、树新风活动。2018年，完成农村公益电影放映1632场，送戏下乡14场；各镇开展文体活动156场次；开展“三下乡”活动50场次，发放相关宣传资料4万多份，书籍1.5万多册。3.倡树礼仪雅风。推进文明交通行动，完善县城各主干道的交通标志标线规范设置，防护栏、隔离带和机动车禁鸣、禁停提示牌的安装。采取宣传与疏导相结合、教育纠正与执法处罚相结合、日常管理与集中整治相结合方式，对县城机动车乱停乱放、乱鸣喇叭等现象进行整治，最大限度保持畅通。全年查处机动车乱停乱放、乱鸣喇叭交通违法2800多宗。全县学校组织文明导行活动108场次，邀请交警部门开展文明出行讲座20场次，通过校讯通向学生家长发出文明出行宣传短信3万多条。4.涵养文化新风。利用春节、元宵节、清明节、七夕节、中秋节等传统节日，开展“我们的节日”主题活动。如：春节前夕，县委宣传部、县文明办等单位联合有关部门在县城及各镇开展10余场次的以“道德春联进万家”为主题的“三下乡”活动，送出春联1200幅。县城举办新春群众歌舞表演、春节群众游园活动、新春书画摄影展、新春电影展、新春钢琴音乐会和篮球、拔河、中国象棋、围棋、广场舞、健身球操等文体活动近30场次。全县12个镇相继开展广场舞表演、歌舞文艺演出、健身舞表演、锣鼓醒狮贺新春、贺新春大锣鼓巡街游行春节联谊会、篮球、乒乓球、羽毛球、象棋比赛等群众热情参与的文体节目，每个镇平均开展文体活动7场次。

【学雷锋志愿服务】 2018年，平远县做好学雷锋志愿服务工作。加强志愿服务形式内容创新。推进“美丽乡村”公益志愿行动，围绕精准扶贫、生态文明等国家战略开展移风易俗、弘扬时代新风行动等，全县有注册志愿者14352人，有10576人参加各项志愿服务，推进打造一批志愿服务项目品牌。平远县公益义工协会志愿者和平远县“消费权益保护·金融知识宣传”志愿服务队被评为梅州市最佳志愿服务组织；肖泰清被评为梅州市最佳志愿者；“‘扶志助飞’资助贫困大学生圆梦” 被评为梅州市最佳志愿服务项目。

【未成年人思想道德建设】　2018年，平远县加强未成年人思想道德建设。召开2018年平远县未成年人思想道德建设工作会议。广泛开展“童心向党”“客家童谣传唱”“扣好人生第一粒扣子”等系列主题实践活动；县检察院等单位联合开展“自强不息好少年”评选表彰活动，评选出10名自强不息好少年；县文明办选送参加梅州市客家童谣节的《家乡好梅州》被评为十佳童谣奖；县文广新局组织开展“戏曲进校园”活动，弘扬客家优秀传统文化，举办7场次进乡村和5场次进校园活动。推进实施中央专项彩票公益金支持乡村学校少年宫项目，对全县5间乡村学校少年宫进行自查自纠和督促检查。　（郭玉峰）

2018年9月14日，平远县精神文明建设委员会第一次全体（扩大）会议在县迎宾馆召开　（朱双玲　摄）

2018年度平远县精神文明建设委员会办公室负责人名录

主　任：林志红

副主任：郭玉峰

老干部工作

【概况】　2018年，平远县有离休干部47人。其中，县（处）级2人；享受县（处）级10人；科级35人。担任过县（处）级领导职务的退休干部29人，不驻会县人大常委会副主任3人、政协副主席6人。

【老干部政治待遇】　2018年，平远县委老干部局开展“增添正能量·共筑中国梦”系列活动，落实老干部政治待遇。1.离退休干部学习教育。为每位离休干部和县处级退休老干部赠订一册《秋光》杂志；为每个离退休干部党支部赠送《离退休干部党支部学习参考》和《2018年广东老干部政治理论读本》；为“老干部流动图书馆”和老干部阅览室订阅《人民日报》《南方日报》《梅州日报》《南方》《长安》等党报党刊。2.离退休干部思想政治建设。召开老干部专题学习会、离退休干部党支部书记培训班、老干部学习研讨习近平总书记考察广东重要讲话精神会议等，将党的最新思想传递到全县离退休干部中去。3.离退休党工委与党建工作。5月，成立中共平远县委离退休干部工作委员会，协助加强离退休党员干部教育管理，健全离退休干部服务管理机制，提升离退休干部党支部组织力。4.老干部发挥正能量。召开新春茶话会，向老干部通报全县经济社会发展情况；国庆、重阳期间邀请县处级离退休老干部到河头镇考察乡村振兴工作，老干部就关于县委“一城一区一带”发展战略提出意见和建议。支持涉老组织开展“正能量”活动，鼓励离退休干部在言传身教、立德树人、促进老区建设、关心下一代等方面献计出力。5.老干部精神文明建设。组织乒乓球、桌球、麻将、中国象棋等老年体育竞技活动，喜迎广东省第30届“老人节”；邀请原梅州市人大常委会主任、离休干部周刚到平远县开展养生保健知识讲座，并向老干部赠送由其编撰的《养生保健知识集拾》；依托涉老组织举办国庆重阳专题文艺晚会、老年气排球友谊赛及各项体育健身赛事等，实现文化润老、娱乐养老。

【老干部生活待遇】　2018年，平远县委老干部局做好老干部服务管理，落实老干部生活待遇。1.完善和落实离休干部离休费、医药费保障机制和财政支持机制，做好老干部走访慰问、住院探望、医疗护理、丧事办理、遗属抚慰和困难家访等工作。2.落实《关于对建国初期参加革命工作的部分退休干部在生活上给予适当照顾的通知》精神，对符合条件的17位退休干部按时足额发放医疗费、生活补贴及节假日补助、住房维修和物业补贴等。3.按《关于提高生活长期完全不能自理的离休干部护理费标准的通知》精神，落实13位因重病生活长期完全不能自理的离休干部特殊护理费发放。

【服务水平提升】 2018年，平远县委老干部局致力提升服务老干部工作水平。1.真情接访老干部，按政策用心用情解决困难需求。2.省委老干部局副局长王格率队到平远县督查老干部工作，平远县老干部局就如何做好老干部学习活动场所功能规划，推动老干部（老年）教育工作开展等问题与省、市局作经验交流，汲取对老干部活动场所“建管用”先进思路。3.前往梅州市、梅江区、蕉岭县三所老干部大学调研，学习优秀办学经验。4.基层设施建设。（1）争取县委、县政府重视和分管领导支持，对县老干部活动中心大楼进行修缮提升，以增强大楼安全保卫、持久耐用、宣传时事政策的性能。（2）推动老干部大学建设。平远县图书馆和老干部大学综合楼改造工程主体已筑成，老干部大学所属六、七层内部基本完工，待工程验收交付后进入老干部大学二次装修工程阶段。5.加强总结宣传。以党报、党刊和党建网站为阵地，在“平远党建”网站办好“老干之窗”专栏，宣传老干部工作，报道工作动态，收集老干部文艺作品，协助推送平台宣传，为平远振兴发展传播好声音、传递正能量。全年先后通过上述平台刊登稿件16篇次（含图片）。（姚柳娟）

2018年5月10日，中共广东省委老干部局副局长王格（左二）率队到平远县调研老干部（老年）教育工作开展情况（洪瑞梅 摄）

2018年度中共平远县委老干部局负责人名录

局　长：李琼珍（女）

副局长：张仕珍（女）　余义兴

机要工作

【干部队伍建设】 2018年，平远县委机要局加强政治理论和业务学习，加强忠诚教育学习活动。先后有2人参加有关业务培训，提高干部的思想和业务水平。

【主渠道规范化建设】 2018年，平远县委机要局按照省、市的统一部署，配合上级业务部门，推进主渠道网络升级，设备更新及机房消防设施规范化改造等一系列工作任务。该县在主渠道设备更新、网络升级方面投入资金6.5万元，在主渠道机房防控设施规范化建设中投入资金11.9万元。通过规范化改造，打造一个设备齐全、环境整洁、安全可靠的现代化通信机房，为保证机要通信的安全畅通创造优秀的外部条件。

【电报收发】 2018年，平远县委机要局严格按照规章制度对明密电报进行管理和办理。全年收发电报1475份9176页，办理紧急重要电报137份1384页。全年未发生延、压、误电报现象，确保重要指示、政令及时传达。（谢潭翼）

2018 年度中共平远县委机要局负责人名录

局　长：林胜玉

副局长：叶子丁

保密工作

【概况】 2018年，平远县国家保密局做好党管保密、保密重点任务、宣传教育、科技成果应用等工作，加强依法行政、保密体系建设和队伍建设，确保党和国家秘密安全。

【党管保密】 2018年，平远县国家保密局强化党管保密工作。1.抓好《中共中央关于加强和改进保密工作的意见》和广东省委、梅州市委《关于加强和改进保密工作的实施意见》、平远县委《“十三五”时期平远县保密事业发展计划》等精神的贯彻落实。2.召开2018年中共平远县委保密委员会全体会议。县委副书记、县委保密委主任胡新文强调：坚持用习近平新时代中国特色社会主义思想统领平远保密工作；筑牢新时代维护党和国家秘密的安全防线；切实加强保密干部队伍建设。

【保密重点任务】 2018年，平远县国家保密局抓好保密重点任务落实。1.抓好涉密领域国产化替代工程建设。落实中央办公厅、国务院办公厅转发的《关于实施涉密领域国产化替代工程的通知》要求，推动实施机关、单位涉密领域国产化替代工程，在平远县级保密行政管理部门和重点涉密单位率先开展国产化替代工作。2.做好“数字政府”建设全过程的保密监督、指导、服务和保障。3.建立健全党务政务信息公开保密审查工作领导小组和保密审查机制，严格审核把关、规范工作流程，推动全县党务政务信息公开有序规范开展，确保党务政务信息能及时公开又安全保密。

【保密依法行政】 2018年，平远县国家保密局强化保密依法行政工作。1.强化保密依法行政。制定中共平远县委保密委员会2018年工作要点。做好互联网电子邮箱安全保密管理、权责清单修订、保密管理制度上墙、涉密岗位及人员调整报备等工作。2.做好保密保障工作。做好2018年平远县普通高考等试卷安全保密、平远县有关重要会议会场保密安全、金融系统和教育系统保密专项检查、保密行政管理部门停止涉密工程、货物、服务审查确认等工作。定密规范管理和涉密载体的清查。组织开展2018年度机关、单位保密自查自评工作。3.加强保密指导管理。建立健全重点区域保密工作指导协调机制，加强平远县重要设施周边环境安全保密工作。加强机关、单位涉密人员动态管理和离岗离职涉密人员保密管理，完善涉密资质（格）单位人员出（国）境审批管理程序。

【保密宣传教育】 2018年，平远县国家保密局强化保密宣传教育工作。1.学习教育。开展保密法暨宣传教育月活动，提高干部职工的保密意识。组织学习广东省委保密办、广东省保密局《关于转发中共中央保密委员会办公室国家保密局〈关于陈聪颖等同志违反中央八项规定精神问题和问责情况的通报〉的通知》精神。做好2019年度《保密工作》杂志的征订工作。2.培训教育。组织有关人员参加省保密教育实训平台轮训工作。举办平远县2018年经管国家秘密人员和年轻干部保密业务知识培训班。组织人员参加梅州市委保密委员会全体（扩大）会议、大别山干部学院举办的铭记光辉历史传承红色基因专题研讨班和梅州市网络安全监管现场会。做好国家保密局《保密工作》杂志社有关人员到梅州采访、调研考察座谈工作。

【保密科技成果应用】 2018年，平远县保密局做好保密科技成果应用工作。1.在县委办、县政府办、县保密局等单位推广应用基于RFID（射频识别）涉密载体与设备监管系统，对“三密文件”管理逐步实现智能化精准管控。2.健全保密技术服务体系。贯彻落实《关于加强保密技术服务体系和能力建设的指导意见》，推进保密技术服务体系和基础设施建设，提高服务保障水平。3.加强涉密设备维修维护和涉密载体销毁工作的指导和监管。

【队伍建设】 2018年，平远县国家保密局加强保密队伍建设工作。1.强化党对保密工作的领导。平远县委保密委发挥牵头抓总作用,带头履行保密工作领导决策、调查研究、督促检查、协调保障等职责。各机关、单位能严格履行党政领导干部保密工作责任制。2.加强保密队伍建设。各机关、单位能按照“既要政治过硬、又要本领高强”的工作目标，加强保密队伍建设，加大保密干部培训。拓宽保密人才选拔渠道，配强平远县级保密部门保密技术力量，提高保密服务保障能力。做好平远县保密技术检查中心的人员招录工作，并发挥其职能作用。

（谢新兰　凌艳芳）

2018年度平远县国家保密局负责人名录

局　长：韩方颂

副局长：曾祥定

2018年12月14日，平远县2018年经管国家秘密人员业务知识培训班在县迎宾馆举办

党校教育

【教育培训】 2018年，平远县委党校、平远开放大学做好教育培训工作，完成全年培训任务。1.办好党校主体班。全年举办平远县基层党组织书记学习贯彻中共十九大精神专题研讨班：村（社区）党组织书记专题班1期，培训干部143人；“两新”组织党组织书记专题研讨班1期，培训干部77人；机关（事业）单位党组织书记专题研讨班2期241人；平远县党委（党组）书记专题学习培训班1期，培训干部400人。举办平远县科级干部学习贯彻习近平总书记重要讲话精神集中轮训班2期，培训干部768人；举办平远县政协委员履职能力提升培训班，培训干部60人；举办平远县基层人大代表业务素质培训班，培训干部61人。举办平远县基层党组织书记深入学习习近平新时代中国特色社会主义思想和中共十九大精神专题培训班：村（社区）党组织书记专题班1期，培训干部143人；机关（事业）单位、“两新”组织党组织书记专题研讨班1期，培训干部335人；举办村（居）务监督委员会主任培训班1期，培训村（居）干部156人。举办年轻干部进修班，培训干部35人；举办平远县科级干部学习贯彻习近平总书记考察广东重要讲话精神专题研讨班3期，培训干部799人；举办平远县新录用、调任公务员和新聘用事业单位工作人员培训班，培训干部90人。培训采取讲授式、案例式、讨论式、现场教学、异地培训等形式，增强培训效果。2.办好专题培训班。支持部门举办业务培训班，采取联办或提供场地等方式协助县委组织部、党群系统党委、县政协、县人大、团县委、工商联、信访局、国税局、法制局等在该校举办各类培训班，有2000多人次参训。3.开展对外宣讲活动。2018年，该校骨干教师累计在全县各镇、机

关事业单位、农村、学校等宣讲90多场次。内容有中共十九大报告、《习近平谈治国理政》第二卷、《习近平新时代中国特色社会主义思想三十讲》《中华人民共和国宪法》和习近平总书记重要讲话精神、省委十二届五次全会精神、市委七届五次全会精神、县委十三届六次全会精神等。4.协助县委办直播“客家讲坛——推进安全生产领域改革发展专题讲座”“全市加强基层党组织建设工作会议”和“全市传达学习贯彻习近平总书记考察广东重要讲话精神干部大会”。

【镇级党校挂牌】　2018年，平远县按照“有领导机构、有办学场所、有授课老师、有学习计划、有培训资料、有规章制度”的“六有”标准，全面开展镇级党校规范化建设。党校配合组织部做好全县镇级党校的挂牌工作。9月底前，全县12个镇完成镇党校挂牌工作，并正常开展基层党员干部教育培训工作。

【远程开放教育】　2018年，平远县委党校、平远开放大学认真做好远程开放教育工作。1.加大招生力度。学校拓宽招生工作新途径，规范招生宣传，提高招生工作业务水平。平远开放大学春秋两季和奥鹏学习中心全年招生266人，招生人数保持基本稳定。2.加强教学教务管理。重视班主任工作，重点在导学、督学上下功夫，着力加强考风考纪建设，考试工作全年无事故。2018年输送本、专科毕业生212人，有1人被广东开放大学评为“资深校级领导”，有1人被评为市开放大学系统优秀校长，有1人被市开放大学系统评为先进教育工作者，有2人被评为市开放大学系统优秀教师，有1人被评为县级优秀教师。

【党建工作】　2018年，平远县委党校、开放大学党支部围绕县委、县政府的中心工作，以创建党建工作示范点、加强服务型党组织建设、推进“两学一做”学习教育常态化制度化、纪律教育学习月活动和精神文明创建活动为抓手，推进党的政治建设、思想建设、组织建设和作风建设，并将制度建设贯穿其中，提高队伍的战斗力，增强支部的战斗堡垒作用。为学校各项事业的发展，全面完成各项中心工作任务提供强有力的组织保证。学校以“严明校风、转变作风”为切入点，以服务改革、服务发展、服务民生、服务群众、服务党员为主线，以学促改，立足学校实际，制定工作方案，增设宣传栏，营造浓厚的政治和学习气氛。教职员工挂牌上岗，突出“服务”两字，自觉接受群众监督。形成以支部为核心、全体教职工共同参与服务的格局，提高党员干部的服务能力和服务水平，形成主动服务、认真服务的习惯。

【教学科研与调研】　2018年，平远县委党校、平远开放大学认真做好教学科研与调研工作。1.继续办好《平远学刊》。2018年出版《平远学刊》2期，为该校教师提供展示教学和科研能力平台的同时，建立全县党员干部学习交流平台，方便党员干部开展理论学习和交流，研究工作中遇到的新情况和新问题，探讨经济社会发展中遇到的热点和难点问题。2.圆满完成科研任务。该年度大部分教师能按照学校的要求完成调研文章和学术论文撰写任务。有2篇论文上送梅州市现代远程教学学会专刊《梅州远程教育》发表，有1篇论文在国家级刊物《改革与开放》上发表，有2篇论文在《管理观察》刊物上发表。

【行政后勤与管理】　2018年，平远县委党校、平远开放大学认真做好行政后勤与管理工作。1.改善教学办公条件。投入6万多元用于校园党建文化和社会主义核心价值观宣传，制作党建和社会主义核心价值观宣传展板；投入1万多元制作学校二楼会议室和四楼大会议室LED显示屏；投入2万多元用于购置保密柜、碎纸机和空调；做好教学科研楼的前期准备工作，投入51万多元用于教学科研楼的测量和设计，原第四、五、六平房教室的拆除、钩挖土方并平整建设用地；投入2万多元用于校园绿化和美化工程。2.加强内务管理。认真贯彻"创卫"工作要求，开设宣传栏，加强创卫宣传，努力营造人人讲卫生、爱护环境的良好氛围。建立定期消杀蚊虫制度，加强对卫生保洁责任制的落实，聘请专门的保洁员，确保学习工作生活环境整洁、优美；强化校内治安的综合治理，完善学校的治安管理制度，做好法治宣传教育工作，定期检查治安防范措施的落实，确保校园安全稳定；加强公用设施的管理和维护，确保设施使用正常；加强校固定资产的管理，实行办公财产登记制度，确保校有资产无流失现象；加强水电使用管理，杜绝浪费，厉行节约。（丘　铮）

2018年8月8日，县长杨栋（右）和县委常委、组织部部长黄钧震（左）到平远县党校进行调研

（丘铮　摄）

2018年度中共平远县委党校、平远开放大学负责人名录

校　长：张文浩

副校长：李忠明　韩启城

县直属机关工委工作

【概况】　2018年，中共平远县直属机关工作委员会（以下简称县直机关工委）有6个系统党委，有党总支27个，党支部253个，有党员4619人，其中新发展党员46名。2018年，县直机关工委坚持抓党建、促发展，紧紧围绕"服务中心、建设队伍"两大任务，以新时代党的建设总要求为遵循，加强基层组织建设和党员干部队伍建设。

【机关党建】　2018年，县直机关工委认真实施"头雁"工程、先锋工程、基层基础保障工程，提高机关党的建设质量。1.优化党组织设置。按照"党员人数（含离退休）超过50名的，原则上要设立党总支"的要求，对县直单位党员人数超过50人的县财政局、县工商局等10个支部升格为党总支，下设若干个支部。县委办、县府办机关支部按照便于过组织生活原则进行优化，经优化设置，新增党总支9个，党支部26个；县直机关党总支27个，党支部253个。2.选优配强支委班子。按照"单位的党总支（支部）书记原则上由单位主要负责同志担任"的要求，采取县领导兼职的单位或设有党组的单位，原则上可由单位分管党务工作的副职担任党总支（支部）书记；其他单位的党总支（支部）书记一律由单位主要负责同志担任，总支（支部）委员由单位的党员领导干部担任；总支下设的支部书记由总支委员兼任，支部委员由各股室主要负责同志担任，切实把党组领导核心职能、行政领导职责和党建工作职责统一起来，构建党组织"一岗双责"的机制体制，提升政治功能和组织引领力。3.强化党建阵地建设。按照"党味浓"、有影响力、有感召力的原则，规范基层党组织阵地建设，建立健全各级党组织的党务工作室、党员活动室，强化功能设置，凸显政治属性，发挥党建的激励引领作用，为促进县直机关党建工作的发展提供良好的氛围。4.加强服务型党组织建设，高标准打造一批党建示范点。围绕“抓示范、创特色、带整体”的工作思路，深化基层服务型党组织建设，强化基层党组织“服务改革、服务发展、服务民生、服务群众、服务党员”效能，全面铺开服务型基层党组织创建活动。在县直机关中选定21个党建基础较好的基层党组织，从思想政治建设、班子队伍建设、作风建设、阵地建设、制度建设五方面进行高标准打造，示范带动县直基层党组织开展规范化标准化建设。2018年，县直机关有18个党组织被授予服务型基层党组织先进单位。5.加强党员志愿者服务队伍建设。充实党员志愿服务人员，壮大志愿者队伍，完善志愿服务体系，建立志愿服务专业化运行模式，提升全县志愿服务组织功效和志愿者服务能力。以系统党委为单位，制定切实可行的志愿服务活动方案，开展有质量、有效果、有影响的志愿服务活动。2018年，各系统党委开展17场次的志愿服务活动，展现新时代党员风貌，提升党员队伍形象。6.选树身边典型，发挥榜样引领作用。在“七一”前夕，向县委组织部推荐表彰一批先进基层党组织、优秀党务工作者、优秀共产党员、组织生活创新案例，用身边的榜样教育、引导、带动身边的人，使每个党组织、每名党员干部学有目标、评有标尺、赶有方向，营造学先进、比贡献、促发展的浓厚氛围。开展好以“互学互比互看”为主要形式的机关党建工作观摩交流活动，展示机关党建的特色亮点，促进相互学习交流，提升机关党建工作水平。7.加强党内关怀，增强党的凝聚力。深化“关爱党员·增强党性”活动，注重人文关怀，开展结对帮扶活动，党员领导干部带头参与帮扶活动，采取“一帮一”“多帮一”等形式做好帮扶工作。重视抓好党内关怀帮扶活动，做好困难党员摸底工作，制订帮扶方案，关心困难党员的思想、工作和生活状况，组织开展节日走访慰问活动。

【机关作风建设】　2018年，县直机关工委为加强机关作风建设，落实中央八项规定精神，着力营造崇商重企、公平正义、廉洁高效的良好政务环境。2018年，与纪检监察部门协作，开展明察暗访，重点针对干部队伍中存在的作风问题，从违反上班工作纪律、公车私用、中午喝酒等问题入手，加强作风整治，解决机关作风方面存在的突出问题，提高机关效能和服务质量，全县机关作风持续好转。

【机关武装】　2018年，平远县直属机关人民武装部根据上级军事机关的工作部署，做好当年度兵役登记、年度征兵相关工作。1.充分发挥自身职能，通过多种宣传载体，多渠道、多角度对兵役登记进行宣传发动，对年满18周岁的男性青年进行兵役登记，确保该年度登记率100%。2.做好征兵宣传发动工作。组织适龄青年应征报名，严把思想政治关，确保适龄青年方向明确、立场坚定。通过组织体检、政审等环节，输送合格青年到部队，圆满完成征兵任务。　（谢志宏）

2018 年度中共平远县直属机关工作委员会负责人名录

书　记：沈登桂

副书记：张丽丽（女）

2018 年度平远县直属机关人民武装部负责人名录

部　长：何文耀

县直系统党委工作

【党群系统党委】　2018年年末，中共平远县党群系统委员会有1个党总支、38个党支部，477名党员。党群系统党委围绕“一城一区一带”发展战略，加快建设美丽幸福平远，有力推动党委各项工作开展。1.专题学习与调研活动。全年召开12次党委会议、14次党委理论学习中心组学习会，举办7期专题培训班，组织本系统内各支部、各党员干部在支部或到挂钩镇村和单位开展专题宣讲上千场次，开展党日活动300多场次。开展“深调研”活动，参与4个专题和6个重大问题调研，形成高质量的调研报告。2.加强政治建设。（1）结合推进“两学一做”学习教育常态化制度化，加强政治理论学习，用党的重大理论武装党员干部头脑，教育引导党委全体党员干部增强“四个意识”，坚定“四个自信”，坚决做到“两个维护”。（2）坚决拥护和执行党中央、省委、市委、县委关于坚决全面彻底肃清李嘉、万庆良恶劣影响的决定和部署，于3月21日、4月19日先后开展2次肃清工作专项督查。（3）配合完成省委第八巡视组到平远开展巡视工作，严格落实意识形态工作责任制，营造风清气正的政治生态。3.加强基层组织建设。围绕“规范化建设”工作要求，坚持问题导向工作法。（1）规范制度管理。制定《2018年党群系统党建工作要点》，每月召开一次党委会议研究部署党建工作。制订《党群系统党建工作目标管理考核办法》，健全党建工作述职考评和问责机制，年初开展2017年度支部书记抓党建工作述职评议会议活动，对每个支部书记党建工作实绩开展评议考核。（2）加强党员教育管理。督促各党支部制订工作清单，发挥领导干部带头作用，开展集中学习和党员自学。落实民主集中制、“三会一课”、组织生活会、民主评议党员等组织生活制度。严格执行党费收缴制度要求，明确党费缴纳的比例测算、具体标准、收缴方式、上缴时限等，确保党费及时足额上缴。做好党员发展工作，确定1名发展对象。（3）优化党组织设置。制定《关于优化党群党委优化党组织设置的工作方案》，撤销县委党校党总支和县委办第一、二、三、四党支部，新增县委办综合党支部、县委办离退休党支部等10个党支部，优化后，党群系统下设1个党总支、38个党支部。做好17个党支部换届、补选或改选工作的指导，确保选优配强党支部班子队伍。（4）打造基层党建工作示范点。选定县委党校、县总工会、县工商联3个党建基础较好的基层党组织，并安排党委委员挂钩指导，突出政治功能，着力从思想政治建设、班子队伍建设、作风建设、阵地建设、制度建设五方面进行打造，形成该党委的党建品牌。组织参与义务植树、“铭记光辉历史，传承红色基因”活力团队、“迎新年、颂党恩、展新貌”等各类活动。4.落实挂钩联系制度。统筹资金帮助镇村解决农村环境、乡村道路、农田水利设施等民生问题，助推镇村脱贫攻坚、新农村建设、软弱涣散村党组织整顿等工作。督导系统内31个局级单位落实好挂钩联系制度，确保县委各项决策部署落到实处。5.党风廉政建设常抓不懈。严格执行新形势下党内政治生活若干准则，落实中央八项规定要求和省委、市委、县委贯彻落实意见，坚决抵制“围猎”腐蚀等各种不正之风，切实筑牢拒腐防变的思想道德防线。2018年，党委与全体机关党支部签订《2018–2021年党风廉政建设责任书》，努力推动全面从严治党向纵深发展。（陈娟华）

【宣教卫系统党委】 2018年年末，宣教卫系统党委下辖宣传文化系统、教育系统、卫计系统、体育局等30个单位，设有9个党总支、67个党支部，党员1195人。2018年，宣教卫系统党委主要抓好6方面工作。1.抓学习教育。采取领导讲党课、专家宣讲报告、先进讲事迹、党员讲体会、网络考学等活动开展学习。组织近100名科级干部、200多名股级干部分别参加县委和党委组织的《习近平谈治国理政》第二卷和习近平考察广东重要讲话精神等宣讲学习。各支部组织党员干部学习贯彻中共十九大精神和习近平新时代中国特色社会主义思想、《习近平谈治国理政》第二卷和习近平考察广东等重要讲话精神，对党员干部进行全覆盖。邀请县直机关工委书记沈登桂为分管党建工作领导和组织委员上党建工作业务知识培训，解决部分党务干部“不愿干”“不会干”“干不实”的问题。组织15名入党积极分子参加县委组织部、县直机关举办的党员发展对象培训班。2.抓政治建设。各支部把政治建设放在首位，严格按照党章加强党员日常管理监督，严格执行新形势下党内政治生活若干准则，严格落实党组织书记党建述职评议考核制度，严格落实民主集中制。做好谈心谈话、交心通气，提高民主生活会、组织生活会质量。3.强化主业意识。树立“抓好党建是最大的政绩”理念，坚持对党建工作主动谋划、全面部署、严格考核，党办干部常态化深入各党支部检查指导，帮助解决党建工作中遇到的实际困难。坚持抓书记、书记抓，扎实推进党建工作。4.注重服务工作大局。（1）筑牢思想根基。各支部每月开展主题党日活动，严格落实“三会一课”，做到时间、内容、组织、人员“四落实”和坚持“每月学一文”制度。（2）推动扶贫攻坚。结合精准扶贫精准脱贫和新农村建设工作，各副科级以上单位联系1个村，每名副科级以上党员干部联系1户贫困户，每个部门解决1~2个群众反映的具体问题。选派好1名副科以上干部为“第一书记”到挂钩村开展工作。全系统投入约100多万元，为群众办好事实事80多件。（3）加强服务型党组织建设，打造一批党建示范点。各支部能结合《三年行动计划》文件，制订具体的实施方案，围绕《关于加强基层服务型党组织建设的实施意见》，深化基层服务型党组织建设，按照“六有”目标任务，强化基层党组织“服务改革、服务发展、服务民生、服务群众、服务党员”效能。打造一批有得看、有得学的市县级党建示范点，确定平远中学党总支、城南中学党总支、实验小学党支部为市级党建示范点，县文联党支部、城南中学党总支、县人民医院党总支为县级党建示范点。建立健全党组织的党务工作室、党员活动室，强化功能设置，增强机关党员干部的凝聚力和创造力，提高全体机关党员干部的思想意识、政治意识，促进机关党建工作的发展。开展以“互学互比互看”为主要形式的机关党建工作观摩交流活动，组织30多名党务干部到城南中学观摩交流示范点创建活动，展示机关党建的特色亮点。5.夯实基层基础。（1）落实意识形态工作责任制。（2）加强督查指导。（3）合理设置党组织，选优配强支部书记。（4）抓好发展党员和党费收缴工作。全年培养入党积极分子15人，确立发展对象10人，吸收预备党员10人，发展壮大党员队伍。严格按标准核定党费，足额收缴。（5）开展创文创卫工作。增强全体党员干部的“双创”意识，动员党员干部参与“双创”工作。（6）开展青年志愿者活动。党委组织2场党员志愿者活动，各支部基本上都开展一次党员志愿者活动。（7）抓好“活力团队·和谐机关”活动。大部分单位都开展活力团队活动1次以上，开展20多场次，1300人次参加。（8）抓好巡视整改落实。制定《落实中央第十二巡视组及省委第九巡视组关于选人用人和党的建设反馈意见的整改方案》《落实中央第十二巡视组及省委第九巡视组关于意识形态工作责任制情况反馈意见的整改方案》制度，召开整改工作专题会议，梳理出8大问题、28项具体整改问题进行部署落实。（9）开展扫黑除恶专项斗争。全系统无涉恶涉黑人员。6.加强党风廉政建设。（1）党委与各支部、党委书记与各支部书记分别签订党廉责任书。各主管局相应制定党风廉政建设岗位职责，加强对下属单位党廉工作的督促检查。（2）学习贯彻《中国共产党党员领导干部廉洁从政若干准则》《中国共产党党员纪律处分条例》，抓好党风廉政建设责任制的落实。（3）开展纪教月活动，各单位召开纪教月学习教育活动动员会，运用正反典型事例教育党员干部，树立廉洁自律意识。（林清贤）

【政法系统党委】 2018年年末，政法系统党委设在县委政法委，下辖党组织所在单位有县委政法委、县公安局、县人民检察院、县人民法院、县司法局。全系统下设公安局党委，系统内有2个党总支、19个党支部，年底在册党员449名。2018年，政法系统党委主要抓好4个方面工作：1.加强党员干部的学习教育和管理。（1）推进“两学一做”学习教育常态化制度化。下发政法系统党委文件《加强党的基层组织建设三年行动计划实施方案（2018—2020）》，加强机关党组织规范化建设；制订《2018年度政法系统党支部党建工作目标管理考核办法》，加强对下属各党组织的督促检查；转发县委组织部《关于建立“三会一课”纪实报告检查制度的通知》，督促落实“三会一课”制度。（2）组织讲党课和宣讲团巡回宣讲活动。各党支部每季度由单位主要负责人或支部书记为本单位党员上党课。邀请县委宣讲团成员到政法系统先后开展4场专题宣讲报告。（3）组织或参与各项比赛活动。全系统累计组织团队活动9场次。（4）开展志愿者“送法服务”活动。开展志愿者“送法进校园、送法进村居、送法进企业、送法进工地”活动。在“12·4”法制宣传日期间，组织志愿者开设现场咨询、赠送法律资料图书、政策解释答复等形式的宣传活动。（5）严格程序发展党员，从严做好党委日常管理。严格按预定计划全年批准吸收预备党员9名，预备党员转正4名，至12月确定发展对象3名，培养入党积极分子10名。指导做好县检察院党总支和支部的换届工作，并理顺4个党支部调整为3个党支部的设置；及时办理党员调动手续，完成党务系统党员变动情况，完成党员信息采集和党员年报统计工作；严格标准做好党费核定工作，年初核定党费额19.74万元，实际全年累计上缴党费19.6万元。2.开展党建活动。（1）开展服务型基层党组织创建活动。指导县司法局党支部和县公安局第二党支部打造“有得看、有得听、有得学”的服务型党组织示范点，在12月26日，迎接县直工委服务型党组织创建验收。（2）开展选树党建示范点创建活动。选定县司法局机关党支部、县检察院党总支、县公安局第二党支部申报县级党建示范点。（3）加强党的知识和党建业务培训。4月10日，召开部署2018机关党建工作暨党组织书记培训会议；5月29日，举办政法系统党支部工作规范化建设业务培训班，全体支部委员50多人参加培训；11月1日，召开党支部规范化建设工作推进会。（4）表彰宣传先进典型。6月28日，政法系统党委召开“七一”专题党课暨表彰大会，表彰6个先进党支部和20名优秀党员。（5）开展党内关怀。对生活困难的党员开展结对帮扶，党内慰问发出慰问金10.6万元，慰问困难党员157人，慰问80周岁以上老党员7人。（6）3月12日，开展党建工作交流暨党组织书记抓党建述职评议活动，该系统党（总）支部书记、政工办负责人、部分市县党代表等30多人参加，对17位党（总）支部书记抓党建述职进行评议。（7）加强对下属党支部的管理。完善制订《2018年度平远县政法系统党支部党建工作目标管理考核办法》，成立考核组，对该系统21个基层党组织实行量化考核奖励。3.完成县委、县政府及相关职能部门布置的事务性工作。4.抓机关党建促政法业务，维护全县社会和谐稳定。加强基层组织建设，在2017年度县直机关工委对县直6大系统党委考核中荣获“一等奖”，2018年县委“七一”党内表彰荣获“先进基层党组织”荣誉称号。推进维护国家政治安全、社会稳定、平安建设、法治建设和扫黑除恶专项斗争等各项工作，政法各单位成绩突出，全县公众安全感和政法工作群众满意度连续八年居省市前列。（谢沐军）

【政府系统党委】 2018年年末，平远县政府系统党委有66个基层党组织（其中二级党委1个、党总支6个、党支部59个），党员1157人。全年转正7名预备党员，吸收预备党员10名、发展对象10名、入党积极分子12名。指导督促47个党支部完成班子换届、补选或改选工作，撤销党支部10个，新增党支部16个。2018年，政府系统党委主要做好5方面工作。1.抓实政治理论学习。（1）全年组织举办21场（次）学习培训和宣讲活动，累计有2171人次参加。全年开展98次到基层党组织政治理论学习检查工作。（2）开展主题党日活动。组织1100人次党员干部赴瑞金叶坪革命旧址群、沙洲坝红井、仁居红军纪念园等红色教育基地参观学习，徒步健身与卫生清洁志愿活动、2018年基层政务公开标准化规范化政策宣传志愿活动等各类主题活动13次。指导各基层党组织开展564场主题党日活动，推动支部主题党日活动载体多元化、形式多样化。（3）加强警示教育。组织基层党员干部参观警示教育基地、家训家风教育基地，观看《巡视利剑》《守护幸福》《榜样3》等专题教育片。2.夯实基层党建工作。（1）优化党组织设置。按照县委组织部关于优化基层党组织设置的工作要求，结合各支部实际情况，4月中旬分别对县政府办公室、县财政局、县人社局、县工商质监局4个党组织设置进行优化。结合机构改革的契机，协助理顺原国税局与原地税局党组织关系，指导县税务局重新设置党委、党支部，成立二级党委1个，下设党支部9个。（2）选优配强支委班子。按照优化党组织设置的要求，各党（总）支部书记均由单位一把手担任，班子党员任支委成员，分管领导兼任下设支部书记。要求各党（总）支部规范党务工作微信群管理，定期召开党建工作例会研究部署相关工作。（3）严肃党内政治生活。严格贯彻落实《关于新形势下党内政治生活的若干准则》，落实“三会一课”、民主生活会、领导干部双重组织生活等制度，组织开展20次中心组学习、37个专题学习、2次专题民主生活会和5次党建工作业务培训会。做好党务信息系统数据更新录入、党员组织关系规范管理、党组织和党员基本信息采集等工作，2018年转出组织关系28人、转入45人、减员6人。开展党建带工建、团建、妇建等工作，指导政府系统工会、团委顺利完成换届选举，指导县税务局成立妇工委、团委。（4）推进抓党建促脱贫攻坚和乡村振兴工作。从系统内32个单位选派32名副科级以上干部担任挂钩联系村“第一书记”，指导各挂钩村做好精准扶贫精准脱贫和新农村建设等工作。动员各支部党员干部踊跃参加扶贫济困活动。3.抓好基层党建品牌创建工作。（1）深化基层服务型党组织建设。县法制局支部、县民政局支部、县科协支部、县环卫所支部创建服务型党组织工作均取得较好的成效。按照“抓示范、创特色、带整体”的思路，选取县水务局、县工商质监局、县人社局3个党建基础较好的基层党组织，安排党委委员进行挂钩指导，从思想政治建设、班子队伍建设、作风建设、阵地建设、制度建设等方面进行打造，创建一批有特色、有成效的党建品牌。（2）指导督促各基层党组织做好三年行动计划、挂点联系解决软弱涣散村、扫黑除恶、党员发展等工作，并取得较好的成效。组织各党支部签订 2018 年党的建设考核责任书和党风廉政建设责任通知书，明确各支部的党建工作联系人和通讯员，增强支部负责人落实管党治党责任意识。（3）全覆盖开展党建工作指导检查。制定《关于2018年度党建工作督导检查的方案》，明确督导检查标准，成立12个以系统党委书记为总协调、党委委员为组长的党建工作督查组，对所有支部开展两轮交叉检查，并定期听取各支部党建工作情况汇报。4.开展党费收缴等专项检查工作。将党费收缴管理作为加强基层组织建设和党员教育工作的一项重要内容来抓，不定期对各支部党费收缴工作进行检查，确保党费及时足额上缴。政府系统党委缴纳并上交党费45.2万元。5.坚持问题导向，抓好问题整改落实。（1）针对上年度述职评议存在具体问题，专题研究制定整改方案和整改措施，明确责任领导和整改时限，实行销号管理，已全部整改完毕。（2）推进中央第十二巡视组和省委第九巡视组反馈意见整改，指导督促各党支部按要求立行立改、能改尽改；对系统内24个单位主要负责人进行政治素质反向测评，并形成测评材料上报县委组织部。 （凌佳妮）

【农口系统党委】 2018年年末，农口系统党委有4个党总支、32个党支部、685名党员。2018年主要抓好7项工作。1.加强思想建设。（1）抓好班子理论学习。重点抓好党委学习会、中心组理论学习，主要是学习中共十九大精神、《习近平谈治国理政》第二卷、习近平总书记考察广东重要讲话精神等。健全党委理论学习制度，完善个人自学、学习记录、总结考核、课题调研等制度。（2）抓好党员干部思想政治教育。督促指导做好下属基层党组织的政治理论学习，利用宣传栏、党员活动室、党务公开栏等宣传阵地，采取报告会、宣讲团、座谈会、大型标语等形式，宣传习近平新时代中国特色社会主义思想和中共十九大精神。（3）抓好肃清李嘉、万庆良恶劣影响。在全系统内坚决全面彻底肃清李嘉、万庆良恶劣影响，营造风清气正的政治生态。2.推进基层党组织建设和党建工作。（1）在县农业局、县水务局、县国土资源局3个基层党组织开展党建工作示范点创建活动。从思想政治建设、班子队伍建设、作风建设、阵地建设、制度建设等五方面进行规范打造，形成具有该单位特色的党建品牌。（2）选取县国土资源局党总支、县黄田三级电站党支部、县公安森林分局党支部为服务型党组织建设达标单位。（3）优化组织设置，新设立县农业局和县国土资源局2个党总支，拆分县林业局党支部和县国土资源局党支部，分别成立中共平远县林业局机关第一、第二、第三支部委员会和中共平远县国土资源局第一、第二支部委员会。（4）对所辖基层党组织进行督促检查，各基层支部坚持和完善“三会一课”制度，规范党员发展程序和党费收缴工作。3.提升党务工作水平。提高全系统各单位党务干部的党性修养和能力水平，举行5期农口系统党员干部培训会。主要是围绕中共十九大精神、《习近平谈治国理政》第二卷、“七一”专题党课、习近平总书记考察广东重要讲话精神、加强党的基层组织建设三年行动计划和党务知识等进行培训学习。4.做好志愿服务活动。县农口系统青年志愿服务队为慰问智障儿童、退伍老兵、服务春节返乡摩托大军、平远县第二届茶香节、平远县足球联赛、古驿道定向大赛及森林防火技能培训等开展6次志愿服务活动，有120多人次参与。5.开展党内激励关怀帮扶活动。按照上级“关爱党员·增强党性”活动要求，本系统10个副局以上单位党组织与1户以上贫困党员进行结对帮扶。组织开展好节日走访慰问困难党员、老党员。6.落实党廉责任。（1）落实“一岗双责”，严格遵守政治纪律和政治规矩。农口系统党委与基层4个党总支和32个党支部签订《党风廉政建设责任书》，各基层支部与每位党员干部签订《党风廉政建设责任书》。（2）党委及各党支部利用专题组织生活会、民主生活会，开展批评和自我批评，查找日常学习工作生活中存在的“四风”问题，做好谈心谈话活动。（3）加强教育，强化执纪问责。利用反腐倡廉教材，做好党员干部的廉洁自律教育工作。（4）抓好巡视反馈发现问题整改工作。按照县委关于中央和省巡视反馈问题整改工作的要求，党委督促指导系统各单位做好整改，并逐项落实，党委按时将各单位整改情况汇总上报。（5）建章立制，坚持用制度管人管事。指导基层单位严格执行领导干部个人重大事项报告制度；规范和完善党务、政务公开内容；单位重大事项决策、重要干部任免、重要项目安排、大额资金的使用经集体会议讨论做出决定；在公开栏公开、公示单位财务收支情况、人事任免、吸收新党员等。（林　锋）

【经贸系统党委】　2018年年末，经贸党委所属副科以上单位14个，下设4个党总支、33个党支部、党员589名。2018年，经贸党委主要抓好8方面工作：1.加强政治建设，提高政治站位。（1）党委班子和各单位党组织开展习近平新时代中国特色社会主义思想的普及教育。（2）学习尊崇《中华人民共和国宪法》。开展党委（党组）中心组学习，开展宣讲活动，开展以党员领导干部为重点的《中华人民共和国宪法》学习教育活动。（3）落实意识形态工作责任制。组织督查小组采用听取汇报、查阅资料、交流座谈、实地走访等方式对13个科级单位进行专项督查。2.加强思想建设，提高党性修养。（1）带领支部和党员学习习近平新时代中国特色社会主义思想、中共十九大精神等。2018年，党委集中学习8次，党委班子成员为单位党员上党课54次，参加各类宣讲报告专题会42次，领学63次，撰写理论调研心得体会文章32篇。（2）把集中学习培训、专题学习讨论、个人自学写心得、邀请专家教授宣讲、领导干部轮流上党课、召开专题组织生活会、民主评议党员、主题党日、立足岗位作贡献等形式推进“两学一做”学习教育常态化制度化的深入开展。2018年，开展思想学习教育的支部大会、党小组会65场6591人次；邀请专家讲师宣讲47次，受教育党员干部职工1222人次；领导干部领学上党课（讲学）854次，受教育党员干部职工4702人次；开展专题组织生活会、民主生活会、主题党日活动65场2763人次；组织各类学习培训71场1103人次，撰写心得体会883篇。3.加强组织建设，提高党建质量。（1）优化党组织设置，加强党组织班子建设。将党员人数达50人以上的公路局机关党支部升格为党总支，调整2个不是单位正职担任党支部书记的党支部，进行换届选举支部5个，撤销1个党支部，改选补选支委6人。（2）开展党建工作示范点创建活动。选定交通运输局党总支为市级创建单位，经信局机关党支部、药监局机关党支部、邮政分公司党总支为县级创建单位，公路局党总支、电信分公司党总支、商业总公司党总支为党委级创建单位等7个党建基础较好的基层党组织打造党建工作示范点，每个示范点都委派1名党委班子领导挂钩联系。打造“党建+工业经济、党建+对外经济、党建+电子商务”等6个特色党建品牌，构建“一支部一特色，一科室一主题”的党建新格局。（3）开展服务型党组织创建活动。系统5个科级单位、2个股级单位的党组织抓党支部建设和党员队伍建设，发挥党支部的战斗堡垒和党员的先锋模范作用。中小企业局、邮政分公司、园区管委会3个党总支部做好服务型党组织创建的软硬件建设，打造“有得看、有得听、有得学”服务型党组织。（4）开展“党员示范岗”“党员责任区”活动。弘扬“讲担当比奉献”精神，表彰经信局机关党支部等10个党（总）支部为先进基层党组织，赖钦宏等25人为优秀共产党员。（5）开展志愿者服务活动。充实志愿者服务组织队伍，组织参与扶贫济困献爱心等志愿服务项目12次。（6）党委采取看现场，查台账，找资料，听汇报，座谈交流等形式组织2次党建工作互学互比督查检查。（7）开展抓党建促乡村振兴。结合精准扶贫开展帮扶活动，建立机关党员干部直接联系群众制度，各单位党组织选派3名副科级以上干部到挂钩村担任“第一书记”。4.加强作风建设，提升廉洁高效。（1）落实关于《落实中央第十二巡视组及省委第九巡视组关于选人用人和党的建设反馈意见的整改工作方案的通知》精神，组织督查小组对县直未设党组单位落实整改工作进行专项督查。（2）开展以“加强党的政治建设，营造良好政治生态”为主题的纪教月学习活动，系统召开纪律教育动员会13场，组织各类专题会辅导会报告会32场，参加学习865人次。（3）组织党员干部参观家训家风廉政教育基地，参加“客都清风杯”法规知识竞赛，《家训家风大家谈》征文比赛；组织学习《反腐倡廉教育读本》《新时代党性修养典型案例评析》《党章精读》等。（4）查处违纪案件，协助县纪委查处2名违纪党员。5.加强制度建设，规范党内生活。（1）严格执行机关党建责任制。修改完善《平远县经贸系统党委委员党风廉政建设岗位职责》等各项基本制度，完善党内监督机制。（2）建立党内生活台账清单。落实“三会一课”、民主生活会、组织生活会、谈心谈话、民主评议党员等制度，推广支部主题党日，党支部每月相对固定1天开展主题党日活动。加强对党支部执行“三会一课”情况的指导检查。（3）健全完善党组织书记抓基层党建述职评议考核办法，细化评议考核规则，规范述职评议考核范围，牵头开展专项检查和暗访。（4）组织开展机关党建“灯下黑”“两张皮”等专项整治行动。6.加强阵地建设，增强党建元素。抓好落实三年行动计划学习培训，规范党建工作室。7.加强队伍建设，提升工作效率。（1）建立党委“一月一研判”基层党建工作机制和党建工作报告审议长效机制，全年专题研究党建工作12次。（2）实施“头雁工程”，打造素质过硬的基层党组织带头人队伍。（3）实施党员先锋工程。重视从青年干部职工中发展党员，优化党员队伍结构。2018年，发展入党积极分子3人，批准党员发展对象7人，吸收预备党员6人，转正党员6人，延长预备期1人。严格按照党费收缴规定，对各单位党组织和党员党费收缴情况及时核准查实，收缴党费18.3万元。（4）开展“关爱党员·增强党性”活动。（5）重视党务干部培养成长。总结各单位党组织党建工作好做法、好经验，增强工作的科学性、针对性和实效性，确保优质高效完成好各项工作任务。8.加强群团建设，筑牢党建地位。（1）落实中央八项规定精神，把“我们的节日”主题活动列入精神文明建设重要议事日程，严防各类“节日腐败”，倡导廉洁自律之风，引导干部职工树立知荣辱、树新风、促和谐的文明风尚。（2）加强宗教事务管理和扫黑除恶工作，组织开展对每个党员信教传教涉黑涉恶排查和教育，未发现有党员干部信仰宗教和参加宗教活动以及涉黑涉恶的现象。（3）加强对群团组织的领导。组织中国共产主义青年团依时换届，选举充满朝气的5名团委领导组织。推动2家县属国有企业把党建工作写入公司章程。深化职代会、党务公开、民主评议领导干部等工作，推动党建带群建工作 。（蔡俊华）

2018 年度中共平远县党群系统委员会负责人名录

书　记：陈琼宏

副书记、纪委书记：（暂缺）

2018 年度中共平远县宣教卫系统委员会负责人名录

书　记：肖桂华（女）

副书记、纪委书记：林清贤

2018 年度中共平远县政法系统委员会负责人名录

书　记：姚永波

副书记、纪委书记：马　洪

2018 年度中共平远县政府系统委员会负责人名录

书　记：王志平

副书记、纪委书记：陈旋光

2018 年度中共平远县农口系统委员会负责人名录

书　记：黄新生

副书记、纪委书记：王小智

2018 年度中共平远县经贸系统委员会负责人名录

书　记：黎志勇（任至2月）

　　　　吴远平（2月起任）

副书记、纪委书记：（暂缺）

县非公有制经济组织和社会组织工作委员会工作

【概况】 2018年，平远县非公有制经济组织和社会组织工作委员会（以下简称平远县“两新”组织党工委）全面贯彻中共十九大精神，以习近平新时代中国特色社会主义思想为指导，深入贯彻习近平总书记系列重要讲话精神，贯彻落实《广东省加强党的基层组织建设三年行动计划》《平远县加强党的基层组织建设三年行动计划实施方案（2018—2020）》等文件精神，统筹推进“两新”组织党建工作各项重点任务，为全县的经济发展提供坚强有力的组织保证。

【思想政治建设】 2018年，平远县“两新”组织党工委抓牢思想政治建设，加强党员党性锻炼。1.抓习近平新时代中国特色社会主义思想普及教育。常态化推进“两学一做”学习教育，举办支部书记专题培训、学习贯彻中共十九大精神暨习近平总书记重要批示精神培训班及“宣传十九大 文艺进企业 ”大型党建文艺活动等，增强党员的思想政治意识。2.严肃党的组织生活。认真执行平远县关于严格党的组织生活制度和关于建立“三会一课”纪实报告检查制度的通知，规范基层党组织生活制度，强化督查工作，确保基层党组织的生活严肃规范。3.抓好肃清工作的落实。严格按照上级部署，采取支部自查、党委检查等方式，坚决全面彻底肃清李嘉、万庆良的恶劣影响，认真清除朱某某等人在梅州政治生态上的不良影响。

【支部规范建设】 2018年，平远县“两新”组织党工委以提升组织力为重点，加强支部规范建设。1.以点带面，强化支部示范化建设。紧扣关于加强“五个建设”（思想建设、组织建设、作风建设、反腐倡廉建设和制度建设）目标，围绕“抓示范、创特色、带整体”的工作思路，选定广东保灵医药、五指石旅游、八尺特色种养等5个支部作为党建工作示范点进行全力打造，促进“两新”党组织的示范建设。2.充实力量，强化园区党组织管理。专门向社会聘请一名党建指导员，专职做党建工作。同时规范园区阵地建设，利用县工业园管委会新迁办公楼这一时机，及时在工业园管委会办公楼建立规范党委办公室、会议室、活动室和党建宣传栏、党务公开栏等，在县三期工业园区的主要干道、显目位置整体规划打造一个全新的党建阵地，营造浓厚的园区党建氛围。3.强化保障，夯实党组织工作基础。按照省、市有关要求，做好“两新”党组织经费保障工作，严格执行《平远县“两新”组织党建工作经费使用管理暂行办法》，通过科学使用省拨专项经费、全额返还“两新”党组织所收缴的党费、倾斜拨付县管党费等方式，支持“两新”基层党组织的建设。

【党员管理】 2018年，平远县“两新”组织党工委认真做好党员管理工作。1.实施党员先锋工程。通过规范化设立党员示范岗、党员责任区等，增强党员责任意识，提高党员服务企业发展的责任。建立完善“两新”组织的党员志愿者服务队，充分发挥“两新”组织党员的模范带头作用。2.严格发展党员工作。按照县委组织部关于规范发展党员工作的通知要求，党委对各支部入党积极分子进行全面摸查登记，重点加强对入党积极分子的谈话和发展对象、预备党员的政治审查、材料把关工作。3.实施党内关怀机制。修订完善党员互助基金管理办法，扩大互助基金的帮扶慰问范围，适当提高部分对象的慰问标准，以增强“两新”组织党员的归属感，推动党的关怀全覆盖。

【“两个覆盖”质量提升】 2018年，平远县“两新”组织党工委以统筹融合为思路，提升“两个覆盖”质量。1.抓摸底，建立台账。非公组织系统党委和社会组织系统党委采取上门走访、查阅资料，会同工商、民政等行业主管部门，集中对全县非公有制企业和社会组织进行全面摸底排查，掌握了解企业和社会组织经营情况、人员状况。结合企业和社会组织经营情况，剔除“僵尸企业”“一企多照”“空壳企业”等，建立起“两新”组织的党组织情况台账。2.抓落实，强化覆盖。以落实《广东省加强党的基层组织建设三年行动计划》为契机，做好“两新”组织“两个覆盖”工作，发挥非公组织系统党委和社会组织系统党委主导作用，梳理组建的“空白点”，对符合组建党组织的，及时进行指导组建。2018年，全县新建3个党支部。3.抓统筹，强化管理。针对企业党组织分布零散的实际，非公组织系统党委采取分片管理的方式，按照南北两片区，通过实行互学互比、现场交流等方式，促进党组织的管理；建立完善党委委员挂钩指导制度，加强对“两新”党组织党建工作的指导，推进党组织规范运作；园区党委专门聘请专职党建指导员，负责做好所辖党组织的日常管理。4.抓提升，持续整软。对因组建撤并、更换名称、工作变动等原因造成支部书记出缺或亟需调整的党组织，根据实际情况对有关支部书记作出撤换调整。

2018 年度中共平远县非公有制经济组织和社会组织工作委员会负责人名录

书　记：张　燕（女）
副书记：姚卫华（女）

县非公系统和社会组织系统党委工作

【县非公有制经济组织系统党委】　中共平远县非公有制经济组织系统委员会挂靠在县工商联，隶属于县"两新"组织党工委管理。县非公系统党委成员单位由县工商联、工商局、国税局、地税局、人社局、经信局、招商局、中小企业局、工业园管委会9个非公经济管理部门组成。2018年年底，该党委下辖非公党组织63个，其中二级党委1个、非公企业党支部62个，非公党组织覆盖全县各镇、工业园区和178家企业，管理非公有制经济组织的党员446名。2018年，县非公系统党委主要抓好七项工作：1.抓好肃清工作的落实。按照中央和省、市、县委的部署，采取电话通知各支部自查、党委有针对检查，协助支部及其所在企业及时清理有关照片、资料一批。2.加强园区党组织管理。4月，健全园区党委领导班子建设，配备兼职党委委员5名，其中兼职党委正副书记各1名；理顺园区党组织隶属关系，把园区内11个党支部建制划入园区党委管理。园区党委在工业管委会新办公楼和县三期工业园区打造全新的党建阵地。3.规范发展党员工作。对各支部入党积极分子进行全面摸查登记，加强对入党积极分子的谈话和发展对象、预备党员的政治审查、材料把关工作。全年培养入党积极分子13名，确定发展对象21名，新吸收预备党员15名，批准预备党员转正17名。组织18名新党员到红军纪念园参加全县预备党员入党宣誓暨重走红军路活动。4.创建示范点和宣树典型。开展示范引领党建行动，选定保灵医药、五指石科技和五指石旅游3个非公有制企业党支部作为非公党建工作示范点。在4月召开的全县基层党建工作重点任务落实暨党建示范点建设会议上，非公党委和保灵医药公司支部分别作创建工作经验介绍。高峰清流公司支部、五指石科技公司支部、保灵医药公司支部3个自主创新组织生活案例被县选送参加市优秀案例评选，其中高峰清流公司支部被市选送参加省优秀案例评选。保灵公司支部党员姚圣梅被县妇联选送参加广东省"三八"红旗手评选。5.开展党建宣传教育培训。与县总工会、县文联、县工商联联合举办3场"宣传十九大 文艺进企业"大型党建文艺活动，先后深入3间规模以上企业宣传中共十九大精神。邀请县委宣讲团成员授课，举办1期学习贯彻中共十九大精神暨习近平总书记重要批示精神培训班、1期《习近平谈治国理政》第二卷专题学习培训班，培训非公党支部书记118人次。6.抓好"七一"活动和开展党内关怀。"七一"前夕，党委召开纪念中国共产党建党97周年暨宪法宣讲大会，对2017年度9个先进集体、23名先进个人进行通报表彰。在"七一"系列活动中，走访慰问生活困难党员5名，70周岁以上老党员5名，老党务工作者6名，发放慰问金（物资）8700元。全县非公系统基层党组织开展支部主题党日活动7场、85人次参加；开展党员志愿者服务活动2场、19人次参加；为群众办实事、做好事2件，发放凉茶等1.2万元的物资。7.加强支部班子建设，提升"两个覆盖"质量。利用挂靠在工商联的工作便利和现有工商联（商会）会员网络，结合整顿软弱涣散党支部工作，抓组建、扩覆盖、提质量，指导3个非公有制经济组织分别单独组建3个党支部，撤并党支部2个，党组织覆盖率和党的工作覆盖率均在80%以上。对年纪偏大、身体不适、岗位变动的8个支部负责人、3名支委进行调整，使支部班子成员结构合理。　（谢建生）

【县社会组织系统党委】 2018年年底，平远县社会组织系统党委登记注册的社会组织有111家，组建17个党支部，有党员126名；其中联合组建党支部6个，单独组建党支部11个，党组织覆盖社会组织90家，有党员的社会组织94家。2018年，县社会组织系统党委认真做好四项工作。1.抓好学习教育，加强队伍建设。（1）建立党员教育培训机制。制订党员学习计划，强化党员教育培训的激励约束。全年组织系统全体党员学习习近平新时代中国特色社会主义思想、中共十九大精神和习近平考察广东重要讲话精神等内容。在社会组织中做好肃清李嘉、万庆良恶劣影响工作。（2）健全党员组织生活制度。严格执行“三会一课”制度，开好支部党员大会和组织生活会，上好每季度一次的党课，开展好每月一次的党日活动。（3）组织党员、发展对象、入党积极分子参观红色基地、重温入党誓词、重走红军路等开展“党在我心中”主题党日活动。全年党委组织开展的各类培训学习6次，参加人员260多人次。公益义工协会党支部、民办非企业单位联合党支部全年组织开展扶贫助学，慰问帮扶等党员志愿活动15次200多人次。（4）开展党内关怀。发挥社会组织党员互助金的作用，利用春节和建党节组织慰问困难党员和老党员，全年慰问困难党员5名，慰问老党员2名，慰问老党务工作者5名，送上慰问金5100元；补助1名党员住医费用450元。（5）建立健全党员质量保障机制。在发展党员工作中，杜绝发展党员弄虚作假、“近亲繁殖”、“人情入党”、“带病入党”等问题，严格发展党员程序，做好在生产一线业务骨干人员中发展党员，有计划地吸收社团管理层以上人员入党。2018年吸收预备党员3名，其中社团负责人1人，预备党员按期转正5名。（6）加强外出党员的跟踪管理。建立外出党员台账，利用支部微信群、QQ群等网络加强外出党员沟通联系，节假日利用党员返乡之机开展谈话交心等活动。2.抓好“扩面提质”，提高党的组织覆盖和工作覆盖。（1）加强社会组织底数摸排工作。利用社会组织系统党委设在民政局的工作便利，加强与社会组织登记管理部门的沟通联系，及时摸清全县社会团体、民办非企业单位等社会组织数量和党员数量情况，实行动态管理，利用申请登记、年检和打击整治非法社会组织专项行动，及时了解掌握社会组织每月的增减变化情况，重点掌握和关注协会组织和民办非企业单位成立登记情况，做到底子清、数量实、台账明。（2）扩大党组织覆盖。党委年初召开党委会议进行研究，制订工作方案，明确活动对象、方法步骤和时间要求。抓组建、扩覆盖、提质量，对有正式党员3名以上、党员人数较为稳定且条件成熟的社会组织，进行单独建立党支部；对党员人数不足3名的社会组织，按照“行业相近、地域相邻、工作方便”的原则，共同联合建立党支部；对暂不具备组建条件的社会组织，实行社团登记管理部门党员为党建指导员的制度，联系跟踪和指导社团党建工作。社会组织登记管理部门对申请登记的社会组织如何加强党建工作写入组织章程进行严格把关审查。（3）优化组织设置。把原县非公系统党委下属的八尺镇生态农业联合党支部并入八尺镇酒业协会党支部。执行“三会一课”、完善党务公开、支部班子成员职责分工、主题党日等制度；解决酒业中员工群众关心的热点、难点问题，以及酒业会员单位如何抱团发展的问题。下半年，八尺镇酒业协会有6名会员向党支部递交入党申请书，确定入党积极分子4名。3.抓好示范创建，打造社会组织党建品牌。选定县民办非企业单位联合党支部和八尺镇特色农业联合党支部作为社会组织党建工作示范点，制定创建工作方案，从思想政治建设、班子队伍建设、作风建设、阵地建设、制度建设五方面进行细化，打造具有社会组织特色的党建品牌。两个示范点通过近一年的创建活动，基本达到创建要求，通过党委的检查验收，并组织召开现场会议等进行宣传学习。4.抓好班子建设，提升党组织战斗力。（1）组织支部书记参加党建业务知识培训、《中国人民共和国宪法》专题学习、习近平总书记重要讲话专题学习、红色基地开展主题党日活动、宣传贯彻中共十九大精神等学习培训。全年组织支部书记集中培训学习4次、支部班子成员学习1次，培训人数102人次。（2）抓好支部书记每年年终向党委进行党建工作述职评议制度；督促指导支部开好年度组织生活会和民主评议党员工作。（3）结合工作实际坚持每年对支部进行绩效考核。（4）加强党委班子的政治学习。健全党委委员挂钩联系支部制度，坚持党委每季度至少一次的党建工作专题研判、党委书记每月至少一次的基层党建专题调研活动。（5）建立“三会一课”纪实报告检查制度。制定《关于在社会组织党支部中建立“三会一课”纪实报告检查制度的通知》。

2018 年度中共平远县非公有制经济组织系统委员会负责人名录

书　记：张惠兰（女，任至2月）
　　　　凌坤珍（2月起任）
专职副书记、纪委书记：谢建生

2018 年度中共平远县社会组织系统负责人名录

书　记：刘立新
专职副书记、纪委书记：张永平

2018年7月，平远县公益义工协会党支部开展党员志愿活动　　（平远县公益义工协会 供）

平远县人民代表大会

主要会议和活动

【县第十五届人民代表大会第三次会议】 2018年1月10—12日，平远县第十五届人民代表大会第三次会议在县迎宾馆大会堂举行。应到会代表174人，出席大会代表172人。在平远居住的省、市人大代表，不是本届县人大代表的县委、县政府、县政协、县纪委班子领导，不是本届县人大代表的县直局以上单位和省市驻平远单位的正职或负责全面工作的副职、县直各系统党委专职副书记、各镇镇长及镇人大专职副主席，不是本届县人大代表的县人民法院副院长和县人民检察院副检察长，县人民武装部部长，县公安局政委以及由县政协十届三次会议统一组织列席会议的县政协委员142人列席会议。会议主要内容：听取和审议通过平远县人民政府工作报告；审查通过县2017年国民经济和社会发展计划执行情况与2018年计划（草案）的报告，批准县2018年国民经济和社会发展计划；审查通过县2017年财政预算执行情况和2018年财政预算（草案）的报告，批准县2018年财政预算；听取和审议通过县人民代表大会常务委员会工作报告；听取和审议通过县人民法院工作报告；听取和审议通过县人民检察院工作报告；选举产生县人民政府县长，选举产生县监察委员会主任，选举产生县人民检察院检察长，增选市人大代表。

2018年1月12日，平远县第十五届人民代表大会第三次会议上县人大常委会主任凌志达（右）为当选县人民政府县长杨栋（左）颁发当选证书　（朱双玲　摄）

【县十五届人大常委会会议】 县十五届人大常委会第11次会议于1月3日在县人大常委会会议室举行。主要内容：决定人事任免；审议《关于继续安排县城饮用水源水质保护区生态补偿资金的议案》；审议《关于县十五届人大代表的资格审查报告》；讨论决定县十五届人大三次会议有关事项；听取和审议县人民政府《县十五届人大一次会议、二次会议代表议案建议办理情况报告》；审议拟提交县十五届人大三次会议审议的各项工作报告。

县十五届人大常委会第12次会议于1月12日在县迎宾馆二楼大会议厅举行。主要内容：人事任免；颁发当选证书；举行宪法宣誓仪式。

县十五届人大常委会第13次会议于2月11日在县人大常委会会议室举行。主要内容：人事任免；举行宪法宣誓仪式。

县十五届人大常委会第14次会议于5月2日在县人大常委会会议室举行。主要内容：审查和批准县人民政府《关于提请审议批准2017年地方政府债务限额的议案》；人事任免；传达学习习近平总书记重要讲话精神。

县十五届人大常委会第15次会议于6月14日在县人大常委会会议室举行。主要内容：听取和审议县人民政府关于《环境保护法》实施情况的报告。

县十五届人大常委会第16次会议于6月26日在县人大常委会会议室举行。主要内容：审议同意县人民政府关于《平远县城市总体规划（2012—2020实施评估）》《平远县城市总体规划强制性内容修改专题论证》的议案。

县十五届人大常委会第17次会议于8月15日在县人大常委会会议室举行。主要内容：听取和审议《平远县2018年上半年国民经济和社会发展计划执行情况报告》；听取和审议《关于平远县2018年上半年财政预算收支执行情况的报告》；书面审查《平远县人民政府2018年上半年依法行政工作情况报告》；人事任免。

县十五届人大常委会第18次会议于9月27日在县人大常委会会议室举行。主要内容：听取和审议县人民政府《关于平远县2017年度县级预算执行和其他财政收支的审计工作报告》；听取和审议县人民政府《关于平远县2017年财政决算草案的报告》，审查和批准2017年县级财政决算；审查和批准县人民政府《关于提请审议2018年财政预算调整方案的议案》。

县十五届人大常委会第19次会议于11月27日在县人大常委会会议室举行。主要内容：传达学习贯彻习近平总书记视察广东重要讲话精神；听取和审议县人民政府《关于提请审议批准平远县城南小学选址及立项建设的议案》；听取和审议《2018年县政府依法行政工作情况报告》；听取和审议《2017年县政府审计查出问题整改情况的报告》；审查和批准县政府《关于提请审议批准2018年地方政府债务限额的议案》；听取和审议《关于平远县人民法院人民陪审员名额确定的报告》；听取和审议县教育局、民政局、人社局、住建局、农业局5个单位主要领导的履职情况报告。

县十五届人大常委会第20次会议于11月27日在县人大常委会会议室举行。主要内容：听取和审议县人大常委会主任会议《关于补选个别县十五届人大代表的议案》；审查和批准县人民政府《关于提请审议平远县2018年财政预算调整方案（第二次）的议案》。

监督工作

【经济监督】 2018年，平远县人大常委会听取和审议县政府2018年上半年国民经济和社会发展计划执行情况、2018年上半年县财政预算执行情况、2017年县级财政预算执行情况及其他财政收支审计等专项工作报告，审查批准2017年县级财政决算，督促并要求县政府扎实推进项目建设，加大收入征管力度，提高资金使用效益，努力完成年度各项目标任务。提高预算监督的能力和水平，财经工委提前介入预算编制，升级完善预算联网监督系统，实现与财政、人社部门联网，提高预算的科学性、准确性和针对性。审查和批准县政府2017年地方债务限额的议案，提出加强债务管理、严控债务规模等意见建议，推动做好防范化解债务风险工作。建立审计查出突出问题整改情况向人大常委会报告机制,听取审议县政府2017年审计查出问题整改情况报告，针对部分查出问题整改落实不到位等问题，提出健全工作机制，加大整改力度，推动审计结果运用等意见建议。推动打好防范化解重大金融风险攻坚战，首次对全县国有资产经营和管理工作情况进行调研，了解和掌握全县国有资产的基本情况，对国有资产管理的监督奠定基础。

【民生工作监督】 2018年，平远县人大常委会关心关注与群众相关的医疗、教育、环境、就业、出行等热点难点问题，推动民生改善。二孩政策实施后出生人口数量有所增加，高龄孕产妇比例有所增高等情况，对县妇幼保健和计划生育服务中心人才队伍建设情况进行调研，了解妇幼健康服务保障能力，提出完善科室设置、充实医技队伍等意见建议；对群众关心的幼儿园入园难、入园贵问题，开展学前教育专题调研，针对公办幼儿园偏少、小区配套幼儿园不完善等问题，督促政府加大投入和支持力度、完善配套建设；关注群众对拥有良好县镇人居环境和在家门口创业就业的期望，分别组织在平省、市人大代表第一、二小组视察县城环境整治、特色小城镇和工业园区建设情况，提出加强统筹规划、加大整治力度、发展壮大特色主导产业等意见建议。对群众反映县城文明路、建设西路等多条政府计划打通至今仍未打通的“断头路”，造成交通拥挤、群众出行不便等问题给予关注，并督促县政府和相关职能部门加快建设进度。对精准脱贫中产业帮扶情况开展专题调研，提出选优帮扶产业、完善扶助政策、做强特色产业等意见建议。推动打好污染防治攻坚战，听取审议县政府年度环境状况和环保目标完成情况；持续跟进水源水质保护工作，作出关于继续安排县城饮用水水源水质保护区生态补偿资金的决议，对全县养猪业污染整治情况和县城饮用水水源水质保护工作进行调研，要求加快推进退养工作，采取措施保障饮用水水源水质安全，推动生态平远建设。

【法治工作监督】 2018年，平远县人大常委会推动政府依法行政，全年对2件报备的规范性文件进行备案审查，先后听取和审议县政府2018年上半年和全年依法行政工作情况报告，督促政府落实责任、健全机制、强化监督，提高依法行政水平。维护司法公正，对县人民法院员额法官履职情况、县人民检察院公益诉讼等工作进行调研，组织人大代表观摩庭审及参观法检“两院”集中开放日活动，了解司法情况，督促法检“两院”规范司法行为。加强法律监督，组织开展《梅州市客家围龙屋保护条例》宣讲活动，配合上级人大开展执法检查和立法调研5次，提高社会管理法治化水平。关注扫黑除恶工作，对县公安局扫黑除恶工作开展情况进行调研。做好人大信访矛盾化解工作，规范信访登记、交办、转办、督办、答复等工作程序，全年受理群众来信来访29件58人次，为维护社会公平正义作出努力。

依法行使重大事项决定权和人事任免

【依法行使重大事项决定权】 2018年，平远县人大常委会围绕县委中心工作，依法行使好重大事项决定权，把县委作出的重要决策和部署，通过法定程序形成相应的决议决定，把党的主张转变为国家意志和人民群众的自觉行动，保证党的路线方针政策和县委决策部署在人大工作中得到贯彻和执行。2018年，县人大常委会作出决议、决定11项。其中，《关于同意〈平远县城市总体规划（2012—2020）实施评估〉〈平远县城市总体规划强制性内容修改专题论证〉的决议》和《关于批准平远县城南小学选址及立项建设的决定》，为推进瑞梅铁路、国道206线绕城段等重大设施规划建设，完善公共服务设施，提升城区综合承载能力建设做出贡献。

【人事任免】 2018年，平远县人大常委会坚持党管干部和人大依法任免国家机关工作人员有机统一，坚决贯彻好县委意图，依法进行人事任免，规范对任职对象任前了解、法律考试、任前表态发言、常委会表决、颁发任命书、向宪法宣誓等程序。2018年，任命国家机关工作人员13人次，免职7人次，保障地方国家机关工作顺利开展。加强对任命人员的培训教育和任职情况监督，上年组织11名县政府组成局局长到相关培训机构学习新思想新理论、法律法规、人大知识、履职能力等内容，提高履职能力；听取和审议县民政局、农业局、人社局、住建局、教育局5个单位主要领导的履职情况报告，增强任命人员的宪法意识、责任意识和公仆意识。

代表工作

【闭会期间的代表活动】 2018年，平远县人大常委会开展闭会期间代表小组活动。以镇代表团为主，将173名县人大代表分成13个代表小组，各组按要求负责组织开展活动，全年开展各类活动52场次。拓宽代表知政渠道，先后邀请人大代表120人次列席人大常委会会议，参加常委会组织的视察、调研、执法检查、督办等活动，帮助代表找准履职着力点，提高履职能力和水平。加强镇村人大代表联络室建设，定期组织县、镇人大代表在联络室开展联系选民和群众接访活动，全年各级人大代表反映群众意见或诉求289条，当场答复、解决150条，研究交办办理139条。开展“更好发挥人大代表作用”主题活动，在平远的省、市人大代表和县、镇人大代表778人参加活动，收集意见建议102条，全部进行交办，提高代表履职成效。坚持和完善常委会组成人员联系代表、代表联系群众制度，邀请和组织部分人大代表参加执法检查、专题调研等活动，听取基层人大代表的意见建议，帮助解决代表履职中遇到的困难和问题。组织县人大代表听取县政府有关工作报告、观摩县人民法院案件庭审活动，征询代表意见，发挥代表参政议政作用。坚持为县、镇两级人大代表订阅《人民之声》杂志。

【对代表议案建议办理的督办】 2018年,平远县人大常委会重视人大议案督办工作。县十五届人大一次会议表决通过的《关于加快建设县城自来水制水水源密封管道的议案》是自十三届人大五次会议8年来唯一一个议案，该议案事关县城群众饮水安全和平远县的长足发展。县十五届人大一次会议闭会后进行交办，并列为重点督办议案，由常委会相关领导和工委负责督办。常委会采取视察、调研、检查、督办、约见、满意度测评等多种形式督促主办单位按要求尽快办理议案。推进建议办理工作,理顺人大交办和政府承办的关系，避免“一竿子插到底”现象。健全代表建议督办机制，实行全面督办、重点督办、联合督办的有机结合，通过专项视察调研、听取办理情况汇报、约见政府职能部门负责人和对重点督办建议进行奖补等措施促进办理落实。县十五届人大三次会议期间收到代表提出的建议32件，已办理完成的19件，正在办理的11件，列入办理计划的2件，代表满意率90.6%。从办理情况看，关于道路建设、乡村振兴等方面的建议得到较好落实，大部分单位重视代表建议办理工作，县交通局等职能部门能及时答复代表和办理建议，对实施难度较大的建议与当地镇党委、政府共同协商解决，推动建议办理工作。但一些单位对议案建议办理工作重视不够，答复较为敷衍、简单，没有很好地在职能和能力范围内多渠道寻找有效的解决办法，相关议案建议没有得到实质性办理。

【代表补选】 2018年1月，1名县十五届人大代表工作变动、调离本行政区域，根据《中华人民共和国全国人民代表大会和地方各级人民代表大会代表法》的有关规定，其县人大代表资格自行终止。2018年12月26日，经平远县人大常委会决定，八尺镇凤头笙竹选区依法补选1名县十五届人民代表大会代表，已报平远县第十五届人民代表大会常务委员会第二十一次会议进行代表资格确认。

【代表学习培训】 2018年，平远县人大常委会举办基层县十五届人大代表集中培训班，组织部分常委会组成人员、人大代表、县镇人大干部分6期113 人次到全国人大培训基地等机构培训，系统学习新思想新理论、《中华人民共和国宪法》、人大工作理论，使代表明确职责使命，了解人大工作的内容、程序和基本要求。为代表征订《中国人大》《人民之声》等资料和书籍，让代表及时掌握人大工作动态，提高代表的思想认识和履职能力。邀请相关专家为常委会组成人员和机关干部进行法律知识和中共十九大精神培训，提高代表思想认识和履职能力。

机关建设

【政治建设】 2018年，平远县人大常委会坚持党的领导、人民当家作主和依法治国三者有机统一，坚决全面彻底肃清李嘉、万庆良恶劣影响，树牢“四个意识”，坚定“四个自信”，坚决做到“两个维护”，在县委的坚强领导下，谋划和做好人大各项工作。自觉维护县委总揽全局、协调各方的领导地位，常委会开展的重大活动、做出的重要部署、决定的重大事项，都主动向县委请示报告，经同意后再进入法定程序，切实把人大工作置于县委领导之下。全年向县委汇报工作9项，请示工作3项，确保工作顺利开展。注重思想政治理论学习，组织常委会组成人员和机关干部职工深入学习习近平新时代中国特色社会主义思想、中共十九大精神、习近平总书记关于坚持和完善人民代表大会制度重要思想、习近平总书记重要讲话精神以及《中国共产党章程》《党内政治生活若干准则》等党内法规，严格落实意识形态工作责任。

【党风廉政建设】 2018年，平远县人大常委会党组和机关党组按新时代党的建设总要求，加强党的领导和党的建设,严格落实党风廉政建设“一岗双责”制，常委会党组书记与党组班子成员、班子成员与分管室委之间均签订党风廉政建设年度目标管理责任书，明确职责和任务，将党风廉政建设责任落实到人。开展纪教月学习活动，组织党员干部认真学习《中国共产党廉政准则》《中国共产党纪律处分条例》《中华人民共和国监察法》等廉政法规，观看《政治糊涂 自筑囚笼》等警示教育片，参观家风家训教育基地，参加“客都清风杯”法规知识竞赛，筑牢思想防线。严格执行中央八项规定精神，加强财务工作的管理，坚持一把手不直接分管财务制度，严格控制各类支出，促进廉洁从政。坚持抓早抓小，开展谈话提醒活动，对苗头性、倾向性问题，及时提醒并督促纠正，加强党员干部廉政教育和警示教育。

【县镇人大工作和建设】 2018年，平远县人大常委会加强对镇人大工作的联系和指导，提高全县人大工作的总体水平。鼓励各镇结合实际创特色、出亮点。开展县、镇人大工作活动，多次召开镇人大主席座谈会和镇级人大工作交流会，加大对镇人大规范化建设支持力度，对开展人大工作有特色，作用发挥好的镇人大主席团积极向上推荐表彰。八尺镇人大主席团、石正镇人大主席团在加强县镇人大工作和建设中成绩突出，被省人大常委会办公厅授予“广东省县乡人大工作和建设先进单位”称号。

【参与县委的中心工作】 2018年，平远县人大常委会依法履行法定职责，融入县委中心工作，参与县重点项目建设、联系镇村、挂钩服务企业、脱贫攻坚、乡村振兴、“双创”等工作。推进南台森林康养小镇重点项目建设，协调解决征地拆迁、项目规划等工作。深入挂钩服务的企业生产一线，了解生产经营情况，协调解决企业发展困难，帮助企业发展壮大。做好大柘镇程北村和所挂钩贫困户的帮扶工作。参与县委对各镇的“三清三拆三整治”督查工作，推动全县美丽乡村建设。常委会围绕县委建设精致小城的目标，组织部分常委会组成人员、机关干部、大柘镇镇村干部和是人大代表的政府组成局负责人40多人，分2组到寻乌、武平等城市建设较好的客家地区考察学习，寻标对标，找差距、知不足、学经验，增强责任感、使命感和紧迫感，为服务好县委中心工作奠定基础。

人大宣传及指导镇人大工作

【人大宣传】　2018年，平远县人大常委会加强人大制度和人大工作的宣传，借助新闻媒体和网络，讲好人大故事，传播人大声音，扩大人大工作的社会知晓面和影响力。鼓励人大工作者、人大代表、“一府一委两院”以及乡镇人大撰稿投稿。全年在《梅州人大》等市级以上新闻媒体发表人大宣传稿件30多篇。

【指导镇人大工作】　2018年，平远县人大常委会实行常委会领导联系镇人大工作制度，加强对镇人大在政策法规、工作程序、制度建设、履行职责等方面的指导，加大对镇人大规范化建设支持力度。坚持镇人大主席列席县人大常委会会议，实现监督工作上下联动、代表工作同步推进、日常工作及时沟通。邀请镇人大主席参加县人大常委会组织开展的执法检查、专题调研、视察等，加强与基层人大的联系，提高基层人大业务水平。（吴均祥）

2018年度平远县人大常委会领导名录

县十五届人大常委会：

主　　任：凌志达

常务副主任：赖家琳　凌小宏

副　主　任：马文生　朱天英　廖文香　陈永和

2018年度平远县人大常委会机关各室（委）负责人名录

办公室

主　任：温义军

副主任：黄建明　陈云飞

选举联络任免工作委员会

主　任：李　程

副主任：张彩云（女）

法制工作委员会

主　任：李　杏（女）

副主任：廖觉泉

规范性文件备案审查科科长：姚献祥

财政经济工作委员会

主　任：王永联

副主任：丘菊兰（女）

农村农业工作委员会

主　任：汤小英（女）

副主任：刘玉远

科教文卫华侨宗教工作委员会

主　任：刘宗礼

副主任：张俊妮（女）

城乡建设环境资源保护工作委员会

主　任：曾　平

副主任：涂兰青（女）

平远县人民政府

主要会议和活动

【县政府常务会议】 2018年，平远县召开县政府常务会议14次，会议由县长主持。与会人员：正、副县长，县政府党组成员，县政府办公室主任。根据会议要求，县政府办公室副主任及有关部门负责人列席会议。会议内容包括：传达贯彻上级党政机关及县委指示、决议、决定和有关会议精神，分析形势，总结工作，讨论决定有关事项；根据全县经济社会发展的需要，重点研究园区建设、文化旅游、重点工程、城镇建设、招商引资、民生事业、财税金融等全局性的工作；听取政府各部门重要情况汇报，研究解决政府工作中遇到的问题。

【广东省平远商会会员大会暨平远招商交流会在广州举行】 2018年3月24—25日，广东省平远商会会员大会暨平远招商交流会在广州东方宾馆举行，县领导宋才华、杨栋、凌声宏、姚永波、陈琼宏、林忠云、刘海鹏、韩旭参加招商交流活动，会上举行签约仪式。

【第九届北京国际山地徒步大会梅州·平远站活动】 2018年10月20日，绿地华侨城杯第九届北京国际山地徒步大会梅州·平远站在平远南台卧佛山顺利开走，来自国内外的徒步爱好者9500多人参加活动。副县长刘兰娇主持启动仪式，国外徒步爱好者乔治安德森先生代表发言，副市长张晨宣布第九届北京国际山地徒步大会梅州·平远站启动。县领导杨栋、陈琼宏、刘海鹏、廖文香、陈远航、姚小玲以及县纪委副书记冯浪等参加启动仪式。

2018年10月20日，绿地华侨城杯第九届北京国际山地徒步大会梅州·平远站在平远南台卧佛山顺利开走

（朱双玲　摄）

【2018年南粤古驿道定向大赛暨《寻乌调查》红色之旅（第七站·梅州平远）在八尺镇举行】 2018年11月4日，2018年南粤古驿道“天翼4K高清杯”定向大赛暨《寻乌调查》红色之旅（第七站·梅州平远）在八尺镇进士广场举行开幕仪式，副省长许瑞生，省人民政府副秘书长钟旋辉，省体育局局长王禹平，省出版集团公司董事长谭君铁，市委副书记、市长张爱军，县委书记宋才华，县长杨栋等省市县领导参加开幕式。市长张爱军在开幕式上致欢迎辞，省体育局副局长麦良代表组委会致开幕辞，两届全运会蹦床冠军运动员刘莹莹在开幕式上宣读“南粤古驿道活化行动之环保宣言”，运动员代表进行宣誓，副省长许瑞生鸣锣开赛。

2018年11月4日上午，2018年南粤古驿道“天翼4K高清杯”定向大赛暨《寻乌调查》红色之旅（第七站·梅州平远）开幕式在平远县八尺镇进士广场举行 （钟小丰 摄）

2018 年度平远县人民政府领导名录

县　长：杨　栋（1月起任）

副县长：温助民（县委常委、常务副县长）

刘海鹏（挂职县委常委、副县长）

陈远航　李远林　张善波

刘兰娇（女）　韩　旭

县人民政府办公室

【综合协调】 2018年，平远县人民政府办公室在县委、县政府的正确领导下，围绕全县的中心工作想大事、谋全局、献良策、抓落实，不断强化参谋助手、统筹协调、综合研究和督促落实等各项职能，求真务实，扎实进取，有力保障全县政令畅通。

【文秘工作】 2018年，平远县人民政府办公室认真做好文秘工作。1.加强文稿办理质量。严格按程序办事，在文稿拟办、审核、对稿、分发等环节的审核，切实保证公文质量。2018年办理上级文件3396件，密件290份；以县政府和县政府办公室名义印发各类文件255件；编发会议纪要41期。2.规范会务工作流程。按照“会务工作无小事”的要求，做到“对上汇报好、对外联系好、对内沟通好”，全力以赴做好各项服务。全年办理上级领导考察调研、各类督查、慰问等县重大活动150多场次；承办县政府常务会议及县政府、县相关部门有关会议、签约420多场次；协调、通知省市会议、县委、县人大、县政协会议380多场次；承办县政府会议室召开的一般工作会议430场次。3.提高出谋划策能力。把调研工作摆在当好参谋助手的首要位置，围绕重点难点工作深入开展调研，了解新情况、分析新问题、研究新举措、提出新对策，为党委、政府决策提供真实、客观、可靠的依据，努力做到参在点子上、谋在恰当处。2018年，起草整理领导在大型会议上的讲话材料130篇，调研报告9篇，整理县政府向市级（以上）报告70篇。

【督办工作】 2018年，平远县人民政府办公室加大督查督办力度，把关系工作全局、群众反映强烈的热点难点作为督办的重点，探索督查工作新方式、新办法。2018年受理工作类请示288件，经费类请示511件；对领导批示件进行催办156件，发出督办通知5次，印发督办通报9期，督办群众来信56件。督促办理县人大建议32件，督促办理县政协提案52件；办理市政协提案10件，其中分办3件，会办7 件，分办市人大建议2件；提出省人大建议办理意见1件。对县政府重点工作72项、县政府常务会议14期决定事项141项、县长办公会议2期决定事项21项进行跟进督促办理。

【信息工作】 2018年，平远县人民政府办公室加强政府网站信息内容建设管理，提升政府网站发布信息、解读政策、回应关切、引导舆论的能力和水平，全年更新信息3500多条。1.开展国家试点工作，在“决策、执行、服务、管理、结果”五公开方面进行探索创新，搭建起“5+3+1+N”的基层政务公开标准化规范化运行模式，构建“县—镇—村—村小组”四级联动政务公开和政务服务网络。2.及时更新梅州市政府信息公开业务平台各目录栏目，维护系统安全工作，完成2017年下半年、2018年上半年政府信息公开系统数据统计工作。3.开展政策解读，回应社会关切，对涉及群众切身利益、社会关注度高的重要政策文件和政策文件解读材料一并公开、一并解释。4.依法依规及时答复依申请公开。2018年收到2份政府信息公开申请，均已依法依规及时答复申请人，未发生行政复议及行政诉讼法案件。协同县直相关单位及时答复公民申请政府信息公开5件，答复“省长网民在线答复”1件。

【后勤保障】 2018年，平远县人民政府办公室做好后勤保障工作。1.认真贯彻落实中央八项规定精神，严格执行《关于进一步严肃财经纪律规范财务管理的意见》，加强“三公经费”管理；规范车辆管理，保障车辆安全运行；完善县委、县政府大院的安全监控设施，抓好环境卫生和绿化管理。

【打击走私】 2018年，平远县人民政府办公室做好打击走私工作。全年组织开展各类打击走私专项行动工作，出动执法人员1780人次、车辆417辆次，检查油库（油站）82个（次），冷库及储藏点96个（次），市场68个（次），其他门店658个（次），工地20多家。查获无照经营柴油案件2宗，案值3.99万元，罚没1.35万元；吸毒、贩毒案件2宗，刑事拘留2人；走私烟案件2宗，查获私烟0.26万支，涉案总额0.14万元；查获制烟设备4套、车辆6部、假烟140.25万支、烟丝7.82吨、滤嘴棒238万支，卷烟纸0.63吨、水松纸0.47吨及其他制假原辅材料一批，案值255万元，现场抓获涉案嫌疑人16人，公安机关依法刑拘14人。

【金融管理】 2018年，平远县人民政府办公室做好金融管理工作。1.县域金融实力和地方金融风险监管得到增强。全县金融机构存款余额96.04亿元，同比增长13.23%；各项贷款余额45.32亿元，同比增长10.25%；存贷比47.19%。2.推进企业融资工作。协调金融机构向上争取政策倾斜和贷款规模，加大对地方经济建设的投放力度。3.顺利实施金融精准扶贫。出台金融精准扶贫精准脱贫三年攻坚实施方案，为294户建档立卡贫困户提供小额贷款资金878.1万元。4.开展扫黑除恶工作。成立金融系统扫黑除恶专项斗争领导小组，出台《平远县金融系统开展扫黑除恶专项斗争行动方案》和《关于成立平远县金融系统扫黑除恶专项斗争工作专班的通知》，把扫黑除恶专项斗争作为一项政治任务抓实抓细。

【应急管理】 2018年，平远县人民政府办公室做好应急管理工作。加强应急体系建设规划，制订平远县应急体系建设“十三五”规划和《2018年全县应急管理工作计划》；加强应急预案管理，及时修订《平远县食品安全事故应急预案》《平远县气象灾害应急预案》《平远县突发事件医疗卫生救援应急预案》等应急预案；应急保障体系建设、应急宣教培训等工作有序推进。信息报送更加规范、及时，截至11月8日，平远县向市报送突发事件信息43条（含续报），死亡人数37人，其中交通事故死亡20人，触电死亡1人，溺水死亡4人，其他12人。（县政府办）

2018年度平远县人民政府办公室负责人名录

主　任：王志平

副主任：凌育彬　姚日升（任至1月）

钟国平　卢纪明（挂职）

综合政务服务管理

【概况】 2018年，平远县综合政务服务管理办公室（以下简称县政管办）做好“一门式一网式”政府服务、基层公共服务平台建设、“数字政府”建设等工作，协调推进政务服务各项改革，提升全县政务服务水平。

【“一门式一网式”政府服务】 2018年，平远县“一门式一网式”政府服务逐渐成熟。1.服务实现“一窗对外”。一门式服务窗口前台负责申请材料收取、办件流转和跟踪、收费发证等服务，各部门在后台配合。2.审批实现“受审分离”。窗口按标准化材料清单收取材料，并进行缺项初审，各部门后台负责形式和内容的审查，审批证件移送收费发证窗口。3.流转实现“统一平台”。窗口通过市统一申办受理平台收取办事群众申请材料，各部门一律使用统一申办受理平台开展业务受理、审批、决定等环节，确保业务办理全流程“网上流转”。

【基层公共服务平台建设】 2018年，平远县基层公共服务平台建设管理走向正轨。全县12个镇级公共服务中心和143个村（居）公共服务站设施、人员全部到位，视频监控全部接入市县视频监控系统；梳理公布县级职能部门委托或下放镇村行政权力事项和公共服务事项38项，事项进驻逐渐统一规范；由政务中心管理办制定培训计划，对镇村（居）专职工作人员进行业务培训，提高镇村工作人员的业务能力。逐步实现基层群众办事“一网通办”“只进一扇门”“全县通办”。

【“数字政府”建设】 2018年，平远县加快推进 “数字政府”建设。1.整合优化电子政务资源，逐步将分散、独立的信息系统整合为互联互通、业务协同、信息共享的大系统，打破信息孤岛，为实现政务服务一网办通奠定基础。2.为配合广东政务服务网上线工作，县政管办协调全县37个县直单位梳理“十统一”事项5984项，完成职能咨询资源库客服问答录入、在线申办地址要素修改，并对各网上办理事项做好接入省统一身份认证平台认证，构建统一身份认证体系，实现单点登录，统一网办数据，拓展服务监测能力，推动政务服务事项全流程网上办理，到现场不超过一次的事项占比85.16%。3.县政管办配合县府办信息中心完成“集约化”任务，整合全县微信公众号，推出“平远政务”微信公众号，发布权威政务服务信息。

【网上中介服务超市建设】 2018年，平远县政管办加快推进网上中介服务超市建设。梳理印发《平远县县直部门中介服务事项清单》，完成网上中介服务超市事项梳理、录入及全县各机关、事业单位注册项目业主入驻工作，建成集资质管理、信息发布、竞价交易、监督评价等功能于一体的网上中介服务平台，实现中介服务网上进驻、网上竞价、网上选取、网上评价等全流程网上服务和监管。

【存在问题】 2018年，平远县政管服务存在的问题：1.管理力量不足。随着“放管服”改革深化，政管办管理任务加重，对专业技术人才的需求增加，“一门式一网式”“马上办”改革和基层公共服务平台运行存在的诸多问题难以得到及时有效解决。2.“职权下放”和“减证放权”不到位。全县梳理的镇级公共服务中心可受理的事项仅80多项，且多为初审代办事项，离满足基层群众需求还有很大差距。

（县综合政务服务管理办公室）

2018 年度平远县综合政务服务管理办公室负责人名录

主　任：赖国华

副主任：李　强（任至2月）　李晓文

招商引资

【概况】 2018年，平远县招商局围绕县委、县政府主攻“一城一区一带”，加快振兴发展重要战略部署，强化产业招商，创新招商方式，提升招商效益，优化产业结构，做强实体经济。打造优良的营商环境，培育投资兴业热土，以项目引领平远振兴发展。

【主要工作成效】 2018年，平远县招商引资工作取得一定成绩。1.招商引资目标任务完成情况良好。2018年，全年预计完成签约项目18个，计划投资额77.385亿元，其中合同项目11个，合同投资额19.675亿元；当年实际投入21.76亿元（含续投）；招商引资投产项目10个，动工项目10个。2.引进工业项目、入园项目成效明显。2018年，引进11个合同项目中，有工业项目8个，占合同项目的72.7%；入园项目6个，占合同项目的54.5%，项目主要涉及稀土新材料、家具建材、电子信息和机械制造产业。3.意向项目数量储备比较充足。储备意向项目30多个，包括梅州柘岭投资实业有限公司生态园建设项目、广气智能装备集团项目、广钢集团新材料项目、深圳建艺集团“热柘温泉度假区”投资开发项目等。

【主要工作措施】 2018年，平远县招商引资工作主要采取三项措施。1.盘活闲置厂房，加快项目落地。结合园区发展实际和企业需求，加大对园区闲置厂房的盘整盘活，通过实施“腾笼换鸟”、增减置换等方式，引进一批高质量、有潜力的项目落地发展，缓解项目因园区供地导致的落户难的问题。（1）加强与园区的沟通，清理僵尸企业，对园区内破产闲置厂房进行排摸，分析厂房现状、处置进展、存在问题及适宜产业。（2）紧盯接手企业，主动介入服务，加快办理资产过户、项目审批、开工生产等手续，加速闲置资产从“盘”到“活”。通过承租、收购等方式，整合园区企业闲置厂房和土地资源，并结合实际为新引进、有需要的企业提供服务，节省建设周期，促进项目快速落户、快速投产、快速发展壮大。2.推进产业共建，构建开放型经济。借助南沙对口帮扶契机，利用南沙自贸区政策优势，平远于2017年8月与南沙区共建南沙·平远国际经贸合作中心，借助南沙自贸区制度创新、政策创新、业务创新优势和资金、人才等市场资源，建立双向招商合作机制，在南沙区打造平远工业园区经济增长的“飞地”，成为平远与珠三角、“一带一路”沿线地区经贸合作的双向招商平台和产业孵化基地，主动融入粤港澳大湾区的重要平台。2018年，签订合同项目9个，其中，广东南峰船务、广州金戈广告、中商协金度区块链技术、广东呈晟投资、广东中源实业、广东木百年食品供应链6家公司落户中心，注册资金1.05亿元，预期年纳税3000万元以上，可为平远带来600万元以上的收益。3.完善机制，打造优良的营商环境。（1）建立领导保障机制，完善招商引资责任机制和奖惩机制，细化招商引资工作方案，营造重商、亲商、安商、富商的投资环境。坚持县领导挂钩各地平远商会、乡贤企业，开展领导招商、商会招商和以商引商等活动，形成“党政组织、上下配合、齐抓共管”的工作格局，力争使引资总量、引资项目数、单项投资规模、投资方式和投资领域均出现新突破。（2）建立项目协调推进机制，对每一个洽谈、签约项目，指定专人全过程跟踪，全方位服务，提高项目履约率。（3）建立招商项目流程化管理机制，实施招商项目并联审批制度，提高行政审批工作效率，协调、解决项目落地以及建设和生产经营过程中遇到的困难和问题，促进招商项目快开工、快投产、快见效。

2018年12月20日，在广州欧派集团总部举行东台生态园项目签约仪式

【存在困难和问题】　2018年，平远县招商引资工作仍存在一些困难和问题：1.仍然存在意向项目多，合同项目少，真正落地项目少的现状。2.引进项目成长型、税源型、带动型的产业项目数量少、规模小、质量不高，缺乏龙头带动作用。3.受土地调规、报批和工业用地平整进度的制约，影响到合同项目供地难、动工难，项目有效投资不足。

2018年度平远县招商局负责人名录

局　长：张益均

副局长：吴易平　韩　立　谢辉斌

民族宗教、外事侨务和港澳事务

【概况】　2018年，平远县民族宗教和外事侨务局推进民族、宗教、外事、侨务各项工作，服务全县"一城一区一带"建设。完成占地9986.56平方米、投资650多万元的南台卧佛山文化旅游产业园君子坳休闲广场建设，并于12月验收启用。

【民族宗教事务】　2018年，平远县民族宗教和外事侨务局依法依规管理民族宗教事务。1.宣传教育。抓好宗教场所"四进"活动（"国旗、宪法和法律法规、社会主义核心价值观、中华优秀传统文化"进宗教活动场所），全县宗教场所张贴社会主义核心价值观宣传画，重点场所设置宣传栏。大佛寺、石林寺、石正基督教堂等进行升国旗设施建设并启用。印发新修订的《宗教事务条例》500本，新修订《中华人民共和国宪法》150本，《宗教政策法规应知应会手册》和《习近平总书记关于宗教问题和宗教工作系列重要论述摘编》各300本。2.防范境外宗教渗透，打击非法宗教活动。3.民族宗教事务有序管理。依规加强佛道教场所的规范管理。2018年东石基督教堂被省民宗委评为和谐寺观教堂，全县有寺观教堂18个；严格规范佛教、道教、基督教、天主教等活动的规范报批或备案；对全县民间信仰场所进行全面普查建立台账，按上级要求逐年纳入管理，上举镇太和庵和大柘镇文殊庵从2018年开始作为试点纳入管理；密切关注城市少数民族流动商贩的状况，协助解决矛盾和问题，抓好动态管理。

【接待香港同胞】　2018年，平远县民族宗教和外事侨务局做好香港同胞回平远接待工作。7月2—3日，香港太平绅士何冬青，香港葵青区原议员、香港平远同乡会会长何少平率香港赛马会北区中学女子足球队一行110人到平远开展"庆七一·迎回归"交流活动，体验客家文化，促进平港青少年的文化交流。

【海外交流】　2018年，平远县民族宗教和外事侨务局积极开展海外交流。1.接待华侨华人和海外友人16批529人次。3月28日，乌干达驻广州总领事馆斯蒂芬一行到平远华清园考察。2.组团或随团出国（境）4次。9月6—15日，县委常委、统战部部长林忠云率团赴马来西亚、泰国、印度尼西亚等国联络侨情，与泰国客家总会、马来西亚霹雳嘉应会馆、印度尼西亚梅州会馆等社团组织、知名侨领进行交流。

【侨政工作】　2018年，平远县民族宗教和外事侨务局扎实开展侨政工作。1.进行贫困归侨慰问。2018年慰问困难归侨70人，发放贫困归侨扶贫救助资金11.99万元，并纳入平远县惠民信息平台首批公开，接受社会监督。2.做好侨法宣传、维护归侨侨眷权益、处理涉侨来信来访案件5宗。3.做好全县侨捐项目监督管理，发挥侨捐项目的作用和激发华侨华人建设家乡的热情，至年底，接受港澳同胞、海外侨胞捐款6606万元。

【地方外事】 2018年，平远县民族宗教和外事侨务局强化党对地方外事工作集中统一领导，做好各项外事管理工作。1.10月，成立中共平远县委外事工作领导小组，全面加强外事工作的领导。2.做好因公出国（境）管理，严格执行外事纪律，全年办理因公出国（境）手续13批27人次，全县未出现违反外事规定和外事纪律的人和事。3.做好应对西方领事馆和有境外背景的非政府组织、地下社团渗透工作,其到平远活动均有报批或备案，无违规和违法行为。

2018年3月27日，“薪火力量·客都之行”平远、香港青少年文化交流活动在县文体中心、城南中学等地开展

2018年度平远县民族宗教和外事侨务局负责人名录

局　长：林菊莲（女，任至2月）
　　　　吴荣浩（2月起任）
副局长：张桂康　谢　刚　姚婷丹（女）

政协平远县委员会

主要会议

【十届三次会议】　2018年1月9—11日，中国人民政治协商会议第十届平远县委员会第三次会议在平远县城召开。该次会议应到会委员176人，实到会159人，邀请出席人员28人，列席人员81人。十届县政协主席凌声宏，常务副主席刘志刚，副主席姚小玲、韩垂辉、涂其标、罗益新、卢斌，秘书长林敦清等政协领导出席会议。中共平远县委、县人大、县政府、县纪委的领导，县人民武装部、县人民法院、县人民检察院等主要负责同志应邀出席会议并在主席台就座。县委书记宋才华在开幕大会上作讲话。县政协主席凌声宏在闭幕大会上作讲话。会议审议通过凌声宏代表政协第十届平远县委员会常务委员会所作的工作报告，刘志刚代表政协第十届平远县委员会常务委员会所作的关于十届二次会议以来提案工作情况报告。会议表彰2017年度25名优秀政协委员、10件优秀提案和6个承办提案先进单位。委员们列席县第十五届人民代表大会第三次会议，听取并讨论县政府工作报告及其他报告。

2018年1月9—11日，中国人民政治协商会议第十届平远县委员会第三次会议在县迎宾馆召开

【主席会议】　2018年，平远县政协召开12次主席（扩大）会议：

1月2日，县政协主席凌声宏主持召开政协第十届平远县委员会第十一次主席（扩大）会议。主要内容：研究政协常委会工作报告（草案）、提案工作情况的报告（草案）和《县政协十届七次常委（扩大）会议方案》等。

2月5日，凌声宏主持召开政协第十届平远县委员会第十二次主席（扩大）会议。主要内容：传达省政协十二届一次会议、市政协七届二次会议精神和党的十九届二中全会公报精神，研究《2018年县政协十届三次会议提案收集和立案拟办情况》，研究部署春节慰问、值班等工作。

3月6日，凌声宏主持召开政协第十届平远县委员会第十三次主席（扩大）会议。主要内容：组织学习十九届三中全会公报精神和《中共广东省委关于坚决全面彻底肃清李嘉、万庆良流毒的通知》文件精神，研究同意《2018年县政协十届三次会议重点提案交办督办安排》《政协第十届平远县委员会常务委员会2018年工作要点》《县政协领导“走访委员、走入群众、走进基层”活动月活动方案》等。

4月10日，凌声宏主持召开平远县政协十届第十四次主席（扩大）会议。主要内容：传达全国政协十三届一次会议精神，组织学习《中国人民政治协商会议章程修正案》《中共平远县委坚决全面彻底肃清李嘉、万庆良流毒影响工作方案》，研究《加强红色资源保护利用，挖掘红色文化历史内涵情况调研方案》《镇村污水处理设施建设情况专题协商方案》等。

5月15日，凌声宏主持召开平远县政协十届第十五次主席（扩大）会议。主要内容：传达县委常委会会议精神，研究《调研县农村留守儿童“爱心之家”建设方案》等。

6月12日，凌声宏主持召开平远县政协十届第十六次主席（扩大）会议。主要内容：传达省委十二届四次全会精神，组织党组理论学习中心组学习《习近平谈治国理政（第二卷）》等。

7月12日，凌声宏主持召开县政协十届第十七次主席（扩大）会议。主要内容：传达学习市委七届五次全会精神、市政协“习近平总书记关于加强和改进人民政协工作的重要思想”理论研讨会精神等。

8月13日，凌声宏主持召开县政协十届第十八次主席（扩大）会议。主要内容：传达学习中央第十二巡视组向广东省反馈意见、广东省委第九巡视组向梅州市反馈意见和全市、全县推进巡视整改工作动员会议精神，研究部署县政协党组落实巡视整改工作等。

9月20日，凌声宏主持召开县政协十届第十九次主席（扩大）会议。主要内容：组织学习《习近平总书记关于加强和改进人民政协工作的重要思想专题摘编》，听取重点提案协商督办情况汇报等。

10月18日，凌声宏主持召开县政协十届第二十次主席（扩大）会议。主要内容：学习习近平总书记关于巡视工作的重要讲话精神，研究《评议县交通运输局工作方案》《开展农村土地流转情况专题调研方案》等。

11月9日，凌声宏主持召开县政协十届第二十一次主席（扩大）会议。主要内容：传达平远县学习贯彻习近平总书记视察广东重要讲话精神干部大会精神，研究《下半年“委员活动日”活动方案》《省政协主要领导来平检查指导工作方案》等。

12月13日，凌声宏主持召开县政协十届第二十二次主席（扩大）会议。主要内容：传达贯彻省政协主席王荣到梅调研讲话精神，研究《开展“宜居宜业美丽县城”建设情况专题协商方案》《2018年度提案项目承办经费补助方案》《2018年度优秀政协委员和优秀提案及承办提案先进单位名单》《平远文史（第20辑）资料征编方案》，研究部署县政协十届四次会议筹备工作等。

【常委会议】 2018年，平远县政协召开5次常委（扩大）会议：

1月3日，凌声宏主持召开县政协十届第七次常委（扩大）会议。主要内容：听取县政府工作报告（征求意见稿）的说明并讨论报告，审议通过政协常委会工作报告（草案）和提案工作情况的报告（草案）等。

1月11日，凌声宏主持召开县政协十届第八次常委（扩大）会议。主要内容：听取各讨论组汇报，审议政协第十届平远县委员会第三次会议决议（草案）。

6月21日，凌声宏主持召开平远县政协十届第九次常委（扩大）会议。主要内容：听取县政府2018年重点项目建设情况通报，传达学习省委十二届四次全会精神和《中共中央办公厅印发〈关于进一步激励广大干部新时代新担当新作为的意见〉的通知》精神，组织学习《中国人民政治协商会议章程修正案》，经审议表决通过张小英、释唯觉、丘秋荣、陈洪德、朱文岳5位委员辞去政协第十届平远县委员会委员资格等。

9月28日，凌声宏主持召开县政协十届第十次常委（扩大）会议。主要内容：传达学习市委七届五次全会、市纪委七届四次全会精神，围绕“生态富民带”建设情况开展专题议政活动等。副县长刘兰娇应邀参加会议。

12月28日，凌声宏主持召开县政协十届第十一次常委（扩大）会议。主要内容：听取县政府《关于平远县2018年度十件民生实事落实情况通报》和《关于县政协十届三次会议以来委员提案办理情况通报》，传达学习习近平总书记视察广东重要讲话精神和《习近平总书记在民营企业座谈会上的讲话》精神等。

【闽粤赣边三省九县（区）政协第45次联系协作会议】 2018年6月28—29日，闽粤赣边三省九县（区）政协第45次联系协作会议在平远县召开。会议以“发挥政协作用，为乡村振兴献良策”为主题开展学习交流活动。江西省会昌县、寻乌县、安远县，福建省永定区、武平县、上杭县，广东省大埔县、蕉岭县、平远县等九县（区）政协主席、副主席、秘书长或办公室、专委会主任等50余人参加会议。梅州市政协副主席马志元，平远县委副书记胡新文等领导参加有关活动。

2018年6月28日至29日，闽粤赣边三省九县（区）政协第45次联系协作会议在平远县召开

【专题民主生活会】 2018年8月25日，平远县政协党组召开巡视整改暨坚决全面彻底肃清李嘉、万庆良恶劣影响专题民主生活会。会议由县政协党组书记、主席凌声宏主持，县政协党组成员参加会议，县政协非党员副主席、各专委会主任列席会议。凌声宏代表县政协党组领导班子作对照检查发言和个人对照检查发言；各党组成员依次作对照检查发言并开展批评与自我批评；凌声宏作会议总结讲话。

协商议政与调研视察

【协商议政】 2018年，平远县政协围绕镇村污水处理设施建设、“万亩生态工业园区”建设、“宜居宜业美丽县城”建设和创建“国家卫生县城”“全国县级文明城市”等热点问题，开展4次专题协商。围绕实施“一城一区一带”发展战略，对“生态富民带”建设进行专题议政。

政协十届三次大会期间对县政府工作报告等进行协商，在建言资政与凝聚共识上双向发力，向县委、县政府报送《县政协十届三次会议委员讨论建言》。

【视察调研】 2018年，平远县政协围绕乡村振兴和“三清三拆三整治”工作情况、重点提案落实情况开展视察活动。开展加强红色资源保护利用，挖掘红色文化历史内涵、农村留守儿童“爱心之家”建设、“四好农村路”创建工作情况、“生态富民带”建设情况、农村土地“三权”分置改革推进情况等5次专题调研活动。

民主监督

【民主评议】 2018年，平远县政协对县供电局、县交通运输局工作开展民主评议活动，促进部门转变作风，推动工作。

【提案工作】 2018年，平远县政协加强提案督办工作，提案立案52件，办复52件，政协提案立案率和答复率均100%，满意率90.5%。

学习宣传

【文史宣传】 2018年，平远县政协围绕“程旼故里、红色苏区”的定位，深度挖掘平远丰富的人文历史资源。全面加强政协宣传工作，全年向市政协报送工作动态90多条，各级电视、报刊、新闻媒体等报道政协工作20多篇次。

【学习培训】 2018年，平远县政协认真做好学习培训。6月4—6日，举办一期政协委员履职能力提升培训班，第十届县政协新任委员和部分连任委员60人参加培训。结合上、下半年“委员活动日”活动，围绕乡村振兴、农业产业化发展、精准扶贫、“四好农村路”建设等主题，组织政协委员到广东惠州、从化、英德，江西安远等地学习考察，并形成学习考察报告报送县委、县政府。依托政协委员工作室，拓宽委员履职途径和平台，提升委员想议事、能议事、议成事的能力素质。

团结联谊

【社情民意】 2018年，平远县政协深入开展“走访委员、走入群众、走进基层”活动月活动，落实政协领导联系委员、委员联系群众、专委会对口联系等制度，充分发挥政协委员社情民意信息直通车作用。全年收集、报送社情民意信息60多条。引导委员关注民生，开展兴教助学、公益义工、慈善事业等活动。发动委员以产业帮扶、智力扶持、推荐就业、捐资公益等形式，投身精准扶贫和社会主义新农村建设。抓好挂钩联系上举镇上举村的精准扶贫、精准脱贫工作，帮扶村村容村貌焕然一新，新农村建设取得阶段性成效，贫困户全部预脱贫。

【联谊交往】 2018年，平远县政协做好联谊交往工作。1.出席香港广东各级政协委员联谊活动，密切与港澳委员的联系。2.开展“暖企服务行动”，努力为挂钩联系企业和委员企业排忧解难，构建“亲”“清”新型政商关系。3.加强与广东平远各商会的联系，主动到珠三角等地区拜访县外委员，宣传好、推介好平远县“一城一区一带”发展战略，引导和鼓励委员企业家回乡兴业。

【委员活动日活动】 2018年上下半年，平远县政协分别开展“学习贯彻习近平总书记关于广东工作‘四个走在全国前列’的指示精神，为平远‘一城一区一带’发展战略献一策”“学习贯彻习近平总书记考察广东重要讲话精神，为平远生态优先、绿色发展建言献策”为主题的“委员活动日”活动。

党的建设

【思想政治教育】 2018年，平远县政协坚持第一议题组织学习习近平新时代中国特色社会主义思想，通过理论中心组学习、专题学习、脱产培训、讲党课、作辅导报告等形式，全年开展学习活动50多场，全方位学习宣传贯彻中共十九大精神、习近平总书记对广东工作重要指示批示精神和视察广东重要讲话精神等。开展习近平总书记关于加强和改进人民政协工作的重要思想学习研讨活动，编印《习近平总书记关于加强和改进人民政协工作的重要思想专题摘编》，并发到每位委员手中；发动委员撰写理论研讨文章12篇，其中上送市政协2篇。

【全面从严治党】 2018年，平远县政协严格执行《中国共产党党组工作条例》，旗帜鲜明、立场坚定地把握方向、总揽全局。按照省委、市委和县委的要求，从政治上、思想上、组织上、作风上坚决全面彻底肃清李嘉、万庆良恶劣影响，净化政治生态，确保风清气正。抓好中央第十二巡视组、省委第九巡视组和省委第八巡视组反馈意见的整改落实工作，即知即改、立行立改，真改实改、全面整改，做好巡视“后半篇文章”。落实意识形态工作责任，加强意识形态阵地建设，全方位筑牢意识形态安全屏障。加强对机关党建工作的领导，坚持“三会一课”制度，推进“两学一做”学习教育常态化制度化，发挥政协党组的战斗堡垒和党员先锋模范作用。

【机关作风建设】 2018年，平远县政协贯彻中央八项规定精神及其实施细则，整治和预防各种隐形变异的“四风”问题，坚决防止和克服形式主义、官僚主义，提高机关的执行力。认真履行“一岗双责”，严明党的政治纪律和政治规矩，开展党风廉政建设和反腐败斗争，做到廉洁从政，树立政协为民务实清廉的良好形象。 （政协办公室）

2018年11月16日，省政协主席王荣（右五）到平远调研视察并与县政协机关全体干部职工合影

2018年度十届政协平远县委员会领导名录

主　席：凌声宏

副主席：刘志刚（常务）　姚小玲（女）　韩垂辉（兼）　涂其标　罗益新（兼）　卢　斌（兼）

秘书长：林敦清

2018年度县政协机关各室委负责人名录

办公室

主　任：林敦清

副主任：刘秀玲（女）　刘柏鹏

提案委员会

主　任：肖红阳

专职副主任：黎文友

文史和学习委员会

主　任：吴秉浪

专职副主任：官碧红（女）

教科文卫体和社会法制委员会

主　任：姚若园

专职副主任：鲁燕玲（女）

经济和人口资源环境委员会

主　任：黄文通

专职副主任：韩辉平

民族宗教和港澳台侨外事委员会

主　任：林永升

专职副主任：冯　添

平远县纪委监委

主要会议

【县纪委十三届三次全会】 2018年2月6日，中共平远县第十三届纪律检查委员会第三次全体会议在县迎宾馆大会堂召开。宋才华、杨栋、凌声宏、胡新文、姚永波、肖桂华、温助民、陈琼宏、黄钧震、徐万宝、林忠云、刘海鹏等县委、县人大、县政府、县政协、县纪委全体领导参加会议。会议由县委常委、县纪委书记、县监委主任徐万宝主持。

县委书记宋才华指出，2017年，全县各级党组织以学习贯彻中共十九大精神为工作主线，推动全面从严治党向纵深发展，管党治党主体责任进一步落实，作风建设持续深化，纪律约束更加严格，监督体系不断完善，反腐败压倒性态势巩固发展；全县纪检监察组织与上级纪委和县委保持同频共振、步调一致，认真履行监督责任，扎实践行监督执纪“四种形态”，积极解决群众反映强烈的突出问题，在落实中央八项规定精神、整治扶贫领域腐败和作风问题、推进监察体制改革试点工作等方面，做了大量卓有成效的工作。要落实好管党治党政治责任，努力开创平远全面从严治党新局面，以真抓的实劲、敢抓的狠劲、常抓的韧劲，切实抓好全面从严治党工作，确保中央、省委、市委、县委的决策部署落地生根。一要坚决整治“四风”，全面贯彻落实中央八项规定精神。二要全面加强纪律建设，坚决做到令行禁止。三要深入开展反腐败斗争，不断巩固压倒性态势。四要坚持以人民为中心，深入开展扶贫民生领域专项整治，扎实开展扫黑除恶专项斗争，坚决惩治群众身边的不正之风和腐败问题。五要加强监督体系建设，全面提升监督能力。纪检监察机关要主动适应新时代全面从严治党的新要求，加强自身建设，做到政治过硬、作风过硬、本领过硬、纪律过硬，履好职尽好责，确保党和人民赋予的权力不被滥用、惩恶扬善的利剑永不蒙尘。

县委副书记、县长杨栋传达十九届中央纪委二次全会、十二届省纪委二次全会和七届市纪委三次全会精神。县委常委、县纪委书记、县监委主任徐万宝作题为《坚决贯彻落实党的十九大精神，以永远在路上的执着开创全面从严治党新局面》的工作报告，报告回顾2017年的工作，对2018年全县纪检监察工作提出总体要求，强调2018年是贯彻中共十九大精神的开局之年，是改革开放40周年，是决胜全面建成小康社会、实施“十三五”规划承上启下的关键一年，做好纪检监察工作责任重大。要以习近平新时代中国特色社会主义思想为指导，为实施“一城一区一带”发展战略，加快建设美丽幸福平远、决胜全面建成小康社会提供坚强纪律保证，重点要抓好八方面工作：一要坚持把党的政治建设摆在首位，努力营造风清气正的政治生态环境；二要深化监察机制改革试点工作，忠实履行好纪检监察两项职责；三要巩固拓展落实中央八项规定精神成果，严防“四风”问题反弹回潮；四要坚持问题导向，深入开展巡察工作；五要全面加强党的纪律建设，深化运用监督执纪“四种形态”；六要围绕不敢腐不能腐不想腐，坚定不移推进肃纪反腐高压态势；七要严厉整治群众身边的腐败问题，为打赢脱贫攻坚战提供坚强保障；八要落实习近平总书记“忠诚坚定、担当尽责、遵纪守法、清正廉洁”要求，打造让党放心、人民依赖的纪检监察队伍。

会议审议通过县纪委工作报告和决议。

2018年2月6日，中国共产党平远县第十三届纪律检查委员会第三次全体会议在县迎宾馆大会堂召开

（朱双玲　摄）

【纪律教育专题学习会】　2018年8月31日下午，在县迎宾馆大会堂召开2018年平远县纪律教育学习大会，会前观看警示教育片《双面人生》。县委书记宋才华出席会议并作辅导报告，县委常委、县纪委书记、县监委主任徐万宝主持会议，县委、县人大、县政府、县政协、县纪委领导，法检两长，各镇党委书记、镇长以及县直相关单位负责人参加活动。

宋才华在报告中指出，围绕“加强党的政治建设、营造良好政治生态”的主题，要始终把党的政治建设摆在首位，坚持用习近平新时代中国特色社会主义思想武装头脑、指导实践、推动工作，不断增强“四个意识”，切实提高政治站位，坚定政治方向，自觉践行“两个坚决维护”。必须把旗帜鲜明讲政治作为根本要求，必须把维护核心作为首要政治责任，必须把思想武装作为根本政治任务，必须把推动全面从严治党向基层延伸作为重大政治担当，站在党要管党、从严治党的政治高度，始终坚持把抓好管党治党就是最大的政绩，自觉把全面从严治党“两个责任”扛在肩上、装在心上、抓在手上、落到实处。

会议强调，要提高思想认识，深入持久推进纪律教育。要深刻认识营造良好政治生态的极端重要性和现实紧迫性，要把政治建设摆在营造良好政治生态的首位，严格按照省委的部署要求，认真抓好贯彻落实；要开展多种形式的纪律教育。要善于抓好领导干部这个“关键少数”，引导全县党员干部特别是领导干部坚定理想信念，以身作则、率先垂范，发挥好“头雁效应”；同时要注重结合中心工作，与“三会一课”和民主生活会、专题组织生活会等相结合，努力做到在工作中抓纪律，以纪律促进工作；要坚持服好思想作风“经常抓”“长期抓”两副药，把转变作风、实干担当体现在当前和今后一个时期平远重点工作上来，以新担当新作为开创平远工作新局面。

会议要求，各级各部门务必要高度重视巡视整改落实工作，把抓好巡视整改落实工作作为当前的一项重要政治任务抓紧抓好，雷厉风行抓整改工作，深入研究、深刻分析巡视反馈问题，第一时间厘清思路，扎实做好巡视“后半篇文章”；党员干部要深刻认识到坚决全面彻底肃清李嘉、万庆良恶劣影响的极端重要性，切实担负起主体责任，从政治上、思想上、组织上、作风上坚决全面彻底肃清李嘉、万庆良恶劣影响；要坚定不移抓好党风廉政建设和反腐败工作，保持高压反腐的政治定力。运用监督执纪“四种形态”，坚持挺纪在前、监督防范在前，紧紧把守第一道“关口”，抓早抓小、防微杜渐。继续发挥巡察利剑的震慑作用，聚焦全面从严治党，坚持问题导向，紧扣“六大纪律”，瞄准“四风”，紧盯重点人、重点事、重点环节、重点问题，增加巡察工作的针对性。严肃查处群众身边“微腐败”，尤其是扶贫领域中的不正之风和腐败问题，对敢在群众救命钱上动心眼、下黑手的绝不放过，坚决用最严厉的手段、依法依纪从重处置，坚决打造山清水秀的政治生态。

【县委巡察工作会议】 2018年3月16日，平远县召开十三届县委第三轮巡察工作动员会，贯彻落实中央、省、市、县委有关巡视巡察工作的新要求，动员部署平远县第三轮巡察工作。县委常委、县纪委书记、县监委主任徐万宝，县纪委副书记、县监委副主任梁裕彝，县委巡察工作领导小组成员、第三轮被巡察单位主要负责人、分管领导，巡察单位所在的派驻纪检组组长以及巡察组、巡察办全体人员等参加动员会。

会议宣读县委巡察组正、副组长任职文件以及《第三轮巡察工作方案》，并对巡察组成员进行业务培训。根据工作方案，县委第三轮巡察将进驻上举镇党委、差干镇党委，以及县五指石省级风景名胜区管理处、县民族宗教和外事侨务局、县畜牧局、县水务局、县市政公共事业管理中心、县公路局等单位党组织开展巡察。

在动员讲话中，徐万宝要求，巡察办、巡察组的成员和被巡察单位党组织，要提升思想认识，切实增强巡察工作的责任感和使命感，自觉把思想和行动统一到中央、省、市、县委的决策部署上来，统一到党要管党、从严治党、巩固党的执政地位的政治高度上来，以巡察监督成效推进全面从严治党向基层拓展和延伸；巡察工作要提高政治站位，坚持问题导向，切实发挥巡察利剑作用，要牢牢把握政治巡察定位，始终坚持问题导向，依纪依规从严巡察，强化巡察成果运用，切实推动问题的解决；巡察人员要强化责任担当，严明工作纪律，压实工作责任，坚守职责担当，依法依规开展巡察工作；要坚定信心、振奋精神、扛起责任，以坚强的政治定力、高度的政治自觉，推动平远巡察工作不断向纵深发展，为深入贯彻落实中共十九大精神、实施平远县“一城一区一带”发展战略、推进生态富民强县提供坚强保证。

【基层正风反腐三年行动动员部署会】 2018年8月10日，平远县召开基层正风反腐三年行动动员部署会，对平远县正风反腐三年行动（2018—2020年）进行动员和部署，加强基层党风廉政建设，把全面从严治党覆盖到“最后一公里”。县委常委、县纪委书记、县监委主任徐万宝，县纪委副书记、县监委副主任梁裕彝和冯浪出席会议并讲话。

会议要求，一要提高政治站位，充分认识正风反腐三年行动的重要意义。二要明确惩治重点，着力解决发生在群众身边的突出问题，通过三年行动，增强人民群众的获得感、幸福感、安全感。要认真总结经验做法，进一步健全基层不敢腐、不能腐、不想腐的长效机制。三要围绕行业特点，确定重点整治镇和整治单位，分别确定3个重点整治镇和15个整治单位，各级各相关单位做到早部署，早谋划，加强统筹谋划，布好三年行动的主动仗和“先手棋”。四要加强政治领导，落实监督责任，把握政策界限，强化案件查办，抓好队伍建设，既要雷厉风行迅速取得战果，又要久久为功推进固本培元，始终做到胸有成竹、有条不紊。大力开展正风反腐，着力解决发生在群众身边的突出问题，为平远县实现“一城一区一带”发展战略提供坚强纪律保障，以实际成效兑现对党和人民的庄严承诺。

【全县纪检监察系统“纪法衔接”专题培训班】　为提升全县纪检监察干部依纪依法履职能力，更好地适应深化监察体制改革的新形势、新任务、新要求，2018年5月9—10日，平远县纪委监委举办“纪法衔接”专题培训班，补齐纪检监察干部对法律条文和检察院转隶人员对党纪条规的短板，提升纪检监察干部纪法衔接能力水平，促进执纪执法深度融合。县委常委、县纪委书记、县监委主任徐万宝，县纪委副书记、县监委副主任梁裕彝和冯浪参加培训。

培训班上，来自市、县纪委监委的专业人士采取理论与实践相结合的方式，围绕审查调查办理流程、渎职案件调查、贪污贿赂司法解释、执纪审查、职务犯罪预防等内容，立体式、多角度地向与会人员全面普及相关业务知识，提升纪检监察干部的监督执纪能力。

培训班要求，全县纪检监察干部要加强思想政治素质建设，提高政治鉴别能力，要把政治教育摆在首位，牢固树立“四个意识”，提升治理效能，聚焦主责主业，围绕中心服务大局。要强化业务素质磨炼，提高学习实践能力，加强《中华人民共和国宪法》和《中华人民共和国监察法》两部重要法律的学习，加强党章党规党纪教育，开展法律法规教育，学习思想政治工作方法，注重学习与实践的结合。要加强廉洁自律修炼，提高拒腐防变能力，自觉加强党性修养，自觉以担当精神履好职，自觉接受监督，自觉践行忠诚干净担当，努力建设一支忠诚坚定、担当尽责、遵纪守法、清正廉洁和让党放心、人民信赖的纪检监察干部队伍。

【全县基层党组织书记培训班】　2018年9月28日，在县迎宾馆大会堂举办全县基层党组织书记培训班，县纪委副书记、监委副主任梁裕彝出席开班仪式。全县各村（居）党支部书记、县直副局以上单位党组织负责人、各镇纪委书记约260人参加培训。

培训班采取集中学习和自学相结合，培训内容主要包括基层正风反腐三年行动方案解读、监察法解读、新修订党纪处分条例解读等。

培训班指出，基层党组织是联系群众的“最后一公里”，举办培训是提升全县基层党务干部业务水平的有力举措。各级基层党组织书记要强化思想认识，增强政治自觉，提振精神、严格要求，保质保量完成培训任务，增强党性观念；要强化纪律约束，认清形势、了解政策、拓展视野、创新理念，切实提高基层党建、经济发展、为民服务、群众工作等方面的能力；要提高政治站位，强化组织领导，切实增强做好工作的责任感和紧迫感，以培训为新的起点，用更高的标准，更严的要求，更实的作风，扎实推进基层党组织建设，为平远县实施“一城一区一带”发展战略，建设美丽幸福平远提供坚强的组织保证。

【扶贫领域腐败和作风问题专项治理工作推进会】　2018年10月15日，平远县召开深化扶贫领域腐败和作风问题专项治理工作推进会，持续推进全县扶贫领域监督执纪问责，坚决斩断伸向扶贫资金的“黑手”。县委常委、县纪委书记、县监委主任徐万宝，副县长陈远航，县纪委副书记、县监委副主任冯浪等出席会议。

会议传达中央纪委国家监委、省、市纪委监委深化扶贫领域腐败和作风问题专项治理工作推进会精神，通报全县脱贫攻坚工作情况。2016年和2017年实现预脱贫1261户3193人，脱贫率73.6％，超额完成省市下达的任务。2018年上报市预脱贫计划数293户956人。全县累计筹集各类帮扶资金13211.21万元，已投入使用9000.16万元。县纪委监委加大扶贫领域监督执纪问责力度为脱贫攻坚提供坚强纪律保障。1月至9月，全县立案查处扶贫领域违纪违法案件16件，结案12件，给予党纪政务处分12人。

会议就深化全县扶贫领域腐败和作风问题专项治理提出要求，要保持高压态势，开展扶贫领域监督执纪问责工作，通过“推”“督”“查”“惩”“防”五个方面措施，织密扶贫领域反腐除垢的网。要提高政治站位，增强保障打赢脱贫攻坚的政治自觉和战略定力，必须深刻认识，深入推进专项治理是一项极为重要的政治任务，是服务全县工作大局的现实需要，是全县各级各部门的重要职责。要明晰工作重点，增强专项治理的针对性，做到突出问题导向，聚焦“七类问题”；明确监督范围，盯紧“四类对象”；注重统筹兼顾，做到惩治扶贫领域腐败和作风问题专项治理相结合。要严明纪律要求，确保脱贫攻坚责任有效落实，压实主体责任，加强县镇联动，强化监督检查，严肃追责问责，以更加过硬的作风、更加有力的举措，持续深入抓好脱贫攻坚任务落实。

【反腐败协调领导小组会议】 2018年4月25日，平远县召开县委反腐败协调小组工作会议。姚永波、黄钧震、徐万宝等县领导出席会议，会议由县委常委、县委政法委书记、县委反腐败协调小组副组长姚永波主持。

县委常委、县纪委书记、县监委主任、县委反腐败协调小组组长徐万宝总结2017年工作并对2018年反腐败工作提出意见。县纪委副书记、县监委副主任、县委反腐败协调小组办公室主任冯浪传达《中华人民共和国监察法》和广东省深化监察体制改革试点工作小组办公室印发的〔2018〕1号至5号文件《关于印发〈广东省党委政法委、人民法院、检察机关、公安机关、司法行政机关支持配合监察体制改革试点工作办法（试行）〉的通知》等文件精神。各成员单位结合自身工作，对2018年开展反腐败工作提出中肯的意见和建议。

会议要求，要认清形势，坚定不移推进肃纪反腐高压态势；突出重点，全面推进正风反腐工作；协作配合，切实抓好《中华人民共和国监察法》的贯彻落实；围绕中心，服务振兴发展大局，促进全县政务环境的持续优化和干部作风的明显好转，为平远“一城一区一带”建设，加快振兴发展提供坚强有力的政治纪律保障。

【环保督察“回头看”协调联络会】 2018年7月18日，为深入践行习近平总书记生态文明思想，全面履职尽责，坚决反对和防止环保表面整改、假装整改、敷衍整改现象的发生，确保重点环境问题全面整改到位。县纪委监委督导组在县环境保护局主持召开县相关单位参加的环保督察“回头看”协调联络会，会议要求各级各相关部门要深入践行习近平生态文明思想，切实提高政治站位，主动作为，全面排查平远县生态和环境污染问题，从源头上解决环境污染问题。一是要坚持实事求是，全面压实责任，对存在问题及时进行督查督办，高质量高标准抓好问题整改，积极回应群众关切；二是要敢于担当、敢于负责、敢于管理，从严查处案件，坚决反对和防止表面整改、假装整改、敷衍整改；三是要建立线索研判移送、协同调查处理和责任追究等机制，对涉嫌违法行为和相关失职单位、责任人要敢追责、真追责、严追责，坚决杜绝官僚主义、形式主义；四是要从严从速推进交办案件的整改，始终保持高压态势，加强已办案件的跟踪落实和责任追究，建立督查整改的工作机制，深入研究解决问题的方式方法；五是要强化信息公开，及时组织对问题核实、整改，并将整改情况向社会公开，做一件成一件，以真抓实改成效取信于民。县委常委、县纪委书记、县监委主任徐万宝，县纪委副书记、县监委副主任冯浪等参加实地督查和协调联络会。

【巡视反馈意见整改落实工作会】 2018年9月21日，县纪委监委召开巡视反馈意见整改落实工作情况专题汇报会议，先后听取县纪委监委、泗水镇、县委巡察办及县委巡察组巡视反馈意见整改落实工作情况。

会议要求，全县各级党组织和领导干部要提高政治站位，强化落实巡视整改的政治自觉和行动自觉。要坚决贯彻县委关于巡视整改的部署要求，坚决消除上热下冷、马虎应付、避重就轻等现象，真正把自己摆进去、把工作摆进去、把职责摆进去，做到认识上再提高，态度上更坚决，切实把巡视整改的要求，转化为改进工作的强大动力，转化为解决问题的有效对策，转化为推动发展的实际行动，不讲条件、不打折扣、不搞变通，以高度的政治责任感抓好整改落实，确保巡视反馈问题整改落实到位。

会议强调，要进一步落细落实，坚持高标准严要求抓好整改落实。一是坚持问题导向。要以整改要求为切入点和突破口，进一步传导压力，坚决克服“交差”思想、“过关”思想，确保以解决问题促进整改落实。二是坚持“实”字托底。要强化“实”字，坚持做到整改措施要实、整改行动要实、整改效果要实。三是坚持标准不放松。既要对已整改到位的问题完成一项、销号一项，又要开展整改落实情况“回头看”，重点查看反馈意见是否真正落实，反馈问题是否真正解决，也要防止已经解决的问题反弹复发。对全局性共性的问题要认真分析研究，对薄弱环节进行督查提醒，对问题比较集中的系统领域重点跟进，对长期任务要采取有效措施积极有序推进。

会议指出，要进一步加强长效机制建设，巩固整改成果和推进各项事业发展。一是要重视长效体制机制建设。要坚持着眼长远，重视建立长效机制建设，将正风反腐、选人用人和党建工作、意识形态工作责任制、扫黑除恶专项斗争、打赢污染攻坚战和脱贫攻坚战等方面的巡视整改成果转化为具体制度，用制度巩固整改成效，堵住问题漏洞，真正形成打基础、管长远的机制体制。二是要坚持以整改促事业发展。要真正把巡视整改的过程作为深入学习领会习近平新时代中国特色社会主义思想的过程，以巡视整改为工作抓手，把推动新时代全面深化改革、正风反腐三年行动计划、软弱涣散党组织整改、精准扶贫精准脱贫、乡村振兴等当前重点工作结合起来，确保以整改实际成效推动各项事业发展。

【学习贯彻习近平总书记考察广东重要讲话精神会议】 2018年11月5日，县委常委、县纪委书记、县监委主任徐万宝主持召开全县纪检监察系统干部大会，县纪委副书记、县监委副主任梁裕彝和冯浪出席会议。会上学习贯彻习近平总书记考察广东重要讲话精神，研究部署纪检监察系统学习贯彻工作。徐万宝强调，纪检监察部门要把学习宣传贯彻习近平总书记重要讲话精神作为首要政治任务，为平远实施“一城一区一带”发展战略、建设生态富民强县提供坚强有力的纪律保障。

会议传达习近平总书记考察广东重要讲话精神和省委、省纪委监委、市委、市纪委监委和县委关于学习贯彻习近平总书记视察广东重要讲话精神的部署要求。

会议指出，全县纪检监察干部要深刻领会和把握习近平总书记考察广东重要讲话的丰富内涵和精神实质，把思想和行动统一到讲话精神上来。1.要深刻认识习近平总书记重要讲话的重大政治意义、现实意义和深远历史意义，切实增强学习贯彻的自觉性、主动性和坚定性，把学习重要讲话与学习贯彻习近平新时代中国特色社会主义思想和中共十九大精神相结合，与学习贯彻习近平总书记对广东工作的一系列重要指示精神相结合，一体学习领会，整体贯彻落实，切实以习近平总书记重要讲话精神引领纪检监察工作，在新时代实现新作为。2.要深刻领会习近平总书记提出的四个方面的重要要求，履行坚决维护以习近平同志为核心的党中央权威和集中统一领导的特殊使命和重大责任,强化政治责任感，为实现“四个走在全国前列”提供坚强保障。3.要深刻领会习近平总书记关于加强党的领导和党的建设的重要论述，深刻认识坚持党的领导的极端重要性，强化从严管党治党的政治担当。4.要深刻领会习近平总书记对深入推进全面从严治党的重要要求，牢固树立“四个意识”，坚定“四个自信”，严明党的政治纪律和政治规矩，整治各种隐形变异“四风”问题，严厉整治发生在群众身边的腐败问题，深化和巩固反腐败斗争压倒性态势。

会议强调，要坚持以习近平总书记重要讲话精神引领全县纪检监察工作，增强战略定力，强化使命担当，紧密结合实际，增强学习贯彻习近平总书记考察广东重要讲话精神的针对性和实效性，切实把学习成效转化为推动工作的强大动力，促进全县纪检监察工作实现高质量发展。要坚持以党的政治建设为统领，切实发挥党内监督和国家监察专责机关的职能作用，履行好落实“两个维护”的特殊历史使命和重大政治责任，严明政治纪律和政治规矩。要把学习贯彻习近平总书记重要讲话精神的监督检查作为当前一项重点工作，加强监督检查，督促各级党组织和党员干部深入学习、深化实践。要坚持把纪律和监督挺在前面，构建“四个全覆盖”权力监督格局，聚焦纪检监察六大职责，持续保持惩治腐败高压态势。要坚决贯彻中央八项规定精神，持续深入整治“四风”和“为官不为”，深入推进基层正风反腐行动。

会议要求，全县纪检监察干部要迅速掀起学习贯彻热潮，把讲话精神转化为忠诚履职、担当尽责的强大动力，做到学思践悟、知行合一，推动全县纪检监察工作实现高质量发展。徐万宝还为全县纪检监察系统党员干部上《中国共产党纪律处分条例》专题辅导党课，并一同观看警示教育片《围猎》。

纪检监察工作

【践行“两个维护”】 2018年，平远县纪委监委把学习贯彻习近平新时代中国特色社会主义思想、中央十九大精神以及党章党规党纪学习教育情况作为监督和巡察的重要内容。严明政治纪律和政治规矩，坚决防止和纠正一切偏离“两个维护”的错误言行，推动全县各级党组织和党员领导干部在政治路线、政治立场、政治方向、政治原则、政治道路上同党中央保持高度一致。围绕贯彻新发展理念、打好“三大攻坚战”、扫黑除恶专项斗争和上级重大决策部署落实等加强监督检查，确保党中央政令畅通。围绕“五个必须”和“三个决不允许”，协助县委坚决全面彻底肃清李嘉、万庆良恶劣影响，严查“七个有之”问题。全县12个镇、62个县直单位均建立领导班子廉政活页夹，加强对政治生态监督。全力做好中央、省委巡视反馈意见整改工作，把县纪委承担的47项整改任务细化为105项具体举措。全年加强对中央、省、市、县决策部署落实情况的再监督再检查20次，开展诫勉谈话5人、警示谈话6人、提醒谈话9人。严把选人用人政治关、品行关、作风关、廉洁关，办理干部党风廉政情况回复820人次。

【监督执纪问责】 2018年，平远县纪委监委深化落实党风廉政建设“两个责任”，坚持常态化管理监督，充分运用谈话提醒、谈话函询等手段处理苗头性、倾向性问题，做到抓早抓小，防微杜渐。全年开展谈话函询16人次，推动全县科级以上领导干部开展谈话提醒2740人次。发挥好监察建议书监督利器作用，向县人民政府、县人社局发出监察建议书2份，放大监督功效。协助县委制定《关于加强对各级党组织一把手监督的实施方案》《关于开展述责述廉工作的意见》，盯紧领导干部这个“关键少数”，组织9名镇级和县直单位党委（党组）书记向县纪委全会述责述廉，向新任一把手发送廉政提醒函，落实好管党治党政治责任，明确提出遵守政治纪律和政治规矩等方面具体要求，筑牢扎紧一把手思想防线。严格规范执行领导干部个人重大事项报告制度，强化“八小时以外”监督管理。全年收到科级以上领导干部操办婚丧喜庆事宜及购房、购车等报告199份，外出请示报告91份，“三重一大”报告24份。查处两名违反中央八项规定精神的正科级“一把手”，分别给予开除党籍、撤职和党内警告处分。认真贯彻省纪委施克辉书记关于定性量纪“七看”理念（看违纪情节、看危害程度、看时间节点、看动机原因、看认错态度、看一贯表现、看群众口碑）和市纪委“尊重历史和社情民意”要求，坚持“惩前毖后、治病救人”方针,深化运用监督执纪“四种形态”，全县纪检监察组织有效运用“四种形态”处理204人次。其中，第一种形态118人次，占57.8%；第二种形态64人次，占比31.4%；第三种形态14人次，占比6.9%；第四种形态8人次，占比3.9%。监督执纪由“惩治极少数”向“管住大多数”拓展。

【信访举报核查】 2018年，平远县纪委监委认真贯彻落实《监督执纪工作规则》，加大信访举报宣传，提升群众信访举报的针对性和问题线索的可查性。认真确认每一封署名举报件的“实名性”，推进完善实名件办理制度。对近几年反映工程建设领域、国企领域、变更土地用途、规划条件的信访件和扶贫领域腐败、涉黑涉恶腐败信访件开展“大起底”和“回头看”，同时升级建设信访信息系统，建立问题线索研判机制，出台《关于强化问题线索初步核实工作的通知》，从制度上保证核查的质量和效率。定期核对转（交）台账，对移送本委各室（组）、各镇纪委及相关部门的信访举报件跟踪督办，确保信访举报件核查有落实、有结果、有回应。2018年，全县纪检监察组织受理信访举报件249件，同比增加111件，上升80%，应核、已核信访举报148件，核查率100%。通过办信办访，为6名干部澄清正名。

【审查调查】 2018年，平远县发挥反腐败协调领导小组作用，增强反腐合力，完善落实领导挂镇制度，建立派驻（出）机构审查调查协作机制，不断深化“三转”，充实加强办案力量。2018年全县纪检监察组织处置问题线索242条，同比上升171.9%；立案90件90人，同比上升50%，挽回经济损失343.24万元。加强对调查措施的审批监管，探索使用9种调查措施，先后对3名干部采取留置措施，涉及科级干部1人，一般干部2人；审结案件85件85人，给予党纪处分79人、政务处分12人。其中，科级干部9人，同比上升80%，移送检察机关案件6件6人。深入贯彻落实中央纪委领导关于“走读式”谈话安全的批示精神，认真落实执纪审查安全责任制，对县、镇谈话室硬件设施进行升级改造。

2018年，在原有11人的基础上再招录、补录9名专职陪护人员。

【“四风”整治】 2018年，平远县纪委监委针对关键节点、重点问题，紧盯“四风”新形式新动向，坚持暗访、查处、追责、曝光“四管齐下”，加强对中央八项规定及其实施细则精神执行情况的监督检查，坚决防止“四风”反弹回潮。严肃整治领导干部利用名贵特产类特殊资源谋取私利行为，开展正风肃纪五项行动“回头看”和“脸难看、事难办”问题集中整治，开展对违规收送“红包”问题专项整治，会同有关职能部门深入整治超标准配备办公用房、违规发放津补贴、违规公务接待、公款旅游等问题。全年组织明察暗访22次，发现问题涉及18个单位31人次，给予党纪政务处分3人、“红脸出汗”谈话提醒20人，作出情况说明（含写检讨）24人。2018年，查处违反中央八项规定精神案件22件，其中涉2名科级“一把手”，向全县通报曝光典型案例9起，制作暗访片3期。严肃查处二轻工业公司原经理公款购买高档酒水、违规公款接待、擅自离岗及违反廉洁纪律等违规违纪问题，对其作出开除党籍和行政撤职的处分。

【三大专项治理】 2018年，平远县纪委监委推进基层正风反腐三年行动，聚焦三大专项治理，严肃惩治群众身边不正之风和腐败问题。1.开展扶贫领域专项治理工作。建立上督下查、包案直查、问责倒查、提级审查“四查”机制，开展线索摸排、入户核查、专项巡察以及配合异地抽查，委领导挂镇督导，重点做好“推、督、查、惩、防”五字文章，对胆敢动扶贫“奶酪”的严惩不贷。围绕七大领域核查133个村（居），合计20817人次；对13个省定贫困村进行专项督导，对20个省定贫困村进行专项巡察，发现问题线索44条，责令对不符合政策的37户116人进行全部纠正。升级惠民信息公开平台，加大试点领域涉农补贴、社会保险及惠民扶贫政策资金等民生热点方面的信息公开力度，将全县20个精准扶贫村扶贫资金列入平台公开范围，截至12月，平台录入发布2013—2018年惠民信息1204129条，监管资金总额累计1.76亿元，受益人群18万人。聘任31名义务廉政监督员，强化扶贫监督。2018年，全县立案查处扶贫领域违纪违法案件17件，结案17件，给予党纪政务处分17人，通报典型案例3起。重点查处仁居镇两位负责扶贫工作的人员在“两不具备”整村搬迁工作中玩忽职守问题，分别给予留党察看一年的党纪处分和行政撤职的政务处分。2.坚决惩治涉黑涉恶腐败和“保护伞”。建立组织领导、问题发现、线索处置、直查督办、说情干预行为调查、综合分析和通报曝光等六项工作机制，深入开展扫黑除恶打伞破网工作。通过压实责任，开展对2015年以来的线索大排查、大起底，并通过与公检法联动、执纪执法、专项督导等，发现问题线索，摸排发现涉黑涉恶和“保护伞”问题线索9条，立案3件，结案3件。3.加大生态环保领域监督执纪问责力度。落实市纪委《关于生态环保领域腐败和作风问题线索移送调查问责曝光制度》，严查环境监管失职渎职等违纪违法行为。坚持不打招呼、不发通知、不用陪同，直接深入到相关企业，对群众反映的企业环境问题、养猪业污染问题等进行实地督查。建立“回头看”协调会议机制，对上级转交问题线索查处整改情况加强监督检查。2018年，对2名落实环境监管主体责任不力的党员干部进行红脸出汗警示谈话。

【宣教和预防腐败】 2018年，平远县纪委监委坚持创新推进党廉宣教和预防腐败工作。围绕“加强党的政治建设、营造良好政治生态”的主题，开展全县纪律教育学习月活动，成立2个督查组，对30个单位开展纪教月活动情况进行督查和通报。开展“明家训、正家风、促清廉”主题活动，深化标本兼治，营造崇廉尚洁的良好社会风尚。结合肃清李嘉、万庆良恶劣影响工作，协助县委开展“一季度一主题”警示教育；制定出台《平远县警示教育专题民主生活会制度（试行）》，督促指导15个单位党组织及时召开警示教育专题民主生活会，用身边事教育身边人，汲取深刻教训，切实引以为戒；创建“南台清风”微信公众号，加强纪检监察工作宣传和舆论引导；举办全县党章党规党纪学习教育培训班和全县基层党组织书记培训班，统一征订新修订《中国共产党纪律处分条例》发至各镇各单位党组织，把学习《条例》覆盖到每一个党支部和党员；将《监察法》列入2018年度普法内容，推动《监察法》学习宣传；8月31日，在全市率先组织正科职以上领导干部到梅州监狱开展警示教育活动，“零距离”接触反面典型，敲响警示之钟；率先建成家训家风教育基地，7月5日正式在县国税局挂牌揭幕，用优良家训家风促进党风政风建设。

【队伍建设】　2018年，平远县纪委监委注重坚持内外兼修，以党建工作为引领，坚持以党小组为单位原原本本、原汁原味学习中共十九大精神和习近平总书记系列重要讲话精神。以全面加强机关党的建设带动班子建设和队伍建设，健全理论中心组学习会、党支部会、支委会、党小组会等组织生活制度，班子成员以普通党员身份参加组织生活会，带头上党课、作辅导。将机关党支部升格为党总支，把党支部建立在部门上，充分发挥支部战斗堡垒作用。坚持“两学一做”学习教育常态化制度化，抓好“三会一课”落实。带头坚决全面彻底肃清李嘉、万庆良恶劣影响，组织党员对照“七个有之”问题和“五个必须”开展检查。开展“不忘初心，牢记使命”主题教育，开展“传承红色基因，缅怀光辉岁月”“重走南粤古驿道，传承红色基因”等主题党日活动，组织开展各项工会活动，增强机关团队活力。以学习《监察法》《党纪处分条例》《监督执纪工作规则》为重点，加强学习党章党规党纪和宪法法律法规的培训学习。组织班子成员到省纪委监委参加轮训，坚持选派干部到市纪委监委挂职锻炼、镇纪委副书记到县纪委监委跟班学习，以及以案代训、以会代训等形式，在实践中提升业务能力。加强“九条禁令”的学习，开展自查自纠，把执行“九条禁令”贯穿到全县纪检监察干部日常工作生活中。加强机关管理制度建设，严格执行层级管理制度、执行纪检监察干部干预过问案件和违规接触案件利害关系人登记备案规定等制度，突出抓好内部监督制约，严格加强对干部职工的教育监督管理。

巡察工作与纪检监察体制机制改革

【巡察工作】　县委巡察办协助县委拟订《中共平远县巡察工作规划（2017—2021年）》，推进巡察全覆盖工作。坚守政治巡察定位，紧盯党的领导弱化、党的建设缺失、全面从严治党不力等问题。2018年开展3轮常规巡察、3轮县级党委交叉巡察和3轮村级巡察，对5个镇党委、16个县直单位党组织、12个村级党组织进行政治体检，发现问题637个，形成问题线索99条，发出整改通知书50份，巡察立案31件31人，给予党纪政务处分24人，巡察利剑作用得到发挥。严格执行巡察工作重要事项报备和县委书记听取巡察情况汇报制度，同时结合工作实践，制订出台巡察工作制度，认真贯彻落实市异地交叉巡察、村级巡察等制度，用制度保障推动巡察工作。加强巡察队伍建设，注重业务培训，严格落实组长负责制，签订保密协议和“零持有”承诺书，健全完善统筹协调机制，注重提升工作效率和发现问题的精准度。结合各轮巡察发现的共性问题，印发县直单位、镇级和村级巡察《问题清单》，开展自查自纠，成立督查组，专项督查各单位落实巡察整改情况。县党政班子领导按分工及时约谈巡察中发现问题的单位“一把手”，加强调研督查整改工作，全年各项巡察完成问题整改522个，完成率82%；向各相关单位落实巡察反馈意见100条，已落实87条。

【纪检监察体制机制改革】 2018年1月16日，平远县监察委员会正式挂牌成立，划转编制10名，转隶10人，实现应转尽转、平稳过渡。监委挂牌以来，主要突出抓好健全领导体制、完善工作机制、制定工作规范等工作。通过人员交叉安排、统筹使用，深化人员融合和工作磨合，发挥纪法互补优势，依法行使监察职权，对所有行使公权力的公职人员实施监察。加强对调查措施的审批监管，县监委成立以来，已探索使用9种调查措施，并先后对3名干部采取留置措施，涉及科级干部1人，一般干部2人，改革治理效能逐步彰显。初步建立案件监督管理、案件审理、执纪监督、审查调查互相协调、互相制约、互相监督的工作机制，发挥县委反腐败工作协调小组作用，加强与审判机关、检察机关、执法部门的工作衔接，初步建立线索移送、案件移送、涉案款物移交、信息共享等工作机制。全年接收司法机关、行政执法等部门移送案件线索30条；向检察机关移送案件6件。

平远县率先在全市完成派驻纪检监察组更名、向乡镇派出监察组工作，成立9个派驻纪检监察组，12个派出乡镇监察组，明确派驻机构履行纪检、监察两项职能，推动监察职能向基层延伸。

2018年1月16日，平远县监察委员会正式挂牌成立 （朱双玲 摄）

调研督导

【黄力到平远县调研巡察工作】 2018年3月，省纪委常委、省委巡视办主任黄力到平远县调研巡察工作，要求平远县要充分发挥巡察“利剑”作用，确保各项任务落到实处。市纪委副书记张硕，市纪委常委、市委巡察办主任张灼明，县领导宋才华、陈琼宏、徐万宝、梁裕彝等参加调研活动。

黄力先后到县委巡察办、县委巡察组了解机构设置、人员配备、办公环境、工作开展情况，察看异地巡察、本地巡察报告，扶贫领域专项问题线索台账等，并慰问一线工作人员。黄力认为平远县委高度重视巡察工作，各项工作扎实规范，取得初步成效。巡察工作是巡视工作的延伸，是加强党内监督的战略举措，是推进全面从严治党的迫切需要，是落实党风廉政建设和反腐败工作的有力抓手，各级各部门要切实增强巡察工作的政治责任和政治担当，充分发挥巡察“利剑”作用，确保各项任务落到实处。

黄力强调，各级各部门要始终坚持政治巡察这个定位，坚决维护以习近平同志为核心的党中央权威和集中统一领导，推进各级决策部署落地生根。要抓好巡察队伍专业化建设，加强办案人员培训，把提升政策理论水平、政治素养和办案能力作为巡察干部的基本功，不断提升巡察工作水平。要切实抓好巡察整改工作，对巡察发现的问题要做好督促，要求被巡察单位要在规定时限内认真整改落实，做到改一个销一个。巡察机构要根据整改落实情况适时开展“回头看”，对敷衍应付、整改不力或拒不整改的进行严肃问责，真正发挥巡察震慑作用。

【张硕率队到平远开展督导工作】 2018年5月21日，市纪委副书记、市监委副主任张硕率市纪委常委、市监委委员葛军生及市纪委相关室领导到平远县开展关于全国“两会”精神传达学习，全面彻底肃清李嘉、万庆良流毒影响，扫黑除恶专项斗争，巡察工作，扶贫领域腐败和作风问题专项治理，深化监察体制改革，执纪审查调查七个方面重点工作的督导。县委常委、县纪委书记、县监委主任徐万宝，县纪委副书记、县监委副主任梁裕彝、冯浪等陪同检查督导。

督导组一行到各室查看相关工作台账，了解各项工作开展情况，并召开座谈会。徐万宝向督导组汇报平远县工作情况。会上，市纪委监委督导组领导分别反馈查阅工作台账情况和提出工作意见建议。张硕对平远县的工作表示充分肯定，并对下一步工作提出意见：1.要进一步提升认识，认清做好七项重点工作的重要性。2.工作要做细做实，确保全面完成好工作任务。3.要善于总结提升，以点带面推动工作创新。

【市纪委监委对平远县开展专项督导】 为全面贯彻落实中央、省委、市委和上级纪委监委关于惩治涉黑涉恶腐败和“保护伞”工作的有关部署和要求。2018年8月16日，市纪委常委、市监委委员曾小喜率第四督导组对平远县纪委监委开展惩治涉黑涉恶腐败和“保护伞”工作进行第二轮督导。县委常委、县纪委书记、县监委主任徐万宝，县纪委副书记、县监委副主任冯浪等陪同督导。

督导组首先在平远县纪委监委机关会议室召开座谈汇报会，通过查看工作台账、听取汇报、问询干部等形式对平远县纪委监委开展惩治涉黑涉恶腐败和“保护伞”工作情况进行检查，随后深入到大柘镇、河头镇（向阳村）进行实地督导。

督导组充分肯定平远县纪委监委在开展惩治涉黑涉恶腐败和“保护伞”工作，并对工作提出要求：1.要进一步开展问题线索“大起底”。适时组织线索摸排，解决好线索摸排手段单一，线索来源渠道不多，线索质量不高，成案率低，对情况分析判断不深入等问题，提升线索摸排能力。2.要强化督导问责。县纪委监委要结合联系镇和单位责任制，深入各镇各相关单位启动专项督导，对消极对待，推诿拖拉，工作不力、问题长期得不到解决、工作滞后的镇和单位进行督促，在责任链条上再压实，进一步推动工作落实。3.镇村干部要提高政治站位，切实把扫黑除恶专项斗争作为重大政治任务抓紧抓好。要加强宣传，结合实际，将扫黑除恶的宣传工作做到通俗易懂、家喻户晓。4.村“两委”干部要统一思想，充分掌握和分析辖区的社情民意，切实利用当前扫黑除恶专项斗争工作的声势，整治不良风气，树立新风正气。5.要在县委和县政府的统一领导下，各部门齐抓共管、共同发力，以专项行动实际效果不断增强人民群众的安全感、幸福感、获得感，维护社会和谐稳定。

【周国清一行到平远县开展工作交流】 2018年11月7日，广州市南沙区委常委、区纪委书记、区监委主任周国清一行到平远县开展纪检监察工作交流。县委常委、县纪委书记、县监委主任徐万宝，县纪委副书记、县监委副主任梁裕彛和冯浪等参加座谈会。

会上，徐万宝和周国清分别介绍各自纪委监委机关建设和主要工作开展情况，与会同志围绕执纪审查调查、党风廉政建设及巡察等工作做法进行座谈交流，分享各自取得的成绩和经验，并对纪检监察工作中存在的问题进行深入的探讨。

在交流党风廉政建设工作中，南沙区纪委监委对平远县惠民信息平台作充分肯定，并表示要学习借鉴平远县惠民信息平台建设的经验做法，切实保障群众的知情权、参与权、监督权。南沙区纪委监委对南沙区对口帮扶平远开展工作中发现的问题提出意见建议，双方表示共同加大扶贫领域监督执纪问责力度，为打赢脱贫攻坚战提供坚强的纪律保证。 （县纪委办）

2018 年度中共平远县纪律检查委员会领导名录

书　记：徐万宝

副书记：梁裕彛　冯　浪

常　委：韩德志　杨旭辉　张学远　邱　岳

2018 年度平远县监察委员会领导名录

主　任：徐万宝

副主任：梁裕彛　冯　浪

委　员：杨旭辉　张学远　谢秋华（女）

肖兴安

2018 年度中共平远县纪律检查委员会办公室负责人名录

主　任：杨旭辉

群众团体

平远县总工会

【概况】　2018年，平远县总工会贯彻党的全心全意依靠工人阶级的根本方针，做到坚持工会工作的正确政治方向，团结全县各级工会组织和工会干部，服务大局、服务基层、服务职工。围绕“一城一区一带”的目标要求唱响“劳动光荣、工人伟大”主旋律，深化工会改革创新，开展关爱劳模、关爱困难职工、民主管理民主监督、工会经费“收管用”等工作，紧密联系和服务广大职工，切实维护职工合法权益，取得新成绩。

【工会改革】　2018年，平远县总工会根据梅州市委《梅州市总工会改革方案》的相关内容和县委对群团改革的工作部署和要求，在4月初拟定《平远县总工会改革实施方案》，报县委全面深化改革领导小组审议并报县委常委会批准，8月9日，县委办印发《平远县总工会改革实施方案》。平远县总工会根据《实施方案》落实各项改革措施，发挥工会作为党联系职工群众的桥梁纽带作用、国家政权的重要社会支柱作用和职工利益的代表者和维护者作用。

【劳模风采彰显和关爱活动】　2018年，平远县总工会以推荐和表彰省、市劳动模范、先进集体、五一劳动奖章获得者为契机，开展“南粤工匠”学习宣传活动，推荐广东保灵医药有限公司质管部获得广东省“五一”劳动奖状、广东新大地生物科技有限公司职工蒋凤良获得广东省五一劳动奖章称号。在“五一”前夕，组织策划录制“劳动者风采”专题系列宣传片，选取全县2个先进单位和4个先进个人代表的先进事迹，在县广播电视台进行为期一周的展播。开展走访劳模谈体会专题组织生活会，由主席、副主席带队，分成3组对全县80周岁以上11名省（部）级以上劳模进行走访、慰问，为困难劳模分忧解难；关爱劳模，组织部分劳模参加省职工疗养休养；为困难劳模分忧解难，争取困难帮扶、医疗帮扶资金，全年帮扶全国及省、市级劳模23名37.76万元。

【职工文体活动】　2018年，平远县总工会发挥县总工会职工文化体育活动阵地作用，培育企业文化、职工文化，活跃职工各类文体活动。由县总工会牵头，与县工商联、县文联、县非公系统党委共同举办的“宣传十九大·开启新征程”宣传十九大精神进企业文艺巡回演出活动，开展5场文艺演出，在演出中结合中共十九大知识及《中华人民共和国宪法》《中华人民共和国工会法》等有关法律知识有奖抢答等形式，宣传中共十九大和法律法规，并向10家基层工会组织、非公有制经济组织党支部赠送十九大精神有关读本、《习近平谈治国理政》（第一卷、第二卷）及《中华人民共和国宪法》《中华人民共和国工会法》等法律法规等图书。8月8日，县总工会等9个群团组织以“我文明·我行动”为主题，共同主办平远县“共建国卫共创国文”群团组织助力行动启动仪式，有21家单位配合参与。11月29—30日，与团县委、县体育局联合举办平远县2018年“创文杯”羽毛球赛，助推全县创建“国家卫生县城”“全国县级文明城市”工作，庆祝改革开放40周年。

【帮扶工作】 2018年，平远县总工会围绕《平远县困难职工帮扶工作实施方案》，以职工服务中心为平台，以困难企业、困难职工为帮扶对象，开展工会常态化帮扶工作。1.组织开展“元旦、春节送温暖”活动，把党和政府及各级工会组织的温暖和关怀送到每一位困难职工手中，帮扶242人次31.55万元，其中医疗帮扶31人5.9万元、重病帮扶18人5.4万元、帮扶困难职工193人15.25万元、帮扶困难企业2家5万元。2.新建两家“爱心妈妈小屋”。在县综合政务服务中心、广东新大地生物科技股份有限公司设立“爱心妈妈小屋”，配套购置家电、桌椅等生活服务设施，为特殊期的女职工提供服务。3.组织开展职工互助保障会，为职工办理二次医保、女职工安康保险、住院津贴等。2018年，全县在职职工6716人次参加在职职工互助保障，比上年增长12.3%，196个保单，理赔人数27人，理赔金额5.9万元。4.开展“金秋助学”活动，对45名“金秋助学”对象进行资助（其中2018年考上二本以上的困难职工子女30名、2017年已帮扶的困难职工子女15名），发放助学金10.5万元。

2018年8月24日上午，平远县总工会举行2018年“金秋助学”活动仪式

【职工合法权益】 2018年，平远县总工会发挥服务阵地作用，保障职工群众生命安全和职业健康权益。1.续聘县司法局律师3名，分别为9个企业工会签订企业法律顾问合同，为企业工会和职工提供法律咨询服务，引导职工依法理性解决劳资纠纷，依法维护职工合法权益，促进企业生产经营和职工稳定。2.以职代会或职工大会、公开栏的形式，向职工公开相关涉及职工切身利益的规章制度，巩固和推进厂务公开制度。3.解决就业培训、劳动报酬、安全生产、社会保障等职工群众普遍关心的问题。以“安康杯”竞赛为载体，保障职工群众生命安全和职业健康权益。全县13间企业3339名职工参加全国“安康杯”竞赛活动。

【经费审查】 2018年，平远县总工会贯彻落实工会经费收支管理的规定，加强工会财务管理、资产监管，完善经费审查审计制度。4月17日，组织举办2018年广东省总工会“送教上门”平远县工会干部培训班，全县各基层工会近300名工会干部参加培训。对全国总工会《基层工会经费收支管理办法》和《广东省基层工会经费收支管理细则》进行逐条解读，并结合中央八项规定、工会工作实际和典型案例，就工会财务、经审方面的具体业务做讲解分析和业务指导；对全县工会经费2017年度预决算和重点项目资金进行审查、对县审计局、小水电行业工会等15家基层工会进行审计。

【工会组织建设】 2018年，平远县总工会围绕“强基层、补短板、增活力”的工会改革要求，继续做好民主建会、民主换届等工作，扩大工会组织覆盖和工作覆盖。1.重点做好工会法人资格证两证合一工作，新组建非公有制企业工会4家（其中组建工会联合会1家）、行政事业单位工会21家，基层工会民主换届8家、正常换届28家，49家工会办理统一社会信用代码。开展“农民工入会集体行动”，发展新增农民工入会9130人。2.把资源向基层工会倾斜，深化实行县总工会全员联系基层、服务基层制度。各副主席和相关部室人员分成3组，分别到挂钩联系重点单位和企业开展工作，加强县总工会机关和基层的联系；每季度按月给规模以上非公有制企业工会主席发放工作津贴，为全县12个镇和工业园区工委下拨工作经费13万元。3.坚持标准完成省级“三个一批”示范点建设。于9月底前全面完成“三个一批”建设任务：组建平远县工业园区工会联合会，公开招聘3名社会化工会工作者到岗工作，建成一个“会、站、家”一体化的平远县工业园区工联会职工之家。　（肖丁城）

2018 年度平远县总工会负责人名录

主　席：马文生

副主席：陈耀东　张伟英（女）　王元增

共青团平远县委员会

【概况】　2018年，共青团平远县委员会立足于教育、组织、引导和服务青年的职能定位，推进共青团改革攻坚，加强团的政治性、先进性和群众性建设，找准党政关心、社会关注、青年关切、共青团能为的结合点，对标先进，担当作为，务实进取，推动全县共青团工作科学发展。团县委被推评“梅州市精神文明建设先进单位”，机关党支部被党群系统党委评为“先进基层服务型党组织”。

【青少年思想道德教育】　2018年，共青团平远县委员会用习近平新时代中国特色社会主义思想武装团员青年，利用“五四”“六一”“建队日”等重要时间节点，组织开展“铭记光辉历史·传承红色基因”主题征文、诗词书法比赛、入团仪式集中示范等活动。开展“青年大学习”活动，全年组织团县委机关干部集中学习11次，举办专题学习培训班3场和宣讲会6场，参与人数1000多人次。设计形式新颖的口袋书（2册）、习近平寄语学习笔记本和平远共青团“青年大学习”考学系统（共10期）等线上线下学习模式。利用青年之声、微信、网站等团属新媒体平台，发布正能量推文，全年浏览阅读量7万多人次。继续开展“两红两优”“最美南粤少年”“平远县十佳励志少年”、学雷锋志愿服务先进典型、青年文明号创评等活动，并恢复县级共青团、少先队先进集体和个人评选，用榜样的力量引领青少年。

【青年志愿服务】　2018年，共青团平远县委员会发挥团员青年的生力军和突击队作用，参与乡村振兴与精准扶贫工作。1.联合金融志愿者服务队、医疗志愿者服务队、嘉应学院美术系学生志愿队等志愿者组织开展金融知识进农村进校园、送医下乡义诊、“共执画笔，彩绘乡村”等各类扶贫关爱行动10余次。2.3月，全民学雷锋服务月期间在全县开展平远青年助力社会主义新农村示范村建设志愿行动，各级团组织累计发动600余人次开展“三清三拆三整治”、新农村建设宣传活动30余次。3.实施“圆梦计划”，发动和推荐13名产业工人报名。协助人社部门在县三期工业园成立平远县大众创新创业孵化基地；围绕平远创建“全国县级文明城市”和“国家卫生县城”工作，创新性开展工作，联合全县9家群团组织开展“我文明·我行动”群团组织助力“双创”行动，先后开展“文明交通”“文明旅游”“文明上网”“文明经营”“文明餐桌”“文明用火”等系列创文宣传活动10余场，同时制作网络问卷调查，总参与量5万多人次；高质量服务县级重大节庆活动。2018年累计组织600余人次为2018“棕榈杯”平远足球联赛、广东平远五指石地质公园揭幕仪式、国际山地徒步大会、南粤古驿道定向大赛等全县重大节会活动开展志愿服务工作。

2018年11月3日，共青团平远县委员会组织志愿者参加“南粤古驿道定向大赛第七站梅州·平远站赛事”志愿服务活动　（吴乃宾　摄）

【服务青少年工作】　2018年，共青团平远县委员会认真做好服务青少年工作。1.开展扶贫助学和关爱留守儿童工作。2018年筹资61.4万元资助144名寒门学子圆大学梦，为72名特困学子争取希望工程资助金1.8万元。探索创新，优化青少年成长成才环境，联合县公益义工协会启动关爱农村留守儿童“义爱童行”公益项目，探索建立常态化关爱留守儿童工作，开展关爱农村留守儿童“七彩假期”暑期志愿服务活动，组织16名留守儿童参加市暑期福彩夏令营活动，选派10名小学生参加梅城会亲活动，每人获得助学金1000元。2.举办公益培训和公益咨询活动。举办公务员考试备考公益培训班，为160多名考生提供助考指导；谋划开展丰富多彩的文体活动，服务凝聚青年。举办高考志愿填报公益咨询服务活动，为高考学子填报志愿提供指导。共青团平远县委员会推进“青年之声”互动社交平台建设，以O2O模式为青年提供心理咨询、法律咨询等服务。3.开展多样的文体活动。开展“魅力青春·‘吻’所未‘吻’”单身青年嘉年华活动，为100名单身优秀青年营造温馨、健康交友环境。组织参与梅州市“五四”青年足球赛，平远县“创文杯”羽毛球赛，丰富团员青年业余生活。承接嘉应学院、广州航海学院等高校师生到平远开展“三下乡”社会调研和志愿服务活动。开展“展翅计划”广东大学生就业创业能力提升行动，为大学生开发200个见习实习岗位。4.推进志愿服务工作。引导广大团员青年注册成为志愿者，在服务群众、奉献社会中贡献青春正能量，全县注册志愿者14352名；推广应用“一网一证一卡”（分别指“广东志愿者”信息管理服务平台、广东注册志愿者证、梅州志愿者卡），864名志愿者办理广东志愿者证。加强禁毒和法治宣传，全年开展禁毒宣传进园区、进学校宣传活动10余场，组织开展“千名青年律师千场青少年法律服务”和普法活动5场。

【自身建设】　2018年，共青团平远县委员会推进改革攻坚，以党建带团建促队建。县、镇两级团委工作经费保障得到落实，5月，顺利完成县镇两级团委换届。推动“命脉工程”工作，解决流动团员难管理、存在大量空心团组织、智慧团建系统数据录入不完整、“两新”组织团建缺失、毕业生团组织关系转接难等问题。新成立流动团员团支部、“两新”团组织，夯实团组织基层工作力量。严格控制团员发展计划，执行“一人一号”制度，从源头上抓紧抓牢团员发展关，全年整改不符合年龄发展入团和无编号发展入团人数67人。　（团县委办公室）

2018年度共青团平远县委员会负责人名录

书　记：卢雄昌（2月任团县委书记人选，5月选举为团县委书记）

副书记：余　军　陈　祺

平远县妇女联合会

【概况】　2018年，平远县妇女联合会（以下简称平远县妇联）按照党建带妇建的总体要求，坚持围绕中心、服务发展大局，充分发挥职能优势，积极借助社会力量，为实施“一城一区一带”战略贡献巾帼力量。

【政治建设】 2018年，平远县妇联把工作置于党的领导之下，坚定不移走中国特色社会主义群团发展道路，以实际行动把党的意志和主张落实到广大妇女中去。1.依托遍布城乡的基层妇女之家，运用座谈会、分享会、文艺演出等形式，开展“巾帼大宣讲”，让广大妇联干部树牢“四个意识”，坚定“四个自信”，做到“两个坚决维护”。2.举办镇、村（社区）妇联执委巡回培训班，突出学习中共十九大精神、习近平总书记重要讲话精神、乡村振兴发展战略、妇联工作主要实务等，全面完成对12个镇、143个村（社区）、镇村1877名妇联执委巡回培训。3.通过专题学习会、讨论会等方式，开展坚决全面彻底肃清李嘉、万庆良恶劣影响工作，强化政治责任担当，提高政治站位，坚定政治立场。

【组织改革】 2018年，平远县妇联按照稳步推进的思路，抓好乡镇、村（社区）妇联组织改革和县妇联改革工作。1.加强基层阵地建设，下发《关于加强基层“妇女儿童之家”规范化建设的意见》，完善宣传教育、维权服务、组织活动基本功能。创建5个市级妇女儿童之家示范点，各镇均建立一个镇级“妇女儿童之家”示范点，2018年年底实现全县村（社区）儿童之家全覆盖。2.保障妇联工作经费，县财政2018年度下拨基层妇联工作经费36万元，每个镇工作经费3万元。

【家庭文明建设】 2018年，平远县妇联引导广大妇女带动家庭成员争做好家庭、涵养好家教、培育好家风。1.开展特色家庭评选活动，全县获评市级“最美家庭”“书香家庭”各1户，市级孝老敬亲好媳妇、自强不息好少年各2人；揭晓县级“最美家庭”9户，“平安家庭”示范户12户，“文明家庭”10户；其中，东石镇“最美家庭”陈小英家庭被省妇联、省委宣传部、省文明办授予2018年广东百户“最美家庭”荣誉称号。2.创新家庭教育工作方式，印发《关于推进平远县社区家长学校建设工作方案》，在全县143个村（社区）成立家长学校，并在大柘镇的3个社区率先组织形式多样的家庭教育实践活动，宣传普及科学的家庭教育理念、知识和方法，传承良好家风家训，为创建全国县级文明城市营造浓厚氛围。

【合法权益维护】 2018年，平远县妇联引导社会资源共同参与妇女工作，在参与社会治理创新中，提升服务广大妇女群众的能力和水平。1.加大反家庭暴力法、未成年人保护法等法律以及禁毒、防艾等知识宣传力度。联合县司法局推进“法治新征程、服务在身边”主题活动，联合市妇联、县禁毒办等部门举办“不让毒品进我家”禁毒宣传活动、防艾知识专题讲座，在全县10个村开展地贫防控宣传，全年开展专题活动16场。2.健全和完善各项维权机制。联合司法、政法委等部门，完善和推动婚姻家庭纠纷调解委员会发挥作用；推荐4名女干部分别担任市、县人民法院家事调查员。3.做好信访来访工作。2018年，平远县妇联接待处理群众来访17宗次，接待信访、咨询群众78人，结案率100%。

【困难妇女儿童帮扶】 2018年，平远县妇联多渠道筹集资金31.5万元，帮助困境妇女儿童237人。争取省项目资金8万元为4户单亲母亲援建安居房，2018年年底全部搬迁入住；争取叶剑英基金会5.5万元援助55名特困中小学生;筹集善款物资18万元，结对帮扶178名困境儿童和单亲特困母亲家庭子女上学；筹资1万元援助2名困难妇女治病。联合县卫计局，为全县9064名35~64岁的农村妇女开展“两癌”免费检查工作，把党和政府的关怀送到困难妇女儿童身边。

【巾帼建功行动】 2018年，平远县妇联提升广大城乡妇女的创业就业技能，精准扶贫发挥妇女在建设美丽乡村和生态宜居中的作用。1.组织实施“乡村振兴巾帼行动”，在全县村（社区）全面开展“美丽家园”建设工作，以“家风美、房屋美、村庄美、生活美”为目标，创建一批美丽家园示范户、示范村。2.开展创业创新巾帼行动，推进妇女增收致富支持行动，做好“扶持妇女创业小额担保财政贴息贷款”项目；开展2场妇女创业就业技能提升培训，培育2家巾帼新型农业经营主体。3.深化“寻找我心中的‘三八红旗手’‘巾帼文明岗’”活动，开展“姐妹携手互帮互助”巾帼精准扶贫主题活动。保灵公司姚圣梅、县妇幼保健中心沈福英获2018年度市“三八红旗手”荣誉称号。 （徐 琼）

2018年5月25日，在仁居镇召开平远县“乡村振兴巾帼行动”建设“美丽家园”现场会

2018 年度平远县妇女联合会负责人名录

主　席：林菊莲（女，2月起任）

副主席：姚映兰（女）　余春莲（女）

平远县科学技术协会

【概况】 2018年，平远县科学技术协会（以下简称平远县科协）做好校园、农村、社区科普和自身建设等工作，切实提高全民科学素质。2018年，平远县科协党支部被县政府系统党委评为先进基层党组织。

【科普活动】 2018年，平远县科协认真开展好各项科普活动。1.校园科普。树立抓科普促发展创文明的观念，坚持把校园科普与文明卫生城市创建相结合，在全县中小学校开展各项科普活动，普及科学知识、弘扬科学精神、传播科学思想、提倡科学方法，推进青少年思想道德建设，提高文明素质。（1）3月，联合县教育局发动全县各中小学生参加梅州市第33届青少年科技创新大赛暨梅州市第3届中小学创客创作大赛，获得一等奖1名、二等奖2名，其中科技创新成果作品“乒乓球收集器”以梅州市第一名的成绩参加广东省第33届青少年科技创新大赛，平远县科协被评为该次活动的“优秀组织单位”。（2）5月，与县第三小学联合举办以“勇于创新，放飞梦想”为主题的校园科技节暨科普图展进校园活动，主要有科普知识宣传、科普知识竞赛、自制发射装置比赛、电子积木搭建、飞机航模表演等项目，融知识性与趣味性于一体，让学生在实践中体验，在体验中成长，丰富校园文化生活。（3）10月，根据中共平远县委“创建全国县级文明城市”的工作部署，围绕“提高科学素质，共建文明城市”主题，以“全国科普日”为契机，联合团县委、县文联、县教育局邀请广东省“科普大篷车”进石正中心小学校园，让同学们亲身体验科技神奇的力量，激发和提高青少年热爱科学、崇尚文明的意识，加快精神文明建设进程，为平远县创建全国县级文明城市营造良好的校园氛围。2.农村科普。在“全国科技活动周”“广东省科技进步活动月”期间，联合县科技局组织农业、畜牧、医务、地震、知识产权等技术专家于6月26日、27日分别到东石镇、八尺镇开展送科技下乡活动，现场解答广大农民群众在农业种植、水产和畜牧业养殖中遇到的疑难问题，并发放大批科普宣传资料，让科技成果惠及民众，促进农民增收。3.社区科普。开展科普挂图进社区活动，在五指石科普示范教育基地、县政府宿舍区、新田花园等场所张贴科普挂图，并向居民发放《科普知识小册子》《从饮食说健康》等宣传资料800多份；在新田花园、优山美地等社区通过滚动宣传栏的方式，向公众传播生态文明理念、普及环境科学知识、倡导绿色低碳生活方式，提高社区居民的文明生活意识，引导社区居民参与创文创卫工作。

2018年10月26日，平远县科协联合团县委、县文联、县教育局开展"科普大篷车"进石正中心小学活动

【学习培训】　2018年，平远县科协积极搭建科技工作者成长成才平台，9月，组织科技辅导员参加梅州市青少年科技辅导员培训班，提高科技教师的业务素质。

【学协会情况调查摸底】　因近年有不少学协会已注销，2018年，平远县科协到县民政局对全县学协会情况进行重新调查摸底。全县现存有林学会、医学会、护理学会、茶叶协会4家。　（李　琴）

2018年度平远县科学技术协会负责人名录

主　　席：杜永灵

副 主 席：谢燕霞（女）

兼职副主席：叶振华

平远县归国华侨联合会

【概况】　2018年，平远县归国华侨联合会（以下简称平远县侨联）坚持以人为本、为侨服务，在服务经济发展、依法维护侨益、海外联谊、参政议政、参与社会建设等方面工作有新的突破。

【服务经济发展】　2018年，平远县侨联做好服务经济发展工作。1.组建海外侨胞港澳台同胞代表回乡考察团。5月3—4日组织澳大利亚、新加坡、美国、印度尼西亚、马来西亚等国家的侨胞和港澳台地区的同胞17人到平远参加侨联换届工作，到学校、工业园区、姚德胜旧居等地参观考察并举办平远经济人文社会发展座谈会，为平远发展建言献策。2.建立海外和港澳台联络网点。利用5月县侨联换届时期，在巩固与加强现有海外名誉主席联系的基础上，聘请一批在各国各地区有代表性的海外侨胞和港澳台同胞为第九届委员会荣誉主席，建立海外和港澳台联络网点。新聘请的荣誉主席有印度尼西亚钟霖昌、美国林伟均、澳大利亚吴先辉、新加坡林宇、马来西亚姚平西、香港何少平、澳门刘鹏举、台湾林政吉等。3.宣传推介平远。在梅州市归国华侨联合会主办的《梅州侨联通讯》第1、2期中采用中英文结合对平远风光向海外侨胞和港澳台同胞进行宣传。

【归侨扶助维权】　2018年，平远县侨联做好扶助困难归侨侨眷、维护侨胞权益的工作。1.开展"送温暖·献爱心"系列活动。（1）开展侨界助困行动。慰问特困、病重、受灾的归侨、侨眷90人次，发放慰问金和慰问物品约5万元。（2）开展侨界助学行动。自2012年牵线搭桥与浙江省新华爱心教育基金会和平远中学连续六学年设立"珍珠班"，2018年资助50名珍珠班学生高中三年每年7500元费用；筹集3万多元资助5名困难归侨侨眷子女上大学。（3）协助海外华侨华人寻根。为华侨华人寻亲牵线搭桥，帮助海外侨胞回乡寻根问祖5宗。2.维护归侨、侨眷和华侨、华人的合法权益。加强学习宣传涉侨法律法规政策、侨务方针政策。充分发挥司法律师兼职委员的作用，加强对侨资企业提供政策、法律咨询和服务。

【联谊活动】 2018年，平远县侨联做好联谊工作。1.开展弘扬文化交流工作。3月，香港青少年文化活动交流团180人到平远，与当地学生互动交流。同期泰国24人首次到平远寻根问祖。4月，马来西亚霹雳育才独立中学与平远中学缔结“姐妹学校”。5月，香港摄影家协会一行18人到平远摄影采风宣传秀丽平远。7月，香港女子足球队到平远交流访问。2.对接华侨华人新生代到梅州参观考察和寻根问祖。6月、12月印度尼西亚、俄罗斯华裔青少年240多人到梅州市开展“中国寻根之旅”活动，在平远学员们先后到程旼故居、红四军纪念馆、平远中学等地参观学习，并与平远中学的学生进行联谊交流。通过新生代的互动交流，互相学习当地语言文字，实地参观了解平远等形式，成为平远故事的讲述者，中华优秀文化的传播者。3.9月，由县委常委、县委统战部部长林忠云带队，侨联主席张惠兰、民宗外侨局局长吴荣浩等随团出访马来西亚、印度尼西亚、泰国等地，拜访当地侨团和侨领，了解当地学校教育，充实完善侨情资料及客家侨贤国内外人员情况。

2018年6月25日，印度尼西亚、俄罗斯华裔青少年60多人到平远程旼故居、仁居镇红四军纪念馆、平远中学等地开展“中国寻根之旅”活动

【参政议政】 2018年，平远县侨联引导侨界党代表、人大代表、政协委员参政议政，向人大、政协提出提（议）案和建议6件。

【组织队伍建设】 2018年，平远县侨联推进改革工作，加强组织队伍建设。1.出台侨联改革方案。县侨联改革方案于4月经县委深化改革领导小组会议审议通过，5月由县委办发文《中共平远县委办公室关于〈印发平远县侨联改革实施方案〉的通知》。2.完成换届任务。5月3日，平远县第九次归侨侨眷代表大会在县迎宾馆召开。重点优化县侨联委员和常委结构。平远县第九次归侨侨眷代表大会选举产生主席1名、副主席6名（含兼职5人）、秘书长1名的新班子，32位委员、20位常委，委员和常委增加镇党委、外事侨务局、司法局、教育局、工商联等有关职能部门的侨界人士。打造专职、挂职和兼职相结合的干部队伍。聘请荣誉职务人员。聘任何冬青为永远荣誉主席，聘请钟霖昌、吴先辉、何少平、刘鹏举、林政吉等海内外10人为荣誉主席。3.加强镇级“五有”建设，党建带侨建工作有新突破。石正镇石正居委作为侨胞之家（侨界人文社区建设）示范点通过梅州市侨联验收。（吴运兰）

2018年平远县归国华侨联合会负责人名录

主　席：张惠兰（女，2月起任）

副主席：林桂凤（女）

平远县工商联

【概况】　2018年，平远县工商联围绕“一城一区一带”发展战略，主动适应新常态，履行职责，发挥桥梁纽带作用，团结带领全县非公有制经济人士创新发展，为推动生态富民强县，加快建设新时代幸福平远做出贡献。

【政治建设】　2018年，平远县工商联切实加强思想政治引领，提高政治站位。1.加强学习。开展多形式多层次学习贯彻中共十九大精神、习近平总书记在广东代表团审议时和考察广东重要讲话精神、《习近平谈治国理政》第二卷等，自觉用习近平新时代中国特色社会主义思想武装头脑、指导实践、推动工作。2.做好肃清李嘉、万庆良恶劣影响工作。开展好非公有制经济领域肃清工作，全县非公有制企业及时清理有关照片、指示牌、包装箱等一批，更换原“广东山水漫画旅游发展股份有限公司党支部”名称和有关印章、牌匾等，保证非公有制经济领域风清气正。3.开展中共十九大精神进企业活动。先后在会员企业友邦木业、亚力盛电子、保灵药业等公司开展中共十九大精神文艺进企业巡回演出活动。4.组织举办专题讲座。结合3月30日召开平远县工商联十三届三次执委扩大会议和4月11日举办县非公系统党支部书记会议契机，邀请县委党校副校长韩启城分别作学习中共十九大精神和《习近平谈治国理政》第二卷及习近平总书记重要讲话精神专题报告。结合11月30日召开主席会议契机，组织观看习近平总书记考察广东并作重要讲话及习近平总书记在全国民营企业座谈会上作重要讲话新闻视频。

【组织建设】　2018年，平远县工商联认真抓好组织建设。1.利用执委会召开契机，将一批非公有制经济领域的各行各业优秀代表人士选拔进入工商联领导班子，加强工商联领导班子建设。2.落实工商联（商会）兼职副主席参加会议、活动制度，挂钩联系非公有制企业制度，轮值制度，主席会议制度等，增强领导班子成员的归属感和责任感，提高领导班子的凝聚力和号召力。全年发展会员8人，会员总数达692人。

【走访调研】　2018年，平远县工商联认真做好走访调研工作。按照县委“大学习、深调研、真落实”的部署要求，结合平远县工商联挂钩联系企业、商协会制度，制定走访调研计划。县委分管领导、县政府联系领导分别带队，以执委企业为重点，开展走访调研活动，了解企业生产经营状况、发展思路和存在的困难问题等，并分别以“构建亲清新型政商关系，促进两个健康发展”“平远县民营企业高质量发展情况报告”为题开展专题调研，形成有现状评价、问题分析、工作举措的调研报告分别上报县委、县委统战部和市工商联。

【教育培训】 2018年，平远县工商联采取网站、微信群宣传，专题培训、参观考察等形式加大对非公有制经济人士的教育培训力度，提高非公有制经济人士的政治站位和综合素质。1.6月2—9日，平远县工商联在四川大学举办“平远县非公经济创新发展研修班”。县委常委、统战部部长林忠云，县政府副县长韩旭及民营企业家、部分县直执委单位代表50人参加培训。培训班围绕创新发展主题和学习贯彻习近平新时代中国特色社会主义思想，邀请专家教授作《卓越领导力与执行力提升》《深入学习习近平新时代中国特色社会主义思想》《管理者思维变革与管理创新》《现代化企业的经营管理》《“互联网+”时代的企业管理转型》等相关专题辅导。培训期间，组织学员们到乡贤企业欧派西部基地、成都顺点科技公司等企业现场参观。结合非公有制经济人士理想信念教育活动，组织学员们到汶川地震遗址现场参观。2.6月29日，平远县非公系统党委在广东保灵医药有限公司五楼会议室召开纪念建党97周年暨宪法宣讲大会。县人大常委会副主任、总工会主席马文生，县工商联机关全体人员，县非公系统党支部书记80多人参加会议。会议围绕“新时代中国特色社会主义思想”“全省加强基层党组织建设工作会议精神”内容对与会人员上专题党课，县委宣讲团成员涂欢作题为《走进新时代，走进新宪法》的专题宣讲。3.配合组织部门，做好梅州市第9期（2018年）清华大学创业创新驱动高级研修班宣传发动工作。动员符合条件的非公有制经济人士尤其是新生代民营企业家报名参加培训，有7人参加培训学习。

【社会责任履行】 2018年，平远县工商联认真履行社会责任。1.开展扶贫济困日活动和工商联（商会）扶助金助学活动。结合2018年的扶贫济困日活动和工商联（商会）扶助金筹集活动，县委分管领导、会领导到企业与企业主沟通，动员企业家致富思源、富而帮困，履行社会责任，发挥新时代民营企业家在扶贫助学、精准扶贫工作方面的作用。全年发动捐款46.2万元，其中，扶贫济困日捐款23.75万元，扶助金捐款22.45万元。8月24日，平远县工商联在县经信局会议室举行2018年大学生助学金发放仪式，为该县46名贫困家庭优秀大学生每人发放3000元助学金，发放扶助金13.8万元，助贫困学子圆大学梦。2.配合开展“圣丰助学—助力教育信息化”公益活动。平远县工商联指定一名领导对接工作，确保该项公益活动在县内顺利开展。与县教育局联合下发文件，研究确定田家炳中学等28所义务教育阶段中小学为受捐赠学校，其中田家炳中学建设圣丰实验班2个。

【非公党建】 （参见“县非公系统和社会组织系统党委工作”分目下“县非公有制经济组织系统党委”条目内容。） （曾运香）

2018 年度平远县工商联负责人名录

主　　席：凌　健

常务副主席：张惠兰（女，任至2月）

凌坤珍（2月起任）

副 主 席：肖兰森　李平秀（女）

平远县文学艺术界联合会

【概况】 2018年，平远县文学艺术界联合会（以下简称平远县文联）团结带领党员干部深入学习宣传贯彻习近平新时代中国特色社会主义思想和中共十九大精神，围绕县委、县政府的中心工作，以建设服务型、学习型党组织为主线，加强班子建设和组织建设，增强党支部的凝聚力、战斗力和创造力，按照“团结引导、联络协调、服务管理、自律维权”的文联工作新职能，突出抓好政治思想引领、文艺队伍和阵地建设、文艺交流与创作等活动，做到有计划、有步骤地把文联和文艺各项工作落到实处，促进全县文艺事业发展。

【文艺宣传】 2018年，平远县文联认真做好文艺宣传工作。1.引导文艺家围绕县委、县政府的中心工作开展文艺创作。县文联先后组织文艺家于6月25日和7月4日，召开乡村振兴文化口号创作征集座谈会。24位文艺家创作全县12个镇的文化口号235条，通过整理提升出24条，收到较好的效果。2.组织文艺家开展主题活动，引导文艺家围绕县委、县政府的“一城一区一带”和乡村振兴战略、创“国文”“国卫”开展文艺创作工作。2018年，县文联、书画院组织近10位骨干书画家，深入乡村，利用农村闲置空墙，通过各种书画、雕刻、绿化造型等艺术形式，创作一批以培育和践行社会主义核心价值观为主题的墙绘，图文并茂生动诠释传导核心价值观。完成一城（县城）两镇四村（河头镇向阳村、田心村，东石镇汶水村、锡水村）等地58扇墙159幅作品，墙绘面积1236平方米，为全县顺利完成广东省级文明县城创建任务和争创全国县级文明城市发挥文艺部门的作用。3.开展诗词“六进”活动，成功创建“广东省诗词之乡”并于3月获得省中华诗词学会授牌。4.做好第六批广东省古村落考察申报工作。协助完成上举镇龙文村、泗水镇文贵村和成文村的测量、绘图、拍摄、挖掘和材料收集整理等筹备工作，并做好6月14日、15日省文联、省民协组成的专家组到平远的考察认定工作，并在平远考察过程中分别举行3场座谈会。5.联合团县委、总工会等8家群团组织开展3场“我文明．我行动——共建‘国卫’，共创‘国文’文艺助力行动”，共同推进全县创建“全国卫生县城”“全国县级文明城市”工作。6.以文艺活动的形式，开展未成年人思想道德建设。在石正小学、差干学校开展“文学进校园”活动；分别在6间中小学校、特殊学校开展6场书画公益课活动；配合省电视艺术家协会在差干学校开展“影视小屋”考察暨文明礼仪讲课活动。

【红色文艺为民惠民】 2018年，平远县文联做好红色文艺为民惠民活动。1.组织红色文艺轻骑兵开展新春义务送春联6场、新年送戏下乡2场、书画进校园5场、文学进校园2场等系列文艺惠民活动15场（次），丰富和活跃城乡群众的精神文化生活。2.开展“宣传十九大·开启新征程”——平远县文艺进企业宣传十九大精神系列活动，组织各协会文艺家20多人走进3家民营企业开展宣传表演活动。3.策划组织“军民鱼水情·共筑中国梦”——2018年平远县文艺进军营暨“八一”军民联欢晚会。相关文艺家协会20多人于7月30日晚在驻地部队营地与众多官兵联合举行活动。

【文艺交流】 2018年，平远县文联做好文艺交流活动。1.举办“薪火力量·客都之行”——平远、香港青少年文化交流活动，200多名香港中小学生欣赏平远县70多名文艺家现场表演的民间艺术，参观“‘美丽平远·乡愁记忆’——著名画家写生作品展”，并参与现场笔会和拔河、吟诵唐诗等活动。2.联合举办南海、平远、梅县、潮安等四地书法联展并巡回展出，县文联、县书协组团参加南海、梅县和潮安三地开幕式活动。3.县书画院举办刘胄人美术专题讲座。现场示范并指导全县13位骨干书画家进行书画创作。4.做好著名音乐家、原海政歌舞团副团长、国家一级作曲平远老师到平远县调研采风活动。5.与兴宁文联、美协和蕉岭县文联、美协以及新疆中国画画院、深圳盛家书画院、汕头画院等文艺单位互相开展文艺创作和交流活动。6.组织“中国寻根之旅”梅州冬令营走进平远开展文化交流活动。117名来自马来西亚、印度尼西亚、新加坡的中学生欣赏文艺家表演的民间艺术，并观看平远县书画摄影精品展览。

2018年3月27日，“薪火力量·客都之行”——平远、香港青少年文化交流活动200多名香港中小学生欣赏平远县70多名文艺家现场表演的民间艺术

【协会组织建设】 2018年，平远县文联加强协会组织建设，激活协会活力。1.突出政治引领，加强意识形态管控工作，全年组织协会骨干成员学习会4次，分别与各协会订立责任书13份，建立谈话提醒和季度汇报制度。2.摸清家底，完善和规范“10+3”的文艺家协会档案。3.重组平远县民乐协会，有会员116名。4.协助诗联协会和大柘镇成立子青诗社，出版诗刊《子青风》3期；协助成立平远县第一个行业文联——平远县公安文联。4.加强全县协会组织建设，壮大会员队伍。至10月底，各文艺家协会会员人数554人。2018年，平远县文艺家加入国家级和省级协会数量增加，有国家级协会会员12人；有省级协会会员77人；市级协会199人。

【人才队伍建设】 2018年，平远县文联加强人才队伍建设，实施创作激励机制。1.全年鼓励和推荐20多名文艺家参加美术、书法、摄影、音乐、文学、民间文艺等各级各类艺术培训和学习。2.12月4日，举办周正松教授合唱艺术专题讲座，有80多位音协会员和全县中小学音乐教师参加活动。3.举办诗词写作讲座。3月31日下午，邀请华南师范大学教授、广东省中华诗词学会副会长赵维江在县实验小学为该校师生和县诗联协会会员举办诗词写作讲座，并进行现场交流活动。4.对全县获市级以上宣传文化部门和文联下属各协会表彰奖励的文学艺术作品进行奖励，全县2017—2018年以来获全国、省、市奖文艺作品有150项，奖励金额3.81万元。

【文艺创作】 2018年，平远县文联引导广大文艺家深入生活、扎根人民，做好文艺创作。1.与县交通公路部门和摄协联合举办“平远县庆祝改革开放四十周年交通公路建设巡礼——‘美丽平远·幸福同行’摄影大展赛”，并将编辑出版作品集。2.作家陈耀宗、李程受邀参加南国书香节梅州分会场的现场签售与交流活动。同期，诗集《喧嚣之敌》在惠州举行首发式，作品入选作者刘梅兰参加首发式和作品研讨会。3.县书画院院长、美协主席姚伟文创作作品《客家吉日图》成功入选中国美术家协会主办的2018年全国美术展览。4.县文联主席李梅被省民间文艺家协会评为广东省优秀民间文艺家。5.县戏剧家协会凌铭被省委宣传部授予广东省基层宣传文化能人称号。6.县作协吴伟华获全国性诗刊《诗探索》授予2018年“华文青年诗人奖”。7.县摄协多人荣获市协40周年奖励。

【文艺信息交流】 2018年，平远文艺网微信公众号推送45期，发布和推送59篇活动消息和作品信息，推出651张图片，让平远文艺网成为该县展示文联和文艺家爱国、为民、崇德、尚艺形象以及艺术创作成就的窗口，发挥文艺界引领风尚、教育人民、服务社会、推动发展作用的平台。

【文艺家协会工作情况】　2018年，平远县各文艺家协会围绕主题，各显身手，活动精彩纷呈。

1.平远县作家协会：县作家协会与《梅州电视周报》合作，推出该县作家协会会员作品专版；与县委党校《平远学刊》合作，在“本地文学”编发两期文学作品。2018年，县作家协会主席陈耀宗的小小说集《寻找嘴巴》列入《岭南小小说文丛》，由江西高校出版社出版，并于5月12日在广东省作家协会一楼岭南文学空间会议室举行首发式；小小说《眼睛》入选“改革开放40年：广东最具影响力的40篇小小说”，小小说《进补》入选“2018年中国微型小说排行榜”，小小说《卡壳》入选《2018中国小小说年选》，小小说《修复地砖不是简单的事情》《建议另选他人》双双入选《《2018中国年度作品微型小说》》。吴乙一的《收集云彩的人》等诗作，分别入选《2018中国年度作品诗歌》《2018中国年度诗歌》。2018年，全县有60多篇（首）以讴歌时代讴歌人民为主题的小说、散文、诗歌，分别在国内10多家文学刊物和报纸副刊发表或转载；平远青年诗人吴乙一，获《诗探索》编辑部和北京人天书店集团联合主办的2018年（第十六届）《诗探索》·人天“华文青年诗人奖”。县作协选拔一位作者参加5月15—17日广东省作家协会组织的“208全省欠发达地区县（市、区）、镇文学组织骨干培训班”。

2.平远县美术家协会：组织书画家，深入城乡，创作一批以培育和践行社会主义核心价值观为主题的墙绘。1月16日，县美协召开第三届会员大会，选举产生新一届美协领导班子，姚伟文当选主席；县书画院、县美协开展各项活动，参与或举办“美丽平远，乡愁记忆——客籍知名画家画平远”写生作品展、“绘美丽家园，讲平远故事”为主题的全年写生活动的开笔仪式。“缅怀革命先烈·弘扬苏区革命精神——纪念朱德同志132周年诞辰”和“茂芝会议召开91周年名家邀请展创作采风”写生活动等。姚伟文钢笔画作品《客家吉日图》入选中国美术家协会主办的全国第三届新钢笔画学术展，韩建銮《人物速写》入选第四届广州市速写展，姚伟文国画作品《扛仙师》、韩建銮国画作品《忽闻山歌起》入选首届粤东五市美术作品（国画）巡回联展。姚伟文油画作品《山那边》入展梅州市纪念改革开放40周年书画摄影作品展。陈干谋、易锦宏、沈富广、王强、肖铎、王元元（女）、谢宝云于3月加入市美术家协会。

3.平远县书法家协会：组织会员分别在县城，仁居、石正、河头等镇，为群众义务送春联2000多副；协助县文联举办南海、平远、梅县、潮安四地书法联展，以书会友，相互促进；组织会员参加省市相关书展活动等；2018年吸收新会员2名。

4.平远县摄影家协会：开展各类摄影采风创作、组织和参加摄影比赛、举办作品展览等活动；开展第11届“飞龙杯”摄影大赛、第九届仓山红叶节暨闽粤赣边摄影采风活动。全年有200余幅作品在地市、省(部)级别影展中获奖，其中有2幅作品在国家级摄影展中获奖。

5.平远县音乐家协会：组织会员参与平远县2018年春节群众文艺表演、“宣传十九大·开启新征程”文艺进企业系列演出活动、2018年“迎新年、颂党恩、展新貌”合唱活动、2018年“春潮涌动·闽粤赣边”新年钢琴音乐会活动、2018年广东省少儿春晚平远赛区海选评委活动等，参与组织策划文化志愿者到进社区、企业、敬老院等地进行文艺演出活动。音协主席洪树湘作曲的歌曲《喊山》参加广东省群众文艺作品评选获得音乐类二等奖；小品《白线黄线》参加梅州市群众文艺作品评选获得曲艺类二等奖；辅导的童谣《家乡好梅州》获得梅州市第二届客家童谣节“十佳童谣奖”。县音协理事叶远灵打造岁月题材，完成《岁月留痕》《岁月画像》两首作品，跟《迈向新时代》一并上送；原创词曲作品《与爱同行》获市群文创作三等奖。2018年，县音协组织会员参加省音协在韶关举办的全省音乐人才培训班。

6.平远县民间文艺家协会：配合省民协做好申报第六批广东省古村落的相关工作；参加“2018中国（广东）民间工艺博览会暨第十一届广东省民间工艺精品展”筹备会议；参加第十四届中国（深圳）国际文化产业博览交易会，平远县木雕根艺非遗传承人、瑞祥雕刻负责人韩浩文在第十四届中国（深圳）国际文化产业博览交易会非物质文化遗产馆梅州木雕根艺展区现场展示客家木屐制作工艺；在市文联、市民协、市民间工艺研究会于12月在第六届客家文化创意产品博览交易会期间“指尖上的客家精神”民间工艺精品展上，韩浩文的根雕《平远上岃山歌》作品入选并在第六届客家文博会期间在梅州世界客商中心展厅展出。第六批广东省古村落考察认定为该县上举镇龙文村，泗水镇成文村2个村入选。

7.平远县戏剧家协会：配合县文联开展“文艺进企业”“文艺进军营”；配合职能部门举办全县群文作品创作研讨并邀请市专家讲课；挖掘和利用现有的新老文艺人才，做好“传、帮、带”工作；参与县宣传部组织的“平远县非物质文化遗产”演出；做好会员发展工作，发展会员3人。

8.平远县舞蹈家协会：县舞协8月下旬开始组建优山美地开心舞蹈队。11月2日，由县协会组织的优山美地开心舞蹈队，在梅州日报社、梅州市妇女联合会主办的“客家村镇银行杯”第四届广场舞·舞林大会比赛中，创作排练的节目《舞动心飞》获得铜奖。

9.平远县曲艺家协会：开展曲协下乡下基层演出活动，讲好平远故事和传播平远声音，2018年春节期间以红色文艺轻骑兵文艺志愿者的形式到仁居镇邹坊村进行新春慰问演出；进行文艺下企业进军营等一系列活动。

10.平远县诗联协会：平远县被省授予“广东省诗词之乡”称号，田家炳中学、县实验小学、石正冬青实验学校等三间学校被评为“广东省诗教先进单位”。完善协会微信群平台管理，促进会员创作交流和诗联创作活动。编辑出版协会期刊和专辑；推进诗词“六进”活动，帮助田家炳中学成立校园诗社。3月14日，“大柘镇子青诗社”正式挂牌成立，成为全县第一个镇级诗社，并出版诗刊《子青风》。10月20日，组织会员30多人到泗水梅畲古村落、东石毓秀书院、坝头程旼故居等地采风，创作采风作品50多首，激发会员的创作热情；组织参加兄弟县市的交流学习活动。2018年，协会先后派员参加嘉应诗社端阳雅集、梅江区诗人节、寻乌县2018年重阳诗会、梅州市第十八届百人诗会、梅州市诗词学会年会等交流学习活动。新发展新会员12人。

11.平远县公安文联：开展各类文化文艺活动，全面抓好中共十九大精神学习宣传贯彻工作。举办“忠诚走前列，护航新征程”中共十九大精神知识竞赛活动、“五一”乒乓球比赛、“新时代新使命新征程”迎“五四”演讲比赛、民警职工子女书法征文比赛，组建合唱团参加市局庆祝中国共产党建党97周年歌咏比赛、平远县“迎新年·颂党恩·展新貌”大合唱等活动。发挥公安文化作用，助力“平安之乡”建设。通过报刊、电视、电台、公安网、公安微博、微信公众号等形式多样的宣传手段，将工作成果、警务活动和先进事迹、先进人物向公众呈现，树立公安机关良好形象，营造正能量舆论场。

12.平远县民乐协会：3月17日，在平城花园进行重组挂牌成立；发展壮大协会队伍，有111人，最小年龄31岁，最大年龄80岁，平均年龄为63岁。2018年，先后组织会员在县文体中心和县文学艺术中心参与“薪火力量·客都之行”——平远·香港青少年文化交流活动；“中国寻根之旅”冬令营走进平远开展文化交流活动；与老年人学校联合组织到石正公园进行联欢演出活动；与仁居镇民乐协会会员进行音乐联欢演出活动等。

13.平远县硬笔书协：组织会员骨干参加县文联组织的红色文艺轻骑兵新春走基层活动，平远县中小学师生迎新春书法美术作品等。协会理事会成员刘亮文、吴英辉在全县多间中小学开设书法公益讲座。硬协副主席王院化作品参加广东省第二届硬笔书法作品展获提名奖，同时入选第五届中国硬笔书法公开赛成人组参展。　（县文联办公室）

2018 年度平远县文学艺术界联合会负责人名录

主　　　　席：李　梅

副主席兼秘书长：朱文清

平远县残疾人联合会

【概况】　2018年平远县残疾人联合会（以下简称平远县残联）着眼于“全面建成小康社会，残疾人一个也不能少”的目标，认真履行“代表、服务、管理”职能，为残疾人做实事好事，关注民生、解决热点，加强思想政治建设，扎实开展康复、就业培训和社会保障等工作，提升残联机关党员干部为残疾人服务的水平，顺利完成各级下达的任务。

【思想政治建设】　2018年，平远县残联加强思想政治建设。1.政治建设。平远县残联学习贯彻中共十九大精神、习近平总书记系列重要讲话精神以及视察广东的重要讲话精神，做到坚决全面彻底肃清李嘉、万庆良恶劣影响，把政治纪律和政治规矩作为纪律教育学习月的必学内容。改善政治生态，提振党员干部精气神，干事创业氛围日益浓厚。2.思想建设。学习贯彻习近平新时代中国特色社会主义思想，推进“两学一做”学习教育常态化、制度化，坚持每周四下午全体干部集中学习，坚持领导干部带头学深学透，提高本单位党员干部的综合素质。严格落实“三会一课”、组织生活会、谈心谈话、民主评议党员、请示报告等制度，做好县残联党支部的规范化建设。3.作风建设。县残联学习贯彻习近平总书记关于进一步纠正“四风”、加强作风建设的重要批示精神，把纠正“四风”问题作为经常性工作，不断完善《公务接待制度》《财务管理制度》《考勤管理制度》《规范办事流程制度》等，加强干部职工管理考核，形成以制度管人、按制度办事的良好氛围。4.落实巡视整改工作。按照县委对中央第十二巡视组、省委第九巡视组反馈意见整改落实工作的安排和部署，平远县残联成立巡视反馈意见整改落实工作领导小组，通过召开理事会会议、支部会议、专题学习会议等形式，深化对巡视整改工作重要性的认识，增强做好巡视整改工作的思想自觉和行动自觉。对照中央第十二巡视组反馈的开展落实精准扶贫政策不到位和省委第九巡视组反馈的重度残疾人护理补贴领取难的整改问题迅速开展部署，制订整改方案，列出“问题清单”“责任清单”，明确整改责任人、时间表、路线图，落实整改责任，做到即知即改、立行立改，真改实改、全面整改，及时落实各项整改工作，做好巡视“后半篇文章”。对需要长期坚持的整改工作，做到长抓不懈，建立长效机制，落实各项惠民政策，提高群众满意度。

【残代会换届选举】　2018年2月8日，平远县残疾人联合会第七次代表大会在县迎宾馆胜利召开，市残联理事长李利平，县委常委、县委办主任陈琼宏，县政府副县长刘兰娇到会指导。各位代表认真履行代表职责，听取和审议第六届主席团工作报告，完成各项选举任务，实现组织意图，确定今后残疾人事业发展战略、工作方针和主要任务。该次产生的代表总数132人，其中正式代表108人，特邀代表24人。选举产生新一届主席团；选举产生新一届执行理事会理事长、副理事长、理事；选举产生出席市残联第七届代表大会代表，推荐市残联第七届主席团委员人选；提出《残疾人联合会章程》修改意见；通过其他重大事项。

2018年2月8日，平远县残疾人联合会第七次代表大会在县迎宾馆召开

【社会保障】　2018年，平远县残联认真做好社会保障工作。1.县、镇残联做好残疾人政策宣传，努力提高残疾人办证率，并按时审核残疾人“两项补贴”。为3466名重度残疾人每人每月发放210元重度护理补贴，为2028名低保残疾人每人每月发放157.5元生活津贴。落实重度残疾人、精神、智力残疾人社会保险政策，为3466人缴交居民医疗保险，为3239人缴交养老保险。发放精神残疾人服药补贴563人，每人190元。发放三轮摩托燃油补贴16人，每人每年260元。为残疾人临时救助34人，计19830元。为4名残疾大学生发放扶残助学补助每人1000元，并为其申请“南粤扶残助学工程”助学金。2.落实省、市、县重点工作。根据残疾人需求，完成100户贫困重度残疾人家庭无障碍改造，改善残疾人家居环境，提高残疾人居住环境和生活质量。3.精准康复工作。平远县残联会同有关部门转发《梅州市残疾人精准康复服务行动实施方案（2017—2020年）的通知》，明确目标任务、时间安排。2018年免费为贫困白内障患者施行手术30例，发放轮椅、助听器、声光盲杖、拐杖等辅助器具252件，及时录入县残疾人精准康复服务数据。在“爱耳日”“世界自闭症日”“国际残疾人日”“全国残疾预防日”“全国助残日”等来临之际，县残联通过张贴标语、横幅、残疾人事业公益性宣传广告等形式进行宣传。在5月的第三个星期日第二十八个“全国助残日”之际，平远县残联联合梅州华南康复医院在热柘镇举行“助残爱心光明行”活动，为热柘、长田、泗水等镇的80多名白内障患者进行筛查和免费施行复明手术。4.脱贫和危房改造。主动与县扶贫部门、县住建部门对接，将573个贫困残疾家庭列入建档立卡对象，将36户贫困残疾家庭列入危房改造对象。

【“两项调查”】　2018年，平远县残联做好“两项调查”工作。1.做好残疾人基本服务状况和需求信息数据动态更新工作。完成入户调查对象6157人，比上年增加490人，入户调查率95.16%。2.根据中残联下达到该县的“全国残疾人家庭收入状况调查”任务，对42户（其中1户死亡）残疾人家庭收入支出状况和残疾人各项政策落实情况进行详细调查，入户率100%。

【就业培训和年审工作】 2018年，平远县残联做好就业培训和年审工作。1.解决残疾人就业。会同县人力资源和社会保障局和公共就业服务机构，协调社会各方面为残疾人就业创造条件。年度新增就业52人(其中单位按比例安排就业6人、公益性岗位就业5、辅助性就业41人)。2.全年培训残疾人50人次。为拓展培训就业渠道与梅州市中梅电商职业学校合作举办一期20人参加的“2018年平远县电子商务培训班”。组织视力残疾人3人参加梅州市残疾人盲人计算机培训班。3.组织该县3名残疾人参加2018年广东“众创杯”创业创新大赛残疾人公益赛。4.按照财政部、国家税务总局、中国残疾人联合会联合印发的《残疾人就业保障金征收使用管理办法》，做好征缴工作的宣传和年审工作，制作宣传栏一个，在优山美地出入口滚动视频播放3个月，效果良好。已年审32个单位，征收残疾人就业保障金471万元，比上年增加109万元。

【基础设施建设】 2018年，平远县残联做好基层设施建设工作。1.社区康园中心建设。加强对管理员的管理，提升康园中心管理员的筛选标准和综合素质。加强对会员的招收管理，加强宣传，做好残疾人入园运动员工作。做好会员的信息档案管理。加强运行资金管理，合理规范使用好运行经费。加强安全管理，制定安全管理制度、突发事件处理预案等基本制度，与会员签订安全责任书，并为其购买保险。确保社区康园中心安全有序运行。2.康复中心建设。完成康复中心建设项目的图审、财审和项目招投标工作，聘请工程监理，进入施工阶段。规范残疾儿童康复服务及机构建设。2018年，吸收0~6岁的智障儿童9名，通过免费抢救性康复训练，儿童康复效果明显。

【其他工作】 2018年，平远县残联还做好其他几项工作：1.聘请常年法律顾问。2.接访由县委办督查组转来的信访案件1宗，调处1宗，调处率100%。未出现越级上访等现象。3.参加省第八届残运会，该县派出运动员6名，其中残运组2人，取得自行车比赛银牌2枚的好成绩，特奥组4人，取得百米赛跑1金2银6铜的好成绩。4.新办理残疾人证617份。5.协助做好精神病患者救助、救治工作，化解社会矛盾。

【存在问题】 2018年，平远县残联工作存在一些问题：1.残疾人康复服务体系不够健全。如康复机构和专业人员不足，运用动态更新数据不够充分等。2.残疾人社会保障水平仍然偏低，整体生活水平仍然跟不上社会整体水平。3.残疾人就业安置比较困难。残疾人竞争能力弱，很大程度制约着就业安置。4.残疾人特殊教育水平仍然偏低，特殊教育的保障机制有待完善。 （卓　强）

2018 年度平远县残疾人联合会负责人名录

理 事 长：姚日升（1月任理事长人选，2月当选为理事长）

副理事长：丘秋荣（女）

平远县红十字会

【概况】 2018年，平远县红十字会围绕县委、县政府中心工作，突出红十字会的职能，扎实做好各项工作。

【基层组织建设】 2018年，平远县红十字会认真做好基层组织建设工作。继续健全红十字基层组织和加强红十字会会员、志愿工作者队伍建设和管理，发展团体会员、会员和志愿者。开展红十字青少年工作，促进广大青少年健康成长，为红十字事业发展奠定坚实基础。全县有红十字会基层组织45个，会员31401人。其中，红十字团体会员单位18间，会员843人；中、小学校红十字会青少年组织27个，青少年会员30558人。红十字志愿工作者57人。

【救治救助】　2018年，平远县红十字会继续开展救治救助工作。1.开展贫困先心病儿童救治救助活动，对全县摸底的7名贫困先心病儿童安排术前筛查，符合救助和手术条件者安排到定点医院施行手术，广东省一心公益基金会根据治疗费用情况进行资助。2.开展疾病困难救助工作，全年发放救助金2万元，帮助困难群众7人次。

【博爱周活动】　2018年5月8日，平远县红十字会围绕“人道——为了你的微笑”主题，结合“世界地贫日”主题宣传活动，与县卫生和计划生育局在县城联合开展2018年“世界地贫日”暨“世界红十字日”义诊宣传活动。通过播放光碟、派发宣传品、宣传咨询、义诊等形式多样的宣传活动，义诊宣传人员向广大群众宣传地贫防控政策，普及优生优育、地贫防控、捐献造血干细胞等卫生计生知识及红十字相关知识，扩大红十字会的影响，弘扬“人道、博爱、奉献”的红十字精神，凝聚更多的社会力量参与和支持红十字事业，助力健康扶贫和健康平远建设。现场义诊咨询200多人次，发放捐献造血干细胞、人体器官捐献宣传等宣传资料1000余份。

【器械捐赠】　2018年，平远县红十字会积极向上级主管部门和企业争取器械捐赠，广东梓瑞药业有限公司向县妇幼保健计划生育服务中心捐赠麻醉深度监测仪1台（价值9.8万元），提高县妇幼保健计划生育服务中心的诊疗水平。　（钟丽莲）

2018年度平远县红十字会负责人名录

常务副会长：林　强

2018年5月8日，“世界地贫日”暨“世界红十字日”义诊宣传活动在县人民广场举行，副县长李远林现场致辞

军事·法治

军　　事

【概况】　2018年，平远县人民武装部在军分区党委的领导和县委、县政府的指导下，以强军目标为引领，坚决贯彻习近平主席和军委决策部署，全面深入开展教育实践活动，大力加强党的组织建设，备战打仗的中心意识树得更牢，战备秩序更加规范，正规化建设进一步提升，部队整体安全稳定，圆满完成上级赋予的各项工作任务，全面建设水平稳步提高。

【思想政治建设】　2018年，平远县人民武装部着力打牢干部职工听党指挥、强军兴武根基，把握住部队建设正确方向。1.强化理论武装。突出学好“强军兴军”篇、“国防动员”篇，开展“三严三实”“两学一做”“维护核心”重大学习教育活动。制定详细的学习计划，建立严格的考勤和学习成绩登记制度。广泛开展“读原著、学原文、悟原理”活动，党委委员进行理论宣讲，组织观看系列教育片，参加分区组织“不忘初心签约祖国”“重走红色交通线”主题实践活动。2.扎实开展主题教育。组织思想调查摸底，形成思想分析报告，并进行针对性党课辅导。组织干部职工参加党委机关组带理论学习授课辅导，在营院张贴主题教育学习专题内容，营造浓厚的学习氛围。利用驻地红色资源，结合专武干部和民兵营长集训工作，组织到平远县红军纪念园开展“砥砺初心 牢记使命”主题党日活动。组织干部职工赴井冈山参观学习国防动员部先进单位井冈山市人武部，赴井冈山革命根据地进行现地教学，学习传承红色基因，坚定听党话、跟党走的信念和自觉。坚持把“和平积弊大起底大扫除”活动作为有力抓手，对照《关于聚力深入纠治和平积弊的通知》“八查”“四查”和46条和平积弊清单，深查彻改制约提升备战打仗能力的和平积弊。党委召开专题议战议训会，认真查找单位和平积习，研究制定整改措施，强化思想认识、坚定整改决心。3.抓实军委党的建设会议精神学习贯彻。军委党的建设会议召开后，党委及时组织学习军报社论，党委委员传阅习近平主席的讲话，支部组织学习军委许其亮副主席、张又侠副主席讲话和《关于加强新时代军队党的建设的决定》，将该决定制作成“口袋书”下发干部职工。参加军分区学习贯彻军委党的建设会议精神的会议后，支部再次组织全体党员学习国动部、省军区和军分区学习贯彻的会议精神，分析“七个弱化”“四个不纯”“三个严重”的现象。组织生活会上全体党员逐个对照“七个弱化”“四个不纯”“三个严重”，刀口向己勇于查找自身存在的问题，制订针对性整改措施。4.开展经常性思想工作。结合民主生活会和大项工作安排，广泛开展谈心谈话活动，掌握思想动态。结合上级文件的传达，及时开展经常性思想教育，解开干部职工思想扣子。5.打好意识形态领域主动仗。协调县委政府投入20多万元建成舆论监控室，及时掌握驻地负面涉军信息并及时处置。抓好法纪警示教育、重要岗位人员政治考核等重点工作落实，与公安国保大队、县委防范和处理邪教问题领导小组办公室建立沟通协作机制，确保部队纯洁巩固。6.注重新闻宣传和文化工作。定期向《梅州日报》国防专栏、《广东武装》、《中国国防报》和《中国民兵》等军地报刊投稿，全年报刊投稿12篇，录用刊登8篇。购买两批次图书，重视营院军营文化氛围营造。

【军事训练】 2018年，平远县人民武装部不断深化拓展军事斗争和动员准备，各项工作向备战打仗聚焦。1.抓好军事训练。3月，参加军分区组织的军事理论集中学习，同步展开干部军事训练并参加军分区第一季度军事考核。县人武部部长王士刚组织干部职工和专武干部新大纲授课辅导。4月，组织轻舟分队全员普训15天，骨干队员参加市里组织的轻舟骨干集训，获得集训比赛第三名。5月，组织1期全县专武干部和民兵营长集训，8名专武干部同步参加军分区组织的专武干部集训。6月，主抓现役干部业务基础、战术作业和军事体育训练，并参加月底军分区组织的干部基础业务评比性考核。9月，组织拟入伍新兵役前训练。10月，先后组织全县基干民兵专业分队进行专业训练，以及全体干部职工条令条例、队列训练。2.抓好后备力量组织整顿。完成34支基干民兵整组任务（应急力量13支、专业力量8支、特殊力量13支）。先后4次召开会议对民兵整组工作进行部署和整改，部领导带队2次下基层指导，2次拉动民兵应急连和民兵应急排。预建民兵党组织、规范民兵工作各项制度，各项数据统计真实准确，达到专业技术分队结构布局与战时兵员动员相适应的需求。3.重视实兵演练。7月下旬，参加军分区组织的国防动员演练，接受军分区对该县人武部实际战备水平和作战保障能力的检验。11月中旬至12月上旬，周密筹划和组织“粤动—2018”演习任务的各项工作。成立演习筹备领导小组，负责整个演练任务规划和协调，向县里主要领导汇报工作4次，召开国动委成员单位会议2次，组织业务培训1次，确实保证演练任务安全顺利完成，演习得到县委、县政府以及分区的高度肯定。

【国防动员】 2018年，平远县人民武装部积极完成兵役工作任务。县征兵办公室联合县教育局到驻地3所高级中学开展“兵役登记暨征兵宣传进校园”活动。征兵宣传工作全面展开后，严格把住体检和政治考核关口。深入开展廉洁征兵教育，让每一名征兵工作人员在思想上绷紧依法征兵、廉洁征兵这根弦。组织拟入伍新兵役前训练，按照部队模式进行教育管理训练，淘汰思想不坚定青年11人，圆满完成上级赋予的征兵任务。

【战备设施建设】 2018年，平远县人民武装部注重战备设施建设。坚持预算优先向军事训练、基础设施建设和重大任务保障倾斜，已投入50万元战备建设经费。2018年，县委议军会议研究推进“101”战时地下防空指挥所建设、国防教育训练基地建设工作推进问题。整修篮球场、羽毛球场，新建停车棚，准备修缮军官公寓楼，极力营造拴心留人的环境。停偿工作已按军委要求全面完成。国防教育训练基地建设进入立项阶段。不断完善“三室两库”的建设，投入经费30万元用以补充战备和应急器材装备。

【人民防空】 2018年，平远县人民政府办公室做好人民防空工作。依法依规征收防空地下室易地建设费1272.95万元，办理人防“结建”工程报建审批70宗。2018年竣工验收的人防地下室2宗；动工建设的人防地下室5宗、医疗救护站工程1宗、人防物资库工程3宗；正规划建设的人防地下室工程5宗，其中人员掩蔽所工程2宗、抢险抢修专业队队员掩蔽部工程1宗、人防物资库工程2宗；拆迁人民防空警报设施和控制终端等设备审批1宗，应建防空地下室的民用建筑项目许可审批2宗，圆满完成本年度的各项工作目标和任务。

【安全工作】　2018年，平远县人民武装部按照军分区“尊法学法守法用法、治松治散治虚治软”活动计划部署要求，重点抓好民兵武器仓库管理、军事训练安全管理、营区营房管理、重点人员管理、车辆管理、保密管理和安全规章制度落实等工作。营门安装指纹识别系统，组织应急预案演练；严格落实武器库、弹药库检查制度；完善视频监控系统，升级视频存储设备；厨房接入天然气管道；与相关人员签订《安全保密承诺书》；规范文件管理，设置绝密文件保密柜，实行专人专柜管理；规范文件借阅手续，保密员必须有部领导的审批手续才借阅文件，并做好登记；保密室对涉密移动存储介质进行清理登记造册；互联网电脑资料拷贝涉密电脑只能单向操作，使用一次性光盘。

【加强党的领导和党的建设】　2018年，平远县人民武装部狠抓党委建设。1.旗帜鲜明讲政治。党委始终把讲政治摆在首位。将党建工作列入全年的要点工作；坚持民主集中制，研究决定重大问题时，党委班子将会前酝酿与平等议事相结合，确保科学决策；党委形成决议后，严格按照部首长分工负责制的要求，带头贯彻执行，带头抓好落实。严格落实会议、党课、党日、报告工作、民主生活会、党员汇报、民主评议党员等七项制度。2.持续不断改作风。紧盯中央八项规定和军委“十项规定”整风整改、观看反腐警示片和纪律教育片《铁纪强军》、支部书记就整治基层“微腐败”进行党课辅导，结合实际，对照“微腐败”清单搞好教育引导，指出常见“微腐败”现象，党员同志自觉进行对照检查整改，扎实开展行业风气积弊清理整治，防止“四风”问题反弹回潮、隐形变异。军纪委“311”号文件核心内容传达到基层专武干部，绷紧纪律弦。3.落实党管武装制度。党政领导的国防意识增强，全社会关心支持国防的氛围更加浓厚。建武管武职责不断强化。县人武部党委第一书记、国动委主任高度重视武装工作，坚持重要会议、重要工作亲自参加、推动落实，双向兼职、党委议军、述职、军地联席会议等基本制度常态落实。武装工作纳入县、镇两级党政领导班子绩效考评体系，党管武装工作制度机制进一步规范。在2018年召开的党委议军会上，县人武部提出为偏远驻地的官兵和家属开通公交线路，经过调研县委领导一致赞同，由县财政划拨专项经费，开通“拥军专线”，解决官兵家属出行难问题。县委、县政府对部队建设非常支持，随军家属和符合安置条件退役军人100%安置到财政经费保障单位，逐年提高义务兵家属优待金，投入20万元为驻地部队现役军人举办职业技能培训。

2018年10月26日，省军区政委王守信（右二）到县人武部检查指导工作（右一为县人武部部长王士刚）

2018年度平远县人民武装部负责人名录

部　长：王士刚

政　委：裴中秋

副部长：樊金赞

政法委及综治

【概况】 2018年，平远县政法系统坚持党对政法工作的绝对领导，践行以人民为中心思想，主动服务经济社会发展大局，全面推进维护国家政治安全、社会稳定、平安建设和扫黑除恶专项斗争等各项工作，全面建设更高水平更高层次“平安平远”“法治平远”，全县群众安全感和政法工作群众满意度连续八年位居省市前列，被授予“第三批全省和全国法治县创建活动先进单位”。

【平安平远建设】 2018年，平远县加强平安平远建设。1.加强风险防控，服务经济社会发展大局。以改革开放40周年系列庆祝活动维稳安保为主线，从严从实抓好社会矛盾及各类风险防范化解管控工作。坚持高端谋划，县委书记宋才华、县长杨栋研究部署、协调推进、检查落实维护稳定工作。县委政法委牵头抓总，部门协作联动，形成“大维稳”“大政法”工作格局；突出风险防控，建立健全国家安全工作机制，开展八个专项行动，创建无邪教“三个一”示范工程，创建完成1个示范镇、12个示范村。开展涉恐隐患排查整治专项行动，维护国家政治安全；加强矛盾纠纷排查化解，开展“百日攻坚”、社会矛盾大化解12个专项行动，全年开展专项排查20次，排查各类矛盾纠纷95宗。召开各级研判会420场，化解稳控涉稳案件47宗，其中化解重点案件7宗，确保全国“两会”、省“两会”、中国共产党建党97周年、“八一”建军节、国庆和改革开放40周年系列庆祝活动期间等重要节点期间的全县社会安全稳定。2.坚持民意导向，建设更高水平更高层次平安平远。把平安建设、法治建设纳入全县目标责任考核体系，确保在组织领导、机构人员、工作措施和经费保障等方面落实到位。开展扫黑除恶专项斗争，加强统筹协调，突出“五个到位”，强化工作措施，坚决落实中央和省、市督导反馈意见，突出问题导向，以整改实效推动扫黑除恶专项斗争工作向纵深发展。全年全县摸排掌握线索288条，受理中央和省、市转办交办线索75条，立涉黑涉恶案件24宗，破获20宗，刑拘93人，行政拘留47人，提请逮捕59人，查封、冻结、扣押涉案资产18.67万元，打掉涉恶团伙11个，打掉涉恶集团1个，有11人主动到公安机关投案自首，发放举报奖励金2.3万元。县委发文创新开展扫建结合八大专项行动，突出专项打击，落实两法衔接，推进乱象整治，建立长效机制，集中整治一批水洗砂、私挖滥采、占用河道、违章建筑等重点行业领域乱象问题，全年全县整治各领域的乱象问题96宗，相关经验得到省有关部门推广；开展打击违法犯罪活动，强化部门联动协作，突出打击和整治重点，打击各种违法犯罪行为。全县全年立刑事案件271宗、破147宗，查处治安案件470起826人。加强对重点地区、人员、领域的管控，严格落实综治“一票否决”制，对2017年综治工作滞后，社会治安问题突出的镇、村实行挂牌整治；推进“平安细胞”创建活动，深化“中心+网格化+信息化”建设，出台网格员考核奖惩制度，全年全县上传网格事件4398宗，办结4294宗，办结率97.6%。加强公安基层基础建设，实施提档升级改造，确保全县基层所（队）均达到建设标准和执法规范化要求。推进“雪亮工程”“智慧法院”“智慧检务”“智慧警务”建设，2018年全县新增治安视频高清探头333个，新增治安卡口10个；贯彻以人民为中心思想，开展危爆物品寄递物流清理整顿专项行动，抓好命案防范，做好严重精神障碍患者服务管理。在上年对全县严重精神障碍患者监护人实行责任保险制度的基础上，在全市率先落实3级及以上严重精神障碍患者收治工作实行财政兜底，做到应治尽治。3.突出创新引领，践行新时代“枫桥经验”。以八尺、长田为试点，从加强党建引领推动群防群治、完善基层治理平台和加强矛盾纠纷排查调处等四方面入手，进行分类指导、规范建设、总结提升，夯实基层基础平台。八尺镇在“村民议事日”基础上，打造升级版的“中心4+”模式（中心+网格化+信息化+村民议事日+直联日），整合调处平台，织密工作网络，统筹中心工作，让平台更接地气，更加流畅快速解决问题，通过实现“五有”（有机构、有阵地、有制度、有活动、有保障），形成有效的社会治理模式。长田镇突出党建引领，强化源头治理，综合施策，创新实施“一法一带四参与”（即程旼以德化人工作法，党员带动，群众参与公益事业、参与矛盾纠纷调处、参与新农村建设、参与扶贫济困）社会治理模式，为加快乡村振兴发展助力，保障全镇经济社会平稳健康发展。平远县创新推出严重精神障碍患者系列管理制度、扫黑除恶扫建结合八大专项行动、公安警力整合新模式、司法“互联网+公共法律服务”、法官示范庭审、湖洋村等14个村省际联防协作机制、八尺镇人大代表担任禁毒“四员”等一系列社会治理新模式；强化经费保障，县委、县政府“舍得花钱买平安 ”，预算保障平安建设。全年投入1565.14万元，用于“中心+网格化+信息化”建设、防邪反邪工作、政法网建设和综治视联网建设、综治社会治安立体化防控体系建设、公安基层基础建设、严重精神障碍患者服务管理工作、法律服务和法治宣传。

【政法队伍建设】 2018年，平远县政法系统做好队伍建设工作。1.坚持把政治建设摆在首位，全面彻底肃清李嘉、万庆良恶劣影响，从增强“四个意识”、坚定“四个自信”、坚决做到“两个维护”的高度，全面加强全县政法部门的政治、思想、组织、能力、作风和制度建设。2.结合“大学习、深调研、真落实”活动，深入学习贯彻习近平新时代中国特色社会主义思想和中共十九大精神，特别是习近平总书记考察广东系列重要讲话精神，聚焦问题短板，明确目标方向，理清工作职能，提升政法干警履行岗位职责的能力和水平。3.坚持正确选人用人导向，建设忠诚干净担当政法干部队伍；抓好《中国共产党廉洁准则》《中国共产党纪律处分条例》等规定的落实。突出基层党组织规范化建设，发挥基层党支部战斗堡垒作用；建立健全各项工作、学习制度和重大事项报告制度，强化督促检查，形成以制度管人、靠制度管事、各项工作有章可循的干事创业氛围；开展巡视整改、“不忘初心，牢记使命”和“纯洁政法队伍、建功扫黑除恶”主题警示教育活动，推进“两学一做”教育学习常态化，将学习培训纳入全年政法工作安排，采取现场参观教学、技能比武等开展政治轮训和业务技能培训。全年全县政法系统举办各类培训班10期，有2000多人次参加培训，强化政法各基层党组织的战斗保垒作用，优化作风纪律，增强履职能力，提升整体效能，提升政法队伍整体素质。（谢沐军）

2018 年度中共平远县委政法委员会正、副书记，委员、专职委员名录

书　　记：姚永波
第一副书记：张善波
常务副书记：黎崇阳
专职副书记：刘梅峰　谢烈辉　谢烈原
　　　　　　林敦伟
委　　员：姚永波　张善波　刘鹏飞
　　　　　周铁军　黎崇阳　刘梅峰
　　　　　谢烈辉　谢烈原　林敦伟

谢婷章　马　洪
专职委员：陈胜斌　王志锋　朱其悦
黄森华　林　敏　谢沐军

法治政府建设

【概况】　2018年，平远县人民政府以习近平新时代中国特色社会主义思想为指导，认真贯彻落实中共中央、国务院《法治政府建设实施纲要（2015—2020年）》，按照平远县“一城一区一带”战略部署，创新工作机制，推进依法行政工作，提高行政决策能力，强化行政执法能力，加快法治政府建设。

【法治平远建设】　2018年，平远县以创建法治平远为载体，全面推进严格执法、公正司法、全民守法，加快依法治县进程，优化法治化发展环境。1.推进依法行政。建立健全县委每年听取县人大常委会、县政府、县政协、县法院和县检察院党组工作汇报制度、领导干部依法办事和决策公开机制、规范性文件的备案审查和清理工作制度、重大行政决策程序规定，促进权力公开透明规范运行。2.深化司法体制改革。明确法官检察官办案责任，落实以司法责任制为核心的配套改革，统筹推进县法院内设机构改革，完成法官助理和书记员身份确认工作。强化产权保护的法治保障，建立健全协调工作机制，强化检查督导，确保产权保障工作规范有序推进。强化错案责任追究，建立案件质量评查机制，努力让人民群众在每一个司法案件中都感受到公平正义。3.推进执法司法规范化。严格执行相关规定，严防领导干部干预司法活动、插手具体案件。推进基本解决执行难工作，全年受理各类执行案件453件，执结317件，执行到位标的金额225.23万元，提升司法公信力。率先建成全市首个12309检察服务中心，拓宽公益诉讼案源渠道。完善捕、诉、监、防一体化办案模式，推进未检工作规范化和专业化建设。全年开展行政执法监督6次，批准逮捕涉未成年人案件2件6人。4.构建公共法律服务体系。聘请27名律师担任全县143个村（社区）法律顾问，实现全覆盖。加强县法学会建设，建立健全各项工作机制，在法治县建设中发挥作用。完善法律援助中心和镇、村法律援助网络规范化建设，全面畅通困难群体特别是农民工维权“绿色通道”，刑事案件律师辩护全覆盖。2018年，县法援处接待来访群众600多人次，承办各类法律援助案件130宗。5.开展普法宣传和基层法治创建活动。以“七五”普法为载体，开展宪法宣传、法治建设“四级同创”及“法治文化建设示范企业”“法治文化主题公园”“青少年法治教育实践基地”等创建，全县12个镇和71个村的法治创建工作达到省级法治创建标准，通过省市验收。

【依法行政】　2018年，平远县人民政府推进全县依法行政的各项工作。1.依法行政考评工作。组成考评组对27个县直二类单位、12个三类单位进行实地考评，成效明显，得到市考评组的高度好评。在市对各县2017年度依法行政工作考评中，该县评为优秀等次，连续四年评为优秀。2.提升依法行政能力。（1）畅通行政复议申请渠道，行政复议案件依法受理、按时办结，发挥行政复议功能作用，及时纠正违法或者不当的行政行为，落实行政复议意见书和建议书，依法严格执行已生效的行政复议决定，推进“阳光复议”工程和行政复议、行政应诉案件统计分析报告制度，对社会影响较大的重大疑难案件，及时报告上一级行政机关。2018年办结县政府行政复议案件2件，承办行政应诉案件1件，严格执行行政机关负责人出庭应诉的相关规定，县政府分管林业副县长到梅州中院出庭应诉。（2）依法受理、办结信访事项。通过建立信访工作制度，明确信访的受理范围、处理程序、法律责任，为公民、法人和其他组织通过来信、来访、来电等形式反映信访诉求提供便利条件。3.开展专题教育，加强依法行政意识。（1）按县委部署派员到各单位宣讲《中华人民共和国宪法》，开展宪法进课堂、进企业、进机关、进超市和进万家活动。（2）根据省、市政府要求，开展行政执法"三项制度"贯彻落实，提升行政机关执法人员的依法行政水平和能力。9月17日，县政府举办县直分管法治工作领导及单位法制股（室）负责人60人参加的贯彻落实"三项"制度培训会。经县政府常务会议决定及领导同意，县法制局派员到各镇、县直有关单位开展"三项"制度专题培训，培训各级执法人员500多人次。（3）做好全县各单位法律法规知识学习宣传，培训执法人员3000多人次。

2018年9月17日，在县政府召开平远县依法行政工作会议暨贯彻落实行政执法公示办法等三个办法培训会议

【备案审查】　2018年，平远县人民政府法制局落实备案审查机制，完善规范性文件管理。从严把好规范性文件的审查制作关，严格执行规范性文件统一登记、统一编号、统一印发的"三统一"制度，确保县政府制定出台的规范性文件能做到内容不违反法律、法规、规章和上级有关规定，不创设行政许可、行政处罚、行政强制、行政收费等事项，不违法增加公民、法人和其他组织的义务。所有新出台的规范性文件均在平远县政府信息网上统一发布，并按规定报送上级政府和县人大常委会备案。2018年，审查部门规范性文件1件，其他政策措施和招商引资合同117件，内容涉及林业、国土、水资源管理、安全生产、市政建设、征地拆迁等方面，全年办复上级政府征求意见函194件。

【行政决策】　2018年，平远县人民政府法制局服务经济社会发展，增强行政决策能力。完善依法决策制度，建立健全行政决策机制，明确重大行政决策的范围，完善重大行政决策的规则和程序。对涉及全县经济社会发展的重大决策事项以及专业性较强的决策事项，事先向社会公布，开展民意调查，听取社会公众意见，通过适当途径反馈或者公布意见采纳情况及理由，决策前进行调查研究，组织专家进行必要性和可行性论证。6月，县法制局业务支持并全程参与县公路局组织的206国道平远县田螺纽至超竹段改建工程项目听证会，群众反响良好。县内所有重大行政决策事项、依据和结果一律予以公开，新出台的重大行政决策一律先经县法制局进行合法性审查，再交县政府常务会议集体讨论决定后再出台，同时，按照有关规定，及时向县人大常委会报告或提请审议。为完善重大行政决策合法性审查机制，全年外聘客都律师事务所5名律师担任政府法律顾问。

【行政执法】　2018年，平远县人民政府法制局规范行政执法行为，加强执法能力建设。1.依法界定县直各单位行政执法权限，理顺行政执法关系，依法下放行政管理职权，减少行政执法层级。2.依法及时做好各单位行政执法争议，全年出具2件行政执法争议意见书，行政执法主体之间在实施法律、法规、规章过程中产生的争议得到及时解决。3.依法审查、公告全县行政执法主体、人员资格。认真落实行政执法人员资格管理制度，10月底在县委党校组织全县201名申领、换发“广东省行政执法证”的行政执法人员在网上进行公共法律知识考试，坚决杜绝合同工、临时工等无执法资格人员上岗执法。（王　超）

2018 年度平远县人民政府法制局负责人名录

局　长：刘广海

副局长：杨亮书　涂　欢

公　安

【概况】　2018年，平远县公安机关和广大公安民警围绕“创新更多机制、迈向更高水平”目标，以开展扫黑除恶专项斗争、“飓风2018”“梅安2号”“破小案”专项打击行动为抓手，以智慧新警务为新动能，推进“打、防、管、控、建、服”等各项工作，为创建最安全稳定、最公平公正、法治环境最好地区作出努力。全年立刑事案件288宗，刑拘犯罪嫌疑人164人，提请逮捕120人，移送起诉180人，抓获在逃人员36人。实现发案下降0.35%，刑拘、提请逮捕、移送起诉人数分别上升5.1%、27.7%、0.6%的“一降三升”成效，确保全县社会政治、治安持续稳定。

【维护稳定】　2018年，平远县公安局做好维护稳定工作。坚持政治安定和社会稳定为第一责任，落实“双层保底、两级责任、共同担当”的责任捆绑机制，压实维稳责任，坚持社会矛盾排查化解工作，圆满完成春节元宵、清明节、博鳌论坛年会、全国省市“两会”、高考中考、中非合作论坛、国庆中秋、农民丰收节、南粤古驿道定向大赛、脐橙节等重大安保任务。全县未发生危害国家安全和社会稳定的重大政治事件，未发生重大群体性事件，未发生进京非正常上访事件和公共危机事件，为全县经济社会发展营造安定的政治环境。

【社会管控】　2018年，平远县公安局以防促安，推进县城“两点三线”、省际村级治安联防协作为特色的社会治安防控体系建设。2018年，新增高清治安视频333个，治安卡口10个；深化“人、屋、网、枪、爆”的管理，收缴各类非法枪支70支、子弹1.1万多发、管制刀具46把、雷管1873发、炸药449公斤。开展严重精神障碍患者排查工作，对三级以上的患者75人，全部落实列管责任。加强消防安全监管工作力度，全年接报火警32起，抢救被困人员10人，抢救财产价值21万多元。以遏事故保安全、夏季攻势、交通安全“百日整治”等专项行动为抓手，开展交通整治，全年处理交通事故2258宗，查处各类交通违法2.1万多起。坚持以人民为中心的理念，推行大柘、东石派出所、移动警务车“一窗通办”业务，全面提升办事效率和服务水平，全年办理二代居民身份证1.8万多张，受理各类出入境申请1.7万多件，“110”报警服务台接受警情14222起、服务群众3000多人次。采购配发254套移动警务终端，派发至全体民警，全面提升警务智能化水平。

【扫黑除恶专项斗争】　2018年，平远县公安机关严格按照中央、省、市、县关于扫黑除恶专项斗争的统一部署，发挥扫黑除恶主力军作用，推动扫黑除恶专项斗争向纵深发展，打出平远公安扫黑除恶的鲜明态度和坚定决心，打出平远的平安稳定。2018年，专项斗争开展以来，立涉黑恶案件25宗；破涉黑恶案件21宗；刑拘涉案嫌疑人96人；行政拘留48人；提请逮捕64人；查封、冻结扣押涉案资产18.67万元；查处公职人员3名，收缴枪支2支；打掉涉恶团伙数11个，打掉涉恶势力集团1个；有11人主动到公安机关投案自首，发放举报线索奖励金2.3万元（奖励6人）；摸排线索71条（录入平台64条）。以扫黑除恶专项斗争为引领，同步开展“飓风2018”“梅安2号”“破小案”等专项行动，成功侦破“李某希涉嫌故意伤害案”、“12・02”过失致人死亡案、“6・04”谢某民等人生产销售伪劣产品案、“蓝某君、陈某等人系列诈骗案”等一批大案要案。1.提高政治站位，强化组织部署。平远县公安机关在思想上政治上行动上始终同以习近平同志为核心的党中央保持高度一致，切实把扫黑除恶专项斗争作为一项重大政治任务，按照中央、省、市、县部署，通过坚持高位谋划推进、强化组织部署、强化督导检查、强化业务培训等措施推进专项斗争各项工作顺利开展。2.坚持深挖细查，强化线索摸排。公安机关把线索摸排、核查、管理作为专项斗争的一项重要基础性工作来抓，在全县范围内开展全方位、多渠道、多领域的线索摸排工作，发动群众举报线索。严格落实线索核查“三长负责制”，以对人民群众高度负责的态度，认真对待每一条线索。同时严格落实线索管理各项规定要求，切实做好线索收发、流转、核查、回复等各个环节的保密工作。3.强化依法惩处，坚决打深打透。全县公安机关把握“标本兼治、打早打小、除恶务尽、依法严惩”的工作原则，紧盯中央明确的10类打击重点，以打深打透的高压态势，通过强化要案攻坚、强化叠加打击、强化追逃威慑、强化“打财”“打伞”、强化沟通协调。攻克一批涉黑涉恶大案要案，打掉11个涉恶犯罪团伙和1个涉恶势力犯罪集团，形成强大的震慑效应，提升群众的安全感和满意度。4.强化宣传发动，营造浓厚氛围。公安机关创新宣传载体，丰富宣传形式，发放举报奖励，严守宣传纪律，强化宣传发动，营造浓厚氛围。调动人民群众参与扫黑除恶专项斗争的积极性、主动性，表明党委、政府和公安机关的坚强决心，打消群众顾虑，提升群众知晓率与参与度。

【队伍建设】　2018年，平远县公安局做好队伍建设。1.基层队伍建设。在县委、县政府、市公安局的支持下，推进基层所队建设。2018年，被列入全省困难帮扶的石正派出所以满分成绩通过省厅验收；仁居、八尺、泗水、上举、热柘、中行派出所按“标准所”按时完成升级改造任务；长田、差干、河头派出所重新选址，按“示范所”标准进行建设；交警超竹中队按“示范中队”，八尺、大柘中队按“标准中队”完成建设任务。平远县是全市第一个率先完成基层所队建设任务的单位。2.政治建设。把加强政治学习教育，筑牢忠诚警魂摆在队伍建设的首要位置,全面学习贯彻落实习近平总书记系列重要讲话精神。结合省厅“忠诚走前列，护航新征程”中共十九大精神知识竞赛活动，精心组织演讲比赛、大合唱、书法家进警营等活动。开展坚决全面彻底肃清李嘉、万庆良恶劣影响工作、开展“脸难看、事难办”问题集中整治活动，以及“整治突出问题、纯洁公安队伍”专项教育活动。3.待遇保障。认真落实民警加班补贴和值勤岗位津贴政策，完成公安机关人民警察职务序列套改；开展“解警困暖警心”活动，为6名重病民警和4名退休民警落实省厅和市局医疗救助金；增强民警的归属感和荣誉感，全年荣立集体三等功单位4个，集体嘉奖单位7个，个人三等功10人。　（陈　芳　韩　超）

2018年度平远县公安局负责人名录

局　　　长：张善波
政　　　委：林达宏
党委副书记：林俊杰

纪委书记：凌宏军
副 局 长：谢杰俊　谢县奎　姚建军
　　　　　李永祥（挂职）

检　察

【概况】　2018年，平远县人民检察院认真贯彻“讲政治、顾大局、谋发展、重自强”新时代检察工作总要求，围绕平远“一城一区一带”建设，凝心聚力,忠实履职,各项检察工作稳中有进、进中向好、好中有新。全年批准逮捕各类犯罪嫌疑人68件110人，提起公诉98件162人，办理公益诉讼诉前程序案件25件，办理行政违法监督案件4件，提起刑事附带民事公益诉讼2件2人。

【刑事检察】　2018年，平远县人民检察院保持对各类严重刑事犯罪严打高压态势，全力维护社会和谐稳定。1.认真履行批捕起诉职能，全年批准逮捕各类犯罪嫌疑人68件110人，提起公诉98件162人。2.认真贯彻宽严相济刑事政策，依法对无社会危险性的犯罪嫌疑人不批准逮捕22人、对不符合起诉条件的犯罪嫌疑人决定不诉11人。3.强化刑事立案和侦查活动监督，侦查监督部门提前介入重大、疑难、复杂案件38件，发出检察建议2份，不捕理由说明书35份，补充侦查提纲16份，逮捕案件继续侦查取证意见书6份，应当逮捕犯罪嫌疑人建议书3份，“两法衔接”平台录入案件194件，移送刑事立案10件；公诉部门提前介入案件10件，开展自行补充侦查8次，发出补充移送起诉通知书6份，追诉漏犯6人、追诉漏罪2件。4.强化刑事审判监督，落实检察长列席同级人民法院审委会工作1次，全年出庭支持公诉108次，提出量刑建议72件，提起公诉案件一审均作有罪判决。5.强化刑事执行检察，全年检察收押221人，检察出所181人，开展财产刑执行检察监督检查2次，发出检察建议书5份、纠正违法通知书1份，办理羁押必要性审查案件6件6人，提出变更强制措施建议6件6人，办案机关均采纳建议并变更强制措施。

【公益诉讼】　2018年，平远县人民检察院坚持把公益诉讼作为助推平远生态富民强县的重要抓手，打造“护航绿水青山，诠释检察担当”的检察工作品牌。1.加强生态环境保护，以专项行动为抓手，与各镇各单位建立河长制协作配合工作机制及县城饮用水源保护协作机制等多部门联防联治工作机制，促成平远、武平、蕉岭、寻乌、会昌三省五县检察机关及河长办联合签署《关于建立闽粤赣边生态保护区域协作机制的实施意见》。开展河道污染专项整治、扬尘污染专项整治、养猪业污染专项整治等活动，向相关职能部门发出检察建议25份，提起生态环境领域刑事附带民事公益诉讼2件2人，通过办案挽回生态环境赔偿款3.31万元，督促行政机关对企业污染行为作出行政处罚16万元，关停和整治扬尘污染企业5家、饮用水源污染企业1家、禁养区养殖场6家及限养区养殖场2家，督促相关企业投入400多万元进行排污整改，清理固体废物约50吨，清理污染和非法占用的河道4.35千米，清理被污染水域面积大约13公顷。2.开展行政执法监督，立案办理行政违法监督案件4件，发出检察建议4份，督促行政执法机关对企业违法行为作出行政处罚10万元，促进依法行政、严格执法。3.针对国有资产流失情况，向相关部门发出检察建议3份，督促追回国有资产损失80万元。

【未成年人检察】　2018年，平远县人民检察院深化“捕诉监防”一体化工作模式，全面加强未成年人综合保护。1.向公安机关移送涉嫌犯罪线索1件，批准逮捕涉未成年人案件3件7人（其中未成年犯罪嫌疑人1人），提起公诉3件3人，无社会危险性不批准逮捕3人，安排未成年犯罪嫌疑人亲情会见4次，支持民事案件起诉1次，开展心理救助5人次，开展行政执法监督6次，开展在押未成年人监管活动监督1次，发出检察建议2份，单独或联合市检察院实施司法救助2人次，发出救助金合计人民币7万元。2.开展“关爱留守儿童，维护少年权益”大调研活动，深入县内各中小学走访调查19次，针对调研中发现的问题，相继开展“十佳励志少年”评选活动、致信留守儿童家长、规劝辍学少年回校园、校园周边交通安全整治、清查有毒玩具等工作。

【扫黑除恶专项斗争】　2018年，平远县人民检察院积极投入扫黑除恶专项斗争。1.与县公安局共同制定《关于规范涉黑涉恶专项案件移送的暂行办法》，强化线索排查研判，依法快捕快诉，全年认定涉恶势力犯罪团伙1件3人，提起公诉1件3人。2.与中国邮政集团公司广东省平远县分公司合作建立“扫黑除恶邮路”新平台，充分利用邮政系统遍布千家万户的工作网络，采取邮车车贴、在全县大型楼盘及政企事业单位电梯口154部楼宇视频机滚动播放扫黑除恶宣传片等方式创新开展扫黑除恶宣传工作，营造人人知晓、人人参与的浓厚氛围。

【社会综合治理】　2018年，平远县人民检察院主动融入共建共治共享社会治理格局，完善检察环节社会矛盾多元化解决机制。1.率先建成梅州首家“12309”检察服务中心，坚持首办责任制，全年受理接待群众来访24批40人次，收到群众来信2件，其中检察长接访8人次，均已依法办结并按时答复。2.促成刑事和解5件5人，实施司法救助3件3人，发放司法救助金9万元，有效减少社会对立面，彰显司法温情。3.以“检察蓝”青年干警宣讲团以及担任校园法治副校长等形式，深入开展法治进乡村、进校园活动，促进文明守法风气形成。

2018年7月10日，平远县人民检察院“12309”检察服务中心正式揭牌成立

【检察改革】　2018年，平远县人民检察院全面深化司法责任制改革，全力支持国家监察体制改革。1.健全符合司法规律和检察权运行规律的专业化新型办案团队建设，重新调整组建15个检察官办案组，突出检察官办案主体地位，做到“谁办案谁负责、谁决定谁负责”。2.落实领导带头办案制度，3名入额院领导全年直接办理各类案件41件，发挥领导干部在检察业务中的履职示范作用。3.坚决贯彻党中央关于监察体制改革的决策部署，顺利完成职能划转和机构人员转隶等工作，加强与监察委员会的工作衔接配合，确保职务犯罪案件在检察环节顺畅流转，全年提前介入监察委员会调查案件5件6人，受理移送审查起诉职务犯罪案件5件6人，并案后提起公诉4件6人。

【检务公开】　2018年，平远县人民检察院全面深化检务公开，提升检察工作透明度和公信力。1.自觉接受党的领导和人大监督，及时向县委、人大及其常委会报告重大事项和重大案件办理情况。2.做好代表委员联络工作，全年走访市、县人大代表13人次，邀请代表委员参加检察开放日、观摩公诉出庭、新闻发布会等活动9次。3.全面深化案件信息公开，全年发布案件程序性信息206件、重要案件信息13件，公开法律文书90份，接待律师阅卷31次。4.深化“两微一端”建设，一批优质新媒体作品被上级机关和各新闻媒体转发采用，提升检察工作知晓度。

【存在问题】　2018年，平远县检察工作存在的主要问题：1.法律监督工作仍存在薄弱环节。2.检察工作创新性还需提升。3.队伍素质与新形势、新任务要求仍有差距。4.检察工作科技化和信息化水平相对滞后。　（饶启超）

2018年3月29日，梅州市人民检察院党组书记、检察长吴少荣（前一）到平远县人民检察院调研

2018年度平远县人民检察院负责人名录

检 察 长：周铁军

副检察长：郭频辉　黄　珍

法　　院

【概况】　2018年，平远县人民法院面对新时代人民群众日益增长的司法需求，全院干警不忘初心，牢记使命，坚持司法为民、公正司法，坚持改革创新、服务大局，忠实履行宪法法律职责。全年受理各类案件1746件（含旧存案件85件），审结1660件，法官人均结案119件。

【刑事审判】　2018年，平远县人民法院受理刑事案件106件170人，结案106件170人。平远县人民法院坚持宽严相济刑事政策，确保罚当其罪，对21名严重刑事罪犯判处三年以上有期徒刑，对51名轻微刑事罪犯判处非监禁刑或免于刑事处罚。全面开展扫黑除恶专项斗争，审结以黄某栋为首的涉恶势力案件，以寻衅滋事、开设赌场罪对19人分别判处6个月至6年不等有期徒刑，并处1万元~5万元不等罚金。维护社会公共安全，审结涉枪涉爆、重大责任事故等危害公共安全犯罪案件11件12人。严惩严重危害群众生命财产安全犯罪，审结故意伤害、非法拘禁及涉黄赌毒、盗抢骗等案件53件98人。依法惩腐肃贪，审结贪污、挪用公款犯罪3件5人。

【**民事审判**】　2018年，平远县人民法院受理民商事案件1098件，审结1109件。坚持调解优先、调判结合原则，一审调解、撤诉案件472件，占比42.56%。维护婚姻家庭和谐稳定，探索家事调解制度，审结婚姻家庭、财产继承、赡养抚养等纠纷案件245件。注重构建社会诚信建设，依法审结涉民间借贷、买卖、房地产、建设工程等合同纠纷案件482件。稳妥审结涉平城花园房屋买卖合同纠纷系列案件176件，有效预防、化解群体性诉讼引发的社会不稳定因素。

【**执行工作**】　2018年，平远县人民法院受理各类执行案件457件，执结445件，执行到位标的金额3773.6万元。1.促进构建执行综合治理格局。坚持党委领导执行工作，凝聚各方合力，健全执行联动机制，协助县委政法委召开全县执行工作联席会议，强化联动单位的思想认识。加强与政府部门、行业协会、银行等多部门建立的网络执行查控系统的运用，对新收457件及部分恢复执行案件被执行人的车辆、存款、证券资产等财产进行查控，全年实际执行到位标的额3773.6万元，畅通被执行人及其财产发现渠道。促进把解决执行难工作纳入法治考评和综治考评范围，推进形成综合治理执行难工作大格局。2.完善执行工作机制。建成数字化执行指挥中心。在充分运用传统财产评估方式的基础上，推行税务询价机制，从税务部门获取计税基准价，查控财产价值706万元，提升法院处置不动产的效率，实现当事人利益最大化。制定《平远县人民法院关于办理执行申诉信访案件的规定》，从严把握适用标准，妥善解决台湾居民作为申请执行人等多件督办案件。健全执行工作保障机制,加强人力物力配备。3.强化信用联合惩戒机制。将拒不履行法院生效法律文书的当事人列入全国法院失信被执行人“黑名单”，并利用本院户外电子屏、门户网站、平远县电视台等载体予以公开，累计在中国执行信息公开网公布失信被执行人299人。创新方式加大失信被执行人曝光力度，携手《梅州日报》驻平远发行站，发放1.2万余份印有失信被执行人信息的海报，并到失信被执行人所在镇村（居委会）有针对性地张贴40名失信被执行人信息海报400份。推动失信惩戒机制的联合运用，借助住建、金融、工商等部门力量，对列入“黑名单”的失信被执行人在从事特定行业、任职资格、高消费等30多个方面予以严格限制，让其一处失信、处处受限，促使部分失信被执行人主动履行义务。严惩规避、抗拒执行行为，对33名涉案当事人作出司法拘留决定，对4名涉案当事人或阻碍执行的案外人作出罚款决定。4.充分运用淘宝网搭建的网络司法拍卖平台，累计推出房产、汽车等拍品103件次，成交金额189.64万元。

2018年10月11日，“平远县决胜基本解决执行难工作联席会议”在平远法院召开　（刘翠红　摄）

【**社会服务**】　2018年，平远县人民法院做好服务社会工作。1.开展“扫黑除恶”专项斗争。加强“扫黑除恶”专项斗争工作的组织领导，成立由院长担任组长的“扫黑除恶”专项斗争工作领导小组，并下设办公室在刑事审判法庭，负责该院“扫黑除恶”专项斗争工作。制订《平远法院扫黑除恶专项斗争工作方案》，建立健全工作机制，有计划有步骤地开展“扫黑除恶”专项斗争工作，加强思想认识，扩大宣传效果，做好工作台账，加强线索摸排。严格按照上级法院《关于加强涉黑涉恶线索摸排工作的通知》要求，在案件立案、审理、执行及日常工作中，对涉黑涉恶线索的甄别与收集，多次召开领导小组会议，分析研判线索，特别针对涉赌涉暴力讨债等案件，认真排查是否存在涉黑涉恶，并深挖背后是否存在“保护伞”，研判线索22条，将3条线索作为涉黑涉恶案件线索报送至县扫黑除恶专项斗争领导小组办公室。2.参与服务“双创”活动。强化大局意识，围绕“一城一区一带”发展战略，支持县重点工程项目建设，密切关注“三清三拆三整治”工作动态及工业园区等重点发展领域，及时妥善处理有关建设施工、劳资争议等纠纷案件，依法保障县城功能优化，品质提升。配合交通秩序整治，规范文明驾驶行为，审理机动车交通事故损害赔偿纠纷案件115件。弘扬文明诚信，推动构建社会诚信体系建设，加强文明创建宣传工作，利用单位门口户外电子屏、拉横幅等方式方法宣传文明创建工作，宣扬社会主义核心价值观。3.参与社会治理创新。落实“谁执法谁普法”责任制，加强普法责任意识，先后有公安、消防、武警等单位60余人观摩庭审。深化青少年犯罪预防工作，参与社区矫正、回访帮教工作，全年审结2件未成年人犯罪案件，有效减少和预防未成年人犯罪。始终围绕审判中心任务落实社会责任，及时向政府部门、事业单位等提出司法建议，发出司法建议6份，有效反馈率100%。为增强群众识毒、拒毒、防毒能力，组织干警先后4次深入到仁居镇黄畲村、上远村等开展禁毒宣传活动，发放禁毒宣传资料1000多份，张贴海报500多张。

【司法体制综合改革】 2018年，平远县人民法院以落实司法责任制为核心，深化司法体制综合配套改革，努力让人民群众在每一个司法案件中感受到公平正义。1.开展法官助理和书记员身份确认工作。针对该院未入额法官、法官助理、书记员、执行员和其他符合条件的人员，完成10名法官助理和1名书记员的身份确认工作，并明确法官助理和书记员的职责定位，将身份确认后的法官助理和书记员配备到审判业务部门。2.开展以审判为中心的刑事诉讼制度改革。邀请县人大法工委、县委政法委、纪委监委、公安局、检察院、司法局的相关负责同志围绕深入推进以审判为中心的刑事诉讼制度改革进行座谈，健全证人、鉴定人出庭作证制度和配套机制，推动刑事案件侦查、起诉、审判阶段的证据标准统一。参与构建侦查、公诉、审判和司法行政机关刑事案件律师辩护衔接机制，探索建立会商通报制度。全面开展刑事案件律师辩护全覆盖工作，为被告人提供辩护和法律帮助95人次，法律援助53人次。3.推进案件简繁分流，扩大简案快办审理范围，通过简易程序审结刑事案件74件，占全年刑事案件的69.8%。通过简易程序审结民商事案件812件，占全年民商事案件总数的73.68%。推进案件档案数字化建设工作,有序做好档案目录数据库建设、电子文件归档等工作，方便干警办案、群众查询，增强阳光司法透明。4.深化人民陪审员制度改革，全面落实《中华人民共和国人民陪审员法》，配合县司法局选任49名人民陪审员，及时提请县人大常委会任命，加大人民陪审员陪审案件工作力度。

【司法公开】 2018年，平远县人民法院以审判流程、开庭审理、裁判文书、执行信息四大公开平台为载体，深化司法公开，构建开放、动态、透明、便民的阳光司法机制，提升司法公信力。固化公布开庭公告制度，保障社会公众和当事人及时了解案件排期情况。推进生效裁判文书上网工作，公开裁判文书674份，文书上网率100%，提升司法透明度。推进庭审直播工作，全年员额法官累计直播93件一审刑事、民事案件。精选典型案例开展司法宣传活动，在各级新闻媒体上发表各类新闻稿件29篇次，制作电视节目35期，及时回应群众关切。

2018年12月13日，平远法院依法公开开庭审理平远县首宗涉恶团伙犯罪案件　（刘翠红　摄）

【便民举措创新】　2018年，平远县人民法院深化立案登记制改革，提升诉讼服务质效。年初，开通网上立案系统，支持民商事案件网上立案功能。4月，启用公共法律服务自助终端机，让群众享受便捷智能的法律服务。加大司法救助力度，为符合司法救助条件的65名当事人发放司法救助金42.4万元，依法为困难当事人缓减免诉讼费，保障困难当事人起诉权。注重法治宣传，常态化开展送法进乡村、进校园活动，先后组织青年干警到城南中学、田家炳中学、仁居镇等地，开展邻里关系、校园侵权、禁毒及扫黑除恶等普法宣传和提供法律咨询服务，并赠阅法律书籍、普法宣传册数千册。

【接受监督】　2018年，平远县人民法院坚持接受社会各界的监督。1.接受人大和政协民主监督。主动向县人大常委会报告工作，邀请人大代表和政协委员到法院实地视察工作，调研法院员额法官履职工作情况，并举办座谈会认真听取意见和建议，全年邀请人大代表、政协委员及县监察委等部门工作人员参与座谈、观摩庭审等活动72人次。2.依法接受检察机关诉讼监督。邀请检察机关监督法院履职活动，支持配合检察机关履行法律监督职能，推动完善检察长列席审委会会议制度，邀请同级检察院检察长列席审委会会议。3.自觉接受社会监督。全年20名陪审员累计参审案件669件1321人次。依法保障律师执业权利，推行民事诉讼律师调查令制度，推动法律职业共同体建设。完善特约监督员制度，通过座谈会等形式收集有关加强法院建设的意见建议。加强与新闻媒体的沟通，接受舆论监督，拓宽社会各界对法院工作的监督渠道，确保审判权在阳光下运行。

（刘翠红）

2018年度平远县人民法院负责人名录

院　长：刘鹏飞

副院长：谢　强　曾梅麟　林玖昀（8月起任）

司法行政

【概况】 2018年，平远县司法行政系统围绕县委、县政府各项中心任务，做好法治宣传教育、法律服务、人民调解和社矫安帮、队伍建设等各项工作，推动平安平远、法治平远建设。

【法治宣传教育】 2018年，平远县司法行政系统认真做好法治宣传教育工作。1.抓好宪法的宣传教育。通过开展“围龙讲堂，宪法在我心中”主题宣讲，县委宪法宣讲团巡回宣讲宪法等活动，印制宪法单行本、宪法挂图、宪法宣传标语、横幅等形式，把宪法宣传教育覆盖到全社会、全领域，形成尊崇宪法、学习宪法、遵守宪法、维护宪法、运用宪法的良好氛围。2.抓好“谁执法谁普法”责任制的贯彻落实。制订并印发《平远县关于贯彻落实〈关于实行国家机关“谁执法谁普法”责任制〉实施意见的通知》和《关于组织开展平远县首届国家机关“谁执法谁普法”履职报告评议活动的通知》，组织开展对县卫计局、县人社局、县林业局、县供电局4个单位“谁执法谁普法”的履职评议活动，促进全县各级各部门围绕普法责任清单把普法工作融入日常，抓在经常，提高国家机关普法教育实效，推动全县法治宣传教育工作向纵深发展。3.抓好国家工作人员学法用法。抓住“关键少数”，落实《关于完善国家工作人员学法用法制度的意见》要求，组织举办全县普法骨干培训班，在全县范围内普及推广运用领导干部和国家工作人员学法考法平台，实现全县国家工作人员无纸化网络学法考试工作全覆盖。全年组织4422名国家工作人员首次参加省统一的无纸化宪法专题考试，优秀率98.54%，平均分98.73分。4.开展形式多样的法治宣传活动。在县城人口集中小区、公共场所利用电子显示屏及平远法律服务微信公众号宣传法律法规，营造浓厚的法治氛围。以“3·15”“6·26”“12·4”等重要时间节点为契机，开展消费者权益保护、“健康人生，绿色无毒”宪法等法治宣传进社区、进学校、进农村等活动。5.推进法治创建工作。完善法治文化主题公园建设，定期更新法治宣传长廊内容，补充法治文化元素，让广大群众在休闲娱乐中得到法治文化的熏陶。抓好民主法治村（社区）创建工作。落实广东省关于法治建设“四级同创”工作部署，长田镇长安村等75个村（社区）被评为广东省“民主法治村（社区）”创建单位称号，广东电网梅州平远供电局被省普法办、省司法厅、省经济和信息化委、省国资委等上级部门确认为2017年广东省“法治文化建设示范企业”。

【法律服务】 2018年，平远县司法系统做好法律服务工作。1.推进县镇村（社区）公共法律服务实体平台建设。投入50多万元完成县公共法律服务中心、12个镇公共法律服务工作站、全县143个村（社区）公共法律服务工作室外观标识内务规范建设，提高公共法律服务标准化、规范化、便民化水平。2.推进一村（社区）一法律顾问工作。27名律师担任全县143个村（社区）的法律顾问，实现线上线下一同开展工作，全面满足群众法律服务需求。2018年，全县村（社区）法律顾问为村（社区）及群众解答法律咨询1305人次，提供法治宣传457场次，参与纠纷调解24 宗，办理法律援助案件2宗，出具专业法律意见 21份，其他法律服务事项86件。3.强化法律援助工作。扩大法律援助范围，全面畅通困难群体特别是农民工维权“绿色通道”，刑事案件律师辩护全覆盖。2018年，法援处接待来访群众600多人次，来电咨询82人次，代书95份，承办各类法律援助案件130宗（其中民事案件31宗、刑事案件99

宗）。4.依法按程序办理公证事务。依照《中华人民共和国公证法》《公证程序规则》办理各类公证，坚持提供上门服务、延时下班、预约办证、节假日办证等服务，全面提升服务水平和质量，满足群众公证服务需求。全年办理公证427件。服务县重点工程项目建设和中心工作，派出公证员39人次参与县城整治违法建筑行动等中心工作任务。5.发挥县重点工程法律服务团和信访工作律师团作用。2018年，律师参与县重点工程项目的研判36场次，参与修改重点工程投资合同35份，安置补偿协议48份，提供法律意见72份，派出律师实地处理重点工程法律事务46场次，现场公证16人次。派出律师参与陪同县领导信访接访24人次，参与疑难复杂信访案件研办7场次。

【人民调解和社矫安帮】 2018年，平远县司法行政系统做好人民调解和社矫安帮工作。1.抓好 “健全社会矛盾纠纷化解机制”民生实事的落实。（1）从全县12个镇的临聘人员中聘任专职人民调解员24人，7月1日起调解案件实行“以案定补”制度，强化人民调解在维护社会稳定“第一道防线”的作用。深入各镇召开人民调解工作推进会。坚持和发展“枫桥经验”，派出律师深入各镇召开人民调解工作推进会，实现全县12个镇全覆盖，累计培训镇村人民调解员近400人，发放培训资料2000多份。（2）做好人民调解宣传工作，每年订阅近200份《人民调解》杂志，全县镇村调委会组织学习，提高人民调解员调解矛盾纠纷的能力和水平。10月，该局被中华全国人民调解员协会评为2018年度人民调解宣传工作先进集体。（3）加强边界社会矛盾纠纷排查化解，与福建省武平县、江西省寻乌县三方共同签订闽粤赣边司法行政大协作协议，创新社会治理模式，维护边界社会和谐稳定。在全县范围内开展矛盾纠纷“大排查、大调解”专项活动，落实每季度一次的矛盾纠纷分析研判制度，推进人民调解经常化、制度化。（4）抓好村（社区）调委会规范化建设，达到“五落实、六统一”（组织、人员、报酬、场所、制度落实，工作标牌、名称、印章、标识、程序、文书统一）要求，夯实人民调解基础。突出镇村（社区）调委会在化解矛盾纠纷中的作用，基本实现矛盾不上交，筑牢维护基层稳定的“第一道防线”。石正司法所会同有关部门调解25位村民集体反映的村道堵塞纠纷和2起意外伤亡事故，东石、长田等司法所成功调解比较重大的纠纷，避免事态的升级和“民转刑”案件的发生，取得较好的社会效果。2018年，全县镇、村调解组织受理各类社会矛盾864宗，调解864宗，调解率100%，调解成功859宗，调解成功率99.42%，达成口头协议571宗，书面协议168宗。排查纠纷800次，预防纠纷469宗，防民转刑案件1宗4人，防止群体性上访1件11人。2.抓好社区矫正工作。（1）创新管理方式，与县法院、县检察院、县公安局等社区矫正主要成员单位联合开展社区服刑人员大考察活动。开展社区矫正人员电子手环定位监控工作，组织警告一次的社区服刑人员到市强制戒毒所参加震撼教育，提高社区服刑人员教育管控水平。2018年，接收社区矫正人员62人，解矫71人。全县累计接收社区服刑人员560人，累计解矫488人，正在接受社区矫正72人，无脱管、漏管发生，维护社会的和谐稳定。3.加强刑释人员安置帮教工作。落实刑释人员衔接和信息处理工作，利用远程视频会见帮教系统，为监狱服刑人员与家属和亲属见面提供近距离服务。2018年，成功会见41宗，实现“家门口探监”。加强教育帮扶力度，制定有针对性的帮教方案，开展多种形式的形势政策、法律法规、思想道德教育。2018年，衔接刑释解教人员73人，全县在册安帮人数383人，核实率100%，接收率100%，帮教率100%，安置率100%，无重新违法犯罪发生。4.开展扫黑除恶专项斗争工作。把扫黑除恶专项斗争工作当作当前和今后一个时期的重要政治任务抓好抓落实，加大法律法规的宣传力度，营造扫黑除恶专项斗争的法治氛围。加大线索摸排，组织和指导各司法所对辖区内社区服刑人员和刑满释放人员进行全面彻底的走访摸排，全年已上报5条问题线索到县扫黑办。5.做好人民陪审员选任工作。依法依规选任人民陪审员49名。

2018年4月18日，平远县司法局与福建武平县、江西寻乌县建立闽粤赣边司法行政大协作机制，图为启动仪式

【队伍建设】 2018年，平远县司法行政系统做好队伍建设工作。1.利用报告会、研讨会、党组会，集中学习与自学相结合等各种形式学习和贯彻习近平新时代中国特色社会主义思想、中共十九大精神、《习近平谈治国理政第二卷》和习近平总书记重要讲话精神。开展坚决全面彻底肃清李嘉、万庆良恶劣影响和“纯洁政法队伍，建功扫黑除恶”警示教育活动，提高政治站位，增强政治警觉性和政治鉴别力。2.认真落实巡视整改工作。根据县委关于中央第十二巡视组巡视广东、省委第九巡视组巡视梅州反馈的意见，逐一对照问题清单，制定整改措施，建立整改台账，落实专人负责，认真落实整改，确保整改到位。开展主题为“加强党的政治建设，营造良好政治生态”纪律教育学习月活动，把政治建设放在首位，持之以恒正风肃纪，持之以恒反对腐败，确保队伍的先进性、纯洁性，全面提高队伍新时代新作为新担当的能力。 （马育芳）

2018 年度平远县司法局负责人名录

局　长：谢婷章

副局长：谢　彤　余均权　曾伟红（女）

农业·水利·气象

农业农村

【概况】 2018年，平远县农业局以深入推进农业供给侧结构性改革和加快培育农业农村发展新产业这一工作主线，做强做精五大农业产业，较好地完成各项工作任务目标。全县实现农业生产总值18.76亿元，比增4.5%，农村居民人均可支配收入16486.6元，比增8.3%。

【特色产业】 2018年，平远县农业局从六方面大力发展特色产业。1.确保粮食生产平稳发展基础上，发展优质稻种植加工，全县优质稻复种面积0.95万公顷（14.2万亩）。梅州金穗公司的黑香米、辰曲大米顺利通过广东省农业名牌产品复审。2.发挥脐橙产业优势，创建省级现代农业产业园。以省农业厅重视现代农业产业园区建设为契机，积极参与省级现代农业产业园创建，使平远县脐橙产业园成功列入2018年第二批省级现代农业产业园，争取省级财政补助5000万元，促进全县脐橙“三产”融合稳定健康发展。全县全年种植脐橙脱毒苗386.67公顷，全县脐橙产业园面积0.27万公顷。3.推广有机茶种植，打响“客家炒绿”品牌。按有机标准大力推广茶叶种植，引导茶企采用具有平远地方特色的“客家炒绿”工艺大力发展名优茶加工，在国家级、省级评比活动中累计获得20多项金奖荣誉，6个省级名牌农产品称号，茶叶产业已成为平远县发展最快的农业产业之一。全年新种植茶叶80公顷，全县总面积927公顷。4.突出附加值特点，做大做强南药产业。在做大仙人草、溪黄草等传统南药基础上，做强梅片树、葛根、岗梅、石斛等附加值高的南药种植加工。支持南药种植新型农业经营主体南药切片、烘干、分拣、包装等加工设备改造升级，积极打造南药产业园。11月，平远威大地有限公司的仙人粄粉和广东华清园生物科技有限公司的天然冰片获广东省名牌产品称号。5.依托油茶产业园优势，发展休闲农业。在培育推广良种油茶苗及油茶精深加工研发的基础上，鼓励支持油茶龙头企业广东新大地生物科技股份有限公司加快产业转型升级，引进旅游元素大力发展休闲农业和乡村旅游，建设农业大公园。2018年，广东农业公园曼佗山庄实现总收入2044万多元，带动周边农民户均年增收6000元。6.大力发展“一镇一业、一村一品”，做特做强传统产业。重点发展三华李、金柚、柿饼、化州桔、花生、腌制姜蒜、梅菜、萝卜干、番薯干、禾米、黄粄、食用菌等农特产品的种植加工。全县已形成一定规模的特色农产品生产加工企业32家，涵盖250多个农特品种。

【农村改革】 2018年，平远县农业局重点抓好农村土地承包经营权确权登记颁证、集体产权制度改革、农村土地“三权”分置改革、深化农村“三变”改革等工作。1.完成“土地确权”工作。全县完成农村承包地确权面积1.06万公顷（15.96万亩），完成率99.94%，颁发51711本农村土地承包经营权证，颁证率98.78%，并顺利通过省级验收，该县是广东省第一批通过农业部数据汇交的县。2.完善“三权”分置制度，引导农村土地经营权规范流转。在完成土地确权基础上，该局探索土地经营权流转新机制，引导农村土地经营权规范流转，在不改变农用地性质的情况下，支持鼓励新型经营主体，以租赁、股份合作等形式参与农村土地经营权流转，向集约化、规模化、品牌化方面发展。2018年重点抓好泗水梅畲田园综合体160多公顷（2400多亩）土地经营权流转示范点建设，全县农田流转面积累计866.67公顷（1.3万亩），实现年增值520万元。3.积极探索农村集体产权制度改革，深化“三变”改革工作。该局会同县委农办、泗水镇，在泗水镇梅畲村积极推广农村集体产权制度改革试点工作，逐步推进以资金、技术、土地以及建筑物等形式入股参与田园综合体建设，开展“资源变资产、资金变股金、农民变股东”的“三变”改革试点工作。该村农民以土地入股到农旅公司，村民房屋等租赁给农旅公司，预计村民30年可累计获得1000余万元土地房屋收益金收入，村民成为农旅公司员工，每月劳务收入可达3000元以上，预计2~3年内，村民的人均年收入可从8000元提升到3万元以上。

【农产品质量保障】 2018年，平远县农业局围绕质量强县创建活动，做好农产品质量安全保障。1.强化质量监管。加大对全县主要农产品和蔬菜的抽检力度，累计完成定性速测样品2150份，合格样品2137份，合格率99.4%。接受省、市监督抽查130批次，合格样品128批次，合格率98.46%。抽检水产品6批次56个样品，检测合格率100%。2.强化农业综合执法。结合扫黑除恶专项斗争，认真宣传，广泛发动，周密部署，加大涉农领域执法力度，重点加强对农资经营门店的规范管理力度。全年出动执法人员2593人次，依法查处案件4宗，结案4宗，罚没2.49万元，有效打击各种违法生产和经营行为。3.完善监管体系建设。为提高农产品质量安全，平远县农业局积极争取国家级农产品质量安全检验检测体系项目县建设。至年底，县级农产品检测站已建成并投入使用，各镇也设立有农产品质量检测站，配备了速测人员及设备。

【农业面源污染治理】 2018年，平远县农业局组织做好农业面源污染治理工作。该项目在河头、中行、八尺三镇20个村实施，参与农户3629户，全年实施水稻种植面积1566.27公顷（23494亩），投入约155万元，直接补贴农户金额103.98万元。1.举办项目培训班31期，培训2080人次，发放各种宣传、技术资料1.2万余份，通过宣传、培训，群众的环保意识得到增强。2.推广水稻配方施肥和“三控”施肥技术。全年推广水稻配方肥606.26吨，配方施肥技术在项目区推广应用90%以上，“三控”施肥技术推广应用占65%。3.推广病虫害综合防治技术，2018年，推广生物农药及高效低毒农药6.89吨，项目区已基本制止剧毒高毒农药在水稻生产中的使用。4.推广电动喷雾器996台，项目区电动喷雾器普及率88%以上。经过连续两年的项目实施，项目区减肥减药、控污控害工作取得较好成效。

【农业科技】 2018年，平远县农业局积极实施新型职业农民和新农人培育工程。采用请进来、走出去的方式，组织4期206人次参加脐橙、油茶、南药、茶叶、优质稻等五大特色产业技术栽培培训班；专门邀请省、市专家到平远县为种植户、新型经营主体、新农人现场授课，并组织到外地现场观摩学习先进经验等，进一步提高全县农业经营者的技术和管理水平。同时，在全县12个镇136个行政村遴选具有代表性的500户科技示范户进行精心培育，加大良种良法、测土配方施肥、智能水肥一体化、病虫害综合防治、稻田养鱼等先进技术推广。该局在防控脐橙黄龙病过程中摸索出的“以精准防治柑橘木虱为第一要务，以科学砍除病树为保障，以种植无病苗为前提”的综合防控柑橘黄龙病技术的应用，使平远县脐橙黄龙病得到切实有效控制，发病率明显下降，该防控模式得到省、市农业专家的高度认可。

【美丽乡村建设】　2018年，平远县农业局积极实施乡村振兴战略，围绕美丽乡村建设工作重点，扎实推进休闲农业和乡村旅游示范县建设。1.做好幸福村居示范片建设扫尾工作。做到开源节流，把结余资金50万元投入到积极性较高、建设较为规范的上举镇。结合新农村建设、古民居改造、“三清三拆”、做好上举圩镇沿线古民居改造升级。2.争取“一事一议”项目实施。全年投入3500多万元，用于全县12个镇27个“一事一议”项目的组织实施，解决当前美丽乡村建设中迫切需要的资金短缺问题，加快平远县乡村振兴发展步伐。3.实施农旅融合，助推乡村振兴。利用平远县丰富的农业资源与浓厚的客家文化，优美的生态环境，抓住获得“全国休闲农业与乡村旅游示范县”这一金字招牌，积极打造“一镇一业”“一园一景”“一村一型”的乡村旅游新格局。重点推进曼陀山庄休闲公园、石正云雾有机生态茶园、金穗休闲养生旅游产业园、泗水梅畲田园综合体、仁居茶博园等项目建设，有针对性打造一批农旅融合的现代农业示范基地和品牌农业示范公园。2018年5月，石正云雾茶场荣获广东十大最美茶园称号。10月，曼佗山庄被评为广东最美农业公园。

【农产品品牌认证】　2018年，平远县农业局坚持以“精、特、优”取胜，实施生态品牌战略，以三品认证、名特优新农产品评审、申报地理标志、农产品商标注册和创建富硒农产品（基地）为重点，大力实施绿色生态农产品品牌培育计划。1.鼓励新型农业经营主体创建品牌认证。制定奖励政策，争取县委、县政府的重视支持，对新获得的“三品一标”认证、名牌产品、著名商标称号的给予2万元～6万元补助，进一步提高企业参与产品认证、品牌创建的积极性。2.加强宣传推介。采取走出去的办法，组织县内农业企业参与国际绿色创新产品展会、首届农民丰收节梅州农特产品展示、上海农博会、广州食品展览会、第九届广东现代农博会、南粤古驿道定向大赛农特产品展览会和平远第十四届脐橙节农特产品展销会等展示展销活动8场次，使平远县农特产品得到更好的宣传推介。3.加大“三品”认证力度。2018年，平远县威大地的仙人粄粉、园山湖的绿茶和华清园的天然冰片3个产品均获评广东农业名牌产品；梅州金穗公司和广东新大地公司2家企业获评“梅州市十佳休闲农业长寿体验基地”；平远源丰公司、梅州金穗公司、广东新大地公司等15家企业获评“梅州市富硒农业生产基地”。对比上年新增绿色食品认证1个，有机食品认证2个，新增3个省级名牌产品。至年底，全县经国家认证的无公害农产品39个、绿色食品10个、有机食品9个，省级名牌产品9个。

【新型经营主体培育】　2018年，为进一步提高农业新型经营主体的影响力竞争力，平远县农业局重视做好新型经营主体培育工作。1.新型农业经营主体不断壮大。通过培育工程，新增县级龙头企业4家，新增家庭农场19家，全县农业新型经营主体总数达645个，各级农业龙头企业59家，农民专业合作社399家，家庭农场91家，种养大户96个。全县各类农产品加工企业32家，形成水果、油茶、优质稻、嘉应茗茶等8大农产品加工系列产品，农产品加工率由上年30%提高到35%。各类新型农业经营主体辐射带动能力不断增强，通过“提供优质种苗、订单种（养）

植、保价收购”等方式，带动4.9万多农户，户均年增收入2950元。2.加大新农人培育力度，让更多的新农人成为农业农村发展领头雁和主力军。通过各种媒体宣传推介省人大代表刘琼等6位新农人代表典型经验，认真做好新农人的档案收集管理工作。3.大力扶持“互联网+现代农业”新模式。重点培育平远县电子商务中心、广东新大地、梅州可其山、梅州南台果业和客家围龙信息中心等农电商示范企业建设，积极拓宽农产品流通渠道，为该县生态富民、乡村振兴插上“互联网+”翅膀。全年农电商线上销售农产品总额6500万元，比上年增加2000万元，增长44.4%。

种植业

【粮食生产】 2018年，平远县扎实做好粮食生产工作。全年完成粮食播种面积2.19万公顷，总产量达7.59万吨，面积上年下降18.3%，总产量比上年下降16.2%。

【良种良法推广】 2018年，平远县农业局加强良种良法推广和技术指导。综合推广超级稻高产栽培技术、水稻三控技术、水稻抛秧技术、水稻测土配方施肥技术、甜玉米无公害栽培技术、甜玉米育苗移栽培技术和病虫害综防技术等。大力推广以超级稻为主的高产优质的良种品种，全县主要粮食作物良种覆盖率和科技入户率均达95%以上。

【种粮补贴政策落实】 2018年，平远县抓好种粮补贴政策贯彻落实和参保。2018年，耕地地力保护补贴按土地确权面积为基础上报，全年补贴1.06万公顷，补贴金额1402.65万元。全年水稻参保32279户，两造水稻投保面积1.27万公顷。

【高标准基本农田建设】 2018年，平远县农业局抓好高标准基本农田建设。全面完成东石、长田2镇共12个村的高标准基本农田建设任务，建设规模813.33公顷，总投资1830万元。

【春收农作物管理】 2018年，平远县农业局做好全县春收农作物管理工作。全年冬种面积0.33万公顷，其中粮食作物0.07万公顷，蔬菜0.13万公顷、其他0.13万公顷。

【粮食生产功能区划定】 2018年，平远县农业局抓好粮食生产功能区划定工作。全面完成市下达平远县粮食生产功能区6286.67公顷（9.43万亩）的划定任务，将全县粮食（水稻）生产功能区落实到具体地块，确保全县粮食生产种植面积有效稳定。

（平远县农业局）

水产养殖

【水产养殖】 2018年，平远县水产放养面积890公顷，水产品总量9022吨，产值11022万元，渔业人口人均年收入12377元，劳均年收入42304元，全年水产品检验检测合格率100%。在抓好优质水产品健康养殖发展的基础上，做大做强白玉蜗牛、石金钱龟、仿野生甲鱼等特种水产养殖。

【安全监督检查】 2018年，平远县农业局加强水产品养殖的安全监督检查。在水产品质量安全专项整治工作中，平远县农业局出动执法人员131人次，检查县内47家(次)的水产生产经营企业或养殖场。至10月底，抽检监督水产品（种苗、水或沉积物）6批次，其中抽样检验16个样品（种苗、水或沉积物），监督5个样品，药物残留快速检测40个样品（水或沉积物），检测结果为全部合格，合格率100%。

【渔政执法工作】 2018年，平远县农业局加强渔政执法工作。广泛宣传，禁止在公共水域毒鱼、电鱼、炸鱼等违法行为，全年发

放渔政宣传资料600多份，下乡执法60多人次。　　（平远县农业局）

2018 年度平远县农业局负责人名录

局　长：黄新生

副局长：杨劲松　李小林　韩垂文

　　　　张文萍（女）

畜牧兽医

【概况】　2018年，平远县肉类总产量13.83万吨，畜牧业总产值4.2亿元，畜牧业总产值占农业总产值28%。其中，全年生猪出栏10.2万头，家禽出栏157.36万羽，牛、羊出栏1.42万头，蜂蜜产量 370吨。

【养殖管理】　2018年，平远县畜牧兽医局严格做好养殖管理工作。该局按《关于印发平远县养猪业污染问题专项整治工作方案的通知》精神，要求各镇做好本辖区内的整治摸底调查工作，严格规划、依法划定畜禽养殖禁养区、限养区和适养区。及时对禁养区的养殖场下达拆除、搬迁通知书，对限养区与适养区的养殖场下达整治通知书。组织相关站所精干人员会同县整治办共同做好限期整治工作，适时到各镇进行养殖业污染治理进度督查，组织财政、环保等人员对拆除养殖场进行现场验收。至7月31日，根据该县养猪业污染问题专项整治工作领导小组统计情况，全县畜禽禁养区内养殖场（户）241家，全部已关闭或搬迁，禁养区内退出率100%。

【防疫检疫管理】　2018年，平远县畜牧兽医局从三方面做好防疫检疫管理工作。1.加强畜牧系统突发事件风险隐患排查和整改。利用动物春秋防检查集中时段，组织专业技术人员，并由分管副局长带队，随机对全县80多家养殖场（户）进行详细的抽查，重点查看动物防疫、饲养投入品使用、养殖生产档案、消毒制度、病死畜（禽）无害化处理等情况。经抽查，各镇未发现违规使用饲养投入品以及乱扔病死畜（禽）等违法行为。（1）明确各镇责任。召开动物春秋防专题会议，按照县与镇签订《平远县防控重大动物疫病工作责任书》，明确责任追究，形成县镇联动防控机制，确保全年不发生重大动物疫情。（2）打好动物春秋季免疫基础。适时草拟春秋防工作通知，全面部署动物春秋防工作，要求各镇确保免疫密度，强化疫情监测，重视养殖场、畜禽交易市场等重点地区的消毒灭源。同时，订购好动物春秋防所需的禽流感、口蹄疫等重大动物疫病疫苗和消毒药，提前安排2019年全年疫苗用量。免疫后及时对各镇春秋防落实情况进行检查，指出存在的问题，确保春秋防的免疫效果。2.做好H7N9流感和小反刍兽疫防控。要求各镇抓好动物H7N9禽流感和小反刍兽疫防控，不定期派出专业技术人员和执法人员对活禽交易市场、养禽场、养羊场等进行严格监督检查，消除隐患，从源头上杜绝禽流感、小反刍兽疫疫情的发生。该县全年没有发生H7N9流感和小反刍兽疫疫情。3.严防非洲猪瘟，加强生物安全防控。8月，国家公布有非洲猪瘟疫情后，该局立即响应应急预案。平远县防制重大动物疫病指挥部召开2018年秋防工作会，重点学习非洲猪瘟的知识并布置非洲猪瘟防控工作。全县各镇兽医部门对所有生猪养殖场户、生猪定点屠宰企业开展全面排查。该局及时向各镇农业服务中心转发省农业厅关于防控非洲猪瘟，加强生猪移动监管的通知，9月17日，以防重指挥部的文件向各镇人民政府转发省农业厅办公室关于进一步加强生猪及其产品跨省调运监管的通知。要求各镇全面设防，严堵疫情传入平远县。向全县生猪养殖户发放告知书，要求他们不能到疫区及疫区周边省份调入生猪。在八尺公路公安检查站设立省境临时公路动物卫生监督检查站，抽调专职人员于9月28日起正式上班，严格查证验货，严防死守。

【屠宰管理】 2018年，平远县畜牧兽医局加强屠宰管理工作。为规范该县肉食品市场秩序，确保全县人民肉食品安全，按《广东省生猪屠宰“扫雷行动”实施方案》要求，坚决打击取缔私屠滥宰行为。2018年度出动联合执法人员1200人次、180多车次，查获未经检疫私宰猪肉约400公斤。

【肉食品监管】 2018年，平远县畜牧兽医局从两方面做好肉食品监管工作。1.建立肉食品安全承诺制度，健全肉食品安全追溯体系。为全县辖区内畜禽养殖场、兽药经营单位和屠宰场（点）建立信息档案，要求各生产经营单位签订《动物及动物产品质量安全承诺书》和《生猪屠宰场肉品质量安全承诺书》。同时做好畜禽产品溯源制度，做到一畜一标识，严禁未佩戴相关动物标识的畜禽流通及屠宰。2.加大动物及动物产品违禁药物抽查。认真做好日常屠宰环节“瘦肉精”抽检监督。全年抽检6930份生猪尿样，检测结果全部合格，保障该县畜产品质量安全。

【执法监督】 2018年，平远县畜牧兽医局从两方面做好执法监督工作。1.加强动物卫生监督执法工作。该局执法人员出动990人次，加强对全县83家规模畜禽养殖场的防疫、畜牧业投入品使用（主要是兽药、饲料使用）、养殖生产档案、消毒制度、“瘦肉精”监测、病死畜（禽）无害化处理等监督检查，未发现违规使用兽药以及出售病死畜（禽）等违法行为。2.加强畜牧业投入品安全监管。该局执法人员出动155人次，检查该县辖区内兽药店（公司）17家，重点检查兽药店环境卫生，兽药进、销、存记录台账等项目。经检查，各兽药店均能规范经营，做好相关经营台账，未发现销售假劣、违禁兽药等违法行为。

【技术推广】 2018年，平远县畜牧兽医局重视技术推广。1.不断改进“规模养猪场废弃物添加微生物发酵综合利用技术”。该局在大力推广“规模养猪场废弃物添加微生物发酵综合利用技术”的基础上不断优化、改进，由发酵床+发酵塔+无害化处理池的综合处理模式简化为发酵床处理模式，畜禽粪便污水均由发酵床处理。既节省人工，又易于操作。为更好地推进畜禽粪污处理示范创建活动，该局购买价值2.85万元的菌种、喷嘴，免费发放给养殖户。2.积极落实《平远县继续实施畜牧品种改良促进畜牧业发展议案（五年）总体实施方案》、大力推广实用饲养技术等措施，促进肉牛、肉羊、肉兔等草食动物的生产发展。该局组织专业技术队伍对梅州和信达农牧有限公司和梅州彧园山仁农业科技开发有限公司共同合作完成“饲料青贮技术的研究与应用”项目。该技术既能解决肉牛养殖环节优质青粗饲料缺乏时均衡供应问题，又能解决秸秆资源化利用率低的问题。总体技术水平达到省内领先。

（盛　富　姚雪军）

2018年度平远县畜牧兽医局负责人名录

局　长：刘永安

副局长：林志强　盛　富

农业机械管理

【概况】 2018年，平远县拥有各种农业机械23206台（套），折合总动力87944千瓦。各类拖拉机1220台（其中大型拖拉机3台），联合收割机299台，拖拉机配套农机具978台，微耕机2649台，农用排灌机械3984台，田园管理机205台，机动脱粒机12505台，农产品初加工机械1575台，畜牧养殖机械811台，渔业机械1394台，基本建设机械137台。机耕面积1.62万公顷（24.235万亩），机耕率98.95%，机收面积0.97万公顷（14.53万亩），机收率71.64%，机插面积62.73公顷（941亩），机灌面积0.65万公顷（9.69万亩），水稻机械化综合水平达61.63%，农机经营服务总收入1857.02万元。

【农机购置补贴】 2018年，平远县农业机械管理局（以下简称平远县农机局）认真落实农机购置补贴工作。中央财政下达该县农机购置补贴资金33万元，全县补贴各类农机具119台（套），落实补贴资金9.57万元，119户农民直接受益，带动农民直接增加对农机化的投入33.02万元，推动现代农业发展项目的建设，优化农机装备结构，提升农机科技含量。严格有关要求，坚持公开、公平、公正、阳光透明的原则,确保农民直接受益，开展4次农机购置补贴涉农领域整治工作，有效防范违规违纪现象。

【农机推广体系完善】 2018年，平远县农机局积极完善农机推广体系。该局根据《广东省2018年基层农技推广体系改革与建设补助项目实施方案》要求，加强基层农机推广机构建设，积极探索适应新形势要求的农机推广新模式。逐步建立完善以基层公益性、农机推广机械为主导，农业机械经营合作服务组织、农机大户为主体，农机科研、教育和生产，流通企业广泛参与，分工协作，服务到位，充满活力的多元化基层农机技术推广服务体系，做好农机推广运行机制创新。

【农机培训与技能鉴定】 2018年，平远县农机局做好农机培训与技能鉴定工作。1.克服培训场地不足等条件，利用科技下乡，农机学校开办技术培训班的形式，开展实施拖拉机、联合收割机及新型职业农民培训项目，创新培训办学方法模式。至年底，共组织培训农机人员108人，其中手扶拖拉机驾驶员8人次，变形拖拉机驾驶员20人次，收割机、起垄机操作人员30人次，其他农机具操作人员50人次。2.在全县12个镇开展农机职业技能鉴定工作，培训鉴定农机修理工12人，开展对农机维修网点及其从业人员资质的整顿检查，促进全县农机维修业发展。

【农机安全生产】 2018年，平远县农机局重点做好农机安全生产工作。联合交警、安监执法等部门按要求开展田间路查、宣传、警示等工作，对跨区作业人员及机械全方位进行安全技术检验。同时，组织人员在河头圩镇开展一场“农机安全”知识宣传活动，提高农机手和人民群众的安全生产意识。

（平远县农业机械管理局）

2018年度平远县农业机械管理局负责人名录

局　长：韩小荣

副局长：王亚平　卓衍龙

林　业

【概况】 2018年，平远县林业局创新工作思路，强化务实举措，着力推进造林绿化、实施生态修复、强化资源保护、深化林业改革、发展富民产业，各项工作取得成效。据该县森林资源二类调查工作最新成果显示：全县土地总面积13.74万公顷，林地面积10.76万公顷，森林面积10.59万公顷，森林覆盖率77.04%，森林蓄积量733.17万立方米。

【造林绿化】 2018年，平远县林业局造林绿化任务全面完成。深入开展新一轮绿满平远大行动，扎实推进森林碳汇、生态景观林带、森林进城围城、乡村绿化美化四大林业重点生态工程建设。完成造林更新2340.4公顷（35106亩），森林抚育6431.67公顷（96475亩），新建生态景观林带16千米，面积64公顷（960亩）；提升生态景观林带60千米，面积240公顷（3600亩）；建设9个省级乡村绿化美化示范点；培育绿化苗木123万多株，新增大、中、小营养袋25万株。

【资源管护】 2018年，平远县林业局强化资源管护。1.加强森林、林木、林地管理，核发林木采伐许可证486份、采伐蓄积34186立方米；核发木材运输证645份、涉及木材材积10036.5立方米；核发木材检疫证865张。2.规范征占用林地审核审批，办理征占用林地手续15宗、面积92.27公顷（1459亩），缴纳森林植被恢复费1031.93万元。3.组织开展“2018红线行动”“扫黑除恶专项斗争行动”“禁毒2018两打两控”“春雷2018”等专项行动，查处各类林业案件181宗，其中刑事案件6宗，行政案件175宗。

【灾害防控】 2018年，平远县林业局做好森林防火和林业有害生物防治工作。1.对全县聘请的406名护林员重新签订管护合同书，明确管护工作职责。组织全县380名森林消防队员进行扑火技能业务培训。全面实施广东省梅州西片森林火灾高风险区综合治理项目，有效防范森林火灾发生，实现全年无重特大森林火灾和人员伤亡事故。2.科学加强林业病虫害防控，实施林业有害生物实施调查监测面积20.7万公顷（310.6万亩）次，林业有害生物发生率0.5%，成灾率2.82‰。实施林业有害生物防治作业面积0.48万公顷（7.16万亩）次，无公害防治面积562.6公顷（8439亩），无公害防治率100%。

【林业产业发展】 2018年，平远县林业局加快推动林下经济发展，壮大绿色产业。1.全年完成铁皮石斛投资480万元，种植、补植大棚石斛2公顷（30亩），扩大林下原生态附生捆种栽植6.33公顷（95亩）。推进天然右旋龙脑精深加工及种植产业化项目建设，投入资金13050万元，建成梅片树示范种植基地578.27公顷（8674亩）。新增备案登记平远县仙水堂生态园种养专业合作社，发展林药生产。2.帮助指导广东威大地有限公司和广东源丰农业发展有限公司申报2018年省级林业经济示范基地项目，广东源丰农业发展有限公司被确立为省级林下经济示范基地。至年底，全县林下种植面积1.19万公顷（17.8万亩），林下养殖面积1333.3公顷（2万多亩），森林景观利用面积1.35万公顷（20.26万亩），建成省级以上林业龙头企业11家，省级林下经济示范基地4家，专业合作社54家，参与发展林下经济农户5200多户。

2018年12月6日，国家林业局原总工程师、中国林业产业联合会常务副会长封加平（右三）到平远调研考察林业生态文明建设、国家储备林建设等林业产业工作

（章田　摄）

【林业制度改革】 2018年，平远县林业局加快推进林业制度改革。1.深化集体林权制度改革，完成精准确权并发放林权类不动产权证书25宗，发证面积106.87公顷（1603.08亩）。加大山林纠纷调处力度，制定《平远县2018年山林纠纷历史积案批量化解行动方案》和《平远县涉山林纠纷问题社会矛盾大化解专项行动工作方案》，成

功调处山林争议案件44宗，解决争议面积67.33公顷（1010亩），全年未出现因涉林问题引发的集体上访闹访或越级上访事件。2.严格按照《信访条例》，及时办结来信来访案件，受理群众来访260多人次，受理群众信访案件41宗，办理信访件41件，办结率100%。3.聘请广州大学的教授对河岭嶂市级保护区、五指石市级保护区、南台山国家级森林公园进行边界确定和矢量化，并将边界确定和矢量化成果进入二调系统。联合环保、住建等部门共建“生态保护红线”“多规合一”空间信息平台，实现资源信息共享。

【生态文明建设】 2018年，平远县林业局积极推进生态文明建设。1.组织开展全民义务植树活动，全县参加义务植树12.9万人次，尽责率92.14%，义务植树70多万株。2.加强自然保护区建设管理，做好自然保护区科普宣传教育，努力把畲脑宣教中心、黄田生态教育径打造成为展示生态保护成果、传播生态文化知识、弘扬生态文明理念的重要窗口。3.协助省森林公园协会在该县成功举办全省森林公园协会年会暨森林旅游创新论坛；推进中央级科技项目“龙脑樟良种选育与高效栽培技术推广”，省级科技项目“阴香良种选育与高效栽培研究与示范”“半枫荷良种选育与高效栽培研究与示范”，均取得良好效果。4.推进新一轮古树名木普查与保护以及2019年广东省绿美古树乡村建设项目申报工作，协助上举镇做好广东省森林小镇建设项目的实施，配合开展梅州创建国家森林城市工作。

（郑 萍）

2018年度平远县林业局负责人名录

局 长：罗益新（任至2月）

林志鹏（2月起任）

副局长：韩垂辉 余新荣 丘宝平 韩垂尚

广东平远龙文—黄田省级自然保护区

【资源管护】 2018年，广东平远龙文—黄田省级自然保护区管理处（以下简称保护区管理处）深入推进生态资源保护工作。1.全面推进网格化巡护管理。将自然保护区64个林班划分成12个网格，每个网格指定专职护林员为责任人，并签订责任书。通过格格定人、人从定责、分工协作、密切配合，形成网格化监管模式，实现对管护工作的高效管理。同时，通过加强管理和考核奖惩，调动护林员积极性，确保资源巡护工作落实到位。2.扎实开展“绿盾2018”专项行动，组织开展“绿盾2017”专项行动问题整改“回头看”，对保护区疑似违规开发建设的68处人类活动点进行实地核查，未发现违法违规问题。根据生态环境部2016—2017年广东省省级自然保护区人类活动变化遥感监测报告，2017年平远龙文—黄田省级自然保护区人类活动无变化。未发现新增违法违规问题。

【项目建设】 2018年，保护区管理处积极推动项目建设工作。1.开展极小种群野生动植物资源保护工作。拯救喜树、仙湖苏铁项目投入资金15万元，实施就地保护和迁地保护、野外监测巡护等；拯救水松项目投入资金20万元，完成水松的就地保护，苗圃建设（0.13公顷）及保育和监测等工作。2.完成林火远程视频监控系统建设。投入项目资金135.3万元，建成林火视频监控中心1个，全区范围内安装视频监控前端设备13个，监控覆盖率90%以上，基本实现森林资源实时监控、森林火情及时发现、林业灾害及时监测的目标。

【科研监测和科普宣教】 2018年，保护区管理处进一步加强科研监测、宣传教育等工作。1.开展生物多样性（鸟类）观测工作。该管理处与环境保护部南京环境科学研究所合作，开展2018年鸟类观测项目，建立广东省平远县观测样区，组建由3名专业技术人员组成的观测队伍。观测样区设计繁殖期样线10条，分别于4月24—28日和6月4—8日观测2次。重点观测鸟类物种的种类组成、种群动态、生境状况、受威胁因素等，拍摄并提交观测样区内的生境照片和鸟类物种照片，记录观测轨迹，提交观测数据和报告。2.开展自然大课堂活动。10月21日，由梅州市东山教育机构组织50名中小学生，由8名老师带领，到保护区进行大自然课堂的科普采风活动，参观自然保护区宣教中心、生态教育径。3.加强公众宣传教育。印制自然保护区《鸟类》《兽类》《两栖动物》《爬行动物》《昆虫》《野生植物》《极小种群》《中国最美森林》《中国森林氧吧》等9种宣传折页（9000份），并将科普宣传资料发放给社区群众，提高公众的生态保护意识。

【人工杉林补偿工作】 2018年，保护区管理处开展自然保护区人工杉林补偿工作。做好中央第四环境保护督察组交办案件的整改落实工作，对坐落在保护区内的人工杉林分三年（期）进行生态补偿，补偿涉及5个镇、12个村、59个村民小组、497户，共816块宗地，面积437.55公顷（6563.3亩），材积33789.4立方米，补偿总金额1013.68万元。其中第一期补偿工作已完成，发放补偿资金405.47万元。

【保护区范围和功能区调整工作】 2018年，保护区管理处完成自然保护区范围和功能区矢量化工作。矢量化成果显示：保护区总面积8125.4公顷，其中核心区3108.1公顷、缓冲区1704.8公顷、实验区3312.5公顷。在此基础上，进一步做好自然保护区范围和功能区调整工作。根据省级自然保护区评审委员会专家9月26—27日到平远县实地考察后提出的意见，做好相关材料修改完善工作。（郑　萍）

2018年9月29日，省环保厅厅长鲁修禄（前排左三）调研广东平远龙文—黄田省级自然保护区范围和功能区调整工作 （谢远　摄）

2018年度广东平远龙文—黄田省级自然保护区管理处负责人名录

主　任：罗益新

副主任：饶耀辉（任至9月）

水　务

【概况】 2018年，平远县水务局结合省、市、县工作部署，全力推进重点水利工程建设，全年5项6宗水利工程，累计完成工程投资1.5亿元。同时，扎实开展防汛抗旱工作，加强水生态文明建设，不断深化水务行业管理。

【水利建设】 2018年，平远县水务局从四方面做好水利建设工作。1.山区中小河流治理工程。2018年实施治理项目是湖洋河治理工程及长田河治理工程，治理河长21.7千米（其中长田河16.1千米，湖洋河5.6千米）。2宗工程于8月开工建设，至年底完成主体工程建设任务，完成治理河长21.7千米，护岸14.87千米，清淤疏浚21.7千米，打造水生态节点3处，完成投资3564.2万元。2.村村通自来水工程。2018年度村村通自来水工程实际投资6660万元，完成工程宗数49宗。已完成20个省定贫困村集中供水全覆盖（包括县城扩网供水）。3.镇村污水处理项目建设工程。（1）镇级污水处理建设项目。上举、泗水、河头、长田、热柘、仁居、东石、石正、中行9个镇镇级污水项目开工建设，完成工程投资约4000万元，占总投资的66.67%，完成2018年建设任务。（2）村级污水处理建设项目。河头镇向阳村，东石镇锡水、茅坪及汶水村、差干镇三达村5个省定贫困村完成主体工程施工，其他15个省定贫困村全面开工建设，完成工程投资约1500万元。4. 2017年度“五沿”崩岗治理工程。总投资75.17万元，其中省级补助资金75万元。项目位于平远县东石镇、八尺镇和上举镇，需治理6个崩岗，建设谷坊3座，溢洪道44.1米，截（排）水沟210米，种草17778.26平方米，种植水保林3618株。该项目于2017年6月开工建设，至2018年年底，工程已完工。5.革命老区及原中央苏区崩岗治理一期工程。工程总投资314.86万元，项目涉及大柘、石正、东石、热柘、中行和上举等6个镇，年底完工。

【“三防”工作】　2018年，平远县旱涝态势总体平稳略偏旱，灾情损失轻，江河水情较平稳。至11月初，全县平均降雨总量为1149.1毫米，对比多年同期减少近两成，全县山塘水库现有蓄水量比多年同期减少近300万立方米。1月至5月，该县平均降雨量只有398毫米，比常年偏少近5成，有6个乡镇出现不同程度的旱情，全县受旱总面积3864.6公顷（57969亩）。其中，重旱1749.1公顷（26237亩），因旱造成3.25万人饮水困难。针对旱灾，该局以“保障生活用水，协调生产、生态用水”为抓手，坚持“先生活用水、后灌溉用水、再生产用水”的要求，对辖区内的水源工程制订抗旱用水计划，进行统一调度管理，最大限度保障当地群众生活用水。并宣传发动群众生产自救，干部群众投工投劳对总干渠和支渠进行全面清淤，利用抽水设备抽水抗旱等。

【水利管理】　2018年，平远县水务局从三方面做好水利管理工作。1.加强水资源管理。该局组织完成对全县入河排污口的调查摸底工作，调查发现入河排污口20个，其中规模以上2个，规模以下18个。为做好该县入河排污口设置的规范整治，县河长办于10月11日印发《关于加快推进我县入河排污口整治工作的通知》。完成2个规模以上入河排污口的设置评审工作，其中1个完成规范整治。2.强化水土保持工作。全年受理6项水土保持方案报告书，批复4项，水土保持登记表备案登记203份；监督检查水土保持项目3项，发送水土保持意见3份；组织实施2018年度革命老区及原中央苏区一期崩岗治理工程和2017年度“五沿”崩岗治理工程。3.认真落实河长制工作。县河长办编制完成《平远县江河湖库开展“五清”专项行动工作方案》，对各镇各单位下一步开展“五清”工作进行职责划分。印发《平远县全面开展水面漂浮物清理专项行动方案》，并于6月15日至7月15日、9月15日至10月15日组织各镇集中开展河流水面漂浮物清理专项治理行动。至年底，全县完成“清漂”长度321.5千米，打捞漂浮物1132.9吨。

（梁桂莲）

2018年度平远县水务局负责人名录

局　长：林志鹏（任至2月）
　　　　黎志勇（2月起任）
副局长：林福平　刘柘盛　凌　平

省属水库移民管理

【概况】　2018年，平远县大中型水库移民后期扶持人口517户1977人（其中跨省水库移民35户142人），主要分布在泗水、八尺、河头、石正、大柘、仁居、上举、东石8个乡镇，25个行政村41个移民自然村。平远县小型水库移民后期扶持人口320户1267人，主要分布在八尺、东石、热柘、石正、仁居、中行、上举等7个镇，14个行政村23个移民自然村。

【水库移民后期扶持政策落实】 2018年，平远县省属水库移民管理办公室做好水库移民后期扶持政策落实。1.完成水库移民后期扶持人口动态核减任务。根据《广东省水库移民工作局关于做好水库移民后期扶持人口数据核查工作的通知》文件要求，进一步核查全县水库移民数据，保证人口数据的真实完整可靠。平远县水库移民有837户3244人。其中，面上大中型水库移民353户1288人；跨省水库移民35户142人；小型水库移民320户1267人；省属水库移民129户547人。2.做好项目资金管理工作。2018年下达移民后扶资金754.75万元，其中，直补资金110.10万元，项目扶持资金644.65万元。项目扶持资金主要安排进行美丽乡村建设和交通道路建设：八尺镇黄沙村黄二移民新村示范工程美丽乡村配套设施项目工程建设投资48.50万元、泗水镇文贵村水库移民安置区丝茅坪至长岗岃交通道路硬底化项目工程投资46.50万元、泗水镇木联村礤子下至太角胡道路硬底化工程投资65.76万元、河头镇黄田移民安置区美丽乡村浇筑黄田村河堤交通道路工程投资28.30万元、石正镇正和村新寨移民村新圩陂头加固工程投资12.50万元、中行镇中行村矮地住房维修项目工程投资29.20万元、热柘镇上山村河背村渠道工程投资8.69万元等。2018年小型水库实行生产扶持项目发放到户每人每年600元，并改革为随自然年发放。

【库区移民医保投保】 2018年，平远县省属水库移民管理办公室继续为库区全部移民购买农村合作医疗保险。全年投资3.83万元，为库区移民547人投保加入农村合作医疗保险。

【移民维稳】 2018年，平远县省属水库移民管理办公室做好移民安置区维稳工作，保证移民区社会稳定。健全移民接访日制度，及时解答移民群众来信、来访反映的问题。移民干部做好信访工作，转变工作作风，改移民“上访”为移民干部“下访”。多次到移民区召开座谈会，深入基层了解情况，解决热点难点问题。全年接访2宗11人次。 （陈先国）

2018年度平远县省属水库移民管理办公室负责人名录

主　任：林伟峰

扶贫开发

【概况】 2018年，中共平远县委农村工作领导小组办公室（又称平远县扶贫开发领导小组办公室，以下简称平远县扶贫办）积极实施乡村振兴战略，扎实开展精准扶贫精准脱贫工作和生态宜居美丽乡村建设。至年底，该县20个贫困村实现干净整洁村目标，70%的行政村完成人居环境“三清三拆三整治”任务。全县累计投入各类帮扶资金9219.37万元，实施户帮扶项目27281个，个人项目30245个，村帮扶项目292个，全县建档立卡有劳动能力贫困户年人均可支配收入15240元；义务教育、基本医疗、住房安全保障等扶贫政策及产业扶贫、就业扶贫、金融扶贫、资产收益扶贫、党建扶贫等重点工作有效落实，各项帮扶指标全面完成，2018年实现脱贫人口3877人，脱贫率93.9%。

【扶贫成效】 2018年，平远县扶贫办坚持“四实”要求，全力打好脱贫攻坚战。2016年以来，全县累计筹集帮扶资金13129.5万元，已投入使用9219.37万元。至2018年年底，实现脱贫人口1460户3877人，脱贫率93.9%。全年清退不符合标准的贫困户73户236人，新纳入贫困户8户32人。2016年以来，全县发现扶贫领域腐败和作风问题线索89条，立案30宗，已结案30宗，党纪政务处分30人，其中查处7起扶贫工作中失职渎职案件，通报曝光典型案例7起，形成有力震慑。

【扶贫措施】 2018年，平远县扶贫办采取四大措施做好扶贫工作。1.落实主体责任，实现齐抓共管。建立健全脱贫攻坚工作督查、研判、调研和遍访制度。（1）落实好遍访和调研制度。按《平远县党政一把手脱贫攻坚调研和遍访工作方案》，县委书记遍访11个省定贫困村和2个脱贫任务较重的分散村，县党政一把手专题调研扶贫工作25次;12个镇党委书记和20个相对贫困村村党组织书记均完成年度遍访贫困户任务。（2）落实专题研判制度。就精准识别、政策落实、项目建库、资金安排、专题督查考核等工作，分别召开县委常委会、县政府常务会等专题工作会议10次,及时研判扶贫工作重大事项，出台相关政策和文件。（3）落实督导制度。建立健全专项督导工作机制，把督导工作作为脱贫攻坚的重要措施。同时，对督导发现精准扶贫工作不严不实、问题突出的6个单位的主要领导进行约谈提醒。2.落实保障政策，做到应保尽保。将建档立卡贫困人口中丧失劳动能力且无法依靠产业扶持和就业帮助脱贫的贫困人口纳入最低生活保障，合计616户822人，保障兜底落实率100%；全县农村贫困户子女九年义务教育阶段入学率99.46%，全县2017—2018学年落实贫困户子女教育生活费补助479名，占比100%；全县参加城乡居民基本医疗保险人数4126人，年度累计救助525人，合计医疗救助总额123.91万元，医疗救助率100%；年度完成234户建档立卡贫困户危房改造工作。3.落实帮扶项目，拓宽增收渠道。（1）狠抓产业扶贫。紧密结合“一镇一业”“一村一品”主导产业发展，推广“龙头企业+合作社+基地+贫困户”的经营模式，认真落实产业奖补政策，发放奖补资金543.33万元，全县32家从事特色农产品生产和加工企业，带动6000多人（其中贫困人口3304人）参与250多个品种的种植经营。（2）抓实就业扶贫。开展全县建档立卡贫困户劳动力就业创业政策咨询、职业指导、就业信息和技能培训服务，实施“客家菜厨师工程”培训工作，举办精准扶贫专场就业招聘活动，累计举办贫困户劳动培训1414人，帮扶实现就业1156人。（3）抓好金融扶贫。加大贫困户发展创业等各类扶贫小额贷款力度，落实风险担保金400万元、贴息资金19.16万元，累计为294户贫困户发放小额贷款878.1万元，户均年收益1200元。（4）抓好电商扶贫。搭建“平远县消费扶贫公共服务平台”“平远消费扶贫展区”等服务平台，为16家企业发放超过12万枚“广东省消费扶贫产品”认证标签，并组织7场平远特优农产品展销会，实现消费扶贫产品销售额达10091.77万元。4.落实“回头看”,做到精准管理。为提高扶贫开发数据的准确性、真实性和有效性，扎实开展精准扶贫“回头看”工作。（1）围绕帮扶对象真实性抓识别。针对“建档立卡对象是否缺漏”和“建档立卡信息是否错漏”开展精准识别，清退不符合条件的贫困户73户236人，新纳入贫困户8户32人。（2）围绕帮扶措施实效性抓整改。围绕“贫困户脱贫措施是否长效”和“前两轮贫困村发展是否有短板”问题，在规范扶贫资金项目使用管理上抓好整改，调整产业和就业奖补政策，加强项目库建设，坚持项目引导资金使用，充分发挥扶贫资金在主导产业发展、贫困户与主导产业联结中的积极作用。（3）围绕帮扶工作问题性抓治理。认真抓好中央和省委巡视、省市扶贫成效考核、“回头看”督查反馈问题的整改落实，通过建立整改工作台账，逐个落实整改措施，确保整改到位。开展扶贫领域作风和腐败问题专项治理，全县立案查处扶贫领域违纪违法案件16件，结案12件，给予党纪政务处分12人。

【乡村振兴】 2018年，平远县扶贫办做好乡村振兴工作。1.突出党建引领，保障乡村振兴工作有序推进。（1）建立分级负责机制。充分调动县、镇、村三级的积极性，建立“县级统领、部门联动、镇级实施、村村创建”的分级负责工作机制，县级层面成立县党政主要领导挂帅的领导小组，由县四套班子成员挂钩全县12个镇，并在南沙区、市直单位挂钩贫困村的基础上，选派县直单位干部与镇村干部组成创建工作组；特别是县委每两个月组织对各镇“三清三拆三整治”工作进行考评，考核成绩低于80分且排名末两位的镇党委书记向县委常委会作说明，以严考评促进真抓实干。（2）把村党组织打造成乡村振兴的“主心骨”。以实施“头雁”工程为牵引，选优配强带头人队伍。2017年以来，调整15名“四不”村支部书记，向红色村、省定贫困村、软弱涣散村、集体经济薄弱村等农村基层党组织选派第一书记29名，并按不低于1：2比例培养确定村（社区）党组织书记后备人选286人，在全县143个村（社区）全面增设党组织委员，形成推动乡村振兴的强大合力。（3）在各个自然村建立党群理事会，打通乡村振兴“最后一公里”。全县成立1111个党群理事会，有1456名党员参与其中，严格落实镇干部“五天三夜”住镇制度和镇村干部挂村包片责任，引领群众积极参与村庄规划编制、项目谋划与实施、工程质量监管以及用地保障、资金使用监督等。（4）坚持先“富脑袋”再“富口袋”，激发共建共治共享内生动力。加快推进新时代文明实践站建设，引导村民参与制定村规民约、家训家规；组建党群理事会、村民理事会以及村民议事会、红白喜事会、道德评议会、禁毒禁赌会等群众自治组织，引导乡贤、群众有序参与乡村治理，激发农民群众对乡村振兴的归属感、责任感和认同感。2.汇聚各方智慧绘制“平远发展蓝图”。（1）明确发展方向。拟定《平远县乡村振兴战略规划2018—2022年）（征求意见稿）》，完成20个省定贫困村村庄规划编制。打造八尺角坑、仁居社南、上举八社等党建示范点。（2）完善政策体系保障。推进多规合一的规划体系，拟定《平远县质量兴农战略（2018—2020年）规划（征求意见稿）》《平远县农村物流建设发展规划（2018—2022）（征求意见稿）》《梅州市平远县乡村振兴农村公路发展规划（2018—2022年）（送审稿）》等发展规划。（3）规划“五片示范·百村整治”布局。根据该县村庄和产业特点，规划打造“十里花海·梦里水乡”“烟雨南台·石泉石美”“钟灵毓秀·田园农庄”“酒茶果香·红色故乡”“五指相思·游客向往”5个示范片，形成“五片示范·百村整治”的布局。

【三清三拆三整治】 2018年，平远县积极做好“三清三拆三整治工作”。1.加大农村人居环境整治力度。细化“三清三拆”标准，因地制宜推动环境整治。围绕“达不到安全居住等级、达不到环保排污治理等级”两大标准，明确“三拆除”的界定标准和奖补标准：即凡露天厕所茅房、不达标排放的牛猪栏和禁养区牛猪栏、老式烤烟房以及其他乱搭乱建物，必须一律拆除。对危旧房屋，区别对待、分类整治，面积大于50平方米的，倡导以修缮为主，面积小的和未达到安全居住等级的，一律拆除；对具有历史价值、保护完整的老祖屋、老祠堂等旧建筑，积极引导业主在限期内做好修复，保留现存特色；对无法修缮确需拆除的老祖屋，利用拆旧复垦政策引导群众进行拆除；对城中村探索推行拆旧地票证制。同时，做好拆旧材料收集归类保护和活化利用，将瓦片、砖石、木料门框门扇、窗柜窗扇等有价值旧建筑材料用于后续建设，留住乡愁。2.在“三整治”中，创新实施“以物易物”的“垃圾兑换超市”有偿回收新模式，让全民当“保洁员”。全县拆除危旧房屋132.3万平方米、废弃猪牛栏16.84万平方米、厕所5.37万平方米、烤烟房1.88万平方米，全县70%以上的村庄基本完成“三清三拆三整治”任务。3.推进拆建工程。坚持“先整治后提升”原则，整合项目和资金，统筹推进村道建设、污水处理、房屋外立面改造、公厕建设等农村基础设施建设，切实解决农村基本公共服务不足难题。全县各村垃圾收集率达95%以上，无害化处理率100%；15个村建有污水处理设施。至年底，20个省定贫困村污水处理设施全面动工,101个村正在推进；应建村级卫生站129间，已建成129间；建成贫困村39条共77.8千米村道；已建公厕96座，贫困村完成改厕415户等。4.制订出台《平远县客家特色民居外立面建设激励奖补实施办法》《客家民居外立面改造指引》等政策文件。引导群众按客家新民居的要求进行特色建设，让“乡村意境”带着社会、文化因素融入规划，有效解决农村建房规划滞后、风貌不一等问题。全县投入资金6672万元，“20+10”先行示范村完成客家特色民居外立面改造2530户 83.8万平方米。

【新农村建设工作】 2018年，平远县扶贫办从五方面做好新农村建设工作。1.创新农业生产经营机制，产业融合引领富民兴村。推动农村综合改革，激活农村发展新活力。至6月，全县农村土地承包经营权确权面积1.06万公顷（15.96万亩），确权率99.94%，颁发承包经营权证书51711本，颁证率98.78%。2.探索土地经营权有序流转的途径和模式，有效解决承包地细碎化问题，推动农村“三变”改革（即资源变资产、资金变股金、农民变股东）。广东鸿艺集团进驻梅畲村开展田园综合体打造，与该村平远梅畲农旅文化发展有限公司联合把闲置荒弃的农田、旱地流转集约起来，实现村民变为股东，享股东收益。全村478户群众，其中流转土地签约418户，完成率83.9%，获得土地收益金53.8万。3.稳步推进宅基地制度改革试点工作，探索宅基地所有权、资格权、使用权“三权分置”的有效实现形式。梅畲田园综合体已流转房屋20户、约2500平方米。选定石正、仁居、中行、热柘、上举、东石等6个潜力大、群众意愿高、主体意识较强的镇开展拆旧复垦先行先试工作。深化集体林权制度改革，全县完成确权宗地5.1万宗，确权发证面积10.41万公顷（156.1万亩）。4.以现代农业产业园建设为抓手，推动特色农业产业化规模化品牌化。全县建成36个连片种植33.33公顷（500亩）以上的农业产业基地以及飞龙脐橙产业园、新大地油茶产业园、南药产业园、金穗优质稻产业园等11个集种植、加工、销售于一体的农业产业园，其中脐橙产业园入选广东省现代农业产业园。5.打造产业融合发展平台，为绿水青山与金山银山搭建转化通道。该县大力打造差干旅游特色小城镇、八尺酒业特色小城镇和梅畲田园综合体等，依托当地丰富的旅游资源、农业资源及酿酒产业，努力让产区变景区、田园变公园、劳作变体验、民房变民宿。通过加强“红色村”、古村落、古驿道的修复保护和活化利用，成功举办南粤古驿道定向大赛暨“寻乌调查”红色之旅、第九届北京国际山地徒步大会梅州·平远站等系列活动，进一步推动文化、旅游、体育与农业深度融合。 （张　芳　凌平征）

2018 年度中共平远县委农村工作领导小组办公室（扶贫办）负责人名录

主　任：吴荣浩（任至2月）
　　　　张教东（2月起任）
副主任：曾　戈　黎常青
　　　　朱炯辉（挂职，8月起任）
　　　　赖婉红（挂职，8月起任）

气　　象

【气候情况】 2018年，平远县气候属一般年景，总体气候特征是：雨量偏少、气温持平、高温日数明显偏多。

气温：县城年平均气温20.8℃，与历年平均值持平，年极端最高温度37.4℃，出现在5月27日；年极端最低温度为-1.5℃，出现在2月7日。全年高温日（日最高温度≥35℃）有43天，低温日（日最低温度≤5℃）32天，有霜冻日12天，结冰日8天，无霜期320天。

降水：2018年，全县降雨偏少，县城年降雨量为1375.1毫米，比历年平均值偏少18%。2月至5月降水持续偏少，降雨量仅213.5毫米，比历年平均值偏少70.8%。全年有雨日152天，暴雨日（日降水量≥50毫米）4天，最大日降水出现在6月21日，为94.4毫米。

强对流天气：暴雨、短时强降水、雷雨大风、台风等强天气是2018年影响平远的主要气象灾害。7月28日，该县出现强雷雨大风天气，河头镇录得小时雨量40毫米，多个乡镇出现7级以上阵风，其中河头镇、泗水镇、长田镇出现8级阵风，县城出现全年极大风速9级阵风，达21.0米/秒。年内有雷暴日42天。

热带气旋：2018年，西北太平洋和南海海域共有29个热带风暴或台风生成，较常年正常。第1号热带气旋“布拉万”（热带风暴级）生成于1月2日，最后一个热带气旋“天兔”（强热带风暴级）生成于11月20日。全年台风对该县无明显影响。

2018年11月8日，省气象局巡视员常越（右三）参观综合探测基地　（李元辉　摄）

【气象服务与气象现代化】 2018年，平远县气象局从五方面做好气象服务与气象现代化工作。1.强化公共气象服务保障。为应对愈来愈多的极端气象灾害，县气象局牢牢把握“你的冷暖在我心头”服务理念，以“准确、及时、创新、奉献”的气象精神，开展精细化预报，提高预警预报时效性，做好灾害性、关键性、转折性天气的气象预警预报服务，以及做好春运、春节、国庆、徒步大会等重大节会活动的气象服务保障。全年报送《重大气象信息快报》38期，《重大气象信息专报》13期，发布各类气象灾害预警信号127次，发送预警短信和决策服务短信79万余人次，启动气象灾害应急响应5次，向相关单位部门传真2500多次，发布天气微博1800多条、天气微信365条。2.升级完善站网设备，促进气象服务效益不断提升。完成长田新大地公司和东石镇锅叾村两个区域自动站的升级改造，全县17个区域自动站完成太阳能供电系统改造升级，进一步保障气象资料监测的稳定性，提升对中小尺度突发性气象灾害的监测预警能力和应对能力。4月完成生物舒适度设备安装并投入使用，完善生态气象监测网络，构建城市生态气象观测新格局。11月完成DFC3型光电式数字日照计的安装调试，日照观测将告别传统的人工观测，有效提高日照数据的监测质量和频率，推进地面观测业务自动化。3.人工影响天气科技能力和服务效益进一步提升。2月以来，平远连续3个月降水偏少。2月1日至5月6日，平远降水122.7毫米，比历史同期偏少77%，各镇均出现不同程度的干旱。为减轻干旱危害，保障生产生活用水，县气象局密切监视天气变化，抓住有利时机开展人影作业，于5月7日至6月5日期间成功实施人工增雨作业4次，发射火箭弹12枚。在自然降水和人工增雨的共同作用下，平远出现中到大雨、局部暴雨降水，有效缓解旱情。4.修订印发《平远县气象灾害应急预案》。年初，县气象局牵头组织各镇以及相关部门，认真总结近年平远重大气象灾害应急工作实践经验，通过构建气象灾害“情景”作为风险实例，明确不同风险下各相关部门的任务分工，细化应急响应启动指标，强化部门之间的高效联动，进一步提高应急预案的目标性、针对性、科学性和实用性，健全气象防灾减灾救灾机制，最大限度减轻或者避免气象灾害造成的人员伤亡和财产损失。5.抓好行业安全生产监管。8月，县气象、安监、住建、旅游等部门组成联合检查组，展开重点单位气象灾害防御专项执法检查，对全县部门旅游景点和在建工地气象灾害防御暨防雷安全生产有关情况开展联合执法检查。12月，为加强对平远县气象灾害防御重点单位的管理，避免、减轻气象灾害造成的损失，保障人民生命财产安全，经过专家评审，确定50家企事业单位为2018年平远县气象灾害防御重点单位，由县人民政府发文公布。

（李元辉）

2018年度平远县气象局负责人名录

局　长：古　霖

副局长：何新雄（任至11月）

　　　　肖达承（11月起任）

工　业

工业综述

【主要经济指标】　2018年，平远县全年完成工业总产值70.34亿元，同比下降12%。其中，规模以上企业工业总产值41.26亿元（按现行规上总价计算），同比下降9.0%；规模以上企业工业增加值10.22亿元（按现行可比价计算），同比下降9.5%。工业投资总额6.91亿元，同比下降37.7%。其中，技改投资总额2.04亿元，同比下降48.3%；外贸进出口总额3.41亿美元，同比增长13.1%。

2018年平远县工业企业主要经济指标表（一）（综合分组）

表3　单位：万元

分组	企业单位数（个）	工业总产值（当年价格）	工业销售产值（当年价格）	资产总计	营业收入	利税总额	从业人员平均人数（万人）	增加值
总　计	58	430862.30	403746.50	508016.40	399503.60	23533.70	7424	109174.65
一、按登记注册类型分组：								
内资企业	56	404310.90	377195.10	462508.70	372944.70	20601.70	6815	101459.44
有限责任公司	9	105756.60	91691.90	158094.70	91504.50	12846.10	1781	26952.70
其他有限责任公司	9	105756.60	91691.90	158094.70	91504.50	12846.10	1781	26952.70
股份有限公司	2	37197.50	30882.70	73618.10	30882.70	–6033.50	385	6846.48
私营企业	45	261356.80	254620.50	230795.90	250557.50	13789.10	4649	67660.26
私营独资企业	7	31111.40	31103.50	8761.40	31104.20	1783.40	503	6332.90
私营有限责任公司	33	209863.10	204227.20	198884.10	200138.10	11360.30	3511	55955.53
私营股份有限公司	5	20382.30	19289.80	23150.40	19315.20	645.40	635	5371.83
港、澳、台商投资企业	1	21803.10	21803.10	9725.90	21810.60	1589.70	601	5988.73
合作经营企业(港或澳、台资)	1	21803.10	21803.10	9725.90	21810.60	1589.70	601	5988.73
外商投资企业	1	4748.30	4748.30	35781.80	4748.30	1342.30	8	1726.48
其他外商投资企业	1	4748.30	4748.30	35781.80	4748.30	1342.30	8	1726.48
二、在总计中：亏损企业	11	86756.10	76925.90	127941.80	75654.70	–3743.70	687	19240.07
在总计中：国有控股企业	4	70767.20	59937.40	109863.80	60062.30	–3203.80	472	13781.83
在总计中：轻工业	27	182300.20	173671.10	182472.70	172886.70	16203.50	4068	47426.80
重工业	31	248562.10	230075.40	325543.70	226616.90	7330.20	3356	61747.85
在总计中：大型企业	0	0.00	0.00	0.00	0.00	0.00	0	0.00
中型企业	5	91030.00	84626.70	122368.10	81584.10	11066.40	2307	25347.33
小型企业	53	339832.30	319119.80	385648.30	317919.50	12467.30	5117	83827.33
纯小型企业	47	314021.40	293308.90	338169.10	293542.40	10496.40	5109	77030.02
微型企业	6	25810.90	25810.90	47479.20	24377.10	1970.90	8	6797.31

2018年平远县工业企业主要经济指标表（二）（大中小类行业）

表4 单位：亿元

分组	企业单位数（个）	工业总产值（当年价格）	工业销售产值（当年价格）	资产总计	营业收入	利税总额	从业人员平均人数（万人）
总计	58	430862.30	403746.50	508016.40	399503.60	2289.50	7424
采矿业	2	21983.00	20824.90	24862.60	20853.40	−1884.30	100
黑色金属矿采选业	1	2496.30	2918.90	7169.90	2947.40	−399.40	56
有色金属矿采选业	1	19486.70	17906.00	17692.70	17906.00	−1484.90	44
制造业	55	404131.00	378173.30	447372.00	373901.90	2846.40	7316
农副食品加工业	2	4230.70	4136.90	16641.80	4141.00	304.00	149
植物油加工	1	2093.90	2000.10	11620.60	2004.30	14.80	33
其他农副食品加工	1	2136.80	2136.80	5021.20	2136.70	289.20	116
酒、饮料和精制茶制造业	3	8951.30	8759.90	9394.70	8918.70	546.30	189
酒的制造	2	5985.30	5793.90	7341.20	5952.70	413.70	97
白酒制造	1	3959.00	3767.60	3794.20	3788.90	188.60	68
黄酒制造	1	2026.30	2026.30	3547.00	2163.80	225.10	29
饮料制造	1	2966.00	2966.00	2053.50	2966.00	132.60	92
木材加工和木、竹、藤、棕、草制品业	3	10157.00	9586.80	3866.10	9488.70	155.50	218
木材加工	1	3853.90	3853.90	2012.60	3854.60	9.20	89
人造板制造	2	6303.10	5732.90	1853.50	5634.10	146.30	129
胶合板制造	1	3065.80	3013.50	652.50	3013.50	58.50	79
刨花板制造	1	3237.30	2719.40	1201.00	2620.60	87.80	50
家具制造业	20	160469.70	154120.60	146014.60	153173.30	6591.30	3311
医药制造业	1	3505.10	2202.60	9185.10	2202.60	286.70	350
非金属矿物制品业	6	59079.00	57701.40	61661.20	57738.10	356.90	521
水泥、石灰和石膏制造	3	49840.60	48543.00	46431.90	48543.00	38.00	422
石膏、水泥制品及类似制品制造	1	4437.50	4437.50	3052.90	4437.50	197.30	28
砖瓦、石材等建筑材料制造	1	2800.00	2720.00	3902.40	2756.70	103.30	45
石墨及其他非金属矿物制品制造	1	2000.90	2000.90	8274.00	2000.90	18.30	26
有色金属冶炼和压延加工业	2	37607.00	28955.90	78795.70	29080.80	−9973.80	262
专用设备制造业	1	5618.40	4530.20	2932.10	4416.60	19.30	134
汽车制造业	7	49210.60	47704.00	63856.70	47713.20	2677.90	614
计算机、通信和其他电子设备制造业	5	50918.20	46783.30	48638.30	44771.00	1766.00	1339
电阻电容电感元件制造	1	4335.90	3590.70	4200.00	3590.60	20.20	452
其他电子元件制造	4	46582.30	43192.60	44438.30	41180.40	1745.80	887
其他制造业	1	5143.40	4451.10	1236.50	4451.10	15.60	69
废弃资源综合利用业	4	9240.60	9240.60	5149.20	7806.80	100.70	160
电力、热力、燃气及水生产和供应业	1	4748.30	4748.30	35781.80	4748.30	1327.40	8

【技改创新】　2018年，平远县围绕企业提质增效，以技改创新、项目带动，引导推动工业转型升级，增强发展后劲。1.助力创新创业主体培育。全力落实并做好县内工业企业参加梅州市第一届工业设计大赛工作，经组织和发动，全县有10多份作品参加梅州市第一届工业设计大赛参赛作品，获得产品组一银两铜的好成绩。2.鼓励企业建立省级企业技术中心。组织并协助县内企业开展广东省第十七批省级企业技术中心的认定及申报工作，全县有广东富远稀土新材料股份有限公司、梅州市洪裕汽车配件制造有限公司和广东华清园生物科技有限公司3家企业获得广东省第十七批省级企业技术中心认定。3.树立技改典型。形成一家智能化技改示范企业，大力开展“育上规”“保规上”和“育高企”活动，以推动工业智能化作为转型升级的主旋律，提升发展质量。4.落实政策鼓励创新。2018年全年共指导19家企业实施20个技改项目备案，为企业向省、市争取专项扶持资金437.21万元。出台《平远县实体经济做大做强的扶持奖励实施办法》，协助县内2007—2017年共22个省级财政支持技术改造及技术创新项目的完工评价（验收）工作。

【服务实体经济】　2018年，平远县工业主管部门全力服务实体经济。1.狠抓企业培育上规。实行“暖企行动”精准帮扶常态化，领导挂钩帮扶制度化，实时监测经济运行数据，掌握企业发展动态，开展“育上规”“保规上”宣传引导工作，夯实工业规模。到年底，全县规模以上工业企业共61家，比上年同期新增8家。2.用好、用实扶持政策。贯彻落实好省“实体经济十条”、减轻企业负担等一系列扶持政策，积极帮助企业争取贷款贴息、设备更新奖补、节能减排等各类扶持资金共6000多万元，以政策激励推动工业投资、技改投资。3.推动制造业高质量发展。发挥企业创新主体作用，以市场导向、政府引导，激发创新活力，降低运营成本，推动制造业加速向数字化、网络化、智能化发展。

【节能降耗】　2018年，平远县工业主管部门积极引导企业做好节能降耗工作。1.加强节能宣传力度，形成共识。充分利用节能宣传周和低碳日活动，采用广播、电视、短信等媒体，组织47家公共机构和重点用能企业广泛深入开展节能宣传教育，提高全社会开展节约资源，节能降耗的紧迫感和责任感。2.深入推进国家级节约型示范单位创建活动，其中平远中学于2018年11月通过国家级验收，同时积极鼓励田家炳中学、县人民医院等公共机构创造条件开展节约型示范单位创建。3.加强监察重点耗能企业和公共机构。积极推进低效电机改造和推广高效节能电机使用。4.积极扶持引导企业进行技术改造，挖潜节能降耗空间。重点对梅州宁江水泥有限公司原料磨节能技术改造项目加快工程建设进度。

【成品油市场监管和电力宏观调控】　2018年，平远县工业主管部门加强成品油市场监管和电力宏观调控。1.引导企业大力发展循环经济，鼓励企业开展清洁生产工作，积极加强对本地企业开展清洁生产的监督并做好指导服务工作。2.加强对成品油市场的监管，做好加油站规划，定期对各加油站进行安全经营检查，督促各加油站做好油品供应和安全管理工作，确保全县25家加油站安全、规范经营。3.推进电力体制改革，加强电力宏观调控工作，保证电网有序用电。（平远县经信局）

2018 年度平远县经信局负责人名录

局　长：黎志勇（任至2月）
　　　　吴远平（2月起任）
副局长：凌旺珍　吴小兵　李利明　张远新

生态工业园区建设

【概况】　2018年，平远县以承接产业转移为契机，产业项目建设为支撑，加大广州南沙（平远）产业转移工业园基础设施建设和招商引资力度，在努力服务好入园企业的基础上，全力以赴抓好"筑巢引凤"和扩能提质增效，助推企业快落户、落户企业快上马、在建企业快投产、投产企业快发展，全力打造"绿色产业，生态园区"并成功纳入国务院批准的2018版《中国开发区审核公告目录》。至年底，工业园共有企业75家。其中，投产企业54家（规模以上企业27家）；在建企业15家；另有协议投资企业6家（已注册未动工6家）。2018年工业园完成新增固定资产投入12.25亿元，其中工业项目固定资产投入5.16亿元。实现产值27.95亿元；规模以上工业产值22.92亿元；规模以上工业增加值5.54亿元；税收2.24亿元。

2018年园区主要规模以上企业经济指标表

表5

序号	产业类别	项目名称	落地时间	投产时间（年月）	所属行业	主要产品	投资额（万元）	实际投资额（万元）	2018年产值（万元）	2018年税收（万元）	用工人数
1	稀土新材料	广东广晟智威稀土新材料有限公司	2013年7月	2014年9月	稀土金属冶炼	钕铁硼合金片	26000	28565	14083	1414.14	50
2		平远县华企稀土实业有限公司	2018年2月	2018年3月	稀土新材料	稀土氧化物	20000	20000	19486.7	3851.170374	45
1	家具制造	梅州市方鼎环保新材料有限公司	2013年9月	2014年7月	木质家具制造	塑木复合材料	21300	19399	13445.59	842.34	153
2		平远县洪福家具有限公司	2014年3月	2016年12月	木质家具制造	年产20万件（套）餐桌（椅）、沙发、茶几等中高档家具	31000	32418	11170.515	526.75	80
3		梅州新仕达家居制造有限公司	2018年租用仕达厂房设备进行生产			大型中高档家具生产线项目	—	—	9664	378	195
4		平远县复兴木业有限公司	2011年3月	2014年1月	木质家具制造	新建高档家具、木制品项目	6800	6800	6395.5	253.89	45
5		平远县兴盛伟业实业有限公司	2016年8月	2016年11月	木质家具制造	化妆用具	11000	11100	5143.53	175.79	63
1	机械制造	广东获赛尔机械铸造股份有限公司	2011年8月	2012年8月	黑色金属铸造	年产2万吨柴油机类、注塑机类	37800	36999	13673.49	600	161
2		平远县恒明汽车底盘制造有限公司	1995年12月	2010年1月	汽车零部件及配件制造	新建汽车底盘制造项目	7000	7000	8492.3	158.852061	160
3		平远县金鑫耐磨合金材料有限公司	2004年12月	2008年12月	汽车零部件及配件制造	实用新型汽车制动毂项目	3800	5800	7720	177.4	6
4		梅州五指石科技有限公司	2012年3月	2014年3月	汽车零部件及配件制造	轮毂、制动鼓等	15200	15548	6933.3	267.975	104
5		梅州市洪裕汽车配件制造有限公司	2015年11月	2016年12月	汽车零部件及配件制造	铁型覆砂	23000	26852	5166.3	212.95	82

续表5

序号	产业类别	项目名称	落地时间	投产时间(年月)	所属行业	主要产品	投资额（万元）	实际投资额（万元）	2018年产值（万元）	2018年税收（万元）	用工人数
1	电子信息	梅州达士通精密工业有限公司	2007年12月	2010年1月	电子元件及组件制造	电子连接器生产线项目	15000	5900	23491.3	781	343
2		平远雅玛西科技有限公司	2011年9月	2012年12月	变压器、整流器和电感器制造	雅玛西电子产品	4500	8708	14161.7	184.05	199
3		梅州市恒盛宇科技电子有限公司	2014年9月	2014年10月	半导体分立器件制造	科技电子项目	8000	10200	4335.857	139.05	109
1	建材	梅州宁江水泥有限公司	2007年11月	2010年7月	水泥制造	优质建材生产项目	52000	41200	38886.552	4967	298
1	其他	梅州市海通静电科技有限公司	2013年3月	2014年1月	其他塑料制品制造	防静电产品	8000	8435	5618.39	139.66	134

【园区基础设施建设】　2018年，平远县实施规划引领，加快工业园区基础设施建设。至年底，工业园建成区面积达400公顷（6000亩），道路20.3千米、供电线路13.3千米、工业用水管网14.8千米、生活用水管道15.4千米、日处理能力5000立方米的污水处理厂一座，绿化、路灯、天然气、通信、有线电视在工业园范围内实现全覆盖；扎实推进“一区多园”建设，完成东台生态园控制性规划编制和招商宣传广告片制作和投放，已进入招商选资阶段，“中医药产业园”“智能装备园”正在规划中；孵化基地、标准厂房等配套建设有序推进；积极创建并启动申报高新技术产业开发区。

平远工业园一角航拍　（林庄摄于 2018 年）

【园区企业生产发展】　经过多年的发展，2018年，平远县工业园基本形成“稀土新材料、机械制造、家居建材为主，电子信息、生物医药为辅”的产业体系。2018年新培育华清园生物科技、兴盛伟业、复兴木业、新仕达家居 、宇时代电子、强兴生物能源等6家企业新上规模；新增雅玛西科技、洪裕汽配、恒盛宇科技等3家高新技术企业，以及获赛尔、洪裕汽配、元芯科技、达士通精密工业等4家省级工程研发中心。实现泰山基精工科技、玖诚新材料、蓝潮水上乐园设备、瑞冠新材料、越科新材料、金森机械等6家企业新签订协议，计划投资额10.76亿元；实现华和精密、航驿水上乐园设备、玖诚新材料、越科新材料和蓝潮水上乐园设备等5家企业新落地动工建设，计划投资额10.16亿元；实现华诚塑业、昱淦实业、玖诚新材料、南台水业、航驿水上乐园、恒盛宇科技、硕联石材、雅玛西新能源等8家企业新建成投产，当年实现产值3477万元。

【工业园区工会联合会成立】　2018年10月10日，平远县工业园区工会联合会正式成立，并召开第一次会员代表大会。大会选举产生第一届县工业园区工会联合会及工联会主席、副主席和工联会经费审查委员会。县工业园区工会联合会有管委会机关工会和13家企业建立工会组织，共有会员550人，有

12家企业正在申请建立工会组织。

【投资营商环境优化】 2018年，平远县打造投资创业“洼地”，着力打好“服务牌”“环境牌”。1.高效率推进基础设施建设。全力推进工业园创业创新孵化基地、标准厂房、水电路讯气和污水处理系统等基础设施建设，构筑工业园发展“洼地”。2.高起点配置公共服务资源。以孵化基地建设为抓手，着手规划建设工业园学校、医院等公共服务设施。3.围绕“万千百十”万亩生态工业园区建设目标。加大项目跟踪服务力度，解决项目建设中的问题，力促项目“快落户、快建设、早见效”，抓好“三个一批”项目的系列工作，夯实民营经济发展基础。4.创新工业园管理运营模式。经营好工业园“特色板块”，高起点谋划、高标准建设东台生态园。5.高质量提升服务水平。建立“常联系、马上办、主动帮”管理服务机制、“政企互评机制”和“廉洁高效管理机制”，全面提升工业园管理服务水平。

2018年5月15日，副市长李远青（中）到工业园区创业创新孵化基地调研 （林雄 摄）

【发展动力提升】 2018年，平远县大力实施乡贤反哺工程与珠三角产业转移相结合，积极吸引项目入园建设，突出集约发展，盘活闲置土地、厂房，围绕“重规划、解难题、强产业、补短板、聚合力、优环境”六方面，不断提高园区产出水平。1.进一步加强招商引资的针对性和目的性，围绕产业定位，坚持以产业招商、以商引商，重视利用企业的关联效应进行招商，提高产业链配套能力。2.搭平台、力推介，通过借助古驿道徒步活动，茶香节、脐橙节等节会开展以生态工业、智能装备、中医药产业为主题的招商推介会。3.坚持“抓增量”“挖存量”双轮驱动，实行“一厂一策”，启动盘活或收回吴师傅酒业、帅尔实业、天鸿伟业等企业闲置厂房和土地的程序，清理经营不善、停产、落后产能企业8家。4.做好产业孵化，让已收回永达矿业闲置厂房发挥预期效益，其中5间标准厂房租赁给兴盛伟业、恒宝缘新材料、玖城科技等3家急于落户的企业，使落户企业实现当年租厂房当年投产当年上规模“三当年”，其中兴盛伟业2018年实现产值5143.53万元，上缴税收145.48万元。

【存在问题】 2018年，平远县生态工业园区建设还存在一些问题：1.招商引资困难，落户企业少，缺乏高新技术龙头企业。2.现有产业传统型、劳动密集型居多，仍处于产业链低端，聚集效应不足。3.部分企业产能低下，受企业自身能力及当前经济环境影响，转型升级难度很大，产业发展动力不足。4.企业项目融资渠道少，受资金限制，建设进度较为缓慢。5.征地遗留问题较难解决，且用地调规周期长，国土林业指标不足。 （林　雄）

2018年度广州南沙（平远）产业转移工业园管理委员会负责人名录

主　任：凌来泉

副主任：罗源祥　钟旭东

中小企业管理

【助企融资】 2018年，平远县财政出资2000万元设立平远县中小微企业信贷风险补偿基金，同时，获省财政注资345万元，基金总规模达2345万元。平远县中小企业局与广东平远农村商业银行股份有限公司和中国邮政储蓄银行股份有限公司梅州市分行合作，为6家企业融资4400万元。至年底，共为15家企业解决融资7300万元，通过市企信担保公司为全县18家（次）企业解决融资13100万元。

【创业创新宣传】 2018年，平远县中小企业局抓好创业创新宣传。1."中小微企业日"宣传活动。6月21日，举办中小企业创新驱动力与创新能力提升培训班，由县园区企业及中小微企业代表约80人参加；为促成县招商引资企业广东京兰机电设备工程公司尽快落地建设，6月25日、26日两日组织43人参观学习气盾坝水电水利工程，现场推广新型气盾坝应用技术，为水电企业提质增效、新农村水景观建设提供技术支持。2."双创活动周"宣传活动。为响应全国大众创业万众创新活动周号召，围绕"高水平双创，高质量发展"主题，进一步营造创业创新的良好社会氛围，继续利用创业协会QQ群、微信群等平台宣传解读双创政策，并走访企业，发放《平远县扶持民营经济发展政策汇编》等资料。

【示范基地（平台）建设】 2018年，平远县共有4家创业"场地"，创业孵化基地均配备专门的服务团队，帮助创业者降低创业成本，提高创业成功率。同时为创业者提供包括创业辅导、政策咨询、法律、财务、共性技术、投资融资、资源整合、产品推广等全方位服务。创业者只要带上好点子，即可拎包入驻创业。4家"双创"孵化基地，包括工业园区广东省小企业创业基地、电子商务创业孵化基地、大众创新创业孵化基地、鑫盛建材创业孵化基地。至年底,入驻企业总数280家，全年提供创业人才创业指导及交流超过6324人次，进一步激发创业创新活力。

【招商引资】 2018年，平远县中小企业局完成全年3亿元的招商引资任务，平远县轻质碳酸钙标准化生产线建设项目启动。

（人秘股）

2018年度平远县中小企业局（民营经济发展服务局）负责人名录

局　长：陈平南

副局长：吴英辉　张天华

　　　　张利梅（女，任至3月）

电力工业

【概况】 2018年，平远供电局围绕争创国内一流电网企业目标，扎实工作，圆满完成了年度目标任务。全年完成购电量3.97亿千瓦时，售电量3.77亿千瓦时；固定资产投资8114万元；当年电费回收率100%；综合线损率5.12%；农村居民电压合格率99.99%，城市居民电压合格率100%；客户平均停电时间5.45小时，同比下降15.45小时。截至12月31日，实现连续安全生产天数2557天。未发生责任考核事故。企业荣获"广东省企业法治文化建设示范企业"；组织绩效被梅州供电局评定为A级。

【安全生产】 2018年，平远供电局贯彻"管业务必须管安全、管生产经营必须管安全"要求，健全安全生产责任体系，初步构建大安全管理格局。执行差异化运维和规范化检修策略，开展"鹰眼行动"回头看工作，实现10千伏线路无人机巡视全覆盖，共整理和消除缺陷、隐患1294处，提高线路的可靠运行，全年馈线共跳闸18次，同比减少68次，中压线路故障率为1.38次/百千米。持续推进风险管理常态化、体系化运转，制定并完成114项管控措施，全年未发生五级及以上电力安全事件，顺利配合梅州局完成安风体系四钻复审工作。配合省公司和梅州局安全生产巡查，完成235项巡查发现问题整改。推进现场作业风险可视化平台的应用，远程有效管控648项现场作业风险。开展城乡电力设施隐患排查，共排查并整改隐患441项，协助政府排查隐患111项。开展防社会人员触电专项工作和乡镇级供电单位防范人身事故专项工作，全年未发生有责任的社会人员触电事件和有责任的安全生产考核事件。实现网络安全“三个零”目标。圆满完成“两会”、中高考、台风“山竹”支援珠海等10项救灾保供电任务。

【电网建设】　2018年，平远供电局组建专门的规划团队，对“一所一册”规划进行重新修编，对中心城区目标网架再梳理，共建立44个项目8679.78万元的投资项目储备库。有序推进电网建设，在全市率先完成2017年基建配网工程竣工决算工作，超额完成年度投资建设和固定资产增资转固目标任务。八尺稔田配网工程荣获“广东电网公司2018年度‘安全、优质、文明’样板工程”称号。配网可转供电率、配网自动化和馈线自动化覆盖率分别提升至62.71%、100%和82%，自动化终端月在线率达92.56%（日在线率达98%左右），动作正确率100%。

农网升级改造：八尺稔田配网工程　　（黄钧国　摄）

【优质服务】　2018年，平远供电局落实提升电力供应能力20项措施，最大限度满足平远用电需要。落实优化营商环境各项举措，提升客户“电力获得感”。用电报装流程精简到2~3个环节，低压客户、中压单电源客户接电时间分别降至2.42天和66.9天。推广远程办理，力争客户“一次都不跑”，统一服务平台注册数4.23万户，互联网业务比例达到77.4%。实施开展综合停电管控，推行能转必转、能带必带、能保必保的管理模式，全年共完成带电作业394次，同比增加275次，全年客户平均停电时间为5.45小时，同比下降15.45小时，完成市局下达的“创一流”挑战值。（谢婉莹）

提高服务质量，开展“鹰眼行动”回头看工作
（蔡科明　摄）

2018 年度平远供电局负责人名录

执行董事、党委书记：庄苑忠（4月聘任）
党委书记、工会主席：谢烈阳（任至4月）
副局长：谢烈阳（任至5月）
　　徐显蒲（任至7月）
　　王海亮　韩雄辉（7月聘任）

二轻工业

【概况】　2018年，平远县二轻工业公司继续加强企业管理和联社资产经营管理，抓好安全生产，落实综治、维稳责任，搞好制度建设，圆满完成上级下达的各项工作任务。

【主要工作】　2018年，平远县二轻工业公司主要抓好如下四项工作：1.抓好转制企业留守管理责任制的落实，增强为职工服务的意识；健全企业管理，建立监督机制，加强基层企业厂房和公司产权门店的出租和合同管理，确保联社资产的保值、增值；切实改变机关作风，严格执行各项规章制度，控制“三公”经费支出，做好党务、政务、财务公开工作。2.签订安全生产责任书、安全生产承诺书，开展定期与不定期的安全生产大检查，认真排查安全隐患，做到全年无重大事故发生。3.做好落户县机械厂的招商引资企业——深圳市侨亿德电子科技有限公司的协调服务工作，营造优良环境，使其能在平远安心投资经营，扩大规模，拓展经营领域。4.落实综治、信访、维稳责任，确保平安稳定。调整领导机构，明确工作职责，落实工作责任，年初公司与股室负责人、下属企业厂长签订责任书，把责任层层分解、量化到人，严格执行责任追究制度，将综治、信访维稳工作与经济工作同安排、同检查、同考核、同奖惩，确保二轻系统的平安稳定。（谢健崧）

2018 年度平远县二轻工业公司负责人名录

副经理：杨志良　凌　桐

信息化建设与邮政通信

信息化建设

【概况】 2018年，平远县经济和信息化局扎实抓好信息化基础设施工作，推进信息化建设更上一台阶。

【主要工作】 2018年，平远县经济和信息化局主要做好如下工作：1.加快信息基础设施建设。新开通光纤用户11615户，4K高清4006户，新增公共基站45座，无线局域网热点32个，无线AP点47个；达到“电信普遍服务试点”标准的行政村共20个，完成率100%；城市、圩镇、行政村所在地100%全光覆盖，97%自然村已覆盖。2.实施三网整治工作。推进农村光纤网络进村入户，实施杆线整治。组织人员配合现场查勘20个省定贫困村，并开展整治工作，初见整治成效。3.推动企业工业互联网发展。促进工业企业发展及上云上平台，降低企业的信息化建设成本，提高企业在新常态下的发展动能和竞争力。4.开展企业数据采集工作。完成企业数据信息采集、统计、分析、报告等工作任务，制订2018年企业情况综合工作方案。

（平远县经信局）

邮政集团公司平远县分公司

【概况】 2018年，平远邮政紧抓深化邮政体制改革的机遇，以效益为导向、以发展为主线、以利润为中心，积极应对政策和市场环境变化，开拓创新、锐意进取，企业改革发展取得喜人成绩。

【业务发展】 2018年，平远邮政实现业务总收入2586.50万元，同比下降1.46%。全县实现经营性收支差627.10万元。其中代理金融收入2193.7万元，同比增长0.9%，平均余额规模12.1亿元，余额规模市场占有率19.65%；速递板块完成收入79.64万元，同比增长5.41%；包裹快递方面实现专业收入49.63万元，同比下降4.18%；传统业务函件媒体专业收入70.12万元，集邮专业累计收入34.62万元；报刊收入96.08万元。

【网路运营】 2018年，平远邮政抓好网络运营的各个环节。1.县城投递班作业组织和现场管理流程。分清作业组织的各道段职责，实现各个道段工作顺利过渡，从而提升邮件处理整体效率，加快进口邮件内部处理速度，保证投递作业时间。2.优化邮路工作组织，加快邮件流转速度。县分公司不断整合资源、完善邮路组织建设，在电商节、元旦、春节等重大节日期间，快速作出反应，合理调剂人员进行支撑，解决包裹迅增积压问题，加快邮件流转速度，提高邮件投递质量。3.严格管控邮件进、出口时限指标。按照市公司所制定的普遍服务邮件时限标准、质量考核办法和投递外勤监控考核办法，严格管控时限及各类考核指标。

【农村电商】 2018年，平远邮政开展农产品电商项目，助力农产品进城。以“沙田柚、脐橙”为抓手，以集订分送为主要形式，将沙田柚、脐橙销售范围扩大到全国，打响邮政农村电商品牌。同时开展创维家电下乡活动，助力工业品下行，实现销售额

8.6万元。全县全年共建设邮乐购站点135个，完成全年建点目标的100.00%；全年新建邮乐小店172个；新增零售（代购）笔数258笔；累计批销77.57万元，完成全年目标的110.81%；累计自营批销21.45万元，完成全年目标的134.07%。（平远邮政分公司）

2018 年度中国邮政集团公司平远县分公司负责人名录

总经理：钟小明

副总经理：温永梅（女）

中国电信平远分公司

【概况】 2018年，中国电信平远分公司以党建为统领，强化党建工作和公司生产运营工作的有机融合，立足本职、服务大局，务实创新。12月24日，成立中国共产党中国电信股份有限公司平远分公司党委。全年向税务部门缴纳税金29.6万元。

2018年12月24日，中国共产党中国电信股份有限公司平远分公司委员会第一届委员合影 （电信公司供）

【基础设施建设】 2018年，中国电信平远分公司全年投入资金400万元，新建无线4G基站立项建设30个，其中800兆的4G基站11个，1.8G的4G基站6个，2.1G的4G基站3个，1X基站10个；完成15个基站的搬迁和扩容工作。2018年新建光端口4984个，其中自主扩容OBD共计304个，端口数为2432个；光网投资约81万元，完成设计、出图2840个端口，已开通OBD共计319个，端口数为2552个。

【助力美丽乡村建设】 2018年，中国电信平远分公司全年投入200万元配合政府做好23个省定贫困村、红色村及旅游特色小镇线路整治清理；配合各级村委做好新建休闲广场、村道新修及扩建、河堤建设杆线迁改施工等；全年投入90万元资金新建管孔12千米；投入资金180万元，完成县城到梅州、兴宁、蕉岭和县城各乡镇之间的中继光缆扩容工作，新建中继光缆120皮长千米，助力平远美丽乡村建设，为平远创建旅游示范县提供强有力的保障。

【大数据服务】 2018年，中国电信平远分公司完成旅游大数据中心建设。建设内容主要分3项。1.大数据中心硬件施工，通过这些硬件，可直观展示平台内容，调取各景点图像，会议展示等。2.县内景区视频监控图像接入，完成全县10个景点加旅游局共11条视频线路39路图像接入。3.云资源及软件部署，合计开通32核、64G内存、6000G存储、60兆互联网带宽天翼云主机，1条100M云专线。通过建立旅游服务线上“总入口”，实现上下联通，能与省市旅游大数据中心和平远县环保、交通、气象等数据中心跨部门数据对接共享，充分挖掘大数据的价值，为全域旅游提供优质服务。

【市场和社会服务】 2018年，中国电信平远分公司不断扩展业务，为社会和市场提供优质服务。1.完成仁居、中行、石正3个镇共43个村卫生站的基卫专线接入。2.完成县内各公安要求身份信息上传的40家旅店的旅业网VPN专线接入改造。3.完成平远境内8家酒店及民宿138间客户的aWiFi业务接入，为酒店及民宿客房提供符合公共安全行业技术标准的无线网络产品，同时进一步提升服务酒店及民宿客房信息化的水平。4.做好平安视频监控项目、统一通信、教育视频网、天翼税通、非税专网等行业应用的实施、支撑和跟进管控。5.高效优质完成全市禁毒会议视频直播、全市武装部军演、2018年南粤古驿道“天翼4K高清杯”定向大赛第七站（梅州平远）等大型应急通信保障工作。6.圆满完成常规通信应急保障工作，同时进一步加强客户巡检特别是公安局平安机房及图像巡检。

（卓萍华）

2018 年度中国电信股份有限公司平远分公司负责人名录

总 经 理：卓　广

副总经理：范华荣　张　兵

中国移动通信集团平远分公司

【概况】 2018年，中国移动通信集团平远分公司下设3个部门和6个营业厅。该公司以党建为引领，全力推进信息化基础设施建设，推进信息惠民，促进全县经济转型升级和社会事业全面发展。至年底，全县136个行政村光纤覆盖达100%，无线网络综合覆盖率超过99.85%。连续十三年（2004—2018年）获广东省守合同重信用企业称号；并荣获“中国移动广东公司梅州分公司先进单位”称号。

【网络建设】 2018年，中国移动平远分公司总投入网络建设资金近2000万元，继续加大4G网络、光纤传送网建设，广深覆盖完善无线网，持续加强信息基础设施进度，推进传输重要项目建设，实现全县行政村4G覆盖，实现县城优质覆盖、旅游景区和高速、国省道干线覆盖。落实“宽带中国”战略，实施“电信普遍服务”试点项目，光纤宽带入户、4K电视入户实现53%，全县行政村、自然村全部光纤到达，城镇区域实现百兆光纤全覆盖，为平远县“互联网+”发展打下坚实的网络基础，缓解了农村上网难、看电视难的问题，并助推了电子商务发展。

【网络安全保障】 2018年，中国移动平远分公司抓好基础维护工作，确保网络安全稳定运行，确保重大节假日、重大活动（客家炒绿、国际徒步节、脐橙节、古驿道定向大赛等）和重要会议期间网络通信畅通，圆满完成通信保障任务。配合做好全域旅游道路改造、县道967线改造、美丽乡村建设、中小河流整治、工业园区建设，共投入80多万元完成28段传输管线迁改工作。

【“互联网+”行业】 2018年，中国移动平远分公司做好“互联网+”工作。1.互联网+社会治安：配合县委、县府及职能部门进行政法委综治信息平台搭建、法院终端、公安卡口、舆情系统等项目，构建网络化、智能化的社会治安防控体系。继续协助政府对公共互联网不良信息、恶意软件和诈骗电话的打击查处，切实保护用户信息安全。2.互联网+政务：加强新版政务办公OA在各单位的推广应用，提升办公自动化、信息化水平，实现政务OA市—县—镇—村的无缝连接；提供政务OA手机APP应用，实现随时随地通过手机处理公文，着实通过信息化手段提高政务办公的效率。3.互联网+家庭：继续落实“宽带中国”发展战略，响应宽带“提速降费”号召，充分发挥中国移动光纤宽带“高起点、高技术、低资费、低门槛”的特点，大力开展光纤入村到户建设，为广大客户提供极光宽带、手机宽带等丰富的宽带产品，全县农村区域和示范小区免费送百兆光纤宽带,同时提供优质的4K高清电视服务，推进装维480考核，实现4小时故障维修达标率100%，8小时业务开通达标率100%，全面服务提升用户感知。4.互联网+4G：持续完善“移动互联网+”基础网络服务，持续开展免费更换4G卡、免费送副卡送流量、买4G手机送话费、新办4G套餐送购机补贴等优惠措施。5.互联网+电子商务：参与“农村电商示范县”建设，搭建县中心—镇的视频会议系统、培训和孵化平台，提供专项优惠，助推移动电子商务发展，开展存赠和包积分券优惠；将平远脐橙、石正云雾茶、八尺梅菜干上架岭南优品，推广“岭南优品”APP，培育农村淘宝、手机京东等农村电商发展。（姚新红）

2018年度中国移动通信集团广东有限公司平远分公司负责人名录

总 经 理：罗辉君

副总经理：宋文欢

业务总监：曾 龙

中国联通平远县分公司

【概况】 2018年，中国联通平远县分公司始终围绕“为企业谋长远，为员工谋福祉”工作核心，全面加强党的建设，团结带领广大干部员工，迎难而上，积极调结构、大胆闯市场，各项工作取得新进展、创造了新业绩。全年主营收入完成率93.5%、列全市第二名，同比增长10.2%、列全市第二名。

【主要工作】 2018年，中国联通平远县分公司主要做好如下工作：1.完成平远人民医院医疗信息化系统项目建设、签约并完成平远人民医院远程医疗项目。2.成功签约120指挥中心调度系统项目。3.完成水务局微信公众号建设及园区环保监测平台建设。4.坚持业务创新发展，主推党建云平台项目，完成与平远县林业局党建平台项目统谈工作。5.以小程序为牵引，拉动云业务项目，重点围绕乡镇政务、美丽乡村、酒店等行业展开。6.抓好网络建设。全年新增4G网络基站10个、实现全县4G网络人口覆盖率87%。全年新增光宽带端口500个，实现光宽带接入覆盖率51%。（凌嘉鸿）

2018年度中国联通平远县分公司负责人名录

总经理：卜剑锋

2018年7月，中国联通平远分公司与黄沙村村委统谈业务，启动“让爱联通，情暖黄沙”扶贫方案

公路与汽车运输

公路规划建设

【概况】 2018年，平远县公路建设与管理部门围绕建设“潮汕平原北上开拓腹地的交通枢纽、珠三角向内陆腹地拓展的重要交通节点”定位，抢抓“两大政策”机遇，主动对标“四个走在全国前列”要求，逢山开路、遇水架桥，着力抓好交通基础设施建设，为实施“一城一区一带”发展战略、加快平远振兴发展提供强有力的交通运输支撑。

【高速公路规划建设】 2018年，平远县交通运输局突出重点，全力抓好高速公路规划建设工作。1.梅平高速全长约33.36千米，总投资约34.5亿元，其中平远段长约17.5千米，总投资18.85亿元，是继济广高速公路平远段通车之后建设的第二条高速公路，对进一步改善平远交通区位条件，优化投资和发展环境，加快振兴发展具有重要意义。全年完成投资3.2亿元，占年度投资的106.7%，累计完成投资13亿元，占总投资69%。路基工程完成100%，桥涵工程完成100%，路面工程完成35%，工程总体建设进度为69%。2.平武高速已列入省路网规划，福建的浦城至武平高速公路计划2019年动工建设，两省（闽粤界）交接点初步确定。闽粤两省还计划将该高速列入国家高速公路网。3.平蕉大高速已列入市“十三五”路网规划，对接列入省路网规划工作进行中。

2018年10月10日上午，副市长吴泽桐（左三）到平远调研交通运输工作，县长杨栋陪同（左一）

【国、省道建设】 2018年，平远县公路局全力以赴抓好国、省道重点项目建设。1.加强领导。建立“一个项目、一名领导、一套方案、一抓到底”的工作机制，明确责任领导、责任人和时间要求。同时争取县委、县政府支持，多次召开专题会议，协调相关部门解决项目存在的困难和问题，确保项目顺利推进。2.细化方案。围绕工作目标任务，制定项目年度工作计划，明确任务目标和时间要求，紧扣审批节点和时间节点倒排工期，确保项目如期推进。3.加强协调。围绕项目立项、用地、审批、招投标等关键环节，提前对接相关部门，协调解决项目前期审批工作困难，做到每个环节环环相扣，尽量争取缩短审批时间，推动项目尽快审批。全年共完成公路建设投资14170万元，同比增长96.59%。其中，国道358线平远县湍溪至八尺段改线工程全长35.96千米，项目概算投资40696.14万元。初步设计已获省交通运输厅审批，并启动征地拆迁放样工作，完成投资8290万元（前期工作费用）。国道206线平远县田螺纽至超竹段改建工程全长11.43千米，投资估算60224万元。于9月底获省发改委批复立项，采取PPP模式建设，已完成社会资本招标、组建项目合资公司、监理招标等工作，并启动征地拆迁，部分先行工程已动工，已完成投资5880万元。

2018年6月23日，交通运输部督导检查组一行到平远县国道206线八尺服务区现场督导检查公路服务区建设和运营管理情况，市公路局局长王忠（右二）、县委书记宋才华（左三）等陪同督导检查

【“四好农村路”建设】 2018年，平远县交通运输局按照“建好、管好、护好、运营好”的总要求，加快推进“四好农村路”建设。全年投入1.93亿元，完成省道路225线至园山湖产业园基地公路新建工程和石正镇马山村至梅片树产业园基地公路二期工程建设；差干上坊至五指石至塔子里旅游公路全长12千米，已完成施工图设计；东石白岭至泗水梅畲旅游公路全长3.6千米，列入梅畲田园综合体EPC项目，已完成施工招标。此外，完成258千米的农村公路安全生命防护工程建设、55.3千米的新农村公路路面硬化改造工程、34.5千米的行政村窄路基路面公路拓宽改造工程。同时，已全面开通运行21条公交班线，并向旅游景区、工业园区延伸，进一步完善产业路、旅游路等县域路网，激活道路建设支撑带动地方经济社会发展的作用。

（王足荣）

公路养护管理

【概况】 2018年，平远县公路建设与管理部门着力抓好交通基础设施建设和公路养护管理，打造畅通、安全、舒适、美好的通行环境,路况良好率不断提升。

【国、省道管养】 2018年，平远县公路局以加强日常养护管理和加快推进公路生命安全防护工程任务为目标，全力提升国、省道公路养护质量和路况水平。至年末，国道路况综合指数MQI值为91%，省道MQI值为90%，分别比上年增长1%。1.抓好日常养护工作，围绕县委、县政府“双创”工作部署，加强日常路面保洁及路肩、水沟内垃圾、杂物的清理，定期对公路绿化花木进行修剪，确保路容路貌常年整洁美观。2.抓好公路绿化工作。围绕梅州市创建“国家森林城市”的要求，投入60多万元对国道206线、省道225线、省道332线等道路两边进行增绿添花打造亮点，公路绿化景观水平进一步提升。3.抓好防汛和水毁抢修复工作。在雨季及汛期，及时组织机械和人员清理水毁塌方，确保道路安全畅通，多次组织对国道206线、国道358线坏烂路面进行沥青修复，先后投入抢修复资金50多万元。4.加强桥梁监管。认真做好桥梁经常性检查、定期观测等工作，保障桥梁通行安全。5.实施公路生命安全防护工程建设，全面完成省、市主管部门下达的省道332线、省道225线、国道206线、国道358线4条线路的公路生命安全防护工程项目建设任务，共完成隐患整治48.94千米，完成投资2725万元，公路安全通行保障能力得到全面提升。6.抓好普通国、省干线公路服务区建设。结合创建“国家全域旅游示范县”相关工作部署，投入250万元，完成国道206线八尺服务区建设，完善配套停车场、休息点、公共卫生间、旅游及红色文化元素宣传等设施，进一步拓展公路服务内涵，提高干线公路服务水平。

【县、乡道管养】　2018年，平远县地方公路管理站以创建“国家全域旅游示范县”“国家卫生县城”“国家县级文明城市”为契机，开展县、乡公路路域环境综合大整治，完善标识、标线，打造畅通、安全、舒适、美好的通行环境。1.抓好路面挖补工作。2018年，投入399万元对县道036线、县道965线等4条县道和乡道122线、乡道144线等6条乡道进行挖补维修，累计挖补2.8万平方米。2.抓好公路绿色廊道建设工作。2018年，投入83万元对竹子坝至大河背、县道041快黄线、济广高速石正连接线等公路进行加密补植工作，累计补植乔木5620株、灌木13700株，绿化里程达41.6千米。3.做好水毁修复和危桥建设工作。2018年，投入680万元完成修复水毁公路32处，完成乡道196线下举桥改造和乡道124线普滩下拱桥建设。4.抓好公路服务区建设。投入68万元，基本完成省道225（原县道967线K19+693）处的热柘停车服务区建设。5.加强路政管理工作。2018年全年，拆除违章构造物160平方米/3处、清理路面障碍物920立方米/60处，发出路政违法行为告知书、整改通知书16份。　（王足荣）

综合执法与管理

【概况】　2018年，平远县公路建设与管理部门着力抓好综合执法、运输管理、安全监管等工作，奋力开创交通运输工作新局面。

【路政管理】　2018年，平远县公路局坚持以保障道路安全畅通、维护路产路权为目标，狠抓基础工作，强化队伍建设，加强内部管理，有效维护国、省道路产路权，确保公路完好、安全、畅通。1.加强公路法规宣传。开展“规范执法、护路为民”为主题的路政宣传月活动，采取悬挂宣传标语、派发宣传单等方式宣传《中华人民共和国公路法》《公路安全保护条例》《超限运输车辆行驶公路管理规定》等法律法规，全年共发出各类宣传通知书500多份，增强广大群众的爱路、护路意识。2.加强施工路段管理。对梅平高速在省道225线和国道206线跨线桥工程施工加强监管，协调施工单位做好安全保障工作，指导施工单位在施工各路段设置明显的施工标志和安全标志，雨天及时督促施工单位清理冲到路面上的淤泥，保障施工期间来往车辆的安全通行。3.加强上路巡查。强化路域管理，及时发现和制止各类违法违章行为。加强公路标志、标线、标牌维护管理。对被车辆损坏的中央分隔栅栏、标志、钢护拦等及时组织修复，在国省道危险路段及国道城区段新画人行道、减速带、中心虚实线等公路标线7705平方米。全年路政部门共上路巡查2342人次/25875千米，查处各类涉路案件27件，签订协议书12份，发出责令改正通知书18份，清除路障396处/1000平方米，清理占用公路用地乱摆乱卖16宗，查处污染公路路面车辆89台，清理违章广告条幅146条/240平方米，清理路肩种植农作物340平方米，处理因交通事故造成路产损坏案件35宗，共收取赔偿费21万元，损坏路产案件结案率、索赔率100%。

【平安建设】 2018年，平远县公路局坚持“安全第一、预防为主、综合治理”的方针，牢固树立安全发展理念，深入开展国、省道安全隐患排查和治理，认真完善公路安保设施，保障公路安全畅通，实现全年安全生产平稳运行的良好态势。1.认真落实安全生产责任。按照安全生产“一岗双责”要求，落实各股室各基层养护中心（道班）的安全责任，制订《平远县公路局安全监管网格化工作实施方案》，与各股室养护中心（道班）签订安全生产责任书，层层落实责任。2.开展“六月安全月”和安全生产宣传“七进”活动。认真组织学习安全生产法律法规，同时充分利用横幅、宣传栏、微信等传播公路安全生产知识和技能，不断提升队伍安全意识和应急能力。3.深入开展隐患排查和治理。全面贯彻落实各级关于加强安全生产工作和开展安全生产大检查的工作部署，经常性开展隐患排查。对排查出来的各类隐患，进行仔细分析和深入研究，制定整改方案，落实整改措施，切实消除各类安全隐患。完成国道206线K2130+000至K2138+600段8.6千米事故多发路段以及国道206线县城交警队门口环型岛路段、友邦木业厂门口路段等8处路口的安全隐患整治；同时按照市道路交通安全工作联席会议要求，在国、省道等交通干道与沿线村道交汇路口，按“五个一”标准全力推进“平安村口”建设。4.完善各项应急预案，增强应急保障能力，认真做好“三防”预警、预报和值班值守工作，及时调整应急人员、充实应急物资，做到领导、预案、物资、人员、措施“五到位”。

【综合执法】 2018年，平远县交通运输局综合行政执法局扎实做好综合执法工作，切实维护道路运输市场秩序和县、乡道路路产路权。全年共出动执法人员2726人次，检查车辆1450辆次，行政处罚立案数165宗（上年同期187宗），同比下降11.8%。行政处罚办结案件163宗，其中运政案件71宗，路政案件1宗，水路运政1宗，治超案件90宗，卸载转运货物2399.43吨，行政处罚金额9.74万元（上年同期16.15万元），同比下降39.7%。1.加大治超执法力度，确保道路和桥梁安全畅通。继续与交警部门建立健全、常态化的路面联合治超执法长效机制，强化部门联动、市县联动，凝聚治超合力，采用日间治超和夜间错峰治超相结合的方式，不断推进治超工作的深入开展。2.加大专项执法力度，规范运输市场秩序。继续保持“打非治违”的高压态势，加大对小汽车、“黑大巴”非法营运，水上非法营运，客车不按规定线路行驶和不按规定的站点停靠，出租汽车违规经营，驾培机构违规经营，非法运输危险化学品从业人员和车辆，旅游包车未核实包车的真实性或招揽包车合同外的旅客乘车等系列违法行为的打击力度。同时，配合其他相关职能部门，开展学校周边区域的非法营运车辆的执法巡查监控及打假、打私方面等各项专项行动。3.加大路政执法力度，切实维护路产路权。加大对公路及公路两侧有关违法行为的查处力度，重点整治国道、省道、县道、乡道存在安全隐患的涉路违法行为，切实维护公路路产路权。

【行业监管】 2018年，平远县交通运输局加强管理，着力提升行业监管水平。1.加强道路运输市场管理。建立健全驻站机制，派出

6人常驻平远汽车客运总站，督促客运站场严格执行“三关一监督”“三不进站、六不出站”制度落实，加强“三品”查堵工作，全面做好旅客运输和安检工作。在春运、“五一”、“十一”等重大节假日期间，没有出现旅客滞留客运站场。多次深入货运企业督促其落实安全生产主体责任和执行“一岗双责”，规范其经营行为。并组织客运企业进行2018年度服务质量信誉考核。同时，做好出租汽车行业监管工作，切实维护合法经营者的权益和出租汽车市场秩序。2.加强机动车维修企业监管检查。多次组织人员到平远汽车运输有限公司保修厂、东海汽修厂、梅林汽车维修服务部等维修企业进行检查，并做好二类以上维修企业2018年度服务质量信誉考核工作。经检查，企业做到诚信经营、依法经营，未发现非法改装车辆行为。3.加大驾校的检查力度。组织人员不定期深入到联发、嘉润、志佳等驾校，检查教练员理论和实际操作课的授课情况及车辆性能情况，指导规范培训学员的档案材料等。4.做好车辆年审、换证工作。全年年审客货运车辆及出租车555台，新审批普通货运和客运车辆 247台，换发从业资格证121张。

【安全生产】　2018年，平远县交通运输局按照“管行业必须管安全，管业务必须管安全，管生产经营必须管安全”的要求，抓好“党政同责、一岗双责、齐抓共管”的落实。1.严格落实安全责任制。通过层层签订《责任书》和召开行业安全专题会议，实行“一票否决”，不断建立完善和落实安全生产责任制。2.加大安全生产检查督查力度。牢固树立“隐患就是事故”安全预防理念，警钟长鸣，深入开展道路运输、水路运输、运营公路和桥梁、在建工程、“打非治违”等领域的安全生产检查督查工作，对发现的隐患和问题，做到整改措施、责任、资金、时限和预案“五落实”。全年共出动检查人员178人次，检查单位、场所48家次，排查问题14个，整改完成 14个，整改率 100%。全县交通运输行业未发生安全生产事故，继续保持“零”事故的态势。

【存在问题】　2018年，平远县在公路建、养、管各项工作取得一定成绩的同时，还存在不少问题和困难，主要体现在：1.公路管理体制机制不顺畅。国省道调整以后，新增省道管养权并未及时调整，存在公路管养事权主体责任不清晰等问题，对今后项目申报、建设等造成一系列的影响。2.人员老化现象严重。现有管理人员和专业技术人员年龄及知识结构老化，难以适应当前公路事业发展的需要。3.公路养护经费严重不足，养护资金缺口逐年增大。4.公路建设项目前期缺乏规划。项目前期工作前置性条件多，涉及部门广、审批环节多，受基本农田保护、生态环境保护等因素的制约，由于没有做细前期规划，带来项目审批难度非常大，难推进。5.安全工作压力大。由于车流量不断增大，安全事故时有发生，加上部分灾毁路面修复不够及时，影响公路通行安全。（林立康　王足荣）

汽车运输

【概况】　平远汽车运输有限公司（以下简称平远汽运公司）位于平远县大柘镇平远大道南48号，站场占地2.36公顷，是平远县旅客公路运输的集散地，为广东省二级汽车客运站。至2018年年底，平远汽运公司在用线路牌45块，建制车辆121台，在岗职工171人，驾驶员136人。客运线路覆盖全县各镇行政村、珠三角、潮汕地区以及毗邻福建省等区域。

【生产指标任务及经营效益】　2018年，平远汽运公司实现营业总收入2769.39万元，比降2.32%；实现利润总额242.4万元，比降53.1%；净利润230.61万元，比降44.49%。自营车全年共发20414个班次，运送旅客29.49万人次，营运收入2219.63万元。2018全年安全行驶里程982.7万千米，安全间隔里程982.7万千米。全年未发生重大交通安全事故，各项安全考核全部达标，安全生产达到既定目标。

【安全管理】 2018年，平远汽运公司不断强化安全管理的基础上，做好如下工作：1.成立安全生产领导小组。认真组织和开展安全生产大检查工作，确保安全生产经营工作顺利开展。2.扎实抓好“春运”“清明”“五一”“端午”“中秋”“十一黄金周”“元旦”等节日运输生产的安全工作，加强节日期间领导带班24小时值班值守，确保节日的运输生产安全。3.各分队坚持每天驾驶员出车前做好问询告知工作，做到全面了解掌握车辆运行情况、驾驶员身体状况，及时解决和处理当天出现的各类问题，确保公司运输生产工作正常。4.及时跟踪气象台预警信息，针对在台风、暴雨等重大自然灾害时期，加强对车辆状态和路况的实时监控，在不宜行车的天气状况下果断停运班线并通告旅客相关情况。5.针对自营车技术参差不齐，实行不定时的排查车辆，重点做好方向、刹车、空调线路及整车性能的综合检查，做到自检和路试相结合。为防止建制车辆发生自燃，严格按上级要求对公司建制车辆的发动机、变速箱进行外部清洁排污，对检查中发现有问题的承包车辆及时下发整改通知书，要求经营者应按要求做好车辆发动机的外部清洗及安全隐患排除工作。6.组织年度安全应急预案演练和消防演练，达到预期效果。7.加强驾驶员安全教育培训工作，组织自营车驾驶员和承

2018年9月30日上午，县委书记宋才华（中）、县长杨栋（右二）带领县安监局、县交通运输局、县交警大队、县公安局、县消防大队到公司进行“国庆”节前的综合检查 （肖承成 摄）

包车驾驶员以及承包人安全业务学习，按时召开安全工作例会。8.加强安全宣传，发挥横额标语、安全宣传栏以及电子屏幕的作用，努力提倡企业安全文化建设，认真宣扬安全发展观念，实实在在地营造安全生产氛围。

【运输“互联网+”】 2018年，平远汽运公司利用互联网的普及性和便利性，探索“运输互联网+”业务，利用“互联网+运输”平台，开展扩大微信售票的推广宣传活动。在春运和暑运期间，采取大学生优惠活动，超额完成上级下达的“粤运交通”和“梅州粤运”微信关注量任务。全年实现微信售票34845张，营收553.15万元。抓好定制班车业务，发展梅州城区学生、广州大学生的定制班车和五指石一日游线路运营，收到良好的效益。

【新能源公交运营】 2018年，平远汽运公司投入新能源客车55台，建成使用充电桩38个，全面开通营运各乡镇公交线路，覆盖全县12个镇和符合安全通车条件的100多个行政村公交班车。对全县60周岁以上老人、荣残军人、残疾人实行免费乘车，并开通县城至石正镇安南驻地部队拥军专线班车，为全县居民及部队官兵出行提供便利服务。

【存在问题】 2018年，平远汽运公司在汽车运输方面存在的问题是：自营车生产经营和司机的教育管理工作还存在着薄弱环节；企业经营管理水平、从业人员的守法意识、服务意识有待提高；客运班线经营效益下降，客源分流，成本增加，经营压力大；随着互联网+运输业务的不断扩展，专业人才缺乏。

（吴兴华）

2018 年度平远县交通运输局负责人名录

局　长：刘森祥

副局长：钟兴平（任至9月）　陈雪梅（女）
　　　　韩明松　罗 斌（9月起任）

平远县地方公路管理站

站　长：姚力强

平远县交通运输局综合行政执法局

局　长：姚森平

2018 年度平远县公路局负责人名录

局　长：刘森祥（任至2月）
　　　　林　欣（2月起任）

副局长：杨　亮　林永友　赖向阳
　　　　罗　斌（任至9月）

2018 年度平远汽车运输有限公司负责人名录

总 经 理：吴卫忠（任至4月）
　　　　　钟荣浩（4月起任）

副总经理：林敦永　刘海清

工会主席：姚远平

商业·贸易

商　　业

【概况】　2018年，平远县商业总公司紧紧围绕国有资产保值增值、全系统稳定和谐的工作目标，完善管理，深化改革，谋求发展，取得较好成绩。1.全面完成门店收入任务。全年全系统门店收入169.6万元，比上年增加9.6万元，增幅6%。2.电站产出相对县内其他电站歉收幅度小。由于受降雨量影响，龙湖坪水电站和观音宫水电站2间电站全年发电量345万千瓦时，对比全年计划任务640万度减幅为46 %，相比全县减幅要小。3.有效控制非生产性支出。全年业务费、公务交通费等“三公经费”支出3.5万元，比上年同期下降0.7万元，下降17%。

【组织建设】　2018年，平远县商业总公司做好总支和支部换届选举工作，对商业总公司党总支和机关党支部、龙湖坪水电站党支部2个支部进行换届。并按照“党味浓”的要求，加强党组织阵地建设，在一楼大厅布置6个板块的宣传栏，四楼党员活动室党建制度上墙，并购置投影仪、手提电脑等电教设备，安装有线电视。

【安全生产】　2018年，平远县商业总公司落实安全责任，对全系统安全生产实现四级网格化监管机制。落实风险点危险源管控制度，把电站的拦河闸坝、饮服公司服装城、四海通公司原火柴仓作为安全生产风险点加以重点防范。开展每季度一次的安全生产大检查，对检查中发现的服装城缺少安全防火、安全用电警示标志，雷腾厂生产车间灭火器过期、消防水带缺失，观音宫水电站电杆风化、拉线脱落，食品公司原猪仓库危墙等问题，发出整改通知，落实整改措施。

【经营管理】　2018年，平远县商业总公司加强门店租金行情调研，加强对门店的服务，实现门店不失租、租金100%收取；坚持执行财务收支预算制度，开源节流，想方设法增加收入，堵塞漏洞，控制不必要的支出；开展资产现状调查，形成调查报告，向县人大调研组报告并提出一些建议；采用法律手段解决饮服公司新旅社承租户强行占用门店问题，经过4场诉讼，承租户于12月24日搬迁腾退门店。

【电站管理】　2018年，平远县商业总公司抓好2间电站自动化和增效扩容改造以后的减员增效、人员调配和员工培训、生产监管工作；抓好龙湖坪水电站增效扩容工程竣工验收和电站安全生产标准化建设工作；严管严控2间电站高压线路走廊安全，落实安全责任人，落实安全措施，确保输电线路安全；抓好2间电站冬检工作，确保机组、线路安全。（陈　霖）

2018年5月24日，公司负责人陪同省农村小水电增效扩容改造项目督导组一行到龙湖坪水电站检查指导工作

（赖荣传　摄）

2018年度平远县商业总公司负责人名录

总 经 理：赖钦宏

副总经理：卓衍平　谢梅青　周朝阳

贸易市场

【概况】 2018年，平远县经信局加强对二手车、典当行、农产品交易中心、商贸流通、民爆物品行业监管，确保商贸领域安全生产并加快农电商发展，助力推进乡村振兴。

【电子商务进农村】 2018年，平远县经信局加强电子商务进农村工作。1.完善县、镇、村三级电商服务体系。累计共建1个县级电商公共服务中心、1个物流配送中心、8个镇级服务中心和90个村级电商驿站，全年实现电商交易额18亿元，比增25%。2.电商增值服务改善农村生活。农村电商的发展服务群众10多万人，带动就业创业1.1万余人，实现购物、销售、生活、金融、创业、寄递、医疗、教育“八不出村”，让群众实实在在享受到电子商务的便利。3.电商发展促进相关体系建设。电商发展促进产品溯源体系、冷链体系、管理体系、标准体系、物流体系、培训体系等建设。推进重要产品追溯体系建设，促成梅州可其山电子商务有限公司申报通过农产品流通追溯系统项目评审，平远飞龙实业有限公司建成应用肉菜追溯体系。冷链体系建设取得新突破，梅州市飞龙果业有限公司投资建成2万立方米冻库。

【市场秩序监管】 2018年，平远县经信局加强市场秩序监管。1.部门联动，突出重点，联合各部门严格开展各类生产销售假冒伪劣电商产品的违法行为检查，未发现服务违约、虚假宣传、刷单炒信等违规行为。2.联合各部门加大对民爆、保健品、食盐、二手车、大宗商品等的监管力度，切实开展好风险点危险源排查整治，有效防范商贸领域各类生产安全事故的发生。　（平远县经信局）

涉外经济

【主要经济指标完成情况】 2018年，平远县实现外贸进出口总额（不含保税区）3.41亿美元，比增13.07%，完成市下达3.16亿美元目标的108%；实际利用外资123万美元，完成市下达500万美元目标的24.6%。

【服务外向型企业】 2018年，平远县经贸局加强对外向型企业的服务。1.深入推进简政放权放管结合优化服务改革。及时精简外商投资企业设立（含合同、章程）审批、变更和终止、敏感物项和技术出口许可等外经贸行政审批事项4大类11个事项，提高行政审批工作效率。2.加强与市、县工商质监、税务、海关、商检、外事等部门的业务联系。全年为30多家外经贸企业办理或协助办理对外贸易经营者备案、海关注册、商检、电子口岸等业务40多件次，为企业畅通和扩大进出口业务渠道。3.协助企业解决生产、经营、出口等方面存在的困难和问题25宗，及时组织、协助全县外商投资企业完成年度投资经营信息联合报告，通过率达98%。4.鼓励家具行业做强做大。依据各级促进外贸发展政策措施，及时向市、县财政争取兑现各项扶持补贴、奖励资金共300多万元，促进家具行业开发新产品、开拓新市场。5.加强与“一带一路”沿线国家和地区的经贸联系。组织9家企业参加第二十九届洽尔滨国际经济贸易洽谈会、1家企业参加粤澳名优商品展销会、14家企业参加家意大利米兰国际家居及消费品展览会、4家企业参加中国首届进口博览会等多场境内外展会，扩大进出口订单，提升家具、电子产品、汽车配件等外贸企业国际竞争力。6.坚持“走出去”与“引进来”相结合，主动对接粤港澳大湾区辐射带动。推动广晟集团并购广东中合公司、香港中电并购平远利天公司等重组事宜取得实质进展。

（平远县经信局）

供　　销

【概况】 2018年，平远县供销社系统实现销售总额46893万元，比增502万元，增幅1.08%。其中，农业生产资料销售12785万元，比增126万元，增幅0.99%；农产品销售32125万元，比增318万元，增幅0.99%；日用消费品销售1983万元，比增58万元，增幅3.01%。实现利润29.5万元，比减19万元，降幅39.18 %。

【综合改革】 2018年，平远县供销社积极推进供销社综合改革工作。1.推动助农服务综合平台建设。按照省社“百千工程”建设工作规划和广东省新型乡村助农服务示范体系建设实施方案的要求，结合实际编制平远县助农服务平台建设规划，确定至2020年在全县建设1个县级助农服务综合平台、12个镇村助农服务中心。1个县级助农服务综合平台是平远县县域助农服务综合平台，12个镇村助农服务中心分别在差干、仁居、八尺、中行、河头、上举、东石、泗水、大柘、石正、长田、热柘12个镇各建设1家助农服务中心。2.做好基层社改造建设规划。根据省社《关于进一步加强基层社改造建设的意见》，做好县内基层中心社改造建设规划，并完善大柘基层中心社的建设工作。3.完善平远供销农业服务公司建设。为推动省市业务对接，逐步规范平远供销农业服务公司章程、规章制度建设，整修办公场所，配备相应的办公设备，人员由供销总公司资产管理部人员组成，与资产管理部合并办公，为开展对接工作打好基础。4.推动专业合作社发展。新组建农民专业合作社3家，分别是：春兴水稻专业

2018年9月7日，省供销社党组书记、理事会主任李朝明（左三）到平远调研供销社综合改革情况

合作社、金宝树仙草种植专业合作社、凤岭种养专业合作社。至年底，全系统累计组建农民专业合作社89家，获得省级以上示范社49家。其中，国家示范社4家；总社示范社5家；省级示范社14家；省社示范社26家。推进专业合作社联合社组建工作，在八尺镇创建农民合作社联合社1家。

【服务于农】　2018年，平远县供销社推进为农服务工作。1.加强技术指导服务工作。通过印发宣传资料、聘请技术指导、选派人员参加业务培训等方式指导下属专业合作社掌握果树栽培、病虫害防治等新技术，为农户提供农资供应、市场信息等服务，推动合作社健康发展。2.加强农资流通服务工作。通过完善海山农资配送中心及本系统3家农资专业合作社的农资配送网络，增设配送服务网点，开展送肥、送药、送科技下乡活动，把农资商品供应工作延伸到农户家中及田间地头，提高精细化服务水平，满足广大农民群众需求，为农业发展提供保障。3.加强农产品流通服务工作。组织引导本系统专业合作社建设示范基地，扩大种养规模，拓展经营业务，增设购销网点，完善购销网络，开设微商、微店，开展网上交易业务，拓宽农产品销售渠道。继续通过各类农产品电子商务平台，组织合作社与电商平台及批发市场、龙头企业直接对接，建立稳定的产销关系。

【资产管理】　2018年，平远县供销社不断加强资产管理工作。1.落实资产监管责任，做到工作有人抓，责任有人担。2.不断完善资产管理制度，加强租赁物业管理和租金收缴工作。3.强化老旧资产和租赁企业安全风险排查管控，定期开展隐患排查、整改工作，建立危旧房档案台账，及时消除安全隐患，确保剩余资产安全运营，收益稳步提高。

【存在问题】　2018年，平远县供销社存在问题主要有：1.县社机关缺乏年轻化、知识化工作人员，干部队伍年龄老化，文化程度偏低，难以适应新形势下供销社改革发展需要。2.受合作社申报项目案件影响，县社领办合作社的积极性受到挫伤，而且项目申报门槛提高，造成扶持项目减少，农民申办合作社的意愿下降，农民合作社发展势头减缓。3.县域助农服务平台及镇村助农服务中心建设标准高，真正符合条件的企业少，特别是缺乏供销社自有企业或参股企业，助农服务平台建设难度大。4.全县供销社经济实力薄弱，改革发展资金缺乏，开拓市场、参与流通的能力不足，为农服务能力不强。　（李君文）

2018年度平远县供销社负责人名录

主　任：张小英（女，任至1月）
　　　　谢志平（2月起任）
副主任：杨增书　马百元　刘菊珍（女）

粮食管理

【概况】　2018年，平远县粮食局有在职人员18人（其中县聘1人），离退休人员35人，下属平远县粮食收储公司有职工37人。平远县粮食局紧紧围绕“把中国人的饭碗牢牢端在自己手中”开展工作，保证全县粮食供需平衡、粮食市场价格稳定，确保全县军需民食、社会和谐稳定，顺利完成县储轮换任务。

【粮食安全责任制落实】　2018年，平远县粮食局认真贯彻执行国家、省、市、县的各项粮食政策，落实粮食工作政府责任制，确保粮食安全，把饭碗牢牢端在自己手中。1.健全完善粮食安全政府责任制工作机制，认真落实粮食安全政府责任制各项工作。2.做好“粮食收购资格许可”管理工作。3.加强依法用粮监管和执行粮食流通统计制度的检查。4.按计划保质保量按时完成县储轮换任务。

【储备粮油管理】　2018年，平远县粮食局坚持“以防为主，综合防治”的保粮工作方针，贯彻落实国家《粮油仓储管理办法》《广东省储备粮管理办法》和本单位制订的《粮油仓储管理办法》，落实省、市、县粮油仓储企业规范化管理制度，适应储粮新常态。1.适时开展“春、秋”两季粮油储存安全普查工作。2.抓好仓储规范化管理。3.推广科学保粮技术，创新储粮技术，确保在库粮油储存安全。4.推进坝头粮库“粮安工程”粮库智能化升级改造工作。

【粮食收购】　2018年，平远县粮食局严格执行国务院《粮食流通管理条例》，贯彻国家粮食收购政策，充分发挥粮食部门主渠道作用。夏收时，平远县粮食收储公司根据县储轮换计划提早安排仓容、资金，以每50千克128元的价格公开挂牌直接收购县内农户生产的稻谷和江西等外地采购粮食，按时完成县储轮换任务。

【依法治粮】　2018年，平远县粮食局贯彻落实国家、省、市粮食流通监督检查会议精神，坚守粮食监管底线，加强执法队伍建设，完善监管制度，强化市场监管，推动依法治粮工作再上新台阶。1.做好全国粮食库存大清查工作。按照“有仓必到、有粮必查、有账必核、查必彻底”的原则，对粮食库存数量、质量、储备粮轮换、仓储管理等进行全面检查，摸清粮食库存情况，确保库存粮食“账实相符、质量良好、储存安全、管理规范”。2.认真开展夏粮收购专项督查检查工作。在夏粮收购期间，开展专项监督检查，杜绝“转圈粮”“以陈顶新”“人情粮”等违规违法行为，维护良好的粮食流通市场秩序。3.加强粮食质量安全监管工作。进一步提高对粮食质量工作重要性认识，坚持数量质量并重，严把入库质量关，经抽检，新入库粮食的质量指标检验、储存品质指标检验合格率100%，卫生指标镉含量合格率100%。

【军粮供应】　2018年，平远县粮食局严格贯彻执行中央和省军粮供应政策，紧紧围绕“保障供给、规范管理、优质服务”的指导思想，抓好制度落实，提高服务质量，克服一切困难，全力保障驻地部队的粮油供应。1.贯彻落实执行《国家粮食局、财政部、中央军委后勤保障部〈关于加强形势下军粮供应管理工作的通知〉》精神，理顺军供工作中的供求关系，健全保障机制，提高服务意识，严控军粮供应风险，落实军供工作“五个严禁”情况。2.严格执行军粮站粮油质量管理制度。坚持按照“五统一”（统一定点、统一质量、统一包装、统一定价、统一配送）进行规范操作，供应的粮油品种等级的质量标准都达到国家标准。3.开展形式多样的拥军慰问活动，进一步密切军政、军民关系。

【粮食经济管理】　2018年，平远县粮食局积极开展行政事业单位内部控制基础性评价工作，进一步完善财务管理制度，切实抓好粮食经济管理工作。2018年，争取省级储备粮粮库维修改造补助资金100万元、军供政策性补贴资金90万元，同时落实县级粮食风险基金450万元，县级储备费用800万元，各项补贴及专项资金足额拨付到位。

【粮食仓储设施建设】　2018年，坝头粮库“粮安工程”粮库智能化升级改造工程，预计2019年4月底验收，项目投入资金约125万元，其中中央资金75万元。　（蓝林青）

2018 年度平远县粮食局负责人名录

局　长：肖明曦

副局长：姚　勇　林映明　林挺锋

物资经营

【概况】　2018年，平远县物资总公司按照“保稳定、谋发展、求增值，树形象”的工作目标，实现队伍团结，国有资产保值增值，企业生产安全无事故，无上访事件，圆满完成县委、县政府交办的各项工作任务。总公司全年收入70多万元，基本与上年持平，“三公经费”同比下降60%，全面完成年初预定目标。

【主要工作情况】 2018年，平远县物资总公司主要做好如下工作：1.抓好公司各项常规工作。全面加强公司日常管理和绩效考核，充分调动干部职工工作积极性。扎实开展“两学一做”学习教育，深入学习宣传贯彻习近平新时代中国特色社会主义思想和中共十九大精神，加强党员干部职工的学习教育。抓好基层党建、党风廉政建设、平安综治建设、精神文明建设、党内关怀和精准扶贫等各项常规工作，增强干部职工素质，营造积极向上的好风气，提高物资队伍的凝聚力战斗力。2.认真配合做好接受县委巡察组巡察工作。县委第三巡察组于12月12日开始对物资总公司开展为期近一个月的集中巡察，公司严格按照要求，配合巡察组做好各项巡察工作。3.管好物业，确保稳定增值。继续优化物业资源，增加稳定的收益；加强对公司门店和仓库等的租赁管理，保证承租户依法经营，依时上缴租金。4.抓好企业，确保安全增收。加强对下属公司和企业的安全生产管理，落实安全生产责任，强化安全生产教育，完善安全生产制度，层层签订安全生产及综治平安建设责任书。特别是对危化品企业远旺液化气库和燃料加油站做到重点防范，指定专人负责，每周检查2次以上，实现在无事故隐患的基础上发展增收。5.启动远旺气库供储设备更换改造工作。公司下属的平远远旺液化石油气有限公司的气库供储设备（罐体、管道、压力装置等）已过设计年限，延期使用五年，即将报废。经过多次会议研究讨论，并形成会议纪要和成立工作组，决定由现承包人刘汉珍出资，于4月正式启动气库供储设备的更换改造工作。到年底，改造工作基本完成。

【存在问题】 2018年，平远县物资总公司主要存在两方面问题：1.公司人员结构问题。现有干部职工平均年龄偏大（53岁），文化程度较低，整体工作热情不够高，适应新形势要求的能力低。2.维持日常运转经费问题。公司属于自收自支事业单位，主要收入来源是物业租金和企业上交的承包款，主要支出是在职非财拨人员和部分退休人员工资福利、五险一金和日常办公经费。随着时间推移、政策性刚性支出的增加，特别是提高工资和津补贴标准后，缺口资金增大的矛盾突出。 （物资总公司办公室）

2018 年度平远县物资总公司负责人名录

副经理：陈旺宏（负责全面工作） 刘伟东

烟草专卖

【概况】 2018年，平远县烟草专卖局（分公司）围绕“公平、正气、和谐、实干”的八字价值纲领和“广东烟草高质量发展”战略，主攻“责任落实年”建设，推动烟叶生产、营销工作、专卖管理、企管政工和文明建设再上台阶。1.实现税收3352.27万元，同比增长3.39%。2.卷烟销量有增长。销售卷烟9237.01箱，同比增长2.73%。3.销售收入有增长。销售收入3.03亿元，同比增长7.46%。4.烟农收入有增长。烟农亩均收入3809.26元，同比增长2.74%。

【常规工作】 2018年，平远县烟草专卖局（分公司）紧盯各项目标任务，做好五项工作：1.做强党建工作，保持鲜明政治特色“品牌”优势。2.做优营销管理，建设卷烟生态环境示范点。3.做深专卖管理，增强管控市场成效。4.做好烟叶生产，稳定生产质量水平。5.做实企业管理，提升基础工作服务大局效率。此外，加强企业政工、党风廉政建设、精准扶贫、队伍建设和法治烟草各项工作，纵深推进规范管理，全面打造法治、规范、信息、平安、精益烟草。

【卷烟零售生态环境建设】 2018年，平远县烟草专卖局（分公司）围绕卷烟零售生态

2018年8月8日，广东省烟草专卖局（公司）党组成员、副总经理周亮（右四）到平远调研指导烟叶收购工作

（赖丽琼 摄）

环境建设目标，开展自律互助小组提质增效、打造文明吸烟环境和建设直营店工作。1.通过专销联动访市场、非烟商品团购提盈利、“组组”“户户”对标找差距、丰富小组活动、终端改造升级、扫码销售实时掌握价格执行和盈利情况及小组开展“明察暗访”等形式，规范小组提质增效。全县共有自律互助小组35组，由528户零售客户参与，占比70.12%。其中，有质量的小组11组，占比31.43%；示范小组5组，占比14.29%。2.打造文明吸烟环境。跟进60个文明吸烟点、11户文明体验区，3个吸烟室、3个吸烟亭的使用和维护情况。3.打造特色直营店。县城翠拥华庭直营店和仁居镇乡村综合体已开业，每天盈利平稳。县城翠拥华庭直营店平均每天营业额1.2万元，盈利率约20%，其中非卷烟商品占10%。仁居镇乡村综合体不仅销售卷烟和其他商品，还为烟农、消费者和零售客户提供法律咨询及技术咨询。年底，全市和全省卷烟零售生态环境建设现场会相继在平远召开。

【存在问题】 2018年，平远县烟草专卖局（分公司）存在的主要问题：1.品牌培育工作难，特别是省产双喜一、二类卷烟培育，全县2018年销售结构比较高，市场容量有限，消费水平有限。2.烟农合作社人员管理有待提

升，在烟叶收购期间对预检队伍、分级队伍、收购杂工等的管理成效不够理想。

2018 年度平远县烟草专卖局（分公司）负责人名录

局长、经理：姚玉平

副 局 长：卓流平　涂　勇（任至6月）

副 经 理：余永安　谢宝红（6月挂任）

石油经营

【经营业绩】 2018年，中石化平远公司零售总量实现49112吨，其中汽油实现销售13283吨，柴油实现销售35829吨，同比实现5%的增长。非油品营业额实现4135万元，同比增192%。

【油品营销】 2018年，中石化平远公司抓好油品营销。1.分析市场，及时调度。针对第一季度机出柴油同比减量2063吨，降幅22.5%的情况，组织站长、经营骨干深入市场，分析原因，对各站柴油客户进行调研，及时加大优惠政策的调度和支持。到年终，实现汽油、机出柴油的同比正增长。2.着力提量，打造平远长安“万吨站”。由于路网变化，长安站利用地缘优势，提出打造新的“万吨站”目标。公司领导大力支持，部门也从设备、人员、资源调配、政策等方面积极支持。长安站通过提升员工服务质量、增加便民服务项目着手，建立国道206线平远长安站客户群，加大宣传力度，利用好公司给予的优惠政策拓展客户，实现机出零售14200吨。3.稳高速路油站销售。提升服务质量，做好各项便民服务，建立油站的客户群，及时传递与油站、高速路相关的信息提升客户的黏性。两个站点分别实现10916吨和11305吨的销售，保住单站销售上万吨的目标。4.做好汽油的营销，保汽油稳步提量。落实好省、市公司的营销政策，做好各项活动的宣传工作，使全部员工都能熟练掌握相关政策，结合各站开展的活动，争取更多的优质用户。做好“四大节日”组织营销工作。开展加油广东APP行业VIP客户开拓的工作。组织营销小组到行政事业单位等上门开卡、绑卡活动。

【非油品营销】 2018年，中石化平远公司抓好非油品营销，增加收入。1.抓营业额的提升。分析短板，制定各站的营销方向，集思广益，确定以粤通卡充值保营业额总量、香烟零售保基础品类营业额，车用尾气处理液保毛利的非油工作思路，确保非油全年营业额的完成。2.抓基础品类商品的销售。基础品类的销售主要是靠烟草销售，加强与当地烟草公司的沟通，对有烟证的10座油站进行升挡，多要好烟畅销烟，提高平远石油公司的香烟额度。3.做好重点商品的营销售。针对燃油宝和粮油产品在平远开展难度较大，柴油过境车辆多的实际，确定以车用尾气处液为重点商品作为发力点。结合公司出台的相关政策引导好员工多“开口营销”，突出做好车用尾气处理液，全年实现266万元的销售，占公司总销售额的40%。

【安全工作】 2018年，中石化平远公司加强油站安全管理，加强对油站各项应急预案演练的指导，确保油站员工多演练、会实战，提高员工处置应急事件的能力。

【网络发展工作】 2018年1月，中石化平远公司对民营差干五指石加油站进行租赁经营，投入200万元进行装修升级改造。5月，以全新的面貌投营。（丘伟明）

2018 年度中石化平远公司负责人名录

经　理：丘伟明

旅游开发

综　　述

【概况】 2018年，平远县建成对外开放景区、景点10余处，其中，国家AAAA级旅游景区1个（五指石景区），AAA级旅游景区4个（松溪河景区、上举相思谷景区、金穗休闲度假区、曼佗山庄）；旅行社及分支机构15家；宾馆、酒店71家（其中，按四星标准建设的酒店2家，三星级酒店2家），床位2405张。全县旅游直接从业人员1.09万人，带动就业约5万人。先后获评“中国最佳生态文化旅游目的地”“中国百佳深呼吸小城”“全国十佳生态休闲旅游城市”“全国休闲农业与乡村旅游示范县”“全国森林旅游示范县”和“第七届广东省县（市）域旅游创新发展十强县”等荣誉称号。

【全域旅游】 2018年，平远县以推动全域旅游发展为主线，着力构建创新型旅游经济格局和生态富民带，全县旅游产业持续健康发展。1.认真实施《平远县旅游发展总体规划》《平远县乡村旅游发展总体规划》《平远县全域旅游专项规划》，打破镇域行政界线，以特色资源为纽带，采取“造点、连线、扩块”方式，将整个县域作为一个旅游目的地来打造，不断优化景点、景线、景域相结合的全域旅游空间格局，引导全域旅游差异化、特色化和一体化发展。2.聚焦重点景区建设，打造旅游核心吸引物。充分发挥旅游业的拉动、融合能力及催化、集成作用，做好“旅游+”文章，将旅游与农业、工业、互联网、文化、体育等产业相融合，打造一批农旅、工旅体验点，以及特色旅游节庆品牌。同时，以乡村振兴战略为抓手，充分挖掘旅游发展潜力，按照统筹规划、试点引领、分类发展的思路发展乡村旅游，规划建设一批旅游特色小城镇，辐射带动全县各镇打造1个以上富民兴村产业平台，并持续加大旅游商品研发和推广力度，提高平远旅游的综合效益。3.以设施人性化、服务智能化为目标，加快完善旅游服务配套和基础设施，着力营造便捷、安全、舒适的旅游环境。4.积极与各级主流媒体合作，不断加强县域旅游形象整体宣传推介，创新宣传方式，不断扩大平远旅游的知名度和市场影响力。5.构建旅游发展体系。在旅游工作委员会领导下，统筹推进全县旅游发展。出台《平远县促进旅游产业发展专项资金使用办法（试行）》和《平远县保障旅游产业发展用地的指导意见》，实行旅游产业用地分类管理和产业用地储备。探索“1+3+N”综合执法模式，加强旅游综合执法。创新旅游景区经营管理机制，推进国有景区所有权、管理权和经营权三权分离，引导、支持、鼓励民间资本开发、经营、托管国有或集体经营的旅游景区，打造广东生态旅游的新亮点。

2018年平远县旅行社及分支机构一览表

表6

旅行社及分支机构名称	地址	联系人
平远县五指石旅行社有限公司	大柘镇新岭路111-1号联通营业厅	谢球凤

续表6

旅行社及分支机构名称	地址	联系人
平远县中国旅行社	平城南路42号	刘　林
岭东国际旅行社有限公司	优山美地御龙二街2号	舒　剑
梅州市国游旅行社	平城南路	林建云
假日国际旅行社平远分公司	羊子甸桥头沿河路	谢春祥
爱游国际旅行社平远分公司	大柘镇广场路	谢碧芳
梅州市五指石旅游服务有限公司平远分公司	差干镇加丰村	谢汉林
梅县中旅平远营业部	平远大道海春大厦首层	谢荣扬
中国国旅（广东梅州）旅行社有限公司平远营业部	平城花园B区D栋1-4号	谢清霞
中国国旅（广东梅州）旅行社有限公司平远县五指石营业部	差干镇加丰村金星	谢钰锋
广东省中国旅行社平远营业部	大柘镇平岗路80号1号店铺	张　稀
梅州市中国旅行社平远营业部	大柘镇河滨路	黄玉兰
梅州市五指石旅游服务有限公司平远营业部	大柘镇沿河路陶然居南区	谢汉林
盈科美辰国际旅行社梅州平远营业部	大柘镇建设路27、271-1号	姚盛强
嘉能国际旅行社平远营业部	兴柘路羊子甸平远大道中79-1号	何　为

说明：1.该表由平远县文化广电体育旅游局提供；2.统计时间截止于2019年6月

平远县旅游局

【概况】　2018年，平远县旅游局围绕“一城一区一带”发展格局，主动对接梅江韩江绿色健康文化旅游产业带建设，以创建“国家全域旅游示范县”为抓手，促进该县旅游产业持续健康发展。全年接待游客人次、旅游综合收入同比增长8.63%和11.90%。平远县荣获“第八届广东省县（市）域旅游创新发展十强”称号。

2018年8月15日，市长陈敏（右二）到平远县调研国家全域旅游示范县创建工作进展情况　　（朱双玲　摄）

【项目建设】 2018年，平远县旅游局做好项目建设工作。1.推进差干特色小镇建设。加大对五指石、松溪河、长布半岛等主要旅游区的投资力度。五指石景区项目完成投资8000万元；长布半岛旅游度假区（含松溪河景区）项目完成投资1.3亿元，并完成《烟雨松溪休闲度假区设计方案》。推进长布半岛一期第一批土地出让及土地平整；做好松溪河两岸护坡、跨岛大桥及三省美食风情街等基础工程。2.推进重点项目建设。南台森林康养小镇（南台卧佛山旅游度假区）项目，全年完成投资8000万元。已完成旅游度假区、游客中心、合掌岩服务点等详细规划修编工作。3.引导新旅游景区（点）规划建设。组织相关单位多次现场调研大河背景区、铜锣峡景区，引导景区开发企业在符合相关规定的前提下，保护性继续开发建设。推动大河背景区、铜锣峡景区作为2019年市重点项目打造。4.推动智慧旅游项目建设。完成平远旅游大数据中心建设，该平台兼具天气数据综合分析、县客流统计分析、互联网分析、景区客流综合分析、微信数据分析、车流综合分析、实时监控、旅游基础资源分析、游客投诉统计等功能。

【行业管理】 2018年，平远县旅游局做好行业管理工作。1.做好旅游行业扫黑除恶专项斗争工作。联合县工商质监局、公安局等部门对违规经营旅游活动案件进行查处，重拳整治“黑导”“黑社”“黑车”“黑店”，保障旅游者合法权益。2.加强旅游行业监管。提请平远县人民政府印发《平远县加强旅游市场综合监管实施方案》，协调各单位力量对旅游市场进行联合治理。3.加强专业人才培训。以平远县创建国家全域旅游示范县人才培育工程为契机，开展平远县全域旅游示范县创建培训会、旅游安全培训、旅游安全应急演练等多场培训会。协助县委组织部人才室在全市率先开展平远县旅游人才驿站的选址、规划和建设工作。4.做好A级旅游景区、星级饭店复核。2018年，曼佗山庄景区、远南大酒店、和园商务宾馆分别通过国家AAA级旅游景区复核和三星级旅游饭店评定性复核。5.指导平远县旅游协会完成第二届换届工作。

【民宿、农家乐建设】 2018年，平远县旅游局积极引导县内旅游景区、民宿、农家乐规范化、特色化、品牌化建设。该局联合县公安、环保、卫计、工商质监等9个部门印发《平远县民宿（乡村客栈）等级评定与划分标准（试行）》《平远县农家乐等级评定管理办法（试行）》等文件。至年底，该县有7家持证民宿（其中3家为梅州市三星级民宿），1家梅州市三星级农家乐。

【旅游宣传推介】 2018年，平远县旅游局积极做好旅游宣传工作。1.参团外出推介。该局与市旅游局推介团队一同前往重庆、中山、江门、龙岩、三明、贺州、南宁、厦门、漳州等地举办16场（次）宣传推介会，围绕航线到达地、主要客源地、区域合作地“三地”和高速、高空、高铁“三高”全方位进行宣传。进一步吸引周边城市及“三高”通达的城市居民到平远旅游。2.重大活动宣传。结合“2018到梅州过大年”暨珠三角媒体旅游达人采风活动、首届中国汽车旅行大会暨第七届广东自驾旅游日活动及“2018美拍广东·平远站”等活动宣传该县旅游资源，并拍摄平远旅游宣传片。3.编印宣传资料。印制《醉美山城·平远》中英文宣传册、《一程山水·平远》宣传资料、平远旅游纸袋及帆布袋等，发放数量5000多份。4.做好节会宣传。通过参与举办“客家炒绿”茶香节、第9届北京国际山地徒步大会、2018年南粤古驿道定向大赛、第十四届脐橙文化旅游节及2018年平远县“客家菜师傅”工程烹饪大赛等活动，进一步提高该县的知名度和美誉度。

【存在问题】　2018年，平远旅游方面存在的问题是：1.新常态下，单靠旅游部门推动全域旅游发展力不从心，旅游管理体制机制有待改革。2.旅游产品仍以观光游览为主，休闲度假产品供给不足，产业效益有待提高。3.旅游市场主体小散弱差局面无根本改观，重点景区项目建设有待提速。4.金融部门对旅游项目贷款顾虑较多，民间资本很难往旅游开发上面流动，资金受制约。5.旅游专业人才不足，发展旅游业受限制。6.旅游公共设施、旅游咨询服务体系有待完善。（平远县旅游局）

2018年10月17日，平远县召开旅游产业发展暨全域旅游工作推进会，总结近年旅游产业发展情况，部署2018年全县旅游工作和全域旅游推进工作　（新梅互联　摄）

2018年度平远县旅游局负责人名录

局　长：刘冬梅（女，任至2月）

　　　　李　胜（2月起任）

副局长：丘慧娟（女）　林南京　张任锋

平远县五指石省级风景名胜区管理处

【概况】　2018年，平远县五指石省级风景名胜区管理处（以下简称为五指石管理处）围绕“一城一区一带”建设和创建“国家卫生县城”和“全国县级文明城市”的工作主线，切实履行好五指石管理处的各项职责，抓好景区监督、公益、资源保护、协调、接待、服务等工作，协助五指石旅游产业公司抓好景区日常经营管理，维持景区良好秩序，为打造安全、文明、有序的景区而努力。

2018年4月22日，纪念第49个世界地球日宣传活动暨平远五指石省级地质公园揭幕开园仪式在平远五指石地质公园举行

【景区规范管理】　2018年，五指石管理处从五方面做好景区规范管理工作。1.抓好景区安全生产。五指石管理处始终把安全生产作为日常工作的重要内容，要求负责安全工作的人员每天对景区地质灾害点和旅游公共服务设施设备进行巡查，发现安全隐患立即发函给五指石旅游产业公司，协助并要求对方整改。全年共发出26份安全整改通知，责令公司及时整改、排除安全隐患，全年参与配合各部门组织安全生产检查13次。9月，五指石管理处配合县旅游局、五指石旅游产业公司进行五指石景区高空栈道突发落石事故联合应急演练，提升景区旅游安全突发事故灾害的应急处理能力。2.景区生态资源保护。五指石管理处坚持可持续发展理念，全力做好景区资源保护管理工作，安排专人定期对景区资源进行巡护，树立资源保护和森林防火标牌标识，对景区内的树木重新挂标识牌，标识牌对树木的名称、学名、科名、属名、生态特征、主要用途等方面进行简述。悬挂标识牌既能丰富景区树木的文化内涵，又为游客了解树木提供最便捷的渠道，从而拓宽

游客的知识面，提高其爱绿护绿意识。3.整治景区非法营运车辆，维持景区秩序。景区内一直存在社会车辆非法载客的情况，造成景区秩序比较混乱，给游客安全带来隐患。为彻底解决该问题，8月，五指石管理处与五指石旅游产业公司、石林寺召开协调会，会议决定由五指石旅游产业公司和石林寺一同对石林寺停车场进行管理，严格禁止外来车辆上山停放，取得良好效果，景区内已无非法营运车辆。4.做好景区接待工作。五指石管理处严格遵循“见函接待”原则，严格执行规定标准，做好各级各单位到景区考察调研的接待工作。全年接待各级来人32批次约800人，并成功协办广东省森林公园协会第一届五次会员代表大会暨森林旅游创新论坛和平远县“4·22”地球日活动宣传暨广东平远地质公园揭幕仪式。5.景区财务管理监督。五指石管理处严格按照《五指石生态产业园投资开发建设协议书》《投资开发建设五指石景区客运索道合作协议书》相关规定，督促五指石旅游产业公司每月将门票收入缴存入专户，按比例进行分成。全年景区门票收入近1700万元，索道票收入1000万元。

2018年9月26日，五指石省级风景名胜区管理处承办的高空栈道突发落石事故应急演练在五指石景区举行

【景区项目建设】 2018年，五指石管理处积极做好项目建设工作。1.完成科普教育基地复核。五指石风景区自2005年被省批准为“广东省青少年科技教育基地”后，利用科普教育基地和地质博物馆平台，开展丰富的青少年科普教育活动，还被评为“梅州市人文社会科学普及基地”。2013年，五指石管理处向省科技厅申报“平远县五指石省级风景名胜区‘广东省青少年科技教育基地’建设”并立项成功，2017年完成该项目的结题验收工作，2018年顺利完成科普教育基地复核工作。2.营造景区文明旅游氛围。结合平远县创建“全国县级文明城市”工作要求，五指石管理处与五指石旅游产业公司沟通，在景区游客服务中心、验票口LED显示屏、集散广场、景区内游客集中点悬挂或张贴核心主义价值观和文明旅游标牌标语，引导游客文明旅游，让文明旅游理念深入人心。

【存在问题】 2018年，五指石管理处存在的问题是：景区发展停滞不前，游客下降。景区项目建设推进困难，缺乏新的景点，传统景点吸引力下降，导致景区竞争力下降；龙川、丰顺等地区同类型景区的开放，也分散部分客源，再加上景区宣传促销力度不够，门票价格过高等原因，导致2018年入园游客仅有25万人次，与上年37.5万人次的入园游客数相比，下降33%。 （五指石管理处）

2018 年度平远县五指石省级风景名胜区管理处负责人名录

主　任：刘剑辉

副主任：谢菊传（任至11月）

财税·金融

财　　政

【概况】　2018年，平远县财政局机关内设19个股室，下属10个股级事业单位。至年底，该局编制数为90人（机关42人、下属事业48人），实有干部职工92人（含局临聘7人）。县级一般公共预算收入75959万元，完成年度调整预算收入计划的101.3%；县级一般公共预算支出238637万元，同比增支7686万元，增幅3.3 %。

【财政收支情况】　2018年，平远县一般公共预算总收入390294万元，对比上年增加125687万元，增长47.5%。其中，县级一般公共预算收入75959万元；返还性收入6865万元；一般性转移支付收入113916万元；专项转移支付收入98167万元；市财力安排的补助10264万元；政府性债券转贷收入61500万元；调入资金11803万元（其中预算稳定调节基金调入186万元、政府性基金调入10784万元、国有资本经营预算调入400万元、其他调入433万元）；上年结余11820万元。全年一般公共预算总支出390294万元，对比上年增支125687万元，增长47.5%。

全年政府性基金预算总收入33730万元，对比上年增收11812万元，增长53.9%。其中，县级基金收入32007万元；省、市基金补助1396万元；上年结余327万元。全年政府性基金预算总支出33730万元，对比上年增长11812万元，增长53.9%。

全年城乡居民基本养老保险基金总收入14418万元。其中，当年收入7160万元，上年结余7258万元。对比上年增收1589万元，增长12.4%，完成年度预算计划的106.2%。全年城乡居民基本养老保险基金支出6821万元，对比上年增支1250万元，增长22.4%，完成年度预算计划的107.1%。年末滚存结余7597万元。

全年城乡居民基本医疗保险基金总收入24743万元。其中，当年收入14997万元；上年结余9746万元。对比上年增收520万元，增长2.2%，完成年度预算计划的99.5%。全年城乡居民基本医疗保险基金支出16891万元，对比上年增支2415万元，增长16.7%，完成年度预算计划的113.6%。年末滚存结余7852万元。

机关事业单位基本养老保险基金总收入22496万元，其中当年收入19329万元，完成年度预算计划的54%。全年机关事业单位基本养老保险基金支出17976万元，完成年度预算计划的43.2%。年末滚存结余4520万元。

国有资本经营预算总收入400万元，完成年度预算收入计划的100%。国有资本经营预算支出400万元，完成年度预算支出计划的100%，其中转移性支出（调出资金）400万元，收支相抵，年终无结余。

【财源培植】　2018年，平远县财政局加强财源培植，做强壮大财政增收的物质基础。1.加大扶持实体经济力度，积极争取项目资金支持。整合资金重点支持中小企业发展，落实3000万元的实体经济奖励资金，重点支持县域内中小企业。2.把支持生态工业园区建设作为财源建设的重点。落实各类产业扶持政策，推进生态工业园区建设。3.围绕“一城一区一带”项目建设培植财源，突出县城集聚发展，支持乡村振兴发展战略，增强县域经济，进一步夯实和拓宽财源基础。4.加强行政事业单位闲置国有资产和政府资源监管运营，加强收益收缴和使用管理，努力拓宽收入渠道。

【服务地方经济】　2018年，平远县财政局从四方面做好服务地方经济工作。1.不断优化支出流程，提高预算刚性，按照均衡性、有效性、安全性原则，加快支出进度。全年财政八项支出完成23.4亿元，同比上年增加2.4亿元，增长11.4%。2.主要财政支出向民生方面倾斜，重点做好保运转、保民生、保重点、保稳定等工作。积极筹措所需资金，优先安排和保证涉及民生保障方面的各项支出，全年教育、社会保障与就业、医疗卫生等民生支出25.6亿元，占一般公共预算支出的75%。3.确保各项重点领域和项目建设资金支出。紧跟“一城一区一带”建设步伐，细化工作措施，调整优化支出结构，整合财政资金，充分利用新增债券资金，投入2亿元，确保对县城基础设施建设、产业转移工业园区建设、公路交通建设、水利建设、旅游产业发展等重点领域和项目的支持，切实发挥好其他资金使用效益。4.规范使用债券置换资金。对于已入库的公开发行置换债券资金，加快置换出库，提高公开发行置换债券资金置换完成率。

【财政改革发展】　2018年，平远县财政局加大改革发展力度。1.建立完善一般公共预算、政府性基金预算、社保基金预算和国有资本经营预算体系。按时全面公开全县预算单位（涉密单位除外）预决算和“三公”经费信息。持续加强国库管理，试编政府部门财务报告，推进国库集中支付改革和公务卡结算。强化政府性债务管理，完善政府债务风险预警办法，加大政府存量债务置换力度，加强风险防范和应对，牢牢守住不发生系统性风险的底线。2.进一步加大财政监管力度，推进县级财务核算信息集中监管改革。加强行政事业单位内控制度建设，健全财政常态化监督机制，定期对相关单位财政收支、项目资金及会计信息质量等方面开展检查，确保财政资金安全。3.推进预算绩效，进一步扩大绩效评价范围，将绩效评价与结果运用相结合。4.强化国有资产监管，完善各类国有资产管理制度，加强国有资产监管，建立比较完善的国有公司内控制度。　（陈炳辉）

2018 年度平远县财政局负责人名录

局　　长：刘　胜
副 局 长：黄永华（任至1月）
　　　　　余永灵　谢　锐
　　　　　郭大忠（1月起任）
　　　　　王碧芳（女，1月起任）
总会计师：郭大忠（任至1月）
　　　　　谢文毅（1月起任）

税　　务

【概况】　2018年，全县税务系统统筹兼顾，科学谋划，扎实推进国税地税征管体制改革，依法依规抓好组织收入中心工作，持续提升税收征管和纳税服务水平，不断优化税收营商环境。

【组织收入】　2018年，平远县税务局组织税费收入161892万元，同比增收10003万元，增长6.59%。其中，税收收入106465万元，同比减收13047万元，下降10.92%，完成年度税收收入预期目标102000万元的104.38%，收入进度快于时间进度4个百分点；社保费收入52288万元，同比增收22252万元，增长74.08%；其他规费3139万元，同比增收798万元，增长34.09%。该局依法加强组织收入工作，建立监控管理制度，严格执行会统核算、缴库退库、票证管理和税收报表四项制度，强化税收经济分析；同时规范税费管理，抓好税源调查摸底，开展分行业分税种的专项梳理，持续开展大企业税收风险管理和个性化服务，加强社保政策宣传，强化费源监控，加大欠费清缴力度，排查社保费征缴风险。

【税费征管】 2018年，平远县税务局从六方面做好税费征管工作。1.严格贯彻税费优惠政策。全面落实结构性减税政策，降低企业成本，推动本地实体经济发展；推进个人所得税改革各阶段工作，让改革红利惠及全县各行各业；大力宣传辅导高新技术企业优惠政策，鼓励企业申报高新技术企业，助推企业升级改造。2.落实环保税开征工作。加强部门协同，与县环保部门联合开展环保税辅导工作，组织宣传队送“法”入户，为企业解疑答惑，顺利实现环保税开征，进一步完善绿色税制，助力该县生态文明建设。3.完善增值税发票风险管理。对虚开发票风险较为突出的重点行业、重点对象加强核查，提高风险源头防控能力。深化对防伪税控、电子底账、“全景一户式”等系统数据的分析应用，增强风险识别和处置的能力。以跨区域信息共享、协助应对为抓手，以金税三期系统跨区域税收风险管理模块为依托，向外省发起协作任务，并接收外省发票协查任务，对接收或发起的协作管理事项分户跟踪督办，确保实现任务准期完成率达100%。4.做好出口退（免）税工作。严格按照出口退（免）税管理工作规范2.0版做好出口退税管理工作，对企业每月上报的退（免）税申报资料做到每张必对、每张必审、严格把关。做好出口退（免）税预警评估和出口退税检查工作，对15户首次办理退税出口企业、2户委托外贸综合服务企业代办退税企业进行实地核查评估。继续强化预警评估和检查力度，做到“征退联动、以查促管、以查促改、以查促防”，重点对出口增长异常、收汇异常、供货业务异常的高风险出口企业和出口供货企业进行核查。组织业务人员到试点企业上门走访，辅导完成备案变更、申报操作，协助企业做好出口退税无纸化申报工作。5.推进个人所得税改革工作。持续加强内部干部职工政策学习，学懂弄通个人所得税改革核心要义和政策规定，从有利于纳税人的角度，解释好、执行好个人所得税改革政策。加强政策辅导，组织开展内部和面向纳税人、扣缴义务人的培训、辅导，使广大税务干部深入领会政策核心要义。全年组织内部培训5场，培训530余人次；培训纳税人4场，培训近320人次。6.强化信息管税。推进与外部门合作，通过信息共享和数据比对提高征管质效，同时联合执行“先税后证”制度，确保税款及时足额征收入库。通过二手房交易系统实现与住建、房管部门的信息共享；通过税源管理平台的婚姻登记信息查询模块可以获取个人婚姻登记情况；商品房网签信息可通过互联网查询实现共享。

2018年7月20日，国家税务总局平远县税务局正式挂牌成立（陈祺 摄）

【税务机构改革】 2018年，以习近平同志为核心的党中央作出改革国税地税征管体制的重大战略部署，全县税务系统始终坚持以服务改革大局为己任，全力以赴推进县乡两级税务机构改革。1.顺利完成新机构挂牌。根据全市国税地税征管体制改革统一部署，在全市率先实现集中办公，明确税务机构改革工作的初期规划、运转制度和工作纪律，制定挂牌仪式具体工作台账，40余项工作落实到个人，推进该县税务机构改革各项工作。7月16日，县政府成立平远县国税地税征管体制改革专项小组；是月20日，国家税务总局平远县税务局挂牌成立。2.有序落实“三定”方案。改革期间，该局按照上级机构改革的总体方向、原则要求、时间节点和模板方案，科学研究、稳步落实县税务局“三定”方案和各项细节。秉承“因事择人、因岗择人、人岗相配”的原则，科学整合人力资源。10月25日，统一宣布内设机构、派出机构和事业单位负责人及其他工作人员的任命；是月30日，全县税务系统启用新机构业务印章，基层税务分局挂牌成立。3.稳步推进征管职责划转。落实中共中央关于划转社会保险费和非税收入征管职责的决策部署，多措并举稳步推进征管职责划转。积极与财政、人社等部门沟通协调，成立工作专班和工作领导小组，为有关工作提供坚强的组织保障。及时印发工作方案，确保从2019年1月1日起，该县城乡居民养老保险、城乡居民医疗保险、村镇基础设施配套费由税务部门征收。

【机构设置与队伍建设】 2018年，通过税务机构改革，全县税务系统进一步优化机构设置和职能配置，提升税费征管和服务综合能力，构建起高效统一的税务组织体系。改革后，县税务局设立13个内设机构和2个事业单位，以及6个派出机构（基层分局）。至年底，有正式干部职工193人，协税员11人,临时工41人；新招录公务员7人。1.持续推进业务融合。先后进行税收政策融合培训、办税服务厅“一窗通办”业务培训和其他部门间业务差异整合培训14场，参训人数超700人次，有效促进业务的深度融合，提升征收管理和纳税服务质量。2.注重人员知识培训。高度重视国家税务总局“新机构、新职责、新业务、新作为”知识网络竞赛，组织190名干部职工报名参加，重点挑选10名业务骨干自学自练，经过选拔，有5名选手入选第二次闯关。3.全面推行数字人事。对税务人事管理系统基础数据进行整合，更新人员相关信息近3000余条，通过动员会、专题培训和动漫视频等形式全面上线数字人事，实现全员全覆盖，有效推进干部考核管理数据化、日常化、多维化，促进干部队伍进一步整合。4.丰富职工文体生活。组织70余名干部职工参加第九届北京国际山地徒步梅州平远站活动，组织50名参加平远县大合唱活动的青年税务干部学唱《中国税务之歌》和《走向复兴》，进一步增进同事团结，加深队伍人心融合。

2018年10月25日，省税务局党委委员、总会计师蒋余良（右一）考察平远县税务局办税服务厅，调研机构改革工作落实情况 （陈祺 摄）

【纳税服务】 2018年，平远县税务局从四方面做好纳税服务工作。1.全面推行“一厅通办”“一窗通办”。机构改革后，全县设置5个办税大厅，所有大厅均达到第三层级“一厅通办”。实现“一厅通办”以来，大厅月均办理涉税业务4000余笔，纳税人平均等候时间比之前缩短20%以上。2.持续开展便民办税行动。认真抓好税收营商环境评价工作，落实555项涉税业务“最多跑一次”以及“一次都不跑”便民服务要求，推行新办纳税人“零门槛”办税，编制“套餐式”服务清单，推广使用网上办税平台，推行“双向预约”，实现错峰办税。组织召开2场“问需求、优服务”税企座谈会，广泛征集纳税人的意见建议，持续改进税务部门管理服务。在2018年度全省纳税人满意度调查中，该局得分94.06分，位居全市第二位。3.落实税务领域“放管服”改革。通过运用大数据和金税三期系统等现代信息技术，加大行政审批公开力度，优化办税服务流程、减轻纳税人负担、提高纳税服务质效等举措。严格按照上级工作部署，降低审批门槛，简化审批手续，深入推进税务行政审批制度改革。严格简化表证单书，全面推进信息共享步伐，实行电子化管理等硬件措施，最大限度缩减纳税人在办税服务厅的等待时间。4.推进房地产交易“一窗式”办理。充分利用“数字政府”“电子政务”平台，依托政务外网建立数据交换端口式的信息实时共享，及时做好信息系统测试工作。全面梳理业务事项，将分散在三个部门的业务工作整合到行政服务中心的窗口办理。加强与县国土资源主管部门、房屋交易管理部门的沟通协作，编制办事指南，明确办理依据、办理流程、申请材料等内容，并细化到每个细节。（李昌生　陈　祺）

2018 年度平远县国家税务局负责人名录（任至7月）

局　　长：肖伟年
副 局 长：韩远贵

2018 年度平远县地方税务局负责人名录（任至7月）

局　　长：刘　传
副 局 长：张建河　张仕平
总经济师：谢石松

2018 年度国家税务总局平远县税务局负责人名录（7月起任）

局　　长：肖伟年
副 局 长：刘　传　韩世机　韩远贵
　　　　　张建河　张仕平
总经济师：谢石松

中国人民银行平远县支行

【金融服务】 2018年，中国人民银行平远县支行从五方面做好金融服务。1.开展金融知识宣传活动。组织各金融机构开展金融知识进乡村、学校、社区、工厂等宣传活动。全年悬挂各类宣传横幅48条，开展各类大型宣传活动26次，参加活动人数5900人次，发放宣传资料15800份。2.做好信用信息查询工作。为个人和企业信用报告查询提供服务。其中，个人柜台查询392笔；企业柜台查询110笔；客户自助查询6521笔。3.优化企业服务。推广广东省银政信息e路通系统，推行商业银行网点企业商事登记与企业开户“一口受理”服务，做好企业开户服务工作。至年底，办理开户895户，销户1152户，变更520户。4.创新宣传方式，开展跨区域宣传活动。5月，该行与江西省寻乌县人行联合在江西省寻乌县南桥镇开展跨区域人民币反假、征信、打击和防范经济犯罪、防范非法集资等各类宣传活动。10月，该行与江西省寻乌县人行签订“金惠工程”跨省联合宣传工作机制协议，为联合开展宣传活动打下良好的制度基础。5.创新开展消费权益保护宣传活动。12月5日，由中国人民银行平远县支行、共青团平远县委、平远县金融行业协会等单位联合组织的平远县金融知识宣传志愿服务队获“最佳志愿服务组织”荣誉称号，市政府副市长温向芳为志愿队颁发奖牌。

【金融管理】 2018年，中国人民银行平远县支行从六方面做好金融管理工作。1.建立平远县中小微企业信贷风险补偿机制。至年底，辖区金融机构向友邦木业公司、方海建设工程公司等9家企业发放中小微企业信贷风险补偿贷款5675万元，支持木材加工、汽车配件、旅游等产业发展。2.发放支农再贷款支持农业企业发展。该行向平远农村商业银行发放支农再贷款5000万元，支持广东茗丰茶业有限公司等5户农业龙头企业、5户种植养殖农户发展种养业。3.加强金融风险监测。加强对平远辖区小额贷款公司、民间借贷、区域重点行业授信风险监测指标的监测分析，密切关注可能引发的不稳定因素，及时上报辖区银行金融机构监测、分析、经营管理、内部控制等情况和金融稳定评估报表报告。4.组织做好金融系统扫黑除恶专项斗争工作。联合县金融办、县公安局、县工商质检局对深圳前海全民通金融资本控股集团有限公司梅州市平远分公司开展现场调查；组织、督促平远辖区银行证券保险及小贷公司落实扫黑除恶有关职责和做好线索摸排等工作。5.开展现场检查，消除金融风险隐患。组织人员对辖区银行机构开展支付结算、金融统计、反假货币等执法检查和支农再贷款核查，及时发现问题，规范金融业务行为。6.做好金融消费者权益保护工作。组织平远县金融行业协会会员单位参加金融消费者权益保护知识培训，关注新消费领域和群众诉求热点，收集和整理消费者意见建议。至12月底，调解金融消费纠纷案24宗。

【金融发展】 2018年，中国人民银行平远县支行从五方面做好金融发展工作。1.存贷款稳步增长。至年底，全县金融机构各项存款余额96.04亿元，同比增长13.23%；各项贷款余额45.32亿元，同比增长10.25%，存贷比为47.19%。2.加强移动支付业务推广。全省首家银联移动支付平远曼佗山庄“智慧旅游”项目、平远全域“智慧公交”项目、“汽车销售中心商圈”项目、“政务服务中心商圈”项目等场景均成功启用。3.引导金融机构创新金融产品。县工行、县建行、县农行、平远农村商业银行等多家金融机构与县税务局合作分别推出“税易通”“税银通”“云税贷”等涉税贷款品种，推动企业发展。至12月底，全县金融机构发放涉税贷款42笔，金额合计1007万元。4.引导金融机构合理布置机构网点。2月，平远农村商业银行在城南商业城新设丰光支行开业；4月，工行平远县支行迁址到城南商业城营业；9月，中国银行平远县支行在城南富港国际酒店侧楼开业；11月，客家村镇银行平远县支行在环城路开业。5.推动金融改革创新。推广应用梅州市信用信息和融资对接平台，推动供应链核心企业、商业银行与应收账款融资服务平台进行系统对接。引导金融机构根据当地产业特点开展金融产品创新，为特色产业发展注入强大动力。 （彭家福）

2018年度中国人民银行平远县支行负责人名录

行　长：邹和平

副行长：林　军　陈竹宏（任至6月）

　　　　范穗平（6月起任）

中国工商银行股份有限公司平远支行

【概况】 2018年，中国工商银行股份有限公司平远支行（以下简称平远工行）抓好内控案防和安全管理工作，稳中求进做好各项经营工作，实现经营发展新突破。为配合平远县政府旧城改造，从平远县城平城南路迁至平兴路商业城新址办公，4月23日开始正式对外营业。新址按照总行最新装修标准进行设计，光亮、宽畅、舒适，功能分区合理，客户私密性强，智能化程度高，客户体验效果佳。

2018年4月23日，平远工行新址开业揭幕

【业务数据】　2018年，平远工行夯实发展基础，努力实现经营发展新突破。1.各项存款时点余额88395万元（不含同业），比年初增加20472万元。其中，储蓄存款时点余额38640万元（不含保证金），比年初增加3961万元；公司存款时点余额17273万元（不含保证金），比年初增加4997万元；机构存款时点余额32432万元（不含保证金），比年初增加11480万元。全年中间业务收入930万元，同比多收249万元。2.做好全量客户拓展工作。至年底，对公客户数有453个，比年初增加26户；个人客户数61522户，比年初新增1780户，小企业信贷客户19户，比年初新增2户；借记卡新增22861张，比年初增加19378张；信用卡新增714张；手机银行新增2048户；个人网银新增1982户；三方存管新增312户。3.发展普惠金融业务，支持县域实体经济建设，拓展“票据池”质押业务，推进“税易通”信用贷款。各项贷款时点余额56883万元（不含资产证券化余额），比年初增加6299万元。其中，公司贷款时点余额25946万元，比年初增加9233万元；小企业贷款时点余额7196万元，比年初减少3222万元；项目贷款时点余额18750万元，比年初增加12500万元；个人贷款时点余额30936万元，比年初减少2933万元，其中个人住房按揭贷款余额25732万元，比年初减少602万元，个人贷款余额负增长主要原因是受规模控制以及个人住房按揭贷款资产证券化反映在表外所致；全部贷款增量同业占比第1位。4.实现贷款利息收入2453万元，利息净收入2203万元，分别比上年同期多收472万元和208万元；利息支出2118万元；实现拨备前利润2697万元，比上年增收424万元。

【工作措施】　2018年，平远工行稳中求进做好各项经营工作。1.加大营销力度。（1）抓好存款尤其是对公存款的基础工作，加大机构存款客户的营销维护力度，把拓户与存款增长紧密结合，把日均存款增长和关键时点的市场份额统筹起来，强化日均存款考核力度，夯实以日均为支撑的存款增长基础。（2）加快贷款营销，提高贷款议价能力和收息水平。加大个人住房按揭、中小企业“税易通”和“票据池”的营销力度，确保实现收益最大化。（3）探索新的业务发展模式。大力发展“三大平台”和“三大产品线”，积极培育新的中间业务增长点。2.拓展分期付款业务。利用白名单管理推动个人信用消费贷，打造“融e借”“现金分期”“六大板块”分期业务；做好汽车消费分期付款、车位分期等工作。3.抓好拓户工作。切实做好县重点建设项目、招商引资项目、新落户项目、纳税大户的跟踪营销工作，持续跟进“风力发电”“旅游”等重点项目；以代发工资、三方存管、电子银行、二维码商户等为抓手，做好个人、公司机构客户的拓户工作。4.加强服务管理。深入推进服务体验建设年主题活动、“服务面貌专项整治季”活动、“抓党建、促服务”等主题活动，开展窗口服务争先创优活动。通过网讯、晨会、培训学习等形式，加强窗口服务标准的培训教育，严格落实窗口服务相关规定，以服务创新，服务效率为抓手，内强素质，外塑形象，改进窗口服务工作，为客户提供卓越的金融服务，努力提升客户满意度和市场赞誉度。

2018年4月23日，县政府常务副县长温助民（正面右一）到平远工行指导工作

【内控案防和安全管理】 2018年，平远工行抓好内控案防和安全管理工作。1.持续推进内控管理长效机制建设。开展重点关注行整改工作，做好员工思想动态分析，组织消防安全及防抢劫等应急预案演练，全员签订内控案防工作责任书、消防安全责任书、党廉案防责任书，不断深化“树立三种意识，筑牢三道防线”。2.增强全行依法合规经营理念、案防风险意识。纠正和防范违规放贷、参与非法集资及违规私售理财产品，开展“执行强化年”及“重塑合规年”主题活动，开展员工参与非法集资与民间融资等异常行为专项排查、“十大重点领域和关键环节”“两个加强、两个遏制”回头看等各项专项风险防范治理工作。3.全员签订《银行基层从业人员个人承诺书》、全员参加总行合规文化及新时期“十大禁令”培训考试、员工合规教育网络培训。4.按照上级行及人民银行的要求，落实金融系统社会管理综合治理暨平安金融创建目标管理工作，切实维护金融稳定，构建良好的金融生态环境，防范金融风险。

【反洗钱和反假货币】 2018年，平远工行抓好反洗钱和反假货币的各项工作。1.扎实开展反洗钱和反假货币的各项宣传培训活动，按照平远县金融行业协会的统一部署，开展以“权利·责任·风险”为主题的“3·15”金融消费者权益主题宣传教育活动、“防范网络诈骗、电信诈骗”等宣传教育活动。2.按照银监、人行及上级行统一部署，开展2018年“金融知识进万家”“金融知识普及月”宣传教育活动，发放各种宣传资料500多份，接受群众业务咨询200多次，并做好金融知识进校园活动。

【存在问题】 2018年，平远工行存在问题有：1.储蓄存款基础不夯实，持续增长乏力，与同业差距较大，储蓄存款的考核工作机制不够完善。2.客户基础薄弱，全量客户拓展工作力度有待提升，客户维护工作有待加强，中高端个人客户增长目标未达到预期，客户结构需进一步优化，需提高互联网金融拓户意识，机构客户受历史板块分割影响严重，对大户依赖性较强。3.有效信贷市场渠道虽较宽，但受结构上调整、信贷规模的收紧及利率因素的影响，个人住房按揭业务投放量及余额与当地农行差距较大，而且个贷客户储备量少，按揭楼盘市场萎缩。4.中间业务收入渠道比较局限，创新力度不够，代理业务与同业有较大的差距。（曹广先）

2018 年度中国工商银行股份有限公司平远支行负责人名录

行　　长：李发亮（任至10月）
　　　　　钟闻海（10月起任）
副 行 长：袁红云（任至11月）
行长助理：徐腾斌

中国建设银行股份有限公司平远县支行

【**业务数据**】　2018年，中国建设银行股份有限公司平远县支行（以下简称平远县建行）全口径存款余额9.5亿元，比年初新增2.57亿元，新增市场占比36.6%，新增四大行排名第一位；一般性存款余额 9.12亿元，比年初新增2.57亿元，新增市场占比36.6%，新增四大行排第一位。各项贷款余额11836万元，比年初减少4315万元，实现税前利润1539亿元。其中，企业存款余额3.97亿元，比年初新增1.9亿元，新增市场占比33.57%，新增四大行排名第二位。公司类贷款余额1050万元，比年初减少4100万元。个人存款余额5.6亿元，比年初新增6666万元，完成市分行下达全年新增任务计划的180%，全市排名第三；日均新计划3695万元，当年新增7373万元，完成率为200%，全市分行排名第一；新增市场占比53.21%，新增四大行排名第一位。个人贷款余额2.04亿元，比年初增加3100万元。

【**工作措施**】　2018年，平远县建行从三方面做好工作。1.强化考核、抓好营销。该行抓住KPI考核导向，适时制定考核办法，产品到人、绩效到人。对完成较差的产品实施突击策略，差别计价，鼓励大家多营销多出力，实现各项产品齐头并进大幅跨越。公司机构客户新增175户，完成全年计划的192%；信用卡业务客户新增1713户，完成率101%，获得全市分行排名第三。分期业务，全年计划3063万元，实际交易5666万元，完成率182%；龙支付活跃商户完成率133%；AUM（资产管理规模）5万元以上个人客户新增完成率243%，获全市第一；慧兜圈（特约商户数据管理平台）净增活跃商户完成率136%，获全市综合型支行排名第一。2.推进产品售前售后服务，提升整体服务效能。（1）利用班前会、周会、员工大会，加强产品知识、业务技能的培训，传导营销技巧，更新发展观念、提升营销能力，提高整体竞争综合力。（2）维护拓展新老客户，对重点客户力推增值服务，生日之时送上温馨的祝福，平时抽空登门拜访。（3）多渠道、多形式推送新产品、新业务。通过一系列的服务拉近与客户之间距离，提升建行的影响力，推动支行各项业务发展。3.加强资产质量与风险控制。至年底，该行不良贷款余额50.21万元，比年初增加28.48万元，不良贷款率0.42%，不良贷款均为个人类不良贷款，无公司类不良贷款。逾期贷款余额7.9万元，完成上半年计划的24.63%；逾期贷款率0.07%。

【**获奖情况**】　2018年，平远县建行获得荣誉称号有：1.获得梅州市分行2018年先进集体荣誉称号。2.在市分行首季开门红活动中，获得“开门红”KPI考核排名进位奖。3.在省分行“美好生活，建行送福”和2018年旺季零售业务竞赛评选中，获得“独立战区勇士杯”称号。4.贾春雷行长获得“县域优秀指挥员”称号。　（陈宏裕）

2018 年度中国建设银行股份有限公司平远县支行负责人名录

行　长：贾春雷
副行长：刘奎贤（4月起任）

中国邮政储蓄银行平远县支行

【概况】 2018年，中国邮政储蓄银行平远县支行坚持“稳健经营、科学发展”的总基调，以“稳中求进、提质增效”为基本工作取向，打好“扶贫贷款”“两增两控”“市场乱象整治活动”三大攻坚战。平远县邮政金融各类存款余额18.16亿元，各类贷款结余额17.17亿元。并被上级行评为“优秀职工小家”，多名员工获得“先进个人”和“工会积极分子”荣誉称号。

【跻身国有大行】 2018年12月底，中国银行保险监督管理委员会发布的银行业金融机构法人名单中，将中国邮政储蓄银行的机构类型列为“国有大型商业银行”，标志着邮储银行正式加入国有大行队伍，成为“国有六大行”之一。邮储银行市场化、股份制改革取得巨大成效，内控和风险管理制度不断完善，在业务领域拓展、产品创新上具有更多的主动性和竞争力。

【金融服务】 2018年，中国邮政储蓄银行平远县支行做好金融服务工作。1.不断加强偏远农村地区金融基础服务，推进农村金融机构改革。尤其在服务“三农”、精准扶贫工作方面，该行“三农”金融事业部发挥职能优势，全面负责小额贷款（含个人商务贷款）经营管理，涉农公司金融业务、农业农村项目贷款及涉农非贷类金融业务的营销组织工作。全年涉农贷款余额4.36亿元，较年初增加1700万元。2.该行与县扶贫办沟通，共同推进扶贫贷款工作。通过与扶贫村驻村干部、村委书记联系，协调开展扶贫贷款政策宣讲及入户走访，大力发展扶贫贷款业务，致力于帮贫困户脱贫。全年召开10场宣讲会，走访401户贫困户，发放扶贫贷款57笔167万元，解决57户贫困户创业资金问题。3.加大与人社局的联系沟通，结合人社局召开7场创业贷款培训，培训人次200多人，推动政府创业担保贷款。全年发放创业贷款31笔268万元，贷款结余577万元，受惠创业人员70人。4.依托金融服务大网，做好平远县“居民医保”“城乡居民养老保险”征收和代发工作。全年代收“居民医保”300多万元，代发“居民医保”约1亿元；代收“城乡居民养老保险”623万元，代发“城乡居民养老保险”约6000万元。5.配合县人民银行，以建设智慧城市为抓手，共同推动“智慧旅游”“智慧公交”项目的发展。6.全面推进银行业金融知识宣传教育和普及工作。开展“金融知识进校园”“打击电信网络新型违法犯罪专项宣传活动”“消费者权益日主题宣传活动”等。以PPT授课、发放宣传折页、接受咨询、悬挂放宣传横幅、网点LED显示屏等形式，推动平远县实现金融知识宣传教育常态化。

2018年5月21日，中国邮政储蓄银行平远县支行到茅坪小学开展“送金融知识进校园”活动

【企业项目支持】 2018年，中国邮政储蓄银行平远县支行做好企业项目支持工作。1.继续与梅平高速公司进行密切合作，在项目授信10亿元的前提下，发放贷款1.9亿元，并为其项目下的5个标段及标段下属5个中队提供代发工资服务。2.为解决平远县企业的融资难题，主动走进工业园区，促进银企的深入交流，深化融资服务，为企业的发展和转型提供良好的机遇。利用“税贷通”“快捷贷”“无本续贷”等产品，帮助多家企业解决融资困难，促进县域经济发展。

2018年7月17日，中国邮政储蓄银行平远县支行召开“阳光送贷推介会”

【文化建设】 2018年，中国邮政储蓄银行平远县支行通过组织各类活动加强企业文化建设。组织开展远足活动、合规征文比赛、书法和摄影比赛、劳动竞赛等，并积极参与平远县金融行业协会职工运动会。（张思红）

2018 年度中国邮政储蓄银行平远县支行负责人名录

行　长：连志烽

副行长：邓　燕（女）

中国农业银行股份有限公司平远县支行

【业务数据】 2018年，中国农业银行股份有限公司平远县支行（以下简称平远县农行）本外币各项贷款余额10.5亿元，比年初增加1亿元，其中个人贷款比年初增加1.3亿元。本外币各项存款余额18亿元，比年初增加2.31亿元，其中对公存款增2.13亿元，个人存款增1800万元,存款增量市场份额占三家国有商业银行的12.55%，增量占比在5家银行中占8.54%。全年实现中间业务收入1335万元，完成分行全年计划的115%，位于全市前列。实现营业收入6009万元，完成分行计划的105%；实现利润4575万元，完成分行计划的105%，经营利润逐年增长。实现国际业务结算量2.6亿美元，结售汇达2.5亿美元，国际业务结算量居全市第一。

【工作措施】 2018年，平远县农行从四方面做好工作。1.以扩户提质为主线，加大市场营销力度，推动对公存款稳步发展。做好客户基础管理工作，拓展优质代发项目，成功开拓平远县供电局代发年终奖金业务；持续落实个人贵宾客户的管理工作，加强金融服务。2.以利润统领为重点，不断拓宽中收渠道，促进业务稳健有序发展。2018年，平远县农行将分期业务作为中收的主要增长点，重点是信用卡专项分期及现金分期。同时全面推动惠农便捷贷、快农贷、网捷贷等互联网贷款业务。实现国际业务中间收入84.87万元，同比增幅44.17%。3.以重点产品为依托，做实金融扶贫，促进贷款业务稳健发展。（1）调整个人贷款拓展重点，做实“三农”贷款。利用该行普惠金融利率优势，重点做好工业园入园企业的贷款营销。（2）扎实做好金融扶贫。与平远县扶贫办签订小额信贷合作协议，为加快扶贫小额贷款投放打下基础。通过信贷支持梅州仕达通、恒盛宇两家企业带动该县建档立卡贫困户11户，累计走访贫困户30户。（3）抓好信贷风险管控。对出现不良贷款，信用卡不良逾期，加大催收力度，强化管控风险，严防劣变风险。4.以绩效考核为抓手，发挥考核指挥棒作用，促进绩效水平稳步提升。完善考核体系，强化考核督导，扎实做好客户管理，优化调整内设机构。5.以控险为底线，强化合规管理，做好风险管控工作。全面落实“三线一网格”各项工作要求；督导落实《案件风险防控重点工作手册》。强化合规管理工作，落实安全生产主体责任制。2018年，平远县农行全年实现安全运营无事故、无案件，内控综合评价继续保持一类行。（朱　晖）

2018年度中国农业银行股份有限公司平远县支行负责人名录

行　长：黄军梁（任至1月）

　　　　廖宇彬（1月起任）

副行长：杨伟安　凌俊雄

广东平远农村商业银行股份有限公司

【概况】 2018年，广东平远农村商业银行股份有限公司（以下简称平远农商行）以提升监管评级为引领，不断完善公司治理结构；坚持多元化发展，稳步推进各类业务；践行绿色发展和普惠金融要求，服务“三农”和实体经济发展；坚持合规先行，全面提升各类监管指标，促进平远农商行的平稳健康发展。至年底，该行资产总额40.07亿元，比年初增加4.02亿元，增幅11.15%；其中各项存款总余额34.33亿元，比年初增加3.56亿元，增幅11.57%；贷款总额22.98亿元，比年初增加2.72亿元，增幅13.43%，存贷款规模均居全县金融机构首位。

【服务“三农”与实体经济】 2018年，平远农商行积极做好服务“三农”与实体经济工作。1.发挥农村金融主力军作用，深耕农村市场。紧紧围绕农业供给侧结构性改革和省联社深耕农村市场的要求，大力推进农户小额信用贷款、特色农产品大额授信贷款，主动服务农业精深加工业，全力满足“三农”资金需求，实现涉农贷款“两个高于”目标。（1）回归本源，做实农户小额信用贷款的发放工作，满足农户生产生活的基本资金需求。至年底，该行农户小额信用贷款5075户，金额1.3亿元。（2）支持农业精深加工业务。重点加强对广东茗丰茶业有限公司、梅州市金穗生态农业发展有限公司等农业龙头企业和农产品相关产业链的资金扶持，促进农业精深加工业的集约化发展。（3）大力推进扶贫小额贷款的发放工作，至年底，发放扶贫小额贷款216户，金额653万元，增幅97.28%。2.支微支小，助推实体经济发展。（1）落实国家政策，大力支持特色农业和生态旅游产业，全年向旅游企业投放信贷资金1.32亿元，向农业龙头企业授信0.72亿元，支持当地生态农业和旅游业的发展。（2）进一步加强与政府部门合作，推进中小微企业信用风险补偿基金贷款，发放10户贷款，合计金额7000万元，支持该县先进制造业和县重点招商引资项目。（3）大力推进以企业现金流为质押的应收账款质押贷款，向广东山水漫画旅游发展股份有限公司和清洁能源产业丰顺县潘田小水电有限公司等企业发放应收账款质押贷款。（4）通过与税务部门签订“银税互动，助力小微”合作协议，将纳税信用评价结果纳入信贷审核因素，创新推出“税银通”贷款，向守信企业提供专项信贷资金和金融服务，已发放“税银通”贷款1笔250万元。（5）全面落实小微企业“两增两控”工作要求，在合理控制小微企业贷款利率及其融资成本的基础上，有力支持实体经济的发展。 （姚丽莉）

2018年5月9日，广东省农村信用社联合社党委副书记、主任杨坚旭（前）一行到平远农商行开展工作调研

2018 年度广东平远农村商业银行股份有限公司负责人名录

董事长：王　清

行　长：杨　帆（7月起任）

副行长：郭晓丁　黎本君（2月起任）

监事长：罗载新（3月起任）

财　　险

【概况】 2018年，中国人民财产保险股份公司平远县支公司（以下简称人保财险平远支公司）承保保额630亿元，实现年保费收入3717万元，与上年同期3521万元相比，增长5.6%；赔款总支出2027万元，综合赔付率54.5%，比上年同期下降8.4%。实现全年表结利润1053万元。

【工作措施】 2018年，人保财险平远支公司从三方面做好业务工作。1.组建平远电销团队。通过电销岗对该公司续保业务全程跟进，进一步解放员工的生产力，从而促使公司业务员从销售型向经营型转变。到12月底，完成保费任务100多万元。2.打造V盟专业服务团队，开拓新的业务增长模式。7月,成立V盟专业服务团队，由公司一把手亲自抓，业务骨干到差干、八尺等镇各个行政村寻找适合的V盟盟主，并引导V盟盟主大力发展代理队伍和业务，至12月底，V盟成员发展至200多人，发展业务约100多万元。该模式成为公司一个新的业务增长点。3.做好政策性水稻保险业务。在平远县农业局和各镇相关部门大力协助下，该公司水稻种植保险全面铺开，按政策要求，水稻每亩保额提为800元。该公司承保全县水稻种植保险，早晚造约1.25万公顷（18.8万亩），保费约500万元。 （张新城）

2018年度中国人民财产保险股份公司平远县支公司负责人名录

经　理：陈焕新（任至12月）

副经理：张伟中（12月起负责全面工作）

　　　　曹坤鹏

寿　险

【概况】 2018年，中国人寿保险股份有限公司平远县支公司（以下简称平远人寿）实现总保费7548多万元。其中，个险渠道达成首年期交保费1709万元；银保渠道首年期交达成146万元，十年期交23万元；团险渠道达成298万元，大短险实现保费580万元。该公司2018年在死亡给付、医疗给付、赔款支出、伤残支出、满期给付、退保金及年金支出等方面支出费用378多万元。

【工作措施】 2018年，平远人寿从四方面做好工作：1.队伍建设。注重用人和人才培育，老员工发挥“传帮带”作用，重视培育后续人才，为勤奋努力的员工提供重要岗位。平远人寿年度增员500人，月均增员率10%，主管队伍由38人增长到57人，建立5个处级团队，队伍发展得到提升。2.开展活动。（1）3月15日上午，公司在平远县官田广场组织参加“3·15”国际消费者权益日暨“品质消费·美好生活”年主题宣传活动。（2）5月，公司携手平远县民政局、平远县扶贫开发领导小组办公室，深入开展省定贫困村“银龄安康行动”工作。为各乡镇制定方案，到各村派发凭证。进行业务承办、理赔和服务，确保投保老年人意外伤害综合保险工作顺利进行。3.提升服务。围绕做大做强队伍，强化人员管理培训，实现队伍经营自主化，加强风险防范，提升服务质量，保持管理阵型稳定。（1）加强金融保险风险管控。向人民群众普及保险金融知识，持续开展“反洗钱”活动，提高金融消费者风险意识。（2）做好金融保险服务工作。从业人员持续提高保险服务能力，使人民群众了解保障内容、理赔范围、理赔流程；客户服务中心持续加强微笑服务，认真解答办事群众的疑难问题，提出解决的办法和途径。4. 完善制度。落实管理制度，将保险金融建设工作责任落实到位。建立金融建设工作小组，制定内控管理规章制度，确保每一个岗位、每一项业务、每一个关节都有章可循，预防金融风险，堵住风险漏洞。各基层营销服务部负责人负责本营业部的内控工作，根据各个职场和营销服务部的特点，将责任分解落实到个人，落实保险管理制度，保证合法合规展业。制定相关的策略及方案，出台旅游奖励政策等，提高员工积极性，加快队伍建设。 （姚文芳）

2018年度中国人寿保险股份有限公司平远县支公司负责人名录

总经理助理：林　斌（任至12月）

　　　　　　刘基鸿（任至12月）

经理协理：钟志雄（9月起任）

城建·市政管理

城乡规划建设

【城乡规划】　2018年，平远县住房和城乡规划建设局（以下简称平远县住建局）注重规划引领，不断提升规划管理水平。1.编制城乡规划。（1）结合206国道绕城《选址意见书》的办理需要，4月初，该局聘请省规院启动新一版县城城市总体规划编制（第四轮修编），完成《平远县城市总体规划（2012—2020年）实施评估》和《平远县城市总体规划强制性内容修改专题论证》。7月18日，市政府批复同意平远县启动新一版城市总体规划编制工作。（2）县城控制性规划。2017年6月，该局启动《平远县城市总体设计、控制性详细规划》编制工作，并确定由上海华东建筑设计研究院有限公司和梅州市城市规划设计院联合体为编制单位。2018年5月28日，编制单位在第二次县规委会上作方案汇报；是年8月，编制单位对平远县重点项目及国道206线改线项目再次进行实地调研。（3）多规合一平台建设。2017年8月，成立平远县“多规合一”工作领导小组。2018年6月，启动招投标工作，由广东省规划设计院中标。并完成实地调研及资料收集、多规融合、平台搭建、软件开发等工作。（4）城镇开发边界划定。按省住建厅要求，全县按31平方千米开发建设控制，划定县城开发边界。该局聘请广东省规划设计院，通过实地调研及与各镇多次沟通、核定，于9月完成初步方案，并于10月11日通过专家认证。（5）做好镇村规划。①该局协助、指导、督促石正、仁居、东石镇完成圩镇总体规划修编工作。市政府于6月11日审批同意石正、仁居镇总规，县政府于4月14日审批同意东石镇总规。②完成县域乡村建设规划编制等工作。制定并印发《落实中央第十二巡视组反馈“村庄建设缺乏规划”问题整改工作方案的通知》；于9月11日编制《平远县村庄规划工作计划书》，10月24日制定《平远县各镇核心区控规编制工作方案》，并按程序上报县政府审批。2.加强管理，规范建设项目审批。把简化流程、提高效率作为优化发展环境的重要工作目标，全年对成熟的方案召开2次城乡规划委员会进行审批。完善“一书三证”核发制度。办理“建设用地规划许可”137宗、“建设工程规划许可”66宗、“建设项目选址意见书”2宗，建设工程规划项目施工验线1宗，建设工程规划项目核实、验收10宗。3.强化监管，加大违建处罚力度。该局通过召开部门协调会议，组建由住建、国土、城管等部门及各镇政府参与的工作协调小组和执法队伍，对全县169宗疑似违法图斑进行“一案一档”的资料管理，并聘请第三方测绘机构协助开展图斑核实工作。7月上旬，将核实情况上报至市规划局。同时，开展拆除违法建设工作，违法建设治理进度排在全市前列。全年拆除2宗影响较大的违法建筑，查处各类违建25宗，处罚金额10.894万元，均上缴国库。

【民生工程】　2018年，平远县住建局扎实推进民生重点项目建设。1.推进重点工程项目。按“南拓、北延、东扩、西联、中优”的思路，加快推进重点项目建设，继续推进碧桂园、平城花园、优山美地、翠拥华庭、金绿新城等商住项目及石正、仁居、东石三镇“六个一”等重点项目建设。2.推进保障性住房建设。如期进行南区市场项目保障性住房建设，完成该项目拆迁工作；东石镇东仁路36套保障房于上半年按条件审核后分配入住。新实施困难家庭住房补贴54户，30户棚户区改造全部实现货币化补偿，顺利完成市下达的指标任务。并不定期组织人员对危旧公房进行检查，全年排查房屋150间，面积1.5万平方米，发现危房及时加固，投入资金5.6万元，维修公房50户面积3000平方米，公房完好率90%。3.配合县“双创”活动工作。抓好城区建筑施工管理工作，按“双创”工作要求，加强城区建筑施工工地的管理。完善小区物业管理，对有一定规模但还没有物业管理的居住小区，指导小区完善物业管理服务。

【乡村振兴】 2018年，平远县住建局做好乡村振兴各项工作。1.古驿道的修复活化利用。2018年重点线路分布在差干、仁居、八尺、中行、河头、东石和泗水7个镇，共4条线路。分别为川风坳—八尺梅州岃—盐铺潭段（47.38千米）、白岭村—成文村段（10.59千米）、湖洋村—湍溪村—东湖段（45.02千米）、中行—河头—东石段中央苏区交通运输线（24.6千米），线路总长127.59千米。其中，本体修复38.42千米，连接线89.17千米，古遗存修复33处。八尺梅州岃古驿道被确定为2018年南粤古驿道定向大赛第七站赛事举办点，该古驿道全长11.5千米，其中连接线3.2千米，精华线路8.3千米，包含八尺梅州岃古道、雪峰庵古道、高塘寨古道。已完成本体修复及沿线10处历史遗存点修缮工作，驿站、停车场和古驿道沿线新增建设3处观景亭。除八尺段外的其他三段古驿道保护修复工程采用EPC工程总承包模式开展修复。2.农村危房改造工作。全年危改任务494户，已全面完成并发放危房改造补助资金。3.改善农村人居环境。做好农村生活垃圾收运处理工作。起草制订有关管理规定、检查考核标准;指导各镇做好农村生活垃圾分类减量工作；做好检查考核，每月明察暗访一次，不定期检查多次；做好全县各镇、村环境综合整治工作测评，全年市对县测评4次，县对镇测评6次，全县农村生活垃圾收运处理工作取得良好效果, 95%以上农村生活垃圾得到有效处理，农村生活垃圾分类减量35%以上，垃圾无害化处理率100%。4.特色小城镇培育创建。按市政府将八尺、差干打造成为酒香及旅游市级特色小城镇的要求，聘请规划设计单位编制完成创建培育计划和建设发展规划。切实做好乡村公厕建设、传统村落保护与发展等指导督促工作，认真履行河长办成员单位的相关职责工作。

【行业监管】 2018年，平远县住建局做好行业监管工作。1.建设项目招标投标管理。按上级文件和规定落实切实可行的评标方法进行评标，实行中标公示制度。全年完成招标投标建设项目32项，投资金额39620.09万元。其中，公开招标30项，投资金额37432.08万元；邀请招标2项，投资金额2188.01万元；房屋建筑工程19项，投资金额33391.16元；市政工程5项，投资金额3534.93万元；专业工程8项，投资金额2694.00万元。实现公开招标率100%。2.房屋市政工程监督管理。（1）严把施工许可关，2018年新开工工程24项，总建筑面积38.15万平方米，产值7.06亿元。其中，法人单位报建23项，建筑面积38.11万平方米，个人报建1项，建筑面积0.04万平方米。（2）加强建设工程质量监管。办理受监工程18项, 总建筑面积30.75万平方米。其中，单位集体建筑受监17项，建筑面积30.71万平方米；私人建房受监1项，建筑面积0.04万平方米。竣工验收监督19项，竣工面积20.16万平方米。出具私人建房质量检查报告17份，竣工面积1.09万平方米。（3）竣工验收备案管理。工程竣工验收备案前须提交五方责任主体实行质量终身承诺书、制作永久性标牌，全年完成工程备案17项。（4）安全生产工作。全年组织开展5次全县建筑工程质量、安全生产检查，下发隐患整改通知书30份，扣分通知书36份，并将扣分相关信息录入建筑工程安全生产动态管理系统，迎接市、县督查7次。未发生较大伤亡事故，建设行业死亡人数为零。（5）支持该县房屋市政建筑企业做强做大，提高从业人员素质。平远县房屋市政建筑企业10家，其中二级施工承包企业6家，梅州市远恒建筑工程有限公司、平远县二轻建筑工程有限公司、梅州时利和建设工程有限公司为2018年新增(晋升)的二级企业。积极组织该县建筑业各类管理人员参加省、市培训。（6）施工工地扬尘治理。按照省、市、县大气污染防治的总体目标要求，对该县在建工地工程项目开展5次安全和施工扬尘检查。（7）建设工程造价管理。根据《广东省房屋建筑和市政基础设施工程施工招标投标设立最高报价值办法的规定》，实施招投标最高投标限价备案制度，全年备案项目36宗，备案金额1.1亿元。组织有关单位加强对城镇建筑材料价格调查，及时发布各季度的建筑工地（指导）价格。3.房地产市场监督管理。（1）规范房地产市场监督管理。做好商品房预售管理，并核发商品房预售许可证36份，预售面积21.39万平方米。规范物业管理市场，做好住宅小区消防设施安全隐患排查工作，建立检查台账，并指导督促物管企业做好小区创文创卫工作。（2）加强房地产交易与权属登记管理。全年为产权人办理房产交易1971宗，对比上年同期增长31.66%；交易面积22.44万平方米，对比上年同期增长17.36%；交易金额7.92亿元，对比上年同期增长36.08%;办理房地产交易抵押登记1628件，抵押登记面积44.31万平方米，抵押登记金额2081.48万元。（3）严格办理预告登记。全年经核准预购商品房预告登记1273宗，与上年同期对比下降0.02%，面积16.84万平方米，与上年同期对比增长0.03%。（4）房产档案管理工作。规范整合房产档案的接收、整理、录入、入库等流程，实现当月整理、当月入库上架。2018年，县房产档案馆录入档案归档3万多卷，供各部门业务查询4000多卷次，受理公检法查阅1000多卷次；租（购）廉租房、经适房对象查档200多卷次。4.燃气企业安全生产管理。每月组织燃气安全检查1次以上，逢重大节日、防汛防高温期间加强监管。推进新田花园气源转换工作，由平远中燃城市燃气发展有限公司负责供应天然气，已开展管道改造工程。组织县城瓶装液化石油气配送中心建设，北部配送中心建设已完成。5.市政公用基础设施建设。工业园污水处理厂配套管网一期工程已铺设污水管网3.86千米，完成工程投资约1000万元，已完成建设内容的30%。县城污水处理厂配套管网续建工程已完污水管网敷设2.6千米，完成工程总投资约1200万元，已完成建设内容的65%；结合创建国卫、省文的要求，投入资金30万元，对县城主次干道600多座下水道进水口安装防蚊闸。

（肖国强）

2018 年度平远县住房和城乡规划建设局负责人名录

局　长：凌坤珍（任至2月）
　　　　林金辉（2月起任）
副局长：林崧冠　黎崇发　马小俞　陈健平

2018年度平远县房地产管理局负责人名录

局　长：林金辉（任至2月）

市政公用事业管理

【概况】 2018年，平远县市政公用事业管理中心以市政基础设施建设为核心，以县城区净化、绿化、亮化、美化建设为重点。市政基础设施不断完善，县城综合管理水平不断提升，环境卫生得到进一步改善。县城区生活垃圾无害化处理率100%，县城路灯亮灯率99.3%，县城绿化覆盖率40.3%，绿地率37.06%，人均公园绿地面积20.2平方米。

【市政建设】 2018年，平远县市政公用事业管理中心不断推进县城市政基础设施建设。1.完成兴隆路市政道路建设工程；完成建设路和平城中路戏院岗段人行道改造工程。2.完成平远县旅游公厕工程（206国道顺风加油站侧旅游公厕、城北旅游公厕和平城花园旅游公厕及垃圾中转站），城北公厕、平城花园公厕于4月投入使用。3.完善县城环卫设施设备。新装和更换城区各街道、休闲场地果皮箱60对，更换住宅区垃圾桶610只。

新岭路人行道改造完成

桥梁照明升级改造

【综合管理】 2018年，平远县市政公用事业管理中心从四方面做好综合管理工作。1.整治经营秩序。加强市容秩序管理，重点开展出店经营、占道摆摊等违规乱象执法整治行动，清理流动摊点720余次，下达责令整改通知书1110余份，取缔主要街道及校园周边流动摊点260余个、纠正流动水果摊贩沿街叫卖3210余起，清理违章占道1250余起，暂扣各类违章物品2100余件，规范1500余家临街门店经营行为。2.整治广告设施。多次组织开展专项整治联合执法行动。对县城规划区内所有户外广告进行拍照登记在册，并开展相应的法律法规宣传，对审批逾期或不符合户外广告设置要求的业主按程序下达《整改通知书》或《限期拆除通知书》，对逾期未拆除的广告牌进行依法强制拆除。拆除违规大型广告牌70多块，其他违规小型户外广告牌、横幅标语等1290多块（条）。3.市容常态化管理。持续推进网格化管理责任制，集中开展专项整治，实行常态化管理。全年在市容环境卫生方面立案95宗，结案81宗，已处罚金额3000元；发放市容市貌宣传册4000余份，整改店外占道经营、乱摆卖等3142宗，整改乱堆放797宗，整改临街洗车场所23户；清理各类广告条幅、拱门、气球等204条，灯箱、移动招牌等190块。4.严厉打击违法建筑行为。全年发出《责令停止违法行为通知书》50份、《责令改正违法行为通知书》69份,现场督促自行拆除6处，面积130余平方米；强制拆除各类违法建筑12处，面积1.69万平方米；暂扣各类施工械具37余件；处理违建举报17起。至年底，对规划违规立案28件，结案5件，罚得人民币11.89万元，做到“凡违建、必查处”，杜绝新的违法违章建筑。

2018年4月20日，梅东村清洁大行动场景

【路灯亮化】　2018年，平远县市政公用事业管理中心强化路灯设施维护工作，确保道路照明运行正常。至年底，累计完成抢修58次，维护更换线路4800米，更换控制器材50个、灯杆2杆、灯泡501个。对群众的路灯故障来电来信，实行限时抢修，及时反馈。努力提高路灯照明的覆盖率，使路灯设施完好率达98%以上，确保路灯设备的正常运行。

【园林绿化】　2018年，平远县市政公用事业管理中心不断提升园林绿化品质，巩固绿化成果。坚持和实施“园林绿化管养规范”，使日常养护如除草、培土、施肥、修剪以及病虫害防治等具体养护细节有一个指导性标准。全年园林所施肥20吨，病虫害防治6次，白蚁和病媒生物防治7次。复绿补植栽植，补植乔木326株、各类灌木约120株、地被8000平方米。

【市场管理】　2018年，平远县市政公用事业管理中心做好市场管理工作。1.重视安全生产，实行值班制、每月巡查制，有效地防止安全事故的发生，坚持市场门口等重点地段实行定点、定人、定时管理，市场内归行划市，按线规范摆卖。2.加强市场清扫保洁和设施维护，改善市场经营环境。认真对待群众投诉，不断改进工作作风，维护单位良好形象。

【存在问题】　2018年，平远县市政公用事业管理中心存在的问题是：1.中心职能多、人员少，办公条件差，下属单位人员老化、历史欠账较多。2.单位职能与审批权属尚未理顺。中心不是执法主体，没有行政许可审批权。造成县城管理行政执法和行政许可审批受限制。3.市政规划缺乏前瞻性、市政配套设施亟需完善。

（平远县市政公用事业管理中心）

2018年度平远县市政公用事业管理中心负责人名录

主　任：马志军

副主任：李绿华　姚绪通

综合经济管理

工商和质量技术监督

【概况】 2018年，平远县新增各类市场主体1569户，同比增长13.5%。其中，新增第三产业市场主体1287户，占比82.03%，解决就业人口8692人，全县市场主体总量达13501户，再创历史新高；全县各类市场主体综合年报率97.94%，位居全市前列；商事登记制度改革持续深入推进，先后实施“二十四证合一”的“多证合一”、工商登记注册企业名称自主申报、“证照分离”等改革措施，营造更加宽松便利的市场营商环境。

【扫黑除恶专项工作】 2018年，平远县工商和质量技术监督局积极推进扫黑除恶专项斗争工作，配合相关部门开展打击行动。全年出动执法人员1056人次、执法车辆235辆次，摸排各类经营户1560户次、市场48个次，核查中央督导组交办群众举报线索1条、县扫黑除恶办交办群众举报线索1条，上交县扫黑除恶办群众举报线索1条，发现治理市场乱象线索2条，悬挂横幅50多条，张贴海报530多份，发放资料5000多份，滚动播放标语200多条次，制作宣传栏10个，设立举报箱12个。

【商事制度改革】 2018年，平远县工商和质量技术监督局继续做好商事制度改革工作。1.推进登记服务新模式。9月起，该县实现企业工商登记注册全称电子化。2.完善简便市场退出机制。全年通过简易注销程序退出市场的企业有106家。3.实行“二十四证合一”工商登记制度。在“多证合一”的基础上进一步将19项涉企证照事项整合到营业执照上。4.实施工商注册名称自主申报制度。8月10日起，该县企业，包括公司、合伙企业、个人独资企业以及农民专业合作社（不含企业分支机构）工商登记注册实行名称自主申报。5.推进“证照分离”和“照后减证”改革。至年底，工商登记前置审批事项仅保留28项，后置审批事项一律不再作为登记前置，不要求申请人提交相关部门的许可审批文件。进一步放宽市场准入门槛的同时解决“准入不准营”等问题。通过以上举措有效降低企业准入和退出的制度性成本，持续激发市场主体活力。

【监管机制完善】 2018年，平远县工商和质量技术监督局积极探索构建企业自主、行业自律、政府监管、社会监督的现代化完善的市场监管机制。1.推进市场主体年报常态化，较好地完成年报工作目标任务，综合年报率达97.51%，位居全市前列。特别是自主年报率逐年提高，达66.43%，市场主体年报意识不断提高。2.深入推进“双随机一公开”抽查监管。先后印发《关于进一步做好“双随机一公开”监管工作的通知》和《关于进一步做好“双随机一公开”监管工作及政府部门涉企信息统一归集公示的通知》，制订年度跨部门“双随机一公开”联合抽查计划，组织开展13次跨部门“双随机”联合抽查，完成跨部门联合抽查次数达年度总抽查次数10%以上的目标任务。3.强化信息共享，加强协同监管和信用监管，在认真履行“双告知”义务，按照“谁审批、谁监管，谁主管、谁监管”原则做好监管工作的同时，通过国家企业信用信息公示系统进一步规范和完善涉企信息统一归集公示，打破部门之间信息共享壁垒，增强监管合力，并严格执行异常名录管理制度，持续开展“守合同重信用”企业公示活动，充分发挥信用监管作用。全年向商事登记主体发出承诺书/告知书3669份，向相关审批部门推送商事主体登记信息2725条；将未按规定报送年度报告的127户企业、108户个体工商户、30户农民专业合作社列入异常名录状态；公示74家企业为“守合同重信用”企业，其中首次公示企业9家，连续公示企业65家。

【市场经济秩序规范】 2018年，平远县工商和质量技术监督局按省、市主管部门的统一部署和要求，开展“红盾护农”、质检利剑、打击整治洋垃圾走私“蓝天2018”、打击走私“国门利剑2018”、反不正当竞争、打传规直、“扫黄打非”“清源”“净网”“秋风”“固边”“护苗”“网剑”等专项行动，深入查处假冒伪劣商品、假冒侵权商标、虚假广告宣传、无照经营、生产销售不合格建材电动车儿童用品家用电器等重点商品、不公平合同格式条款、经营销售非法出版物、走私、传销以及网络市场、成品油市场、计量、特种设备等违法行为。出动执法人员2150人次，检查各类经营户3820家次，检查市场76个次，开展各类专项整治32场次，抽检化肥、钢筋、铝合金、水泥、人造板、稀土等产品质量54批次，发现不合格产品11批次，立案查处各类违法违章案件18宗。1.抓好商品质量监管，突出重点消费品质量监管，在上年对企业调查摸底的基础上，制订2018年度产品质量监督抽查计划和方案，加强对稀土、建材、人造板等重点产品质量监督抽查，严厉打击产品质量违法行为。2.抓好网络市场监管，扎实开展“2018年网剑”行动，严厉打击虚假宣传、商标侵权、销售质量不合格商品等网络违法行为，完善网络经营主体数据库建设。至年底，网络市场监管综合信息平台已入库网络主体62户，入库网站74个，办理电子标识主体1户。联合公安、药监、经信等相关部门积极开展联合行动，规范网络市场环境。3.加强安全生产监管。履行安全生产“一岗双责”制度，制订《2018年度安全生产工作实施方案》。做好全县193家特种设备使用单位（在用718台设备）的安全监管工作；同时，会同县各职能部门积极开展非煤矿山、水洗选矿、烟花爆竹、网吧、KTV、加油站等重点行业的安全生产联合检查行动，全面排查和消除安全生产隐患，严厉打击安全生产违法行为。大力开展电动车“正源清违”、危化品安全综合治理、岁末年初特种设备安全大检查以及节假日安全生产联合检查等专项行动。并通过开展“安全生产月”、特种设备安全事故应急演练等活动，宣传安全生产法律法规和相关知识，提高企业主体责任意识和事故防范能力。2018年，该局出动安全生产检查人员500多人次，检查特种设备使用单位200多家次480多台（件）特种设备，发现并消除安全隐患26处，立案查处案件2宗，配

2018年9月27日，副县长韩旭（左一）一行到五指石景区、上举相思谷景区对景区特种设备进行安全专项检查（杨奎荣　摄）

合市特检所定检特种设备340多台件，发放宣传资料1000多份，滚动播放宣传标语30多条次。

【实体经济支持】 2018年，平远县工商和质量技术监督局优化服务举措，营造大力支持创业创新的软环境。1.提供优质的工商登记注册服务，提高办事效能，实行“一表申报，一窗受理”以及“首办责任制”“限时办结制”等制度，并提供预约服务、绿色通道等。同时，进一步压缩开办企业时间，将开办企业时间整体压缩至5个工作日内，为企业提供优质高效的工商登记注册服务保障。2.大力开展质量品牌、商标品牌、标准化示范等服务，引导和帮助企业申报名牌产品、著名商标、农业标准化示范区等，加强品牌建设力度，提升企业产品附加值，提高市场竞争力。全年协助企业办理商标申请查询23次、申报商标注册12件，确定并培育南台酒业有限公司为著名商标发展对象；协助指导广东富远稀土新材料有限公司申报“氧化镝”广东省名牌产品，积极推进“平远岗梅”“平远绿茶”地理标志产品保护申报工作；指导平远县鸿源种植专业合作社做好省岗梅农业标准化示范区建设和验收工作，并帮助平远县春兴白玉蜗牛养殖专业合作社成功申报建设省白玉蜗牛农业标准化示范区。3.加强政银协作，推动融资助企服务，通过股权质押登记、动产抵押登记、“阳光送贷520”第五季活动等渠道为企业解决融资难题，全年办理动产抵押登记18份，抵押担保主债权金额2.71亿元，办理动产抵押变更登记6份，主债权金额4285万元，注销登记17份；办理股权质押登记4户，出质股权1.45亿元，被担保债权2.34亿元；举办“阳光送贷520”第五季活动金融知识讲座6场，为301户小微企业、个体工商户发放各项经营性融资贷款603万元。4.持续深入推进民生计量服务，全面落实强检计量器具免费检定工作。（1）按时完成县域集贸市场和基层医疗卫生单位计量器具强制检定工作，强制检定计量器具1824台（件），受检率100%，检定合格率分别为100%和98.77%，免收检定费用13.65万元。帮助和指导县质量技术监督检测所完成新建标项目2项，配合省专家组完成2家检验检测机构换证评审和1家检验检测机构取证评审工作。（2）开展能源计量工作，指导4家高能耗水泥企业完成能源计量考核，并配合县牵头单位做好节能减排、最严格水资源管理和道路交通安全整治行动等工作。同时开展加油站、检验检测机构、商贸集市、液化石油气充装站、眼镜店、餐饮店、水泥企业等单位计量器具的巡查监管，联合市质监局开展第19个“5·20”世界计量日宣传咨询活动，切实保障该县计量量值传递准确，维护消费者合法权益。全年开展巡查监管20场次，检查单位106家次，发出整改通知书11份，立案查处计量违法行为案件2宗。5.扎实开展消费维权服务，畅通消费投诉渠道，及时受理和调解消费者的投诉举报，切实解决群众关切的消费热点、难点问题，维护和保障消费者合法权益。全年受理消费者申诉、投诉、举报127件。其中，“12315”申诉案件67件，“12345”转办工单49件，来

2018年3月15日，平远县工商和质监局会同相关职能部门在县城官田广场开展纪念“3·15”国际消费者权益活动　（刘喜双　摄）

人、来函、来电11件，全部得到及时、有效处理，为消费者挽回经济损失1.65万元。同时，组织相关部门积极开展“3·15”国际消费者权益日“品质消费·美好生活”年主题宣传咨询活动，提高消费者法律法规意识和自我维权意识，发放宣传资料3100多份，接受咨询服务600多人次。

【地方发展服务】　2018年，平远县工商和质量技术监督局认真为地方发展服务。1.深入推进“质量强县”建设。按省市部署要求，组织协调开展质量提升行动，督促各单位全面落实产品、工程、服务、环境质量监管和提升措施，定期报送工作开展情况，完善资料台账，扎实做好市对县考核的迎考各项准备工作。2.推进“两建”工作，围绕国家和省市“十三五”市场监管规划，按要求分阶段稳步推进市场监管各项工作，并督促和配合各单位做好联合惩戒等社会信用体系建设工作。3.做好H7N9禽流感防控工作，严格督查活禽经营市场主体，做好休市通知发放和监管，并密切配合各职能部门按有关会议文件要求做好各项防控工作。全年出动执法人员342人次，检查活禽经营市场53个次、活禽经营户1003户次，发放防护包118份。4.做好精准扶贫工作，对结对帮扶12户相对贫困户逐一走访，逐一落实脱贫措施任务。5.继续做好“双创”工作，大力开展市场整治，规范经营行为，广泛发动宣传，提高群众意识，营造浓厚氛围。全力配合开展专项整治行动，确保“创文”“创卫”各项指标达到目标要求。　（刘喜双　杨剑坤）

2018年度平远县工商和质量技术监督局负责人名录

局　长：王云飞

副局长：颜群标　陈以明　李伟胜　张　友　姚碧健

发展和改革工作

【概况】　2018年，平远县发展和改革局（以下简称平远县发改局）围绕“一城一区一带”发展战略，发挥规划参谋作用。组织拟订该县国民经济和社会发展年度计划，全面总结2017年国民经济和社会发展计划执行情况，为2018年的经济发展目标的制订奠定基础。做好“十三五”中期评估工作，分析总结该县“十三五”前半阶段的经济形势，为“十三五”后半阶段发展目标的调整提供客观的依据，确保平远县“十三五”规划各项目标任务顺利完成；并牵头开展全县乡村振兴发展规划编制工作。

2018年10月12日，平远县发改局开展主题党日活动

【公务用车制度改革】　2018年，平远县发改局做好公务用车制度改革工作。至6月底，全县公务用车制度改革工作按时完成。9月上旬顺利通过省、市车改办的评估验收，并通过全国公务用车改革考核评估平台提交中央车改办评估考核。1.在机关单位车改工作方面，全县车改前实有车辆348辆，车改后实际保留车辆编制数260辆，车改前公务用车总费用为3675.85万元，车改后测算需3411.49万元，整体节支率为7.19%，完成省、市下达的车改节支7%的目标。2.执法执勤车辆改革前131辆，改革后保留80辆，保留率为61.07%，达到执法执勤车辆保留率控制在70%以内的要求。3.企事业单位车改工作方面，全县企事业单位改革前

有车辆135辆，改革后保留107辆，改革前公务用车总费用1250.27万元，车改后测算需1131.85万元，实现车改应有节支的目标要求。

【营商环境优化】 2018年，平远县发改局进一步优化营商环境。1.聚焦放管服改革，优化营商环境。在深调研的基础上，参照省、市做法，结合平远县实际，坚持以企业为中心、以企业需求为导向，紧紧围绕企业生命周期，着力解决开办、运营、退出全流程各环节的"痛点""堵点"和"难点"问题，制订出台《平远县深化营商环境综合改革行动方案》。2.以提高审批效率为目标，推进项目立项审批工作。（1）全面取消非行政许可审批，加快推进行政审批标准化建设。在完善权责清单管理的基础上，执行《广东省政府核准投资目录（2017年）》，大幅减少政府核准事项，同时切实做好企业投资市场准入负面清单管理制度，营造公平公正的环境，降低准入门槛。（2）大幅减少投资审批前置条件，将无法律、法规规定的事项一律取消；有序推进企业投资并联审批，缩短审批时限，企业备案承诺期限由原来的5天压缩至2天。（3）充分运用统一的投资项目管理平台，对投资项目进行规范统一管理，实现部门共享。并按照"谁审批、谁主管、谁监管"的原则，切实加强事中、事后管理。3.推进该县社会信用体系建设工作。建设社会信用信息平台，建立联合惩戒机制，营造良好营商环境。

2018年8月8日，市发改局、市教育局稽查平远县实验中学西教学楼建设工程

【重点项目建设】 2018年，平远县重点项目建设办公室（以下简称县重点办）创造有利条件，推进重点项目建设工作。1.2018年全县重点工程有69个。其中，正式计划项目56个，筹备项目13个。正式计划项目年度投资计划85.1亿元，累计完成投资81.42亿元，占全年计划的95.68%。（1）落实责任，明确目标任务。为确定该县2018年重点项目建设，年初，县重点办根据相关单位上报情况，认真梳理后制发《关于做好2018年重点建设项目工作的通知》。（2）当好参谋，献计献策。县重点办及时向县委、县政府汇报工程进度、项目动态以及建设过程中遇到的问题，同时提出解决问题的意见建议，为领导决策提供参考。（3）协调指导，开展优质服务。县重点办重视掌握项目建设情况，要求各项目责任单位认真排查重点工程建设中遇到的问题，将需协调的项目及需协助解决的问题形成书面材料上报县重点办。对需要县重点办协调的事项，采取与群众见面协商、向有关部门协调或召开协调会等方式进行解决。（4）督促检查，推动工作落实。县重点办将督查工作日常化，坚持不定期到项目建设现场进行跟踪督查，及时了解和掌握项目建设信息，每月将重点工程进展情况以简报的形式定期通报。对在督查过程中发现的问题，能够及时发出督办通知，明确督办事项、时间要求，推动工作的落实。2.以促进项目落地开工建设为目标，协调做好项目前期工作。推进瑞金至梅州铁路建设；国道358线八尺至湍溪段、国道206线绕城段改建等重大项目获省立项，梅平高速建设顺利推进；茅坪风电场建设项目林地报批工作进展顺利。

【物价管理】 2018年，平远县发改局努力做好物价管理工作。1.加强价格管理，确保市场价格稳定。（1）贯彻落实上级有关放开部分商品价格的规定和要求，重点做好明码标价工作和调价申报、备案制度，加强对已放开的商品和服务价格巡查、监审力度，确保商品不发生重大波动，减少对群众的不良影响。（2）严抓严管关系民生的重要商品和服务（如供电价格、城镇自来水、农村客运票价、管道天然气），确保价格水平基本稳定，减少群众负担。（3）按《梅州市推进价格机制改革实施方案》的要求，完善价格机制和科学、规范、透明的价格监管制度。（4）做好日常价格管理工作。及时掌握价格变化动态，做到预警预报，加强价格走势的分析预测工作，撰写价格分析预测专题材料，为上级政府及价格主管部门的价格决策提供参谋作用。（5）广泛宣传价格政策、提醒告诫、联合巡查等工作，收到较好成效，有效遏制该县乱涨价行为。2.加强收费监管，营造良好的价费环境。（1）完善收费目录清单管理制度。按“收费项目进清单，清单以外无政府定价收费”的管理目标，全面推行收费清单管理制度。2018年,该局编制《平远县发展和改革局关于公布平远县行政事业性目录清单的通知》文件，各收费单位必须严格执行目录清单，目录清单之外的收费，一律不得执行。并通过平远县人民政府门户网站向社会公布，接受社会监督。（2）严格落实国家和省关于取消、免征涉企行政事业性收费相关政策，继续清理规范涉企收费，不断加大清费减负力度，全面深化涉企行政事业性收费“零收费”改革。3.开展价格监督检查，规范市场价格秩序。（1）加强节日市场价格监管。采取明察暗访、抽查的方式，对农贸市场农副产品价格、大型商场超市价格、客运价格、旅游市场价格等进行重点巡查，出动检查57人次，检查单位14个，发放价格政策宣传、公告32份，检查中没有发现价格违法行为。（2）加强民生价格监管。为保障和改善民生，规范殡葬服务收费行为，该局制定检查计划，出动检查8人次，检查单位2个。（3）着力治理网络失信问题，严厉打击虚假交易、虚假评价、帮助其他经营者进行虚假或者引人误解的商业宣传等行为，组织专项行动。实地检查网站、网店经营者7个次；结合“双11”购物节，加强网上巡查，检查网站、网店13个次。（4）加强优化营商环境价格检查。根据《市场监管总局关于开展全国涉企收费专项检查的通知》要求,按照“双随机一公开”的原则，开展涉企收费专项检查，重点检查县国土资源部门和县建设银行、县农商银行，出动检查12人次，没有发现价格违法行为。（5）加强旅游市场综合监管。根据《关于印发平远县加强旅游市场综合监管专项整治实施方案的通知》开展专项整治行动。对曼佗山庄、大佛寺、相思谷、红军纪念园、松溪河、五指石(含石林寺)、大河背、金穗休闲等旅游区和主要食住场所进行价格政策的宣传。充分利用12358举报平台，加强值守工作，第一时间处理群众的投诉举报。4.建立公平竞争审查制度，营造良好市场环境。该局作为牵头单位，建立由20个县直单位组成的公平竞争审查工作联席会议制度，指导、协调推进全县公平竞争审查工作。印发《平远县关于在市场体系建设中建立公平竞争审查制度的实施意见》，为平远县铺开公平竞争审查工作做好准备。制定《平远县公平竞争审查制度建设工作方案》，提出四个保障措施保障公平竞争审查制度建设工作的落实。5.强化服务意识，依法进行价格认证。对涉案的认定标的从受理审核到结案等工作细节，提出更高的工作要求。在工作中做好每个人分工明细、层层审核、严格把关，全年为公、检、法及部门机关办理价格鉴定52宗，涉案金额223.1万元。（姚　强）

2018年度平远县发展和改革局负责人名录

局　长：姚　涌

副局长：林忠健　严伟荣　韩垂访　林远辉

审　　计

【概况】 2018年，平远县审计局依法审计，文明审计，扎实开展审计监督，完成审计项目28个，累计查出违规金额61万元，管理不规范资金 242790万元。提出审计意见建议94条，提交信息简报7篇。

【重大政策跟踪审计】 2018年，平远县审计局做好重大政策跟踪审计。组织实施降低制造业成本支持实体经济发展若干政策措施、全面加快农村专业银行工作实施方案、最低生活保障等保障政策落实、加强医疗服务能力建设等国家政策措施落实情况跟踪审计项目。通过审计，促进“支持实体经济新十条”“困难群众基本生活保障”和“基层医疗服务能力建设”等政策的贯彻落实。

【预算执行审计】 2018年，平远县审计局做好2017年度县级预算执行和其他财政收支审计工作，进一步规范财政管理。审计发现违规出借财政资金30万元、应缴未缴税费16.91万元，农口资金利息收入122万元未及时上缴国库等问题。对财政预算管理中存在的代编预算金额大、不严格执行预算科目、人为调节预算收入、未严格执行“收支两条线管理”等问题向有关单位提出意见建议。

【经济责任审计】 2018年，平远县审计局从三方面做好经济责任审计工作。1.突出对“一把手”这个“关键少数”以及重点部门和重点岗位、重点人和重点事的权力监督。制订完善经济责任审计对象分类管理办法，对重点部门、资金流量大、掌握财政资金量大的部门实行分类管理，确定审计重点。2.建立经济责任对象审计项目库，按干部任期时间，有计划、有重点安排年度审计计划，确保审计监督的覆盖面。安排领导干部经济责任审计项目14个。3.配合省厅、市审计局开展县委书记、县长、乡镇书记、镇长异地同步审计，参与省厅、市局组织的异地审计项目4个。查出问题金额15776万元，其中违规金额14万元，管理不规范金额 15761万元。对在其他科目隐藏“三公”经费、违规发放补贴等问题提出整改意见，收回违规发放补贴14.6万元。并配合县纪委监委工作，派员参与做好异地巡察工作。

【政府投资审计】 2018年，平远县审计局做好政府投资审计工作。安排实施平远县兴隆路建设、建设路人行道改造工程、进一步关注审计实施过程中发现的新情况、新问题，从制度体制机制上提出加强和改进意见，进一步规范建设资金管理，发挥应有效益。通过审计追回多付工程保险费15.82万元，补缴履约保证金112.52万元；促进被审计单位加强工程项目管理，纠正多付工程进度款、招投标手续不严谨等违规行为。

【审计问题整改】 2018年，平远县审计局始终把审计整改工作贯穿于审计全过程。通过审计回访、专项检查等方式强化审计发现问题的整改，督促被审计单位限时按项逐条严肃整改。2018年，促进被审计单位上缴财政资金2752.17万元，收回统筹项目资金18.21万元，追缴多付款项67.73万元，补记固定资产32.98万元。（余　伟）

2018年11月5日，省审计厅党组成员、副厅长黄建勋（正面中）到平远县审计局开展绩效方向工作调研

2018 年度平远县审计局负责人名录

局　　长：林　波

副 局 长：陈运桢　曾祥源　温海强

总审计师：李百良

统　　计

【概况】　2018年，平远县统计局履行国家统计调查和地方统计调查职责，围绕提高统计数据质量、提升政府统计公信力的目标，开展各项常规统计调查、重点调查和第四次全国经济普查，深化统计改革，防范和惩治统计弄虚作假，提高统计工作效率，提升统计数据真实性、可靠性和实用性，发挥统计服务社会经济发展职能。

【统计基础建设】　2018年，平远县统计局从三方面做好统计基础建设工作。1.强化基层统计机构建设，充实基层统计力量，规范企业统计行为，改善基层统计工作条件，提高基层统计信息化水平。（1）提高各镇统计硬件建设。统一购买12台手提电脑，发放至各镇统计站，供统计专用。（2）充分调动企业统计员工作积极性，适当提高县联网直报企业统计员的网报补助，在原有标准基础上每人每月增加50元补助。2.以培训为抓手，实行统计从业人员培训。（1）组织专业人员参加国家、省、市统计局组织的统计培训班，鼓励推荐统计人员参加国家统计执法考试，1人通过国家统计执法考试。（2）激励统计人员开展统计分析活动，潜心研究各专业数据，发挥统计专业智慧，提出科学合理的统计指标和数据分析预测，打造质高、实用的统计月报和统计分析精品，为该县经济发展提出科学可行的意见建议。全年累计撰写统计分析20多篇，发布统计信息30多期。（3）提升干部队伍的职业素质。通过职业素质培训，家风家训普及，法律专题宣讲等形式多样的职业素质提升活动，进一步筑牢道德底线，守住法律红线。同时，加强统计核心价值观教育，让真实可信、科学严谨、创新进取、服务人民成为该县统计系统共同的行为规范。3.推进统计信息化建设。充分利用统计OA系统、微信等平台，建立有效的统计信息连接和共享平台，加强对各镇、企业统计工作的沟通、协调和指导；逐步推进统计数据电子化、信息化工作，将各专业报表资料整理、归集保管工作，并分专业将电子数据进行及时备份，确保统计资料完整和数出有据，进一步巩固提升镇级和网报企业统计基础建设。

【统计法治建设】　2018年，平远县统计局做好统计法制建设工作。1.开展法律服务活动，切实做好统计相关法律法规的普及工作。组织专业人员到各镇、各企事业单位开展法律服务活动，为各单位、法人、企事业单位释义解答，建立合法合规的统计数据采集、上报制度，提高依法开展统计工作的能力。2.加强统计执法人员业务培训。开展统计法律专项培训，深入学习《中华人民共和国统计法》及其实施条例、《关于深化统计管理体制改革提高统计数据真实性的意见》《统计违纪违法责任人处分处理建议办法》，实现各镇领导班子、企事业单位负责人、统计从业人员培训全覆盖。提高统计从业人员、企事业单位的统计法律底线意识，形成自觉维护统计相关法律法规的守法自觉，逐步构筑依法统计的工作环境。3.加强统计执法。配合市统计执法工作组在平远县开展工作，对执法小组反馈意见立行立改，同时，在全县开展相关问题摸排查工作，通过执法相关工作倒逼企业依法依规提高统计数据质量。

【统计业务调查】　2018年，平远县统计局从五方面做好统计业务调查工作。1.按“先有库后有数”的统计原则，完善基本单位名录库。全县有基本单位4297个，新增252个。其中，法人单位2961个，产业活动单位1336个。做好新培育上规模企业统计跟踪调研和新上“四上企业”标准单位摸底调查，做好达“四上”规模企业申报审批入库工作，2018年新入库规模以上工业14家。至年底，全县“四上”企业120家，其中，规模以上工业61家，限上批零住餐业8家，资质等级以上建筑4家、房地产业12家，重点服务业2家,投资业33家。2.“城乡一体化”住户调查工作。经调查，推算2018年该县城乡居民人均可支配收入为20271元。其中，城镇居民收入24248元，农村居民收入16487元。3.固定资产投资统计工作。投资规模达5000万元以上实行联网直报，申报24家工业企业、公路、旅游和9家房地产项目投资数据入库。全年完成固定资产投资34亿元，其中工业投资6.2亿元。4.继续做好农村、农业、社会科技、劳动工资、交通运输、能源监测调查等专业统计工作。做好人口变动抽样调查，实施妇女儿童发展规划监测。配合做好平远县人口卫生目标综合管理、粮食产量安全考核、节能减排考核等工作。

【统计数据质量管理】 2018年，平远县统计局进一步完善数据质量控制办法，提高统计数据质量。1.完善各专业数据质量控制办法。落实《国家统计质量保证框架》和统计业务流程管理规范，准确领会和掌握上级统计部门对GDP、农业、工业、固定资产投资、社会消费零售总额、城镇化率、单位GDP能耗等重要指标数据审核评估及核算办法。2.理顺统计数据报送、审核和反馈流程，加大数据审核力度。按专业人员提出初步数据的评审意见—分管领导评估审核初步数据—单位主要负责人认定的三级流程做好评估审核工作，对敏感性、综合性、大局性的和涉及考核的重要数据由局主要负责人会同分管领导和专业人员最终评估确定。3.加强与县经信、财政、发改、交通、税务、卫生、教育、农林水、工业园区等部门的联系与沟通，做好对部门统计工作的指导，加强与部门统计数据信息的互通与共享，提高部门统计数据与县综合统计数据的匹配性。

【国家重点调查普查】 2018年，平远县统计局做好第四次全国经济普查工作。1.成立全县经济普查领导小组、设立经济普查办公室。设执行督长1人，副督长15人，各镇、各单位选聘270多名高素质普查员和普查指导员。2.充分利用传统媒体和新型传播媒介加强经普宣传工作，创新宣传模式和渠道。（1）与广播电视台等传统媒体合作，播放普查相关公告和信息。（2）与广告公司合作，通过巡回播放音频资料、定点播放视频资料等方式加强宣传。（3）充分利用互联网、微信、短信平台、普查公众号等新媒介传播普查信息，努力提高经济普查知晓率。3.加强沟通协调。强化与宣传部、编办、工商、税务等部门的沟通协作、信息共享，凝聚经济普查合力。实行“地毯式”入户清查，摸清法人单位3553个，个体户10609个。

【统计服务】 2018年，平远县统计局做好统计服务工作。针对县经济社会出现的新情况、新形势，及时提出相关分析和意见建议。累计提供统计情况分析20多篇，发布统计信息30多期，为来人来电来函提供统计信息咨询服务45人次。 （刘俊滔）

2018 年度平远县统计局负责人名录

局　长：肖维江

副局长：李　明　杜金兰（女）　张兆河

食品药品监管

【概况】 2018年，平远县食品药品监督管理局围绕年度工作目标落实各级责任，创新监管方式，以钉钉子精神狠抓工作落实，形成基础工作全面加强、重点工作稳步推进、监管工作亮点纷呈、整体工作齐头并进的良好局面。全年未发生食品药品安全事故。

2018年4月8日，副市长张晨（正面中）到平远县食品药品监督管理局调研指导工作

【监管能力提升】 2018年，平远县食品药品监督管理局坚持统筹规划、因地制宜、分类指导、整体推进、提高效能的原则，全力推进基层食品药品监管能力提升。1.落实属地管理责任，健全监管网络体系。该局按三定方案要求，在全县4个中心镇设置食品药品监督管理所，并按每个所3人的标准，全县核定编制12人。建立健全食品药品监管协管员队伍，每个行政村和城镇社区居委会配备1名协管员，承担协助执法、隐患排查、信息报告、宣传引导、农村集体聚餐管理等职责，全县配备食品安全协管员143人，并由县财政每人每月补给100元。2.建立经费保障机制，强化基层装备设施建设。（1）省局、县委县政府全力支持监管所装备设施建设。至年底，该局已通过整合方式解决基层监管所业务办公用房，监管所业务办公用房面积均达到120平方米以上。并为执法人员配齐配全执法车、快检设备、执法记录仪、笔记本电脑、便携式打印机、摄像机、照相机和办公家具等执法装备。为日常监管工作提供有力的保障。（2）对照省局出台的基层执法装备标准，推动落实基层执法装备达标建设实施方案。并合理利用省级专项经费，完善食品药品执法装备的投入，改善基层执法装备条件。实现2018年执法装备配备达标85%以上的目标。3.完善监管制度建设，强化市场监管机制。结合工作实际，制定完善日常巡查、网格化监管、企业分类监管、风险管控、现场核查、快速检测、农村集体聚餐、执法办案、突发事件处置、投诉举报、党风廉政等20多项制度，开设政务信息专栏和工作流程规范等。健全完善行政执法服务机制，全面提升基层监管服务能力，使基层监管所的各项工作走上规范化、制度化、程序化的轨道。

【监管制度完善】 2018年，平远县食品药品监督管理局不断创新监管方式，提高监管效能。1.建立县局科级干部联系乡镇制度。班子成员每人联系2~3个乡镇，要求科级干部对所联系乡镇的各项重点工作进行全面指导和督查。2.形成联合执法机制。对食品药品安全监管工作中的重点难点问题，实行联合执法，综合治理。该局先后联合教育部门对校园及校园周边食品安全进行专项整治；联合市政、工商质监、环保等部门对食品小摊点及露天烧烤进行专项整治；联合检察院等部门开展校园周边五毛食品专项检查；联合畜牧部门联合开展非洲猪瘟防控工作。各部门联合执法渐成常态，联防联控机制进一步健全。

【宣传教育强化】 2018年，平远县食品药品监督管理局以社会共治共享为理念，不断创新宣传教育方式，拓宽宣传教育渠道，强化宣传教育效果。1.重点利用好各类宣传主题。借助“3·15”消费者维权日、“12331”食品药品投诉举报宣传活动、食品安全宣传周等活动，联合工商质检、农业、畜牧、教育、卫生等部门，大力开展食品药品安全知识进农村、进社区、进学校、进市场活动，累计发放各类宣传材料1.8万余份，接待群众咨询1200余次。联合县工商质监局，开展防范保食品、保健食品非法宣传和欺诈宣传活动；联合各镇食安办开展食品安全快检车便民服务和食品安全宣传；开展化妆品安全专项宣传；联合县公安局禁毒大队，开展禁毒宣传，通过一系列宣传活动增强消费者的法治意识和维权意识，推动形成全社会尚德守法、共治共享的食药安全文化。2.充分运用好新型网络平台。将微信、QQ工作群、短信平台等新型网络媒体作为日常宣传工作的主阵地，及时发布食品药品安全信息、宣讲食品药品安全政策，引导食品药品安全舆论、普及食品药品安全知识。传播食品药品监管工作精神，展示食品药品监管部门良好形象。至年底，累计发布各类信息1200多条，其中微信平台发布信息600多条，QQ工作群发布信息300条，短信平台发布信息300多条。3.通过户外广告扩大宣传范围。在辖区内大型小区出入口投放公益广告灯箱、设立户外广告牌等形式，对食品安全知识宣传和运用进行全方位、多视角、多角度的宣传，增强广大消费者的自我保护意识和维权意识。投放大型户外广告牌4块，设立户外灯箱广告4个。4.该局与平远电视台、《梅州日报》等辖区内主流媒体建立良好关系。在举行重大活动、召开重要会议、进行重要检查过程中，邀请平远电视台新闻媒体记者全程跟踪报道，让媒体做代言人和宣传者。2018年，在县电视台经典品牌栏目“橙乡纪事”中拍摄4组专题纪录片，对食品安全监管工作进行全方位多层次的宣传报道，让广大人民群众更客观、更直观地认识食品安全监管工作的方方面面，营造浓厚的社会共治氛围。

【风险防控】 2018年，平远县食品药品监督管理局加强隐患排查，做好风险防控工作。1.建立风险防控清单管理制度。统一梳理出各重点环节、重点业态和重点品种存在的风险隐患，列出风险隐患问题和解决措施清单，并统一印制给经营户，让其结合实际制定各自风险清单并上墙公示。2.建立食品药品生产企业风险自查自改和问题报告制度、督促食品药品企业完善生产经营全过程质量安全记录制度，形成上下游质量安全信息可查询、过程可控制、责任可追究的追溯体系。3.加大监督抽检和风险检测力度。为食品药品安全风险隐患排查提供有力的技术支撑。根据省、市局年初抽检计划安排，结合实际认真开展食品药品监督抽检工作。（1）聚焦公众关注度高、风险程度高、消费数量高的重点产品、重点区域，提高监督检查频次和抽检监测覆盖面。全年开展“四品一械”抽检501批次。其中，食品抽检410批次（食品安全专项抽检36批次）、药品抽检67批次、保健品抽检5批次、化妆品抽检13批次、医疗器械抽检6批次。（2）加强农贸市场食用农产品快检工作。2018年，参加省快检市场3家（县城的中心市场、南区市场、北区市场），每天快检不少于30批次；老市场、东石农贸市场、石正农贸市场每月10批次；其他乡镇市场每季度10批次，实现快检全覆盖。至10月31日，该县在3个农贸市场开展快速检测1万批次，发现不合格74批次，合格率为99.5%；处理不合格产品数量70千克，通过农贸市场食用农产品快速检测，提升食用农产品市场销售环节的质量安全。（3）聚焦群众关切开展专项治理。高度重视学校食品安全，先后两次联合教育部门对全县所有中小学校长和食品安全管理人员进行主体责任约谈和业务技能培训，并配合县检察院对全县学校食品安全工作进行督导检查，严防校园食品安全事故发生。高度重视农村食品安全，深入开展农村及城乡接合部食品安全专项整治，“五毛食品”专项整治，下大力气整治农村集体聚餐备案，农村食品安全监管全面加强。

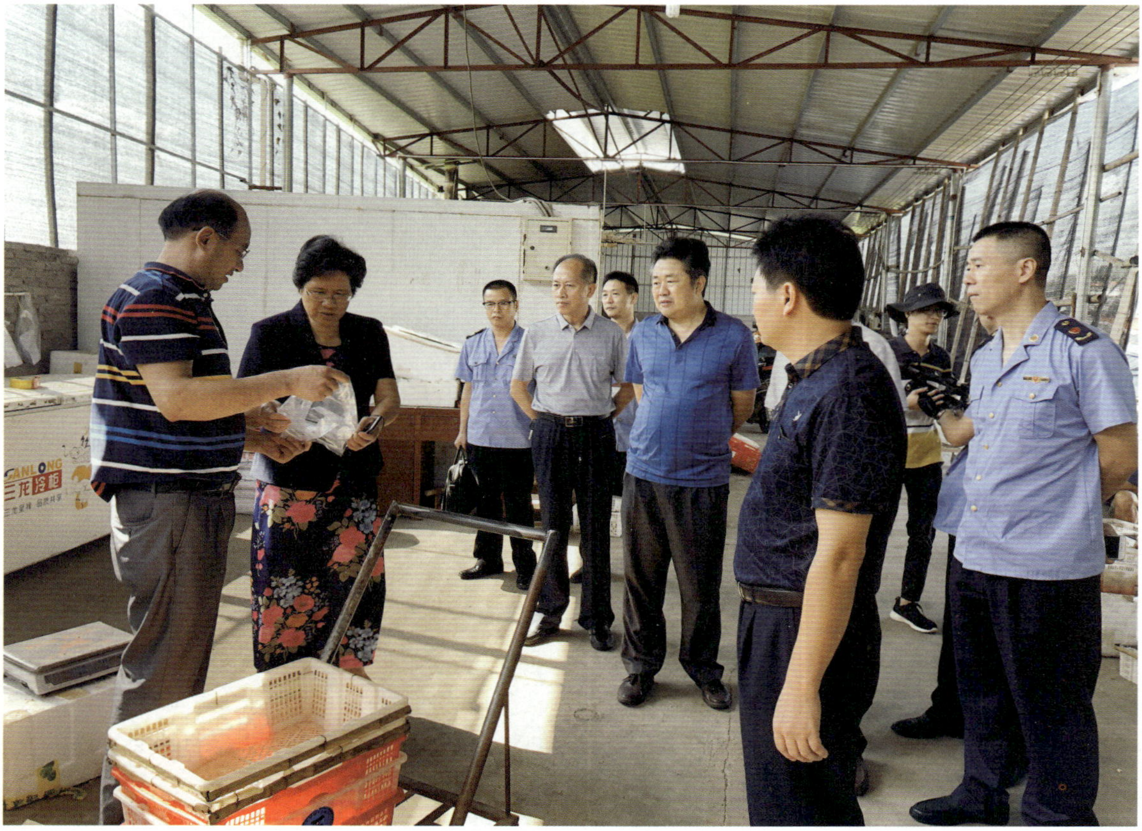

2018年9月29日，副县长刘兰娇（左二）率队到河岭彬城糕饼厂开展中秋国庆食品安全专项检查

【安全示范创建】　2018年，平远县食品药品监督管理局以创建食品安全示范城市为目标，开展示范创建活动。1.开展食品安全示范创建活动。在全县范围内开展示范街、示范店、示范学校食堂创建，在食品销售环节开展放心肉菜示范超市，培育创建省级食品安全示范街1条，放心肉菜示范超市1家。2.重点打造“放心肉菜示范超市”。主要领导亲自抓，分管领导具体抓，创建成效显著，喜多多超市获得首批市级“放心肉菜示范超市”称号。

【稽查办案工作】　2018年，平远县食品药品监督管理局主动出击，多渠道多途径发掘案源，将稽查办案作为促进日常监管工作和重点工作推进的重要手段。1.严厉打击违法犯罪行为。实施案件信息通报、线索移送对接工作机制，加大对主体责任人的惩罚力度，严厉打击食品药品违法犯罪行为。全年开展食品药品专项整治行动10多次；处理答复食品药品投诉举报51件；查处各类食品、药品案件39宗，结案39宗，其中食品33宗药品6宗，案值2.48万元，罚没款13.35万元。2.开展行政执法案件回头看。为强化执法办案防风险、守底线、促规范、助发展的效果，彻底解决执法办案“一罚了之”的弊病，在全县范围内开展行政处罚案件“回头看”活动。3.不断完善行刑衔接机制。联合县检察院、公安局，加强协作、案件会商、移送、监督等环节工作；在案件查办中邀请司法机关提前介入，引导执法，强化监督，提高行政执法办案效率和质量；将已办结的行政执法案件及时录入到

“两法衔接”信息平台，确保信息平台畅通，案件信息及时共享。行政执法与刑事司法衔接机制不断完善。

【营商环境优化】 2018年，平远县食品药品监督管理局继续在“放管服”上下功夫，坚持不懈优化营商环境。1.优化行政审批服务。持续深化“放管服”改革，进一步完善行政审批工作机制，在严格遵循行政审批相关法律法规的前提下，力争实现食品行政许可“最多跑一次”。全年办理药品经营许可证50份，食品经营许可证717份，食品加工小作坊登记证10份，配合市局对12家食品生产企业进行发证换证、对13家医疗器械经营企业进行发证、对13家药店进行GSP认证检查。2.营造良好发展环境。通过落实简政放权、放管结合、优化服务的改革要求，发挥部门优势资源，为企业提供人才、技术、信息、金融、法律、知识产权等方面的服务。

【队伍建设】 2018年，平远县食品药品监督管理局不断提升监管队伍素质。1.把业务技能提升作为核心。选派业务骨干到省局集中开展“四品一械”业务知识培训。全年选派基层监管执法人员参加省、市培训38人次、组织协管员和信息员培训班12期。先后组织32名监管人员赴梅县区、蕉岭县等兄弟县区实地观摩，全体监管人员业务技能全面提升。2.把作风纪律建设作为保障。严格落实省政府制定的进一步转变工作作风“十不准”规定，定期研究党风廉政和作风建设工作、认真落实谈话提醒、抓早抓小工作、组织全体干部职工观看党风廉政专题教育片。严格预防执法腐败，杜绝“吃拿卡要”和“慵懒散”等现象发生。

【存在问题】 2018年，平远县食品药品监督管理存在的问题有：1.小摊贩、小作坊、小餐饮数量多，且生产水平落后、设备设施老化、管理方式粗放，保障食品药品安全基础不牢固。2.不法分子制假造假的花样不断翻新，手段越来越智能化、隐蔽性强，使执法难度加大。3.市场秩序需进一步规范。企业主体责任未严格落实，少数企业见利忘义、铤而走险，违反法律法规生产经营。4.监管力量不足。各相关部门在整合执法力量、协同执法步调、密切配合作战、信息互通等方面仍存在问题。监管对象多而分散，专业技术人员短缺，监管手段、技术支撑需加强。5.城乡接合部和农村食品药品经营条件较差，群众法律法规知识欠缺，自我保护意识不强，容易成为假劣食品药品的侵害对象。6.企业首要责任意识不强，安全管理投入不足，人员健康管理、过程控制、索证索票、标签管理、产品召回等质量安全制度执行不到位等。

（郭婷婷）

2018年度平远县食品药品监督管理局负责人名录

局　长：黄庆明

副局长：何远航　谢永兴　沈福坚　杨建华

行政管理

人力资源管理

【公共就业服务】　2018年，平远县人力资源和社会保障局从四方面做好公共就业服务。1.举办“春暖平远”系列现场招聘暨人社政策宣传活动42场，提供就业岗位5870个，实现全县城镇新增就业人数1903人，城镇失业人员再就业1897人，就业困难人员再就业223人。至12月，城镇登记失业率2.41%，全年控制在3.5%以内。2.该县认定的第3个创业孵化基地“梅州市平远县大众创新创业孵化基地”于7月27日成功挂牌，平远县就业服务管理局被认定为梅州市第九批高校毕业生就业见习基地。3.落实扶持创业带动就业政策。（1）建立创业培训与创业担保贴息贷款联动机制，切实发挥创业担保贴息贷款政策的作用，鼓励和支持该县高校毕业生、退伍军人、农村实用人才等本土人士回乡创业，推动创业带动就业。（2）全年发放一次性创业资助66人共33万元；发放租金补贴141人次56万元；发放就业困难人员灵活就业社保补贴764人次128.79万元；发放创业带动就业补贴企业9家11.6万元；发放创业担保贷款31笔268万元，县财政贴息（含往年度还处于贴息期内贷款延续贴息金额）67.5万元。（3）全年扶持创业313人，带动就业1932人。发放就业困难人员社会保险补贴1人3480元，对12个镇123人次从事社会管理和服务工作的高校毕业生发放岗位补贴14.76万元。4.实施“客家菜师傅”工程。结合实际制订《平远县“客家菜师傅”工程实施方案》，进一步明确职责、目标和要求。组织开展“客家菜师傅”工程启动仪式、“客家菜师傅”研讨会、平远十大特色客家菜名录网络评选、平远县特色客家菜肴及“客家菜师傅”现场评比等活动，并在12月7日举办的脐橙文化节晚会上对获得平远特色客家菜肴和荣获“客家菜师傅”称号的师傅进行颁奖。

2018年7月27日，梅州市众创电商网络科技有限公司举行梅州市平远县大众创新创业孵化基地挂牌仪式

【职业技能培训】　2018年，平远县人力资源和社会保障局扎实开展技能培训，提升劳动者素质。1.依托平远县科训职业培训学校，采取合作培训的方式强化该县技能人才培训，提升培训师资质量，回应社会需求，新增“育婴员”培训工种。2018年，举办汽车修理工及美容师等技能晋升培训班19期1112人，举办创业培训班8期240人。2.全力做好就业技能精准帮扶工作。通过举办就业精准扶贫专场招聘暨人社政策宣传为全县建档立卡贫困户劳动力提供就业创业政策咨询、职业指导、就业信息和技能培训服务，促进该县贫困劳动力就地就近及转移就业。3.开展

2018年“就业扶贫行动日”系列活动，10月10日分别在河头、泗水及差干3个镇举办“2018年金秋就业精准帮扶暨人社政策宣传活动”。全年举办就业精准扶贫专场招聘暨人社政策宣传活动42场，2017年至2018年年底，累计帮扶就业1126人，累计举办贫困劳动力技能培训356人，帮扶创业71人，成功创业7人；2018年补发2016年秋季至2018年春季建档立卡贫困户子女就读技工院校生活费补助5人1.2万元，发放2018年秋季生活费补助17人25500元。

【社会保险】 2018年，平远县人力资源和社会保障局从五方面做好社会保险工作。1.完成市下达该县扩面征缴任务。2018年平远县社会保险基金“五险”(包括：企业职工基本养老保险、失业保险、医疗保险、工伤保险、生育保险) 收入31385万元，超额完成市定扩面征缴任务；社会保险待遇支出36144万元，同比减少218万元，减幅0.6%。城乡居民基本医疗保险2019年度有20.4万人参保，基金收入14997万元，待遇支出15792万元，基金历年结存7853万元。城乡居民基本养老保险有10.74万人参保，基金收入7159万元，待遇支出6821万元，当期结存338万元，基金历年结存7596万元。2.做好机关事业单位基本养老保险改革经办工作。机关事业单位养老保险全年征收养老保险费19280万元，待遇支出17975万元，基金历年结存4520万元。从9月1日起，启动职业年金征收工作，10月该县补征收1—8月的职业年金，全年累计征收5936万元。3.各项社保待遇水平稳步提升。（1）提高基本养老金水平。从1月1日起，机关事业单位养老保险待遇人均月提高226.7元；企业职工养老保险待遇人均月提高110元；城乡居民养老保险基础养老金从120元/月提升至148元/月，人均养老金提升至174元/月。（2）提高医疗保障水平。提高职工医疗保险和职工补充医疗保险年度累计最高支付限额；从3月起，降低职工和城乡居民基本医疗保险市内住院起付金标准；从8月起，提高慢性肾功能衰竭（透析治疗）和恶性肿瘤（放、化疗）特定病种门诊报销比例，提高慢性肾功能衰竭（透析治疗）年度最高支付限额。从1月1日起，降低城乡居民大病保险起付标准，报销比例从70%提高至75%；城乡五保供养对象、建档立卡贫困人员起付标准从2000元降至1000元，报销比例从80%提高至85%，不设年度最高支付限额。从5月1日起，失业保险金标准由现行规定最低工资标准的80%提高到90%；7月1日起，该市最低工资标准从原来1210元提高至1410元，失业保险金从1089元同步调高至1269元。4.社保重点改革不断落地生根。全面实施机关事业单位养老保险制度和职业年金制度，全县参保登记率、征收率和发放率100%。全力推进按病种分值付费和结算办法，完善系统改造，实现全面总额控制付费和病种结算1000种以上的目标。继续实施“四降低两补贴”政策，即降低企业职工养老保险缴费工资下限和费率，继续执行降低工伤、生育、失业保险费率政策，全年为该县企业降低社保成本约1800万元，助力全县供给侧结构改革和减轻企业负担。5.社会保险精准帮扶深入实施。落实建档立卡贫困人口城乡居民医疗保险的各

2018年5月17日下午，省人社厅程宏水副主任（中）到平远县政务中心社保经办窗口考察

项政策，2018年度全县贫困人口参保人数4260人；落实精准扶贫对象基本医疗优惠报销政策，全县建档立卡贫困户有1018人次享受门诊特殊病种报销政策，享受住院医疗费用报销930人次，医疗总费用282.8万元，报销医疗费用183.2万元，大病保险报销155人次，报销总额40.1万元。落实建档立卡贫困人口城乡居民养老保险政策，全县城乡低保户、精准扶贫人口和重度残疾人等群体由财政出资在2018年6月底前实现100%参保。2018年度三类人群的缴费已全面完成，其中重残人群2096人，建档立卡人员2079人，低保人员3922人；积极筹措2017年度三类人群的缴费资金，2018年该县为两个年度的困难群体8097人落实缴费137.90万元，已实现应保尽保，全部所需缴费资金由县财政统筹安排，真正落实政府代缴费制度。

【公共人事管理】 2018年，平远县人力资源和社会保障局从五方面做好公共人事管理工作。1.制订出台《关于进一步加强机关、事业单位人事管理工作的通知》文件，规范公务员、事业人员的招录、聘用及交流管理。开展年度公务员招录和事业单位工作人员招聘工作，其中县直单位招录公务员49名（含专项招录4名、2017年特招4名），粤东西北地区基层医疗卫生单位专项公开招聘31人，平远县事业单位公开招聘67人。2.做好2018年度引进急需紧缺人才（事业单位）工作，第一、二轮共引进3名全日制硕士研究生；接收安置2名军队转业干部；接收“三支一扶”大学生6名。按职责做好干部任免管理工作，任免股级干部9人；按照任免程序，报送县政府任免科级干部26人。3.进一步深化职称制度改革，联合教育、编办、财政发出《平远县关于推进中小学教师“县管校聘”管理改革的指导意见》，优化配置全县中小学教师资源。完成2017年度专业技术资格中、初级评审（认定）通过人员48份资格证书打印发放有关工作；完成2018年度该县专业技术资格人员申报副高职称98人、中级职称81人、初级职称143人的评审材料上报工作；指导协调相关部门做好专业技术人员聘任、续聘工作，审核聘任、续聘429人。4.开展机关事业单位发放津贴补贴清理和检查工作，加强机关事业单位发放津贴补贴监管。7月，对全县规范津贴补贴实施情况进行全面清理自查，汇总发现该县在省原定项目需取消停止发放的岗位津贴补贴项目12项，系统、部门自定的津贴补贴项目1项，地方自行设置的津贴补贴项目2项，自8月1日起，对不符合规定的项目予以调整或取消。根据国家和省关于工资与津贴补贴管理的文件精神，从8月起，将机关事业单位在职人员和离退休人员的“四大节日”补贴和公务员绩效工资归并纳入津贴补贴按月发放。办理机关事业单位到龄退休干部58人，到龄退休工人55人，按政策规定审批干部职工提前退休25人（其中因病提前退休17人），办理临聘人员续聘83人，办理一次性抚恤金计发46人，办理遗属供养对象生活困难补助审批51人。按政策规定审批企业职工提前退休85人，其中特殊工种提前退休77人，因病提前退8人。5.完成全县新录用、调任公务员和新聘用事业单位工作人员初任培训90人，开展全县行政机关公务员全员培训近1700人，选派13名乡镇公务员到广州参加2018年广州梅州公务员对口培训。

【劳动维权】 2018年，平远县人力资源和社会保障局做好劳动维权工作。1.强化劳动保障监察，查处违法用工行为。开展“清理整顿人力资源市场秩序专项行动”“用人单位遵守劳动用工和社会保险法律法规情况专项检查”“农民工工资支付情况专项检查”等专项检查，检查用人单位239家，涉及职工人数1.2万多人。继续完善建筑工程工人工资支付保证金制度，全年16个工程项目缴交391万多元。全面推进建筑用工工人工资分账管理制度，2018年，新开工项目16个，全面实行工资支付专户管理，工人工资均由银行按月足额发放到个人账户。2.农民工工伤保险参保和认定工作。16个在建项目的建筑施工企业农民工均参加工伤保险，完成率100%。受理工伤认定申请50宗，完成工伤认定48宗，不予工伤认定1宗，行政复议1宗、行政诉讼1宗；完成劳动能力鉴定28人。3.畅通信访投诉渠道。受理劳动保障举报投诉案件26件，同比下降19%；涉案人数104人，涉案金额61.37万元，同比分别下降69.8%、56.2%。处理案外调解和仲裁案件45宗，涉及人数85人，涉案金额230.57万元。办理县信访局转交信访案件54宗，受理县督办转交案件47宗，在法定时效内做到件件有落实、事事有结果，结案率100%，劳动关系持续和谐稳定。加强与企业军转干部的沟通，主动为企业军转干部排忧解难，保持“零上访”局面。

（平远县人力资源和社会保障局）

2018 年度平远县人力资源和社会保障局负责人名录

局　长：韩世敬

副局长：刘荣国　刘文钫　杨志强

人才交流服务中心主任：陈宗敏

民政工作

【概况】 2018年，平远县民政局完成社会救助、社会福利、双拥优抚安置、社会管理等各项工作任务，充分发挥保障社会公平、维护社会稳定、促进社会和谐的作用。至12月底，全县有低保户3421户7023人，发放低保资金2390.48万元；特困人员639户（人），发放资金606.57万元；实施医疗救助4082人次，发放救助金1294.53万元；实施残疾人两项补贴5360人次，发放资金1266.4万元；发放优抚各类资金1138.38万元；孤儿、困境儿童等受助对象187人，补助资金132.18万元；福彩销售额1745万多元。

【社会救助】 2018年，平远县民政局从七方面做好社会救助工作。1.提高城乡低保标准。从1月起，该县城镇低保标准每人每月提高到638元；城镇低保月补助水平提高到503元；农村低保标准每人每月提高到440元，农村低保月补助水平提高到228元；特困人员中城镇每人每月提高到1021元，农村提高到800元。2.开展低保专项治理行动。2017年全县农村低保户有4850户10842人。通过开展专项治理，取消1902户，占总户数的39%，取消人数5115人，占总人数的47%；并将符合条件的困难群众纳入低保，确保应退尽退，应保尽保。3.加强低保与建档立卡贫困户动态管理数据的衔接，确保符合条件的建档立卡贫困家庭纳入社会救助，筑牢扶贫攻坚“兜底”网。4.规范城乡医疗救助。（1）全年“一站式”和“非一站式”结算服务对象1121人次，救助金额223.32万元；基本医疗救助2217例，救助金额787.31万元；重特大疾病医疗救助471人次，救助金额214.8万元。（2）扩大临时救助范围。开展临时救助273户，救助金额69.1万元。5.保障困境儿童基本生活。（1）发放孤儿生活保障金75.78万元，其中社会散居17人，月人均从880元提高到960元；集中供养3人，月人均从1450元提高到1560元。（2）发放在册事实无人抚养儿童月人均500元的基本生活保障金，167人共56.4万元。其中非低保对象114人，低保对象53人（由低保金中直接提标）。6.残疾人“两项补贴”落实。重度护理补贴标准从每人每年2400元提高至2520元，困难生活补贴从每人每年1800元提高至1890元，全年发放残疾人“两项补贴”5360人次，共1266.4万元。其中重度护理补贴3558人次，困难生活补贴1802人次。7.流浪乞讨人员救助保护。全年救助流浪乞讨人员321人次，其中医院救治10人次，发放临时救助金和医疗救助资金36.5万元，护送返乡12人，接收返乡人员6人。

【双拥、优抚安置】 2018年，平远县民政局从四方面做好双拥、优抚安置工作。1.各镇以村（居）委会为单位召开优抚对象座谈会143场，为优抚对象办好事、实事800件（次），平远县是在全市范围内首个成立爱国拥军促进会的县。同时，将符合条件的优抚对象分别纳入县特定医保对象、职工基本医疗保险和城镇职工补充医疗保险以及农村居民合作医疗保险，发放门诊补助460人共5.88万元。通过在县城官田广场开展“关爱功臣”免费送医送药活动，构建和谐军政军民关系。2.做好信息采集工作。成立以县领导为组长，各相关职能部门为成员单位的信息采集工作领导小组，制订工作方案，印发宣传资料、信息表格等，组织各镇抓好抓实信息采集工作。全县退役军人和其他优抚对象信息采集人数5816人。其中，军队转业干部222人；退役士兵4629人；军休干部1人；无军籍职工1人；复员军人46人；残疾军人48人；烈士遗属44人；因公牺牲军人遗属19人；病故军人遗属20人；现役军人家属786人。3.落实各项优抚安置政策。全年足额发放优抚对象抚恤补助金568.88万元，发给优抚对象病故一次性抚恤金7.48万元；对存在“三难”问题的678名优抚对象发放补助金42.08万元；足额兑现义务兵家庭223户优待金234.86万元；按月发放优抚对象优待金总计60.9万元；奖励61名新征集大学生士兵每人3000元计18.3万元；做好退役士兵职业技能培训，为74名退役士兵发放汽车驾驶培训费总计8.88万元；60人参加中等职业学校培训；发给上年退役士兵74人一次性经济补助197万元；安排工作9人，100%完成安置任务；安置随军家属1人，100%落实好军休干部“两个待遇”。4.做好涉军维稳工作。2018年全县未出现涉军群体到中央、省、市越级上访事件。

【防灾减灾】 2018年，平远县民政局从四方面做好防灾减灾工作。1.做好救灾物资储备保障工作。筹措资金，加强救灾物资储备，与相关商行签订代储协议，应对各种灾害风险。2.完善防灾减灾设施建设。规范化、标准化建设县级避险场所和八尺、长田、热柘、河头、上举、东石、仁居等镇级避险场所。东石镇东石社区居民委员会成功创建全国综合减灾示范社区，推动该县创建全国综合减灾示范社区建设。3.扎实开展防灾减灾工作。加大防灾减灾宣传力度，印制小册子1000本；组织乡镇灾害信息员参加各业务培训。“5·12”中国防灾减灾日期间，县民政局、县科技局、县教育局、县公安消防大队联合在县一小举办地震应急疏散演练活动；县应急办、县民政局、县教育局和县义工协会联合举办防灾减灾应急知识培训等专题活动。4.发动公益慈善捐款。2018年接收扶贫济困捐款240.89万元，加强慈善资金的使用管理工作。

【基层政治和社区建设】 2018年，平远县民政局从三方面做好基层政治和社区建设工作。1.加强自治组织建设。认真落实市巡察整改问题，对全县143个村（居）监委开展摸底排查、民主评议和综合考核，组织全县村监委成员451人进行集中培训，提高村监委的履职能力。开展村民小组规范建设，建立组务公开制度、考核奖惩和激励保障机制，落实村民小组长每人每月300元的补助待遇，充分调动村民小组长工作积极性和主动性。推进村民理事会建设，至年底，全县以村民小组或自然村为基本单元组建村民理事会1016

个，覆盖到全县104个村委会。2.探索村（社区）治理方式创新。开展城乡社区协商建设，至2018年年底已达60%。推进村民议事平台建设，自上年换届到2018年年底，通过议事平台商议事项有619项。制订村（居）民委员会工作职责事项指导目录、村（居）民议事决策工作指引、村规民约指引。3.开展村（居）务公开“五化”创建活动。依照“五化”创建标准，采取示范引导、逐步推进、全面覆盖的方法步骤，全年活动创建率70%。

【社会事务和社会福利】 2018年，平远县民政局从7方面做好社会事务和社会福利工作。1.殡葬工作。至年底，该县建成公益生态树葬园1座，公益性公墓2座，骨灰存放楼（堂）6座。上举、热柘、仁居、石正、八尺、东石等镇各有一座村级公益性公墓项目在审批中。县殡仪馆完成停车场和业务楼改造项目立项，投资120万元进行火化设备更新升级。殡葬惠民政策有效落实，免除全县户籍人口七项殡葬基本服务费，全年免除费用248.54万元。2.农村留守儿童工作。全县登记在册农村留守儿童2347人。该局设立县“爱心之家”活动协调小组，在各镇中心小学开展以关爱服务农村留守儿童为主题的“爱心之家”活动，帮助19名无户口留守儿童登记户口。3.婚姻登记工作。全县结婚登记1755对（含补办及涉外婚姻）；办理协议离婚476对；补领结婚证455对；补领离婚证34宗；依法查阅婚姻档案301宗。4.社会组织监督管理。全县社会组织有111个。其中70个社团，41个民办非企业单位。专门成立行动协作小组开展打击整治非法社会组织专项行动，至年底，引导社会组织登记1个，注销6个；全年抽查平远县公益义工协会、平远县八尺镇酒业协会、平远县新经委幼儿园的活动开展情况，均符合社会组织管理规定。5.老龄工作。该局为80周岁以上平远县户籍人口老人按时发放每人每年360元的高龄津贴；按月发放全县百岁老人“长寿保健金”，每人每月300元及市奖励金100元；同时，争取县财政出资为80周岁以上老人和60~79周岁的困难群体缴交每人每年20元的“银龄安康行动”意外伤害保险，为全县43825位老人投保236.14万元，实现全县老人意外伤害团体保险100%全覆盖。6.养老服务体系建设。建立县级居家养老服务指导中心、镇级居家养老服务中心、村（居）居家养老服务站点的三级服务网络体系，兴建仁居镇麻楼村、石正镇马山村、中行镇仲石村3个居家养老服务站项目。7.完成地名普查调查目录编制阶段性工作。在省、市普查办的指导下，历时3年调查收集11个大类地名信息4566条，完成数据库录入修改。 （谢岳超）

2018年11月15日，省民政厅副厅长聂元松（右三）到平远县大柘镇敬老院调研

2018 年度平远县民政局负责人名录

局　长：刘立新

副局长：刘冬芳（女）　李剑文　林清忠　林依坚　凌　峰（挂职，8月起任）

国土资源管理

【土地利用管理】 2018年，平远县国土资源局从四方面做好土地利用管理工作。1.土

地利用规划编制。（1）大力实施乡村振兴战略，编制预留规模落实方案，将预留的27公顷（405亩）城乡建设用地规模全部上图入库。（2）结合村庄资源禀赋和特色，完成河头镇向阳村等9个村土地利用规划编制工作。2.用地报批环节严格执行。全年组卷用地报批材料三个批次面积35.33公顷（530亩），严格执行“一户一宅”且符合规划的审批条件，全年报县政府审批宅基地671户（宗）。3.土地流转效率提高。（1）开展批而未供和闲置土地“去库存”专项行动，提高节约集约利用土地水平。（2）收回国有用地面积126.67公顷（1900亩），公开出让建设用地8宗，总面积28.11公顷（421.6亩），成交总额2.53亿元，办理土地转让591宗，总面积2.03公顷（30.4亩）。4.重点项目建设推进。（1）全力推进游客服务中心土方平整工程，开挖土方111.2万立方米。（2）协调推进大柘粮所片区、南区市场片区、汇胜木业旧厂房等改造项目工作。（3）实施土地储备，尽力满足206国道绕城改造、南台卧佛山、凤池小镇、差干旅游特色小城镇、八尺酒业特色小城镇、梅畲田园综合体、南粤古驿道等城市扩容提质、全域旅游示范县和美丽乡村建设等重大项目用地需求。

【耕地资源保护】　2018年，平远县国土资源局从四方面做好耕地资源保护工作。1.做好永久基本农田保护工作，开展永久基本农田划定质量检查和违法违规占用治理专项行动，对省厅下发的4670个基本农田问题图斑进行全面核查。2.落实耕地保护目标责任制，县与镇、镇与村签订基本农田保护责任书148份，建设基本农田保护区标志牌136座。3.做好垦造水田工作，实施垦造水田项目14个，建设规模121.97公顷（1829.5亩）。4.推进拆旧复垦促进美丽乡村建设工作，立项49.86公顷（747.84亩），全部已编制规划设计方案，验收37.98公顷（569.72亩），全部进入省交易平台进行交易。

【矿产开发监管】　2018年，平远县国土资源局从两方面做好矿产开发监管工作。1.做好矿山日常监督管理，严格按矿产资源开发利用方案进行检查，规范矿山企业的采矿作业行为。完成全县33个矿山网上信息公示，开展固体废物大排查行动和非煤矿山安全专项检查及治理工作，切实防范和减少安全生产事故的发生。2.加快推进自然保护区内已设采矿权企业退出的工作，关闭东石镇洋背村炭坑里石灰岩矿。

【国土执法监察】　2018年，平远县国土资源局从三方面做好国土执法监察工作。1.加大巡查监管力度。组织开展违法违规用地和违章建设整治行动14次，制止违法建设行为32处，拆除13宗违法构（建）筑物，完成复耕面积1.2万平方米。2. 加强执法监察宣传。宣传到各村、小区和矿点，扎实开展扫黑除恶专项斗争工作，摸排出16宗线索均处理完毕。3.开展专项整治工作。（1）开展整治城乡非法占地建设、私挖滥采矿产品和砖瓦窑厂专项整治行动，关闭和取缔17家实心黏土砖生产企业，查处私挖滥采行为7宗，有效遏制城乡乱搭乱建违法行为。（2）开展卫片图斑执法工作，查处12宗破坏耕地、水田建房等行为，至年底，11宗已结案，1宗已申请兴宁法院强制执行。（3）开展疑似占用永久性基本农田图斑核查工作。（4）开展“大棚房”专项整治工作，严肃整治非法占用土地等行为。

【地质灾害防治】　2018年，平远县国土资源局全力做好地质灾害防治工作。1.完善和调整削坡建房整治方案，确保削坡建房地灾隐患有效治理，完成削坡建房治理并验收合格的有89户。2.更新地质灾害隐患点台账和县镇村三级地质灾害防治成员体系，完成削坡建房预警平台建设，该县在册地灾隐患点有397个，其中百人以上的隐患点有3个，需实施搬迁的削坡建房有127户。3.广东平远五指石省级地质公园顺利完成验收，为广大游客直观提供地质灾害的科学研究和科普宣传。

2018年4月22日，广东省国土资源厅余云洲副厅长（右三）到平远县参加广东省国土资源厅纪念第49个世界地球日宣传活动周暨广东平远五指石省级地质公园揭碑开园仪式

【群众权益维护】 2018年，平远县国土资源局做好群众权益维护工作。扎实开展矛盾纠纷的排查化解工作，把矛盾纠纷解决在基层、解决在萌芽阶段，全年调处土地权属争议案件2宗，接待群众来访5起10人次，来信47封，已答复47件。

【基础业务】 2018年，平远县国土资源局从三方面做好基础业务工作。1.不动产统一登记工作稳步推进。按照省“双提升”工作要求，对接省不动产虚拟窗口（互联网+）建设，全年核发证书1.28万份（宗）。2.加强地籍基础业务建设。完成农村宅基地、集体建设用地的地籍调查工作，做好平远县1∶2000农村宅基地地籍调查。3.强化宗地图件测绘服务。完成2018年度农村集体土地所有权数据库更新备案；完成平远县第三次全国国土调查权属界线核实工作；完成平远县东台生态工业园1∶500数字化测量。

【存在问题】 2018年，平远县国土资源局在工作管理中存在的问题：1.用地报批难与项目用地刚性需求矛盾依然突出，受土地利用规划、用林指标、占水田补水田等政策影响，用地报批难，影响项目的落地。2.垦造水田后备资源匮乏，可开垦地块小，难于形成规模开垦，造成项目成本高，基础设施建设投入大，完成下达任务难度大。3.因交通、水利、环境改造、美丽乡村建设等民生基础项目多，时间紧、任务重、民生需求迫切，造成项目匆忙上马，形成违法用地事实，造成执法难度大，查处移送难。4.不动产交易、登记、税务信息共享协同机制有待完善，不动产登记能力和作风建设“双提升”有待进一步提高。 （刘国杰）

2018年度平远县国土资源局负责人名录

局　长：张锡洪

副局长：林立全　王瑞荣　杜　斌　陈　宏

执法监察队队长：刘振忠

安全生产监督

【概况】 2018年，平远县安全生产监督管理局（以下简称平远县安监局）全面落实安全生产责任，加大隐患排查治理、“打非治违”和联合执法工作力度，加强非煤矿山、危险化学品和烟花爆竹及规模以上工贸等所辖行业领域安全监管，强化安全风险点、危险源管控。全县工矿商贸领域发生生产安全责任事故2起，死亡2人，同比事故起数和死亡人数均增加100%；道路交通、消防等重点行业领域安全生产状况逐步好转；未发生较大及以上安全事故，全县安全生产形势总体保持稳定。

【安全生产责任落实】 2018年，平远县安监局做好安全生产责任落实工作。全县签订安全生产责任书1600多份；大力推进安全生产监管“网格化”管理，在全县12个镇和33个行业部门实行安全生产监管网格化管理，做到横向到边、纵向到底；制定和完善党政领导干部带队检查督查安全生产工作、安全生产情况通报、安全生产约谈、安全生产重大事故隐患挂牌督办、安全生产“一票否决”等制度，逐月对各镇党委政府落实安全生产责任制工作进行考核，并实行“一票否决”。

【安全生产宣传培训】　2018年，平远县安监局以安全生产月活动为契机，以“安全生产宣传咨询日（每年的6月16日）”和“安全警示教育活动”活动为重点，举办安全生产文艺会演1场，发放各种安全宣传资料4000多份，接受市民咨询200多人次；在平远县广播电视台设立安全生产宣传专栏，报道安全生产警示新闻2条；在平城花园、优山美地、新田花园等6个重点小区主要出入口利用9个LED大屏幕宣传牌，实行滚动式昼夜宣传，张贴和悬挂安全宣传横幅标语150多条，多措并举，努力增强社会群众的安全生产意识。采用巡回培训的方式，于3—4月对全县12个镇的镇村干部和相关单位、企业负责人进行安全生产监管知识轮回培训，培训镇村安全生产骨干1300多人；举办工贸企业、烟花爆竹经营（零售）、职业卫生健康和粉尘涉爆、金属冶炼及有限空间作业行业领域安全管理知识培训班4期，培训人员638人次。

2018年6月15日，县安监局在县城官田广场举行安全生产宣传咨询活动

【安全生产基础建设】　2018年，平远县高度重视安全生产基层基础建设，在财政经费开支相对困难的情况下，仍按市政府与县政府签订的安全生产责任书要求，将100万元安全生产专项资金列入财政预算并拨付到位。同时，加强县安全监管部门执法和应急救援车辆装备配置，结合平远县经济发展水平和全部城镇单位在岗职工人均工资水平，增加镇（园区）专职安全员工资，达到人均月工资3000元以上，3年来，累计增资不低于15%。

【安全生产准入许可】　2018年，平远县安监局严格执行安全生产许可证条例。加强安全生产源头管控，组织对5家非煤矿山企业完成许可证延期办证、变更手续；颁发烟花爆竹经营（零售）许可证103个，强化源头管控，严格把好“安全”准入关，提升行业本质安全水平。

【事故隐患排查】　2018年，平远县安监局制定和落实重大生产安全事故隐患督办制度，建立事故隐患排查治理台账，做好事故隐患排查管理。1.每月按时向市安委办报送3条重点安全生产事故隐患，做到整改资金、整改措施、整改责任、整改时限和应急预案五落实，全年平远县上报市的36条重点安全隐患已全部进行挂牌督办，并按要求完成整改。2.采用购买服务的形式，聘请中介机构的专家为重点行业领域的安全状况进行会诊、“把脉”和把关，加强安全生产风险防控。全年检查危化品和烟花爆竹企业1076家次，非煤矿山企业137家次，职业健康检查企业34家，下发整改指令85份，排查整治各类安全隐患491项，整改率98.5%。

【安全生产执法监察】　2018年，平远县安监局加强安全生产执法监察工作。坚持将隐患排查治理与行业安全监管相结合，开展“安全生产执法年”活动。结合实际制定执法工作计划，强化执法联动。重点抓好非煤矿山、危险化学品和烟花爆竹、冶金、职业卫生、消防、旅游、防雷、油气储罐、燃气、特种设备等重点行业联合执法检查。开展联合执法检查18次，实施行政处罚案件14宗，处罚金35.1万元。打击查处烟花爆竹违法行为5宗，查封销毁烟花爆竹产品2000多件，价值约合人民币5.5万元。

2018年10月25日，县长杨栋（右二）和常务副县长温助民（右一）到安监局调研

【安全生产保障】　2018年，平远县安监局认真做好安全生产保障工作。1.开展安全风险评估辨识，将风险点危险源数据录入“省城市风险点危险源排查管控系统”，排查录入危险源、风险点184个。其中橙色2个、黄色12个、蓝色170个，对风险点危险源做好排查管控，确保监管到位。2.抓好企业安全生产标准化建设，推行安全生产责任保险。加强非煤矿山、危险化学品等生产经营单位的应急预案管理，完成修订和备案应急预案企业37家；组织开展安全生产应急预案演练，提高企业应急能力，全年组织较大规模的专项应急演练3次、企业应急演练330多家次。

【安全生产改革】　2018年，平远县安监局结合实际，做好安全生产改革工作。制定和印发平远县《关于推进安全生产领域改革发展的实施方案》。明确工作目标、任务、措施和责任分工及时间进度，强力推进安全生产领域改革发展；明确县安全监管部门为县政府组成部门，纳入县政府行政执法单位，负责安全生产监管执法工作。　（王绮璇）

2018 年度平远县安全生产监督管理局负责人名录

局　长：徐国平

副局长：姚志勇　丘铭安

环境保护

【概况】　2018年，平远县环境质量稳定保持良好态势，县域环境安全无事故，地表水和柚树河考核断面水质稳定保持Ⅱ类标准，县城饮用水源水质保持100%达标，空气质量居全市第一。该县通过国家重点生态功能区县域生态环境质量考核，获得财政部生态补偿金1.01亿元，比上年增加2000多万元。

【环境保护】　2018年，平远县环境保护局从两方面做好环境保护工作。1.开展碧水保卫战，抓好水污染防治工作。（1）开展柚树河和石正河污染综合整治行动，牵头相关部门制定两河整治方案，明确整治责任，加大对两河水环境监察力度。（2）全面加强饮用水源保护，将水源地环境保护工作纳入日常监管工作，落实专人负责，每月对水源地开展不少于一次环保执法监察，打击一系列污水违法行为。2.大气污染防治工作。开展生物质成型燃料锅炉专项整治，淘汰注销不符合特种设备管理要求的生物质锅炉，加强燃用生物质颗粒燃料检测，要求列入2018年和2019年专项整治的13家在用生物质锅炉必须燃用合格生物质颗粒燃料并配备高效除尘设施和视频监控，确保污染物排放达到国家排放标准。3.开展净土保卫战，抓好土壤污染防治工作。联合农业、国土等部门对该县农用地、土壤环境质量调查监测，开展重金属污染疑似地块风险排查。至年底，该县完成采样水稻样品50个，土壤样品120个，对15个土壤监测点开展取样监测，15个样品均符合《土壤环境质量标准》要求。同时，加大对仁居黄畲稀土矿山治理力度，制定土壤修复治理方案，完成治理面积10.67公顷（160亩）。并对19家重点重金属土壤污染风险开展调查工作。

【环境执法】　2018年，平远县环境保护局切实履行环保执法职能。全年出动执法人员1200多人次，检查企业和个体工商户约400多家次，发出《责令改正违法行为决定书》10份、《环境保护行政责令改正通知书》2份、《行政执法限期改正通知书》2份，作出行政处罚10宗，罚款27.27万元。1.开展固体废物大排查行动，联合相关职能部门全面排查非法转移、倾倒、处置固体废物环境污染违法犯罪线索，全年排查企业170多家次，检查过境车辆300多辆次，未发现违法转移倾倒处置固体废物的行为。2.开展涉化、涉危废物企业大督查行动。对区域内涉化工生产企业，重点检查盐酸及氨水的贮存罐，督促指导企业完善突发环境应急预案；对辖区内涉危险废物产生单位，开展涉危废物专项检查，督促指导企业及医疗单位危险废物做好管理，确保区域内涉危险废物行业的环境安全。3.开展园区环保专项检查行动。重点检查园区内各工业企业的环评审批、污染防治设施运行、污染物达标排放、环境应急管理、环境风险隐患消除等方面情况，发现问题及时督促指导改正。4.开展整治扬尘污染维护环境公益专项行动。联合县人民检察院，以建筑工地、余泥渣土运输车辆和水泥行业企业等为重点，开展整治扬尘污染维护环境公益专项行动，进一步降低扬尘环境污染。出动执法人员63人次，检查企业、工地15家次，发出《行政执法限期改正通知书》1份。5.开展中高考环境噪声专项整治行动，为该县考生创设营造一个安静的学习、考试和休

2018年6月21日，市委常委、副市长阎景军（右四）带领市环境监察局工作人员现场督察平远县山布惊垃圾填埋场

息环境。

【污染减排】 2018年，平远县环境保护局从三方面做好污染减排工作。1.抓重点源工程减排。县城污水处理厂继续完善污水收集管网，提高污染物进水浓度、处理水量，实现污染物的削减。全年污水处理厂运行正常，处理负荷率100%，实现新增减排化学需氧量299.6吨，氨氮量53吨。2.推进农业源减排。结合该县养猪业污染专项整治行动，与畜牧部门联合推进农业源减排，持续开展规模化畜禽养殖场养殖废弃物污染治理。至年底，全县畜禽禁养区内养殖场全部已关闭或搬迁，禁养区内退出率100%，畜禽养殖场关停可实现COD减排量386.7吨，氨氮减排量73.2吨。限养、适养区内存栏100头以上养殖场（户）均配套发酵床，通过微生物发酵养殖模式，基本实现畜禽养殖废物零排放。可实现COD减排量271.9吨，氨氮减排量47.0吨。3.抓好重点工程减排工作。梅州宁江水泥有限公司按照国家排污许可证申领技术规范进一步完善治污设施，经核算，比2017年实现二氧化硫减排85.6吨，氮氧化物减排242.8吨。

【环境项目管理】 2018年，平远县环境保护局做好环境项目管理工作。1.严格遵守审批规定，进一步规范、完善环评审批程序。全年审批建设项目环境影响报告表31个。2.规范排污许可证申领程序。全年新核发排污许可证23个，变更12个，延期换证13个。3.规范做好行政许可事项公开公示工作。监督已取得国家排污许可证的企业按规范做好信息公开工作。

【环境监测】 2018年，平远县环境保护局从四方面加强环境监测工作。1.做好水环境质量监测。（1）加强地表水质量监测。对全县3条主要河流设7个监测断面、26个主要监测项目，全年开展监测12次，获得有效数据1万多个；其中对产业转移园纳污河（超竹河）每季度进行监测；对黄田水库、净水厂取水口、各主要河流每月监测1次。（2）加强县城饮用水源监测。为确保群众饮用水安全，全面加强县城饮用水源监测指标工作，增加监测频率，及时掌握水质变化情况，全年水质达标率100%。2.做好空气质量监测。加强对国控主要污染指标在线监控系统和空气质量自动监测系统的监督管理，规范中控系统和在线监控系统的日常管理，加强监测、监管和自动监测数据的有效性审核工作。县空气自动监测站与市联网运行平稳，实时传送空气监测日报数据。3.监测能力提升。为强化县城饮用水水源地水质监测，及时掌握县城饮用水水质状况，该县投入430多万元启动黄田水库水质环境自动监测建设工程，站房建在黄田水库管养所办公楼二楼。至年底，水站建设基本完成，建成后可开展20个水质指标实时监测，准确掌握黄田水库水质变化情况。4.加强重点污染源监测。（1）开展重点污染源监督性监测。对已列入国控重点污染源一家按季度进行监督性监测，全县重点污染源污染物排放达标率为100%。（2）认真开展在线监测仪器比对监测。对1家已安装在线监测系统并通过验收的国控重点污染源按季度开展比对监测，比对合格率100%。（3）严格落实“测管协同”联动机制，对4家污染源排放单位进行执法监测，及时提供监测数据报告，为有效遏制污染源超标排放提供数据支持。

【环境信访】 2018年，平远县环境保护局坚持做好环境信访工作。畅通“12369”热线、网络、信访接待等信访渠道，认真解决好人民群众的环保诉求。全年受理各类环境信访案件205宗（其中来访24宗，接待来访人数41人次，来信来件181宗），反映水污染问题31件，大气污染问题104件，噪声污染问题

52宗，放射性污染问题1宗，固体废物污染问题3宗，畜养、农药化肥污染问题14宗，建设项目类问题1宗。有效化解信访案件205宗，调处率100%。

【环保宣传】　2018年，平远县环境保护局以宣传生态文明理念、倡导绿色生活方式为目的，开展各类宣教活动。1.围绕2018年“6·5”世界环境日活动主题“美丽中国，我是行动者”，开展宣传活动，发放各类宣传手册3000余份，环保宣传品1000余套、宣传袋1000余个，活动现场悬挂宣传条幅1条，宣传展板2块，在县城区域、各乡镇、工业园区悬挂宣传海报、墙报200多张。2.拓宽渠道，挖掘宣传阵地。在县城人群密集地段、学校、企业、高速路口等场所设置环境保护大型宣传横幅。

【全国污染源普查】　2018年，平远县环境保护局开展第二次全国污染源普查工作。该工作是打好污染防治攻坚战重要工作之一，该局按期开展第二次全国污染源普查清查建库工作，全县纳入调查对象470家，至年底，已进入数据核查阶段。

2018年9月27日，平远县第二次全国污染源普查全面入户调查工作部署（培训）暨污染防治攻坚战工作推进会在平远县迎宾馆召开

【生态保护红线划定】　2018年，平远县坚定不移贯彻创新、协调、绿色、开放、共享的发展理念，全力做好生态保护红线划定工作。为加强划定并严守生态保护红线工作的组织领导，县政府成立平远县划定并严守生态保护红线工作领导小组（办公室设在平远县环境保护局），6月，顺利完成该县生态保护红线划定工作。该次红线划定，充分结合平远县旅游、交通公路、风电、矿产资源等重点项目的实际，统筹解决历史遗留问题和现实问题。

【环保督察】　2018年6月5日至7月5日，中央环保督察组进驻广东开展为期1个月的中央环保督察“回头看”工作，平远县环保局认真做好案件办理落实工作，“回头看”期间，该县接收交办案件13批次共15件，办结率100%，发出责令改正通知书2份，立案查处1宗，处罚金额1200元；上报、归档调阅材料和案件材料26批次。12月6—16日，平远县环境保护局全力做好省环保督察交办的各项工作，按时上报4批次162项调阅资料，并对32件交办案件（重复件5件，重点案件6件）积极跟踪办理落实，至年底，已办结31件，办结率96.9%，发出整改通知书15份；立案查处1宗，罚款1万元。

【存在问题】　2018年，平远县环境保护存在的问题是：1.环保监管能力薄弱，环保系统人员少，存在监管盲区和不到位现象。2.环境监察执法能力有待提高，水环境污染防治工作有待加强。

2018年度平远县环境保护局负责人名录

局　长：姚春尹

副局长：姚建国　林宜全　陈广林

教育·科技

教　　育

【概况】　2018年，平远县有学校37所。其中，普通高中3所；职业学校、进修学校1所；初中13所；小学19所；九年一贯制学校1所。在校学生25197人。其中,普通高中3574人；职高836人；初中5937人；小学14850人。在职教职工2833人。其中，高中教师500人；初中教师785人；小学教师969人。公办幼儿园4所，幼儿1629人,幼儿园教师110人；民办幼儿园39所，幼儿6314人，幼儿园教师464人。

【教育教学工作】　2018年，平远县教育局扎实做好教育教学工作。1.该县有普通高考考生1437人。其中，普通类高分优先投档线（文科550分、理科500分）上线人数89人，上线率6.2%；本科上线人数744人，上线率51.8%，比上年增长0.3%；专科以上上线人数1391人，上线率96.8%，比上年增长0.5%。全县中考考生1835人，900分（总分1040分）以上87人，被各类高中、职中录取1811人。2.推进教学质量提升。突出以“熟练运用信息技术，努力提高课堂教学质量”为主题的中小学教师优质课评比活动，评出一等奖37人、二等奖40人。3月，组织全县中小学校校长、分管教学的副校长到江西金太阳教育集团学习“导学案”式课堂教学改革内容。3.促进学生素质提高。组织开展各类学科竞赛、文体系列活动，优化素质教育展示平台，初步形成“一校一品牌，校校有特色”的良好局面。6月，该县选送29件作品参加梅州市首届中小学生艺术展演暨梅州市第十二届中小学生文艺会演，其中有23件作品获奖，县第二小学的舞蹈《时针时针》获全市一等奖。4.推动校园足球发展。7月，该局举办平远县“棕榈–西布朗”校园足球夏令营精英培训班，选拔4名队员直通英国西布朗培训。2018年,该县有6所学校获评“全国青少年校园足球特色学校”，7所学校获评“广东省青少年校园足球推广学校”，14所中小学获评“梅州市校园足球定点学校”，9所学校被评为“第二批梅州市青少年校园足球推广学校”。

【教师队伍建设】　2018年，平远县教育局抓好教师队伍建设。1.充实领导班子。调整中小学副股级干部6人，补充调整16间中小学股级以下中层管理干部23人。2.壮大师资力量。2018年，组织急需紧缺人才引进工作，招聘急需紧缺人才3名，并补充到高中学校。3.加强师德建设。大力支持教师队伍继续教育，提高教师整体素质，投入继续教育资金约115万元，组织26人次参加校长任职资格培训、提高培训、跟岗培训，组织参加专业科全员培训2238人次，“公需科”等全员培训2340人次，各级骨干教师、“名师”等培训124人次。

【教师评优评先】　2018年，平远县教育局做好教师评优评先工作。该县2人被评为省特级教师，1人被评为南粤优秀教育工作者，3人被评为南粤优秀教师，1人被评为叶剑英基金会优秀校长，2人被评为叶剑英基金会优秀教师，34人被评为市级各类优秀教师，100人被评为县优秀教师。

【县管校聘改革】　2018年，平远县教育局有序推进县管校聘工作。平远县作为梅州市县管校聘改革试点县，自2017年下半年启动县管校聘管理改革工作以来,有序推进该项工作。2018年8月，顺利完成中小学教师竞聘上岗工作，有106名教师交换到其他学校，是月15日，全县教职工与学校签订聘用合同。

2018年3月27日，县创建“广东省推进教育现代化先进县”总结通报暨“县管校聘”管理改革动员会在平远中学召开

【教育设施完善】 2018年，平远县教育基础设施建设稳步推进。1.县特殊教育学校于2017年秋季建成开学，进入二期工程规划；县实验中学西教学楼及运动场建设项目完成首期工程，该项目西教学楼主体框架结构已完成，二期项目已完成三层楼面浇筑；东石中心小学教学楼建设完成主体工程建设。2.县城启动新建一所小学、一所幼儿园，新建城南小学进入规划和前期征地阶段；城区幼儿园通过县政府常务会议审议。3. 1月，该县顺利通过广东省推进教育现代化先进县督导验收暨教育强县复评，办学条件进一步完善。

2018年1月4日，平远县申报创建广东省推进教育现代化先进县督导验收暨教育强县复评工作会在县迎宾馆召开

【助学政策落实】 2018年，平远县教育局认真落实助学政策。1.健全家庭困难学生资助体系，加强各学段资助资金的发放工作，确保资金落实到位，专款专用。2017—2018学年，全县发放助学金637万元，惠及就读贫困生7228人次，涵盖全县困难儿童资助、农村困难家庭子女义务教育阶段生活费补助、普通高中国家助学金、中职学校国家助学金等，完成422名在平远县中小学就读的建档立卡贫困户学生生活费补助工作，每人每年发放3000元。2.贯彻落实贫困大学生生源地贷款工作，成立资助中心，对高中学生特别是高三学生进行全方位、多角度、多途径、多层面的宣传教育，让助学贷款政策家喻户晓，确保每一位贫困学生家庭都能享受到政策支持。3.设立各类奖教奖学基金，每年从扶贫济困日捐款中切块10万元，与社会贤达捐资助学打包使用，每年资助50多名贫困学生上大学，确保贫困大学生顺利入学就读、完成学业。

【安全教育】 2018年，平远县教育局抓好学校安全教育工作。1.加强学生安全知识教育。全县受教育学生3万人次，学生对安全应急常识的知晓率达96%以上，全年开展消防、地震逃生、防踩踏、防食物中毒等各种类型的演练活动120余场次。2.安全隐患排查整治。扎实推进消防安全、食品卫生安全、游泳安全、汛期安全、网络安全等学校安全工作，对安全隐患进行全面整改，整改率100%。3.开展扫黑除恶专项斗争。采取有力措施，贯彻落实扫黑除恶行动，整治校园欺凌行为，促进教育公平正义。全县中小学、幼儿园师生平安、校园平安，安全态势良好。4.依法治校活动深入推进。将法治宣传教育活动与学校创建工作相结合，深入推进青少年法治教育，推动依法治校、依法执教工作更上台阶。2018年，全县有4所学校达到省级依法治校示范校标准，13所学校达到省级

依法治校达标校的标准。（姚怡雯）

2018年度平远县教育系统负责人名录

县教育局

局　长：肖洪海

副局长：林苑婷（女）　潘昌洪　吴文汉　凌征善

平远中学

校　长：余　平

副校长：张　友　朱文安　刘映红（女）　谢传海

梅青中学

校　长：杨　平

副校长：姚　伟　王汝辉　刘禄清

实验中学

校　长：刘　洪

副校长：凌育浩　林淦东　沈春梅（女）

县职业技术学校、教师进修学校

校　长：李育青

副校长：刘正荣　姚万兴　陈宏智

田家炳中学

校　长：黄志东

城南中学

校　长：凌育双

石正中学

校　长：张彩洪

铁民中学

校　长：曾令平

科学技术

【概况】 2018年，平远县科技局按《2018年全市创新发展工作要点》以及《2018年全县创新发展工作要点》的工作部署，发挥科技职能部门的引导、协调、服务职责，扎实工作，锐意进取，争取省、市科技主管部门支持，促进企业自主创新，提升该县科技水平。

【科技创新】 2018年，平远县科技局做好科技创新工作。1.协助园区办做好南沙（平远）产业扶持工业园省级高新技术产业开发区申报认定工作。全县有16家企业被认定为科技型中小企业；4家企业被首次认定为高新技术企业，全县高新技术企业总数达到10家。2.实现全县规模以上工业企业设立研发机构比例达到30%以上，新增规模以上企业研发机构8家，全县市级工程研发中心总数16家。3.推荐上年被认定的4家市级工程研发中心申报省级工程研发中心，并全部获得认定。全县省级工程研发中心7家。4.帮助广东洪裕智能制造研究院申报“广东省新型研发机构”认定，申报书已提交至省科技厅。5.梅州市众创电商网络科技有限公司的“平远县大众创新创业孵化园”被成功认定为2017年度第一批广东省众创空间试点单位。首次被评定为B等级。6.指导“梅州市众创年华孵化器有限公司”在“广东孵化在线平台”进行登记，已登记成功。

【科技管理】 2018年，平远县科技局从四方面做好科技管理工作。1.进一步推动该县特色产业发展，帮助企业争取政府资金支持，推荐5家企业申报广东省科技创新战略专项资金（“大专项+任务清单”管理模式）项目，获得立项企业3家，立项资金490万元。2.完成已到期但未结题的3个项目清查督促工作，并指导企业按时提交结题材料。3.做好科技成果管理及县级科技奖、科技创新奖的评审认定工作。全年组织专家进行县级科技成果鉴定8项。4.落实县科技创新奖补政策，对2016—2017年度获得县科技奖、县科技创新奖的个人和单位进行奖励，奖励金额500万元。

【科技合作】 2018年，平远县科技局主动为企业牵线搭桥，促成院校、科研机构与该县企业合作，建立产学研合作平台。该县企业和专业镇分别与广东省科学院、广东省工业技术研究院（广州有色金属研究院）金属加工与成型技术研究所、广州中医药大学、中国科学院华南植物园、嘉应学院等院校建立产学研合作关系。派驻企业科技特派5人，为企业解决技术难题。建立产学研平台3个、科技特派员工作站2个。

【专业镇建设】　2018年，平远县科技局配合做好专业镇建设工作。鼓励和引导专业镇与大学院校、科研机构合作，共建技术创新平台，开展产业关键技术攻关，把专业镇建设成大学院校、科研机构的科技成果转化基地。加强与省专业镇促进会的对接，指导八尺镇（酒业市级专业镇）申报省级专业镇，并获得认定。到年底，全县有省级专业镇7家、市级专业镇1家。

【科技服务】　2018年，平远县科技局从三方面做好科技服务工作。1.开展科技宣传活动，推广各类实用科普知识和技术。联合科协、农业、畜牧、卫计部门深入到东石镇和八尺镇开展“送科技下乡”活动。在活动中发放各类科技资料20多种3000多份，接受群众咨询500多人次，为群众义诊200多人次。2.加强科技政策的宣传和解读，重视对骨干和新兴企业的调研和指导工作。及时了解和掌握企业科技创新情况，宣传中央、省、市、县有关鼓励、扶持企业科技创的新政策，为符合条件企业申报科技计划项目、市级工程研发中心、高新企业培育入库等项目。

2018年6月27日，平远县科技局到八尺镇开展送科技下乡活动　（肖达富　摄）

【知识产权保护】　2018年，平远县科技局按照《梅州市深入实施知识产权战略加快创新驱动发展五年行动计划（2016—2020）》的部署，推进知识产权强市工程建设，强化知识产权创造、运用、保护和管理工作。1.全县专利申请115件，授权77件，其中发明专利申请15件，授权6件，万人发明专利拥有量1.75件。2.做好知识产权宣传保护工作，加强知识产权专利执法。查处假冒专利案件5宗，全额完成市下达任务目标数。在2018年度梅州市各县（市、区）知识产权强市建设工作考评中得分最高，被评为优秀等次，获扶持工作经费12万元。

【防震减灾】　2018年，平远县科技局广泛宣传防震减灾法知识，提高公民的应急避险自救能力和防震减灾意识，做好地震观测点的管理工作。

（平远县科学技术局）

2018 年度平远县科技局负责人名录

局　长：林志坚

副局长：沈意中　钟玉惠（女）　叶振华

社会科学

平远县社会科学界联合会

【概况】 平远县社会科学界联合会（以下简称平远县社科联）成立于1992年8月，现有第二届委员会委员39人、县社科联主席1人、专职副主席1人和兼职副主席2人。2018年，平远县社科联坚持以习近平新时代中国特色社会主义思想为指导，全面贯彻中共十九大和习近平总书记系列重要讲话精神，团结带领全县广大社科工作者，不断加强政治建设、思想建设、文化建设和队伍建设，高度重视意识形态工作，积极开展政策理论宣传教育、学术研究、社科普及等活动，提升群众文明素质和人文社科素养，为推动平远实施“一城一区一带”发展战略提供有力的思想保证和智力支持。

【社科理论研究与宣传教育】 2018年，平远县社科联持续抓好政策理论的研究与宣传阐释，加强思想引领工作。1.开展学习研讨。组织召开学习宣传贯彻中共十九大精神、习近平总书记在全国宣传思想工作会上的重要讲话精神、习近平总书记视察广东重要讲话精神等为主题的座谈会、研讨会，全面解读和准确把握习近平新时代中国特色社会主义思想、习近平总书记系列重要讲话精神的丰富内涵和精神实质，全年召开研讨学习会3场，推动中央和省市县委重大决策部署的学习贯彻。2.组织学术研究。按照市委宣传部、市社科联有关开展“‘四个走在全国前列’引领梅州开创新局面”征文活动的工作要求，组织发动全县社科工作者和党员干部参加征文研讨活动，选送研讨文章15篇，有2名作者获得表彰奖励并参加市委宣传部、市社科联组织的专题研讨会。3.开展“大学习、深调研、真落实”活动。按照县委和县委宣传部的部署，组织开展中共十九大精神宣传思想文化建设专题调研，形成《坚定文化自信，推动宣传思想文化工作新时代实现新作为》的调研报告并认真组织实施。针对平远宣传文化领域发展不平衡、不充分的问题，研究制订《关于传承发展我县优秀传统文化的工作方案》。4.全方位开展“六进”宣传宣讲活动。以学习宣传贯彻习近平总书记参加十三届全国人大一次会议广东代表团审议时的重要讲话精神、习近平总书记视察广东重要讲话精神、宪法修正案和《习近平新时代中国特色社会主义思想三十讲》《严明政治纪律和政治规矩》等为重点，深入县直单位、镇村和学校开展理论宣讲辅导活动，全年宣讲90多场（次），受众近1.2万人（次），推动全县上下深入学习贯彻习近平新时代中国特色社会主义思想，坚决全面彻底肃清李嘉、万庆良恶劣影响，全县党员干部“四个意识”更加牢固，“四个自信”更加坚定，践行“两个维护”更加坚决。

2018年11月8日，平远县社科界传达学习习近平总书记考察广东重要讲话精神 （陈欢 摄）

【社科规划课题申报与研究】　2018年，平远县社科联做好社会科学规划课题立项申报工作。1.抓好课题研究规划。组织社科工作者开展课题研究与申报，县方志办韩园德、林绪远的《志说平远》课题得到市立项并结题，县教育局凌贵荣等的《基于互联网+儿童文学阅读指导策略研究》得到市立项结题并被评为优秀课题。2.加强平远历史文化研究。华夏养生文化院（客家锦绣园）丘德贵承担县社科研究课题，开展平远姓氏文化研究；县委党史研究室叶俊新开展南粤古驿道研究，完成相关资料的归集，准备结集出版社科读物，大力弘扬地方历史文化和红色文化。3.向市选送优秀社科成果，发挥社科“思想库”作用。向市哲学社会科学工作领导小组申报梅州市第十二届哲学社会科学优秀成果，选送县委党史研究室叶俊新著作的《忠烈平远》、县委党校韩启城著作的《从梅州产业结构调整看供给侧改革》、县文联作家协会王佳鑫著作的《客都第一村·平远》等社科成果，推进平远哲学社会科学繁荣发展，加快成果的转化应用，助推平远高质量发展。

【社科宣传和普及】　2018年，平远县社科联积极开展社会科学宣传普及活动。1.抓好梅州红色文化名片评选的推介工作。联合县委党史研究室，向省、市推介平远仁居红军纪念园、东石镇灵水村毓秀书院、八尺镇角坑村参评梅州红色文化名片。2.广泛开展社科普及活动。（1）联合相关单位组织干部职工和社科工作者走进镇村、社区、学校，深入开展反邪教警示宣传教育活动，保持社会和谐稳定;开展普及金融知识、抵制非法集资宣传活动，共同维护平远良好的金融秩序和经济秩序；开展9大群团组织“我文明·我行动——平远县共建‘国卫’，共创‘国文’群团组织助力行动”，推动“国卫”“国文”创建活动引向深入。传播科学思想，促进社会文明进步。（2）开展社科普及周活动。举办以“新时代、新使命、新作为、新篇章”为主题的2018年平远县社科普及周活动，深入到县城官田广场、东石、石正、河头、中行等镇，通过广场咨询、科普便民服务、现场赠书、资料派发、科普专家基层行等形式，大力宣传中国共产党的路线方针政策和法律法规，活动内容包括中共十九大精神、习近平新时代中国特色社会主义思想解读，大力宣传改革开放40年，特别是中共十八大以来平远县经济社会发展取得的重大成果和突出成就。活动共吸引5000多名群众参与，发放科普资料和书籍4万多份，接受群众咨询2000多人次，打造了富有平远特色和时代感的社科普及活动品牌，提升了公众人文社科素养。3.加强社科宣传阵地和人文社科普及基地建设。不断强化刊物的宣传功能和研究功能，《平远宣传》社科专栏全年共刊出6期，加强新思想新理论、社会主义核心价值观、中心工作的学习宣传，及时发布平远社科工作最新动态，普及人文社科知识。积极扶持、指导基层抓好科普基地建设，培育八尺镇角坑村、平远县客家文博园2个县级科普基地，东石镇灵水村毓秀书院被授予市科普基地，县社科联被评为全国社科先进单位。

2018年11月12日，2018年平远县社会科学普及周主题日活动在县城官田广场举办　　（陈欢　摄）

【社科行业服务与管理】 2018年，平远县社科联充分履行业务管理和服务职能。1.加强县社科联政治思想和作风建设。坚持和加强党的全面领导，强化理论武装，扎实推进“两学一做”学习教育常态化制度化。安排社科骨干参加省、市、县各类专题培训班，加强政治理论和业务知识的学习，提升干部队伍素质。强化廉洁自律，持之以恒贯彻中央八项规定及实施细则精神，开展整治“四风”特别是形式主义、官僚主义问题，推动社科战线转作风、改文风、促政风。2.全面加强意识形态工作。落实意识形态工作责任制，抓好上级巡视反馈问题的整改落实。重视社科宣传阵地、科普基地的监管把控，推动宣传阵地释放正能量。抓好会员单位的意识形态工作的指导和管理，加强对社科类社会组织学术活动，特别是讲座、论坛、报告会的审核管理，筑牢意识形态安全防火墙。3.抓好社团和科普基地的管理与服务工作。指导社科类学会完善组织建设，促进社团健康有序发展。支持社团开展各种学术研究和科普宣传，出资10多万元资助社科类社团、科普基地开展科普活动和出版社科读物。

（陈瑞金）

2018年度平远县社会科学界联合会负责人名录

主　　席：陈瑞金

副 主 席：罗远兰（女）

兼职副主席：陈倩兰（女）　刘森平

党史研究

【概况】 2018年，中共平远县委党史研究室（以下简称平远县党史室）牢牢把握“党史姓党”的政治方向，坚持实事求是的基本原则，始终明确资政育人的根本任务，以“不忘初心，牢记使命”为主线，紧扣县委中心工作，落实党史工作服务现实、服务基层，推进党史教育、红色文化宣传为红色经济发展提供强有力的支持。

【党史编写和研讨】 2018年，平远县党史室认真做好党史编写、研讨等工作。1.收集整理平远红色故事16篇，报送市党史出版《红色故事》和陆续在《梅州日报》刊登，并为该县红色文化讲习所、红色旅游景点提供参考资料。2.继续深入学习贯彻习近平总书记关于党的历史和党史工作的重要论述，推进党史基本著作完成。编写《中国共产党平远县地方历史》（第二卷）和《中国共产党平远县地方历史大事记》。3.征集《中国共产党平远县地方历史》（第三卷）资料，做好平远改革开放以来专门史研究工作。4.完成《平远县革命老区发展史》的审核工作。

【党史宣传教育】 2018年，平远县党史室利用多种形式扩大平远党史宣传。1.认真撰写党史专稿，分别在《平远学刊》《党史与文献研究》和梅州党史网上登载平远党史研究文章及工作动态。2.拍摄并上网播放《中央苏区——平远》的红色文化宣传和红色旅游推介片，用于在红四军纪念馆、毓秀书院和红色村的场馆扫码手机播放，以达到普及宣传党史文化的效果。3.抓好党史宣讲，先后给全县共青团干部、中青班干部、发展党员对象、家长学校的学员分别作《青年不忘初心跟党走，奋勇建功新时代》《苏区铸丰碑，红土展新颜》《铭记光辉历史、传承红色基因，争做一个合格的共产党员》《引导孩子从党的历史中汲取智慧和力量》等不同类型的辅导课，以及深入挂钩帮扶村上党课。4.协助镇村和县直单位做好红色文化挖掘与宣传，在乡村振兴规划中给予红色文化元素的建议，并给予史料支持。

【党史旧址遗址保护】 2018年，平远县党史室继续推进革命旧址、纪念设施修建工作。1.经常到各镇进行革命史迹修建调研和指导工作，推进工作落实。认真做好红四军纪念馆、中央苏区平远历史陈列室（苏区馆）和中共平远地方历史陈列室（毓秀书院）重新布展的史料征集、脚本撰写、方案设计等工作，完成县委旧址——毓秀书院的修缮布展工作，展陈2万多文字、190多幅图片，展示了中共平远县委成立90周年来不断发展壮大，坚强领导党政军群，团结带领全县人民不断奋斗的光辉历程，对全县干部群众具有极强的教育意义。2.做好红四军纪念馆、毓秀书院和石北革命烈士陵园申报市级党史教育基地的工作。并举办纪念县委成立90周年活动暨梅州市中共党史教育基地挂牌揭幕仪式，组织与会人员参观中共平远地方历史陈列展，接受红色教育。3.协助做好“红色村”规划建设工作，根据省委组织部《关于开展“红色村”党建示范工程的实施方案》，做好大柘镇黄沙村、仁居镇仁居村实施“红色村”建设的史料征集、布展方案撰写和建设规划建议。4.做好古驿道修复及活化利用工作，协助相关部门做好平远县古驿道保护和修复利用工作，为南粤（八尺）古驿道定向大赛做好准备工作，提供布展及营造红色氛围的相关材料。　（廖春华）

2018年10月24日，市党史研究室主任邓文庆（左）和县委书记宋才华（右）在毓秀书院参加纪念中共平远县委成立九十周年活动暨梅州市中共党史教育基地（毓秀书院）挂牌仪式　（黎锴　摄）

2018年度中共平远县委党史研究室负责人名录

主　任：王远明

副主任：叶俊新

地方志工作

【概况】　2018年，平远县人民政府地方志办公室（以下简称平远县方志办）认真学习贯彻《广东省地方志工作条例》，切实履行地方志工作职责，开拓创新，扎实稳步推进年鉴编纂、自然村落历史人文普查、地方志资源开发利用等各项工作开展。8月，2017年卷《平远年鉴》获得广东省年鉴质量评比一等奖；9月，2017年卷《平远年鉴》在第五届全国地方志优秀成果（年鉴类）质量评审中，又获得中国地方志指导小组、中国地方志学会提名奖。

【《平远年鉴》编纂】　2018年，平远县方志办认真总结经验，持续开拓创新，在原有版式内容基础上，加强对年鉴条目的编写，进一步提高年鉴编纂质量。1.广泛收集资料。按照年鉴篇目、内容要求，研究制订年鉴编纂计划，并将年鉴资料的收集、编纂任务分解到人，由编辑人员按要求做好资料的收集汇总。2.加强编辑队伍建设。3月22日，召开全县年鉴组稿工作会议，对供稿单位年鉴通讯员进行业务培训，提升年鉴初稿质量水平。加强对单位新招考公务员和特约编辑的业务能力训练，对新人压担子，加快成长速度。加强与兄弟单位的沟通与交流，认真学习各地的先进经验和优秀作品。全年先后两次派员参加中国版协年鉴工作委员会举办的全国年鉴编纂高级研讨班的学习，进一步提高业务骨干年鉴编纂水平。3.开拓创新，落实责任。为确保年鉴按时按质完成编辑，并向精品目标迈进，一方面对年鉴的整体框架、版面内容安排进行调整；另一方面实行岗位责任编辑制，做到责任落实，任务落实。4.认真审校，反复修改。严格执行“三审”制度，并反复向各编纂单位和各编委成员征求意见，对文字、图片编排进行认真审校，反复修改，还将稿件送方志出版社审定。2018年卷《平远年鉴》于9月出版，连续八年实现规范出版。

【自然村落普查】 2018年，平远县方志办继续扎实推进自然村落历史人文普查工作，认真打磨《全粤村情·平远卷》文稿。1.争取领导重视，平远县自然村落历史人文普查工作写入2018年县政府工作报告，列入县政府年度督查重点工作任务之一，普查工作经费列入县财政年度预算。2.按照熟悉本地地情、文字功底好、业余时间充足等条件挑选人才，组建总纂、复审队伍。继续借调教师2人，同时聘任退休老干部5人，组建总纂、复审、审读人员队伍，推进普查工作。3.开好复审会。先后召开第四、五、六批次共3场《全粤村情》平远卷文稿复审工作会议，印发、转发指导性工作文件10多份，全面完成复审任务，并于8月初顺利通过市终审。4.反复修改，提高文稿质量。遵循“质量是检验普查工作成败的唯一标准”的原则，在复审后用两个月时间集中打磨文稿，直到送市终审。平远文稿被市终审专家评为全市质量较好的文稿，全部合格，其中80%为优秀。市终审后，该办又继续组织人力对终审稿进行审核、修改、补充。同时，指导各镇普查办做好普查文表的电脑录入和上传工作。11月9日，《全粤村情·平远卷》送省方志办抽检，并获得省方志的高度肯定。

【地方志资料年报】 2018年，平远县方志办做好地方志资料年报工作，为下一轮地方志编修打下坚实的资料基础。3月，通过召开全县地方志资料年报工作会议，对全县116个单位有关人员进行业务培训，布置年度年报资料征集工作任务，全力推进资料年报工作。到11月底，已收到各单位交来2017年度的年报资料81份，验收合格81份；收到2001—2011年的年报资料72份，验收合格70份。

【地方志资源开发利用】 2018年，平远县方志办着重抓好地方志资源开发利用工作。1.完成《志说平远》地情书的出版发行。为广泛宣传平远，特别是宣传平远历史人文，2017年10月，平远县方志办在人手少，任务重的情况下，仍组织人力编写《志说平远》。2018年2月，12万字、220多幅历史照

2018年3月9日，平远县普查办在县政府四楼会议室召开平远县《全粤村情》文稿第五批次复审验收会议 （刘岳 摄）

2018年7月10日，平远县普查办到泗水镇开展古驿道调研，图为测量古桥长度 （林绪远 摄）

片的《志说平远》由方志出版社出版面世。该书共发行2000册。2.开展古驿道调研。为做好古驿道活化利用工作，7—8月，平远县方志办组织人力，分成四组，对全县现存14条古驿道（含两条水路）进行全面调研，整理形成22万字，560幅图片的材料，为《梅州古驿道》和《平远古驿道》的编写积累翔实的材料。同时，配合县住建局做好古驿道资源的挖掘和资料报送工作，配合八尺镇党委、政府做好南粤古驿道定向大赛平远站筹备工作。

【地方志理论研究】 2018年，平远县方志办在着力提升业务能力时，同步抓好理论的学习与研究。1.广泛开展《广东省地方志工作条例》的学习、宣传、贯彻。广东省第十三届人民代表大会常务委员会于2018年5月31日通过《广东省地方志工作条例》后，平远县方志办及时组织全办人员原原本本认真学习，还充分利用各种媒体，在全县范围内向社会广泛宣传《广东省地方志工作条例》，受到社会各界人士的关注。2.注重加强理论和业务知识的积累和提升，有针对性地开展地情调研活动，组织人力撰写心得体会和地情研究文章。全年全办干部职工在省级以上网站发表文章6篇，在市级以上报刊（网站）发表文章4篇。

【地方志数字化建设】 2018年，平远县方志办在条件有限的情况下，努力推进地方志数字化工作。1.抓好地情网站集约化建设工作，按相关职能部门要求，6月，如期完成地情网站的关停，并将“平远地情网”部分栏目迁移至“平远县政府门户网站”和“梅州市地情网”。2.收集整理县志、年鉴等地情书籍电子资料，为下一步实现地情资料网络电子化做好资料准备。全年完成1993年版《平远县志》以及2005—2017年《平远年鉴》和《志说平远》电子化工作。　（吴奕珊）

2018年度平远县人民政府地方志办公室负责人名录

主　任：韩园德

副主任：林绪远

档案工作

【概况】 2018年，平远县档案局(馆)贯彻落实《关于加强和改进新形势下档案工作的意见》及省、市实施意见和上级业务部门工作部署，依法履行档案行政管理和档案保管利用职能，开展全面依法治档、档案资源建设、档案利用服务、档案馆库建设、档案信息化和档案宣传工作，为平远政治、经济、社会、民生等各方面建设发展提供档案服务支撑。

【档案管理】 2018年，平远县档案局（馆）贯彻执行《中华人民共和国档案法》及其实施办法、《广东省档案条例》等档案法律法规，逐步规范机关企事业单位和其他组织的档案工作。1.加强档案工作宏观管理。督导各单位档案室完整收集好文件资料、安全保管好各类档案。2.加强档案行政管理机制改革。编制档案行政管理权责清单，确定县档案局行政权力8项。3.加强档案工作目标管理。开展机关档案工作达标复查，检查17个单位，向5个单位发出整改通知，落实整改率100%。4.加强重点建设项目档案和民营企业档案工作管理。开展档案为经济发展服务工作，跟踪指导重点项目建设单位5个、民营企业3家。5.加强建档工作管理。指导农村土地确权登记档案整理工作胜利通过省级验收。

【档案资源建设】 2018年，平远县档案局（馆）做好档案的收集、保存、接收工作。该局贯彻落实国家档案局8、9、10号令和《平远县档案馆收集档案范围实施细则》，开展文件资料归档和档案收集进馆工作，规范、指导社会力量参与档案事务。全年向社会购买建档服务的机关企事业单位有39个，整理归档文件资料1.6万余件；接收档案689卷又3257件、资料153册。截至2018年年底，馆藏总量达到57147卷又38416件、资料7854册。其中，民生档案数量达到37432卷26593件，占馆藏总量的65.7%。

【档案利用服务】 2018年，平远县档案局（馆）以热情、优质、安全为原则开展档案利用服务工作，服务大局、服务社会、服务民生、服务机关工作、服务领导决策。全年接待服务2130多人次，提供查阅档案3395卷又776件、资料329册，受理来电来函查档217人次。

【档案馆库建设】 2018年，平远县档案局（馆）贯彻落实省政府办公厅《关于加快推进全省综合档案馆建设有关事项的通知》精神和市政府的要求，完善《平远县档案馆建设工作方案》，有关工作取得进展。2月，县城乡规划委员会对设计方案第三稿（2017年11月）进行审议；4月，县档案局会同平远县建筑设计室有限公司对方案进行调整优化。

【档案信息化】 2018年，平远县档案局（馆）聚焦信息化，加快推进数字档案馆建设。开展数字档案馆项目第三期建设，完成档案全文扫描80.3万页（0.7万余卷），占当期任务数的200%。截至年底，数字档案馆1.0版基本建成，数据中心和检索平台运行正常，馆藏档案全文扫描累计158.7万页（1.4万余卷），土改档案、山林权证档案、土地延包档案、职工人事档案等民生档案基本实现电脑终端检阅，查阅速度和利用效应大幅提高。

【档案宣传】 2018年，平远县档案局（馆）做好档案宣传工作。宣传档案法律法规和本行业、本地区的档案工作动态，提升全社会对档案文化的认知度和档案工作的支持力。全年在政府信息公开平台发布信息51条，向上级业务部门投报稿件20多篇；“国际档案日”宣传周出版“档案见证改革开放”主题宣传栏1个，发放宣传资料150多份；爱国主义教育基地接待参观572人次。

【存在问题】 2018年，平远县档案工作存在的主要问题是：1.县档案馆库容已经饱和，库房标准存放量4.2万卷，馆藏量达到6万多卷，部分到期档案无法接收进馆。2.新馆建设工作进展缓慢，至年底未动工建设，到2020年完成建馆任务难度大。3.档案信息化依然滞后，由于受到馆舍制约，数字档案馆的利用网络无法搭建。4.民国档案提升工程难启动，开展民国档案目录采集，需借力馆外力量，投入大量资金。5.馆藏档案开放鉴定工作难度大，档案馆人力不足，开放鉴定标准及解密、划控难把握，缺乏协调机制。6.档案人员队伍亟需加强，县档案馆无人员编制，各单位档案员变动频繁。 （杨菊良）

2018 年度平远县档案局（馆）负责人名录

局　长：陈东英

副局长：徐百渊

文化·传媒

文　　化

【概况】　2018年，平远县文化广电新闻出版局（以下简称平远县文广新局）围绕县委、县政府的中心工作，立足文化职能，加强文化设施建设，繁荣城乡公共文化活动，实施文化惠民工程，强化“扫黄打非”和文化市场监管，培育文化产业，推动平远县构建现代公共文化服务体系。

【公共文化服务体系完善】　2018年，平远县文广新局深入推进公共文化服务体系建设。1.图书馆改、扩建工程基本完工。该工程与老干部大学合并建设综合楼，列入县重点工程建设项目，总投资1043万元。工程主楼于1月封顶，至10月底，主体工程基本完成。2.继续推进红四军纪念馆扩容提质工程。文史陈列室主体工程及纪念馆外墙、纪念园大门维修工程已竣工验收，正推进纪念馆改陈布展工程的陈列布展方案设计工作。3.推动基层综合性文化服务中心建设工作。根据省、市下达的建设任务，2018年平远县完成54个基层综合性文化服务中心建设任务。4.推进仁居镇文体广场示范点建设工作。争取省专项经费15万元,指导帮助仁居镇提升文体广场的内涵，提高文体广场利用率，建设仁居镇文体中心示范广场。9月，由市局通过政府公开招标采购形式，向文体广场示范点配送灯光音响设备，已完成设备配送工作。5.做好农村文化俱乐部迎国检工作。近年来，平远县共建成29个农村文化俱乐部，随着农村文化俱乐部被文化部评为第三批国家公共文化服务体系示范项目创建资格，2018年，该县全力完善各个建设点的设施设备，指导各个建设点开展文化活动，并在各部门、各界人士的支持下编辑出版《平远县农村文化俱乐部》图册。6.推进总分馆制建设及免费开放工作。推进县图书馆、文化馆总分馆制建设，制订可行的实施方案，力求整合资源，形成网格化的县、镇、村三级文化设施全覆盖。全面实现县图书馆、文化馆、博物馆、程旼纪念馆、红四军纪念馆，12个乡镇综合文化站，143个村（社区）文化室、农家书屋、公共电子阅览室面向社会免费开放，保障群众享受均等化基本公共文化服务。

【群众文化活动开展】　2018年，平远县文广新局创新形式，开展特色城乡群众文化活动。1.开展公益性群众文化活动。利用重要民俗节日、纪念日等，精心组织开展元旦文艺晚会、春节期间系列文化活动以及“三月三‘客家炒绿’茶香节”、国庆文艺晚会等特色主题文艺活动，大力协助县委、县政府工作，举办第九届北京国际山地徒步大会梅州·平远站文艺演出和2018年南粤古驿道定向大赛（梅州平远站）文艺演出活动。2.各类活动特色尽显。（1）文艺创作成果丰硕。全年召开4次重点作者和辅导干部参加的作品研讨座谈会，总结2017年群文创作工作，表彰优秀作者，邀请市文化馆专辑及平远县重点作者，对10多件作品进行研讨，提升作品质量，并选送优秀作品参加2018年省、市评选。平远县荣获2017年全市群众文艺作品评选组织奖第三名，业余作者凌铭、洪树湘、钟佐南、冯国伟、张向阳、叶远灵6人获2017年度省、市级群文创作奖，全年共收到小戏、小品、曲艺、歌曲等30件作品，其中19件作品送市参评。（2）特色活动遍地开花。结合免费开放工作，全年开设美术、书法、广场舞培训班和举办广场舞大赛，共培训学员250多人次；指导博物馆不断完善《平远史话》历史文化主题陈列，举办“无声的诗·立体的画”嘉怡均山根艺展、爱梅轩藏品公益展、珊瑚花图片展、广东省第一次全国可移动文物普查成果图片展、平远县各级文物保护单位图片展、“银幕故事，时代记忆——红色经典电影海报展”进校园巡展活动，文物动物图片展、“百年记忆 世纪画梦”——林风眠艺术人生图片展、第六届平远县五星道德模范事迹展、鲁迅先生生平事迹展览。指导图书馆在“4·23”世界读书日、“六一”等节日，在县新华书店开展“你阅读，我采购”现采现借活动，11月与博物馆联合举办“粤图博览——《公共图书馆法》宣传展览梅州巡展”活动，建设习近平总书记书籍阅读专架、廉洁书架和流动图书服务点共6个。（3）志愿活动传递正能量。组织文化志愿者文艺小分队开展以“文化志愿者在行动”为主题的第六届文化志愿服务进社区活动，以植根社区、接近百姓为原则，在中秋、国庆及重阳节期间，通过文化志愿者的“大手”牵起弱势群体的“小手”深入开展文化志愿服务。

【文化惠民政策落实】 2018年，平远县文广新局持之以恒实施文化惠民工程。全年共完成农村公益电影放映1632场，开展面向特殊人群的免费观影活动，让462名特殊人群在五指石影院享受免费的电影大餐；争取市专项资金15万元，对13个农家书屋实施提升工程，春节期间共送戏下乡14场。

【文化遗产保护】 2018年，平远县文广新局全面加强文化遗产保护工作。1.扎实有效推进文物保护工作。（1）进一步加强文物安全工作。与局属文博单位和各镇文体中心签订《2018年平远县文物安全目标责任书》；联合县消防大队开展平远县文物博物馆消防安全联合排查整治活动，投入近2万元购置灭火器材下拨各相关单位、场所，严格落实安全主体责任，强化各项安全管理制度。（2）做好文物保护单位修缮工作。完成宝善居修缮工程招投标工作，并于4月正式进场施工；6月起着手准备邹坊文祠修缮工程前期工作；向省市争取资金，拟对驾虹桥、姚子青旧居、姚德胜旧居等省、市文保单位进行抢救性维修；做好编制申报梅州岃红军路、民国广东四大银行金库旧址为国家级文物保护单位的工作。2.做好非物质文化遗产的保护和传承工作。（1）加强“非遗”申报工作，促进“非遗”保护和传承。10月，推荐张珍兰申报第六批省级非物质文化遗产代表性项目平远船灯代表性传承人，推荐平远客家炒绿（茶）制作技艺、平远木雕技艺两个项目申报第八批市级非物质文化遗产代表性项目；11月，推荐徐惠丹、卓福廉等4人申报第二批县级非物质文化遗产代表性项目代表性传承人，推荐平远客家山歌、平远广东汉乐2个项目申报第七批县级非物质文化遗产代表性项目，同时对项目及传承人申报工作进行严格审查和有效指导。（2）创新“非遗”保护方式，推动“非遗”传承发展。充分利用2018年“文化和自然遗产日”，在县第一小学开展“非遗进校园”和“非遗”项目展板宣传展示活动，让学生了解平远县丰富的传统文化，自觉承担保护和传承的责任；11月初在县职校举办“非遗”进课堂“平远船灯兴趣班”，激发学生学习优秀传统文化的热情和积极性，培养在校学生参与“非遗”项目保护的自觉性。（3）以重大民俗节日为契机，开展非遗项目宣传活动。3月，组织排演平远船灯节目，参加2018年广府庙会民俗巡演；7月以坝头六月初六祭拜福祖公王、祭拜先贤程旼为契机，组织举办全县性的民俗文化活动，宣传、推介平远县的优秀传统文化，促进旅游、文化的深度融合。

2018年3月，平远船灯节目参加2018年（第八届）广府庙会民俗文化巡演

【文化市场监管】 2018年，平远县文广新局继续履行文化市场监管职能。1.严把入口关，完善“准入机制”。全年审批设立歌舞娱乐场所许可1宗，歌舞娱乐场所延续换证1宗，歌舞娱乐场所变更1宗；出版物零售经营单位年审8宗，变更法人1宗；印刷业年审6家；申请审核非宗教类一次性内部资料印刷13宗；营业性演出准予许可1宗；营业性演出许可证变更、延续各1宗；注销网络文化经营许可证3家。2.开展行业整治，强化文化市场监管。把“扫黄打非”工作与整治市场秩序结合起来，把净化文化市场环境与社会治安综合治理结合起来，开展保护知识产权、校园及周边文化市场环境、盗版音像制品和印刷复制业的专项整治，不断强化市场的有效监管。发挥联动机制的作用，由县委办牵头，会同公安、工商等10多个单位和部门，开展“清源2018”“净网2018”“护苗2018”“固边2018”和“秋风2018”等五大专项行动，有目的有针对性地对出版物市场、印刷市场、网络、音像市场和歌舞娱乐场所进行集中整治。针对重点区域，由县“扫黄打非”办牵头，开展5次专项联合执法检查，严厉打击无证经营场所，集中封堵和查缴非法出版物和淫秽色情信息的检查，对音像、图书市场进行拉网式清查，做到不留死角。开展整治网络不良信息专项行动，专项整治期间，共计出动检查人员32人次，检查网站、网吧、印刷厂、音像店和图书报刊亭共41家次。在平远县铁民中学开展“扫黄打非——护苗2018·绿书签”进校园活动，通过宣传活动，倡导家长共同做好少年儿童的教育引导

工作，共同构筑青少年健康成长的环境。

【文化产业发展】 2018年，平远县文广新局积极推动文化产业繁荣发展。5月，组织梅州市瑞祥雕刻工艺有限公司、平远县玉艺开发有限公司、梅州天堂鸟文化传媒有限公司3家企业参加第十四届深圳文博会；推荐梅州市金穗生态农业发展有限公司和广东曼陀山庄旅游文化发展有限公司申报创建第二批省文化旅游融合发展示范区，其中广东曼陀山庄旅游文化发展有限公司被广东省文化和旅游厅拟认定为第二批广东省文化旅游融合发展示范区。通过项目申报、参加展会等，让文化产业得到更好对外交流学习的机会，助力平远县文化产业繁荣发展。

【存在问题】 2018年，平远县文化事业发展还存在以下问题：公共文化场所设施设备仍然较落后，没有形成具有标志性的场馆；镇村文化广场的文化内涵仍有待提高，真正利用率不够高；在文化遗产保护传承方面依然存在人员队伍青黄不接、文化人才紧缺、文化遗产保护经费短缺问题；文化产业方兴未艾，规模较小，基础较薄弱，尚未出台平远县鼓励扶持文化产业发展的政策。 （县文广新局）

2018 年度平远县文广新局负责人名录

局　长：陈超光

副局长：谢广传　陈倩兰（女）　陈斌扬

2018 年平远县文化市场综合执法队负责人名录

队　长：魏茂军

广播电视

【概况】 2018年，平远县广播电视台深入学习贯彻中共十九大精神和习近平新时代中国特色社会主义思想，认真领会习近平总书记考察广东重要讲话精神，不断深化舆论宣传工作和广电事业改革，围绕年度目标任务，有序推进各项工作，新闻宣传质量得到大大提升，广电网络事业得到发展，呈现出持续健康发展的良好态势。

【宣传报道】 2018年，平远县广播电视台在完整转播好中央、省、市必转节目的基础上，做好正面舆论宣传工作。宣传贯彻中共十九大精神方面，该台采编播《平远新闻》159条，公益广告3则，宣传标语10条；宣传贯彻习近平总书记参加广东代表团审议时的重要讲话精神方面，该台采编播《平远新闻》40条，宣传标语12条。围绕“乡村振兴”“双创”“扫黑除恶”“徒步大赛”“南粤古驿道定向大赛”和“迎新年·颂党恩·展新貌”大合唱、“纪念改革开放40周年”“美丽平远·美好家园”等主题，全方面、多角度、深层次讲述平远好故事、传播平远好声音、树立平远好形象、传递平远正能量。全年，《平远新闻》共采编播新闻1493条，《橙乡纪事》专题节目52期，市台、市电台播出新闻近700条。

【新媒体发展】 2018年，平远县广播电视台做活宣传载体，扩大宣传阵地。“平远发布”入驻“南方+”客户端南方号，5月，位列“南方号·梅州矩阵”影响力排行榜第六名；6月、7月位列“南方号·梅州矩阵”影响力排行榜第二名。全年，“平远发布”推送新闻1516条。

【节目编排】 2018年，平远县广播电视台创新节目编排，打造高质量节目。7月1日开始，该台在不增加人员、设备前提下实现节目全天候播出，平远一套、二套的播出时间分别由原来的9个小时增加到15个小时左右。节目内容在原有的平远新闻、社政宣传、黄金剧场、电视剧场、经典影院、橙乡纪事栏目基础上增加怀旧剧场（三集连播）、动画剧场、客家话少儿情景剧等。10月1日开始，平远县广播电视台对平远一套、二套进行全新升级，分别对所有节目进行整体包装并正式亮相荧屏。

【传播设备强化】 2018年，平远县广播电视台配合乡村振兴和红色旅游示范镇的建设，优化县城的信号传输网络。城区新增光缆3956米，新增光点16个，处理故障投诉类6000多人次；更换架设网络线路3万多米，新装、迁移电视用户800多户，维修网络设备200多台；完成八尺角坑古驿道等12个村14公里的线路整改。

【党建工作】 2018年，平远县广播电视台注重提升队伍素质，夯实党建工作。4月，该台成立中共平远县广播电视台总支部委员会，下设第一、第二及退休党员党支部，优化党组织设置。结合广播电视一线工作人员的岗位实际，通过各党支部“三会一课”的落实，创新学习形式，丰富学习内容，提高党员干部政治站位，提升党性修养。

【存在问题】 2018年，平远县广播电视台存在如下问题：1.专业技术人员不足。该台累计有10多名财政核拨的新闻、网络技术等专业人员分别因考取公务员、调动而离开，年轻专业人才流失严重。2.机器设备老化。广播电视是一个高投入、高消耗、设备更新快的行业，2018年平远县广播电视台有摄像机11台，能够保证使用的仅7台，后期编辑设备、电脑、字幕机以及机房播出设施已运行甚久，设备老化严重，问题频发，维修成本高，维修后使用期限短，安全播出存在着重大隐患，严重影响节目的正常播出。3.广电用户流失严重。随着三网融合进一步推进和IPTV的全面放开，电信、移动、联通进军IPTV等视频业务的力度越来越大，广电有线网络的生存空间受到严重挤压，市场份额不断减少，加之平远广电网络尚未进行双向网络改造，网络条件远远满足不了用户需求，用户流失压力较大。该县上年县城有线电视用户11009户；2018年县城有线电视用户10342户，相比减少667户。4.乡镇广播电视网络维护管理站问题重重。自2003年收编管理后，乡镇广播电视网络维护管理站一直实行独立核算、自负盈亏模式。近年来，乡镇广播电视网络维护管理站的有线电视用户严重流失，生产投资成本不断增加，导致广播电视网络维护管理站人员无法专心从事广电事业，兼职现象突出。

（杨坤丽）

2018 年度平远县广播电视台负责人名录

台　长：王斌豪（任至2月）
　　　　刘冬梅（女，2月起任）
副台长：张文良　谢岳芳

新闻报道

【概况】 2018年，中共平远县委办新闻组围绕加快平远振兴发展，深入实施“三好一正”工程，找准载体，突出重点，在《南方日报》《羊城晚报》《梅州日报》和南方+、梅州电视台、中新社、掌上梅州等中央、省、市主流媒体刊登乡村振兴、南粤古驿道定向大赛、纪念改革开放40周年等专题、特刊、稿件1500多篇，进一步提高平远的知名度和美誉度。新闻组朱双玲获评梅州日报社2018年度“优秀特约记者”称号。

【融媒策划加强】 2018年，中共平远县委办新闻组围绕中共十九大、学习贯彻习近平总书记系列重要讲话精神，在报道中，加强融媒策划，对每一项重点工作都提前介入，运用好媒体的传统版面和新媒体融合，做到既有版面刊登，又有网络图文、活动直播等多种形式的宣传手段，增强平远新闻的可读性。如《南方日报》《羊城晚报》《梅州日报》刊登的《千年古道忆繁华 酒香小镇开新局——梅州平远以南粤古驿定向大赛助推乡村振兴》《平远河头因地制宜借力“水资源”，打造美丽乡村示范镇》《苏区橙乡 平步至远——第九届北京国际山地徒步大会梅州·平远活动侧记》《在希望的田野上跑出乡村振兴加速度——2018年南粤古驿道定向大赛第七站（梅州平远）在平远八尺镇角坑村举行》等特刊，版面美观、内容丰富、可读性强，引起社会广泛关注。

【平远故事讲述】 2018年，中共平远县委办新闻组秉承“内容为王，品牌制胜”的宗旨，强化新闻宣传“本土化”。围绕平远县举办第九届北京国际山地徒步大会平远站活动、南粤古驿道定向大赛暨《寻乌调查》红色之旅、第十四届脐橙文化旅游节、广东省现代农业产业园建设工作推进现场会平远考察点活动、“迎新年·颂党恩·展新貌”大合唱、纪念改革开放40周年活动等，先后在《南方日报》《梅州日报》等主流媒体推出专题、特刊版面。其中《南方日报》主报刊登专版2个版，《羊城晚报》1个版，《南方日报·梅州观察》16个版，《梅州日报·平远新闻》专版12个版、特刊2个版；利用南方+、掌上梅州、无线梅州等新媒体进行南粤古驿道定向大赛等赛事、活动进行现场直播10场（次）；在《南方日报》、南方+、南方网、《梅州日报》、梅州网等发布新闻稿1500多篇，更好地讲述平远好故事、传播平远好声音、树立平远好形象、传递平远正能量。

【传播影响扩大】 2018年，中共平远县委办新闻组利用好县委与《南方日报》《梅州日报》和《羊城晚报》等主流媒体签订的年度合议，利用好传统版面和南方+平远频道、掌上梅州平远频道、南方网、梅州网等资源，加强与各级媒体记者的沟通联系，主动向上级媒体投稿和邀请记者到平远采访，做好记者到平远的接待、引导等服务工作，利用一切宣传工具、调动一切积极因素，积极策划，深入挖掘，开展形式多样的宣传活动。全年各级媒体采访共10多批300多人次。

【存在问题】 2018年，平远新闻报道工作还存在以下问题：如宣传县委、县政府中心工作不够多、不够及时；和有关联通单位沟通不够密切、深入，通讯员队伍建设不够完善，导致新闻深度报道不多；写稿手法不够灵活、有趣，采写群众热点问题的新闻较少。（朱双玲）

2018 年度中共平远县委办新闻组负责人名录

新闻秘书：朱双玲（女）

卫生和计划生育·体育

卫生和计划生育

【概况】 2018年，全县各类医疗卫生机构175间（含村卫生站）。床位数722张，每千常住人口占有床位3.07张。在职卫生专业技术人员1238人，其中，正高职称2人，副高职称88人、中级职称203人。每千人执业（助理）医师2.10人、注册护士2.17人。全县固定资产16486.08万元，业务用房面积50613.47平方米。

2018年，卫生财政补助32607.81万元。全县医疗机构总诊疗人次数82.36万人次、出院1.8万人次；病床使用率40.25%；平均住院日5.7天。

2018年，平远县常住人口235200人，年内户籍人口出生3190人，政策生育率93.26%，人口出生率11.31‰，人口自然增长率5.52‰。出生人口性别比110.01∶100。免费孕前优生健康检查2156人，项目目标人群覆盖率达98%。

【医改深化】 2018年，平远县卫生和计划生育局（以下简称平远县卫计局）从四方面做好深化医药卫生体制改革工作。1.实施医保联动，助推分级诊疗。为实现分级诊疗模式的建立，县人社局、县卫计局、县财政局联合印发《平远县城乡居民医疗保险普通门诊统筹镇村一体化管理试点工作方案（试行）》，正式启动镇村医保一体化试点工作。县委、县政府及相关部门高度重视分级诊疗工作，制订出台城乡卫生一体化、分级诊疗实施方案和全科医生签约服务规范等一系列文件政策，并从经费支持、医保政策、药品配备等方面予以倾斜，积极推动分级诊疗工作开展。卫计系统建立分级诊疗和转诊规范化程序，实现首诊、转诊便捷服务格局。2.创新运行机制，实行分类管理。1月起，全县12间镇卫生院正式实行公益一类财政供给、公益二类事业单位管理，允许卫生院收支结余部分可按规定提取职工福利基金、奖励基金。与相关部门联合印发镇卫生院和村卫生站绩效考核办法，考核结果与镇卫生院在编人员奖励性绩效工资、村医补贴挂钩，同时积极探索提高乡村医生养老保障待遇，启动建立村医养老保障机制，将乡村医生纳入企业职工养老保险范围，充分调动基层医疗机构和医务人员积极性。3.建立远程医疗，建设智慧诊疗。依托市级基卫交换平台，初步实现省、市、县三级平台互联互通覆盖，并向省级平台传送医疗卫生相关数据。大力发展“互联网+医疗”,推动惠及全民的健康信息服务和智慧医疗服务。加强远程医疗建设，全面启用网办系统，方便群众办理生育服务事项。4.做实家庭医生签约服务工作。全面开展家庭医生签约服务，一般人群签约数89617人，签约率38.2%；重点人群签约数55356人，签约率70.5%。建立县镇村协同服务机制，扎实推进基本公共卫生服务均等化。

【卫生强县建设】 2018年，平远县卫计局主要从三方面做好建设卫生强县工作。1.大力推进基础设施建设。投入6亿多元整体搬迁县中医医院、县妇幼保健计划生育服务中心、县慢病站、县“120”急救指挥中心和建设县人民医院综合大楼，已全部开工建设。以

"卫生两基示范镇"创建工作为抓手，累计投入4000多万元用于基层医疗卫生基础设施建设，全面完成12间镇卫生院标准化、规范化建设和129间村卫生站公建规范化建设，医疗机构服务环境焕然一新。2.加强卫生人才队伍和科室建设。公开招聘46名卫技人员；完成全科医生规范化培训1名，助理全科医生培训4名（其中中医1名），全科医生转岗培训8名（其中中医3名），全科医生岗位培训9名（其中中医2名），助理全科医生带教师资培训4名（其中中医2名）。同时，中山二院对口支援县人民医院、广州市中西医结合医院对口支援县中医医院，继续选派资深专家到院技术帮扶，着力打造重点科室，不断提高县级公立医院医疗技术水平。5月，县妇幼保健计划生育服务中心与中山二院签署结对帮扶协议，着力建设妇产科、儿科、检验科等科室。通过近年来的技术帮扶，县级医院服务能力得到提升，县域内住院率逐年提升。县中医医院中医骨伤学科带头人张龙领衔申报的"参麦针关节腔内注射治疗膝骨性关节炎的临床研究"荣获市级科技三等奖、县级科技二等奖。

2018年12月4日，副县长李远林（左二）到人民医院、城东医疗保健中心调研

2018年6月19日，县长杨栋（左三）到县医疗养生保健中心调研

【计划生育服务管理】 2018年，平远县卫计局继续做好计划生育服务管理。1.全面两孩政策稳妥实施。加强出生人口监测，鼓励群众按政策生育。完善计划生育目标管理责任考核办法。2.着力提升妇幼健康服务能力。持续加大妇幼健康公共服务资源供给，全面建立出生缺陷干预“三道防线”，把地贫筛查工作纳入婚检、孕前及产前检查的常规检查内容。结合第25个“世界地贫日”，在县城官田广场开展义诊咨询活动。3.加强流动人口管理。开展“把健康带回家”流动人口卫生计生关怀关爱专项行动，加强区域协作，落实双向服务管理，与深圳市罗湖区翠竹街道办事处计生科联系，提供10名父母（父或母）流入深圳市的留守儿童，由深圳市罗湖区翠竹街道办事处计生科对10名留守儿童进行慰问，并发放每户2000元奖学金。

【计划生育扶助奖励】 2018年，平远县为全面落实国家和省奖励扶持政策，建立“奖惩、保障、帮扶”三位一体的计划生育利益导向新机制。1. 全县全年共发放广东省农村计划生育节育奖209.44万元，惠及3400人；发放广东省农村部分计划生育家庭奖励214.51万元，惠及1554人；发放独生子女父母奖励138.31万元，惠及1000人；发放广东省计划生育家庭特别扶助金39.20万元，惠及38人；为农村“纯二女”结扎家庭成员加入新农村合作医疗保险116.84万元，惠及5311人。2.县、镇、村三级联合实施“关怀政策”。发挥基层计生协会作用，继续开展计划生育“三结合”项目、青春健康教育等“生育关怀”行动。

【医政管理】 2018年，平远县卫计局主要从以下六方面持续改进医疗服务质量。1.严格落实质量安全核心制度，加强患者安全管理。落实《医疗质量管理办法》、18项医疗核心制度，加强重点部门和关键环节质量管理，开展医疗质量管理与自我评价，实现医疗质量持续改进。2.落实临床路径管理和单病种付费。落实临床路径管理指导原则，逐步实现公立医院临床常见、多发疾病路径管理全覆盖。推动单病种付费改革，单病种付费病种数达100种以上。3.推进护理和康复医疗工作。加强护理人才队伍建设，推进优质护理服务，持续改进和提高护理服务能力和质量。探索发展老年护理服务事业，培养康复医疗专业人员，加快发展康复医疗工作，助力医养结合发展。4.强化医院感染管理工作。落实医院感染管理法律法规，完善市县两级医院感染监测网络体系，加强医院重点部门、重点人群、重点区域、重点环节的技术指导和监管。指导医疗机构做好医疗废物规范化管理工作。增强基层医疗机构感控管理，通过各类形式培训，提高感控管理人员业务水平。5.加强医疗机构药事管理和药学服务。建立完善药学服务体系，加强医疗机构合理用药评价与处方点评，强化特殊使用级抗菌药物管理，规范非抗菌药物的使用，促进临床合理用药。做好“毒麻精放”药品安全管理。6.依法加强医疗机构监管，探索医疗机构和医师征信体系建设。

【中医药事业发展】 2018年，平远县卫计局加快推进中医药工作，全县中医药事业发展迈出新步伐。1.成功创建“全国基层中医药工作先进单位”。2.县中医医院业务发展平稳增长。全年门诊住院病人增幅明显。3.进一步完善中医药基本条件建设。通过中医医院提升改造建设、医院重点（特色）专科建设（针灸康复科顺利通过了广东省中医药局“十二五”特色专科建设验收）及中医“治未病”网络建设，提高中医药服务能力和质量；完成升级建设12间中医馆，完成率100%；完成中医馆健康信息平台实地部署工作，进一步加强中医馆信息化建设。4.不断加强中医药人才培养力度。加强2018年中医类别（助理）全科医生培训，有计划有步骤地开展中医药人员中医药知识与适宜技术培训。5.持续做好中医药科普知识宣传和义诊工作。

【公共卫生】 2018年，平远县卫计局继续做好公共卫生服务。1.做好疾病预防控制。加强各类传染病、流行病防控工作，加强传染病监测、做好信息报送工作，该县未发生重大传染病疫情，各类传染病发病率均控制在标准以下。免疫规划工作持续向好，该县各镇预防接种门诊均能按照预防接种工作规范要求，每月运转最少一次或两次，做到定时定点，多苗带冰接种，做到安全接种。加强疫苗集中采购供应，按照上级指示有序开展长春长生公司狂犬病疫苗续种补种、跟踪观察和咨询服务工作，全力维护社会稳定。2.做好14类国家基本公共卫生服务项目。其中，建立城乡居民电子健康档案187367份，电子建档率79.8%；中医药健康管理人数有 8760人，覆盖率34 %；规范管理高血压人数5190人，规范管理率62%；接受健康管理65岁以上老年人9806人，管理率38%；规范管理糖尿病患者人数1610人，规范管理率64.2%；0～6岁儿童健康管理19587人，健康管理率95.01%；接受产后访视的产妇人数2538人，产后访视率为99.22%；按规范要求进行管理的严重精神障碍患者1148人，规范管理率85.16%。3.深入开展慢性病防治工作。强化重精障碍患者管理，完成精神科医师转岗培训8批20人，取得精神科医师转岗培训合格证5人。加强严重精神障碍患者救治救助工作的管理，以属地收治原则对辖区3级（含3级）以上重精障碍患者，在益民医院实施免费住院治疗，治疗费用除社保报销外，由县政府财政兜底。4.卫生应急水平逐步提升。健全突发事件医疗卫生救援机制，印发《平远县突发事件医疗卫生救援应急预案》，妥善处置各类突发公共卫生事件。

【卫生计生监督执法】 2018年，平远县卫计局主要从四方面做好卫生计生监督执法工作。1.加大打击非法行医力度。共查处案件5宗，行政处罚5宗，共罚款1.7万元,结案5宗。2.加强出生人口性别比综合治理。继续开展打击“两非”专项行动，重点加大对黑诊所、个体诊所等领域检查力度，切实建立群众监督举报机制，稳定出生人口性别比率。3.开展医疗废物管理工作专项检查。全年未发现有医疗废物流出的现象，不存在买卖医疗废物的违法行为。4.不断提高监管效能。进一步提高公共场所量化分级管理率，切实做好学校卫生、生活饮用水卫生监督工作，扎实推进“双随机一公开”监管工作。

【健康宣教】 2018年，平远县卫计局主要从五方面做好健康教育宣传科教工作。1.加强典型宣传。做好首届“中国医师节”系列宣传活动，通过多种形式开展各类宣传，激发医疗卫生机构广大医务工作者工作积极性和创造性，促进平远卫生计生事业科学发展。2.扎实开展创文工作。成立创建工作领导小组，制订卫计系统创建全国县级文明城市（2018—2020年创建周期）工作方案和任务分解表，把创建指标分解到位，落实到人。3.加强群众宣传。以各类卫生计生重要纪念日为节点和“婚育新风进万家”活动为主题，先后组织开展“第30个爱国卫生月活动”“5·8”世界地贫日等一系列宣传活动。4.加强舆情监测。制订《平远县卫计系统（网络）意识形态工作责任制方案》《平远县卫计系统网络舆情应急预案》，进一步加强和改进网络意识形态工作，强化舆论引导，发挥卫生计生官网、微信、电视、广播、报刊的主渠道作用。5.推进健康促进工作，做好健康科普、控烟等工作。2018年，启动健康促进示范医院2家、健康促进示范学校2间、健康促进示范村居5个。

【平安医院创建】 2018年，平远县卫计局全面开展“平安医院”创建活动，借助民生热线、网上信访、来信来访等渠道，及时妥善做好信访回复工作，全年共处理各类群众来人、来电、来信等类型信访案件456例，其中，处理各类群众来信来访和举报投诉29件，办结率100%。全年无不良舆情发生。

【爱国卫生运动】 2018年，平远县深入开展爱国卫生运动，积极推进“国家卫生县城”创建工作。扎实开展省、市卫生村创建工作，全年创建40个省级卫生村、2个市级卫生村，如期完成全年创建目标任务。农村改水改厕和病媒生物防制工作有序实施，城乡环境卫生进一步改善。

【无偿献血】 2018年，平远县献血办加强无偿献血和临床用血规范管理，加强无偿献血知识宣传，在全县范围内开展纪念《中华人民共和国献血法》实施20周年宣传活动，规范开展互助献血工作，严禁非法自行采集血液，严格掌握临床输血适应症，开展成分输血和临床用血质量评价，保证血液质量和血液安全。全县有1379人次参加无偿献血，献血总量28.53万毫升。

2018年度平远县卫计系统负责人名录

平远县卫生和计划生育局

局　长：凌征新

副局长：谢传生　谢增扬　王梅芳（女）
　　　　姚玉红（女）　陈任先

平远县人民医院

院　长：卢　斌

平远县中医医院

院　长：张学良

平远县妇幼保健计划生育服务中心

主　任：林　通

平远县卫生监督所

所　长：黄剑军

平远县疾病预防控制中心

主　任：陈汉奕

体　　育

【概况】 2018年，平远县体育局全面贯彻实施《中华人民共和国体育法》和《全民健身计划（2016—2020年）》，以优化体育发展环境为重点，不断完善体育基础设施建设，全力抓好群众体育、竞技体育，持续推进体育产业发展，努力推动体育事业创新、协调、融合发展。

【基础设施建设】 2018年，平远县体育局不断拓展和完善体育基础设施建设。1.争取省体育局专项资金，建设7人制足球场1个，5人制足球场1个。2.争取省体育局支持，为平远县20个省定贫困村配置一套10件健身路径。3.对大柘镇城北居委工业大道原大柘镇城北山体公园进行改造完善，建成大柘镇城北山体社区体育公园1个。4.争取市体育局支持，为5个行政村全民健身广场示范点提供健身路径6套、乒乓球台8张、篮球架3副。5.投入195685元，为20个行政村解决健身器材100件、乒乓球台17张、篮球架3副。

【群众体育】 2018年，平远县体育局持续推进群众体育工作，深入普及全民健身活动。全年开展各类群众体育活动1002场次，其中足球赛事209场次，参与体育赛事和活动42711人次。1.举行2018年春节系列群体活动，主要有篮球、足球、羽毛球、乒乓球、象棋、气排球、广场舞等多项体育比赛系列活动。2.6月27日至7月10日，联合举办2018年安全生产月“平安杯”暨迎“七一”篮球比赛；3.举办第十个全国“全民健身日”活动，开展“打造幸福健康平远”——“全民健身日”平远县体育健身展演会，群众参与健身运动项目，倡导全民健身、快乐健身。

【国民体质监测】 2018年，平远县体育局继续做好国民体质监测、社会体育指导员培训等工作。全年为1500名群众开展体质测定，聘请县中医院医生为受测者提供体质评定报告及健身指导建议。同时，做好2017年度省市对平远县国民体质运动健身指导站的评估工作。共培训三级社会体育指导员46人，共选派4人参加市、省举办的健身气功社会体育指导员、指导站科学健身培训班，给予申报A级的石正镇社会体育指导员服务站2000元工作经费。到年底，全县有社会体育指导员1046人，拥有国家级1人，一级16人、二级78人、三级951人。

【竞技体育】 2018年，平远县体育局抓紧竞技体育。1.平远派队参加2018年广东省跆拳道联赛（梅州站）获团体总分第一名；竞技团体第一名；品势团体第二名；电子竞速第一名。2.平远代表队参加梅州市第二届“体彩大乐透杯”战尊跆拳道联盟争霸赛，获得团体总分第一名；个人成绩获得17金、11银、17铜及17个第五名。3.平远代表队参加梅州市第四届“中国体育彩票杯”跆拳道锦标赛，获团体总分第二名，个人成绩获12金、11银、14铜。4.大力做好体育人才培养和输送工作。向省体校输送青少年乒乓球队2人（姚裕玲、林子清）、向市体校输送青少年足球队5人、青少年跆拳道队2人。

【足球振兴工作】 2018年，平远县体育局持续推进足球振兴工作。1.抓场地建设。全年升级改造足球场2块，其中11人制1块和七人制1块，新建笼式足球场1块，全县共有足球场地24块，其中11人制场地4块，7人制足球场地17块、5人制足球场地3块。同时，鼓励热爱足球运动的企业家投资兴建足球场地，并低价或免费向社会开放，惠及群众。2.抓赛事建设。4—5月，开展2018“棕榈杯”平远足球联赛。由县足球协会主办，棕榈生态城镇发展股份有限公司冠名赞助100万元进行比赛，赛事有成人组和少年组共24支球队进行68场比赛，活跃全县足球运动氛围。全年共组织举办各类足球赛事209场，2000人次参与。3.普及校园足球。加强与广东明星足球俱乐部和棕榈体育的合作，让更多的外教与足球名宿到该县中小学校园足球重点学校指导。组织学校参与梅州市市长杯校园足球比赛和广电广播U点五人制足球比赛等各类足球赛事。做好在训运动员的注册登记和训练工作，做好教练员下校制度。

【体育产业】 2018年，平远县体育局加快发展体育产业。1.“徒步+”多元模式成效显著。10月20日，第9届北京国际山地徒步大会梅州·平远站——穿越世界第一卧佛山20千米徒步活动在南台卧佛山顺利开走。来自国内外9500多名徒步爱好者参加全长20千米的徒步活动，近50家主流媒体及约万家自媒体进行宣传报道，点击率达亿次以上，网易梅州在线直播达到33万多人次，产生了“1+1+1+1>4”的聚合效应。2.南粤古驿道定向大赛顺利开跑。11月3—4日，2018年南粤古驿道“天翼4K高清杯”定向大赛暨《寻乌调查》红色之旅（第七站·梅州平远）在平远县八尺镇角坑村举行。赛事创新发展“古驿道+体育+文化+旅游+特色农业”模式，活化利用古驿道沿线历史文化遗产。大赛当天，广东省人民政府副省长许瑞生、广东省足球协会主席叶细权和梅州籍足球名宿组成广东古道足球队为八尺镇中心小学赠送足球，足球名宿与平远学子进行互动及技术训练指导。3.场馆运营管理规范有序。实行对场馆免费开放，每周对外免费开放时间56小时以上，全年接待参加体育活动9.8万人次，举办大型体育赛事活动4次，免费举办公益性体育赛事活动18次，举办体育健身技能培训技术6次，全年接待培训人数600次，举办运动健身指导次数60次。4.体育彩票销量稳步增长。全县有体育彩票网点32个，当年新增终端机4台，退机4台。体育彩票销量大幅增长，2018年体彩销量2485.04万元销量，比上年增长53.13%，其中乐透型销售740.65万元，竞猜型销售1560.62万元，即开票销售183.77万元。

2018年11月3—4日，南粤古驿道定向大赛在平远县八尺镇角坑村举行，图为选手们互相加油鼓劲

【存在问题】　2018年，平远县体育工作存在以下问题：公共体育供给不足，不能满足人民群众日益快速增长的体育文化需求；体育后备人才相对缺乏，不能适应体育事业的快速发展；足球运动基础较差，运动员和专业体育人才缺乏，断层情况明显，短期内难以得到缓解，发展难度较大；体教结合尚未形成，直接制约竞技体育的健康发展，使竞技体育特别是田径方面发展较为滞后；体育产业尚未形成模式，急需进一步加以引导，以促进平远“体育+”的发展；体育部门人员力量、队伍素质还不能完全适应事业发展需要，需进一步增强。　（姚丽玲）

2018 年度平远县体育局负责人名录

局　长：谢志平（任至2月）
　　　　王斌豪（2月起任）
副局长：徐东虹（女）　吴　跃

各镇概况

差 干 镇

【概况】 差干镇位于平远县北部，距县城54千米，东邻福建省武平县下坝乡，西接江西省寻乌县项山乡，南与该县仁居、上举接壤，北靠福建省武平县民主乡。镇政府驻该镇加丰村差干圩，位于北纬24° 89'、东经115° 95'。总面积94.6平方千米，辖新岭、湖洋、三达、差干、文丰、加丰、湍溪等7个村民委员会，42个村民小组。2018年年末，全镇户籍人口2359户8478人。其中，农业人口7190人；非农人口1288人。2018年，全镇实现生产总值17371万元，比增1.2%。其中，工业总产值14970万元，比降3.7%；农业总产值7349万元，比增3.9%；旅游服务业总产值13196万元，比增5.4%，其中五指石、松溪河景区实现收入3665万元，全年接待游客25.07万人次，带动直接和间接就业2000多人。镇级财政收入4386万元，其中一般公共预算收入220万元。各项经济指标持续稳步增长。

【旅游发展】 2018年，差干镇按照“1+2+3”的发展战略（“1”即建设差干旅游特色小城镇；“2”即五指石景区及烟雨松溪休闲旅游度假区两个重点项目建设；“3”即贯彻落实6个三年行动），全力打造差干镇“山水田园”（山即是建设五指石丹霞生态旅游休闲区，水即是建设烟雨松溪旅游度假区，田即是建设金星、罗车、黎坊田园综合示范点，园即是结合古驿道活化利用建设塔子里脐橙农旅产业园）建设整体布局。1.提升“引擎”山头拉动效应。（1）加快贵妃湖环湖景观带建设，主体工程、美化绿化建设基本完成，步道附属工程有序推进。（2）完成万安寨观光电梯及峰顶360° 观景平台项目设计方案和可行性报告，项目规划已备案。（3）以建设游客综合服务点和拓展训练营地等游乐设施来丰富游玩体验项目的西山林场项目已启动前期工作。2.打造“烟雨松溪”休闲旅游度假区。（1）完成烟雨松溪休闲旅游度假区项目（长布半岛）第一期土地招拍工作，正在推进土地平整及第一期商业街项目建设，基本完成主体工程建设。（2）完成一期征地遗留拆迁补偿问题，确保无障碍施工。基本完成二期征地工作。（3）完成长布大桥建设水下工程，正在建设桥梁主体工程。（4）完成差干镇“一河两岸”工程建设。3.改善圩镇旅游综合服务环境。（1）强化规划引领作用。聘请市城市规划院设计差干旅游特色小城镇发展规划，完成《差干镇旅游发展规划（初稿）》，正在制定《差干镇整体规划》和《差干镇控制性规划》。（2）提升圩镇旅游综合服务环境。完成圩镇自来水管网布管铺设；正在建设圩镇道路黑底化；正在推进圩镇电线管网改造工程；推动客家民居外立面改造，按照“一街一特色”统一圩镇广告招牌。（3）引导提升星级民宿及星级农家乐，打造精品民宿、精品农家乐。（4）结合古驿道活化利用建设塔子里脐橙农旅产业园，引导周边群众种植柑橘、葡萄、萝卜苗茶、灵芝等农特产品，通过推动农产品转变为旅游商品，促进农民增收致富。

【农业】　2018年，差干镇农业工作有成效。1.引进20多个种植新品种。引进超级稻308、深优9528、恒丰优387、天优华占、常规稻禾谷等，种植面积349.33公顷（5240亩）；艳丽朝天椒种植面积5.33公顷（80亩）；烤烟种植面积50公顷（750亩）；灵芝等南药种植面积118.6公顷（1779亩）；2个蔬菜基地种植面积18.67公顷（280亩）。2.推广农业新技术。如水稻"三控"、测土配方施肥及土壤酸化改良、平远脐橙标准化栽培、农作物病虫综合防治、黄龙病统防统治、水产无公害生产等新技术。3.完成测土配方施肥技术（水稻、柑橘、烤烟、蔬菜等作物栽培）670多公顷（1万余亩）。4.创办基地示范，带动农民奔小康。（1）协助创办基地脐橙产业园3个，包括三达南皇子家庭农场脐橙基地16.67公顷（250亩）、差干村盛世中联农业发展有限公司农旅结合脐橙基地16.67公顷（250亩）、平远县五指石昌泰农业旅游发展有限公司的脐橙基地26.67公顷（400亩）。（2）打造文丰村百亩蔬菜基地。5.积极申报科技进步奖。获得省科学技术进步推广奖、市科学技术进步奖二等奖和县科学技术进步奖二等奖。6.落实各种惠农政策。其中种苗补贴4000株、土地集约奖励14.67公顷（220亩），耕地地力保护补贴551.67公顷（8275亩）、农业保险560公顷（8400亩）等。7.加强农资市场监管。配合各部门开展农业执法6次，农产品质量安全监督巡查12次，脐橙、蔬菜及水稻质量安全检测监测抽样16次200多个样品，红火蚁监测普查20多个点，促进全镇农业生产安全有序。

【基础设施建设】　2018年，差干镇抓好基础设施建设。1.投入资金120万元，完成硬底化通村道路3.33千米。2.完成国道358线征地222户，完成率70%，为实现无障碍施工打下基础。3.完成圩镇自来水管网全面改造工程。4.投入资金300多万元，完成派出所至金星至磨石潭接罗车桥休闲绿道建设。5.结合"两美"行动，全力打造金星沿河休闲带，塑造差干新形象。6.加快中小河流域治理，开展湖洋河河堤建设。

【新农村建设】　2018年，差干镇扎实抓好新农村建设。1.开展"三清三拆三整治"工作，拆除危旧房、废弃猪牛栏、露天厕所、烤房等8万多平方米，拆除违章建筑近3万多平方米。2.持续开展养猪业整治，有养猪场（户）53户。禁养区关闭拆除工作全部完成，拆除面积1536.9平方米。限养区44家养猪场（户）发出限期整改通知书，已完成整改35家，正在整改9家。适养区9户达"516"标准（每存栏5头猪，配备1立方米沼气池、6立方米氧化池）。新建使用粪便发酵床25家，验收合格14家。

杞溪广场

【支农惠农】　2018年，差干镇支农惠农工作正常开展。1.清退低保家庭89户，新纳入低保家庭43户，该镇有低保家庭111户，"五保"20人。2.受理申请重特大疾病且家庭困难人员医疗救助87人。3.强化创业培训，举办创业就业政策宣传会2场，开展农村贫困劳动力技能晋升培训班，做好城乡居民医疗保险工作，实现农村养老保险大面积覆盖。4.退役军人和其他优抚对象信息采集工作全面完成。5.全面两孩政策稳妥实施，人口计生工作顺利开展。

【精准扶贫】 2018年，差干镇稳步推进精准扶贫工作。1.全年实现脱贫17户56人，全部达到规定标准，顺利通过市县考核验收，使用“631”帮扶资金186.09万元，使用率94.41%。2.鼓励贫困户参与资产性收益项目，入股镇属企业资金36万元。3.支持贫困户参与县主导产业（威大地葛根种植产业）和镇主导产业（该镇召集有劳动能力贫困户53户225人，58.48万元入股五指石果业专业合作社种植脐橙，带动贫困户就业），其中，6户养殖猪、牛、鸡、鸭、蜜蜂等，1户种植香菇，1户加工包装盒，27户有劳动能力贫困户发展光伏项目，切实解决贫困户收入问题。

【平安建设】 2018年，差干镇以“中心+网格化+信息化”为抓手，做好综治信访维稳工作。1.综治信访维稳中心受理各类信访矛盾纠纷27宗，化解27宗，调处率100%。全年无越级、集体上访，无群体性事件，无邪教案件，无刑事、涉毒案件。全镇经济社会和谐稳定，旅游安全事故“零”发生。2.对全镇严重精神病患者进行全面排查，排查出精神障碍患者80位，全部落实监护人，监护人补助全面发放。3.开展扫黑除恶专项斗争工作，上报县扫黑除恶办线索5条，其中该镇纪委、水管所、派出所自行办理线索各1条，国土所、村镇办办理线索各1条。

【党建工作】 2018年，差干镇扎实做好党建设工作。1.层层压实基层党建工作责任。把基层支部建设放到全局工作中谋划和推动，以“抓党建、强素质、改作风、促发展”主题实践活动为主线，按照谁分管谁负责、谁包片谁主抓的原则和党委班子成员“一岗双责”要求，进一步细化重点工作任务，明确工作时限要求，实现人人身上有压力、个个肩上有担子的良好局面，形成一级抓一级，一级带一级良好发展模式、把责任和压力落实到每个党支部。2.严格落实基层党组织书记抓党建述职评议制度。召开各党支部书记抓党建述职评议会，对述职评议会上领导点评的意见进行书面反馈，各党支部对照反馈问题建立整改台账，在明确的整改时限内整改。3.精准整顿软弱涣散党组织。2018年湍溪村由于班子凝聚力不强、战斗力弱被确定为软弱涣散党组织，镇党委通过采取3项措施整顿，取得明显成效。（1）撤换湍溪村原支部书记，任命工作能力较强、群众认可度高的人担任湍溪村书记，选优配强班子队伍，提高班子战斗力。（2）新建湍溪可容纳100人的党员活动中心，加强党的阵地建设。（3）完善基层党建工作制度，结合“直联制”引导规划实施民生实事工程等方式，有效整顿湍溪村软弱涣散党组织。4.严格把好发展党员准入关口。严格要求从积极分子开始，对党员发展每一阶段进行精心培训，加强发展党员政治理论教育，提高党性修养，2018年全镇发展预备党员8名，预备转正式党员9名。5.加强党风廉政建设。加强廉政法规宣传，扎实开展纪律教育学习月活动，向镇、村干部及农村基层党员发放1000多份纪教材料和读本、发出300多条廉政信息、组织观看2次纪律教育片、组织1场专题讲座，并通过开展支部专题学习活动、撰写学习心得等，提升学习成效；结合上级交办的问题线索，在直联制工作中深入村组、走家串户开展入户核查，排查出违纪违法线索12条，对排查出的重大线索进行立案调查。严肃开展谈话提醒工作，把抓早抓小、动辄则咎、全面从严治党的要求落到实处，全年全镇进行谈话提醒24人次。6.做好意识形态工作。贯彻落实中央和省、市、县委意识形态工作责任制，坚持党管意识形态不动摇，牢牢把握意识形态工作主导权，培育和践行社会主义核心价值观，研究和探索新形势下意识形态工作的特点和规律，以广大党员为抓手，以宣传思想工作为载体，打造“三好一正”工程，全方位多维度讲述差干好故事、传播差干好声音、树立差干好形象、传递差干正能量，进一步加强和改进意识形态领域工作，为建设富裕文明和谐差干提供强有力的思想保证。7.认真落实中央、省市县巡视整改任务，针对问题形成责任清单和整改措施，逐一整改，定期做到回头看，落实不直接分管财务项目、干部人事行政审批等制度。自觉按程序报告工作，带头遵守机关管理规定，以严格的工作纪律有效保障各项任务落实。

（差干镇党政办）

2018年差干镇领导班子成员名录

党委书记：李　胜（任至2月）
　　　　　颜德华（2月起任）
党委副书记：谢沐雄（任至2月）
　　　　　姚志坚（2月起任）
　　　　　王永光　杨　毅
　　　　　谢梅青（8月起挂职）
党委委员：李　胜（任至2月）
　　　　　颜德华（2月起任）
　　　　　谢沐雄（任至2月）
　　　　　姚志坚（2月起任）
　　　　　王永光　杨　毅
　　　　　谢梅青（8月起挂职）
　　　　　杨志强　谢旷为
　　　　　谢伟杰　赖　炜
　　　　　张　兰（女）
人大主席：姚志坚（任至3月）
　　　　　陈国忠（3月当选）
人大副主席：曾令权
镇　　长：谢沐雄（任至2月）
　　　　　姚志坚（3月当选）
副 镇 长：杨志强　陈慧平（女）
　　　　　张伟添

仁居镇

【概况】　仁居镇位于平远县西北部，东邻差干镇、上举镇，西接八尺镇，南连东石镇、河头镇，北毗江西省吉潭镇项山乡，距平远县城36千米。仁居镇界域面积191平方千米，辖1个社区居委会、15个村民委员会、192个村民小组。2018年年末，全镇户籍人口7248户23772人。其中，农业人口17704人；非农业人口6068人。2018年，全镇实现生产总值3.65亿元，比增1.6%。其中，农业总产值2.65亿元，比增3.8%；工业总产值2.84亿元，比降3.7%。固定资产投资6729万元，比增10%。镇级税收收入超额完成县下达的包干任务。

【农业】　2018年，仁居镇大力发展高效农业。1.推进黄龙病统防统治工作，黄龙病防控喷药覆盖种植面积466.67公顷（7000多亩）。2.选用脱毒优良的脐橙品种，邹坊村、六吉村脐橙种植示范基地种植133.33公顷（2000多亩）。3.引导农户采用优质栽培技术种植烤烟、脐橙、优质稻、甜玉米，实现高效高产。

【交通设施】　2018年，仁居镇抓好交通设施建设。1.完成北环路硬底化工程路面平整、石坎水沟建设和路面水泥硬底化，通过验收并投入使用。2.国道358线仁居段征地拆迁稳步推进，成立专项工作领导小组，开始沿线测量、征地工作。3.投入资金60多万元，完成硬底化通村道路7千米，交通路网不断完善。

【水利设施】　2018年，仁居镇大力完善水利设施，解决民生实事。1.完成镇级污水处理二期管网工程建设，总投资约100万元。13个村级（除仁居村、井下村）污水处理总工程费用2618.1万元，已完成各村选址。2.完成风桥崩岗治理工程，工程总投资28.37万元。

3.村村通自来水工程建设，总工程费1404万元，飞龙村、畲溪村、社南村开始建设圩镇供水扩容，其余各村完成水池选址。4.累计投资2550万元，完成仁居、畲溪、邹坊、麻楼、黄畲、社南河段28千米中小河流治理工程验收。5.完成县水务局下达2018年中央补助县级以下公益性水利工程维修养护项目工程建设任务，总工程费62.68万元。

【镇村建设】 2018年，仁居镇着力抓好镇村建设。1.“红色村”党建示范项目有成效。完成项目规划方案、红色文化广场征地、空中管线和地下渠道整治方案，3间革命旧址完成租赁和沿线群众摸底调查工作基本完成，红色村广场、讲习所及800米红色路线基本完成主体项目建设。全镇各类民宿、驿站、农家乐陆续进行升级改造，为“红色古邑”夯实基础。2.重点建设项目稳步推进。一抹禾香酒业项目按时完成3.33公顷（50亩）土地平整和上远韩塘角段整治，土地规划听证会顺利召开，为企业进场施工提供通道式服务；威华茶博园项目完成园内基础设施建设，茶叶科研中心、茶叶博览馆、茶文化体验区、茶艺会馆等正在规划建设。3.“六个一”建设有力度。2018年新增计划投资8929万元，到年底，完成投资5013万元。完成圩镇控制性规划修编；完成卫生院住院大楼验收并投入使用；红军纪念园二期工程投入80万元完成主体工程建设，党史资料收集及工程装潢正在实施；完善镇村公共服务平台设施，组织公共平台人员进行岗位培训，按时按量完成基层政务公开标准化规范化建设。4.美丽乡村建设卓有成效。首批新农村建设示范村飞龙、社南、畲溪和上远、五福五个村基本完成“三清三拆”任务，五村“三清理”110处2.1万平方米，“三拆除”完成丈量10万平方米，实施拆除9.7万平方米，外立面改造14.9万平方米，投入资金1128万元，其中848万元进行新农村“三清三拆”工作，镇自筹280万元，完成社南、飞龙、畲溪节点打造和广场征地、村委办公楼改（扩建）等项目。

【生态环境建设】 2018年，仁居镇抓好生态环境建设。1.五里亭垃圾中转站投入使用，东门街及老东门街实行雨污分离，镇级污水处理设施敦促施工方完成项目遗留问题整改建设。2.结合《仁居镇畜禽养殖禁养区和限养区划定方案》，整治设施不符合标准养猪户8户，逐步完善养猪业管理。3.落实“户投放、村收集、镇转运、县处理”的常态化管理模式，全镇各村环境卫生日益改善。

【强农惠农】 2018年，仁居镇抓好强农惠农工作，社会保障水平稳步提高。1.投入49万余元完善敬老院基础设施建设，添置生活娱乐设施；完成6名毕业5年内高校毕业生在基层岗位就业的补贴申请和核发。2.举办就业招聘会2次；城乡居民医疗保险缴费人数20280人，60周岁以上老人养老保险实现全覆盖。3.开展“解决拖欠农民工工资问题专项督查”和“用人单位遵守劳动用工和社会保险法律法规情况专项检查”等专项检查，检查用人单位25家，涉及职工300多人，建立和谐劳动关系。4.农村土地承包经营确权登记工作完成5666户颁证工作，仁居镇家庭承包的耕地面积1928.54公顷（28928.15亩），基本完成土地确权任务；落实政策性水稻保险1923.87公顷（28858亩），帮助群众理偿水稻保险133.33公顷（2000多亩）。

【精准扶贫】 2018年，仁居镇脱贫攻坚各项工作稳步推进，通过对建档立卡贫困户进行多轮的“回头看”，精准识别相对贫困人口195户497人。书记、镇长主持召开扶贫专题会议10次，开展专题调研脱贫攻坚工作6次，完成全镇195户贫困户遍访任务。落实精准帮扶政策，贫困户100%参加城乡居民医疗保险。建立“公司+专业合作社+基地+农户”

经营方式的长效脱贫机制，组织贫困户参加适用技能培训和转移就业岗前培训，帮助贫困户参与产业扶贫和就业扶贫。收到两批“631”资金202.8万元，使用资金191.5万元，资金使用率94.4%。全年实现脱贫贫困户180户471人，脱贫率94.8%，完成县级下达的扶贫工作任务。

【教科文卫体】　2018年，仁居镇抓好教科文卫体工作。1.做好教育工作。协助仁居中心小学足球场和黄畲中心小学操场建设的申报立项；全面完成民办代课教师身份和工作年限认定工作。2.丰富文化生活。投入约19万元建设镇文体中心省级文体广场示范点舞台；做好各村综合性文化服务中心建设工作；组织退休干部、教师、镇工作人员做好51个自然村落历史人文普查文稿撰写及送审工作。春节、元旦等节假日组织文艺晚会、游园、篮球赛、广场舞展示等活动；举办2018年平远县群众文艺创作获奖作品巡演活动，让人民群众共享群众文化发展优秀成果；举办2018年公共文化服务“三百工程”演出活动，丰富人民业余生活。3.开展体育活动。新建社南村、飞龙村和畲溪村文体广场，各村文体协管员发动群众学习广场舞；组织参加2018“棕榈园林”平远足球联赛，获得第一名。4.卫生和计划生育工作措施得力。完善计划生育目标、管理考核机制，大力宣传二孩政策，年度出生人口263人，免费孕前健康检查168人次，开展上门咨询160人次，随访480人次，人口出生率、人口自然增长率、政策生育率、出生人口性别比均实现县下达的控制指标。开展创建“双基”示范镇活动，完成卫生院住院大楼和15个村级卫生站建设，通过上级验收并投入使用。

【平安建设】　2018年，仁居镇做好平安建设工作。1.做好信访隐患排查，定期开展专题研判，全年受理办结各项业务412件，解决群众纠纷6宗，受理信访案件52宗，办结52宗，办结率100%。无非正常到市赴省进京案件，全镇社会局面保持稳定良好。2.严格落实安全生产“一岗双责”工作制度，全年对企业的检查巡查132次，重点抓好稀土、石场矿山的监管工作，全年未发生安全生产事故。武装、食品安全等工作取得新成绩。

【党建工作】　2018年，仁居镇扎实抓好党建工作。1.组织建设。（1）完善党政联席会议，坚持每月召开专题会议，不断加强党委班子自身建设，研究解决基层党建工作重大问题。（2）抓好基层党组织书记头雁队伍建设，调整撤换3个村党组织书记，按不低于1∶2的比例建立农村党组织书记储备人选，做到好中选优、确保质量。（3）严把发展党员关，全年发展党员9名；成立3个党员突击队，相继开展河道清洁、街道整治、“三清理三拆除”等志愿服务50余次，有效增强党员影响力；走访慰问党员群众2.2万人（次），召开座谈会105次，为党员群众解决实际困难60件。2.作风建设。对畲溪村软弱涣散基层党组织存在的突出问题，制订详细的整改措施并落实整顿；严格执行中央八项规定和省市县各项规定，进一步规范“三公”经费支出、办公用房使用。3.反腐倡廉建设。（1）认真落实党风廉政建设党委主体责任和纪委监督责任，切实履行“一岗双责”工作制度。（2）实行工程项目招投标制度和“三资”监管制度，重点对各项工程项目的规划、立项、审批、招投标过程、建设程序、施工进度、工程质量和项目资金进行监管，严禁暗箱操作。（3）深入推进农村基层党员干部违纪违法线索排查工作，排查线索21条，立案8宗8人，处分违纪党员7人，其中党内警告5人，严重警告2人，另有待处分1宗1人。

（仁居镇党政办）

2018 年度仁居镇领导班子成员名录

党委书记：姚文顺
党委副书记：王　敏（任至2月）
李超贤（2月起任）
陈俊平　曾繁寿
党委委员：姚文顺　王　敏（任至2月）
李超贤（2月起任）　陈俊平
曾繁寿　林晓玉（女）
钟云强　卓文峰　陈志雄
郭意杰　黄立鑫　朱依依（女）
人大主席：李超贤（任至2月）
冯概福（2月起任人大主席人选，3月当选）
人大副主席：黄金运
镇　　长：王　敏（任至2月）
李超贤（2月起任镇长人选，3月当选）
副镇长：林晓玉（女）　潘伟华　王锦洲

八　尺　镇

【概况】　八尺镇地处平远县西北部，东邻仁居镇、河头镇，南连中行镇，西北分别与江西省寻乌县留车镇、南桥镇接壤，国道206线、358线及济广高速公路贯穿其间，是广东省的北大门之一。八尺镇界域面积108平方千米，辖1个社区居民委员会、11个村民委员会、5个居民小组、118个村民小组。2018年年末，八尺镇户籍人口4625户15037人。其中，农业人口11735人；非农人口3302人。2018年，八尺镇实现生产总值2.95亿元，比增0.8%；农业总产值1.68亿元，比增3.8%；工业总产值1.67亿元，比增10.3%。2018年，八尺镇党委、政府按照县“一城一区一带”的发展战略，突出产业带动，发挥酒业、农业优势，按照生态富民强镇要求，全面实施乡村振兴发展战略，构建新时代美丽幸福八尺。

【梅州岃古驿道建设】　2018年，八尺镇按照省、市、县部署，对南粤古驿道进行修复保护和活化利用，重点做好“平远川风坳—八尺梅州岃—盐铺潭段”古驿道线路的修复。打造以梅州岃古驿道为核心的精品线路（八尺梅州岃红军路），其中本体修复7.2千米，连接线修复4.3千米。在古驿道本体沿线修建3处观景亭，分别命名为立志亭、争高亭和粤赣亭。对古驿道沿线6处重要遗址进行修复，分别是马栏铺红军宣讲旧址、梅州岃驿亭、八尺老圩红色邮局、红军墙、八十八磴、云风亭。完善古驿道附属配套设施建设，新建3处驿站，分别是八尺圩镇进士公园一级驿站、角坑村委会的二级驿站以及梅州岃二级驿站，驿站融合文旅推介服务区、休息区等多个功能。

【酒业】　2018年，八尺镇围绕酒业特色小城镇创建工作，积极推动产业升级转型，加强对品质的把关，打响八尺酒“原浆纯粮酿造”的口碑。全年实现生产米香型白酒6000多吨，娘酒2500多吨。对标《梅州市特色小城镇创建导则》，委托梅州市城乡规划设计院编制八尺镇酒业特色小城镇发展建设规划和产业培育规划，完成规划初稿。推动酒业特色小城镇招商事宜。推动酒业科技创新，加强与高校、科研机构的政产学研合作。成功申报广东省酒业技术创新专业镇。发挥八尺镇酒业协会作用，规范行业生产经营行为，实现抱团发展。完成酒协换届选举，换届后会员增至49家。发挥禾米香、八珍娘、大客丰、好八方等龙头酒企示范带动作用。通过举办2018年南粤古驿道定向大赛第七站的赛事和平远县酒香节优质特色农产品展览会，进一步打响八尺酒镇品牌。

平远县酒香节优质特色农产品展览会现场

【农业】　2018年，八尺镇大力发展特色种养产业，打造高端食材养生小镇。完成粮食生产功能区划定工作，保障粮食安全和重要农产品有效供给。重点发展好石金钱龟、白玉蜗牛、铁皮石斛等特色种养项目。加快引导八尺村塘心石金钱龟养殖基地建设，完成100个标准化生态龟池建设，育有种龟1万多只，产值5000多万元。推动白玉蜗牛规范化养殖，实现年产白玉蜗牛1500吨，产值3000多万元。完善铁皮石斛仿野生种植项目，实现石斛大棚种植10公顷（150亩），林下种植16.67公顷（250亩），产值4000多万元。因村制宜，突出“一村一品”，大力发展烤烟、制种、蜜童西瓜、番薯等本地传统优势农作物。推动村集体和农户通过土地、资金等形式入股企业合作经营。启动投资3000多万元的八尺程坑子“三变”示范点建设项目，整合土地资源，制定长期发展规划。

【旅游】　2018年，八尺镇旅游产业初显成效。以南粤古驿道活化利用为契机，深入挖掘古驿道沿线的红色资源，融合八尺的绿水青山和古色古香，在角坑村打造以毛泽东《寻乌调查》红色之旅为主题的梅州岃红军路。重点做好“平远川风坳—八尺梅州岃—盐铺潭段”古驿道线路的修复，打造以梅州岃为核心的11.5千米古驿道精品线路。做好马栏铺红军宣讲旧址、角坑红军墙、红色邮局等遗址的保护性修复工作。建设角坑村红色驿站，讲好角坑红色故事，推动角坑红色党建示范阵地建设。推动角坑荷树下田园栈道、二十四节气小广场等多个节点建设，向游客展示古驿道之美、乡村振兴之美、红色党建之美以及乡村古韵之美。不断完善旅游公共服务设施，在黄沙村、八尺村新建、改造2座旅游厕所。做好餐饮住宿等旅游配套服务，鼓励群众参与到全域旅游中，发展农家乐、客家民宿等。推动“旅游+体育”的发展模式，成功举办2018年南粤古驿道定向大赛第七站暨《寻乌调查》红色之旅赛事，并举办梅州籍足球名将支教活动，同时联动举办平远县酒香节农产品展览会，通过双节会叠加效应，吸引来自各地2万多名游客，进一步扩大八尺的名气。

【民生实事】　2018年，八尺镇完善镇村公共服务站建设，加强镇村公共服务中心的人才引进和培训，提升农村公共服务水平。加快推进公共服务平台各类机构的业务整合力度，将“一门一网式”政务服务系统延伸到镇村公共服务中心（站），促进联系服务群众“最后一公里”问题有效解决。完成除八尺卫生院医疗覆盖范围内的八尺村和社区居委会外的10个村卫生站公建化建设。推进家庭医生签约服务，完成对12个村（居）全部贫困户、残疾人、计生特殊家庭共515户的家庭医生签约服务，并为对象提供免费健康体检。做好城乡居民医疗保险工作，实行“基本医保+大病保险+医疗救助”三重保障制度，大幅度提高报销水平。投资43万多元对敬老院进行修缮，建设角坑村、黄沙村居家养老服务站，推进养老服务机构建设。

【精准扶贫】　2018年，八尺镇以完善贫困户“八有”条件，积极发展优势产业、带动贫困户稳定增收为抓手，全面推进各项扶贫工作。全镇贫困户104户330人，实现脱贫

102户322人，脱贫率98%。有劳动能力贫困户人均可支配收入18261元。“三保障”政策有效落实，全镇建档立卡贫困学生45人，义务教育入学率100%，生活补助发放率100%。建档立卡贫困户全额参加城乡居民医疗保险。为16~60周岁（非在校生）贫困户代缴城乡居民基本养老保险。全镇41户无劳动能力贫困户，全部纳入低保、五保。完成2018年11户贫困户危房改造任务。加强对贫困户的产业就业帮扶，落实好县“两奖补”政策，全年发放种养奖补资金47万元。筹集145万元资金实施光伏扶贫项目。组织3场技能培训，参加人员140人，培训率96%。

【基础设施】 2018年，八尺镇推进交通公路、水利设施建设。启动国道358线八尺段建设前期征地工作。稳步推进“四好农村公路”建设，实施一批村道硬底化建设项目。新增道路硬底化10.2千米。完成肥田村新屋下桥梁建设。实施一批村道修复和扩建项目。对八尺村坝子里到角坑村委会约3千米道路扩宽至6.5米，在角坑至留车段增设10余处会车点，解决会车难的问题。不断完善村道绿化亮化工程建设。投入751.35万元实施村村通自来水工程，做好自来水扩网和水质提升工程，完成90%，受益人口11500多人。推进冬修水利项目，建设一批“三面光”圳道，做好山塘、水库的管护工作。投入100多万元实施水库移民后续扶持项目，完成楼前移民安置区种植烟叶交通道路工程、樟田村樟陆移民自然村机耕道工程和李坑移民自然村维修交通道路崩塌基础路坎工程。

【宜居城乡建设】 2018年，八尺镇突出生态宜居，全力推进镇村建设。1.完善城乡建设规划。完成八尺总体规划中期修编工作，进一步完善圩镇总规、详规及控规等建设项目的规划工作，通过专家评审。根据“一村一规划”的原则，对全镇11个行政村进行美丽乡村规划，完善乡村规划“三张图”设计。城乡规划报建81户，经审核发放城乡规划建设许可证62户。推动城乡建设综合巡查常态化，扎实开展整治违法建设违法用地“雷霆行动”，全年查处违法违章建房6宗。2.加快推进“三清三拆三整治”。发挥村党员干部、村民理事会作用，开展“三清三拆三整治”行动，改善村庄人居环境。全镇应拆除面积182038平方米，已丈量118522.6平方米，已拆除81312平方米，完成外立面改造580户，完成厕所改造75户。其中黄沙村和排下村“三清三拆三整治”基本完成。3.创建新农村示范点。依托南粤古驿道活化利用项目，打造角坑村作为乡村振兴示范点。对角坑村进行整体建设，工程以马栏铺、梅州岃、旧校舍修缮改造为重点，突出红军文化、古驿道文化、党建文化元素，新建红色文化展厅，打造成红色驿站，设立镇党校分校。将角坑村打造成具有最纯正红色基因的党建示范村和最生态美丽的新农村。黄沙、排下村“三清三拆三整治”、客家外立面改造基本完成。其中，黄沙村党群服务楼是集居家养老服务站、标准卫生站和公共服务站的一体化项目12月建成。4.做好城乡人居环境整治工作。（1）按“户分类—村收集—镇转运—县处理”的模式，抓好垃圾处理工作。（2）加大环保意识宣传力度，印制发放宣传品《美化八尺城乡环境倡议书——致全镇人民一封信》4000份，进一步提高群众的环境保护意识。（3）规范巡查制度，加强环境卫生巡查监管力度，全年出动巡查力量300多人次，对各村整体环境卫生状况进行考核。5.保护绿色生态环境。深入开展“绿满八尺”大行动，做好林业资源培育工作，加大荒山和残次林改造，实施凤头林混改造项目。继续做好南塘白石岃矿区复绿项目。对八尺村河堤植被进行升级改造，做好梅州岃道路两边的绿化项目。全年种植枫树、林荷、橡子树等3万多株，杉木15万株，四旁植树5.6万多株。鼓励群众耕山致富，带动群众种植油茶12公顷（180多亩）。推动“河长制”巡河常态化，落实河道管理责任制。加大对酒业、养猪业排污行为的整治力度，全面关停禁养区范围内的养猪场。

【社会维稳】 2018年，八尺镇完善综治“中心4+”建设工作，开展扫黑除恶专项斗争，稳步推进“平安八尺”建设。完善社会矛盾调解机制，加强综治信访排查工作，将矛盾纠纷化解在萌芽状态。引导各村村民理事会建设工作。推进“七五”普法工作，不断提升全民法治观念，推动法治建设，促进“一村一律师”制度有效落实。强化安全责任落实，充实巡查队伍，加强安全生产、食品安全、消防安全、自然灾害防治等领域的监管，加大隐患排查整治力度，完善应急预案，加快推进削坡建房整改工作。

【党建工作】 2018年，八尺镇党委紧紧围绕“抓党建、夯基础、促发展”的工作思路，全面落实新时代党的建设总要求，推动全面从严治党落到实处。1.抓学习，强信念。狠抓党员政治理论学习，组织学习习近平新时代中国特色社会主义思想、中共十九大精神。2.明方向，严纪律。不断加强党的政治建设，坚决维护以习近平同志为核心的党中央权威和集中统一领导。坚决全面彻底肃清李嘉、万庆良恶劣影响。加强党对意识形态工作的领导，严格落实意识形态工作责任制，注重基层意识形态阵地管理。3.强队伍，促规范。严格落实基层组织建设三年行动方案，切实提升基层组织建设。不断加强党员干部队伍建设，严格党员发展程序。优化村（社区）党组织设置，开展支委增选工作。实施“头雁”工程。规范党内组织生活，完善党建工作“一月一研办”制度。成立镇级党校，并在角坑村设立镇党校分校。推动排下、黄沙、八尺、角坑党建规范化建设，打造村级红色党建示范点。4.转作风，抓整改。持续深入开展党风廉政建设，落实党风廉政建设目标责任制。强化警示教育，从曾志权案中吸取教训。开展以“加强党的政治建设，营造良好政治生态”为主题纪律教育学习月活动。落实基层正风反腐三年行动方案，深入推进农村基层党员干部违纪违法线索排查工作。落实好市交叉审计反馈问题和中央第八巡视组对广东巡视、广东第十二巡视组对梅州巡视反馈意见整改工作。（八尺镇党政办）

2018年度八尺镇领导班子成员名录

党委书记：林　松
党委副书记：卓　巩　吴雨华　钟佛招（女）
党委委员：林　松　卓　巩　吴雨华　钟佛招（女）　吴钦福　余　赞　张文让　肖　三　陈　毅
人大主席：沈燎原
人大副主席：韩芳丁
镇　长：卓　巩
副镇长：吴钦福　朱炯辉　林东亮

河头镇

【概况】 河头镇位于平远县中部，东邻东石镇，西接八尺镇、中行镇，北靠仁居镇，南连大柘镇，济广高速连接线直达圩镇，是县城饮用水水源地，界域面积82.42平方千米，辖9个村民委员会、80个村民小组。2018年年末，全镇户籍人口2988户、10865人。2018年，全镇实现生产总值1.95亿元，比增1.4%；农业总产值1.06亿元，比增3.9%；工业总产值5633万元，比降12.3%。河头地处有“粤东明珠物种宝库”之美誉的龙文—黄田省级自然保护区核心区。

【人居环境】 2018年，河头镇紧扣“干净整洁村、美丽宜居村、特色精品村”三级创建标准，结合“美丽河头·美好家园”行动，突出重点，以清拆、整治、提升为抓手，全力推进农村人居环境整治工作。1.抓清拆。通过召开乡村振兴工作会议，制定“三清三拆”全域推进工作方案，以先进表彰、末位表态的奖惩机制，依靠党群理事会、户长会动员群众，在全镇各村掀起一场你追我赶、争当先进的“三清三拆”热潮，至年底，全镇9村清拆危旧房屋86792平方米，其中，省定贫困村向阳村累计拆除危旧房2万多平方米，向阳、田心两村建成干净整洁村，其余7个村基本完成“三清三拆”。2.抓整治。坚持先整治后提升，雷令风行和久久为功相结合，以农村垃圾治理、村容村貌提升为突破口，扎实开展“双创”“两美”行动。建立健全路段长、河段长和镇村两级保洁长效机制，组织12场镇村干部环境卫生综合整治活动，聘请镇级保洁员5名、配套保洁车辆5辆，新增垃圾桶80对。推进房前屋后环境整治工作，清理村巷道8760米、垃圾265吨，清理沟渠17780米、鱼塘18500平方米。坚持不懈推进农村“厕所革命”，注重规范农村新建房外立面统一标准，完成对“火柴盒”民房外立面改造近300户。3.抓提升。挖掘红色文化和将军文化，打造陈学生烈士故居、田心村将军老屋、党建公园等一批红色教育基地。绘制总长约1千米的文明墙画，营造浓厚的文化氛围。因地制宜修建、打造入镇门牌、黄田村址公园、田心村村牌、向阳村农耕公园、神角头公园、杞树生态停车场等一批群众呼声高、受益大的景观节点，正在实施黄田村河道治理、蒽茅坪古驿道活化利用、双溪村船头公园、河清村亲水公园等项目建设。

黄田村址附近的公园一角　　（韩琴摄于2018年）

【精准扶贫】 2018年，河头镇脱贫攻坚高效推进。紧紧围绕“两不愁三保障一相当”目标，多方筹集和积极安排资金，助力贫困户脱真贫、真脱贫。2017—2018年度发放教育补助金33人12.3万元；贫困户医疗保险及农村养老保险参保率100%；2018年贫困户危房改造计划完成18户，实际验收18户，完成率100%。对建档立卡贫困人口中完全或部分丧失劳动能力且无法依靠产业扶持和就业帮助的脱贫人口5户9人全部纳入低保，落实兜底政策。全年累计筹集帮扶资金208.5万元，投入帮扶资金208.09万元，实现脱贫78户227人，脱贫率96.3%。

【基础设施】 2018年，河头镇基础设施日臻完善。围绕群众最关切的道路畅通、饮水安全、污水处理、农田灌溉等民生问题，推进道路拓宽硬底化、村村通自来水、雨污分流、冬修水利等工程，不断完善基础设施建设。新建柏树塘至潭背沿河路，扩宽硬底化黄田村黄田排沿河路、河头村寨下桥至柏树塘沿河路、田心村村牌至老垃圾中转站沿河路、向阳村垂青沿河路、向阳村潭背片村道、垂青片村道、杞树片村道，县道965线双溪村段等9条道路，正在实施象牙村西洋公路硬底化工程，镇域乡村路网更加完善，交通更加便利。村村通自来水工程，完成85%。雨污分流及污水处理工程有序推进，向阳村上塘污水处理设施、潭背污水处理设施建成启用，垂青、杞树等污水处理点加快建设。大力实施东西灌圳修复工程，打通河头、田心、向阳农田灌溉的大动脉，解决遗留多年的问题。

【惠民政策】　2018年，河头镇惠民政策全面落实。城乡居民基本医疗保险和居民基本养老保险保持全覆盖，城乡居民医保征缴任务数9150人，实际完成8000多人，完成率90%，基本实现全民医保；缴交城乡居民养老保险5000多人，实现60周岁以上人员100%参保。全年发放低保保障金103.17万元、80周岁以上老人津贴16.06万元，发放大病救助款24.42万元。有效推进计生“三结合”项目，采用“合作社+农户”的生产模式，在河头、田心和双溪村发展4公顷多（60多亩）种养产业，帮扶计划生育家庭53户。扎实推进第二次全国污染源普查工作，全面推广农业面源污染治理工作，全年两季水稻种植670.47公顷（10057亩），农药用量减幅30%。有力防控非洲猪瘟等重大动物疫病，不断巩固在禁限养区取得的成果，严格执行镇村干部包干到户整治养猪业制度，发放禁养区生态补偿款14.7万元，发出《给群众一封信》900多份，禁限养区退养55户，拆除33户猪舍约5500平方米。

【科教文卫】　2018年，河头镇科教文卫扎实开展。全面完成9个村级卫生站升级改造建设，按要求配齐38种基本医疗设备，人口和计划生育工作整体水平不断提高，人口自然增长率5.18‰。教育事业全面发展，中小学积极落实“县管校聘”改革试点，全面完成教师竞聘工作。在市、县金融单位的大力支持下，多方筹集资金65万元，完成河头中心小学运动场提升改造工程，建成塑胶跑道1条，标准5人足球场、篮球场各1个，进一步完善学校的硬件设施。河头中心小学在教学质量检查中，获得全县第二名，评为该年度教学质量优胜单位和教育管理先进单位。9个村的农家书屋实现规范化管理，实现村村有休闲娱乐广场。广泛开展群众喜闻乐见的文化活动，举办春节文艺晚会、元宵活动、2018年平远县群众文艺创作获奖作品巡演，全年电影下乡10多场。鼓励发展民间文体团体，成立田心村老人乐队，各村广场舞队、河头镇合唱队及篮球队等，丰富干部群众业余文化生活，形成良好的社会风尚。

【产业发展】　2018年，河头镇始终把产业发展放在重中之重的位置，因地制宜发展立体农业，不遗余力培育龙头企业，千方百计发展绿色产业。1.立体产业取得新突破。依托传统产业，引进产业公司采取“公司+基地+农户”“合作社+基地+农户”模式，大力发展“山上种植山苍子和油茶、林下种植生态石斛和灵芝、山腰种植三华李、山下发展制种和蔬菜”的立体产业。河头三华李成为市场的“香饽饽”，盒装精选果借助“互联网+”远销全国各地，深受消费者青睐，通过合作社整合带动，全镇种植面积400多公顷（6000多亩），年产值近5000万元。“甜蜜产业”发展得红红火火，蜜蜂养殖4000多箱，蜂蜜年产量4万多千克，年产值160多万元。水稻制种、高山茶油、黑皮冬瓜、河头咸菜等一批水乡品牌获得市场高度认可，品牌效益显著提升。2.集约产业呈现新态势。以农村土地确权颁证为契机，大力宣传土地流转政策，扎实推进土地流转工作，不遗余力发展集约产业。镇村引导成立专业合作社，采取“公司+合作社+基地+农户（贫困户）”的模式，一期流转土地3.33公顷（50亩），二期计划流转土地20公顷（300亩），种植茄子、丝瓜、西红柿等“订单式”有机蔬菜。鼓励发展电商销售，培育和培训一批生产经营型、专业技能型和社会服务型的职业农民，全年组织技能培训班2场，培训学员103人次。引进、培育一批新型农业经营主体，支持成立种养、水产等专业合作社，通过“合作社+农户”的模式，示范带动群众，发展新型农业。3.绿色产业成为新引擎。牢固树立绿水青山就是金山银山理念。依托河头的自然资源禀赋优势，结合乡村振兴战略，因地制宜，因势利导，写好红色文化和绿色文化两大文章。积极探索稻田混养新模式，推广稻花鱼、稻花蟹等绿色种养产业。不断夯实全域旅游根基，投入1500多万元推动进镇大道、河头河一河两岸景观节点提档升级，建成启用镇级旅游驿站，鼓励发展民宿、农家乐、蔬果采摘园，绿色产业逐步成为经济发展的新引擎。（河头镇党政办）

2018 年度河头镇领导班子成员名录

党委书记：姚　蓝（任至2月）
　　　　　李文锋（2月起任）
党委副书记：陈瑞平（任至10月）
　　　　　王云峰（10月起任）　郭　亿
　　　　　凌宏文
党委委员：姚　蓝（任至2月）
　　　　　李文锋（2月起任）
　　　　　陈瑞平（任至10月）
　　　　　王云峰（10月起任）
　　　　　郭　亿　凌宏文　林　晓（女）
　　　　　李冬利（女）　凌远强　张全华
　　　　　刘国贤
人大主席：杨健书
人大副主席：陈洪华
镇　　长：陈瑞平（任至10月）
　　　　　王云峰（10月起任镇长候选人）
副 镇 长：李冬利（女）
　　　　　罗　曦（3月当选）　肖　鸣

中　行　镇

【概况】　中行镇位于平远县西部，距县城14千米，国道206线贯穿其间，东邻河头镇，西接江西省寻乌县丹溪乡，北靠八尺镇，南连大柘镇，界域面积74平方千米，辖良畲、仲石、儒地、中行、官坑、快湖6个村民委员会、51个村民小组。2018年年末，全镇户籍人口2738户9015人。其中，农业人口6643人；非农业人口2372人。2018年，全镇实现生产总值1.75亿元，比增1.5%；农业总产值7760万元，比增3.8%；工业总产值1.33亿元，比降3.7%；镇级财政收入110多万元，比增7.8%。

【特色农业】　2018年，中行镇完善科技体系建设，发展精致高效农业成效明显，利用科技示范户辐射带动周边群众发展种养，引导金穗山庄采取“企业+基地+农户”模式，鼓励群众种植黑糯米233.33公顷（3500亩），全年新种植脐橙66.67公顷（1000亩），不断巩固提升以油茶、脐橙、南药等为主的绿色农业，加快现代农业产业化进程。

【基础设施】　2018年，中行镇挖补修复中横公路、县道042线中行到仲石和县道 966线仲石到良畲路段，新建快湖村1.9千米村道硬底化工程，顺利启动国道206线绕城道路良畲段建设项目工程。完成1.4千米圳道建设和铺筑河堤护脚混凝土挡土墙230立方米，完成快湖村1.6千米河道护坡工程，基本完成6个行政村30个工程点的村村通自来水工程项目。新建镇级污水处理设施，完成管道铺设工程。不断完善圩镇公园设施建设和河道两岸步道工程建设，完成环镇路95盏路灯安装。打造完成环镇路三角地休闲花园建设。完成圩镇市政消防栓建设，镇机关、各企事业单位和各村委会火灾隐患整治工作全面完成。

【乡村振兴】　2018年，中行镇全面铺开

"三清三拆三整治"工作，全镇6个行政村拆除危旧房560多间6万多平方米，拆除废弃猪牛栏、露天厕所等450多间9000多平方米。其中省定贫困村快湖村拆除杂房和露天厕所150多间4000多平方米，拆除危旧房80多间1万多平方米，完成瓦面改造4.26万平方米及外墙改造3.68万平方米。不断改善镇村环境，全面推进"河长制"，切实做好废旧矿山的环境治理，完成废旧矿区浆砌挡土墙、修筑原土挡土坝、铺筑混凝土排水渠以及栽植乔木等项目建设。完成养猪业污染整治，关停16家养殖场。

【民生工程】 2018年，中行镇精准扶贫精准脱贫工作有序推进，2018年脱贫贫困户24户58人，发放扶贫小额贷款资金额，落实县新时期精准扶贫"两奖补"政策，全年完成贫困户危房改造28户，完成率100%。完成规模120千瓦的快湖村光伏发电扶贫项目，为贫困户及村集体带来稳定持续可观的收益。不断加强公共服务建设，完成镇文体康园托老中心建设，顺利完成村卫生站升级改造，不断提升基层医疗卫生服务水平。

【综治工作】 2018年，中行镇全力营造扫黑除恶专项斗争良好氛围，通过群众举报、明察暗访、信访案件排查等方式，自办查处、办结案件4宗。扎实做好综治信访维稳工作，全年受理信访案件和矛盾纠纷21宗，办结21宗，全镇综治信访形势持续稳定。

【党建工作】 2018年，中行镇深入学习习近平新时代中国特色社会主义思想和中共十九大精神，认真宣传贯彻习近平总书记视察广东重要讲话精神，坚持党对一切工作的领导。坚决全面彻底肃清李嘉、万庆良恶劣影响，以及朱某某、林某某等对政治生态的不良影响。全面落实基层党风廉政建设责任制，严格执行中央八项规定，认真查摆和整改"四风"等方面存在的突出问题。切实加强镇村"三资"平台和惠民平台建设，依法依规完善和规范资产资金运行。着力抓好"直联"工作，全年各驻点团队共驻点接访群众338人次，联系走访群众2092户8122人次，召开群众座谈会53场次，受理群众反映的村道建设、农田水利、土地纠纷等问题95个，办结率100%。　（张捷峰）

2018年度中行镇领导班子成员名录

党委书记：韩洵轩
党委副书记：杨炳伟　陈运广　谢　翔
党委委员：韩洵轩　杨炳伟　陈运广　谢　翔　凌伟强（任至1月）　饶宏恩　李国礼　王仲基　张国权
人大主席：杨　志
人大副主席：张添珍
镇长：杨炳伟
副镇长：饶宏恩　刘益斌　谢春红（女）

上　举　镇

【概况】 上举镇地处闽粤交界处，位于平远县东北部，东临泗水镇，南接东石镇，西与差干镇、仁居镇相连，北与差干镇、福建省武平县下坝乡交界，距县城33千米，是广东省森林小镇，界域面积98.6平方千米，耕地面积461.48公顷（6922.2亩），山林面积8666.67公顷（13万亩），下辖6个村民委员会、53个村民小组。2018年年末，全镇户籍人口2019户7507人。其中，农业人口6051人；非农业人口1456人。2018年，全镇实现生产总值1.9亿元，比增1.8%；农业生产总产值8600万元，比增3.8%；工业生产总产值7610万元，比降5.8%；新增固定资产投资1167.7万元，比增10%；财政税收收入146万元，超额完成县下达任务数。

【农业产业】 2018年，上举镇乡村产业格局逐步形成。结合本地实际和资源优势发展林下经济产业，八社村引进梅州市绿盈生态农林科技有限公司流转林地666.67公顷（1万亩）；畲脑村成立仙水堂生态园种养专业合作社，种植灵芝、何首乌等经济作物46.67公顷（700余亩）；符坑村引进金正牧生态农业有限公司种植百香果、黑老虎等经济作物13.33公顷（200余亩），“一村一品”发展格局逐步构建。培育新兴产业，巩固壮大传统产业，不断扩大以上举脐橙、龙文油茶、文裕梅菜等为特色主导产业的种植规模，切实抓好质量管控、产销对接等工作，力促农业增效、农民增收。

【精准扶贫】 2018年，上举镇全力实施精准扶贫，扎实推进脱贫攻坚工作。1.全镇实现脱贫99户267人，脱贫率90.5%。落实建档立卡贫困户子女教育补助35人；全镇贫困户均由县财政统一购买2019年度农村合作医疗，年满16周岁以上的非在校生贫困人口260人统缴社会养老保险；全镇完成危房改造贫困户57户，其中2018年8户，均改造完成并通过验收。2.建立产业就业机制。坚持精准施策，投入23.7万元帮助贫困户扩大再生产，发展各类种养项目，投入82万元发展新兴产业，通过入股分红、订单、务工等方式带动贫困户增收；通过就业培训和就业招聘会等帮扶措施助推有劳动能力贫困户实现就业74人，就业率76.3%。3.资金管理到位。全镇扶贫资金到账433.65万元，其中“631”资金201万元。投入使用371.77万元，其中“631”资金投入使用195.18万元，使用率97.11%。

【巡察整改】 2018年，上举镇落实巡察整改问题整改，努力营造良好政治生态。县委第二巡察组进驻该镇，对巡察反馈的20个问题，该镇高度重视，及时成立整改工作领导小组，对存在问题进行认真梳理，制定整改责任清单，明确工作职责，倒排整改期限，切实抓好立行立改，各类问题基本整改完毕。该镇切实抓好省委第九巡视组巡视梅州和省委第八巡视组巡视平远反馈意见的整改落实，及时召开会议传达相关文件、会议精神，按照要求制定整改落实方案，建立巡视反馈意见分项整改台账，明确整改任务、责任部门、整改时限等，确保按时保质完成整改。通过对巡察反馈问题和巡视反馈意见的整改落实，干部工作作风得到有效改进，机关工作效能得到提升，风清气正的良好政治生态得到强化。

【美丽上举建设】 2018年，上举镇乡村振兴工作稳中求进，美丽上举雏形初显。1.“美丽上举”行动深入推进，集中力量实施旅游公路沿线、新农村示范村等重要节点的民居外立面改造工程，累计完成改造近1000户。2.以创建森林小镇和县大力开展“两美”行动为契机，突出抓好路边、河边、山边、屋边的绿化、亮化、美化工程。在畲脑三段至圩镇沿线种植樱花、红叶石楠、三角梅、杜鹃、玫瑰等17种观赏性植物4.6万余株，在政府大楼、上举文体广场入口、畲脑三段等节点实施亮化工程。

八社村赤城新农村一角 （林庄 摄于2018年）

【镇村建设】 2018年，上举镇全面推进“三清三拆三整治”工作。通过宣传发动、党员带动、村村联动，取得明显成效。拆除危旧房屋等8.7万平方米，完成率92%，完成垃圾清理260多吨，完成生活垃圾、生活污水、水体污染整治120宗，完成改厕288间。通过加强农村建房日常巡查监管，杜绝“两违”现象和行为的发生，引导群众按照“三张图”和村庄整治规划有序建房。

【基础设施】　2018年，上举镇乡村硬件设施进一步完善。1.整合各种资源，完成上举村河堤防护设施建设、一河两岸绿化亮化美化工程、石角路节点打造及大水等3个小停车点建设。完成八社村综合性文化活动中心建设、虎踞整村搬迁安置点配套设施建设、赤城污水处理配套设施建设，以及石岭、苏坑、咸水小广场建设和塘里小停车点建设等工程，为群众日常生产生活提供优美条件。2.推进“四好”农村公路建设，着力完善镇村道路路网。2018年完成2.9千米村道硬底化工程、11.9千米绿道建设工程、1.6千米路基工程以及4.3千米村道拓宽工程，协助县交通部门完成上举双门至差干罗车旅游公路前期测设工作。完成文裕村正化庵、八社村苏坑至大割道路路基工程。

【水务建设】　2018年，上举镇推进水务重点工作。村村通自来水建设工程量完成近九成，新建陂头9座，新建蓄水池7处160立方米，完成过滤设备安装19宗，完成管沟开挖及管网铺设约11千米。镇级污水处理设施完成主体工程，铺设管网1.7千米。完成村级污水处理点建设2处，推进八社村胜城污水处理点建设工程。为切实增强河道行洪能力，对下举河中下游实施清淤疏浚工程，以扩大河道过流断面，增强河道过流能力，有效防控洪灾发生。在上举村石角新村里、寮坪里实施崩岗治理工程，建拦沙坝2座，合计库容2200立方米，有效控制下游河床淤积物的增加。

【乡风文明建设】　2018年，上举镇乡风文明治理持续强化。通过多方筹集资金，上举、八社完成25座老祖屋的修缮改造，弘扬乡贤事迹、村规民约、家训家规的宣传阵地得以进一步打造；广泛开展星级文明户、文明家庭等评选活动，2018年评选出星级文明户88户、平安家庭3户、自强不息好少年2名、市级道德模范2名；全年举办各类型文艺会演6场，通过对社会主义核心价值观的弘扬，乡风文明得到持续有效改善。

【社会保障】　2018年，上举镇各项社会保障事业有效推进。1.健全基层医疗卫生服务体系。建立基本药物制度，实行药品零差价，大幅减轻群众用药负担；新建或改建完成6个村公建民营卫生站，统一备置38种医疗设备并投入使用；坚持医护人员进村入户送医送药，扎实推进家庭医生签约服务工作。全部适龄儿童免费接种一类疫苗，接种率100%。2.不断强化社会保障。实施“全民参保登记计划”，全镇城乡居民医疗保险参保人数5761人，完成率93.5%。推进危房改造工作，2018年该镇农村低收入危房计划改造户14户，全部完成改造并通过验收，完成上级下达的工作任务，让住房困难群众真正得到实惠。对敬老院实施整体修缮工程，进一步改善在院孤寡老人的日常居住条件。3.做好社会治理工作。牢牢掌握意识形态工作领导权，扎实开展扫黑除恶专项斗争行动。镇调委会全年受理人民调解案件16件，均成功调解。进一步完善“中心+网格化+信息化”工作，对全镇进行定格、定人、定职、定流程。切实加大企业生产、消防、交通、食品药品等领域的隐患排查力度，防范遏制重特大事故发生。4.切实加强生态资源管护。加强对乱砍滥伐、非法收购木材等行为的巡查监管力度，全镇林业资源得到较好的保护，连续40年未发生森林火灾。配合县林业部门做好龙文—黄田自然保护区内人工杉林的蓄积核实工作和生态补偿金发放工作。经济普查、退役军人信息采集、工青妇、扶弱助残、文教体、应急避险等工作同步推进。

【党建工作】　2018年，上举镇抓好干部日常学习，切实加强政府建设。结合推进“两学一做”学习教育常态化制度化和机关干部“夜读夜学”活动，持续深入抓好中共十九大精神、习近平总书记视察广东重要讲话精神等的学习宣传贯彻，要求全体镇村干部紧密结合基层工作实际，围绕“学懂、弄通、做实”，深入开展“大学习、深调研、真落实”。多措并举，多管齐下，全面彻底肃清李嘉、万庆良恶劣影响。始终坚持党委领导、人大监督，对重大决策、重大项目及时向党委汇报、向人大报告，对党委决策、人大决议坚决执行，对人大议案、代表建议及时办理。对机关管理制度进行重新修编，严格贯彻落实中央八项规定精神，持之以恒抓好正风肃纪，始终在思想上政治上行动上同以习近平同志为核心的党中央保持高度一致。通过切实加强自身建设，政府良好形象得到进一步树立。（上举镇党政办）

2018年度上举镇领导班子成员名录

党 委 书 记：张教东（任至2月）
　　　　　　谢沐雄（2月起任）
党委副书记：何东生　张小明
党 委 委 员：张教东（任至2月）
　　　　　　谢沐雄（2月起任）
　　　　　　钟伟锋　何东生　张小明
　　　　　　吴益华　丘俊龙　韩芳明
　　　　　　张　桂　吴中杰
人 大 主 席：王云峰（任至10月）
人大副主席：廖晓阳
镇　　　长：钟伟锋
副　镇　长：吴益华　谢长亮　曹锋玫（女）

泗　水　镇

【概况】　泗水镇位于平远县东北部山区，东邻蕉岭县，西接上举镇，南连东石镇，北毗福建省武平县，界域面积133.8平方千米，辖8个村民委员会、140个村民小组、全镇耕地面积6.16平方千米（9241亩）、山林面积113.33平方千米（17万亩），是平远县的重要林区。2018年年末，全镇户籍人口3198户10848人。其中，农业人口8569人；非农人口2279人。2018年，全镇实现生产总值2.14亿元，比增0.8%；工业总产值1.26亿元，比降7.8%；农业总产值1.11亿元，比增3.9%；完成镇级一般预算收入165.91万元，超额完成年度任务。

【梅畲田园综合体】　2018年，泗水镇梅畲田园综合体项目3月2日正式启动建设，9月28日顺利实现开园，以游客服务中心为主的景观轴打造基本成型，生态河道、生态停车场、田园巴厘、龙颈梯田等景观节点相继完成。田园集市、“山沟沟里的粉”“田园客栈”“归田园居”“铝游家+”别墅等特色经营项目成功上线试运营。传统村落保护工作有序推进，达魁公祠完成修旧如旧；梅畲田园综合体配套基础设施EPC项目完成招投标，白岭至梅畲新建旅游公路完成前期各项工作，加紧推进征地。

【梅畲农旅文化发展有限公司】　2018年，梅州市平远梅畲农旅文化发展在限公司注册资本100万元，由26个股东组成，包括乡贤刘育杰、客天下公司、22个村民小组和村集体、村文春基金，其中22个村民小组村民、村集体和文春基金持股股金均由刘育杰无偿配送，占总股份的33%。梅畲村民通过平远梅畲农旅文化发展有限公司将土地流转到梅畲田园综合体，在每年获取相应的土地流转金后，还可享受到田园梅畲打造带来的红利，真正实现资源变资产，资金变股金，村民变股东。2018年，梅畲农旅文化发展有限公司已经成立耕作队、田园演出队、影视创作队等，吸收梅畲及邻近村超百人为员工。前两年公司为村民发放土地流转金130万元，为100多名员工发放劳务工资160万元，给村民带来实实在在的实惠。

【古驿道修缮】　2018年，泗水镇白岭—梅畲—成文古驿道是古时平远从仁居老县城到蕉岭老县城的比较繁华的商道，全长约23千米，其中梅畲境内15千米。2018年，白岭—梅畲—成文古驿道被确定为平远县重点修缮与活化利用的南粤古驿道线路之一，于10月完成招投标，11月正式启动建设，项目预算投入1006万元，对古驿道和望梅亭、古桥、伙店等历史遗存进行修缮，新建连接线、广场、驿站、观景平台和休息厅，整体形象进度60%。

古驿道修缮现场

【三清三拆三整治】　2018年7月18日，泗水镇召开实施乡村振兴大会部署动员各村“三清三拆三整治”工作，至年底，成立27个村级党群理事会，126个村小组召开户主会议111场，宣传政策并带动村民参与到“三清三拆三整治”攻坚任务中来。该镇摸底统计拆除危旧房屋、露天厕所、废弃猪牛栏等86080平方米，实际完成拆除88396平方米，文贵、金田、大畲、木联、大新、成文等6个行政村顺利通过县委农办达标验收。其中，省定贫困村文贵村完成拆除153户1.19万平方米的危旧房屋、牛猪栏、平房厕所和茅房，完成229户的民房外立面改造任务，包括粉刷外墙3.29万平方米、盖瓦3.97万平方米，完成5座祖祠修缮，全村的“三拆”和外立面改造在10月底率先由县委农办完成验收。

【城乡环境提升】　2018年，泗水镇农村环境保洁常态化开展，生活垃圾100%处理、日清日运；开展“美丽泗水·美好家园”创建行动，完成街道和居民区乱摆乱放整治，商户入行入市经营，圩镇沿线商铺招牌统一规范安装，主要交通道路两旁实施绿化美化工程，在镇政府、各企事业单位办公大楼安装亮化工程，城乡绿化美化亮化净化水平明显提高。梅畲村率先启动传统村落特色民居外立面改造示范工程；整治违法建设违法用地“雷霆行动”深入开展，累计治理违法建设2180平方米，拆除违法建筑1830平方米。

【蓝天碧水保卫战】　2018年，泗水镇调整木材限额采伐管理，提倡多种采伐方式，规范采伐行为，禁止采伐天然林，完成188户，232块，12500立方米林木采伐证的审核发放。做好杉木优良品种育苗工作，通过华南农业大学引进杉木二代改良品种。保护大新、大畲、金田村现有古树资源，开展绿美古树乡村项目建设，把黄竹塘列入首批建设项目。全面实行河长制工作，实行“一河一策、一库一策、一村一策”，辖区内各河段设立24个公示牌，落实年度巡河189人次，发出整改通知书12份，完成整改12次，各村河段长巡河376人次，投入专项行动资金16.6万元，清理河流10.04千米，清理各类漂浮物26.8吨，发现并制止村民电鱼和采砂的情况3宗。对接好农村饮水安全工程，完成6个村村通自来水工程点土建工程。镇级污水处理厂建设完成管网施工，有序推进三防标准化建设项目，结合“三清三拆三整治”和省环保督办交办案件处理1宗违规采沙，2宗生猪违规养殖和1宗牛蛙养殖的案件。

【台风“山竹”防御】 2018年，泗水镇及时通过短信、微信群等新媒体手段发布防台风最新信息，做好地质灾害防治宣传，排查核实地质灾害隐患点，落实监测人和监控责任人，做到镇村干部直接挂钩重点户，发放明白卡5100余张，转移危险区域人员52户117人，台风防御工作圆满成功，做到零伤亡。

【“非洲猪瘟”防控】 2018年，泗水镇了解到外地发生非洲猪瘟疫情后，专门成立镇长为组长的疫情防控领导小组，制定应急预案，全面部署落实“堵、查、消、检”综合防控措施，加强生猪移动监管工作，全面排查生猪养殖、冻肉市场，加强防控宣传引导，强化应急准备，经排查，镇域内未发现非洲猪瘟疫情。

【基础设施建设】 2018年，泗水镇圩镇旅游厕所完成验收并投入使用；各村多方筹集资金完成新农村道路硬底化7.45千米，包括泗水村心内、文贵河田坑和上新、木联长江茇至谷箩墩路段、大新白沙潭至剑门段、高畲至梅畲等。公路部门完成县道038线、乡道123线圩镇—梅畲12千米路面修复，安装农村公路安全生命防护工程28千米；泗水村和梅畲村率先实现通公交。文贵村率先启动村庄规划编制，有序启动新农村建设EPC项目，启动新屋广场和下村广场建设。

【扶贫攻坚冲刺】 2018年，泗水镇落实两级书记遍访贫困户制度，督促“两不愁、三保障、一相当”政策全部落实到位，全年为13名建档立卡户学生发放义务教育阶段生活费补助，为111名建档立卡贫困人口办理城乡居民医疗保险、养老保险的缴纳和落实报销（补助），完成7户建档立卡贫困户危房改造任务，为27个无劳动能力的贫困人口纳入最低生活保障，为10个残疾贫困人口发放生活津贴。全镇累计筹集帮扶资金2163.32万元，帮扶资金使用率93.24%，累计投入帮扶资金2016.98万元，实施户帮扶项目301个，个人项目342个，主要用于产业扶贫、就业扶贫、金融扶贫、资产收益扶贫等方面，实施项目包括贫困户技能培训、发展蜜蜂养殖、香菇和木耳种植，投资入股县工业园区龙头企业、梅州金穗公司和泗水梅畲农旅公司等，扶贫小额信贷工作和光伏发电扶贫项目。2018年全镇建档立卡有劳动能力贫困户人均可支配收入15853元，可实现脱贫人口109人，全镇脱贫率98.2%。

【计生卫生】 2018年，泗水镇出生人数112人，其中：男孩66人，女孩46人，一孩46人，二多孩出生66人；人口出生率为9.17‰，死亡81人，自然增长率2.54‰，出生总性别比143.48。各类证件通过广东人口统筹管理统一登录平台及时办理率100%。继续加大“全面两孩”新政策宣传力度，全力做好卫生设施标准化建设后续工作，获得平安普惠融资担保有限公司广东分公司20万元医疗设施支持，村医全面常态化入驻，卫生院新大楼完成主体施工，推进内部装修工程。

【社会保障】 2018年，泗水镇做好城乡低保工作，该镇有低保户152户319人，全年发放低保金103.15万元，完成低保专项治理，清理44户86人，新增10户24人。提高“五保”供养水平，做好敬老院软硬件设施整改，“五保”老人每人每月生活保障金提高至800元，全年拨出“五保”供养费26.59万元。加强拥军优属工作，重大节日慰问退役军人及现役军人家属，发放慰问金5800元；落实退役军人安置和优抚，全年帮助困难优抚对象18人，发放救济资金15800元，完成200名退役军人和其他优抚对象信息采集工作。做好老龄服务工作，泗水镇残疾人康园中心正式投入使用，配备娱乐活动室、阅览室、保健室、乒乓球室、休息室及厨房，继续为80周岁以上老人发放高龄老人津贴，为414人发放每人每年360元津贴，为2位百岁老人发放每人每年3600元长寿保健金。全年办理城乡居民医疗保险7527人；主动上门为年满60周岁老人完成城乡居民养老保险生物特征信息采集，实现劳务输出178人，举办就业创业暨人社政策宣传活动2次，针对贫困户举办春种花生高产栽培技术培训1期。

【政务公开】　2018年，泗水镇各村成立党群服务中心，建立镇村两级党务政务群众服务体系；政务公开标准化规范化试点工作的全面推进，县镇村四级政务服务体系全面建立，党务、村务、财务和“三资”4类41项信息实行每月或者每季度在惠民信息平台定期更新，74项由县级部门办理的事项下沉到镇村两级办理。各村重建统一规范的党务、村务公开栏，做到表格统一、公布及时、内容齐全、程序规范，完善“阳光村务”，将村务以网络的形式向社会公开，接受监督。

【安全生产】　2018年，泗水镇提高全镇人员安全生产意识，组织全体镇村干部、企事业主要负责人参加“职业卫生培训”；开展安全生产月活动宣传，悬挂宣传横幅13幅，设置安全生产宣传栏9处，发放安全宣传资料1000余份；推进安全生产领域改革发展工作，制定《泗水镇关于推进安全生产领域改革发展的实施方案》，落实安全生产“网络化”管理，设立3级网络和网格员；结合“打非治违”工作加强各类安全专项整治工作，出动检查人员252人次，检查企业84次，发现安全隐患50多处，下发限期整改指令书50多份。加强野外火源管理，确保全年无山火，全年出动巡逻车120次，宣传品1500份，设立森林防火临时检查站4个，检查车辆230次，深入开展交通安全、食品安全、消防安全、烟花爆竹等专项整治，强化日常安全监管，全镇未发生安全生产事故。

【文明村居创建】　2018年，泗水镇启动文明村居三级联动创建，镇综合文化站提质改造正式启动，文贵如湖公祠堂以“三多三促”模式改造为群众文化活动中心，全镇建成综合性文化中心5个，农村文化俱乐部3处，每个中心都有一个小广场、农家书屋、阅报栏、文化活动室。开展丰富多彩、形式多样的文化体育活动。成立民间艺术团队、广场舞队，学习创作和传承文艺舞蹈约8种，举办泗水镇新春文艺演出和实施乡村振兴专题演出等3项文艺活动，组织民间艺术团队参加县2项活动；组织镇级春节篮球比赛6场，指导大畲、木联、大新三村开展篮球友谊赛。成文村、文贵村创建并申报认定第六批广东省古村落。

【扫黑除恶专项斗争】　2018年，泗水镇扫黑除恶领导小组牵头每月召开工作会议，形成每周研判工作机制，部署推进全镇扫黑除恶斗争进度。坚持问题导向，完成中央扫黑除恶第8督导组发现问题和市明察暗访反馈问题的整改。加大宣传力度，全镇施挂扫黑除恶横幅34条，投放户外广告牌2块，进村入户发放和张贴《平远县扫黑除恶专项斗争线索举报奖励通告》6000余份，提升群众知晓率和参与率。该镇按照“有黑扫黑、有恶除恶、有乱治乱”的要求，重点对林业、国土、水务、扶贫、畜牧等行业领域逐一摸排，制定《泗水镇扫黑除恶专项斗争扫建结合八大专项行动工作方案》扫治扫建并举建立扫黑除恶斗争长效机制。全年完成1宗国土违规推填土案和4宗林业滥砍滥伐案办理。

【综治信访维稳】　2018年，泗水镇坚持矛盾纠纷排查调处周例会、信息报送、督促检查等制度的落实，完成接访群众31批76人，接到上级交办信访案件14宗，累计组织矛盾纠纷排查57次，受理信访案件16宗，办结信访案件14宗。全国“两会”期间、“中国农民丰收节”期间、“八一”期间、省委巡视组巡视平远县期间、南粤古驿道定向大赛期间等各类重要节会期间全镇维持社会稳定局面，没有发生一起民转刑案件，没有一起群体性械斗案件。加快“中心+网格化+信息化”建设，各村均安装综治视联网设备，规范网格员事件上传和事件办结，泗水村完成创建省级“无邪教示范村”。

【党建工作】 2018年，泗水镇以“规范化建设”为主题，贯彻落实省、市、县《加强党的基层组织建设三年行动计划（2018—2020年）》，制定《泗水镇党委会议“一月一研判”基层党建工作方案》，研究布置党建重大事项和重要活动，落实“一岗双责”和支部书记述职；实施党建规范化建设，投入50多万元党建工作经费抓好党建阵地规范化、镇委党校复办、梅畲村和文贵村支部党建示范点等项目建设；实施各党支部组织生活规范化提升，对大新村软弱涣散支部整顿，规范党费管理、党员发展和各村“两委”议事决策程序，大力实施“头雁”工程，加强各支部书记党建业务培训，吸收培养一批年轻后备干部。扎实开展纪律教育专题学习活动，各村各部门与镇党委签订党风廉政建设责任书；深入贯彻落实中央八项规定精神，印发《关于进一步加强泗水镇机关干部管理工作的通知》，加强镇机关干部管理，坚持纠治“四风”问题；强化监督执纪，镇纪检监察部门共受理检控类信访举报6件，排查线索9条，立案2件，给予党纪处分1人，组织处置1人，全面开展扶贫领域问题线索“回头看”，深入落实基层正风反腐三年行动。

（泗水镇党政办）

2018 年度泗水镇领导班子成员名录

党委书记：林岳胜
副书记：蔡平 陈连祺 王传麟
党委委员：林岳胜 蔡平 陈连祺 王传麟 张展奎 涂鹏峰 李惠霞（女） 陈文胜
人大主席：洪淦桂
人大副主席：余国运
镇长：蔡平
副镇长：李惠霞（女） 林珊（女） 凌峰（8月起挂职县直单位）

东石镇

【概况】 东石镇位于平远县中部，东邻蕉岭县，西接河头镇，南与大柘镇、热柘镇接壤，北靠仁居、上举、泗水镇，界域面积163.1平方千米，耕地面积1253公顷（1.88万亩），森林覆盖率72%，辖1个社区居民委员会，17个村民委员会、223个村民小组，其中灵水、白岭、太阳村是革命老区。2018年年末，全镇户籍人口10361户35186人。其中，农业人口25817人；非农人口9369人。2018年，东石镇本地生产总值7.02亿元，比增2.5%；工业总产值6.2亿元，比降1.3%；农业总产值2.83亿元，比增3.8%。

【工业】 2018年，东石镇打造具有活力的工业集中区。以省级汽车部件铸造专业镇为依托，不断完善联系帮扶企业制度，研究解决企业发展存在的困难和问题，促进金科新业机械制造、雅玛西电子等企业与高等院校、国内外大型企业的合作，鼓励企业及时掌握最新行业动态及前沿行业技术，以市场为导向，进一步优化产品结构，加快发展汽车配件、机电、电子等品牌产品和拳头产品。优化投资营商环境，实施乡贤投资兴业工程，引进大型工业企业，推进电子、光伏发电、风力发电等绿色工业产业发展，不断提升工业集中区创新活力。平远利天新能源（中华电力）50兆瓦光伏发电站项目（首期）运行稳定，发电效益超出预期；分布式光伏电站项目完成部分屋顶光伏板安装且成功并网发电。

【农业】　2018年，东石镇富民生态农业发展质量有效提升。围绕打造东石“特产小镇”，重点发展茶叶、油茶、花生、金柚等现代富民农业产业。支持金宝树、鸿基生态园、梅州彧园山仁等农业企业开展无公害、绿色、有机等农产品种植，适当扩大种植规模，进行“三品”认证，重点包装“茶叶、油茶、花生、金柚”等优质特色农产品，通过农村电商、农超链接等多渠道销售。加强茶叶、油茶、花生、金柚、改良狼尾草等基地基础设施建设，梅州彧园山仁公司优质牧草仓储基地建成使用，金宝树公司茅坪冷藏库、加工厂建设项目达成初步合作协议。2018年，锅叾茶实现产量33吨、产值780万元，李果产量1800吨、产值300万元，东石花生175万千克、产值3500万元，柚子产量87.5万千克、产值700万元，有效带动农民就业，增加农民收入。

锅叾茶园一角　（摄于2018年4月）

【镇村建设】　2018年，新农村建设全域推进，乡村面貌有效改善。在打好精准扶贫、精准脱贫攻坚战的基础上，着力将锡水、汶水、茅坪3个省定贫困村打造成新农村示范村，“三清三拆三整治”工作进入扫尾阶段，外立面改造和重点项目建设有序进行，村庄基础设施进一步完善。7月起，全域启动人居环境整治工作，确定17个村于年底完成“三清三拆三整治”的任务目标。发挥理事会作用，全镇成立村级党群理事会18个，村民理事会153个。建立镇村干部包片包户工作机制，扎实开展清拆工作。截至11月12日，全镇17个行政村201个自然村应拆除房屋面积35.7万平方米，拆除房屋面积14万平方米，其中锡水、汶水、茅坪三个省定贫困村应拆除房屋面积7.4万平方米，拆除房屋面积7.3万平方米，拆除完成率98.6%；完成外立面改造验收211户，其中锡水78户、汶水50户、茅坪84户；完成项目建设6个，其中锡水完成淦上文化广场、炉丰到新河堤路段水泥硬底化建设，汶水完成新村址至金裕公司村道水泥硬底化建设，茅坪完成1.4千米引水圳道、村委入口至田心路段水泥硬底化、茅坪小学旁垃圾中转站建设。

【基础设施】　2018年，东石镇持续完善镇村基础设施建设。东石镇总体规划方案通过县政府审批。双石村社企农场约1.3万平方米闲置地，完成土地报批程序，正在组织招投标，规划建设镇级电子科技产业园。大屋村沙坝里地质灾害受灾群众安置房储备用地完成土地平整和墙坎砌结工作。东石中心小学新教学楼顺利竣工。观音阁镇级森林公园建设步道修建等工程有序施工。村村通自来水工程取水坝、蓄水池正在动工建设。山区中小河流治理工程全面完工，完成锡水至麻塘、汶水至双石两条河堤景观路路基工程，其中完成水泥硬底化约4千米。完成东石至河头镇际公路东石村圩镇至大水坑段的先期征地工作。戽水坑、青草湖除险加固工程完工并通过验收。汶水广场完善基础设施供村民使用。六福商住小区、六福商业街绿化美化程度得到进一步提升。

【社会保障】 2018年，东石镇重点民生事业全面发展。城乡居民医疗保险和养老保险参保人数实现全覆盖，全面落实低保、五保、事实无人抚养儿童、孤儿及残疾人提标政策，1—10月取消低保368户，1—10月审核上报低保94户。11月在册低保566户，五保88人。1—11月发放低保资金约380万元，五保资金约77万元，1—10月发放医疗救助金约129万元。坚持发布就业信息，开展就业招聘会2场，有力帮助农民工就业。

【平安建设】 2018年，东石镇社会治理全面加强。严格落实安全生产“一岗双责”制度，扎实推进消防、用电、用气、交通、游泳、水利等重点行业领域安全治理工作，全面排查整改安全隐患，未发生重特大生产安全事故，气象防灾减灾体制持续健全，食品药品安全稳定向好。基层应急队伍管理进一步强化，应急物资储备进一步充实。推进社会治安防控体系建设，严厉打击黄赌毒、盗抢、电信诈骗、金融诈骗等突出违法犯罪活动，实现零命案，群众安全感不断增强。全面深入开展扫黑除恶专项斗争行动，多渠道、全方位宣传，形成扫黑除恶浓厚氛围，大力摸排、上报涉黑涉恶案件线索，截至10月底，共收集线索7条，上报县扫黑除恶办3条，其余涉乱、矛盾纠纷案件移交相关职能部门调处办理，实现有黑扫黑、无黑除恶、无恶治乱。全面加强信访维稳工作，积极化解信访积案，截至10月，处理60宗信访案件，有效化解58宗，调处率96.7%，信访维稳形势持续稳定。

【文教卫体】 2018年，东石镇文教卫体事业实现长足发展。开展卫生镇、村创建工作，全镇各村市卫生村创建全面完成，省卫生村还有12个准备评审。加强镇（村）文化建设，投入160多万元完成锡水淦上文化广场、汶水文化广场建设，配套新建休闲亭、文化墙、健身器材，成为周边群众健身休闲的好去处。中小学校、幼儿园教育有序推进，教育质量不断提高，铁民中学2018年度中考成绩排在全县乡镇中学前茅。

【精准扶贫】 2018年，东石镇脱贫攻坚工作稳步推进。1.政策扶贫精准到位。把扶贫作为压倒一切的政治任务，积极动员社会力量参与，全面落实行业政策，下移扶贫重心到组到户。精准实施医疗、教育、社保、移民搬迁等政策性措施，100%落实171户低保户社会保障政策兜底，投入16.81万元对脱贫人口实施医疗救助，投入287.75万元改造或翻修85户贫困户危房，开展困难群众劳动技能培训2次，投入41.18万元给予126名贫困户子女教育生活补助。认真开展精准扶贫“回头看”核查工作，终止精准识别不精准贫困户18户，新增贫困户2户。年底，全镇预脱贫279户774人，预脱贫率98.7%。2.产业扶贫精准务实。注重发挥产业“造血”功能，带动贫困群众增加收入。统筹“631”扶贫资金549.7万元入股梅州彧园山仁、平远威大地、平远县绿宝地等企业、合作社和县生态工业园，发展绿色种养业、光伏扶贫产业等富民产业，拓宽贫困户增收渠道。创新金融扶贫新路，发挥贷款扶贫效应，解决12户有劳动能力贫困户创业资金问题。

【政府建设】 2018年，东石镇政府效能实现新提升。全面落实镇党委决策部署，坚持依法行政，自觉接受镇人大依法监督和社会监督，积极办理2件县人大议案建议、8件县政协提案。坚决贯彻落实中央八项规定精神，驰而不息整治“四风”，加强机关干部队伍管理，实行上班签到制度，开展常态化作风督察，机关作风建设全面加强。深入开展梅州市县级党委异地巡察反馈问题整改工作，聘请有资质的第三方公司代理，帮助查找、整改财务特别是村账方面的突出问题，全面规范财务管理。贯彻落实“放管服”各项改革，全面清理规范中介服务，落实市政府关于取消32项涉企涉民的证明事项，营商环境持续优化。结合“两学一做”学习教育，深入开展中共十九大精神和习近平总书记考察广东重要讲话精神大学习、大宣传、大培训，进一步增强党员干部“四个意识”。做好基层政务公开标准化规范化试点工作，全面推行镇村“一门式一网式”政府服务模式，提高镇村公共服务水平。

【扫黑除恶工作】 2018年，东石镇深入开展扫黑除恶工作，对农村涉黑涉恶腐败和“保护伞”问题进行专项治理，收集线索7条，上报县扫黑除恶办3条，其余涉乱、矛盾纠纷案件移交相关职能部门调处办理，实现有黑扫黑、无黑除恶、无恶治乱。

【党建工作】 2018年，东石镇党的建设全面加强。坚持紧紧抓住镇党委领导班子、24个党组织书记等关键少数，进一步完善党建工作责任体系。标准化规范化建设党支部，5月启动优化党组织设置工作，全面完成18个村（居）的党组织活动阵地规范化建设，其中洋背、凉庭、茅坪、锡水4个党群服务中心建设成为东石镇党建示范点，在明洋村、镇政府、毓秀书院周边打造党建文化宣传节点。镇党委研究出台《东石镇加强党的基层组织建设三年行动方案》，围绕加强党的基层组织建设三年行动计划，打好党建攻坚战。深入开展“大学习、深调研、真落实”活动和“不忘初心、牢记使命”主题教育，结合推进“两学一做”学习教育常态化制度化，教育广大党员干部坚定理想信念，更加自觉地践行党的根本宗旨。深入开展“铭记光辉历史、传承红色基因”革命传统教育，深入挖掘东石红色资源，重点梳理毓秀书院红色革命史、太阳村游击队抗战史、红军烈士革命史、抗日名将黄梅兴抗战事迹等红色革命历史资料，并通过布展、专题党课等形式进行大力宣传教育。做好“书记抓，抓书记”工作，注重发挥“头雁效应”，带动各基层党组织全面实施乡村振兴战略，着力抓好农村人居环境整治工作。抓好白岭村软弱涣散基层党组织精准整顿工作，对白岭村“两委”干部涉嫌截留扶贫资金及冒领种粮补贴等问题交由纪委进行立案查处。做好优化党组织设置和增选支委工作，选优配强村“两委”干部。充分发挥贫困村党组织战斗堡垒作用和党员先锋模范作用，管好用好第一书记及驻村干部，做好贫困户遍访工作。深入开展扶贫领域腐败和作风问题专项治理工作，对影响脱贫攻坚政策措施落实的突出问题，对基层干部群众反映强烈的问题，对损害群众利益的行为，迅速纠正，坚决整改，并举一反三，完善相关措施，将作风建设贯穿脱贫攻坚全过程，确保扶贫工作务实、脱贫过程扎实、脱贫结果真实。

（东石镇党政办）

2018年度东石镇领导班子成员名录

党委书记：何维耀
党委副书记：赖家洪　曹巨锋　王运奇
党委委员：何维耀　赖家洪　曹巨锋
危彬文　邝文兵　古兰标
王运奇　韩益平　刘维蓉（女）
潘昌炎　陈华南
人大主席：李新兰（女）
人大副主席：刘宗泉
镇长：赖家洪
副镇长：危彬文　王贵昌　赖婉红（女）

大 柘 镇

【概况】 大柘镇为平远县城所在地，东邻东石镇和热柘镇，西接江西省寻乌县，南连石正镇和长田镇，北毗中行镇、河头镇，界域面积154.41平方千米，辖3个社区居民委员会、25个村民委员会、266个村民小组。2018年年末，全镇户籍人口87199人。其中，农业人口24854人；非农人口62345人。常住人口约12万人。2018年，各类经济指标增福稳定，全镇实现生产总值14.22亿元，比增1%；固定资产投资1.59亿元，比增21%；一般公共预算收入1377.41万元，比增11%；工业总产值10.59亿元，比降4.3%；农业总产值3.7亿元，比增3.8%。社会消费品零售总额增速与县级持平，呈现经济发展稳中有序，城乡面貌明显改善，民生福祉持续增进，社会大局稳定，干群关系密切，政治生态清明的良好局面。

【城乡建设】 2018年，大柘镇围绕县“一城一区一带”建设要求，推动县城发展整体上档次，在“提质”上做文章，不断提升城市品位。县重点项目建设用地需求得到有效保障。更加侧重于做好重点项目征地拆迁的扫尾攻坚，重点做好南区市场片区项目改造、县旅游综合服务中心的征地拆迁；全力推进南台森林康养小镇用地征收工作；启动城南小学、国道206线绕城段建设的征地拆迁工作；保障工业园区入园项目用地需求，做好凤池水库、瑞梅铁路等重大交通项目的前期准备工作；保障碧桂园二期、优山美地二期、平城花园三期等宜居社区有序建设。城乡管理更加规范、文明。有序推动“国家卫生县城”“全国县级文明城市”创建工作，开展“美丽平远美好家园”城乡环境大提升行动，启动县城“微改造”，注重人居环境提升和城市文化传承兼具，倡导社会主义核心价值观，有效落实“843”行动，延续历史脉络，市容环境得到较大提升，人民群众的满意度和获得感更加立体化和直观化。全年办理建房规划审批219户，有序整治违章建设，拆除违法建设3000平方米。综合生态效益不断释放。深入贯彻落实习近平生态文明思想，有序推进“河长制”工作，落实“五清”治理行动，打击取缔6处洗砂场；推进农村环境连片整治，有序建设农村污水处理设施，完成工程80%；养猪业污染得到有效整治，禁养区整治率100%，限养区整改成效明显；响应“绿满平远”号召，积极实施造林工程，加大火烧迹地的更新和复绿力度。

【乡村振兴】 2018年，大柘镇聚焦“五个振兴”要求，充分发挥党的组织领导核心作用，整合党员、干部、群众力量，带好头，做表率，逐户宣传，广泛发动，全镇上下掀起乡村振兴的热潮。完成坝头、黄沙、田兴3个省定贫困村的村庄规划编制，全力推进“三清三拆三整治”工作，3个省定贫困村累计拆除废弃猪牛栏、露天厕所400间，危旧房1879间，约4万平方米，清理村巷道、池塘、溪河360处、约1万平方米，整治疏浚河道沟塘约10千米，完成外立面改造验收440户；并充分发挥省定贫困村的示范引领作用，以点带面持续推进美丽乡村建设，全镇70%以上的村庄“三清三拆三整治”任务基本完成，累计拆除面积9.74万平方米。推进黄沙村“红色村”创建工作，推进红色历史讲习馆、梅平武工队纪念馆、革命烈士纪念馆、红色文化广场、红色栈道等“三馆一场一栈道”建设，完成梅平武工队和革命烈士纪念馆修缮工程，讲习馆和红色广场正在有序建设。立足资源禀赋，突出产业建镇，依托电子商务加速农业转型升级，通过“企业+合作社+农户”的捆绑模式，与梅州可其山电子商务有限公司订立合作关系，发展“一镇一业”

“一村一品”，带动农户增收增效。

2018年3月，县委书记宋才华（左一）到大柘镇黄沙村调研“红色村”创建工作

【民生改善】 2018年，大柘镇加大民生投入，不断增强人民群众的幸福感和获得感。扎实推进精准扶贫。围绕“账、卡、册、网”达到精准统一开展工作，周密组织开展精准识别“回头看”工作，有序增减贫困人员，经过核准，该镇系统建档立卡贫困户有272户707人。2018年脱贫攻坚项目库拟建项目438个，有劳动能力贫困户基本实现“一户一策”。全镇实现预脱贫260户655人，实现预脱贫率69%。群众关切的问题不断得到解决。推进“四好农村路”建设，完成坝头、田兴村、西河村道路硬底化建设6.25千米；“卫生两基示范镇”项目加快，25个村卫生站建设工作基本完成；“村村通”自来水工程有序建设，梅二、凤池村独立供电区域体制改革顺利推进；削坡建房户“除险安居”工程和危房改造工作基本完成。实施创业带动就业工程，举办就业创业相关技能培训，做好小额担保贴息贷款工作。

【社会治安综合治理】 2018年，大柘镇扎实推进扫黑除恶工作，加强涉黑涉恶线索排查力度，全年落实69条举报线索。抓好信访案件化解和矛盾纠纷排查，加强“中心+网格化+信息化”网格化排查，全年受理178宗信访案件，比增4.09%，在期限内全部办理完毕。落实安全生产“一岗双责”责任制，全年未发生重特大事故。

【精神文明建设】 2018年，大柘镇扎实抓好精神文明建设，深入学习贯彻习近平新时代中国特色社会主义思想，坚持以上率下，层层覆盖，编制印发2500本《大柘镇党员干部学习习近平新时代中国特色社会主义思想手册》“口袋书”，推动学习覆盖全方位，学习效果一体化，在全镇掀起学习贯彻习近平新时代中国特色社会主义思想的热潮。不断涵养提升崇尚文明向上社会风气的良好氛围，注重加强家庭、家教、家风建设，身边涌现一批道德模范、好人榜样；不断加大对文化体育设施的投入力度，全年筹资投入100多万元新建田兴、黄沙、坝头等村文体广场，陆续给各村增加一些健身路径器材，成功协助举办第九届北京国际山地徒步大会梅州·平远站（大柘—石正）徒步活动，组建50多支农村舞蹈队，不断丰富群众的休闲文化生活。

【政治建设】 2018年，大柘镇坚决拥护和执行党中央、省委、市委和县委关于坚决全面彻底肃清李嘉、万庆良恶劣影响的决定部署，通过召开全镇干部大会、民主生活会对照检查、各党支部专题组织生活会等措施，并结合纪律教育学习月活动，全面开展肃清行动，教育引导党员干部牢记“五个必须”，反对“七个有之”，切实做到“三个决不允许”，进一步营造良好的政治生态，创造良好的干事环境。坚持抓牢意识形态工作。牢牢掌握意识形态的主动权，制定《大柘镇党委意识形态工作责任制实施方案》，进一步明确责任分工；全年投入数十万元加强意识形态工作宣传，通过“大柘发布”向社会发声，把好舆论引向；举办“围龙讲堂”活动，更加注重家风、家教、家庭，倡导良好的社会公德、美德；大力开展“三好一正”系列活动，参与“迎新年·颂党恩·展新貌”大合唱；加强对党员干部和基层党组织参教信教管理，全面摸排各村（居）宗教活动场所、民间信仰场所以及参教信教党员干部。狠抓巡视整改工作。全面配合做好中央第十二巡视组和省委第九巡视组、省委第八巡视组巡视平远巡视反馈落实情况，举一反三，对照反馈意见进行摸排，把中央巡视广东反馈的6大方面问题和省委巡视梅州反馈的8大方面问题，分别细化为32个和33个具体问题，逐项落实整改；配合做好全镇审计调查工作，推动审计发现问题得到全面整改落实。

【党建基础】 2018年，大柘镇坚持以加强党的基层组织建设三年行动计划为有效抓手，严格落实从严治党主体责任，为加快全镇振兴发展提供坚强的组织保证。1.抓党建谋发展。优化基层党组织设置，全镇成立5个党总支部，27个党小组，稳步推进5个党总支部、5个党委升格优化，选取3个基层党组织作为党建示范点进行规范打造。健全党建工作制度，全镇28个村（社区）全部制定党组织工作规程，建立健全农村党组织“三重一大”工作机制。印发《关于严格党的组织生活制度的通知》《关于建立“三会一课”纪实报告制度的通知》，通过选派党建指导员、实施台账式管理等举措，提升基层党支部落实“三会一课”的规范化水平。2.抓班子带队伍。实施基层党组织“头雁”工程，选好配强村党支部书记，调整撤换5名村党组织书记，按不低于1：2的比例建立农村党组织书记储备人选。认真做好发展党员工作，确保党员发展质量，全镇新发展党员23人。突出解决好软弱涣散村党组织在班子配备、村务管理、信访矛盾和党组织服务等方面的存在问题，筹集投入40多万元开展集中整顿。加强驻点联系群众工作，全年接访、走访群众3.1万户，入户率95.4%，收集群众反映的各类问题685件，解决、答复667件。3.抓纪律转作风。开展农村党员干部违纪违法线索排查，着重对全镇2015年以来涉黑涉恶腐败问题线索进行大排查，大起底，重点跟踪调查党员干部涉黑涉恶腐败问题的信访件。排查违纪违法线索32条，其中七大类线索29条，转立案线索4条，立案4宗，结案4宗，给予党纪处分4人。加强扶贫领域监督执纪问责工作，开展扶贫领域入户核查“大起底”工作，走访核查281户。 （大柘镇党政办）

2018 年度大柘镇领导班子成员名录

党 委 书 记：赖光亮
党委副书记：颜德华（任至2月）
　　李菲丹（2月起任）　何志宏
　　肖爱兰（女，任至2月）
党 委 委 员：赖光亮　李菲丹（2月起任）
　　何志宏　肖爱兰（女，任至2月）
　　杨玉平（女）　王波旋
　　王淦宏　凌征贤　丘晓钦
　　谢中伟　钟　友　张智华
　　卓标廉
人 大 主 席：李菲丹（任至2月）
　　肖爱兰（女，2月起任人大主席候选人，3月当选）
人大副主席：姚浩明
镇　　　长：颜德华（任至2月）
　　李菲丹（2月起任镇长候选人，3月当选）
副　镇　长：王波旋　王兴健　姚亮平
　　姚国强　张雨亮（挂职）

石　正　镇

【概况】 石正镇位于平远县南部，地处粤赣两省四县交界，与梅县区梅西镇、兴宁市黄槐镇、寻乌县丹溪乡接壤，济广高速公路、省道225线横贯其中，距县城12千米，界域面积98平方千米，辖1个社区居委会、

17个村民委员会，173个村民小组。2018年年末，全镇户籍人口9801户34093人。其中，农业人口20476人；非农人口13617人。2018年，全镇实现生产总值6.49亿元，比增1.4%；工业总产值2.59亿元，比降6.3%；农业总产值1.85亿元，比增3.8%；固定资产投资9536万元，比增12%。广州（南沙）省级产业转移园坐落在该镇，是广东省首批重点发展的中心镇之一。

【重点项目】 2018年，石正镇扎实抓好重点项目建设。1.推进省道225线和南台卧佛山旅游度假区征地工作。解决省道225线裁弯取直段多年征地遗留，完成征收土地76.67公顷（1150亩），剩余24.13公顷（362亩）。南台卧佛山旅游度假区完成石正片区首期22.79公顷（341.8亩）征收工作。完成旅游度假区详细规划编制，游客中心、合掌岩服务点等详细规划修编工作。2.推进中心镇“六个一”工程。圩镇总体规划修编完成总规设计文本，完成西湖商业街客家民居风格外立面改造，政务服务中心平台建设办公场所并配备相关的办公设备和完成有关标牌标识。整理完成河堤路两边全长约9千米水泥硬底化，在石正公园新建一条由安南村排里通往山顶休闲节点的登山步道、实施连接金蟾亭至观景木栈和拥军亭至烈士纪念碑两条休闲步道及平台建设工程。完成南台传统古村落保护规划，与南台村共同商讨研究文物古建筑修复和完善部分基础设施建设等有关事宜。基本完成村卫生站规范化升级改造工程，镇域基础设施整体水平得到有效提升。3.特色产业稳步发展。引导农村土地规范流转，推进农业供给侧改革，倡导规模化种植、发展，推进华清园、园山湖、云雾茶等现代农业产业园建设，发展南台酒、东台葡萄、中东温泉养殖、安南牧草、坪湖红薯等特色产业推动产业兴旺，农业产品加工转化率和产品附加值不断提升。

【基础设施】 2018年，石正镇投资1830万元，推进东台裁弯取直历史遗留问题解决、园山湖入园大道硬底化、南台陂下桥至潭头桥河堤道路硬底化等一系列交通项目，累计道路硬底化21.4千米；投入资金600多万元，修复水毁陂头工程1宗，水土保持工程3宗，维修河堤砌结6.4千米，疏通河道7条25.4千米，清淤排灌圳道9.6千米，推进镇村污水处理设施、村村通自来水工程、工业园污水处理厂配套管网等项目工作顺利实施；筹资230万元推进16个村级卫生站升级改造建设工程，改善镇村医疗卫生基础设施。

【美丽乡村】 2018年，石正镇美丽乡村建设成效明显。1.“三清三拆三整治”成效明显。集中力量清理村巷道及生产工具、建筑材料乱堆乱放；清理沟渠池塘溪河淤泥、漂浮物和障碍物；拆除县道、镇主干道、旅游公路等沿途危旧房屋、废弃猪牛栏及露天厕所茅房。累计投入资金1070万元，拆除废弃猪牛栏、露天厕所和危旧房面积26.21万平方米，清理村巷道、池塘、溪河面积7万多平方米；清理积存垃圾200多吨；整治疏浚河道沟塘1万多米；整治生活污水217处；整治排放暗渠43处，完成村庄整治22条，取得阶段性实效。2.持续开展农村生活垃圾处理工作。采取“以奖代补”方式，通过村民代表大会表决，明确收取标准，着力抓好农村生活垃圾处理服务费收取工作。继续推动“户投放、自分类、村收集、镇转运、县填埋”的农村生活垃圾处理模式，加大农村环境卫生整治力度，人居环境明显改善。3.严格规范农村建设审批和土地巡查监管工作。着力改善农村只见新房、不见新村的现状。严厉打击违法违规建筑、违章建筑行为。配合卫片执法检查，坚持每周三次以上的土地动态巡查机制，将土地动态巡查与基本农田保护、建设项目跟踪管理和土地法律法规宣传相结合，及时发现查处国土资源违法违规行为，做到发现一处制止一处。全年查处拆除违章建筑5处737平方米，未批先占、先建案件32宗，及时制止毁坏耕地行为19宗，有效规范村镇建设和国土资源管理秩序。

美丽的坪湖村一角

【生态环境】 2018年，石正镇着力抓好生态环境管护。1.全面落实“河长制”。明晰石正河流经的村（居）负责河段，推进河道治理专项行动，配合县水务局实施镇级污水处理厂、农村污水处理设施建设及中小河流治理工程，推动江河湖库长效化常态化治理，民生水利保障和支撑能力不断提高。2.森林资源规范有序。高标准、高质量完成县林业重点工程项目碳汇林造林、南台山国家森林公园和石正公园造林抚育任务224.43公顷（3366.5亩），种植树木为荷树、枫树、油桐等10多种乡土树种。深入开展《梅州市森林火源管理条例》和《广东省森林防火条例》的宣传贯彻落实，严格执行限额采伐，查处违规砍伐6宗，制止19宗违规占用林地行为。全年出动宣传车200多次，张贴标语340多张，悬挂横幅36条，派发致群众一封公开信8000多份，群发短信2000多条，不断提高全民防火意识，有效管理森林资源。

【精准扶贫】 2018年，石正镇深化与南沙区的对口帮扶，注重整合资源、分类施策和创新方式，深入实施“八项工程”和“五个一批”，全镇各级财政帮扶到账资金798万元，全镇贫困户中有165户409人成功脱贫，其中3个重点贫困村脱贫81户235人，14个非重点贫困村脱贫84户174人，完成70%以上贫困户脱贫任务。

【信访维稳】 2018年，石正镇构建以综治信访维稳中心为枢纽、以网格为基本单元、以综治维稳力量为主导、以信息化为支撑的“中心+网格化+信息化”社会治理工作新体系，扎实做好综治信访源头性基础性工作。处理上级交办及群众来访案件66宗，排查信访隐患案件54宗。深入开展平安乡村、法治乡村建设，打好扫黑除恶专项斗争。通过发放并张贴宣传资料9800份，动员广大群众积极提供涉黑涉恶违法犯罪线索，鼓励群众揭发黑恶势力违法犯罪，收集掌握各类线索22条，办结案件线索15宗，其余案件线索正在处理中。

【安全生产】 2018年，石正镇落实安全生产“一岗双责”责任制，深入开展隐患排查治理工作。镇政府与辖区各村（居）委、企事业单位签订安全生产责任书26份，消防安全责任书26份。坚持每季度召开一次防范重特大安全事故工作会议，集中组织力量检查交通道路、企业安全、校园安全、消防安全、食品安全等。特别加强对危化品和重大易燃易爆企业检查，将辖区内的潭头石场、银坑尾石场、先锋砖厂、中石化加油站等列为重点检查企业，每月不定时开展检查工作。全年开展各类检查150次，查处事故隐患27宗，整改27宗，整改率100%。

【党建工作】 2018年，石正镇牢固树立“抓好党建是最大政绩”的主业意识，严格落实基层党建工作责任制，不断深化“两学一做”“直联制”“整软”和基层治理等各项工作，形成“书记抓、抓书记”，一级抓一级，层层抓落实的党建工作格局。1.狠抓巡察整改落实。接受为期两个月的县级交叉巡察，着力发现和解决全面从严治党方面存在的问题，切实把反馈意见作为落实全面从严治党，改进当前工作的有力指导。通过巡察整改把纪律和规矩立起来、严起来，筑牢干部队伍拒腐防变思想防线，推动党风廉政和反腐败工作向纵深发展。2.抓牢意识形态工作。牢牢掌握意识形态工作的领导权、管理权、主动权，切实加强意识形态阵地建设管理，着力构筑意识形态安全的“防火墙”。针对县委巡察和日常督查对意识形态领域存在问题反馈意见，着力加强校园和宗教场所意识形态环境管理，坚持意识形态工作从细节抓起，定期到各学校和宗教场所检查，要求加强社会主义核心价值观宣传，开展爱国主义教育，法治教育，文明习惯教育，反邪教教育，禁毒教育，安全教育等。3.加强干部队伍建设。严把党员发展入口关，提高党员发展标准，规范党员发展程序，提升党员发展质量。全年发展党员8名，其中女性3名，35岁以下的3名，大专学历以上的3名，农村党员结构逐步优化。常态化推进镇领导干部驻点普遍直接联系群众工作，现场研究解决群众困难和基层组织建设中存在的问题。全镇走访入户率实现全覆盖，解决群众反映问题83个，解决率95.4%。4.践行党的组织路线。落实加强党的基层组织建设三年行动计划，持续推进基层党组织规范化标准化建设，着力解决基层党组织弱化、虚化、边缘化问题。认真贯彻落实《关于进一步激励广大干部新时代新担当新作为的意见》，牢固树立正确的选人用人导向，坚决清除李嘉、万庆良等人在组织上的恶劣影响，完善干部选拔任用制度，坚决防止违反组织纪律、“带病提拔”的现象在石正发生。5.推动党风廉政建设。锲而不舍落实中央八项规定和实施细则精神，深入查摆“四风”突出问题特别是形式主义、官僚主义的新表现。全面实施基层正风反腐三年行动方案，扎实开展精准脱贫、扫黑除恶等领域腐败和作风问题专项治理。规范处置国有土地、自然资源和国有资产等，坚决查处违纪违法行为。　　（石正镇党政办）

2018 年度石正镇领导班子成员名录

党委书记：吴远平（任至2月）
　　　　　姚　蓝（2月起任）
副 书 记：黄小芬（女）
　　　　　谢展开
　　　　　凌　桐（挂职，8月起任）
党委委员：吴远平（任至2月）
　　　　　姚　蓝（2月起任）
　　　　　黄小芬（女）谢展开
　　　　　凌　桐（挂职，8月起任）
　　　　　曾　泉　丘耀仁
　　　　　张秋兰（女）　凌征聪　吴永伟
人大主席：王兴连
人大副主席：凌云辉
镇　　长：黄小芬（女）
副 镇 长：谢远崧　谢伟生

长　田　镇

【概况】　长田镇是平远县南大门，东、西、南与梅县的石扇、梅西及大坪镇接壤，北与该县热柘镇、大柘镇相连，国道206线南北贯穿全镇，距市区30千米，离县城14千米，界域面积69平方千米，辖7个村民委员会。2018年年末，全镇户籍人口2971户9608人。其中，农业人口6477人；非农业人口3131人。2018年，全镇实现生产总值1.73亿元，比增1%；工业总产值1.78亿元，比降3.7%；农业总产值8.7亿元，比增3.9%；全社会固定资产投资0.4亿元，比增10.8%。

【基础设施】　2018年，长田镇抓好基础设施建设。1.水利建设方面。投资581.62万元进行自来水村村通工程，解决一直以来圩镇约3500人口用水供水不足和水质差的问题；完成7个村级（片区）供水工程新建项目，实现供水覆盖率85%以上；完成镇级2千米污水处理管网架设和一座立体污水处理池建设，清淤疏浚16.1千米，在长安、官仁等河段新建护堤10.27千米，镇域河道行洪能力全面增强。2.交通公路建设方面。配合县交通公路部门进行县道039线长田至热柘段升级改道项目勘测和线路设计等工作；协调高速标段公司全面启动修复工作；完成长安至梅西的县际连接公路的路基开设工程；完成火石寨森林公园、长田村杨梅等多条乡村公路3.8千米硬底化工程；镇域道路新增约800米生态网和400米国道两边花池绿化带，基本完成石角路生命防护工程。3.供电配网方面。镇党委、政府将在镇区立项建设10千伏变电站项目作为重点民生工程之一，工作进行中。4.圩镇集贸市场改建项目。圩镇集贸市场项目列入县“双创”整改项目，改建工程春节前可完工并交付使用。5.火石寨休闲公园建设项目完成总体规划编制并取得初步建设成效。

【乡村振兴】 2018年，长田镇着力抓好乡村振兴工作。1.经济发展工作。工业方面主要通过创新服务模式、金融信贷支持、项目用地保障等措施，促进企业扩能增效和创新销售模式，提升企业核心竞争力；农业和服务业方面，充分发挥龙头企业带动辐射作用，推动农旅融合经济发展。2.美丽乡村工作。坚持镇党委政府管方向、抓全局，多次召开会议研究部署工作，明确目标任务、压实工作责任，及时解决创建过程中的困难和问题；构建好“镇主导、村牵头、理事会抓落实”工作模式；创建党员示范岗。从8个方面推选出各个领域的先锋模范党员，模范带动党员群众参与乡村振兴发展建设；不断提高村民参与度。组织相关领导干部、村“两委”干部、村民代表到丰顺县、梅县区

长田村石赖坑新农村一角

新农村示范村参观学习，提高村民对美丽乡村建设的支持度；充分发挥乡贤引领作用。通过党组织引导，以黄亮新、黄亮兴为代表的石赖坑外出乡贤主动回家乡支持新农村创建，利用自身的威望和影响力，身体力行带动群众齐心协力塑造新民风打造新村貌；着力整治人居环境。紧扣落实河长制工作任务，建立健全巡查制度，强化源头防治和水污染治理，抓好畜禽和水产养殖、农业、镇村生活等污染源的防治工作和“三清理三拆除三整治”工作；着力推进乡村文明建设。大力弘扬和践行社会主义核心价值观，完善村规民约、家训家规，引导村民树文明新风。

2018 年度长田镇领导班子成员名录

党委书记：李文锋（任至2月）
　　　　　王　敏（2月起任）
副 书 记：王平梅（女）
　　　　　钟浩平　张　天
党委委员：李文锋（任至2月）
　　　　　王　敏（2月起任）
　　　　　王平梅（女）　钟浩平　张　平
　　　　　陈雄英　朱晓晖（女）　王传文
　　　　　林依娜（女）　陈伟雄
人大主席：谢冠生
人大副主席：王子发
镇　　长：王平梅（女）
副 镇 长：陈雄英　颜奇真　李志伟

热　柘　镇

【概况】　热柘镇位于平远县东南部，东与蕉岭县新铺镇、梅县区石扇镇接壤，西与大柘镇为邻，南连长田镇，北接东石镇，距县城13.9千米，界域面积108平方千米，山林面积87.33平方千米（13.1万亩），占比85%，森林覆盖率78%左右；耕地面积7.07平方千米（1.06万亩），占比6.2%。辖8个村民委员会、74个村民小组。2018年年末，全镇户籍人口3560户13429人。其中，农业人口9929人；非农业人口3500人。2018年，全镇实现生产总值1.74亿元，比增1.1%；农业总产值9149万元，比增3.8%；工业总产值5301万元，比降13.2%。热柘镇是革命老区、华侨之乡，有海外侨胞7000多人；柚树河是平远县境内最大的河流；水力发电站有11座，年发电量占全县小水电的33.68%；柚树河小胆滩海拔89米，是全县最低点；矿产资源主要有丰富的耐火石和温泉；豆干是全县知名的农副特色产品。

【农业】　2018年，热柘镇下黄地村成立砂糖桔专业合作社，发展种植砂糖橘33.33公顷（500多亩），年产值1500多万元。磜上村发展种植柚子树11.33公顷（170多亩），年产量约20万千克，年产值80多万元。上山村黄竹峰成立李树种植合作社，种植李树约66.67公顷（1000亩）。热柘村、热水村发展20多户生产特色农副产品热柘豆干，每户每月创收近4000元。发展居民养蜂4000多箱，年产值400万元；种植优质稻53.33公顷（800多亩），年产值128万元；种植仙人草53.33公顷（800亩），年产值400万元；名贵花木基地50多个186.67公顷（2800多亩）。

【重点项目】　2018年，热柘镇投资300多万元建设马山寨公园。投资400多万元打造河滨公园。投资1800多万元建设敬老院。

【林业生态】　2018年，热柘镇组织绿化0.66公顷（10多亩），复绿0.66公顷（10多亩），宣传发动全镇广大群众在公路两旁、房前屋后进行四旁植树，种植树苗1.4万多株。加强林业资源管护，提倡文明祭祀，严禁带火种上山，全年无重特大山火灾情。

【社会保障】　2018年，热柘镇加强社会保障和社会救助工作。1.各项惠民政策有效落实。充分用好相关政策，主动作为，认真细致做好低保户、五保户、医疗救助、救灾、救助、优抚安置、残联等工作。扎实做好社保征缴扩面工作，加大就业培训和创业扶持力度，加强社会保障和社会救助。2.脱贫攻坚扎实推进。深入贯彻落实中央、省、市、县扶贫开发工作会议精神，严格按照精准扶贫、精准脱贫要求，因地制宜，分类指导；一户一法，对症下药；多措并举，综合施策原则，推动扶贫政策、资源、资金、措施、力量向贫困对象聚合，使扶贫工作“扶到点上、扶到根上”。重点围绕“八有”和产业帮扶，着力提升贫困户内生动力。截至10月底，全镇8个行政村有建档立卡贫困户78户116人，其中精准扶贫户18户56人，五保户60户60人。3.深入开展扶贫领域腐败和作风问题专项治理工作。对全镇287户贫困户进行翔实的入户核查，未发现在扶贫领域存在腐败和不正之风现象。4.危房改造工作扎实有效。45户低收入贫困家庭危房改造工作按照县住房和城乡建设管理局要求全面开工，开工率100%，分散供养五保户9户，低保户29户，精准扶贫户4户，残疾人贫困户3户，竣工36户，仍有9户需加大力度推进。

【社会综合治理】 2018年，热柘镇开展综治信访维稳各项活动，不断推动该镇社会治安综合治理力量下沉、措施落实，防控违法犯罪、化解矛盾纠纷、排除安全隐患，提高社会安全指数和增强人民群众获得感、幸福感、安全感，为该镇经济社会稳定发展提供保障。1.推进“平安热柘”建设。认真贯彻上级有关综治、平安建设的各项工作部署，以维护社会稳定服务经济建设为主线，不断加大工作力度，强化综治、平安建设各项工作措施落实，有力地维护该镇的社会安定。2.深入开展扫黑除恶专项斗争。贯彻落实中央、省、市、县扫黑除恶专项斗争工作会议精神，将扫黑除恶专项斗争作为一项重要工作来抓。通过多种形式，全方位、多角度深入开展宣传，在全镇范围内营造全民扫黑除恶的浓厚氛围。制订热柘镇扫黑除恶专项斗争线索摸排工作方案，建立“日清、周汇总、月研判”工作机制，无线索各村各部门也实行“零报告”制度，结合直联制、“中心+网格化+信息化”等各项工作，镇村干部深入各村，听民情，听民怨，发动群众积极参与扫黑除恶专项斗争工作。通过畅通多种渠道，设立举报信箱、邮箱、举报电话，广泛收集线索，从重点领域、重点人员、司法个案、信访投诉、民生实事和其他乱象入手，进行全面排查，认真梳理，开展针对性摸排调研，梳理分析并研判线索。全镇摸排出涉恶线索4条，乱象2条，均上报县扫黑除恶办。3.加大矛盾纠纷排查调处力度。通过实施矛盾排查调处报告制度、矛盾纠纷调处包案制度、信访调处联席会议制度、信访矛盾形势分析评估制度等，努力将矛盾纠纷化解在萌芽状态。全年无集体越级进京进省到市非正常上访，无“重点”管理村，全镇社会和谐稳定。4.强化精神障碍患者救助救治工作。全镇排查出精神障碍患者79名，其中3级以上的精神障碍患者2名，送院治疗的精神障碍患者11名，其余68名在家居住，均落实精神障碍患者监护人。5.切实有效地开展禁毒、反邪教活动。紧扣“珍爱生命，远离毒品”的活动主题，强化源头治理，深入开展禁种铲毒工作；加强防范打击制毒犯罪排查、巡查工作，遏制流入式制毒犯罪活动在该镇发展蔓延；坚决贯彻上级部门的指示和要求，扎实、认真开展反邪教活动。全镇没有发现邪教组织及成员活动。

【城乡环境治理】 2018年，热柘镇进一步牢固树立“绿水青山就是金山银山”的理念，使绿色发展理念深入人心。1.全面落实河长制工作。加大农村河道、水库的垃圾治理力度，实现农村河道、水库等各类水域环境整洁优美、水清岸绿。2.持续推进农村生活垃圾治理。进一步健全长效保洁管护机制，实现全镇城乡环境卫生干净整洁常态化。3.开展厕所粪污治理。通过实施厕所革命，实现城乡公厕、旅游景点厕所全覆盖，开展整村农户无害化厕所改造和村庄公厕改造。4.梯次推进农村生活污水治理。采取综合措施恢复水生态，逐步消除农村黑臭水体。镇、村两级污水处理厂建设已完成选址征地工作、工程地址勘查工作等前期准备工作，其中，圩镇范围内的污水管网已埋设完成，各村污水管网埋设由县级部门统一推进。5.全面做好矿产资源的巡查和监控工作。对辖区内已关闭矿山和取缔矿点进行整治，通过封堵耐火石矿区进出道路、树立监管责任牌，将责任具体落到人、成立耐火石矿山巡查监管小组，加强对矿山的巡查监控采取不定时的巡查方式等措施，严格控制私挖滥采、无证开采耐火石等矿产资源的违法行为，最大程度保护国家矿产资源。全年查处1宗违法开采行为。6.开展生猪养殖污染整治工作。全镇禁养区域内26户养猪户中全部关停，其中拆除23户，7月中旬通过县政府的验收；限养区范围内50户养猪场，其中17户按环保、畜牧局的要求建设发酵场，达到零排放整治要求，4户正在整改中，关停6户，停养整改23户，引导其进行发酵技术改造。

【党建工作】　2018年，热柘镇扎实开展“两学一做”学习教育，开展学习培训85场次，受教育党员3200多人次。高度重视党费收缴等工作，多措并举整顿软弱涣散村党组织。热柘村确定为软弱涣散村。该镇党委深入调研该村软弱涣散原因，查找问题根源，并制定软弱涣散党组织专项整顿台账。通过适时调整挂村领导和挂村工作组成员，成立整顿工作机构，下派党支部书记等形式，切实提升支部战斗力。　（王淦彬）

2018年度热柘镇领导班子成员名录

党委书记：林　欣（任至2月）
　　　　　陈瑞平（10月起任）
党委副书记：谢石海　凌礼宏
　　　　　陈国忠（任至2月）
党委委员：林　欣（任至2月）
　　　　　陈瑞平（10月起任）
　　　　　谢石海　凌礼宏
　　　　　陈国忠（任至2月）　张永光
　　　　　张国栋　曹维颂　林　琳（女）
　　　　　林坤鹏
人大主席：黎崇赞
人大副主席：陈均定
镇　　长：谢石海
副 镇 长：张永光　陈碧英（女）　姚广海

光　荣　榜

先进集体　先进个人名录

平远县荣获2018年度副厅级及以上单位表彰的先进集体一览表

表7

单位名称	授称时间	授予单位	荣誉称号
平远县教育局	2018.1	广东省人民政府	广东省推进教育现代化先进县
平远县畜牧兽医技术推广站	2018.1	梅州市人民政府	梅州市科学技术奖
广东电网有限责任公司梅州平远供电局	2018.2	广东普法办公室、广东省司法厅、广东省经济和信息化委员会、广东省人民政府国贸委、广东省总工会、广东省工商业联合会	2017年度广东省法治文化建设示范企业
广东保灵医药有限公司质管部	2018.4	广东省总工会	广东省五一劳动奖状
中国移动通信集团广东有限公司平远分公司	2018.6	广东省工商行政管理局	广东省守合同重信用企业（连续十三年2004—2016）
平远县人民检察院未成年人检察工作办公室	2018.6	最高人民检察院	“解救被虐儿童案”被入选2018年上半年全国检察机关未成年人刑事执行检察、民事行政检察业务典型案事例之一
平远县人民政府地方志办公室	2018.8	广东省人民政府地方志办公室	《平远年鉴（2017）》在全省年鉴质量评比中，荣获一等奖
平远县人民政府地方志办公室	2018.9	中国地方志指导小组、中国地方志学会	《平远年鉴（2017）》在第五届全国地方志优秀成果（年鉴类）质量评审中，被评为提名年鉴
平远县社科联	2018.9	全国大中城市社科联工作会议主席团	2018年度全国社科组织先进单位

续表7

单位名称	授称时间	授予单位	荣誉称号
平远县司法局	2018.10	中华全国人民调解员协会	人民调解宣传工作先进集体
平远县烟草专卖局（分公司）烟叶管理部	2018.12	广东省烟草专卖局（公司）	2018年度基层优秀团队
平远县烟草专卖局（分公司）营销部	2018.12	广东省烟草专卖局（公司）	2018年度基层优秀团队
平远县人民政府地方志办公室	2019.01	中国出版协会年鉴工作委员会	《平远年鉴（2018）》在第六届年鉴编纂出版质量评比中，荣获综合三等奖，框架设计三等奖，条目编写三等奖，装帧设计三等奖，检索、编校质量和出版时效一等奖
平远县人民检察院未成年人检察工作办公室	2019.01	广东省人民检察院	集体二等功
广东电网有限责任公司梅州平远供电局	2019.01	广东电网有限责任公司	2018年度先进职工之家
平远县八尺镇人民代表大会主席团	2019.01	广东省人大常委会	广东省县乡人大工作和建设先进集体
平远县	2019.02	国家中医药管理局	全国基层中医药工作先进单位

平远县荣获2018年度副厅级及以上单位表彰的先进个人一览表

表8

姓名	授称时间	授予单位	荣誉称号	授称时所在单位职务
林　玉	2016.12（补录）	中华人民共和国农业部	全国农牧渔业丰收奖	平远县畜牧兽医原副科级干部
罗辉君	2018.02	中国移动广东公司	中国移动广东公司2018年度“先进个人”	中国移动广东公司平远分公司总经理
李伟珠	2018.02	中国移动广东公司	中国移动广东公司2018年度“先进个人”	中国移动广东公司平远分公司东石营业厅经理
倪曼娥	2018.02	中国移动广东公司	中国移动广东公司2018年度“先进个人”	中国移动广东公司平远分公司市场部营销主管
李国栋	2018.02	中国移动广东公司	中国移动广东公司2018年度“先进个人”	中国移动广东公司平远分公司仁居营业厅家庭客户经理
郑振中	2018.02	中国移动广东公司	中国移动广东公司2018年度“先进个人”	中国移动广东公司平远分公司网络支撑小组业务副主任
黄　欢	2018.02	中国移动广东公司	中国移动广东公司2018年度“先进个人”	中国移动广东公司平远分公司环北路营业厅经理
张志云	2018.02	中国移动广东公司	中国移动广东公司2018年度“先进个人”	中国移动广东公司平远分公司东石营业厅社会渠道经理
李秀兰	2018.03	最高人民法院	荣誉天平奖章	平远县人民法院刑事审判庭庭长
廖会平	2018.03	最高人民法院	荣誉天平奖章	平远县人民法院民商事审判一庭庭长
洪树湘	2018.04	广东省文化厅	作曲歌曲《喊山》参加2017年度广东省群众文艺作品评选，荣获音乐类二等奖	平远县文化馆副馆长
凌　铭	2018.04	广东省文化厅	相声作品《真的巧了》参加2017年度广东省群众文艺作品评选，荣获曲艺类一等奖	平远县文化馆正股级干部

续表8

姓名	授称时间	授予单位	荣誉称号	授称时所在单位职务
凌　铭	2018.04	广东省文化厅	创作小品《请保姆》参加2017年度广东省群众文艺作品评选，荣获戏剧类三等奖	平远县文化馆正股级干部
蒋凤良	2018.04	广东省总工会	广东省五一劳动奖章	广东新大地生物科技有限公司职工
邱梅英	2018.05	梅州市精神文明建设委员会	2018年第一季度“梅州好人”荣誉称号	上举镇群众
杨裕良	2018.05	共青团广东省委员会	广东省优秀共产党员	中行镇人大办副主任
彭家福	2018.06	中国人民银行广州分行办公室	2017年度中国人民银行广州分行新闻宣传工作先进个人	中国人民银行平远县支行科员
李　斌	2018.06	中共广东电网有限责任公司委员会	2017–2018年度公司优秀共产党员	平远供电局办公室文书及档案专责
陈玉李	2018.06	中共广东电网有限责任公司委员会	2017–2018年度公司优秀党务工作者	平远县供电局仁居供电所党支部书记、所长
谢洪浪	2018.06	中共广东电网有限责任公司委员会	2017–2018年度公司优秀党务工作者	平远供电局党群工作部政工专责、第三党支部兼纪检委员
陈文锋	2018.07	广东电网有限责任公司	广东电网有限责任公司先进离退休工作者	平远供电局党群工作部主任
陈小英	2018.07	广东省委宣传部、广东省文明办、广东省妇联	广东百户“最美家庭”	东石镇明洋村村民
凌　铭	2018.08	中共广东省委宣传部	广东省基层文化能人	平远县文化馆正股级干部
张海新	2018.09	广东省农业技术推广奖评审委员会	葛根栽培技术改良与推广（三等奖）	中行镇农业服务中心副主任
卓海辉	2018.09	中国邮政储蓄银行广东省分行	全国小额贷款（个人商务贷款）客户经理业务技能竞赛优秀选手三等奖	中国邮政储蓄银行平远县支行三农金融部客户经理
韩垂栋	2018.09	广东省教育厅	南粤优秀教育工作者	平远县第一小学校长

续表8

姓名	授称时间	授予单位	荣誉称号	授称时所在单位职务
张　捷	2018.09	广东省教育厅	南粤优秀教师	梅青中学政教处副主任
刘喜新	2018.09	广东省教育厅	南粤优秀教师	冬青实验学校教导主任
丘秋英	2018.09	广东省教育厅	南粤优秀教师	长田学校教导处副主任
张子龙	2018.10	中国邮政储蓄银行广东省分行	“深化整治市场乱象”征文活动三等奖	中国邮政储蓄银行平远县支行综合管理部综合管理员
迟宝良	2018.11	广东省高级人民法院	个人二等功	平远县人民法院民二庭庭长
黎军发	2018.12	广东省农业农村厅	2018年广东省最美农技员	平远县农业局高级农艺师
黄振强	2018.12	广东省烟草专卖局（公司）	2018年度基层优秀个人	平远县烟草专卖局稽查员
罗日腾	2019.01	广东电网有限责任公司	广东电网公司2018年度安全生产先进个人	平远供电局泗水供电所副所长
张学理	2019.01	梅州市精神文明建设委员会	2018年第四季度“梅州好人”荣誉称号	上举镇派出所副所长
张学理	2019.01	梅州市精神文明建设委员会	第八届梅州市道德模范	上举镇派出所副所长
邱梅英	2019.01	梅州市精神文明建设委员会	第八届梅州市道德模范提名奖	上举镇群众
罗源祥	2019.02	广东省工业和信息化厅	优秀信息员	工业园管委会副主任
杨林辉	2019.02	广东省工业和信息化厅	优秀数据报送员	工业园管委会职员

表彰通报

中共平远县委
关于表彰优秀共产党员、优秀党务工作者和先进基层党组织的决定

（2018年7月17日　平委〔2018〕9号）

各镇党委，各系统党委，县直副局以上和省、市属驻平各单位党组织：

党的十九大以来，全县各级党组织和广大共产党员高举中国特色社会主义伟大旗帜，以习近平新时代中国特色社会主义思想为指导，围绕县委、县政府提出“一城一区一带”战略目标，真抓实干、破难攻坚，涌现出一批先进集体和优秀个人。

为树立典型，弘扬先进，激发全县各级党组织和广大党员在统筹推进“五位一体”总体布局和协调推进“四个全面”战略布局、贯彻落实新发展理念、全面建成小康社会中建功立业，决定授予谢可清等50名同志“优秀共产党员”称号，授予杨亮等20名同志“优秀党务工作者”称号，授予上举镇党委等30个基层党组织“先进基层党组织”称号。

希望受到表彰的先进集体和优秀个人珍惜荣誉，戒骄戒躁，不忘初心，牢记使命，再接再厉，再立新功。全县各级基层党组织和广大党员要以先进为榜样，以新担当承载新时代，以新作为闪耀新征程，尽责担当、锐意进取、奋发有为、攻坚克难，在脱贫攻坚、精准扶贫、乡村振兴、重点工程项目等冲锋在前，忘我奉献，积极投身于“一城一区一带”建设，奋力谱写生态富民强县新篇章。

附件：平远县优秀共产党员、优秀党务工作者和先进基层党组织名单

附件

平远县优秀共产党员、优秀党务工作者和先进基层党组织名单

一、优秀共产党员（50名）

差干镇：谢伟杰　谢可清

仁居镇：王　军　杨展桂　翁友华

八尺镇：王永丰　韩卫平　肖海承

中行镇：王高鹏　张国华

河头镇：李冬利　刘腾标

上举镇：陈先华　谢城凤

泗水镇：陈　林　龙仲达

东石镇：曾令平　朱维佳　黎敦景

大柘镇：何志宏　肖宜祥　林腾玉　余冬梅

石正镇：张秋兰　丘福龙　凌伟君　陈云轩

长田镇：陈桂才　黄　冲

热柘镇：刘禄云　谢勇烈

党群系统：吴文胜　陈娟华

政府系统：曹胜平　刘竹祥　陈宏岳　李礼禄

政法系统：沈俊达　孙高辉

宣教卫系统：黄剑军　张赐鑫　刘双东

经贸系统：郭婷婷　林智宏

农口系统：凌平征　林　涛　姚雪军

非公系统：王　宏　林志远

社会系统：王小兰

二、优秀党务工作者（20名）

谢福扬　差干镇加丰村支部书记

郭意杰　仁居镇党委委员、纪委书记

肖剑锋　八尺镇排下村支部书记

张镇文　中行镇儒地村支部书记

凌宏文　河头镇党委副书记

张　全　上举镇卫生院支部书记

涂鹏峰　泗水镇党委组织委员

李绍芳　东石镇洋背村支部书记

王淦宏　大柘镇党委宣传委员

凌小松　石正镇下丰村支部书记

黄利均　长田镇长田村支部书记

谢志平　热柘镇热水村支部书记

张文浩　县委党校电大支部书记

刘　传　县地税局支部书记

马　洪　县政法系统党委副书记

钟美华　县中医院支部书记

杨　亮　县公路局机关支部书记

王小智　县农口系统党委副书记

谢建生　县非公系统党委副书记

林稼绪　县个体劳动者协会大柘分会支部书记

三、先进基层党组织（30个）

八尺镇党委

上举镇党委

县政法系统党委

差干镇文丰村党支部
仁居镇机关党群党支部
仁居镇仁居社区党支部
八尺镇八尺村党支部
中行镇良畲村党支部
河头镇向阳村党支部
上举镇上举村党支部
泗水镇梅畲村党支部
东石镇凉庭村党支部
东石镇工商所党支部
大柘镇超南村党支部
大柘镇机关党群党支部
石正镇安仁村党支部
长田镇长田学校党支部
热柘镇小柘村党支部
县政协机关党支部
县司法局党支部
县人社局党支部
县工商质监局党支部
县交通运输局党总支
县农业局党支部
县水务局党支部
县委宣传部机关党支部
县城南中学党总支
广东保灵医药有限公司党支部
八尺镇特色农业联合党支部
平远县高峰清流制水有限公司党支部

平远县人民政府
关于2017—2018学年度优秀教师、优秀教育工作者及尊师重教先进单位的通报

（2018年9月3日 平府发〔2018〕12号）

各镇人民政府，县府直属和省、市属驻平各单位：

2017—2018学年度，全县中小学校认真贯彻落实习近平新时代中国特色社会主义思想和党的十九大精神，全面落实党的教育方针，广大教师不忘初心，牢记使命，深入落实立德树人根本任务，为发展我县教育事业，办好人民满意的教育，加快推进平远“一城一区一带”建设作出了积极贡献，涌现了一大批优秀教师、优秀教育工作者。同时，全县各镇、各单位积极为教育办实事、办好事、解难事，涌现了一批尊师重教先进单位。

为进一步弘扬尊师重教的优良作风，激励全县教育工作者和广大干部、群众群策群力共同为我县教育事业作出更大贡献，县人民政府决定对下列优秀教师、优秀教育工作者及尊师重教先进单位（名单见附件）予以通报。

希望各先进单位和个人戒骄戒躁，发扬成绩，再接再厉，为开创我县教育工作新局面，加快推进“一城一区一带”建设而努力奋斗。

附件：1.2017—2018学年度优秀教师、优秀教育工作者名单

2.2017—2018学年度尊师重教先进单位名单

附件1

2017—2018学年度优秀教师、优秀教育工作者名单

平远中学：陈金玲 黄伟荣 林秋雁 林雪娥 刘晓苑 罗丽云 沈秋云 钟玉娟 姚文杰 姚永凤

梅青中学：陈 炜 赖志良 王仁平 姚一娴 张运生

实验中学：林玉琴 余 秋 韩芳俊 卓定国

县职校、教师进修学校：卓均成 赖城镇

田家炳中学：陈碧兰 陈红咏 王祥生 徐增财 姚新生

城南中学：张琴秀 丘永城 谢清平 姚春凤 余 夏

石正中学：陈 玉 宋幸平 徐小丽

热柘华侨学校：陈辉忠 刘美兰

铁民中学：黄苑萍 林 锋 林利娟 张学彬

泗水学校：曾维堂　余俊昌　陈海云
差干学校：谢振华　谢良玉
仁居中学：韩轩文　王春晓
八尺中学：肖国柱　张娥英　韩　勇
河头中学：张教胜
中行中学：陈传忠
坝头学校：林映红　凌益辉　钟小苑
长田学校：蔡冬梅　丘　魁　张文燕
冬青实验学校：刘导明　沈俊雄
县第一小学：冯录德　李　芳　姚金周　张瑞莲
县第二小学：韩雨群　韩菊梅　吴群芳
县第三小学：韩　燕　黄冬平　林寒珍
县实验小学：韩华林　刘　丽　温　莹　余思文
石正中心小学：凌碧兰　沈新梅　王燕香
大柘中心小学：黄金碧　陈友良
东石中心小学：陈文凤　饶　丽　谢军华　朱尔轩
茅坪中心小学：肖益珍
上举中心小学：肖德禄
仁居中心小学：黄伟雄　黄玉艳
黄畲中心小学：曾　美
八尺中心小学：梁碧红　凌　静
河头中心小学：丘燕妮
中行中心小学：张辉远
县幼儿园：杨桂凤　姚林利
县第二幼儿园：朱月华
实验幼儿园：李惠敏
特殊教育学校：丘宏堂
平远开放大学：刘森平
县教育局：杨　旭

附件2

2017—2018学年度尊师重教先进单位名单

差干镇人民政府
中行镇人民政府
县住房和城乡规划建设局

平远县人民政府
关于颁发2016—2017年度平远县科学技术奖的通报
（2018 年 11 月 7 日　平府发〔2018〕14号）

各镇人民政府，县府直属和省、市属驻平各单位：

根据《关于印发平远县科学技术奖励办法的通知》（平府发〔2016〕5号）规定，经平远县科学技术奖评审委员会评审，县科技局审核，县人民政府决定授予“实木家具构件弯曲技术研究与应用”等5个项目为县科学技术奖一等奖，授予“一种多功能集装箱运输骨架半挂车”等5个项目为县科学技术奖二等奖，授予“杨梅物理矮化栽培技术的推广及应用”等6个项目为县科学技术奖三等奖（名单见附件）。

希望全县广大科技工作者向获奖者学习，以奋发有为的精神和求真务实的作风，解放思想，锐意创新，攻坚克难，争创更多科研成果，促进科技成果向现实生产力转化,为加快平远的振兴发展作出积极贡献。

附件：2016—2017年度平远县科学技术奖获奖名单

附件

2016—2017年度平远县科学技术奖获奖名单

一等奖（5项）：

1.成果名称：实木家具构件弯曲技术研究与应用

主要完成单位：梅州市汇胜木制品有限公司、南京林业大学、宜华生活科技股份有限公司

主要完成人：黄琼涛、徐　伟、蔡　琦、张宇鹏、柯娇娜、谢文昌

2.成果名称：电解还原制备高纯氧化铕技术

主要完成单位：广东富远稀土新材料股份有限公司、广东省稀有金属研究所

主要完成人：周　勇、张魁芳、韩旗英、刘志强、凌　诚、朱　薇、韩德义、钟德强、韩新福、林强绪

3.成果名称：梅片树枝叶深加工关键技术与副产物高值利用

主要完成单位：广东华清园生物科技有限公司、华南理工大学

主要完成人：苏健裕、凌凤清、李　琳、林　胜、林梅艳、陈填烽、王　文、覃业霞、麦均洪、刘　志

4.成果名称：果岭铺沙滚压机关键制造技术研究与应用

主要完成单位：梅州市绿鹰机械设备有限公司

主要完成人：韩　欢、潘其照、韩梅招、姚秋文、储晓梅、侯小琼、韩　越

5.成果名称：规模养猪场废弃物添加微生物发酵综合利用技术的应用与推广

主要完成单位：平远温氏畜牧有限公司、平远县畜牧兽医技术推广站

主要完成人：林　玉、刘志强、姚雪军、肖伟燕、王兴宏、刘旺荣、黎晓钧、丘志明

二等奖（5项）

1.成果名称：一种多功能集装箱运输骨架半挂车

主要完成单位：梅州市鑫荣达挂车制造有限公司

主要完成人：潘梅秀、张学祥、韩梅招、姚秋文、储晓梅、谢利红、潘其照

2.成果名称：鸡血藤种苗繁育和栽培技术研究与应用推广

主要完成单位：广东南领药业有限公司、平远县大柘镇农业服务中心

主要完成人：赖志明、姚永才、王冬梅、罗国荣、刘伴琴、刘惠芳、朱雪梅

3.成果名称：水稻“三控”施肥技术的示范与推广应用

完成单位：平远县农产品质量监督监测站、平远县农作物病虫测报站

主要完成人：林建鑫、张海新、谢石泉、陈玉裕、谢清传、姚良荣、姚良永

4.成果名称：参麦针关节腔内注射治疗膝骨性关节炎的临床研究

主要完成单位：平远县中医医院

主要完成人：张　龙、姚子升、陈　健、张学良、刘晶、卓秋华、潘仁寿

5.成果名称：白内障超声乳化吸除在白内障手术的临床应用

主要完成单位：平远县人民医院

主要完成人：彭小毅、黎佛平、方伟达、丘蓉俊、余小旋

三等奖（6项）

1.成果名称：杨梅物理矮化栽培技术的推广及应用

主要完成单位：平远县新春农业发展有限公司

主要完成人：丘亦春、丘仁宪、丘霖英、凌媛平、姚志明

2.成果名称：葡萄新品种引进和规模化栽培技术的应用与推广

主要完成单位：平远县南台葡萄种植家庭农场

主要完成人：黎军发、钟文明、谢苑青、凌志云、罗洪斌

3.成果名称：针刺神经根结合整脊手法对神经根型颈椎病的临床疗效分析

主要完成单位：平远县中医医院

主要完成人：张　龙、黄大成、陈继荣、姚　琳、陈　健

4.成果名称：经皮穿刺椎体成形术治疗老年椎体骨质疏松性压缩骨折的临床应用

主要完成单位：平远县人民医院

主要完成人：肖胜添、艾华军、黄亮兴、吴雨志、姚增良

5.成果名称：无保护性接生术降低会阴裂伤的临床应用

主要完成单位：平远县人民医院

主要完成人：蒙荣月、赖文苑、张　妮、张燕婷、易丽珠

6.成果名称：N端-B型钠尿肽原在急性呼吸困难患者鉴别诊断中的应用研究

主要完成单位：平远县人民医院

主要完成人：刘军芬、张海峰、林柏青、刘洪清、杨燕玉

政协平远县委员会
关于表彰2018年度优秀政协委员、先进"委员工作室"、优秀提案及承办提案先进单位的决定

（2019年2月20日　平协发〔2019〕1号）

政协第十届平远县委员会第三次会议以来，全体政协委员紧紧围绕县委、县政府中心工作和人民群众关注的社会热点难点问题，积极参与搞一次调查、献一个良策、写一份提案、反映一件社情民意、办一件实事（或引进一个项目）的"五个一"活动，展现了政协委员坚持履职为民、全力服务发展、乐于回报社会的风采,以优异的履职成绩，树立了新时代政协委员的良好形象。县政协委员工作室坚持自我管理、自我服务、自我教育、自我监督，认真组织开展或参与调研视察、专题协商、扶贫济困、联情联谊等活动，在委员履行职责、提升队伍能力建设等方面进行了有效的探索尝试，为助推我县政协事业创新发展作出了积极贡献。提案承办单位对委员提案高度重视，破难攻坚，采取有效措施，积极抓好提案的办理落实，收到了明显实效。

为激励先进、推广典型，根据县政协《关于在县政协委员中开展"五个一"活动的通知》和《政协平远县委员会关于评选表彰优秀提案、承办提案先进单位的暂行办法》的规定，经县政协主席会议审议决定，对马胜能等25位优秀政协委员，县政协教科文卫体和社会法制委员会委员工作室等3个先进"委员工作室"，《落实"实体经济十条"政策，大力支持我县民营企业发展》等9件优秀提案，平远县教育局等4个提案承办先进单位予以表彰，以资鼓励。

希望受表彰的优秀政协委员和先进单位珍惜荣誉、戒骄戒躁、再接再厉，各政协委员工作室、提案承办单位和全体委员，要以先进为榜样，在习近平新时代中国特色社会主义思想指引下，深入学习贯彻中共十九大精神，不忘初心，牢记使命，主动融入全县发展大局，积极履职、主动作为，为加快我县"一城一区一带"建设，努力创建优山美水生态之星"精致小城·大美平远"作出更大贡献!

附件：2018年度优秀政协委员、先进"委员工作室"、优秀提案及承办提案先进单位名单

附件：

2018年度优秀政协委员、先进"委员工作室"优秀提案及承办提案先进单位名单

一、优秀政协委员（共25人）

马胜能　王水生　丘　明　龙春玉　刘　琳　刘鹏举　李　梅　杜生元　吴　森　吴永辉　吴志雄　余苑隆　陈焕新　陈利红　陈瑞金　陈敏平　陈　銮　林志坚　林　浩　姚映兰　凌宏斌　韩垂文　谢裕荣　黎崇发　黎文通

二、先进“委员工作室”（共3个）

1.县政协教科文卫体和社会法制委员会委员工作室

2.县政协提案委员会委员工作室

3.县政协文史和学习委员会委员工作室

三、优秀提案（共9件）

1.《落实“实体经济十条”政策，大力支持我县民营企业发展》（提案人：刘忠平）

2.《关于加强镇村公共服务中心（站）建设，不断提升农村公共服务水平的建议》（提案人：林向东）

3.《关于重视弱势群体，解决尿毒症患者当地治疗难题的建议》（提案人：卢斌）

4.《全面加强农村卫生站建设，努力提升乡村医疗服务能力》（提案人：姚映兰）

5.《关于平远高速公路“五大”出口景观化规划建设的建议》（提案人：杨旭辉）

6.《以“三清三拆三整治”为抓手，加快美丽乡村建设》（提案人：姚志粦）

7.《积极争取瑞梅铁路加快立项开工建设，早日圆平远山区人民铁路梦》（提案人：林真）

8.《关于进一步加强我县优秀传统文化建设的几点建议》（提案人：林德志）

9.《发展旅游经济，推进“农家乐”健康可持续发展》（提案人：姚思尼）

四、承办提案先进单位（共4个）

1.平远县教育局

2.平远县市政公用事业管理中心

3.平远县民政局

4.平远县卫生和计划生育局

平远县人民政府办公室
关于2016—2017年度平远县科技创新单位和个人的通报

（2018年11月7日　平府办发〔2018〕8号）

各镇人民政府，县府直属和省、市属驻平各单位：

为进一步激发全社会创造活力，提升我县科技创新能力，促进经济社会发展，根据《关于印发平远县推进科技创新实施意见的通知》（平府办发〔2016〕3号）的规定，县人民政府决定对科技创新单位和个人给予通报。

希望科技创新单位和个人再接再厉，推进科技创新，增强经济发展后劲，为加快我县产业转型升级，加快平远的振兴发展作出更大贡献！

附件：2016—2017年度平远县科技创新单位和个人名单

附件

2016—2017年度平远县科技创新单位和个人名单

一、市级工程研究开发中心认定8家

1.组建企业：广东华清园生物科技有限公司

工程研发中心名称：梅州市植物源天然产物工程技术研究中心

2.组建企业：梅州市汇胜木制品有限公司

工程研发中心名称：梅州市汇胜木制品工程技术研究中心

3.组建企业：梅州市绿鹰机械设备有限公司

工程研发中心名称：梅州市绿鹰农林机械工程技术研究中心

4.组建企业：梅州市洪裕汽车配件制造有限公司

工程研发中心名称：梅州市洪裕智能制造工程技术研究中心

5.组建企业：广东获赛尔机械铸造股份有限公司

工程研发中心名称：梅州市舰船柴油机部件工程技术研究中心

6.组建企业：平远县华企稀土实业有限公司

工程研发中心名称：梅州市稀土矿山开采技术综合应用工程技术研究中心

7.组建企业：梅州市亚力盛电子有限公司

工程研发中心名称：梅州市亚力盛电子连接器工程技术研究中心

8.组建企业：梅州元芯科技有限公司

工程研发中心名称： 梅州市石英晶体谐振器工程技术研究中心

二、高新技术企业首次认定企业4家

梅州元芯科技有限公司

广东荻赛尔机械铸造股份有限公司

广东华清园生物科技有限公司

梅州亚力盛电子有限公司

三、高新技术企业重新认定企业2家

广东富远稀土新材料股份有限公司

梅州市汇胜木制品有限公司

四、高新技术企业入库培育企业7家

广东荻赛尔机械铸造股份有限公司

广东华清园生物科技有限公司

梅州市洪裕汽车配件制造有限公司

梅州亚力盛电子有限公司

广东北斗星航科技有限公司

梅州市恒盛宇科技电子有限公司

平远县友邦木业有限公司

五、高新技术产品23个

1.研发企业： 梅州市汇胜木制品有限公司（6个）

产品名称： 防污自洁木家具、基于单板结构件技术的速生材木家具、低质材增值制造的木家具、基于表面平整度调控与异形处理的实木封边家具、新型秸秆板木家具、基于介孔复合材料的阻燃木制品

2.研发企业： 广东富远稀土新材料股份有限公司（8个）

产品名称： 氧化铥、氧化镱、氧化镥、氧化镨钕、氧化镧（低放射性）、高纯氧化钕、氧化铽（荧光级）、高纯氧化镝

3.研发企业： 梅州市绿鹰机械设备有限公司（2个）

产品名称： 草坪打孔机、可360° 旋转遥控拖挂式吹风机

4.研发企业： 梅州元芯科技有限公司（4个）

产品名称： 电脑石英晶体谐振器、电视机机顶盒石英晶体谐振器、汽车导航石英晶体谐振器、蓝牙麦克风石英晶体谐振器

5.研发企业： 广东华清园生物科技有限公司（1个）

产品名称： 高效无性繁殖梅片树苗

6.研发企业： 梅州市洪裕汽车配件制造有限公司（1个）

产品名称： 一种应用于重型汽车上的蠕墨铸铁制动鼓

7.研发企业： 梅州市鑫荣达挂车制造有限公司（1个）

产品名称： 多功能集装箱运输骨架半挂车

六、省级企业研究开发财政补助资金项目10项

（一）2016年度4家

1.广东富远稀土新材料股份有限公司

2.梅州市汇胜木制品有限公司

3.梅州市绿鹰机械设备有限公司

4.梅州元芯科技有限公司

（二）2017年度6家

1.广东富远稀土新材料股份有限公司

2.广东华清园生物科技有限公司

3.梅州市汇胜木制品有限公司

4.梅州市绿鹰机械设备有限公司

5.梅州市鑫荣达挂车制造有限公司

6.梅州元芯科技有限公司

七、省级科技计划立项工业类项目3项

1.项目名称：高纯激光级重稀土（铥、镱、镥）氧化物产业化关键技术

承担单位：广东富远稀土新材料股份有限公司

2.项目名称：梅州市汇胜木制品有限公司科技特派员工作站建设

承担单位：梅州市汇胜木制品有限公司

3.项目名称：手扶式起草皮机的研制与推广应用

承担单位：梅州市绿鹰机械设备有限公司

八、市级科技成果9项

1.成果名称：果岭铺沙滚压机关键制造技术研究与应用

主要完成单位：梅州市绿鹰机械设备有限公司

主要完成人：韩　欢、潘其照、韩梅招、姚秋文、储晓梅、侯小琼、韩　越

2.成果名称：实木家具构件弯曲技术研究与应用

主要完成单位：梅州市汇胜木制品有限公司、南京林业大学、宜华生活科技股份有限公司

主要完成人：黄琼涛、徐　伟、蔡　琦、张宇鹏、柯娇娜、谢文昌

3.成果名称：一种多功能集装箱运输骨架半挂车

主要完成单位：梅州市鑫荣达挂车制造有限公司

主要完成人：潘梅秀、张学祥、韩梅招、姚秋文、储晓梅、谢利红、潘其照

4.成果名称：电解还原制备高纯氧化铕技术

主要完成单位：广东富远稀土新材料股份有限公司、广东省稀有金属研究所

主要完成人：周　勇、张魁芳、韩旗英、刘志强、凌　诚、朱　薇、韩德义、钟德强、韩新福、林强绪、林永忠、赖先庆

5.成果名称：鸡血藤种苗繁育和栽培技术研究与应用推广

主要完成单位：广东南领药业有限公司、平远县大柘镇农业服务中心

主要完成人：赖志明、姚永才、王冬梅、罗国荣、刘伴琴、刘惠芳、朱雪梅、李　宇、卓雪兰、吴育涛、杜军平、陈柳竹、陈　猛、姚良荣、谢清传

6.成果名称：规模养猪场废弃物添加微生物发酵综合利用技术的应用与推广

主要完成单位：平远温氏畜牧有限公司、平远县畜牧兽医技术推广站

主要完成人：林　玉、刘志强、姚雪军、肖伟燕、王兴宏、刘旺荣、黎晓钧、丘志明

7.成果名称：梅片树枝叶深加工关键技术与副产物高值利用

主要完成单位：广东华清园生物科技有限公司、华南理工大学

主要完成人：苏健裕、凌凤清、李　琳、林　胜、林梅艳、陈填烽、王　文、覃业霞、麦均洪、刘　志

8.成果名称：水稻“三控”施肥技术的示范与推广应用

主要完成单位：平远县农产品质量监督监测站、平远县农作物病虫测报站

主要完成人：林建鑫、张海新、谢石泉、陈玉裕、谢清传、姚良荣、姚良永、杜军平、韩国栋、王冬梅、林桂双、王昌喜、邹　镱、陈　猛、黄玉芬

9.成果名称：参麦针关节腔内注射治疗膝骨性关节炎的临床研究

主要完成单位：平远县中医医院

主要完成人：张　龙、姚子升、张学良、刘　晶、卓秋华、陈　健、潘仁寿

九、县级科技成果16项

1.成果名称：果岭铺沙滚压机关键制造技术研究与应用

主要完成单位：梅州市绿鹰机械设备有限公司

主要完成人：韩　欢、潘其照、韩梅招、姚秋文、储晓梅、侯小琼、韩　越

2.成果名称：实木家具构件弯曲技术研究与应用

主要完成单位：梅州市汇胜木制品有限公司、南京林业大学、宜华生活科技股份有限公司

主要完成人：黄琼涛、徐　伟、蔡　琦、张宇鹏、柯娇娜、谢文昌

3.成果名称：一种多功能集装箱运输骨架半挂车

主要完成单位：梅州市鑫荣达挂车制造有限公司

主要完成人：潘梅秀、张学祥、韩梅招、姚秋文、储晓梅、谢利红、潘其照

4.成果名称：电解还原制备高纯氧化铕技术

主要完成单位：广东富远稀土新材料股份有限公司、广东省稀有金属研究所

主要完成人：周　勇、张魁芳、韩旗英、刘志强、凌　诚、朱　薇、韩德义、钟德强、韩新福、林强绪、林永忠、赖先庆

5.成果名称：鸡血藤种苗繁育和栽培技术研究与应用推广

主要完成单位：广东南领药业有限公司、平远县大柘镇农业服务中心

主要完成人：赖志明、姚永才、王冬梅、罗国荣、刘伴琴、刘惠芳、朱雪梅、李　宇、卓雪兰、吴育涛、杜军平、陈柳竹、陈　猛、姚良荣、谢清传

6.成果名称：规模养猪场废弃物添加微生物发酵综合利用技术的应用与推广

主要完成单位：平远温氏畜牧有限公司、平远县畜牧兽医技术推广站

主要完成人：林　玉、刘志强、姚雪军、肖伟燕、王兴宏、刘旺荣、黎晓钧、丘志明

7.成果名称：梅片树枝叶深加工关键技术与副产物高值利用

主要完成单位：广东华清园生物科技有限公司、华南理工大学

主要完成人：苏健裕、凌凤清、李　琳、林　胜、林梅艳、陈填烽、王　文、覃业霞、麦均洪、刘　志

8.成果名称：杨梅物理矮化栽培技术的推广及应用

主要完成单位：平远县新春农业发展有限公司

主要完成人：丘亦春、丘仁宪、丘霖英、凌媛平、姚志明

9.成果名称：葡萄新品种引进和规模化栽培技术的应用与推广

主要完成单位：平远县南台葡萄种植家庭农场

主要完成人：黎军发、钟文明、谢苑青、凌志云、罗洪斌

10.成果名称：水稻“三控”施肥技术的示范与推广应用

主要完成单位：平远县农产品质量监督监测站、平远县农作物病虫测报站

主要完成人：林建鑫、张海新、谢石泉、陈玉裕、谢清传、姚良荣、姚良永、杜军平、韩国栋、王冬梅、林桂双、王昌喜、邹　镱、陈　猛、黄玉芬

11.成果名称：针刺神经根结合整脊手法对神经根型颈椎病的临床疗效分析

主要完成单位：平远县中医医院

主要完成人：张　龙、黄大成、陈继荣、姚　琳、陈　健

12.成果名称：参麦针关节腔内注射治疗膝骨性关节炎的临床研究

主要完成单位：平远县中医医院

主要完成人：张　龙、姚子升、张学良、刘　晶、卓秋华、陈　健、潘仁寿

13.成果名称：经皮穿刺椎体成形术治疗老年椎体骨质疏松性压缩骨折的临床应用

主要完成单位：平远县人民医院

主要完成人：肖胜添、艾华军、黄亮兴、吴雨志、姚增良、黎秋梅、林苑香、陈利梅

14.成果名称：白内障超声乳化吸除在白内障手术的临床应用

主要完成单位：平远县人民医院

主要完成人：彭小毅、黎佛平、方伟达、丘蓉俊、余小旋

15.成果名称：无保护性接生术降低会阴裂伤的临床应用

主要完成单位：平远县人民医院

主要完成人：蒙荣月、赖文苑、张妮、张燕婷、易丽珠

16.成果名称：N端-B型钠尿肽原在急性呼吸困难患者鉴别诊断中的应用研究

主要完成单位：平远县人民医院

主要完成人：刘军芬、张海峰、林柏青、刘洪清、杨燕玉

十、省专利优秀奖1项

企业名称：梅州市汇胜木制品有限公司

专利名称：软模热压式家具封边装置及家具异形构件封边工艺

十一、专利授权174件

发明专利（10件）

表9

序号	专利种类	专利号	专利名称	申请人
1	发明专利	2014101486619	循环式石英砂无尘回收筛分器	梅州元芯科技有限公司
2	发明专利	2014107505859	一种基于木材纵向压缩的实木弯曲设备及方法	梅州元芯科技有限公司
3	发明专利	2014107505859	一种基于木材纵向压缩的实木弯曲设备及方法	梅州元芯科技有限公司
4	发明专利	2015100893379	一种稻秸秆板家具构件的边部涂饰方法	梅州元芯科技有限公司
5	发明专利	2015104617594	家具平板包装方法及工作台	梅州元芯科技有限公司
6	发明专利	2015104617594	一种木材仿珍染色方法	梅州元芯科技有限公司
7	发明专利	2014100595178	一种采用离子交换法富集低稀土浓度洗出液的方法	梅州元芯科技有限公司
8	发明专利	2015106386946	一种货车制动鼓用低合金灰铸铁材料及其制备方法	梅州元芯科技有限公司
9	发明专利	2013104520848	一种碳纤维伞及其制造方法	梅州元芯科技有限公司
10	发明专利	201410624753X	热水器	梅州元芯科技有限公司

实用新型专利（102件）

表10

序号	专利种类	专利号	专利名称	申请人
1	实用新型	2016203549871	一种家具企业质量控制平台	梅州市汇胜木制品有限公司
2	实用新型	2016200341458	一种离心铸造缸套用的铁挡板	广东获赛尔机械铸造股份有限公司
3	实用新型	2016200409304	一种塞杆及拔塞浇口杯	广东获赛尔机械铸造股份有限公司

续表10

序号	专利种类	专利号	专利名称	申请人
4	实用新型	201720643623X	一种熔炼车间除尘回收装置	广东广晟智威稀土新材料有限公司
5	实用新型	2017206404120	一种熔炼炉倾倒装置	广东广晟智威稀土新材料有限公司
6	实用新型	2017206395691	一种旋转搅拌式恒温水浴锅	广东广晟智威稀土新材料有限公司
7	实用新型	2017206336119	一种带自清理装置的混料机	广东广晟智威稀土新材料有限公司
8	实用新型	2017206330269	一种工厂水系统循环结构装置	广东广晟智威稀土新材料有限公司
9	实用新型	2017206329863	一种自动上料履带式抛丸清理机	广东广晟智威稀土新材料有限公司
10	实用新型	2016203435476	便于清洗的酿酒用蒸饭机	梅州市八乡情酒业有限公司
11	实用新型	2016203435480	用于酿酒的节水型蒸馏机	梅州市八乡情酒业有限公司
12	实用新型	2016203435495	用于酿酒的高效瓶子清洗机	梅州市八乡情酒业有限公司
13	实用新型	2016203469383	酿酒用分级过滤机	梅州市八乡情酒业有限公司
14	实用新型	2016203469580	酿酒用高效离心机	梅州市八乡情酒业有限公司
15	实用新型	2016203469862	高密封性酒罐	梅州市八乡情酒业有限公司
16	实用新型	2015209869830	一种应用于重型汽车上的蠕墨铸铁制动鼓	梅州市洪裕汽车配件制造有限公司
17	实用新型	2015209879194	一种装有蠕墨铸铁配件的制动鼓送机	梅州市洪裕汽车配件制造有限公司
18	实用新型	2015209880295	一种应用于重型装载机上提供安全的制动鼓部件	梅州市洪裕汽车配件制造有限公司
19	实用新型	2015209883467	一种应用于重载车上的高碳当量刹车盘	梅州市洪裕汽车配件制造有限公司

续表10

序号	专利种类	专利号	专利名称	申请人
20	实用新型	201520986181X	一种应用于半挂车上含蠕墨铸铁的制动鼓	梅州市洪裕汽车配件制造有限公司
21	实用新型	2015209865721	一种应用于载重汽车含碳高强度刹车盘	梅州市洪裕汽车配件制造有限公司
22	实用新型	2016201750480	一种自动降温刹车盘	梅州市洪裕汽车配件制造有限公司
23	实用新型	201620175106X	一种可自动检测厚度的刹车盘	梅州市洪裕汽车配件制造有限公司
24	实用新型	2016201953201	一种手扶式起草皮机	梅州市绿鹰机械设备有限公司
25	实用新型	2017201845894	一种球道施肥机	梅州市绿鹰机械设备有限公司
26	实用新型	2016210952867	一种稀有金属生产用长度可调式的出炉钳	广东天路新材料科技有限公司
27	实用新型	2016210963024	一种用于稀有金属熔盐电解炉有害烟气的处理设备	广东天路新材料科技有限公司
28	实用新型	2016210962568	一种用于磁性材料金属电解炉的阳极固定装置	广东天路新材料科技有限公司
29	实用新型	2016210960702	一种易拆卸稀有金属电解炉壳	广东天路新材料科技有限公司
30	实用新型	2016210960308	一种用于稀有金属产品输送的升降机	广东天路新材料科技有限公司
31	实用新型	2016210951116	一种生产稀有金属及合金的熔盐电解槽	广东天路新材料科技有限公司
32	实用新型	2016210913203	一种熔盐电解生产磁材合金的自动阴极升降装置	广东天路新材料科技有限公司
33	实用新型	2016210909655	一种电解槽虹吸回收稀土金属的装置	广东天路新材料科技有限公司
34	实用新型	2016210586004	一种磁性材料产品用的烘干机	广东天路新材料科技有限公司

续表10

序号	专利种类	专利号	专利名称	申请人
35	实用新型	2017204265161	一种新型木工雕花机	梅州市方鼎环保新材料有限公司
36	实用新型	2017204264277	一种具有限位功能的柜体材料圆锯机	梅州市方鼎环保新材料有限公司
37	实用新型	2017204263984	一种柜体材料打缺机	梅州市方鼎环保新材料有限公司
38	实用新型	2017204252034	一种带有废料收集的气动截料锯	梅州市方鼎环保新材料有限公司
39	实用新型	2016213142698	一种USB的转换插座及USB数据线	梅州市恒盛宇科技电子有限公司
40	实用新型	2016213284788	一种现实音视频数据线	梅州市恒盛宇科技电子有限公司
41	实用新型	2016213154619	一种太阳能电池板表面除污装置	梅州市恒盛宇科技电子有限公司
42	实用新型	2016213154229	一种双支屏蔽数据线缆工作台	梅州市恒盛宇科技电子有限公司
43	实用新型	2016209797358	一种多功能集装箱运输骨架半挂车	梅州市鑫荣达挂车制造有限公司
44	实用新型	2017201852027	一种低平板半挂车	梅州市鑫荣达挂车制造有限公司
45	实用新型	2016208446335	一种手机数据线	梅州亚力盛电子有限公司
46	实用新型	2016208440358	一种自动焊接机	梅州亚力盛电子有限公司
47	实用新型	2016208440273	一种用于裁线的精密设备	梅州亚力盛电子有限公司
48	实用新型	2016208440235	一种用于产品成型的注塑机	梅州亚力盛电子有限公司
49	实用新型	2016208440184	一种线材押出装置	梅州亚力盛电子有限公司
50	实用新型	2016208434361	一种数码相机数据传输线	梅州亚力盛电子有限公司

续表10

序号	专利种类	专利号	专利名称	申请人
51	实用新型	2016208431999	一种扫描仪柔性扁平软排线	梅州亚力盛电子有限公司
52	实用新型	2016208431984	一种汽车冰箱连接线	梅州亚力盛电子有限公司
53	实用新型	2016209785581	一种全自动葛根提粉脱水烘干机	平远威大地有限公司
54	实用新型	2017204278585	用于葛根生产的挤压脱水机	平远威大地有限公司
55	实用新型	2016209931107	一种带刹车功能的翻箱机	平远县金科新业机械制造有限责任公司
56	实用新型	2016209929889	一种刹车鼓加工辅助装置	平远县金科新业机械制造有限责任公司
57	实用新型	2016209929412	一种货车刹车鼓的夹紧装置	平远县金科新业机械制造有限责任公司
58	实用新型	201620992312X	一种货车刹车鼓无线温度检测设备	平远县金科新业机械制造有限责任公司
59	实用新型	2016209922610	一种货车刹车鼓温度有线警报装置	平远县金科新业机械制造有限责任公司
60	实用新型	2016209921143	一种智能型货车刹车鼓降温装置	平远县金科新业机械制造有限责任公司
61	实用新型	2016213253027	一种新型直插式音响接线	平远县鹏鑫电子科技有限公司
62	实用新型	201621372731X	一种可弯折定型的数据线	平远县鹏鑫电子科技有限公司
63	实用新型	2016213704233	一种防断数据线	平远县鹏鑫电子科技有限公司
64	实用新型	2016213231672	一种高效的笔记本散热扇	平远县鹏鑫电子科技有限公司
65	实用新型	2016213231352	一种电子产品故障检测装置	平远县鹏鑫电子科技有限公司
66	实用新型	2016213229808	一种防摔的音箱外壳	平远县鹏鑫电子科技有限公司

续表10

序号	专利种类	专利号	专利名称	申请人
67	实用新型	2016213215307	一种笔记本外接抽风式散热器	平远县鹏鑫电子科技有限公司
68	实用新型	2016213251303	一种具有折叠功能的音箱支架	平远县鹏鑫电子科技有限公司
69	实用新型	2017200270851	一种具有良好散热功能的变压器及其短路检测装置	平远雅玛西科技有限公司
70	实用新型	2017200240377	一种新型低压箔绕线圈油浸式变压器	平远雅玛西科技有限公司
71	实用新型	201720018897X	一种圆筒式绕组加工设备及包含该圆筒式绕组的变压器	平远雅玛西科技有限公司
72	实用新型	2017200240362	一种变压器多向减震结构	平远雅玛西科技有限公司
73	实用新型	2017200238907	一种带双层卧式饱和电抗器的整流变压器	平远雅玛西科技有限公司
74	实用新型	2017203983691	组合式共模电感和开关电源	平远雅玛西科技有限公司
75	实用新型	2017204186390	一种新型茶叶揉捻装置	平远源丰农业发展有限公司
76	实用新型	2016209651892	一种水泵叶轮铸造装置	平远源盛机电设备制造有限公司
77	实用新型	2016209650974	一种水泵模具生产设备	平远源盛机电设备制造有限公司
78	实用新型	201620964977X	一种机械降噪装置	平远源盛机电设备制造有限公司
79	实用新型	2016209640489	一种水泵流道畅通设备	平远源盛机电设备制造有限公司
80	实用新型	201620963998X	一种水泵壳体生产设备	平远源盛机电设备制造有限公司
81	实用新型	201620963980X	一种数控覆膜砂生产设备	平远源盛机电设备制造有限公司

续表10

序号	专利种类	专利号	专利名称	申请人
82	实用新型	2016200893769	一种新型石斛种植盆	刘国辉
83	实用新型	2015209894762	一种新型的车载充电器	王　平
84	实用新型	2015208007653	一种复合板	肖元裕
85	实用新型	2015207099732	双层玻璃隔断连接件	肖元裕
86	实用新型	2015207959457	电子拐杖	林　巧
87	实用新型	2016201105931	一种加装有底板的胡琴	谢正青
88	实用新型	201520929730X	一种机箱线	余森进
89	实用新型	2015210729554	一种智能型网吧电脑桌面呼叫开关	余森进
90	实用新型	2016200383906	一种一体式桌面呼叫开关	余森进
91	实用新型	2017200008784	一种亚克力炫光桌面开关	余森进
92	实用新型	2016211371122	一种喇叭音膜音圈全自动组合机	谢荣胜
93	实用新型	2016211371033	一种应用于音膜音圈全自动组合机的音膜定位机构组件	谢荣胜
94	实用新型	2016211370740	一种应用于喇叭音膜音圈全自动组合机的取膜分膜机构	谢荣胜
95	实用新型	2016211136048	一种床头灯	张华云
96	实用新型	2017205258447	具有双显示屏的相机	王仲明

续表10

序号	专利种类	专利号	专利名称	申请人
97	实用新型	2017204999659	一种多功能蓝牙麦克风组件	肖传兴
98	实用新型	201620200450X	一种用于辅助判断足球出界的装置	余　勇
99	实用新型	2016208296944	一种有机肥料的搅拌装置中的扰流翻转单元	何　瑛
100	实用新型	2017207229330	一种蓝牙FM手机麦克风	凌彩红
101	实用新型	2017205488608	一种可折叠伸缩硅胶吊灯	何伟煌
102	实用新型	2017200193910	一种触控笔	林志雄

外观设计（62件）

表11

序号	专利种类	专利号	专利名称	申请人
1	外观设计	2015305321381	水泵（XA）	平远源盛机电设备制造有限公司
2	外观设计	2015304949020	车载充电器（R58）	王　平
3	外观设计	201630530736X	装饰管（不锈钢3D）	肖元裕
4	外观设计	2015305402976	智能电脑桌面呼叫开关（1）	余森进
5	外观设计	2015305402957	智能电脑桌面呼叫开关（2）	余森进
6	外观设计	2016300116544	一体式呼叫桌面开关（B）	余森进
7	外观设计	2015305626144	网吧电脑桌面开关（2）	余森进
8	外观设计	2016301933947	一体式桌面呼叫开关（A）	余森进

续表11

序号	专利种类	专利号	专利名称	申请人
9	外观设计	2017300012855	桌面开关（亚克力炫光快充）	余森进
10	外观设计	201630632463X	酒瓶（围龙屋）	平远县好八方酒业有限公司
11	外观设计	2016306320696	酒瓶（帅印）	平远县好八方酒业有限公司
12	外观设计	2016305767791	酒瓶	梅州大客丰酒业有限公司
13	外观设计	2015303979635	网络播放器（OTT–F28）	谢发添
14	外观设计	2015304521696	车载充电器（JL–L9）	陈伟军
15	外观设计	2015303209419	多功能模组拼装吸顶灯	黄燕芳
16	外观设计	2015304419965	耳机(2)	黎增平
17	外观设计	2015304412379	耳机	黎增平
18	外观设计	2016301387134	送餐箱（外卖保温箱）	林敦进
19	外观设计	2016301394829	主动式电容笔	林　绿
20	外观设计	2015304381281	投光灯	凌雪珍
21	外观设计	2016300007814	茶叶外包装	丘佳联
22	外观设计	2016300007867	茶叶外包装	丘佳联
23	外观设计	2016300007848	茶叶外包装	丘佳联
24	外观设计	2016301323043	移动光驱	沈立锋

续表11

序号	专利种类	专利号	专利名称	申请人
25	外观设计	2015304877643	车载充电器	涂善奇
26	外观设计	2017301108997	车载充电器（HQD–Q9T）	涂善奇
27	外观设计	2016301963707	包装盒（安居客超浓缩百合花香型洗衣片）	颜明忠
28	外观设计	2016301963764	包装盒（安居客纳米净洗衣片）	颜明忠
29	外观设计	2016301963779	包装盒（安居客超柔净洗衣片）	颜明忠
30	外观设计	2016301963783	包装盒（安居客超浓缩香水香型洗衣片）	颜明忠
31	外观设计	2016300525090	灭蚊灯顶盖	姚建平
32	外观设计	2016300612703	包装袋	张镇彬
33	外观设计	2016302205222	考拉挂包	朱添荣
34	外观设计	2016302205241	考拉零钱包	朱添荣
35	外观设计	201630292544X	扁甲虫包	朱添荣
36	外观设计	2016302205203	兔子储钱罐	朱添荣
37	外观设计	2016302925420	猫头鹰挂包	朱添荣
38	外观设计	2016306311502	LED瓶塞灯	林云喜
39	外观设计	2017301253153	LED瓶盖灯串	林云喜
40	外观设计	2016302082097	带移动电源的补水神器	凌征宏

续表11

序号	专利种类	专利号	专利名称	申请人
41	外观设计	2016305139561	配送箱	林敦进
42	外观设计	2017300718172	配送箱	林敦进
43	外观设计	2017301219716	枕头	刘国平
44	外观设计	2016305321988	移动电源（BD-10000WL）	肖承浩
45	外观设计	2016305320769	移动电源（BD-5000WL）	肖承浩
46	外观设计	2016303623926	洗涤塑料瓶（T164）	肖昭梅
47	外观设计	2016301370222	耳机	王郁青
48	外观设计	2017301439773	工艺品（平安扣-梅花迎春）	王德群
49	外观设计	2017301439769	工艺品（平安扣-牡丹富贵）	王德群
50	外观设计	2017301439754	工艺品（尊-欣欣向荣）	王德群
51	外观设计	2017301436898	工艺品（灯笼瓶）	王德群
52	外观设计	201730143269X	工艺品（葫芦-五福临门）	王德群
53	外观设计	2017301432670	工艺品（观心）	王德群
54	外观设计	2017301432666	工艺品（将军罐）	王德群
55	外观设计	2017301384713	工艺品（屏风）	王德群
56	外观设计	2017301384658	工艺品（貔貅-迎福纳祥）	王德群

续表11

序号	专利种类	专利号	专利名称	申请人
57	外观设计	2017301384573	工艺品（如意-事事如意）	王德群
58	外观设计	2017301384554	工艺品（牛-牛势）	王德群
59	外观设计	2017301384431	工艺品（斗-日进斗金）	王德群
60	外观设计	2017301432539	工艺品（四方纳财）	王德群
61	外观设计	2016304916996	摇头扇	徐　坚
62	外观设计	2016305903601	电风扇（QT-608）	徐　坚

法规选录

广东省第十三届人民代表大会常务委员会
公　　告
（第6号）

《广东省地方志工作条例》已由广东省第十三届人民代表大会常务委员会第三次会议于2018年5月31日通过，现予公布，自2018年7月1日起施行。

广东省人民代表大会常务委员会
2018年5月31日

广东省地方志工作条例

（2018年5月31日广东省第十三届人民代表大会常务委员会第三次会议通过）

第一条　为了传承发展中华优秀传统文化，弘扬社会主义核心价值观，加强对地方志工作的组织、管理，发挥地方志在促进经济社会发展中的作用，根据国务院《地方志工作条例》及有关法律、法规，结合本省实际，制定本条例。

第二条　广东省行政区域内志书、年鉴及地方史的组织编纂、管理与开发利用工作，适用本条例。

本条例所称志书包括地方志书、部门志、行业志、专题志等。

本条例所称年鉴包括地方综合年鉴、部门年鉴、行业年鉴等。

第三条　地方志工作应当坚持依法治志、存真求实、确保质量的原则。

第四条　县级以上人民政府应当加强对本行政区域地方志工作的领导，将地方志工作纳入本级国民经济和社会发展规划，地方志工作所需经费列入本级财政预算。

县级以上人民政府制定本行政区域的地方志工作规划，并报上一级人民政府地方志工作机构备案。

第五条　县级以上人民政府地方志工作机构主管本行政区域的地方志工作，履行以下职责：

（一）组织、指导、检查和督促地方志工作；

（二）拟订地方志工作规划和编纂方案；

（三）组织编纂志书、年鉴、地方史和其他相关地方志文献；

（四）征集、整理、保存志书、年鉴、地方史及其他相关地方志文献和资料，组织开展资料年报工作，组织整理旧志；

（五）组织开展地情调查研究和资源开发利用，开展地方志信息化建设，为社会提供服务；

（六）组织开展地方志业务培训、理论研究、宣传教育和对外交流；

（七）法律、法规规定的其他职责。

乡镇人民政府、街道办事处应当由专人负责地方志工作，有条件的可以指定机构负责地方志工作。

第六条 承担地方志工作任务的国家机关、社会团体、企业事业组织，应当按照所在地人民政府地方志工作规划开展地方志工作，确定机构和人员，接受地方志工作机构的业务指导和监督检查，并对其管理单位的地方志工作进行组织协调与督促检查。

第七条 县级以上人民政府地方志工作机构应当加强地方志宣传教育，增强全社会读志用志意识。

鼓励国家机关、社会团体、企业事业组织开展地方志文化活动。

第八条 县级以上人民政府地方志工作机构应当建立地方志专家库、人才库，吸收专家学者和熟悉地情的社会公众参与地方志工作。

鼓励公民、法人和其他组织参与地方志工作，所在地人民政府地方志工作机构应当给予指导。

第九条 以县级以上行政区域名称冠名的地方志书、地方综合年鉴，由本级人民政府地方志工作机构组织编纂；以乡镇、街道名称冠名的地方志书、地方综合年鉴，由所在乡镇人民政府、街道办事处组织编纂。其他组织和个人不得自行编纂。

从事村志、部门志、行业志、专题志等志书，以及部门年鉴、行业年鉴等年鉴和地方史编纂活动的，应当接受所在地人民政府地方志工作机构的指导。

第十条 编纂地方志应当加强调查研究，全面、客观地记述本行政区域自然、政治、经济、文化和社会的历史与现状，做到观点正确、资料可靠、体例严谨。

第十一条 地方志编纂人员应当恪尽职守，忠于史实，保守秘密，具备相应的专业知识。

编纂志书、年鉴、地方史应当根据需要吸收有关方面的专家、学者参加。

地方志编纂工作涉及少数民族内容的，应当吸收该少数民族人员或者从事该少数民族工作的人员参加。

第十二条 以县级以上行政区域名称冠名的地方志书每二十年左右编修一次，公开出版。

以县级以上行政区域名称冠名的地方综合年鉴实行一年一鉴，公开出版。

第十三条 由县级以上人民政府地方志工作机构或者乡镇人民政府、街道办事处组织编纂的志书、年鉴、地方史，其内容和编纂过程应当公开听取公民、法人或者其他组织的意见、建议，并及时反馈采纳情况。

第十四条 县级以上人民政府地方志工作机构应当建立志书、年鉴、地方史编纂评议制度，组织有关部门、专家、学者参与评议。

第十五条 以县级以上行政区域名称冠名、列入规划的地方志书经审查验收，方可以公开出版。

以乡镇、街道名称冠名的地方志书，以及列入地方志工作规划的其他志书和地方史的审查验收，参照前款执行。

县级以上人民政府组织的志书、地方史审查验收机构应当对志书、地方史的内容进行审查。编纂单位应当按照审查验收机构提出的关系志书、地方史重大质量问题的意见组织修改。

审查验收的主体、程序等由省人民政府另行制定。

第十六条　以县级以上行政区域名称冠名的地方综合年鉴经同级人民政府或者其确定的地方志工作机构批准，方可以公开出版。

以乡镇、街道名称冠名的地方综合年鉴的出版，参照前款执行。

第十七条　志书、地方史、年鉴通过审查验收或者经过批准后，不得擅自修改。确有差错需要修改的，应当向编纂单位提出，经审查验收机构或者批准单位批准后方可实行，修改内容应当经审查验收机构或者批准单位审定。

第十八条　以乡镇、街道以上行政区域名称冠名的地方志书、地方综合年鉴，以及列入地方志工作规划的志书、年鉴、地方史，应当在出版后三个月内，由组织编纂单位将公开出版物和电子文本分别报送同级和上一级人民政府地方志工作机构备案。

通过审查验收或者经过批准公开出版的志书、地方史、年鉴，对于在其编纂过程中收集到的文字资料、图表、照片、音像资料、实物等以及形成的文稿，本级人民政府地方志工作机构应当依法移交本级国家档案馆或者方志馆保存、管理，不得损毁，个人不得据为己有或者出租、出让、转借。

第十九条　县级以上人民政府地方志工作机构可以向国家机关、社会团体、企业事业组织以及个人征集有关地方志资料，有关单位和个人应当提供支持，但涉及国家秘密、商业秘密和个人隐私以及不符合档案开放规定的除外。地方志资料所有人或者持有人不得故意提供虚假资料。

县级以上人民政府地方志工作机构应当建立本行政区域地方志资料年报制度。承担地方志工作任务的国家机关、社会团体、企业事业组织应当按照资料年报制度报送资料，不得无故拖延。

第二十条　县级以上人民政府地方志工作机构应当组织开展本行政区域内的地情调查，摸清基础地情。

地情调查应当吸收有关专家学者和高等院校、科研机构参与，确保地情调查成果的专业性和权威性。

鼓励公民、法人和其他组织参与调查研究，挖掘、整理相关文献资料，传播地方历史文化。

第二十一条　县级以上人民政府应当将地方志信息化建设纳入本级人民政府信息化建设规划，建立地方志全文数据库，完善地方志资源公共数据共享平台，应用现代信息技术进行分析研究和开发利用，为社会提供服务。

第二十二条　省、地级以上市人民政府应当建立方志馆，县级人民政府按照国家和省的规定建立方志馆。鼓励乡镇人民政府、街道办事处建立方志馆。

鼓励通过多元化的渠道筹集资金建立方志馆。

方志馆建设坚持以人为本、立足地情、突出特色、服务社会的原则，具备收藏保护、展览展示、编纂研究、专业咨询、信息服务、开发利用、宣传教育、业务培训、文化交流等功能。各级方志馆在建设实体方志馆的同时，应当建设数字方志馆。

方志馆应当建立服务公示制度，完善服务条件，健全服务规范，免费向公众开放。

鼓励公民、法人或者其他组织向方志馆捐赠文献、音像资料、实物等。

第二十三条 县级以上人民政府地方志工作机构应当组织和推动地方志资源开发利用，为培育和践行社会主义核心价值观提供丰富、优秀的精神文化产品，服务经济社会发展。

县级以上人民政府地方志工作机构应当积极开拓社会用志途径，依法保护志书、年鉴及地方史的著作权，将已出版的志书、年鉴及地方史在政府网站公布，定期汇总、公开本行政区域的方志馆目录，并通过电视、广播、报刊等向社会推广。

县级以上人民政府地方志工作机构应当建立地方志资源开发利用项目申报制度，公民、法人和其他组织可以依照有关规定申报项目。

鼓励和支持公民、法人和其他组织以影视作品及其他文学艺术创作形式，依法对公开的地方志资源进行开发利用。

第二十四条 县级以上人民政府地方志工作机构应当加强与香港、澳门和台湾地区以及国外的高等院校、科研机构、档案馆、博物馆、图书馆等单位的学术交流与合作，增强方志文化影响力。

鼓励高等院校、科研机构与县级以上人民政府地方志工作机构合作，开展地方志实务和理论研究，鼓励高等院校开设地方志专业或者课程。

第二十五条 县级以上人民政府及其地方志工作机构应当建立和完善地方志人才引进、培训、激励等制度，可以采取聘用、购买服务、项目合作、志愿服务等方式，建设专兼职相结合的地方志人才队伍。

从事地方志工作的专业技术人员可以依照国家规定参加专业技术职称评定。

第二十六条 县级以上人民政府地方志工作机构可以依照国家有关规定，对提供有关地方志资料的公民、法人或者其他组织给予报酬。

参与志书、年鉴、地方史编纂的人员依法享有署名权，并可以依照国家有关规定获得稿酬或者报酬。

第二十七条 县级以上人民政府可以按照国家有关规定，对在地方志工作中做出突出成绩和贡献的单位和个人，给予表彰和奖励。

第二十八条 单位和个人违反本条例第九条规定，擅自编纂出版以县级以上行政区域名称冠名和以乡镇、街道名称冠名的地方志书、地方综合年鉴的，由县级以上人民政府地方志工作机构提请本级人民政府出版行政主管部门依法查处。

地方志资料所有人或者持有人违反本条例第十九条规定，故意提供虚假资料的，由县级以上人民政府地方志工作机构提请本级人民政府或者有关部门责令纠正，并视情节追究有关责任。

第二十九条 地方志工作机构、承担地方志工作任务的单位及其工作人员有下列行为之一的，对直接负责的主管人员和其他直接责任人员依法给予处分：

（一）违反本条例第十五条第三款规定，拒不按照审查验收机构提出的关系志书、地方史重大质量问题意见组织修改的；

（二）违反本条例第十七条规定，志书、地方史、年鉴经审查验收或者批准后，擅自修改其内容的；

（三）违反本条例第十八条第二款规定，未将志书、年鉴、地方史编纂过程中收集的有关资料、实物及形成的文稿依法移交的，或者损毁的，或者个人据为己有、出租、出让、转借的。

（四）违反本条例第十九条第二款规定，无故拖延地方志资料报送的。

第三十条　违反本条例规定，未经审查验收、批准将志书、年鉴、地方史文稿交付出版，或者志书、年鉴、地方史存在违反宪法、法律、法规规定内容的，由上级人民政府或本级人民政府责令采取相应措施予以纠正，并视情节追究有关单位和个人的责任；构成犯罪的，依法追究刑事责任。

第三十一条　本省行政区域内志书、年鉴、地方史数字出版物的编纂、管理与开发利用，参照本条例执行。

第三十二条　本条例自2018年7月1日起施行。

文献选录

中共平远县委　平远县人民政府 印发《关于推进乡村振兴战略的实施意见》的通知

（2018 年 9 月19 日　平委发〔2018〕13号）

各镇党委和人民政府，县直副局以上和省、市属驻平各单位：

根现将《关于推进乡村振兴战略的实施意见》印发给你们，请结合实际认真贯彻落实。

关于推进乡村振兴战略的实施意见

为深入贯彻落实党的十九大和中央农村工作会议、全省乡村振兴工作会议精神，按照《中共中央国务院关于实施乡村振兴战略的意见》《中共广东省委广东省人民政府关于推进乡村振兴战略的实施意见》和《中共梅州市委梅州市人民政府关于推进乡村振兴战略的实施意见》要求，结合我县实际，现提出如下实施意见。

一、总体要求

1. 指导思想。以习近平新时代中国特色社会主义思想为指导，全面贯彻党的十九大和十九届二中、三中全会精神，深入贯彻习近平总书记重要讲话精神，加强党对“三农”工作的领导，牢固树立新发展理念，落实高质量发展的要求，紧紧围绕统筹推进“五位一体”总体布局和协调推进“四个全面”战略布局，坚持农业农村优先发展，按照产业兴旺、生态宜居、乡风文明、治理有效、生活富裕的总要求，建立健全城乡融合发展体制机制和政策体系，积极探索生态富民强县实践路径，以培育农村新产业新业态、提升新型农业经营主体、创建生态宜居美丽村庄、开展文明村评选、实施善治示范工程等“五项行动计划”为主抓手，全力推进乡村产业振兴、人才振兴、文化振兴、生态振兴、组织振兴，着力补齐农村基础设施和公共服务短板，坚决打好精准脱贫攻坚战，推动平远农业全面升级、农村全面进步、农民全面发展。

2. 目标任务。确保3年取得重大进展、5年见到显著成效、10年实现根本改变，为2035年乡村振兴取得决定性进展、2050年实现全面振兴奠定坚实基础。

到2020年，乡村振兴取得重大进展。城乡融合发展体制机制初步建立；农业综合生产能力稳步提升，品牌农业取得较大进展，农业供给质量和效益明显提升；农民持续稳定增收，农村居民人均可支配收入力争达到2万元，城乡居民收入差距持续缩小，现行标准下农村相对贫困人口全部实现脱贫；生态宜居美丽乡村建设扎实推进，全部村庄达到干净整洁村标准，60%以上行政村达到美丽宜居村标准；农村党组织体系进一步健全，乡村治理体系和治理能力更加有效，乡风文明达到新高度，农村小康全面实现。

到2022年，乡村振兴见到显著成效。城乡融合发展体制机制基本健全，现代化乡村产业体系、生产体系和经营体系初步形成；党建引领基层治理作用明显，现代乡村治理体系基本建立；乡风文明持续改善；农村人居环境明显改观，垃圾污水处理、无害化卫生户厕等基础设施基本实现自然村全覆盖，80%以上的行政村建成美丽宜居村，支持有条件的村庄率先创建一批特色精品村，努力实现农业强、农村美、农民富。

二、全力推进乡村产业振兴

3. 大力发展特色优势产业。以培育农村新产业新业态为抓手，推进乡村产业振兴。深入实施农业供给侧结构性改革，大力发展“一村一品、一镇一业”，培育富民兴村主导产业。做强脐橙、油茶、南药、茶叶、优质稻等特色产业，巩固发展畜禽、水产、蔬菜等传统产业，做大农产品加工、电子商务、休闲观光农业、乡村旅游、林下经济、森林康养、文化创意和田园综合体、特色小镇等新产业新业态，构建现代农业产业体系，促进一二三产业融合发展。2018年完成9.43万亩粮食生产功能区划定任务，力争用3年时间基本完成建设工作；打造一批林下经济示范基地和森林康养示范基地，力争到2027年全县林下经济产值达13亿元，农产品加工业产值达到10亿元。

4. 实施现代农业园区建设工程。依托特色产业，集中资本、技术、人才资源优势，统筹使用高标准农田建设、农业综合开发、现代农业生产发展等相关项目资金，集中推进高标准农田及园区基础设施和配套服务设施建设，建设10个现代农业产业园、广东农业公园、现代农业示范区，加快农业适度规模发展。力争到2020年建设1个省级现代农业产业园。

5. 加快培育新型经营主体。以提升新型农业经营主体为重点，不断提升新型农业经营主体的经营管理水平、辐射带动能力，促进农业规模化、集约化、现代化发展。通过培育家庭农场、农民专业合作社、农业龙头企业，扶持小农户适度扩大规模经营，推广“龙头企业+合作社+基地+农户”“供销社+合作社+农户”等经营模式，完善新型农业经营主体同小农户的利益联结机制，促进农民增收。力争到2020年全县家庭农场达100 家、农民专业合作社达450 家、省级重点龙头企业达10家、市级重点龙头企业达35 家，争取孵育1 家农业龙头企业上市或在新三板、区域性股权交易市场挂牌；省级林业龙头企业12家，国家林业重点龙头企业2家，林业专业合作社54家。到2027年参与新型主体利益联结机制的农户覆盖率达到80%以上。

6. 加强农业品牌建设工作。制定全县质量兴农战略规划，坚持“企业品牌+区域品牌+长寿品牌”三位一体，围绕特色产业产品，在巩固发展脐橙、油茶、南药、优质稻、茶叶等特色品牌建设的基础上，培育更多无公害农产品、绿色食品、有机农产品，保护地理标志农产品。依托富硒资源优势，按照市制定的标准，完善检测体系建设，努力打造一批富硒农业产业品牌。大力开展宣传推介活动，定期发布知名农业品牌榜，扩大平远农业品牌知名度。加快建立农产品质量安全追溯体系，健全“田头到餐桌”农产品质量和食品安全监管体制，确保品牌农产品质量安全。到2020年，省级名牌产品数量达到10个以上。

7. 强化农业科技创新引领。以省市共建乡村振兴农业科技合作示范市为契机，充分借助省农业科学院的人才、技术、平台、信息等优势，不断加强平远农业科技与推广人才队伍建设，增强农业科技创新与服务水平。推动科研院校与农业新型经营主体有效对接，提升农业企业科技创新和应用水平，打造一批农业科技创新与转化推广示范基地。进一步深化基层农业技术推广体系建设，理顺乡镇农技推广机构管理体制，创新农技推广方式方法，提高“互联网+”农业科技推广服务信息化水平。推动种业专业型龙头企业发展，完善我县以杂交水稻制种为重点的良种繁育供应体系，加速主导作物和特色作物品种更新换代。完善县农科推广体系建设，进一步强化种质资源保护，提升农业科技示范、引进、推广、转化能力。完善农作物病虫和植物疫情监测预警网络，加快建立柑橘黄龙病检测检验体系和综合防控体系，推进农作物病虫绿色防控、统防统治和应急防控。积极推广以水稻机械化育插秧和稻谷烘干为主的现代农业装备，不断提升农业生产机械化水平。到2020年，全县水稻机械化生产综合水平达到70%以上，农作物综合机械化水平不低于50%。

8. 构建新型乡村助农服务体系。按照公益性与经营性服务相结合、小农户和现代农业发展有机衔接原则，以助农增收为主线，采取政府引导、社会参与、互助合作方式，鼓励供销、邮政、快递及相关企业，整合农机、农技、供销、信用合作、产权交易、专业协会等服务资源，打造集生产、供销、信用合作于一体的县镇村三级助农服务中心（站点），开展测土配肥、农机服务、统防统治、农业托管、农产品供销加工、冷链物流等服务，逐步拓展电子商务、乡村旅游、金融保险等业务。充分发挥供销合作社示范带动作用，以供销合作社为主导，社会资本参与，到2020年，建设县域助农服务综合平台和3个镇村助农服务中心，到2022年，助农服务综合平台和服务中心经营服务覆盖全县涉农村庄。

三、全力推进乡村生态振兴

9. 开展农村人居环境整治行动。实施“五片示范，百村整治”工程，以县为责任主体，以行政村为基础，以自然村为基本单元，坚持“先整治、后提升”的原则，以“三清理三拆除三整治”为抓手，以点带面、连线成片、梯次创建，全域推进农村人居环境整治，建设“望得见山、看得见水、记得住乡愁”的生态宜居美丽乡村。重点推进“厕所革命”、垃圾污水处理，实行人畜分离、家畜集中圈养、雨污分流和无害化卫生户厕建设，深化南粤河更美专项行动，推进乡村小流域、河塘清淤整治，推进乡村绿化美化，建立健全长效保洁管护机制。全力打造乡村生态振兴，率先启动“五个示范片”：以水乡风貌、田园风光为主题，将黄田、河头、田心、向阳、双溪、河清6村打造成“十里花海□梦里水乡”美丽乡村示范片；以康养产业、人文石正为主题，将安仁、安南、坪湖、中东、马山、下丰6村打造成“烟雨南台·石泉石美”美丽乡村示范片；以古香古韵、绿色农业为主题，将汶水、凉庭、麻塘、灵水、白岭、梅畲6村打造成“钟灵毓秀·田园农庄”美丽乡村示范片；以酒乡古镇为主题，将黄沙、上远、飞龙、仁居、井下、五福6村打造成“酒茶果香□红色故乡”美丽乡村示范片；以生态旅游为主题，依托五指石景区、长布半岛、相思谷景区，将畲脑、上举、龙文、文裕、差干、加丰6村打造成“五指相思·游客向往”美丽乡村示范片。2018年年底前，各镇70%以上的村庄完成“三清理三拆除三整治”任务。30个示范村达到干净整洁村标准。30%以上省定贫困村建成新农村示范村。2019年年底前，全县村庄完成“三清理三拆除三整治”任务，70%以上村庄达到干净整洁村标准，争取第一、二轮扶贫开发“双到”帮扶的71个村全面建成干净整洁村，40%以上村庄达到美丽宜居村标准。2020年底前，全部村庄达到干净整洁村标准，60%以上行政村达到美丽宜居村标准，建成10个特色精品村。2022年底前，80%以上行政村达到美丽宜居村标准，建成15个特色精品村。2025年底前，所有行政村达到美丽宜居村标准，建成20个特色精品村，其中10个村成为3A以上乡村景区。

10. 连线连片推进乡村旅游。以创建美丽村庄为抓手，实施生态宜居美丽乡村连线连片创建工程，大力发展乡村旅游。以山区田园风光、古驿道资源、红色资源、古建筑群等乡村资源为依托，在重要交通干线及A级旅游景区周边，规划建设一批以田园农业观光、民俗文化体验、乡村休闲度假等为特色的乡村旅游点。到2020年，培育5个以上产业优势大、发展势头好、示范带动强的乡村旅游村，打造3条精品乡村旅游线路。实施乡村旅游提质升级行动,加强旅游环境综合整治。发展"一村一品、一镇一业"，让产区变景区、田园变公园、劳作变体验、农房变客房，把乡村独特生态价值、文化价值、社会价值转化为农民实实在在的经济价值。重点推动旅游扶贫重点村、省级新农村连片示范村、旅游特色小镇提档升级，辐射带动农家乐、民宿、文化创意、农事体验等新业态发展。制定落实关于民宿、农家乐产业发展的指导意见、管理办法、评星标准及奖励政策，到2020年，打造10个三星级以上民宿、农家乐，1个民宿、农家乐示范片区。完善乡村旅游交通标识标牌、旅游厕所、停车场、旅游驿站、咨询服务点等乡村旅游"八小工程"服务配套，努力创建国家3A级以上乡村旅游景区。

11. 系统推进生态环境综合治理。加强农业面源污染防治，推进畜禽养殖废弃物资源化利用、农药化肥使用零增长行动、土壤污染防治行动。开展重金属污染耕地防控和修复行动，全面整治耕地重金属污染。统筹山水林田系统治理，实施重要生态系统保护和修复工程，推进水土流失综合治理，全面落实河长制，探索推进林长制。构建以自然生态保护区为主体的自然保护体系。开展新一轮国土绿化行动，实施森林质量精准提升工程。落实农业功能区制度，完善生态保护成效与资金分配挂钩的激励约束机制。抓好生态公益林保护，落实生态公益林补偿。到2020年，完成更新造林5.85万亩，全县畜禽粪污综合利用率达到75%以上，森林覆盖率达到77%。

12. 培育发展特色小镇和特色小城镇。充分挖掘利用平远现有优势产业和自然生态、历史人文等资源优势，以科学规划为引领，以生产、生活、生态融合发展为布局，以产业、文化、旅游、社区"四位一体"为内容，聚焦传统产业升级和新兴产业培育，突出"一镇一主业""一镇一风貌"，因地制宜建设一批产业特色鲜明、服务便捷高效、生态环境优美、富有地方特点、传承客家文化精髓、体制机制灵活的特色小镇和小城镇，培育发展小镇经济，辐射带动乡村振兴发展。鼓励中心镇、专业镇、生态乡镇等建制镇建设美丽特色小城镇，重点发展生态农业小镇、文化旅游小镇、健康养生小镇等特色小城镇形态。到2020年，初步建成2个左右市级特色小城镇，力争创建1个以上市级以上特色小镇。

四、全力推进乡村文化振兴

13. 加强农村思想道德建设。大力弘扬和深入践行社会主义核心价值观，制定加强农村精神文明建设工作的意见，坚持教育引导、实践养成、制度保障"三管齐下"，加强社会主义核心价值观、中华优秀传统文化观宣传阵地建设、农村公益广告刊播、文化墙绘创作等，深化中国特色社会主义和中国梦宣传教育。深入挖掘客家传统优秀农耕文化蕴含的思想观念、人文精神、道德规范，积极宣传客家家风家训，传播客家谚语等传统文化，广泛开展"道德模范""文明家庭""五星级文明户""客都新乡贤""自强不息好少年""孝老敬亲好媳妇"等评选宣传活动。

14. 加强农村先进文化阵地建设。以建立健全覆盖城乡的现代公共文化体育服务体系为目标，将农村公共文化阵地建设纳入乡村振兴规划，充分利用祠堂、古民居、农家书屋、闲置校舍等公共场所，完善农村公共文化体育设施建设。到2019年底前，建成136个基层综合性文化服务中心，实现全县行政村全覆盖目标；建成5个村级（居委）全民健身广场示范点、4个社区体育公园，完成20个省定贫困村健身路径建设任务，构建“农村20分钟体育健身圈”，开展丰富多样的文体活动，提升全县基本公共文化体育服务均等化水平。推动优秀客家文化遗产传承保护和合理适度利用，依托生态宜居美丽乡村建设，加强历史文化名村、革命遗址、文物古迹、民族村寨、古村落、名人故居、南粤古驿道、灌溉工程遗产等修复保护和活化利用。以2个省定红色村建设为重点，挖掘保护利用红色资源，发扬优良革命传统，让红色基因在平远世代传承。制定公布乡村可开发文物建筑资源目录，活化利用文物建筑。逐步在有条件的镇村组建文艺协会，选好文艺带头人，利用春节、元宵、中秋等传统节日，鼓励镇村基层组织和群众自办节目、自创形式，传承民间戏曲、民俗活动、民间音乐、传统手工艺等乡土文化，办好富有地方特色的民俗文化活动和传统体育活动。发挥县、镇妇联的组织引领作用，组织开展“美丽家园”建设活动。

15. 开展农村文明创建活动。以创建全国县级文明城市为契机，大力开展乡风文明村评选，推进县、镇、村三级联创，探索制定乡风文明建设评价体系，到2020年，实现全县文明村镇全覆盖。以遏制大操大办、厚葬薄养、人情攀比等陈规陋习和抵制封建迷信、打击吸毒赌博违法行为为重点，深入开展群众思想道德教育和违法行为整治行动。推行文明殡葬，在公路沿线及村庄主要聚居区的可视范围，规范公益性公墓建设。发挥农村党员、离退休干部、教师和农村致富带头人等新乡贤积极作用，支持党群理事会、村民理事会开展传统文化教育、推进家风家训建设等活动，将移风易俗纳入家风家训、村规民约，发挥家风家训、村规民约的教育约束作用。强化农村党员干部党员意识、标杆意识，带头宣传和执行党的政策、带头遵守村规民约、带头参与村内公益事业建设、带头抵制不良习气和行为，发挥先锋模范作用，以党风促乡风带民风。加强农村科普工作和文化宣传教育，丰富农民群众精神文化生活。

五、全力推进乡村组织振兴

16. 健全乡村党组织体系。扎实推进抓党建促乡村振兴，突出政治功能，提升组织力，强化农村基层党组织领导核心地位，把农村基层党组织建成坚强战斗堡垒。制定农村基层党组织规范化、标准化建设实施方案。开展基层党组织达标创优活动。建立健全以党的基层组织为核心、村民自治和村务监督组织为基础、集体经济组织和农民合作组织为纽带、各种经济社会服务组织为补充的农村组织体系，完善基层党组织领导下自治、法治、德治相结合的城乡治理体系。建立镇村党组织书记抓农村基层党建责任清单。制定三年行动计划，持续整顿软弱涣散村党组织。优化基层党组织设置，稳妥有序推进在村民小组(自然村)、村集体经济组织设置党组织。

17. 实施基层党组织“头雁”工程。以选优配强农村党支部书记为重点，实施“农村党员人才回乡计划”。从县党政机关、企事业单位中选派优秀党员干部担任村党组织第一书记，实行统筹选派、统筹管理、统筹使用，确保红色村、省定贫困村、软弱涣散村、集体经济薄弱村选派村党组织第一书记全覆盖，以此作为培养后备干部队伍的重要平台。全面开展村党组织书记履职情况摸底排查，以红色村、省定贫困村、软弱涣散村、集体经济薄弱村为重点，坚决撤换调整政治上不合格、经济上不廉洁、能力上不胜任、工作上不尽职的村党组织书记和班子，按照思想政治素质好、道德品行好、带富能力强、协调能力强、服务群众能力强的标准，选拔有情怀、有能力、有文化、有口碑的本村外出务工经商人员、农村创业致富带头人、返乡大学生、退休干部中的优秀党员担任村党组织书记，没有合适人选的，可以跨地域或从机关和企事业单位选派党组织书记。实行“村推镇选县考察”的培养选拔制度，建立党组织书记后备队伍。建立农村党组织书记年度轮训制度，每年轮训时间不少于5天。继续抓好村党组织书记学历教育培训。加强农村党组织书记管理监督，制定村党组织书记年度考核办法、任职资格审查办法、备案管理办法和任期审计办法，加强村党组织书记因私出国（境）管理。建立健全村党组织书记激励机制。

18. 实施党员先锋工程。发展党员突出政治标准，加大从青年农民中发展党员力度，提高执行党员发展计划的精准度，实施发展党员“村培镇管县统”制度。适时开展发展党员工作专项检查，严肃处理弄虚作假、“近亲繁殖”“人情党员”“带病入党”等违规违纪问题，稳妥有序开展不合格党员组织处置工作。组织农村党员亮身份、作表率，推行农村党员评星定级量化管理，深入实施党员直接联系服务群众制度，对农村普通党员进行设岗定责，合理安排力所能及的工作，拓宽党员发挥作用的路径。对农村外出党员，流出地要及时了解掌握外出流动党员情况，流入地要发挥流动党员作用，加强严格管理。通过远程教育，集中轮训、“三会一课”等方式，加强基层党员教育。每年县镇对村全体党员、村民代表、村民小组长、自然村带头人开展一次全员培训。完善党内民主和激励关怀帮扶制度，对在乡村振兴工作中作出重大贡献、处置突发事件中表现突出的优秀党员及时给予表扬奖励。

19. 健全自治、法治、德治相结合的乡村治理体系。以实施善治示范工程为抓手，推进乡村社会治理创新。加强农村群众性自治组织、农村集体经济组织和村务监督委员会建设，培育发展农村社区社会组织，出台村（居）民委员会工作职责事项指导目录、村（居）民议事决策工作指引，健全和创新村党组织领导下充满活力的村民自治机制。深化村民自治实践，加强群众自治组织建设，创新村民自治的有效实现形式，依托村民议事会、村民理事会、村民监事会等，形成民事民议、民事民办、民事民管的基层协商格局。探索城中村管理体制机制，推广以村党组织为核心的“民主商议、一事一议”村民协商自治模式，大力推进“村民议事厅”建设。加大农村普法力度，采取多种形式组织“法律进乡村”活动，广泛开展“民主法治村”创建，引导农民增强尊法学法守法用法意识，到2020年实现全县民主法治村创建全覆盖。提升乡村德治水平，深入挖掘农耕文化蕴含的道德规范，结合时代要求进行创新，强化道德教化作用。制定出台村规民约指引，发挥村规民约在乡村治理、村内公益事业和公共设施建设管护中的重要作用。

20. 建设平安乡村。建立健全农村重大群体性事件，打好防范化解乡村社会稳定风险攻坚战。进一步夯实综治基层基础，深入推进“中心+网格化+信息化”建设，加强规范化管理，发挥“中心”在防控违法犯罪、化解矛盾纠纷、排除安全隐患方面的最大效能。推进农村“雪亮工程”建设，扩大公共安全视频监控联网应用范围。健全农村公共安全体系，持续开展农村安全隐患治理。打好扫黑除恶专项斗争三年攻坚仗，严厉打击农村黑恶势力、宗族恶势力，严厉打击黄赌毒盗拐骗等违法犯罪。深化“无邪教村镇创建”，依法加强宗教事务管理，坚决抵御境外敌对势力利用宗教进行渗透，坚决防范宗教极端思想侵害。

21. 激发基层和农民主体作用。发挥基层党组织在组织群众、宣传群众、凝聚群众、服务群众的领导核心作用，尊重基层和群众的首创精神，在党组织领导下发挥自然村村民理事会、新乡贤及其他社会力量的积极推动作用，激发农民内生动力。及时总结、推广基层在推进乡村振兴战略实施过程中的好经验、好做法。

六、全力推进乡村人才振兴

22. 实施新型职业农民培育工程。全面建立新型职业农民制度体系，培育各类农业职业经理人、合作社管理人员、家庭农场主、经纪人和创业致富带头人。开展职业技能培训，创新培训模式，力争用3–5年时间，基本实现50岁以下从业人员全员培训。支持“领头雁”农村青年创业致富带头人培育工作。支持探索开展职业农民职称评定。探索设立新农人返乡创业担保贷款基金，推广“政府+银行+保险”融资模式，惠及返乡下乡创业企业。到2020年新认定建设2家以上的创业孵化基地。

23. 实施乡村专业人才培育工程。建立县域专业人才统筹使用制度，推行定向选育模式，落实县级以下基层用人主体自主权。支持职业学校综合利用教育培训资源，开设服务乡村类专业和课程，针对性培养农村教师、农技推广员、养老护理员、乡村工匠、非遗传承人等专业人才。制定落实乡村专业服务人员职业上升通道保障政策，推行教育、卫生事业单位专业技术人员岗位等级向上晋升制度。县事业单位按30%比例统筹安排当年以考察方式直接引进的高校毕业生到村委会工作2年。贯彻落实省乡村工匠培训和职称评定办法，鼓励支持本地工匠依规承建乡村小微工程。实施“客家菜师傅”工程，支持有意愿的农民群众通过专业培训后回乡开办农家乐或外出就业创业。实施“希望乡村教师计划”，帮助乡村青少年接受优质教育。支持大学毕业生服务乡村，扩大“三支一扶”计划人员招募规模，探索“带编招募”模式，对服务期满考核合格的办理聘用手续。参照师范生“上岗退费”政策，对扎根农村就业创业或服务农村时间达到3年的大学以上的毕业生，经核准可退补大学学杂费。对新引进到我县边远乡镇、签订3年以上工作合同、具有正高或副高职称的专业技术人员，落实省财政分别一次性给予每人10万元、8万元岗位补贴政策。

24. 推进科技人才下乡。落实高等院校、科研院所等事业单位专业技术人员到乡村合作社、家庭农场及企业挂职、兼职和离岗创新创业制度，保障其在职称评定、工资福利、社会保障等方面的权益。深入实施农业科研杰出人才计划、农村科技特派员计划和杰出青年农业科学家项目。鼓励科技人员以技术、资金、信息入股等形式，与农民合作社、家庭农场、农业龙头企业结成经济利益共同体。抓好镇级涉农机构改革和设置，确保农业、林业、畜牧、水务等涉农机构增编增员，实行专业化招录，畅通涉农专技人员培训、职级评定、职称评聘和晋升提拔渠道，确保镇级行政机构涉农专业技术人才招得进、留得住。

25. 实施新乡贤返乡工程。实施城市教育、卫生、科技、文化等团队下乡行动，完善县帮扶挂钩镇村的结对帮扶机制。引导教师、医生、农业科研人员、文艺工作者、乡村规划设计建设人员等定期服务乡村，作为职称评定、考核评价的重要依据。在镇村党组织领导下，支持新乡贤通过参与乡村治理、招商引资、招才引智、投资兴业、行医办学、捐资捐物、担任志愿者等方式服务乡村，鼓励有意愿、有条件的国家公职人员退休后返乡定居服务乡村。按照国家和省有关规定，开展最美乡贤评选活动，培育富有地方特色和时代精神的新乡贤文化。

七、全力补齐乡村基础设施短板

26. 推进农村重大基础设施全覆盖。按照建设生态宜居美丽乡村部署，加快推进“厕所革命”，到2020年年底前实现农村无害化卫生户厕普及率达到100%。加快推进“四好农村路”建设，完善农村公路“县道县管、乡村道乡镇管”分级管理体制机制；全县农村公路路面铺装率达到80%，农村公路列养率达到100%，具备安全通客车条件的建制村农村客运班车通达率达到100%。落实省关于调整和完善高速公路互通立交出入口规划布局和设置方案，适当增加出入口，不断完善高速公路与中心镇、专业镇、特色小城镇、特色小镇及旅游景区的快速连接线建设。推进生活污水处理，2022年年底前实现所有自然村污水处理设施全覆盖；推进生活垃圾处理，按照每个自然村1个以上垃圾收集点、20户以上自然村配1个以上保洁员标准配备。加大农村饮用水源保护力度，提升农村供水保障能力，到2025年实现全县自然村集中供水全覆盖。

27. 实施高标准农田建设工程。学习推广“垦造水田雷州模式”，实施耕地提质改造工程，集中连片、适宜规模化开垦的地块优先纳入垦造水田计划，到2020年完成1916亩水田垦造。参照国家和省高标准基本农田涉农资金整合试点做法，整合相关资金，按照“整合碎化土地、集中流转管理、统一规划建设、再次流转管护”原则，探索成立村、组土地流转中心，实现碎化土地集约管理，统筹推进集中连片高标准农田建设，促进耕地规模化、标准化整合。到2020年建成103558万亩高标准农田，高标准农田占基本农田比例达到80%以上。

28. 加大农村水利基础设施建设。制定农村水利治理规划。大力推进灌区、泵站更新改造工程建设，发展高效节水灌溉，推进渠系工程配套改造、小型水源工程、农村河塘与排水沟整治工程等节水减排项目，完善农田灌排工程体系，到2027年改善灌溉面积2.09万亩，新增有效灌溉面积0.6万亩，新增高效节水灌溉面积0.17万亩。实施中小河流治理和河湖水系连通工程，加强长田河、湖洋河和黄地河等山区中小河流治理，到2022年完成整治任务31.9公里。创新农村小型水利工程管理机制，明晰水利工程产权，分类分级落实县、镇、村建设管护责任。按照县镇事权划分的原则，设立公益性农村小型水利工程管理和维护专项补助资金，建立稳定的管护经费保障机制，对镇村推进小水库、小山塘、小灌区、小泵站、小堤防、小水闸、机耕路等农村水利基础设施予以奖补。鼓励社会资本参与农村水利建设与管理。

29. 全面提升农村生产生活设施水平。推进新一轮农村电网改造，到2022年全面完成农村地区“低电压”治理。认真实施《梅州市通信基础设施“十三五”规划》和信息基础设施建设三年行动计划（2018—2020），力争到2020年实现自然村现代通信网络普遍覆盖。加大信息化推广应用，鼓励电子商务、互联网金融、网络远程教育等“互联网+”向自然村延伸。制定农村物流现代化建设规划，到2022年以中心镇为单位基本建成物流配送中心、专业批发市场、冷链仓储物流等设施，实现镇村物流节点全覆盖。实施乡村减灾防灾能力提升行动，加强应急基础设施建设，全面提升消防、三防、地质灾害、森林防火、重大动植物疫病和流行疾病等应急管理能力。制定深化农村公共基础设施管护体制改革指导意见，明确政府、建设单位、村集体和群众责任，完善基础设施长效管护机制。

八、全力补齐乡村公共服务短板

30. 优先发展农村教育。大力发展农村学前教育，扩大农村普惠性学前教育资源，常住人口规模4000人以上的行政村举办规范化普惠性幼儿园，常住人口规模不足4000人的行政村设分园或联合办园。鼓励和扶持村集体举办公办幼儿园。建立以城带乡、城乡一体、均衡发展的义务教育发展机制。全面改善农村薄弱学校基本办学条件，加强乡村小规模学校和寄宿制学校建设。大力推进乡村小规模学校建设底部攻坚，保障小规模学校的信息化、音体美设施设备和教学仪器、图书配备，设置必要的功能教室。按标准化要求新建、改扩建一批农村寄宿制学校，配齐各项生活及卫生设施设备。推进高水平高质量普及高中阶段教育，以国家级示范性普通高中为引领，推动我县普通高中规范化、优质化、特色化发展。加大职业教育投入力度，优化专业设置，适应市场需求，整合教育资源，提高办学档次，继续落实农村户籍中等职业教育学生免收学费制度，落实中职院校建档立卡学生免学费及享受助学金、生活费补助等政策。深入实施乡村教师支持计划，精准补充乡村学校紧缺学科教师，推进中小学教师“县管校聘”改革，统筹配置城乡教师资源，落实山区教师岗位补助，提高乡村教师待遇保障水平。

31. 提升乡村法律、医疗、养老、住房等基本公共服务水平。在全县建立镇、村（社区）两级公共法律服务工作站（室），提升村（社区）法律顾问服务质量，积极打造覆盖乡村的半小时公共法律服务圈。推进健康村镇建设，实施 129间村卫生站公建规范化建设，开展人才培养工作，充分发挥效用。加大农村危房改造保障力度。完善城乡居民基本医疗保险制度，逐步提高城乡居民基本医疗保险财政补助标准，全面推进基本医疗保险省内和跨省异地就医直接结算工作。按省部署贯彻落实城乡居民基本养老保险待遇确定和基础养老金标准正常调整机制，逐步提高保障水平。加大公共场所的无障碍设施建设力度，方便更多年老、残障人士出行。落实水库移民优先保障措施，将水库移民人口多、条件成熟的移民村优先纳入乡村振兴规划，大力发展生产开发项目，提高移民群众收入。深入推进“放管服”改革，整合优化公共服务和行政审批职责，涉农审批服务事项有条件的下放至乡镇一级，打造行政村“一门式办理”“一站式服务”村内公共服务中心（站），不断提高农村公共服务水平。

32. 提升城乡公共就业服务水平。贯彻落实中央、省、市制定的支持农民工等人员返乡下乡创业工作的政策措施。加强公共就业服务，推进就业信息网络覆盖全部行政村，促进农民工多渠道转移就业，打造高水平的乡村就业创业服务体系。鼓励企业组织员工开展职业技能培训，对符合条件并取得职业技能等级证书的按规定给予职业培训补贴；本地农村劳动力认定为就业困难人员并实现转移就业的，按规定给予社保补贴和岗位补贴；对符合条件有创业意愿的，提供创业（小额）担保贷款等政策扶持，鼓励支持农民工等人员返乡创业、带动就业。依法解决农民工社会保障问题。深化户籍制度改革，引导进城落户农民依法自愿有偿转让土地承包、宅基地使用、集体收益分配等权益。加快推进农村转移人口市民化，享受市民待遇，依法解决农民工社会保障、住房保障、子女义务教育等问题。

33. 实施城乡社会关爱工程。统筹城乡社会救助，完善最低生活保障制度，逐步提高最低生活保障标准。推进乡村养老服务体系建设，发展居家、社区和互助式养老。开展农村“三留守”人员关爱行动，建立健全农村留守儿童、妇女、老人“三留守”人员基础信息台账，提供专业化服务，到2022年基本实现行政村全覆盖。规范管理运行社区康园中心，使更多的残疾人能在康园中心开展正常活动。深入推进志愿服务，壮大农村骨干志愿者和志愿服务队伍。

九、全力打好精准脱贫攻坚战

34. 深入推进精准脱贫攻坚。在巩固2016—2017年脱贫攻坚工作成效的基础上，制定和落实打赢脱贫攻坚战三年行动方案（2018—2020年），着力激发贫困人口内生动力，着力夯实贫困人口稳定脱贫基础，着力加强扶贫领域作风建设，切实提高贫困人口获得感，确保到2020年如期完成脱贫攻坚任务，为推进实施乡村振兴战略夯实基础。重点围绕实施产业扶贫、就业扶贫等帮扶项目，做好保障性扶贫，完成贫困户危房改造任务；建立稳定脱贫长效机制，完善产业扶贫利益联结机制，提升就业扶贫质量，推动保障性扶贫与开发性扶贫有效衔接，全面提升相对贫困村公共基础设施建设和基本公共服务供给水平；加大对派驻干部的培训力度，对贫困户实施扶志扶智工程，提升贫困群众发展生产和务工经商基本技能，激发贫困群众内生动力；扎实推进分散贫困人口的帮扶工作，切实履行县镇两级主体责任。进一步调整充实驻镇帮扶工作组帮扶力量，建立完善工作协调、责任量化和工作考勤等制度，严格落实工作组成员包片包户责任，确保每个分散贫困户都有干部联系帮扶，不脱贫不脱钩；关心爱护战斗在扶贫第一线的基层干部和驻村干部，落实相关激励政策。认真开展“回头看”工作，巩固提升第一、二轮扶贫开发“双到”帮扶的71个贫困村脱贫成效。

35. 深化南沙平远对口帮扶工作。把握广州南沙对口帮扶平远契机，助力我县精准脱贫。深化两地产业对接、劳务协作、文化旅游、教育医疗、人才培养、干部培训和美丽乡村建设等对口帮扶工作，健全县对口帮扶协调联动机制，推动对口帮扶向共建共赢转化。

36. 开展扶贫领域突出问题专项治理行动。强化对脱贫攻坚各领域各环节监督，严格落实行业主管部门和县帮扶工作班子、乡镇帮扶工作组、驻村工作队、村居干部责任。加强督查巡查、扶贫审计，开展扶贫领域腐败和作风问题专项治理。加强扶贫资金管理，落实扶贫资金使用公告公示制度，对挪用和贪污扶贫款项的行为严惩不贷。严肃查处弄虚作假、搞数字脱贫行为。严格控制各地开展增加一线扶贫干部负担的各类检查考评，切实减轻基层工作负担。

十、强化体制机制和政策体系保障

37. 强化规划引领。制定全县乡村振兴战略规划（2018—2022年），部署重大工程、重大计划、重大行动。有关职能部门按要求制定三年专项行动方案；县统筹县城、乡镇和村组，制定与国民经济社会发展规划相对应的县域乡村振兴规划，结合县域乡村建设规划，明确城乡基本公共服务、基础设施、土地利用和产业生态布局，明确生态宜居美丽乡村、历史文化名村以及纳入城镇建设范围、撤并搬迁等不同类型村庄；乡镇及时更新完善镇村规划体系、镇总体规划和详细规划。以县为主体，到2018年实现县域乡村建设规划全覆盖。到2020年基本完成村庄规划和村土地利用规划编制，农房风貌管控、新村管网建设应纳入村规划范围，着力解决农村“有新房无新村”的问题，实现所有自然村环境整治、宅基地和农房建设纳入规划管理全覆盖。统筹城镇与乡村融合发展，以乡村振兴战略规划为基础，推进城乡规划、土地利用总体规划、产业发展规划、环境保护规划、经济和社会发展规划等有机衔接，形成城乡融合、区域一体、多规合一的规划体系。加强乡村振兴规划执行监管，把规划执行纳入工作考核。建立健全镇村基层乡村规划建设管理队伍。

38. 推进乡村振兴综合改革。贯彻落实省市全面深化改革领导小组、省委市委农办有关深化乡村振兴改革的工作部署，编制《平远县乡村振兴综合改革试点实施方案》，重点推进培育新型农业经营主体、农村土地制度和集体产权制度改革、农村人居环境整治、乡村治理等领域改革，力争年底前取得实质性进展，5年内完成各项综合改革任务。

39. 深化农村土地制度改革。完善农村承包地“三权分置”的有效组织形式、经营方式和发展路径，探索通过股份合作制经营等方式，盘活利用未承包到户的集体荒山、荒沟、荒丘、荒滩。贯彻落实省水田垦造补偿补贴制度，垦造水田项目相关补偿补贴直接发放至地块涉及权益人，鼓励农民和农村集体经济组织采用投工投劳等方式参与并分享经济收益。制定引导农民互换并地的激励政策，鼓励同一集体经济组织内成立土地流转中心实现土地二次流转二次分配，或自愿互换并地，实现连片经营。争取开展宅基地制度改革试点，探索宅基地所有权、资格权、使用权“三权分置”的有效实现形式。按照上级政策法规简化宅基地审批程序，坚持“一户一宅”原则，确定宅基地使用标准，并建立乡村报建协管员制度，严格实行农村建房建设规划许可管理。在保障村民合法居住权的前提下，拓宽存量农村建设用地利用途径，允许通过采取入股、联营等方式，加大对利用农村存量建设用地用于农村各产业的工作力度，推进一、二、三产业融合。严禁将农村集体建设用地违法违规开发房地产或建私人庄园会所。鼓励农村集体经济组织充分利用“三旧”改造政策，推动农村配套设施改善、物业改造和产业转型升级。依法依规开展违法违规用地专项治理，到2022年基本化解农村“两违”历史遗留问题。深化农村集体产权制度改革，加强农村集体“三资”管理，规范村级集体组织运行机制，深化农村集体经营性资产股份合作制改革，推动资源变资产、资金变股金、农民变股东改革，到2021年基本实现所有行政村全覆盖。

40. 完善乡村发展用地保障机制。鼓励开展农村土地拆旧复垦工作，用好用活城乡建设用地增减挂钩政策，全面推进农村建设用地拆旧复垦，到2027年完成全县农村旧住宅、废弃宅基地、空心村等闲置建设用地的拆旧复垦。加强村庄规划建设监管，积极开展无违章建筑县创建活动，杜绝新增的违规建筑。妥善解决好因重点工程、重点项目建设征地拆迁安置遗留问题。按实际需要提高农业设施用地指标比例，优先保障农业产业园、科技园、创业园、县域助农服务综合平台和镇村助农服务中心建设用地安排，支持各级供销社盘活存量土地进行建设，支持现代农业园区和助农服务体系建设。实行建设项目和年度评估相结合的土地利用总体规划修改审批制度。保障乡村旅游业及光伏产业用地需求。县有针对性的组织开展土地动态巡查，坚决防止变相改变农用地性质和违法侵占农村土地的行为；对违法用地情况严重的地区实行问责追究。

41. 强化乡村振兴投入保障。按照国家实施乡村振兴战略财政投入保障机制要求，进一步提高农业农村投入比例，按土地出让收入中抽取一定的比例用于乡村振兴工作；加快推进水田垦造工作，完善水田指标交易机制，县持有的水田指标交易收入全部上缴县级财政；用好拆旧复垦以及改进耕地占补平衡政策，将所得收益全部用于巩固脱贫攻坚和支持乡村振兴。加快建立财政涉农资金统筹整合长效机制，实施目标、任务、资金、权责“四到县”。按照省市出台的相关政策，在确保完成中央和省市的约束性任务前提下，统筹整合使用省级及以下各类乡村振兴财政资金。将县级河长制经费列入年度预算。加强用于乡村振兴的财政资金使用监督，严禁挤占挪用，确保资金使用规范高效。

42. 完善农村金融服务机制。强化金融服务方式创新，严格管控风险，提高金融服务乡村振兴能力和水平，参照省、市对应出台我县落实金融服务乡村振兴的实施意见。深化农村信用社改革，保障入社农民的权益，吸引当地农民、个体工商者、农村中小企业等参与合作，推动农村合作金融机构参与普惠金融建设。支持基层信用合作社与供销社、专业合作社深度合作拓展助农服务，支持开展农民合作社内部信用合作试点，鼓励发展农业互助保险。大力发展农村和农户小额信用贷款，安排专项支农再贷款额度。加强与各类金融机构的沟通协调，扩大政策性担保机构合作面和业务覆盖面。深入推进“两权”抵押贷款试点、普惠金融“村村通”建设，推进综合征信系统、信用村、金融服务站和便民取款点等平台建设及移动支付推广应用“十百千示范工程”建设。对“政银保”合作农业贷款按一定比例补贴保险费用，开展特色农产品保险，推进农业保险扩面、增品、提标，到2020年农业保险基本实现主要农产品生产品种应保尽保。

43. 激发社会资金投入。发挥省农业供给侧结构性改革基金引导作用，撬动金融和社会资本更多投向乡村振兴。落实“万企帮万村”行动，支持企业特别是涉农企业到农村建基地、做品牌、搞服务。鼓励社会资本投入乡村振兴，对企业投资建设的公益性基础设施或社会事业项目包括学校、道路、桥梁、村庄小公园等永久性建筑，允许以企业或企业家个人冠名或建碑、入村志。对政府主导、财政支持的农村公益性工程和项目，引导企业和社会组织参与建设、管护和运营。根据省市相关政策，制定我县引导工商资本参与乡村振兴的具体政策。

十一、坚持和完善党对“三农”工作的领导

44. 完善党的农村工作领导体制机制。各镇党委和政府要把坚持农业农村优先发展原则体现到各个方面。健全党委统一领导、政府负责、党委农村工作部门统筹协调的农村工作领导体制。建立实施乡村振兴战略领导责任制，成立县委实施乡村振兴战略领导小组，由县委主要负责同志任组长、县政府主要负责同志任常务副组长，统筹领导全县乡村振兴各项工作；建立乡村振兴工作联席会议制度，定期研究有关工作，以专项工作会、现场推进会、工作通报等措施，推动乡村振兴工作。各镇参照县做法，成立领导小组；建立乡村振兴工作联席会议制度。按照省负总责、市县抓落实的乡村振兴工作的要求，建立和落实党政一把手第一负责人制度，三级书记抓乡村振兴。压实县镇的主体责任，县镇两级领导干部要把主要精力放在抓乡村振兴上。切实加强党委农村工作部门建设，做好党委农村工作部门机构设置和人员配置工作，强化决策参谋、统筹协调、政策指导、推动落实、督查检查等职能。各部门按照职能职责，制定政策措施，形成工作合力。

45. 提升领导干部做好“三农”工作的能力和水平。按照懂农业、爱农村、爱农民的要求，加强“三农”干部队伍的培养、配备、管理和使用，全面提升各级干部特别是领导干部做好“三农”工作的能力水平。各镇党委和政府主要领导要懂“三农”工作、会抓“三农”工作，分管领导要真正成为“三农”工作的行家里手。组织实施县镇领导干部大培训计划。优先选拔在乡村振兴中实绩突出的干部进入镇级和县直单位领导班子，优先推荐在乡村振兴中实绩突出的镇党委书记进入县领导班子。做好乡村振兴公务员专项招录，按照当年服务基层项目考核期满人员的10%定向招录从大学生村干部、“三支一扶”、大学生志愿服务西部计划和广东大学生志愿服务山区计划人员，县级及以下事业单位公开招聘，可拿出10%的岗位招聘符合条件的基层服务人员。建立行政村干部补贴正常增长机制。

46. 建立督查考核奖惩机制。建立健全落实乡村振兴战略工作责任制，各镇党委和政府每年向县委、县政府报告推进乡村振兴进展情况。各镇政府每年向同级人大报告乡村振兴进展情况。县各有关部门每年向县委报告乡村振兴进展情况。发挥工会、共青团、妇联、科协、残联等群团组织，以及各民主党派、工商联、无党派人士等积极作用，广泛动员企业、社会组织、公民个人参与乡村振兴，深入宣传党的乡村振兴方针政策和各地丰富实践，讲好乡村振兴平远故事，振奋基层干部群众精神，营造乡村振兴良好氛围，凝聚社会各界强大合力，共同推进乡村振兴战略。建立县、镇领导班子和领导干部推进乡村振兴战略实绩考核表彰奖励制度，将考核结果作为选拔任用和表彰奖励领导干部的重要依据。持续开展全过程、常态化督查，对工作滞后的约谈党政一把手，严重掉队的给予通报批评，不严不实、弄虚作假的严肃问责。

附件：关于推进乡村振兴战略的实施意见任务清单（略）

平远县人民政府
关于印发平远县实体经济扶持奖励实施办法的通知

（2018年12月21日 平府发〔2018〕19号）

各镇人民政府，县府直属和省、市属驻平各单位：

现将《平远县实体经济扶持奖励实施办法》印发给你们，请认真贯彻执行，工作过程中遇到的问题，径向县经信局反映。

平远县实体经济扶持奖励实施办法

为深入贯彻落实党的十九大精神和习近平总书记重要讲话精神，认真贯彻落实《广东省降低制造业成本支持实体经济发展的若干政策措施（修订版）》（粤府〔2018〕79号）、《广东省委办公厅 广东省政府办公厅印发关于促进民营经济高质量发展的若干政策措施的通知》（粤办发〔2018〕43号）和《梅州市降低实体经济企业成本实施细则》（梅市府函〔2017〕127号）等文件精神，实施创新发展战略，进一步加大政策支持力度，营造更加有利于实体经济发展的良好营商环境，鼓励企业增资扩产或技术改造，培育我县大型骨干企业，加快县域经济振兴发展，特制订本实施办法。

一、扶持奖补对象及项目

（一）首次达到规模以上工业企业；

（二）规模以上工业企业年度主营业务收入上台阶奖；

（三）大型骨干工业企业；

（四）工业重点产业企业扶持贴息；

（五）工业企业新购置设备补助。

二、设立实体经济扶持发展专项资金

县财政每年安排实体经济扶持发展专项资金3000万元，扶持工商注册及税务登记均在平远县辖区内且符合国家产业发展政策和产业指导目录或技改目录的工业企业发展壮大,各项扶持发展专项资金原则以年度财政预算额度为限。

三、扶持奖补项目及标准

（一）首次达到规模以上工业企业奖

对上年度主营业务收入2000万元以上，符合国家产业政策和环保政策，依法纳税，进入新年度统计的规模以上工业企业，给予每户企业奖励20万元（含市扶持奖励政策资金），工业企业获得的扶持奖励专项资金分三年（第一年5万元，第二年5万元，第三年10万元）的方式兑现给企业。

（二）规模以上工业企业年度主营业务收入上台阶奖（第一年纳统的规上企业不列入奖补范围）

1.年度主营业务收入2000万元至5000万元的规模以上企业，次年年产值增幅达20%以上（含20%）给予一次性奖励5万元；

2.年度主营业务收入5000万元至10000万元的规模以上企业，次年年产值增幅达20%以上（含20%）给予一次性奖励10万元；

3.年度主营业务收入10000万元至15000万元的规模以上企业，次年年产值增幅达20%以上（含20%）给予一次性奖励15万元；

4.年度主营业务收入15000万元至20000万元的规模以上企业，次年年产值增幅达20%以上（含20%）给予一次性奖励20万元；

5.年度主营业务收入20000万元至25000万元的规模以上企业，次年年产值增幅达20%以上（含20%）给予一次性奖励25万元；

6.年度主营业务收入25000万元以上的规模以上企业，次年年产值增幅达20%以上（含20%）给予一次性奖励30万元。

（三）大型骨干工业企业奖

1.年度主营业务收入实现3亿元以上（含3亿元）、年度纳税（入库税收）总额1000万元以上（含1000万元）以及年度节能降耗达标的企业，给予一次性奖励40万元；

2.年度主营业务收入实现4亿元以上（含4亿元）、年度纳税（入库税收）总额1500万元以上（含1500万元）以及年度节能降耗达标的企业，给予一次性奖励50万元；

3.年度主营业务收入实现5亿元以上（含5亿元）、年度纳税（入库税收）总额2000万元以上（含2000万元）以及年度节能降耗达标的企业，给予一次性奖励60万元。

（四）工业重点产业企业扶持贴息

1.扶持贴息的范围：坚持扶优扶强、做大做强的原则，县财政每年安排500万元资金重点扶持投资规模大、效益好、纳税多、贡献大和辐射能力强、前景好且符合国家、省、市、县产业发展指导目录和技术改造指导目录的稀土新材料、家具制造、机械铸造、电子信息、酒水等重点行业或重点企业。

2.扶持贴息的条件：（1）经发改、经信部门立项或备案后，项目从启动建设年度起不超过连续2个年度内固定资产投资额累计达1000万元以上（含1000万元，不含土地、办公设施、行政事业及第三方支出费用等资产投资额），且设备投资额不低于项目固定资产投资额的50%；（2）项目具有环保、国土、规划等部门审批文件；（3）银信部门贷款专项用于该项目固定资产投资；（4）申报贴息的企业上年缴税总额需达50万元以上（含50万元），且上年未欠税；（5）项目申报的贷款未曾获得县级财政资金专项贴息扶持，以及其他县级财政资金专项扶持。

3.扶持贴息的标准：按照银信部门固定资产投资贷款实际额度，以当年人民银行公布的同期贷款基准利率，贴息金额同一企业一年（一次）不超过100万元，具体贴息比例根据县财政年度预算控制指标及企业申报总额度等因素确定，每个项目的贴息补助期限不超过一年。

（五）工业企业新购置设备补助

1.扶持补助的范围：坚持公平、公正、公开和效益优先的原则，县财政每年安排500万元资金，推进企业实施设备更新和升级换代，支持企业淘汰老旧设备，引进和购置先进设备，实施“机器换人”工程、鼓励首台（套）装备的使用、提升装备水平，提高产品质量和劳动生产率。

2.扶持补助的条件：（1）项目具有经信部门出具的备案、核准或审批文件,且项目固定资产投资不少于500万元（含生产线设备及技术投资、土建、公用工程、厂房及其他基础工程建设等投资额）；（2）企业项目所购置设备总额不低于100万元；（3）项目设备购置时间为申报年度的上一年度（以发票时间为准）；（4）企业上年缴税总额需达50万元以上（含50万元），且上年未欠税；（5）同一项目所购置设备未获得县级财政其他专项资金扶持。

3.扶持补助的标准：（1）对符合条件的设备更新企业，在项目竣工试产后，对该项目购置的新设备按购置额不超过10%予以事后奖补，同一企业奖补资金额度最高不超过100万元，具体补助比例根据县财政年度预算控制指标和申报企业设备更新额度等因素确定；（2）对于该项目设备购置明细表中有土地、厂房、原材料以及电脑、打印机、空调机、设备维修配件等不列入设备更新补助核算范围；（3）对该项目设备购置金额按税务局出具的增值税专用发票票面额（含税）核算，对于税务局按3%税率代开的增值税普通发票则结合合同和银行转账凭证、项目实施时间等合理性进行核算。

四、申报要求

（一）申报时间

1.首次达到规模以上工业企业、规模以上工业企业年度主营业务收入上台阶和大型骨干工业企业奖励项目，于次年上半年完成申报工作；

2.符合扶持贴息或新购置设备补助条件的企业，应于项目完成次年1月25日前向县经信局提交书面申请和相关材料。

（二）申报材料

1.首次达到规模以上工业企业、规模以上工业企业年度主营业务收入上台阶、大型骨干工业企业奖励、贴息及设备项目申请表（**按申报项目填报所需申请表**）；

2.扶持贴息、新购置设备补助申请书；

3.企业法人营业执照副本复印件；

4.税务部门纳税证照，已生产企业同时提交上年度上交税金税票复印件；

5.经会计师事务所审计的年度财务报表审计报告或企业年度财务报告（**贷款贴息、设备更新专题需提交，其他专题无需提交**）。

6.银信部门固定资产贷款合同、借据和利息清单复印件，固定资产投资、设备购置税票复印件。（**贷款贴息专题需提交，其他专题无需提交**）；

五、审核程序

（一）首次达到规模以上工业企业、规模以上工业企业年度主营业务收入上台阶和大型骨干工业企业奖励项目，由各企业申报并填报相应的项目奖励申请表，在规定的时间内报送县经信局，县经信局会同县财政局、县统计局等单位提出审核意见，由县经信局负责提交县政府常务会议研究，同意后由县经信局、县财政局联合发布奖励通知，县财政局按相关规定拨付奖励资金。首次达到规模以上工业企业获得的扶持奖励专项资金分三年（第一年5万元，第二年5万元，第三年10万元）的方式兑现给企业。

（二）成立扶持贴息和新购置设备补助项目审核小组。由县政府分管领导担任组长，成员由县府办、县经信局、县财政局、县统计局、县税务局、县中小企业局、工业园管委会、县工商联等单位负责人组成，主要负责扶持贴息和新购置设备补助项目的审核。

扶持贴息或新购置设备补助项目由各企业申报，并向县经信局提交项目贴息或补助申报材料，县经信局初审后会同县财政局、县统计局等单位共同对申报的项目进行现场核查，经项目审核小组审核并在适当范围内公示后，由县经信局负责提交县政府常务会议研究，同意后县经信局、县财政局联合印发贴息、补助通知，县财政局按相关规定拨付贴息、补助资金。

（三）现场核查工作由县府办牵头，会同县经信、财政、统计、税务等部门共同参与。

六、资金的监督管理

（一）资金的拨付方式：由县财政局按文件规定，将补助资金拨付到相关企业。

（二）任何单位不得以任何形式和理由骗取和截留企业贴息或补助资金，对违反规定的由县财政局将资金收回并取消其享受贴息补助资格，且依法依规追究有关人员的责任。企业应对贴息补助资金实行专账管理，做到专款专用，保证用于相关项目投资或发展生产，自觉接受有关部门的监督检查，确保项目贴息补助资金发挥应有的杠杆效应。

（三）企业当年发生下列事件或行为的，取消该企业当年获奖资格：

1.发生较大环保事故；

2.发生重大产品质量事故并造成不良影响；

3.发生重大安全生产事故；

4.有违反国家法律法规行为；

5.有严重越级上访事件；

6.同一项目多头申报、重复申报或变更项目名称多次申报

获取县级财政资金的。

七、其他规定

1.规模以上工业企业给予优先申报上级扶持资金项目；

2.对达到规模以上工业企业申报条件，又不如实申报纳统等违反统计法律法规规定的企业，在申请项目入园、用地、出口退税、专项资金申报以及享受招商引资优惠政策等不予支持。

3.本办法自印发之日起生效，同时废除《关于印发平远县鼓励工业企业做大做强的扶持奖励实施办法的通知》（平府发〔2014〕7号）。

八、本办法由县经信局负责解释。

中共平远县委办公室　平远县人民政府办公室
关于印发《平远县创建全国县级文明城市工作实施方案》的通知

（2018年1月24日　平委办发〔2018〕1号）

各镇党委和人民政府，县直副局以上和省、市属驻平各单位：

经县委、县政府同意，现将《平远县创建全国县级文明城市工作实施方案》印发给你们，请结合实际认真贯彻落实。

平远县创建全国县级文明城市工作实施方案

全国县级文明城市是反映城市整体文明、和谐程度的综合性荣誉称号。它是一个城市经济建设、政治建设、文化建设、社会建设、生态文明建设和党的建设全面发展，精神文明建设成绩显著，市民文明素质和社会文明程度较高的综合体现，是培育和践行社会主义核心价值观的排头兵，是一个城市最有价值的无形资产和最具竞争力的城市品牌。争创全国县级文明城市，是我县深入学习习近平新时代中国特色社会主义思想、党的十九大精神、习近平总书记系列重要讲话精神和治国理政新理念新思想新战略，统筹物质文明、政治文明、精神文明、生态文明协调发展，构建和谐社会的重要体现；是实施城市品牌战略，提升全体市民文明素质和提高城市文明程度，全面增强城市核心竞争力，加速推进经济社会全面发展的重大举措。根据《全国县级文明城市测评体系（2017年版）》和《全国未成年人思想道德建设工作测评体系（2016年版）》的要求，结合我县实际，制定本方案。

一、指导思想

以习近平新时代中国特色社会主义思想为统领，深入贯彻习近平总书记系列重要讲话精神和治国理政新理念新思想新战略，贯彻落实省委十二届历次全会精神，紧紧围绕统筹推进“五位一体”总体布局和协调推进“四个全面”战略布局，践行“五大发展理念”，以创建全国县级文明城市为目标，以惠民利民为宗旨，以培育和践行社会主义核心价值观为主线，推进城乡三级联创，深化群众性精神文明创建活动，培育社会文明新风，提高国民文明素质和社会文明程度，努力把我县建设成为经济发展、社会安定、秩序优良、科教进步、文化繁荣、环境优美，具有较强辐射力、吸引力和竞争力并独具特色的全国县级文明城市。

二、总体目标

创建全国县级文明城市的总体目标是：巩固全国双拥模范县、广东省县级文明城市、广东省卫生县城、全国森林旅游示范县、中国最美生态休闲旅游名县、全国十佳生态文明城市等各项创建成果，不断提升城市整体创建水平，通过扎实有效的创建，进一步推动我县经济社会全面发展，城市规划建设和管理水平全面提升，城市面貌明显改善，社会风气明显好转，社会文明程度显著提高。力争2020年底获得创建"全国县级文明城市提名资格"，2023年获得"全国县级文明城市"荣誉称号。

三、基本原则

（一）以人为本原则。创建全国县级文明城市要以群众满意为标准，要牢固树立"创建为民、创建利民、创建惠民"的工作理念，把人的全面发展作为创建文明城市、建设幸福平远的动力，把解决民生问题，满足人民群众的物质和精神需求作为创建工作的出发点和归宿，使创建文明城市工作成为人民群众实现自身发展的事业。

（二）群众主体原则。创建全国县级文明城市要以提高人的素质为核心，要始终让人民群众成为创建主体，把每一项创建工作成为陶冶人、教育人、提高人的过程，让广大人民群众在参与创建中增强社会责任感和使命感，提高文明素质，提升社会文明程度。

（三）注重实效原则。创建全国县级文明城市要以求真务实为根本，讲求工作实效，力戒形式主义。要在广泛调查的基础上，采取有效工作措施，多办利民惠民的好事、实事，确保抓一件、成一件、巩固一件。要注意把文明城市的创建同各级各部门的工作有机结合起来，并不断丰富其内涵，把创建工作转变为推进各项事业发展的内在动力。

（四）改革创新原则。创建全国县级文明城市要以改革创新为手段，要把文明城市创建工作与深化改革紧密结合起来，积极探索文明城市创建的创新驱动模式，不断改进和完善创建工作的领导决策机制、组织运行机制和发展保障机制，不断创新城市经营、社会管理、社区发展和社会文化建设的机制，使创建文明城市工作更具创造力。

四、组织机构

成立平远县创建全国县级文明城市工作指挥部，在县委、县政府的领导下，统筹、指挥、协调全县创建全国县级文明城市工作。创文工作指挥部下设综合协调办公室、督查督办办公室、追责问责办公室和理想信念工作部、乡风文明工作部、经济民生工作部、社会环境工作部、生态文明工作部、城乡一体工作部、长效机制工作部、未成年人建设工作部等8个创建工作部。综合协调办公室内设综合协调组、问卷调查组、档案对标组、督导检查组、文明提升组、舆论宣传组、效能检查组等7个工作组，具体负责创文的日常工作。

五、工作任务

创建全国县级文明城市工作涵盖经济、社会、政治、文化、生态和党的建设等方方面面工作，按照《全国县级文明城市测评体系（2017年版）》和《全国未成年人思想道德建设工作测评体系（2016年版）》的指标要求，着力在八项工作任务方面抓落实求突破。

（一）加强理想信念建设

1.*深入学习贯彻习近平总书记系列重要讲话精神和治国理政新理念新思想新战略*。把学习贯彻习近平总书记系列重要讲话精神和治国理政新理念新思想新战略作为一项长期政治任务，制定系统全面学习的工作方案；抓好《习近平谈治国理政》、《习近平总书记系列重要讲话读本》的学习，专题学习习近平总书记关于宣传思想文化工作和精神文明建设的重要论述。健全完善学习制度，以党委（党组）中心组学习为示范带动，一级抓一级、层层抓学习，完善督查考核办法；

各级党校要把学习讲话精神纳入培训教学。

2.学习宣传贯彻“五位一体”总体布局、“四个全面”战略布局、新发展理念宣传教育。加强宣传阐释，深入开展统筹推进“五位一体”总体布局和协调推进“四个全面”战略布局的生动实践，宣传以新发展理念引领经济发展新常态、推进供给侧结构性改革的进展成效。开展形势政策教育，组织领导干部、专家学者到基层一线宣讲，加强思想政治工作，统一思想、凝聚共识；积极稳妥做好经济社会热点难点问题的舆论引导，抵制各种错误思潮的影响。

3.加强中国特色社会主义和中国梦学习宣传教育。保持学习教育和主题实践系统化长期化，坚持不懈开展中国特色社会主义理论体系学习教育，坚定干部群众的道路自信、理论自信、制度自信；大力宣传党的十八大以来经济、政治、文化、社会、生态文明建设和党的建设取得的巨大成就，广泛开展党史、国史、社会主义发展史教育，加强中国道路宣传教育，汇聚起同心共筑中国梦的强大力量；党委切实负起意识形态工作的政治责任和领导责任，经常研究解决重大问题，掌握领导权、话语权；加强法治意识、国家意识、社会责任意识和家庭意识教育。

4.培育和践行社会主义核心价值观。

（1）精心组织实施。落实中共中央办公厅《关于培育和践行社会主义核心价值观的意见》和中宣部、中央文明办《培育和践行社会主义核心价值观行动方案》，制定年度工作实施方案。建立健全机制，完善领导体制和工作机制，明确责任分工，加强督促检查。

（2）深化教育实践。县广播电视台等主要新闻媒体、网络媒体持续有效宣传普及12个主题词；在公共场所和公共设施采取张贴悬挂、刊登刊播等方式宣传展示核心价值观；编写通俗读物，开展宣讲解读；运用文艺形式和民族民间文化样式传播核心价值观。融入日常生活，依托基层宣传文化阵地和爱国主义教育基地、道德讲堂等，开展核心价值观教育；开展市民公约、村规民约、学生守则、行业规范、职业规则、团体章程等规范守则教育实践活动；运用升国旗仪式、成人仪式、入党入团入队仪式等礼仪制度传播主流价值。发挥榜样作用，开展“我推荐、我评议身边好人”活动；开展最美少年、最美教师、道德楷模、凡人善举等学习宣传活动；开展文化界、体育界、教育界、科技界人士及企业家“重品行、树形象、做榜样”活动；创新发展乡贤文化，发挥新乡贤引领作用。加强文化培育，培育良好家风家教，弘扬和传承客家人“勤劳善良、崇文重教”的良好美德，倡导注重家庭、注重家教、注重家风，开展传承好家风好家训活动；深化文明家庭创建活动，推进领导干部廉洁家庭建设。培育勤劳节俭之风，开展节俭养德全民节约行动；开展文明餐桌活动。弘扬中华优秀传统文化。深入推进“我们的节日”主题活动；做好非物质文化遗产传承工作，加强对历史文化名胜、文物古迹、传统古村落的保护。

（二）开展乡风文明建设

1.加强党风政风引领。强化党风廉政建设，落实《关于新形势下党内政治生活的若干准则》和《中国共产党党内监督条例》，强化党委主体责任和纪委监督责任，推进党风廉政和反腐败教育经常化、制度化；运用监督执纪“四种形态”，以严明的纪律推进全面从严治党。

2.加强基层党群组织建设。加强街道、社区、机关、学校、企业和新经济组织、新社会组织等基层党、群组织建设；加强农村基层党组织建设，维护农村社会和谐稳定。

3.大力弘扬法治精神。建设社会主义法治文化，落实《关于在公民中开展法治宣传教育的第七个五年规划（2016—2020年）》，全面推进依法治县工作，积极开展法治县、法治镇及法治示范村创建活动，增强全社会尊法学法守法用法意识；开展群众性法治文化活动，全民法治宣传教育的普及率≥80%。

4.加强社风民风建设。大力推进志愿服务制度化，大力弘扬志愿精神，积极培育志愿服务文化，市民对志愿服务活动认同和支持率≥90%，注册志愿者人数占建成区常住人口比例≥8%，注册志愿者参加志愿服务活动的人数占注册志愿者总人数的比例≥70%；建立健全登记注册、服务记录、关系转接、兑换服务、褒奖激励等机制，以社区、公共文化设施、景区景点、窗口单位为重点加强志愿服务站点建设；开展关爱空巢老人、留守儿童、困难职工、残疾人志愿服务活动，开展党员志愿服务，开展文明旅游、文明交通、文明上网等志愿服务活动，组织专业志愿服务队开展志愿服务。

5.诚信建设制度化。贯彻国务院《社会信用体系建设规划纲要（2014—2020年）》和中央文明委《关于推进诚信建设制度化的意见》，在重点领域建立起信用记录，建设信用信息互联互通、交换共享的平台；落实国务院《关于建立完善守信联合激励和失信联合惩戒制度加快推进社会诚信建设的指导意见》，建立健全守信联合激励和失信联合惩戒的联动机制；学习宣传诚信人物、诚信企业、诚信群体，批评鞭挞失信败德行为，开展诚信企业、诚信单位、诚信示范街区、诚信经营示范店等主题实践活动；整治虚假违法广告，形成打击假冒伪劣的监督、投诉和处置机制。

6.“讲文明树新风”公益广告。落实《中华人民共和国广告法》、《公益广告促进和管理暂行办法》，健全完善文明委统筹协调、相关职能部门各负其责的领导体制和工作机制，出台公益广告的扶持激励政策；各类媒体持续刊播公益广告，社会公共场所、公共交通工具、建筑工地围挡广泛刊播展示与城市景观相融合、与城市历史文化相承接、与市民欣赏习惯相契合的公益广告。

7.社会责任意识。开展扶贫帮困、慈善捐助、支教助学、义务献血、捐赠器官、义演义诊、环境保护、植绿护绿等活动。

8.网上精神文明建设。开展网上精神文明创建活动和网德建设工程，壮大网络文明传播志愿者队伍；开展网络公益活动，吸引网民广泛参与；落实属地管理原则，依法打击网络谣言和网上淫秽色情信息，查处违法违规网站。

（三）加大经济民生建设

1.经济发展水平。城镇居民人均可支配收入高于本省（区）同类城市平均水平或等于本省（区）同类城市平均水平。农民人均纯收入、城镇居民人均可支配收入高于本省（区）同类城市平均水平或等于本省（区）同类城市平均水平。

2.基本公共服务保障。以公共交通为主体的城市机动化出行系统，万人拥有公共汽（电）车数量≥6台；建成区平均路网密度和道路面积率均逐年提高，主次干道、商业街、街巷路面硬化，装灯率100%，亮灯率≥96%，排水设施完善；加强城镇供水设施改造与建设，定期监测、检测本行政区域内供水厂出水和用户水龙头水质等饮水安全状况。健全公共法律服务体系，维护公民合法权益，建立维护劳动者权益的协调机制和保护消费者权益的机制；做好未成年人、老年人、残疾人、妇女权益保护工作。提升国民教育水平，均衡配置公共教育资源，有具体的扶持弱校措施，义务教育阶段实行免试就近入学和信息公开制度；生均义务教育公用经费支出≥700元，市民对义务教育的满意度≥75%。

3.基本公共服务保障。贯彻《全国医疗卫生服务体系规划纲要（2015—2020年）》，制定本地区具体区域卫生规划和医疗机构设置规划；纳入城镇医疗保险定点机构的社区卫生服务机构≥95%，每千名常住人口公共卫生人员数≥0.83人，依托本地医疗卫生服务机构普及公共卫生知识。

4.现代化公共文化服务体系。每个街道拥有晨晚练体育活动点5个以上，每个社区建有便捷实用的体育健身设施，人均体育场地面积＞1.08平方米，公共体育场地设施状况良好。丰富群众文化生活，完善公共文化设施免费开放的保障机制，推进公共图书馆、公共博物馆（非文物建筑及遗址类）、公共美术馆、群艺馆、文化馆（站）等免费开放工作，健全基本服务项目；开展全民阅读活动和全民健身活动；支持文艺团体和文艺工作者深入基层开展文化活动，支持庄户剧团、农村业余演出队、个体放映队、文化中心户开展经营性文化服务。

（四）开展社会环境建设

1.公共安全体系。加强社会治安防控体系建设，社会面、重点单位及社区物防、技防、人防、消防水平符合安全要求。食品经营单位和集贸市场不出售过期、变质、伪劣食品，食品安全事故和问题药品及时查处。建立减灾、防灾、救灾综合协调机制和灾害应急管理体系，设置明确的城市避难场所，开展社区减灾、防灾宣传教育，建立健全救灾应急预案。建立突发公共事件应急指挥系统，严格执行事件报告、通报和信息发布制度。

2.社会治安状况。坚持有黄必扫、有毒必反、有赌必禁，卖淫嫖娼、吸毒贩毒制毒、聚众赌博等违法犯罪得到有效控制；预防和打击涉众型经济犯罪、打击“两抢一盗”犯罪、打击传销活动成效明显。改善提升城乡环境面貌，实施城乡清洁行动，推进城乡环卫一体化，实现农村垃圾“户投、村收、镇运、县市统一处理”。倡导“垃圾减量分类”，生活垃圾定点投放、分类收集、定时清运。

3.社会公共秩序。开展文明交通行动，车辆、行人各行其道，无闯红灯、乱穿马路现象，乘客排队候车（船）或依次上下车（船）；建成区万车死亡率达到国家畅通工程评价标准。

（五）推进生态文明建设

1.城市绿化。建成区绿地率＞33%。建成区人均公园绿地面积＞9平方米。

2.县域环境管理与环境质量。生活垃圾无害化处理率＞95%。消除黑臭水体，建成区内未出现黑臭水体。城市空气质量良好，空气优良天数占全年天数的85%以上。城市水环境质量优良，按国家规范划分集中式饮用水水源地保护区，且水质达到或好于Ⅲ类；辖区无劣于Ⅴ类水体。发动公众参与，开展环境保护主题活动，大力宣传生态文明理念。

（六）加大城乡一体化建设

1.城乡统一要素市场建设。推进农业转移人口市民化，落实上级政府的总体安排和配套措施，推动本行政区城市和建制镇农业转移人口市民化；落实城乡劳动者平等就业、同工同酬制度，推动农民工参加城镇社会保险、职业教育和技能培训。

2.城乡规划、基础设施和公共服务一体化。城乡规划一体化，合理安排县域城镇建设、农田保护、产业集聚、村落分布、生态涵养等空间布局，新增建设用地不超过上级下达的计划指标。实现城乡基础设施一体化，扩大公共财政覆盖农村范围，提高基础设施和公共服务保障水平，推动水电路气等基础设施城乡联网、共建共享。推进城乡公共服务一体化，促进城乡公共文化服务均等化，在财政预算中列支农村精神文明建设专项经费；社会保险参保计划完成率≥90%。

3.建设美丽乡村。在农村分期分批推进改路、改水、改厕和旧村改造，防止城市污染向农村转移，帮助治理农村面源污染。推进乡风民风建设，开展移风易俗、破除陈规陋习，开展星级文明户、文明村、文明镇（乡）创建。

4.乡村文明旅游。实施传统古村落、古建筑保护工程，打造一批有影响力的文化名镇、文化名村；治理规范旅游市场秩序；落实《游客不文明行为记录管理暂行办法》，建立游客不文明信息通报机制，开展文明告知、文明提醒、文明规劝，引导游客恪守文明行为规范。

（七）建立长效常态的创建工作机制

1.进一步加强组织领导体制建设。党委政府重视，把精神文明建设纳入县域经济社会发展总体规划；县党政主要负责同志带头履职尽责，加强对精神文明建设工作的领导。形成长效机制，落实中央文明委《关于深化群众性精神文明创建活动的指导意见》和全国创建文明城市工作经验交流会精神，研究制定实施细则和工作方案；文明委及其办公室有健全的工作制度和具体的保障措施，负起统筹协调、督促检查职责；文明委成员单位落实责任，群团组织积极发挥作用，形成齐抓共管合力。

2.发动群众广泛参与。加强宣传动员，媒体设有精神文明创建专题专栏，城乡公共场所利用多种形式宣传展示精神文明创建内容。发动群众参与，创建工作规划、重要举措、所办实事等公开发布宣传，听取群众意见建议；创建活动的群众参与率＞90%。开展群众评价，采取问卷调查、民意测评等方式，查找存在突出问题，及时进行整改；建立健全群众评价机制，以群众满意为衡量工作成效的最高标准。群众满意度调查＞80%。

3.开展文明单位创建。扩大创建覆盖面，在机关、企事业单位、学校、社区、景区等普遍开展文明单位创建活动，并延伸到新经济组织、新社会组织；文明委成员单位开展具有行业特色、职业特点的文明创建活动。

4.加强动态管理。创建活动常态化，明确本县创建活动的工作标准、长效机制；制定文明创建工作负面清单，完善考核评价办法，建立文明创建评选表彰的淘汰退出机制。

5.完善保障机制。投入保障，创建活动经费列入财政预算，随财政收入增长逐步提高；加强基层创建工作力量，切实解决人员配备、工作条件等实际问题，建设一支高素质的工作队伍。

（八）未成年人思想道德建设工作

1.建立健全领导体制和工作机制。召开会议进行安排部署，制定下发专门的工作方案或责任分工；健全完善学校、家庭、社会“三结合”教育网络的措施、办法；本县教育、民政、文化、团委、妇联、残联、关工委等部门有常态化工作品牌或经验；本县范围内每年有1至2次未成年人思想道德建设工作检查考评。

2.深入开展思想道德教育实践活动。未成年人熟知社会主义核心价值观“24个字”； 在重要时间节点组织好“我的中国梦”主题教育实践活动； 开展美德少年等身边榜样学习活动常态化； 组织开展以孝敬、友善、节俭和诚信为主要内容的中华经典诵读活动，加强未成年人中华优秀传统文化教育。

3.全面加强学校教育。培育和践行社会主义核心价值观进教材、进课堂、进头脑；有中小学校开展"爱学习、爱劳动、爱祖国"的活动安排和落实情况；广泛开展文明校园创建活动，措施扎实，氛围浓厚，成效明显；中小学校德育课、少先队活动落实，效果好；中小学校实施师德师风建设工程有具体方案、有实际效果；中小学校建立家长委员会，办好家长学校，加强家校联系；进城务工人员子女平等接受义务教育有措施、落实好；实施《国家学生体质健康标准》，落实体育课程设置和课时安排要求。

4.重视家庭教育和社会教育。社区将家长学校或家庭教育指导服务站点建设纳入社区发展规划，将家庭教育指导作为向辖区居民提供的一项公共服务内容；社区有未成年人开展文体活动的场所、设施和活动安排；社区有具体措施关爱帮扶困难家庭、流动人口家庭未成年子女；爱国主义教育基地和公益性文化设施免费接纳未成年人参观学习有安排、有效果；有校外未成年人心理健康辅导站（点），运用网络、电话、授课等多种形式开展教育引导。

5.营造良好社会文化环境。扎实推进乡村学校少年宫项目以及县级青少年活动中心、示范性综合实践基地等青少年校外活动场所建设，有管理制度、活动项目、经费保障和专兼职辅导员队伍；优秀童谣征集和推广、传唱活动措施具体，普遍开展；加强网吧管理、取缔"黑网吧"，经营性网吧无接纳未成年人；整治中小学校周边环境常态化、效果实；关心关爱特殊群体未成年人有措施、效果实；本县主要新闻媒体、都市类媒体、网络媒体和社会媒介做好关爱保护未成年人健康成长的宣传。

六、实施步骤

整个创建过程分两大阶段进行：

（一）创建"全国文明城市提名资格"阶段（2018年1月）

1.部署启动（2018年1月—2018年6月）

根据我县实际情况，对照2017年《全国县级文明城市测评体系》进行自查，在此基础上制定实施方案，分解目标任务，召开动员大会，成立创建机构，宣传发动广大干部群众参与到创建全国县级文明城市活动中，充分调动干部群众参与创建的主动性和创造性。各责任单位、各镇（村）结合各自实际工作，制定具体的实施方案，确定工作重点，细化目标责任，建立健全相关机制。

2.破难攻坚（2018年8月—2020年6月）

各责任单位、各镇（村）按照县委、县政府的统一部署，认真对照《实施方案》和《目标任务分解表》逐项抓好落实。切实打造创建亮点，对创建工作的重点、难点问题和薄弱环节，采取有力措施进行专项整治，确保如期完成任务。各主要新闻媒体及主流网站紧密配合，加大对创建全国县级文明城市活动的宣传力度，形成宣传强势，营造浓厚的舆论氛围。县创文工作指挥部对照责任分工定期、不定期进行检查考评，加大对创文工作的督查督办力度，增强创文工作实效。

3.申报迎检（2020年6月—9月）

县创文工作指挥部组织对各责任单位、各镇（村）创建工作完成情况进行检查验收，督促各部门对照创建标准做好查漏补缺工作。准备"创建全国县级文明城市提名资格"的申报材料，制定具体的迎检方案，全力做好迎接中央文明办和省文明办的检查考核工作；撰写好参评全国县文明城市的申报材料；全力争取进入"创建全国县级文明城市提名资格"。

（二）创建"全国县级文明城市"阶段（2020年—2023年）

我县实现"创建全国县级文明城市提名资格"目标后，从2020年起再经过3年艰苦奋斗，围绕《全国县级文明城市测评体系》高标准完成各项创建任务，力争2023年通过中央文明办专家组测评考核，实现全国文明城市目标。

七、保障措施

（一）加强领导，落实责任。县委、县政府成立平远县创建全国县级文明城市工作指挥部，统筹协调相关工作。下设综合协调办公室、督查督办办公室、追责问责办公室和8个创建工作部，由相关单位抽调人员组成。其中，综合协调办公室（简称“县创文办”），主要负责创文日常工作，工作人员从各创建责任单位中抽调人员组成，各单位抽调工作人员带职离岗，抽调期间的工作考核由县创文办负责，抽调时间视创建工作需要而定。

各级党委、政府和各部门必须高度重视，把创建全国县级文明城市作为头等大事来抓，实行“一把手”负责制，切实加强领导。各镇和县直各部门党政一把手对本地本部门的创文工作负总责，对创文工作中遇到的具体问题要亲自过问，认真加以解决，要分工一名副职专抓创文工作。指挥部成员单位要按照责任分工，把创建全国县级文明城市的每一项工作任务落实到人，做到横向到边、纵向到底，不留死角，做到组织到位、领导到位、措施到位，形成创文工作事事有人管、件件有人抓，一级抓一级、层层抓落实的创文局面。

（二）各方配合，形成合力。创建全国县级文明城市是一项庞大的社会系统工程，党委、政府和各部门要牢固树立大局观念和全局意识，既分工负责，又互相协作。要整合各类资源，建立“以块为主、条块结合、全民动手、齐抓共管”的创建模式，做到“城区互动，城乡互动，军民互动，干群互动，经济文化互动，软件硬件互动”，整体推进创文工作的深入开展。对县委、县政府确定的创建任务，必须统一行动，步调一致，不能中间梗塞、互相推诿、顶着不办，要主动协调配合，形成创建工作“大合唱”。要建立信息反馈机制，各职能部门每月报一次工作动态，每季度报一次进展情况，确保创建工作信息上下贯通，使各级领导及时掌握创建动态。

（三）加大投入，提供保障。多渠道筹集资金，为创建工作提供保障。按照分级负责的原则，属县级负责的创建项目，县财政要加大投入，多渠道筹集资金，推进重点创建项目的顺利实施；属县直责任单位负责的项目，各单位要千方百计筹措资金，确保完成创建任务；属各镇负责的项目，要加大镇级财政及社会资金的投入。各单位、部门要密切配合，多渠道筹集资金，为创建全国文明城市工作提供保障。

（四）宣传造势，营造氛围。深入开展各种内容丰富、形式多样的创建文明城市主题宣传造势活动，形成家喻户晓、人人皆知的创建全国县级文明城市的浓厚氛围，进一步提高各级各部门和广大干部群众参与文明城市创建的积极性、主动性和自觉性。

（五）加强督导，问责追责。为确保创建工作全面顺利推进，要把创建全国县级文明城市工作纳入年度县直机关绩效考核；县创文办加强督导，及时通报督导情况，促进创建工作的落实。各级各部门要按照《实施方案》要求，认真做好各项工作，一件一件落实，一项一项完成，谁的责任谁负责，谁的任务谁完成。对创建工作不力，影响创建“全国县级文明城市提名资格”和创建“全国县级文明城市”考核的单位和个人，将按照有关规定进行问责追责，确保依期完成创建目标。

中共平远县委办公室 平远县人民政府办公室 印发《关于全域推进农村人居环境整治建设生态宜居美丽乡村的总体工作方案》的通知

（2018年9月19日 平委办发〔2018〕11号）

各镇党委和人民政府，县直副局以上和省、市属驻平各单位：

《关于全域推进农村人居环境整治建设生态宜居美丽乡村的总体工作方案》已经县委、县政府同意，现印发给你们，请结合实际认真贯彻执行。

关于全域推进农村人居环境整治建设生态宜居美丽乡村的工作方案

为贯彻落实中央《农村人居环境整治三年行动方案》和省、市乡村振兴工作会议精神，深入实施乡村振兴战略，加快改善农村人居环境，建设生态宜居美丽乡村，根据市《关于全域推进农村人居环境整治建设生态宜居美丽乡村的总体工作方案》，结合平远实际，制定本方案。

一、总体要求

（一）指导思想。以习近平新时代中国特色社会主义思想为指导，全面贯彻党的十九大和十九届二中、三中全会精神，深入贯彻习近平总书记重要讲话精神，牢固树立绿水青山就是金山银山的发展理念，深入实施乡村振兴战略，按照产业兴旺、生态宜居、乡风文明、治理有效、生活富裕的总要求，以建设生态宜居美丽乡村、打造生态富民带为导向，以“三清理、三拆除、三整治”为突破口，以农村垃圾、污水处理和村容村貌提升为主攻方向，着力改善农村人居环境、补齐农村基础设施短板、提高基本公共服务水平、促进农村社会文明进步，逐步、全面建设基层组织领导有力、基础设施健全、公共服务完善、村容整洁有序、生态环境良好、农民持续增收、社会和谐稳定、客家特色鲜明的生态宜居美丽乡村。

（二）工作目标。实施“五片示范、百村整治”工程，坚持“先整治、后提升”的原则，在完成“三清理三拆除三整治”任务的基础上，以点带面、连线成片、梯次创建，全域建设生态宜居美丽乡村。力争用3年时间完成全县农村人居环境整治，建成干净整洁村。用10年时间全面建成美丽宜居村，支持鼓励基础条件较好的村庄创建特色精品村和3A以上乡村旅游景区。

1. 创建类型及标准

依次梯度创建干净整洁村、美丽宜居村、特色精品村。

（1）干净整洁村。全面完成村庄“三清理三拆除三整治”以及危房改造任务，长效保洁管护机制健全，生产生活基础设施基本完善，文体休闲活动场所配套，实现干净整洁有序（具体标准见附件1）。

（2）美丽宜居村。在建成干净整洁村的基础上，村庄村容村貌、公共服务基础设施进一步提升。村庄资产资源有效盘活利用，特色产业初具规模。农村住房外观整洁、建设有序、管理规范。以党组织为核心的农村组织体系健全完善，乡风文明和谐，基本达到省级文明村创建要求，实现生态美丽宜居（具体标准见附件2）。

（3）特色精品村。在建成美丽宜居村的基础上，进一步优化提升村庄人居生态环境，美丽庭院建设成效明显，村庄美化绿化实现全覆盖。实施特色文化村落保护规划，有效发掘和保护古民居、古建筑、古树名木和民俗文化等历史遗存，完成住房风貌整治，客家特色鲜明。特色产业形成规模效应，一、二、三产业融合发展。村党组织领导有力，基层党组织坚强战斗堡垒作用明显，村级集体经济组织规范运行，乡村治理体系健全，村民稳定就业、收入稳步提升，实现民富、村美、人和（具体标准见附件3）。

2. 年度创建目标

（1）2018年年底前，全面铺开“三清理三拆除三整治”工作，各镇70%以上的村庄完成“三清理三拆除三整治”任务。已启动的30个示范村整治创建项目全部建成，达到干净整洁村标准。30%以上省定贫困村建成新农村示范村。

（2）2019年年底前，全县村庄完成“三清理三拆除三整治”任务。70%以上村庄达到干净整洁村标准（力争第一、二轮帮扶的71个村全面建成干净整洁村）。40%以上村庄达到美丽宜居村标准（其中20个省定贫困村全部达到社会主义新农村示范村标准），初步形成“五个示范片”：以水乡风貌、田园风光为主题，将黄田、河头、田心、向阳、双溪、河清6村打造成“十里花海·梦里水乡”美丽乡村示范片；以康养产业、人文石正为主题，将安仁、安南、坪湖、中东、马山、下丰6村打造成“烟雨南台·石泉石美”美丽乡村示范片；以古香古韵、绿色农业为主题，将汶水、凉庭、麻塘、灵水、白岭、梅畲6村打造成“钟灵毓秀·田园农庄”美丽乡村示范片；以酒乡古镇为主题，将黄沙、上远、飞龙、仁居、井下、五福6村打造成“酒茶果香·红色故乡”美丽乡村示范片；以生态旅游为主题，依托五指石景区、长布半岛、相思谷景区，将畲脑、上举、龙文、文裕、差干、加丰6村打造成“五指相思·游客向往”美丽乡村示范片。

（3）2020年底前，全部村庄达到干净整洁村标准，60%以上行政村达到美丽宜居村标准，建成10个特色精品村。

（4）2022年底前，80%以上行政村达到美丽宜居村标准，建成15个特色精品村。

（5）2025年底前，所有行政村达到美丽宜居村标准，建成20个特色精品村，其中10个村成为3A以上乡村景区。

（三）基本原则

1. 坚持规划引领，特色发展。强化政府主导责任，县、镇、村联责，编制全域乡村建设规划，注重传承性与前瞻性相结合，保持村庄自然生态、田园风光、人文历史、产业特色，突出地域特色，适度超前规划，防止千村一面。

2.坚持分步实施，梯次创建。加强规划建设监管，持之以恒，久久为功，坚持“一张蓝图绘到底”。结合村情实际，分步实施，分类梯次打造干净整洁村、美丽宜居村、特色精品村。坚持先易后难、示范带动，优先安排基础条件较好、资源禀赋突出、群众创建热情高的村庄，打造示范样板工程，连线连片推进重要交通河流沿线、南粤古驿道、主要景区示范建设。

3.坚持农民主体，共建共享。激发群众热情，尊重农民意愿，充分发动群众、依靠群众和引导群众积极参与生态宜居美丽乡村建设，实现共谋共建共管共享。按照惠民利民和先急后缓的原则，优先解决群众最普遍、最迫切的民生问题和农村基础设施最大的短板，不得搞与群众生产生活关联不大的“面子工程”、“政绩工程”。

4.坚持整合资源，多方投入。建立涉农资金统筹整合机制，整合涉农资金资源，统筹用于美丽宜居乡村建设。发挥财政资金标杆作用，拓宽投融资渠道，鼓励农民、企业、帮扶单位和其他社会力量筹资投劳，汇聚各方力量共建美丽乡村。

5. 坚持深化改革，激发活力。积极实施乡村振兴综合改革，敢于解放思想、先试先行、务实创新，探索建立加快推进美丽宜居乡村建设的体制机制，培育乡村振兴发展新动能。

6.坚持长效管护，持续发展。明确属地管护责任，建立多元化长效管护投入机制，探索规模化、专业化、社会化运营机制，促进美丽宜居乡村建设可持续发展。

二、主要任务

（一）加强村庄规划编制。按照主体功能区划，结合村庄资源禀赋和特色，按照不低于美丽宜居村标准的创建目标（个别资源禀赋较好，基础条件较好的村按照不低于特色精品村标准）进行规划，优化村庄布局。按照简便实用、宜居宜业生态原则，在原有村庄规划的基础上，区分城郊型、生态型、纯农业型、历史文化名村等不同类型，完善提升覆盖所有自然村的县域乡村建设规划，科学确定整治创建内容，分类建好近、中、长期《整治创建提升项目库》。鼓励统筹各类规划，推行多规合一。有序整合边远分散自然村落和空心化自然村落，促进农村人口向中心村、中心镇和县城集聚。各职能部门要成立专业技术人员下乡服务专班，实现专家指导村庄规划和农房报建全覆盖。镇村要主动对接规划设计工作，在充分听取群众意见和职能部门意见的基础上，与规划人员零距离沟通对接，共同优化规划设计。组织村民参与制定和实施村级土地利用规划和村庄规划，并将规划纳入村规民约，以便村民共同遵守。加强村庄规划和村级土地利用规划精细化管理，建立健全违法建设查处机制，开展“无违章建筑镇（村）”创建活动，杜绝新增违法建筑。2018年年底前，基本完成乡村建设规划编制或修编；2019年年底前，基本完成村级土地利用规划编制。（县住建局、县国土资源局牵头负责）

（二）推进村庄生态环境治理。以打好污染防治攻坚战为引领，坚持生态惠民、生态利民、生态为民，把解决突出生态环境问题作为民生优先领域，加大力度推进生态环境建设，提升农村生态文明建设水平。

1.开展村庄环境整治。镇村两级组织发动群众开展以“三清理、三拆除、三整治”为主要内容的农村人居环境整治。“三清理”即清理村巷道及生产工具、建筑材料乱堆乱放，清理房前屋后和村巷道杂草杂物、积存垃圾，清理沟渠池塘溪河淤泥、漂浮物和障碍物；“三拆除”即拆除危房、废弃牛猪栏以及不达标排放牛猪栏（含禁养区牛猪栏）、露天厕所（含未经三级化粪处理的平房厕所）和茅房、非电烤式烤烟房和其他影响村容村貌的杂房，拆除乱搭乱建、违章建筑，拆除非法违规商业广告、招牌等；“三整治”即整治垃圾乱扔乱放，整治污水乱排乱倒，整治电力、电视、通信等网线乱搭乱挂。2019年年底前，全面完成农村人居环境综合整治。（县委农办牵头负责，县住建局、县经信局、县环保局、县财政局、县烟草专卖局、各镇、村配合负责）

2.推进生活垃圾处理。按照城乡一体、设施共享、经济适用原则，编制县域城乡生活垃圾处理规划和工作方案，建立健全村收集、镇转运、县处理的生活垃圾收运处理体系，科学配置建设垃圾填埋场、处理厂、转运站等综合处理设施，统筹建设村庄垃圾收集点。根据实际需求，按照每个自然村不少于1个以上垃圾收集点、20户以上自然村配1个以上保洁员标准配备。鼓励开展农村垃圾源头分类处理，配套建设垃圾分类投放收集设施。完善农村垃圾处理各级投入机制，建立健全农村卫生保洁长效运营机制，开展垃圾乱丢乱堆点的排查整治。2020年年底前，基本实现设施设备齐全、治理技术成熟、保洁队伍稳定、资金保障长效、监管制度完善，基本完成非正规垃圾堆放点整治任务，村庄保洁覆盖面和行政村垃圾处理率达到100%，农村生活垃圾分类减量比例达到35%和资源化利用比例达到20%，不断提高垃圾有效处理水平。（县住建局牵头负责）

3.推进生活污水治理。按照高效耐用、简便适用原则，统筹规划、连片建设城乡生活污水处理设施。分类制定农村生活污水治理排放标准，因地制宜采用多种方式和工艺处理农村生活污水。对城镇周边的村庄生活污水优先纳入城镇污水系统统一处理；人口规模较大的村庄优先建设集中式污水处理设施；人口规模较小、居住分散的山区农村以改革户用厕所为主，适度采用小型分散式污水处理设施。积极推广低成本、低能耗、易维护、高效率的污水处理技术，鼓励采用生态处理工艺。建立健全农村排污监管机制，明确分类分级排放标准，严格饮用水源、水库等生态敏感区域周边污水排放监管。实施农村生态清洁小流域建设，推进“南粤水更清行动”。加大中小河流和乡村水体生态治理，全面落实河长制，抓紧编制出台“一河一策”实施方案，认真贯彻落实河道“五清”工作，严格整治河道管理范围内偷砂、采砂现象，争取2018年年底全县河流基本实现“水清、岸绿、堤固、景美”。保护好村域水面、水质，实现河道清洁，水体流畅，水质达到功能区划标准。2020年年底前，基本消除村庄黑臭水体，自然村基本实现雨污分流、污水排放管道收集或暗渠化，实现人畜分离、家畜集中圈养，农村生活污水治理率提高至40%以上。2022年年底前，建成覆盖所有自然村的污水处理设施，村庄生活污水、畜禽养殖废弃物有效处理或资源化利用全覆盖。（县住建局牵头负责，县水务局、县环保局配合负责）

4.推进农村厕所改造。大力开展农村户用卫生厕所建设和改造，加快推进“厕所革命”。实施粪污治理，突出户用厕所改造工作，抓好户用改厕需求数据调查、入户核实，指导农户加快改厕工作，有效衔接生活污水处理，推进厕所污水和粪便有效处理或资源化利用。全面普及乡村旅游区、人口流动密集区等公共厕所，因地制宜建设自然村标准化公厕。建立健全农村无害化卫生厕所长效管护机制。2020年，户用卫生厕所改造全面完成，农村无害化户用卫生厕所普及率达到100%，厕所粪污基本得到有效处理或资源化利用。2020年年底前，乡村旅游区等公共场所建设A级以上厕所，对流动人口较少的自然村，鼓励选择其中一户农户的一间房屋，改造成以户用为主、兼作公用的厕所；对流动人口较多和有广场、小公园的自然村，每个自然村应按要求建设1个标准化公厕。（县住建局牵头负责，县委农办、县文明办、县卫计局、县旅游局配合负责）

5.提升绿化美化建设水平。以创建国家森林城市为引领，开展村庄绿化大行动，为绿色乡村添花增色。注重选用适宜本土的果蔬树种，实行清旧补绿、拆旧建绿，推进房前屋后院内、路边山边水边、闲置空置地绿化美化。及时对高速公路、国省道、主要河流沿线、南粤古驿道、旅游景区和邻省交界的矿场荒地进行复垦复绿，在堤岸、圳道、文体广场建设中严防过度硬化。突出添花增色，结合乡土气候、土壤特点，支持建设村庄“绿道网”。加大林业执法力度，严禁乱砍滥伐，抓好密集式电烤房的使用，杜绝老烤房继续燃用木柴。2020年年底前，基本建成村道有树、环境优美的生态宜居村庄；10个以上自然村建好美丽庭院群。（县林业局牵头负责，县国土局、县交通局、县公路局、县环保局、县住建局、县水务局配合负责）

（三）推进公共基础设施建设。重点实施村道硬化、集中供水、文化体育综合服务设施等基础工程，补齐公共服务基础短板，着力改善农村生产生活条件。

1.推进村道建设。全面创建“四好”（建好、管好、护好、运营好）农村公路，推进乡镇通行政村公路改造、村委会通自然村村道路面硬化、自然村村内道路硬化等3类道路基础设施建设。成立交通道路技术专班，对拟建设村道进行实地勘察，调查现状，做好工程量和工程概算等前期调查摸底工作，指导镇村选择正确的建设方式，切实加强村道建设的技术指导和质量监管。加强农村交通安全建设，改造不符合安全通车条件的镇通行政村公路和公路危桥。支持改造提升村庄产业路、乡村旅游路。充分利用本地资源，因地制宜选择水泥、砂石、砖石等路面材料，鼓励生态化铺装。明确农村公路养护主体责任，建立健全农村公路管理养护体制机制。2020年年底前，自然村基本完成村内道路硬化，通200人以上自然村完成村道路面硬化，乡镇通行政村公路达到安全通客车条件，农村公路列养率达到100%。2025年年底前，通自然村完成村道路面硬化。（县交通局牵头负责，县住建局、县林业局、县委农办配合负责）

2.推进村庄集中供水。按照规模化发展、标准化建设、市场化运营、专业化管理原则，统筹推进县镇村集中供水设施及配套管网建设，城镇周边村庄纳入城镇供水系统统一供水。大力实施村村通自来水工程建设，优先安排20个省定贫困村进场地施工，争取在2018年年底前全面完成省定贫困村集中供水全覆盖和已规划137宗村村通自来水工程建设任务。有条件的自然村采取升级改造、管网延伸等方式，实行集中连片供水。对不具备扩网条件的自然村，因地制宜实施小型集中供水，改造供水管网，提升供水保障能力。2025年年底前，自然村实现集中供水全覆盖。加强农村水环境治理和饮用水水源保护，划定饮用水水源保护区或保护范围，依法关闭、拆除饮用水源保护区等禁养区内的养殖场（区），定期监测水质，防止水源污染。（县水务局牵头负责，县环保局、县卫计局、县林业局、县农业局、县畜牧局、县住建局配合负责）

3.提升村庄基本公共服务水平。按照城乡融合发展和基本公共服务均等化的要求，加快推进农村基层公共服务设施建设。整合优化公共服务和行政审批职责，打造行政村“一门式办理”“一站式服务”村内公共服务中心（站），规范建设综合性文化体育服务设施、卫生站、公共厕所、公共照明等公共服务设施，并根据群众意愿配套建设幼儿园、养老中心、家庭服务中心、防灾减灾、治安防护等公益设施。适度推进小型农田水利项目建设，解决农田灌溉问题。供电、电信、移动、联通等以企业经营性为主的基础设施，落实企业责任，按照“联合整治，一杆多线，一家承建，多家租用”的整治目标，加快整治工作。扎实推进电网改造升级、光纤网络覆盖自然村、电商网点和快递下乡等工作。2020年年底前，完成所有行政村卫生站、公共服务中心、综合性文化服务设施和管线整治工作。2022年年底前，全面完成金融保险、农技推广、物流快递、法律咨询、旅游导览、光纤信息网络服务水平。（县发改局、县财政局牵头负责，各相关部门配合负责）

（四）保护和发展客家优秀文化。加强客家优秀传统文化保护与传承，实现保护中利用、利用中保护的良性循环。依托良好的自然生态环境，保护和活化各村名人名事、名景名迹、古树名木，保护和修复传统特色古村落、客家民居院落和建筑，以及古驿道、红色文物等物质文化遗产，传承和发扬非物质文化遗产，支持有条件的村建设村史馆。发挥村庄规划导向作用，落实乡村建设规划许可制度，规范乡村住房报建程序，加强村庄风貌管控，迅速编制客家民居外立面改造指引，促进连片集中建房和统一客家民居外立面，推行原有客家民居修旧如旧和新的楼梯房“戴帽”改造，保护和发展客家特色鲜明的农房风格和村庄风貌。凡涉及文物保护单位、未定级的不可移动文物维修的，必须先按《中华人民共和国文物保护法》规定的程序报批，严格按原有风格进行维修。各姓祖堂、祠堂，鼓励按原有风貌维修，保留百子瓦和栋、墙、门、窗特色，丰富客家民居元素，严禁大拆大改大建。鼓励引导美丽庭院创建活动，每镇选择一个自然村连片创建“最美庭院群落”，带动全民全域推进庭院改造、民居提升。庭院改造中，注重传承挖掘客家优秀乡土文化、人文历史、民俗家训、农耕文化，活化利用拆旧留下的古砖瓦、古石板（碑）及一些有价值的传统生产生活用具。充分利用连片美丽庭院，探索建设民宿客栈、农民公寓，丰富乡村旅游主题产品，培育精品特色乡村旅游线路，促进乡村旅游发展。2018年年底前，采取拆除与修缮相结合的办法，全域完成危房改造任务，各村实现零危房。2019年，10个村民小组整村创建“最美庭院”。2025年年底前，基本实现农村住房外观整洁、客家特色明显、建设有序、管理规范。（县委农办、县住建局牵头负责，县旅游局、县文广新局、县国土资源局、县文联配合负责）

（五）提升乡风文明水平。严格按照省级文明村创建要求，及早介入和指导镇村开展乡风文明建设工作，加强农村文化思想建设，健全自治、法治、德治相结合的乡村治理体系。深入弘扬和实践社会主义核心价值观，加强农村公益广告刊播、社会主义核心价值观景观建设、文化墙绘创作等，深化中国特色社会主义和中国梦宣传教育。抓好农村文化建设，加强农村科技和法律普及工作，丰富农民群众精神文化生活；以县、镇、村三级文明联创为契机，开展文明镇、文明村和“五星级文明户”创建活动，以及“五星道德模范”、“新乡贤”、好媳妇、好儿女、好公婆推选、宣传活动。深入挖掘客家传统优秀农耕文化蕴含的思想观念、人文精神、道德规范，结合祖堂修缮，指导镇村引导群众开展移风易俗行动，制定农村行为和道德规范“负面清单”，制订新的村规民约和家风家训，促进家风家训和祠堂文化建设。对美丽乡村建设涌现的先进典型，充分调动广播电视部门和新媒体的积极性，及时跟进，广泛宣传农村人居环境整治作出突出贡献的单位和个人。发挥农村党员干部党员标杆作用，鼓励成立村民红白理事会、道德评议会、禁毒禁赌会，推动新家风、民风、乡风的形成。到2020年，全县文明村镇覆盖率达到100%。（县文明办牵头负责，县委农办、县文广新局、县民政局、县爱卫办、县科技局、县司法局、县妇联配合负责）

（六）发展富民兴村产业。立足镇村资源禀赋，制定发展“一镇一业”“一村一品”特色富民产业发展计划。在特字上下功夫，培育传统特色产业上规模、提质量、创品牌，形成高品质、有口碑的品牌产业。坚持农业科技创新引领，构建服务“三农”体系，加大农业新科技、新品种的推广应用，培育发展休闲农业、乡村旅游、生态旅游、农村电商等新产业新业态，培育发展美丽山水田园综合体、特色小镇、特色小城镇，促进农村一、二、三产业整合发展。加强农民技术培训，发展新型职业农民，鼓励农民发展家庭农场或成立农民专业合作社、农业企业，培育新型经营主体，完善新型经营主体与小农户的利益联结机制，促进农民增收。有效盘活利用村闲置资产和资源，积极推进农村资源变资产、资金变股金、农民变股东改革，促进村集体经济和农民收入持续稳定增长。至2020年，各村培育打造一个特色主导产业（产品），基本形成“一村一品”；至2020年，各村全面形成“一村一品”，各镇形成一个引领全镇发展的主导产业平台，各镇特色富民兴村产业全面形成；至2025年，全县建成3个县级现代农业产业园区，形成引导我县农村经济发展的新增长极。（县委农办、县农业局牵头负责，县林业局、县畜牧局配合负责）

三、保障措施

（一）政府主导，加强组织保障。按照“省级指导、地市统筹、县为主体、镇级实施、村级创建”的分级负责机制要求，县委成立县实施乡村振兴战略工作领导小组。县承担建设主体责任，统筹县域生态宜居美丽乡村建设，制定具体工作方案，负责生态宜居美丽乡村建设总体规划的制定实施、资金使用、项目实施、进度安排、督促检查等，连线连片建设美丽宜居乡村。文明办、发改、住建、财政、农业、林业、水务、环保、文广、卫计、旅游、经信等县直相关部门要根据各自职能，编制详细实施方案，细化目标任务、时间节点、专责机制以及保障措施，加强统筹协调与技术指导，推动工作落地。各镇也应相应成立领导小组，统筹领导全县农村人居环境整治、美丽宜居乡村建设工作，编制全域推进生态宜居美丽乡村建设工作方案，建立工作协调机制，逐级压实责任，层层签订责任书，把责任传导到各村、组。镇党委书记、镇长要在村庄规划和项目建库、设计、施工、监管以及用地保障、资金管理等方面发挥主导作用，确保美丽乡村建设工作扎实推进。乡镇要不断激发各村参与建设的积极性，建立和完善以村党组织为核心、村民自治组织和村务监督组织为基础、村级其他社会组织为补充的农村组织体系，实行村级班子联席会议制度和党群联席会议制度，充分发挥农村党组织在推进生态宜居美丽乡村建设中的领导核心作用，引导农村党员群众积极投身生态宜居美丽乡村建设。

（二）农民主体，发动多方参与。坚持群众在美丽乡村建设中的主体作用和主体地位，按照“整治政策家喻户晓、补助标准公开透明、整治项目群众推选、创建过程群众监督”的要求，充分利用报刊、电视和微信等网络和媒体，广泛宣传省、市、县有关全域推进农村人居环境整治、建设美丽宜居乡村的政策和要求，推广各地成功经验，努力营造全社会关心、支持和参与生态宜居美丽乡村建设的良好氛围。支持建立争先创优评比机制，增强基层和农民创建生态宜居美丽乡村的荣誉感和积极性，引导群众不等不靠，该由农民自行负担的拆旧、青苗、误工等费用由农民自行筹资解决，切忌大包大揽。要围绕“圈定应拆房屋、明确整治重点、推选创建项目”这三个重点和难点，及时召开村民代表会、村民小组长会议、村民小组户主会议等，由村民小组、党群理事会推荐“应拆房屋、整治重点和创建项目”并提交村民代表大会表决；然后再召开好以村民小组为单位的户主会议，确保镇里最熟悉政策和最具有农村工作经验的领导解读政策、每户最有话事权的家庭成员参加会议，引导党员、群众民主协商本村美丽乡村整治、创建事宜。建立社会参与建设机制，引导企事业单位、社会各界和新乡贤通过投资、捐助、认购、认建等形式，建设和改造村庄基础设施和公共设施，参与村庄规划设计、提供咨询服务或连片整村建设。实施“万企帮万村”行动，鼓励工商企业以合作开发方式，投资村内项目建设、经营性服务和乡村特色产业。鼓励机关干部、大中专院校学生、社会各界人士参加志愿者行动，联系指导和参与生态宜居美丽乡村建设。用足用好穗梅对口帮扶政策，主动做好沟通对接服务工作，创造条件支持美丽宜居乡村建设。

（三）规范管理，用足用好资金。建立政府主导、村民参与、社会支持的投入机制，在不形成新的政府债务前提下，加大各级财政资金投入。县财政按照每村1000万元以上的标准，用于农村人居环境整治、美丽宜居乡村建设。凡被列为"五片示范"的村和列为"特色精品村"备选村的美丽宜居村，县里将另行研究出台奖补办法，追加资金实行创建奖补工作。按照资金"渠道不变、用途不变、集中投入、各负其责、各记其功"的原则，出台涉农资金整合办法，建立涉农资金统筹整合长效机制，涉农部门专项资金优先投向生态宜居美丽乡村建设。镇、村两级要积极筹集资金用于农村人居环境整治、美丽宜居乡村建设。严格项目和资金管理，继续参照执行《平远县创建社会主义新农村示范村建设项目和资金管理办法（试行）》，加强资金规范拨付、使用和管理。县发改、财政、住建、审计、农办等部门要积极探索建立乡村建设项目管理机制，出台项目建设管理实施细则，简化乡村建设工程审批管理和招投标程序，建立项目公告公示制度，接受社会监督。落实行业主管部门责任，严格资金管理，严禁挤占挪用、层层截留、虚报冒领、挥霍浪费，确保资金使用规范安全。加大审计和监管力度，建设资金使用情况纳入县巡察的重要内容，严肃查处资金使用违法违纪行为。镇党委、政府要高度重视"到户资金"管理，做到镇、村工作组成员丈量签名、配齐拆除和改造前后对比照片、绘制平面示意图和四邻签名，并经公开公示后划帐管理，规划资金使用台账管理。"三清理三拆除"未完成的农户，不得享受外立面改造补助。实行项目建设申报制度，凡政府补助到户的项目，由村党组织根据镇、村工作组验收结果，通过班子联席会议和党群联席会议讨论，由村党支部委员会审议，逐级向镇县申报审核审定，并作为资金划拨的依据。按照分级负责和谁受益、谁所有、谁管理原则，镇、村两级要将农村基础设施养护纳入常态管护及运行经费保障。至2020年年底前，县建立经费稳定、职责明确、设施维护良好的农村人居环境整治和基础设施长效管护机制。

（四）综合改革，健全用地保障。加快推进农村地籍调查工作，全面摸清农村集体建设用地、宅基地及农村住房等状况。加快编制各村土地利用规划，实现土地利用规划与村庄整治规划多规合一。完善农村宅基地管理制度，严格落实"一户一宅"制度，在引导农民拆旧房屋时，凡合符"一户一宅"的，探索以适当的形式保留原住户土地使用权益用于公益用地或集中连片开发入股凭证、使用权流转；引导农民拆旧建新，对违反"一户一宅"原则的住房，拆旧后不得重新建住房，严格执行"一户一宅"制度落地实施；按照省、市提出"2018年年底前完成危房改造任务"的要求，对C、D级危房实行限期整修或拆除，对限期内未修缮至安全居住等级又不拆除的，住建、国土、安监等部门应为镇村依法依程序清除安全隐患提供法律、政策和技术支持。制定完善农村闲置宅基地和闲置农房相关政策，探索宅基地所有权、资格权、使用权"三权分置"的有效实现形式，适度放宽宅基地和农民房屋使用权，不得违规买卖宅基地。加大用地支持力度，当年新增建设用地指标优先用于生态宜居美丽乡村建设，探索农民住房用地实行计划单列，大力推进城乡建设用地增减挂钩试点政策，加快制定拆旧建新、腾退流转建设用地指标等制度，在保护村民宅基地权益的前提下，以适当方式引导农户自愿有偿退出宅基地使用权，推动农村废弃宅基地等建设用地复垦。复垦流转指标收益返还给农户后，应收回原补助给农户的拆旧复绿补助。鼓励成立村组土地流转中心，连片规模推进土地整治整合，有效解决承包地细碎化问题。

（五）严格考核，强化督促检查。实行县领导联系挂钩分片督导制度，推进挂钩镇农村人居环境整治、生态宜居美丽乡村建设工作。加大督查问责力度，按照“季度通报、半年督查、年度考核”，定期评估督查各地各部门建设进度和资金落实等情况。出台考核办法，明确考核方式、考核主体责任和年度考核重点内容，把“三清三拆三整治任务、建设项目用地保障、项目建设完成情况”等作为镇级实绩考核的重要内容。县、镇、村每年按照目标要求向上一级申报创建计划，逐级组织考核验收。经省、市、县考核验收达标的村庄，由县进行公示并授牌。市对县、镇的测评考核将委托第三方机构实施，考核结果纳入各级政府目标责任考核范围，作为选拔任用领导干部的重要依据，作为拨付以奖代补资金的主要依据；贫困村的美丽乡村建设工作同时纳入扶贫开发考核。对工作不力的，通报并约谈主要负责人，对违纪违法的，依法依规严肃处理。

附件：1. 干净整洁村标准（略）

2. 美丽宜居村标准（略）

3. 特色精品村标准（略）

中共平远县委办公室　平远县人民政府办公室印发《关于打赢脱贫攻坚战三年行动方案（2018—2020年）》的通知

（2018 年 12 月 21 日　平委办发〔2018〕13号）

各镇党委和人民政府，县直副局以上和省、市属驻平各单位：

《关于打赢脱贫攻坚战三年行动方案（2018—2020年）》已经县委、县政府同意，现印发给你们，请结合实际认真贯彻执行。

关于打赢脱贫攻坚战三年行动方案（2018—2020年）

为贯彻落实《中共中央国务院关于打赢脱贫攻坚战三年行动的指导意见》、《中共广东省委广东省人民政府关于打赢脱贫攻坚战三年行动方案（2018—2020年）》和《中共梅州市委梅州市人民政府关于打赢脱贫攻坚战三年行动方案（2018—2020年）精神，推动我县脱贫攻坚工作更加有效开展，确保到2020年如期完成脱贫攻坚任务，现就打赢脱贫攻坚战制定如下方案（列在任务分工首位的为牵头单位，其他为主要参加单位）。

一、总体要求

全面贯彻党的十九大精神，以习近平新时代中国特色社会主义思想为指导，深入贯彻习近平总书记重要讲话精神，认真落实中央和省、市关于打赢脱贫攻坚战的决策部署，充分发挥政治优势和制度优势，坚持精准扶贫精准脱贫基本方略，坚持省负总责、市县镇抓落实的工作机制，坚持大扶贫工作格局，坚持脱贫目标和现行扶贫标准，瞄准相对贫困村和相对贫困人口，以更加集中的支持、更加有力的举措、更加精细的工作，深化精准帮扶，全面打赢打好脱贫攻坚战，为实施乡村振兴战略打好基础。

到2020年，稳定实现全县农村相对贫困人口不愁吃、不愁穿，义务教育、基本医疗和住房安全有保障，基本公共服务主要领域指标相当于全省平均水平，现行标准下农村相对贫困人口全部实现稳定脱贫，20个相对贫困村全部出列，如期完成脱贫攻坚任务。主要有：全面解决相对贫困人口住房和饮水安全问题，切实解决义务教育学生因贫失学辍学问题，基本养老保险和基本医疗保险、大病保险实现相对贫困人口全覆盖，最低生活保障实现应保尽保，有劳动能力相对贫困人口年人均可支配收入达到当年全省农民人均可支配收入的45%（测算数8699元），相对贫困村年人均可支配收入达到当年全省农民人均可支配收入的60%（测算数11599元），到2018年全县20个相对贫困村达到干净整洁村标准，到2020年全县20个相对贫困村建成美丽宜居村，贫困村发展环境明显改善。

二、加大产业扶贫力度

（一）大力发展优势特色扶贫产业。加大县镇村统筹力度，健全县、镇、村产业扶贫规划和项目储备库，发挥县级现代农业产业园、“一镇一业”、“一村一品”的辐射带动作用，统一规划、连片开发，建设一批特色鲜明、带动能力强的扶贫产业，因地制宜发展休闲农业、乡村旅游、设施农业、农产品加工业等农村二三产业，辐射带动建设一批旅游扶贫、电商扶贫、光伏扶贫等特色产业扶贫村，提升产业扶贫的组织化程度。加强产业扶贫基础设施建设，加大投入保障力度。将产业扶贫纳入党政一把手离任审计的重要内容，引导各地发展长期稳定的脱贫产业项目。到2019年底，实现每户有劳动能力有参与意愿的相对贫困户都有扶贫产业带动。（各镇党委、政府，县农业局、县林业局、县经信局、县旅游局、县供销社、县人社局、县国土资源局、县科技局、县审计局、县扶贫办）

大力实施旅游扶贫，积极贯彻落实全域旅游的发展理念，探索创新乡村旅游开发模式，打造一批精品乡村旅游景点、线路。引导和推动乡村旅游与农业、林业、健康养老、科普教育、文化宗教等行业融合发展，不断提高乡村旅游吸纳贫困劳动力就业能力和带动贫困户增收致富能力。把推进乡村旅游与省定贫困村创建社会主义新农村示范村、美丽乡村建设和农村人居环境整治结合起来，统筹规划，连片开发，利用自然生态、森林资源、特色民俗、传统文化发展精品景观、农事体验、乡村民宿、养生基地、民俗体验等旅游扶贫项目。对“旅游扶贫示范点”给予政策倾斜和资金扶持，通过政策推动、项目撬动、示范促动，做旺乡村旅游产业，打响旅游扶贫品牌。（各镇党委、政府，县旅游局、县住建局、县国土局、县农业局、县林业局、县规划局、县民族宗教局、县委农办）

（二）完善产销对接机制。多渠道拓宽农产品营销渠道，推动批发市场、电商企业、大型超市等市场主体与扶贫产业基地和相对贫困村建立长期稳定的产销关系，推广以购代销的扶贫模式。加快推进“快递下乡”工程，完善冷链仓储、快递物流服务体系，支持大力发展农村电子商务，建立健全覆盖县镇村和农业产业基地的电商服务站（点）。完善新型农业经营主体与相对贫困户联动发展的利益联结机制，推广“公司（合作社）+基地+贫困户”、代耕代种、土地托管、股份合作、订单帮扶等模式。加大脱贫致富带头人培育力度，健全县镇脱贫致富带头人培育体系，辐射带动一批相对贫困户。深入落实农业科技特派员精准扶贫“百村大对接”行动。鼓励各地通过政府购买服务方式向相对贫困户提供便利高效的农业社会化服务。深入实施特色农产品品牌提升行动，加大对农产品“三品一标”、宣传推介的支持力度，办好扶贫农产品展销会。到2020年底，基本实现市场销售主体、农业企业（合作社）、农业科技人员与扶贫产业结对全覆盖。（各镇党委、政府，县农业局、县林业局、县科技局、县经信局、县供销社、县邮政管理局等）

（三）规范发展资产收益扶贫。完善收益分配管理机制，推广“保底收益+按股分红”分配方式，加强资产收益扶贫项目的风险防控，保障贫困户权益。鼓励各镇将财政投入资金统筹投入到有能力、有扶贫意愿、能带动贫困户就业、增收效果好的企业、农民合作社、种养大户等经营主体或具有较强盈利能力的项目，所形成的资产原则上折股量化到农村集体经济组织，收益权优先分配给相对贫困村和相对贫困户。积极推动贫困村农村资源变资产、资金变股金、农民变股东改革，通过盘活集体资源、入股或参股、量化资产收益等渠道增加集体经济收入。到2019年底，引导实现有意愿的有劳力能力相对贫困户参与资产收益项目，获得稳定分红收益。（各镇党委、政府，县委农办、县农业局、县财政局、县扶贫办）

（四）加强生态扶贫。优先把具有劳动能力的建档立卡贫困人员选聘进入生态公益林管护队伍。因地制宜扶持贫困村、贫困户发展以林下种植、林下养殖、相关产品采集加工和森林景观利用等为主要内容的林下经济。加大对贫困村天然林保护工程建设支持力度，建设生态扶贫专业合作社（队），吸纳相对贫困人口参与建设管护。深化贫困村集体林权制度改革，鼓励相对贫困人口将林地经营权入股造林合作社，增加资产性收入。完善横向生态补偿机制。（各镇党委、政府，县林业局、县农业局、县发改局、县旅游局、县财政局）

三、全力推进就业扶贫

（一）多渠道开发就地就近就业岗位。支持发展生态友好型劳动密集型产业，鼓励企业在贫困村发展一批就业扶贫基地、创业孵化基地和扶贫车间、扶贫工作坊，落实社会保险补贴、岗位补贴、贷款支持等就业扶持政策。促进创业带动就业，引导农民工、大学生、退伍军人等人员到镇村创业，支持符合条件的企事业单位人员回流贫困村领办创办项目，鼓励支持贫困村建设认定创业孵化基地（园区），加大创业培训和创业服务力度，通过创业带动贫困劳动力就业。鼓励居家灵活就业，引导贫困劳动力居家从事传统手工艺制作、农产品加工、来料加工。统筹开发公益性岗位，鼓励引导各镇村积极开发养路、护林、护草、护河、生态管护、卫生保洁等用于扶贫的就业岗位，对符合条件的就业困难贫困劳动力予以兜底安置。鼓励各地通过以工代赈、以奖代补、劳务补助等方式，动员更多贫困群众参与农村小型基础设施、人居环境整治等项目建设，增加劳务收入。（各镇党委、政府，县人社局、县林业局、县财政局、人民银行平远支行等）

（二）大力加强就业服务。要适应贫困劳动力特点，提供全方位、精准化、精细化就业服务。积极开展职业指导，确定专人“一对一”帮扶，制定有针对性的个性化求职就业方案，引导贫困劳动力与用人单位精准对接。加强与珠三角地区人力资源市场信息联网和劳务输出合作，定期定向发布劳务输出岗位信息，积极帮扶贫困人员到珠三角发达地区就业。实施家政和护工对接扶贫行动，完善家政和护工就业保障机制。广泛动员人力资源服务机构参与就业扶贫，面向贫困劳动力开展有组织劳务输出。结合当地特色产业和人力资源优势，打造和推广一批劳务品牌，以

劳务品牌带动转移就业。（各镇党委、政府，县人社局、县经信局）

（三）开展技能扶贫行动。实施贫困人口职业技能提升培训行动计划，广泛发动各级各类职业院校、职业培训机构和企业面向贫困劳动力开展职业技能培训，根据相对贫困户意愿，有针对性地分类实施家庭服务业培训、农村电子商务培训、农村实用技术培训、新型职业农民培训、农村劳动力转移培训等符合贫困人员需求的技能提升培训项目，并开展免费职业技能鉴定，按规定对所有参加培训的贫困人员给予职业培训补贴和技能鉴定补贴。实施“客家菜师傅”工程，支持有意愿的贫困人口通过专业培训后回乡开办“农家乐”或外出就业创业。加强培训后的跟踪服务，及时推荐就业岗位，确保有职业技能提升意愿并符合条件的贫困人员100%享受免费技工教育或技能晋升培训，有就业创业意愿和劳动能力的100%享受到精细化就业创业服务。（各镇党委、政府，县人社局、县教育局、县农业局）

四、统筹推进保障性扶贫

（一）着力实施教育扶贫行动。全面落实教育扶贫政策，强化义务教育控辍保学联保联控责任，实施贫困学生台账化精准控辍，确保贫困家庭适龄学生不因贫失学辍学。健全覆盖各级各类教育的资助政策体系，落实教育扶贫工作责任和资金支出责任，学生资助政策实现应助尽助。全面改善贫困村义务教育薄弱学校基本办学条件，进一步加强农村小规模学校和农村义务教育寄宿制学校建设，保障学生就近上学。实施好农村义务教育学生营养改善计划。优化发展中等职业教育，高质量普及高中阶段教育，继续实施贫困村定向招生计划，帮助更多贫困村学生接受更好的教育并就业。实施教育信息化2.0行动计划，加强学校网络教学环境建设，共享优质教育资源。深入推进义务教育阶段教师校长交流轮岗和对口帮扶工作，重点支持贫困地区国培计划、公费师范生培养、中小学教师信息技术应用能力提升工程等。（各镇党委、政府，县教育局、县人社局等）

（二）深入实施健康扶贫工程。将相对贫困人口全部纳入城乡居民基本医疗保险、大病保险和医疗救助保障范围。继续实施全额资助建档立卡贫困人口参加城乡居民基本医疗保险政策，下调困难群体大病保险起付标准，提高报销比例，不设年度最高支付限额，对突发重大疾病、基本生活陷入困境的患者加大临时救助和慈善救助帮扶力度。全面落实农村相对贫困人口县域内定点医疗机构住院治疗先诊疗后付费，实现各项医疗保障政策“一站式”信息交换和即时结算。支持各镇加强镇卫生院和村卫生站能力建设，优先推进县镇村远程医疗建设。加强对慢性病、常见病的防治，优先为妇幼、老人、残疾人等重点人群开展健康服务和慢性病综合防控，加大对重大传染病的防控力度，降低因病致贫返贫风险。（各镇党委、政府，县卫计局、县人社局、县民政局、县妇联、县残联）

（三）切实保障贫困户住房安全。积极推进相对贫困户危房改造，到2018年底基本完成农村危房改造任务。自 2019年起，新增相对贫困户危房改造任务由各镇人民政府负责落实并给予资金保障。落实建档立卡贫困户中无房户住房补助政策，鼓励各地通过闲置农房置换或长期租赁等方式，兜底解决特殊贫困群众基本住房安全问题。落实各级补助资金和补助标准，优化资金拨付方式，根据工程竣工验收进度分期分批拨付到农户“一卡通”账户。（各镇党委、政府，县住建局、县扶贫办）

（四）强化综合性保障扶贫。统筹各类保障措施，建立以社会保险、社会救助、社会福利制度为主题，以慈善帮扶、社工助力为辅助的综合保障体系，为完全丧失劳动能力和部分丧失劳动能力且无法依靠产业就业帮扶脱贫的相对贫困人口提供兜底保障。对参加城乡居民养老保险的建档立卡贫困人口，由县人民政府按不低于最低缴费标准全额代缴养老保险费。完善农村低保制度，健全低保对象认定方法，将建档立卡贫困人口中完全或部分丧失劳动能力且无法依靠产业就业帮扶脱贫的相对贫困人口纳入低保范围。加快推进农村特困人员供养服务设施改造，提升机构托底保障能力和服务质量。健全留守儿童、留守妇女、留守老人和残疾人关爱服务体系。加大临时救助力度，及时将符合条件的返贫人口纳入救助范围。（各镇党委、政府，县民政局、县人社局、县残联、县妇联、县扶贫办）

（五）推动解决因残致贫问题。将符合条件的建档立卡贫困残疾人纳入农村低保和城乡医疗救助范围。生活困难、靠家庭供养且无法单独立户的成年无业重度残疾人，经个人申请，可按照单人户纳入最低生活保障范围。完善贫困残疾人生活补贴制度和重度残疾人护理补贴制度。为贫困重度残疾人或特殊精神病人提供上门鉴定办证等服务。对16周岁以上有长期照料护理需求的贫困重度残疾人，符合特困人员救助供养条件的纳入特困人员救助供养；不符合救助供养条件的，通过政府补贴、购买服务、设立公益岗位、集中托养等多种方式，为贫困重度残疾人提供集中照料或日间照料、邻里照护服务。实施特殊教育提升计划，按照“一人一案”的要求，帮助贫困家庭残疾儿童多种形式接受义务教育。（各镇党委、政府，县残联、县民政局、县财政局、县教育局、县卫计局）

（六）开展扶贫扶志行动。加强教育引导，开展扶志教育活动，创办脱贫攻坚“农民夜校”“讲习所”等，加强思想、文化、道德、法律、感恩教育，帮助贫困群众转变思想观念。加强政策引导，加大以工代赈实施力度，推广生产奖补、劳务补助等方式，动员更多贫困群众投工投劳、参与帮扶项目。加强典型引导，总结推广自强不息、自力更生脱贫致富先进典型，用身边人身边事示范带动贫困群众。大力开展移风易俗活动，引导贫困村修订完善村规民约，发挥村民理事会、议事会等基层群众组织协商作用，教育引导贫困群众树立良好生活风气。加强对高额彩礼、薄养厚葬、子女不赡养老人等问题的专项治理。深入推进文化扶贫工作。将扶贫领域诚信纳入国家信用监管体系，将不履行赡养义务、虚报冒领扶贫资金、严重违反公序良俗等行为人列入失信人员名单。（各镇党委、政府，县委宣传部、县文明办、县委农办、县民政局、县文广新局、县扶贫办）

五、加快补齐贫困村基础设施短板

（一）加快实施交通扶贫。深入推进贫困村“四好农村路”建设，推进农村公路提档升级、窄基路面拓宽和危桥改造，扩大农村客运覆盖范围，改造建设一批贫困乡村旅游路、产业路、资源路，完善农村公路运行保障体系，提高农村公路建设财政补助标准。到2020年，具备通行条件的建制村全部通客车班车，20个相对贫困村20户以上自然村（村民小组）基本完成村内路面硬化任务。（各镇党委、政府，县交通运输局、县财政局）

（二）大力推进水利扶贫。加快实施贫困村农村饮水安全巩固提升工程，落实工程建设和管护责任，强化水源保护和水质保障，显著提高农村集中供水率、自来水普及率、供水保障率和水质达标率，加强贫困村大中型灌区续建配套与节水改造和小型农田水利工程建设。全面解决相对贫困人口饮水安全问题。（各镇党委、政府，县水务局、县财政局）

（三）大力实施电力和网络扶贫。加快贫困村农网改造，统筹推进网络覆盖、农村电商、网络扶智、信息服务、网络公益五大工程向纵深发展。到2020年，基本实现行政村4G网络全覆盖和数字广播、高清电视、互联网户户通，农村电网改造升级全部完成，物流快递和光纤信息网络向自然村延伸。（各镇党委、政府，县经信局、县发改局、县供电局、县电信公司、县移动公司、县联通公司）

六、深入实施社会扶贫行动

（一）继续深化对口帮扶。把人才支持、市场对接、就业帮扶、资金支持作为重点，健全市县镇三级协调联动的对口帮扶机制。突出产业帮扶，深化产业共建，加强特色优势产业基地建设，引导企业精准结对帮扶。做好就业帮扶，有组织地开展人岗对接，强化输出地和输入地劳务服务责任。加大人才支持，加强人才双向交流和培训培养。落实资金支持，加强资金监管，确保资金精准投向贫困村和相对贫困人口。（各镇党委、政府，县发改局、县经信局、县人社局、县扶贫办）

（二）深入开展定点帮扶和挂钩帮扶工作。脱贫攻坚期内，原帮扶单位与相对贫困村的定点帮扶关系不变、驻村工作队不撤、工作力度不减，切实做好县直单位挂钩帮扶分散贫困人口制度，县直单位可结合实际，根据驻村帮扶干部的意愿调整驻村帮扶干部，要实行以老带新的方式进行，到2018年度省考核工作结束后完成新老驻村帮扶干部调整对接工作。县直单位要切实做好驻村帮扶干部的选派和相关后勤保障工作。完善挂钩帮扶制度，明确挂钩帮扶责任。结合挂钩扶贫，选派中青年干部、后备干部到镇村挂职锻炼。（县委组织部、各县直帮扶单位）

（三）充分发挥社会力量的作用。深入开展“千企帮千村”精准扶贫行动，引导各类企业积极开展产业扶贫、就业扶贫、公益扶贫，推进村企合作、镇企合作、县企合作。鼓励有条件的企业设立产业投资基金。支持社会团体、基金会、社会服务机构等各类组织从事扶贫开发事业，发挥扶贫志愿者和行业协会的积极作用，加强社会扶贫平台建设和推广，推动社会力量与相对贫困村、相对贫困户精准对接。办好“广东扶贫济困日”、“全国扶贫日”等活动。（各镇党委、政府，县民政局、县经信局、县中小企业局、县工商联、县总工会、团县委、县妇联、县扶贫办）

七、加强脱贫攻坚政策支撑

（一）加强扶贫资金使用和监管。稳定“三保障”各项投入政策，用好一揽子财政投入扶贫专项资金。指导各镇村实际制定完善财政扶贫资金使用管理细则，建立健全县级脱贫攻坚项目库，支持贫困地区分类有序推进涉农资金统筹整合，优先用于脱贫攻坚项目库内项目实施。建立扶贫资金常态化监管机制，全面实施扶贫资金绩效管理，落实资金使用监管单位的主体责任，健全扶贫项目资金公告公示制度，对脱贫攻坚政策落实和资金重点项目进行跟踪审计，开展扶贫资金管理使用情况专项抽查。（各镇党委、政府，县财政局、县扶贫办、县审计局、县发改局）

（二）做好金融扶贫。创新产业扶贫信贷产品和模式，建立健全金融支持产业发展与带动相对贫困户脱贫的挂钩机制和扶持政策。规范扶贫小额信贷发放，在风险可控的前提下稳妥办理无还本续贷业务。落实对建档立卡贫困户投保保费补贴，扩大涉农保险保障范围，适度降低保费费率。到2020年底，实现贫困人群医疗补充保险广覆盖，政策性农业保险乡镇全覆盖。（各镇党委、政府，县金融办、县农业局、人民银行平远支行、县财政局）

（三）加强土地政策支持。支持各镇编制村庄土地利用规划，做好本地新农村建设测绘保障工作。新增建设用地计划、城乡建设用地增减挂钩计划指标、工矿废弃地复垦利用计划向镇倾斜。用足用好省全面推进拆旧复垦促进美丽乡村建设的利好政策，推进农村建设用地拆旧复垦，各镇农村建设用地拆旧复垦腾退的建设用地指标，优先保障所在建设需要后，结余部分以公开交易方式在省内流转使用。鼓励村集体盘活存量集体建设用地和村庄整治节约的建设用地，通过入股、联营或自办等方式举办二、三产业。优先安排各镇土地整治项目和高标准农田建设补助资金，指导和督促完善县镇两级土地整治规划。（县国土资源局、县农业局、县林业局，各镇党委、政府）

（四）实施人才和科技扶贫计划。完善和落实引导人才向基层流动的激励政策，扩大急需紧缺专业技术人才选派培养规模，鼓励大学生、进城务工农民、退伍军人等本土人才返乡担任村干部，参与脱贫攻坚。开展科技精准扶贫行动，加强县级产业扶贫技术专家组队伍建设，鼓励各涉农院校和科研院所组建产业扶贫技术团队，为贫困村、扶贫产业项目提供技术服务。实施农技推广特聘计划，从农村乡土专家、种养能手等一线服务人员招聘一批特聘农技员，由县级政府聘为相对贫困村科技扶贫带头人。（各镇党委、政府，县委组织部、县科技局、县人社局、县农业局）

（五）完善贫困人口动态管理。提高精准识别质量，完善动态管理机制，及时清退不符合条件的农户，及时将因灾因病新产生的贫困人口纳入帮扶范围，对脱贫人口标注脱贫途径。开展第一、二轮扶贫开发“规划到户、责任到人”工作回头看，将返贫人口纳入帮扶范围。加强建档立卡工作，完善扶贫开发大数据平台数据，做好与各地各部门的数据对接，加强信息共享和数据分析。完善贫困人口统计监测工作机制，对贫困户实施跟踪和动态监测。健全贫困退出机制，严格执行贫困退出标准和程序，进一步规范相对贫困人口和相对贫困村退出组织实施工作。（各镇党委、政府，县扶贫办、县统计局）

八、加强党对脱贫攻坚的领导

（一）进一步落实脱贫攻坚责任制。严格落实省负总责、部门联动、市县镇抓落实的工作机制。县牵头抓总，把党中央的大政方针和省委、市委重要工作部署转化为实施方案，加强指导督导，促进工作落实；县镇抓落实，重在从当地实际出发推动脱贫攻坚各项政策落地生根。各级党委和政府要把打赢脱贫攻坚战作为重大政治任务，增强政治担当、责任担当和行动自觉，层层传导压力，建立落实台账，压实脱贫责任，加大问责问效力度。健全各级党政一把手亲力亲为抓脱贫攻坚的工作制度，县级党政一把手每年不少于48天开展专题调研，每月至少一次专题研究脱贫攻坚工作，每年向市委和市政府报告脱贫进展情况；镇级党政一把手每月不少于8天开展专题调研，每周至少一次专题研究脱贫攻坚工作，每半年向县委和县政府报告脱贫进展情况。建立三级书记遍访贫困户机制，县委书记遍访贫困村或脱贫任务重的非贫困村，其他县领导班子成员遍访挂钩镇、村，镇党委书记和村党组织书记遍访贫困户。压实镇村对分散贫困人口的精准帮扶责任。（各镇党委、政府，县委组织部、县扶贫办）

（二）进一步压实行业部门的扶贫责任。县直相关单位（部门）要按照县委、县政府脱贫攻坚决策部署，履行部门职责，发挥行业优势，完善政策措施，细化举措、分解到年、落实到人，统筹资源、部门联动、形成合力，列账督办，压茬推进。完善行业部门脱贫攻坚进展情况季度分析、半年通报、年度报告制度，县扶贫开发领导小组成员单位每年向县委和县政府报告本单位脱贫攻坚工作情况。（县扶贫开发领导小组成员单位等）

（三）完善脱贫攻坚考核评估监督机制。强化考核的导向作用，坚持现行脱贫标准，突出脱贫实效，完善考核办法，重点考核帮扶工作和脱贫成效的真实性，加强对党政一把手的工作考核，引导基层更加注重脱贫攻坚质量。改进第三方评估方式，重点评估“两不愁、三保障、一相当”实现情况。改进约谈方式，开展常态化约谈，随时发现问题随时约谈。完善监督机制，县扶贫开发领导小组每年组织脱贫攻坚督查巡查，纪检监察机关和审计、扶贫等部门按照职能开展监督工作，充分发挥人大、政协、民主党派的监督作用。（各镇党委、政府，县扶贫办、县纪委、县审计局、县委组织部）

（四）强化贫困村基层党组织建设。深入推进抓党建促脱贫攻坚，全面强化农村基层党组织领导核心地位，持续整顿软弱涣散基层党组织，精准选配和管好用好第一书记及驻村工作队员，实施好省定贫困村党建示范工程、“红色村”党建示范工程，提升贫困党组织的组织力、战斗力。实施“党员人才回乡计划”，注重选拔本村外出务工经商创业人员、农村创业致富带头人、返乡大学生、退休干部中的优秀党员担任村党组织书记，也可以跨地域或从机关和企事业单位选派优秀党员干部担任党组织书记。贫困村按不低于1：2的比例储备党组织书记后备队伍，加强以党员队伍为骨干的精准扶贫“主力军”建设。强化基层党建工作责任落实，将抓党建促脱贫攻坚情况作为镇党委书记抓基层党建工作述职评议考核的重点内容。（各镇党委、政府，县委组织部、县委政法委、县民政局）

（五）培养过硬的脱贫攻坚干部队伍。健全完善扶贫开发工作领导体制和工作机制，优化扶贫开发工作机构设置和职能配置，配足配强镇级扶贫办干部，每镇不少于5人，贫困人口较多、帮扶任务较重的镇应增加人员。加强驻村工作干部选派管理，修改完善我县驻村工作干部选派管理的意见，各级各部门不得将行业部门任务交由驻村工作队承担，不得随意加重驻村工作队工作任务。加大贫困村干部教育培训力度，对县镇相关领导干部和扶贫工作干部进行轮训，每年对村党组织书记集中轮训一次。建立健全激励机制和容错纠错机制，注重在脱贫攻坚中发现和使用干部，对任职期间工作出色、表现优秀的扶贫干部优先提拔使用。（各镇党委、政府，县委组织部、县纪委、县编办、县人社局、县扶贫办）

（六）营造良好舆论氛围。充分发挥主流媒体的主阵地作用，深入宣传习近平同志扶贫思想、中央及省市县脱贫攻坚决策部署，加大帮扶经验、脱贫典型的宣传力度。积极利用网站、微信、移动客户端等新媒体平台开展宣传推广。注重发现基层扶贫干部的先进事迹，挖掘扶贫领域的代表人物、典型事例，推广有效做法和生动实践。建立重大涉贫事件舆情监测、收集、研判、处置机制，防控不良舆论。引导全社会形成共同关注、参与扶贫的良好氛围。（各镇党委、政府，县委宣传部、县民政局、县扶贫办等）

（七）深入开展扶贫领域腐败和作风问题专项治理。把作风建设贯穿脱贫攻坚全过程，集中解决扶贫领域“四个意识”不强、责任落实不到位、政策措施不精准、作风不严不实、扶贫资金使用管理不规范等突出问题，确保取得明显成效。把扶贫领域腐败和作风问题作为巡查督查工作重点。严肃查处贯彻中央和省市县脱贫攻坚部署不坚决不到位、弄虚作假问题，主体责任、监督责任和职能部门监管职责不落实问题，贪污挪用、截留私分、虚报冒领、强占掠夺等行为，坚决纠正脱贫攻坚工作中的形式主义、官僚主义。减少村级填表报数，精简会议活动，减少发文数量，减轻基层工作负担。（各镇党委、政府，县纪委、县检察院、县扶贫办，县扶贫开发领导小组成员单位）

（八）防范化解风险。做好扶贫产业面临的技术和市场风险评估，制定风险防范应对措施，防止产业项目因盲目跟风。防范扶贫小额信贷还贷风险，纠正冒名借款、违规用款等问题。防止地方政府以脱贫攻坚名义盲目举债，防止金融机构借支持脱贫攻坚名义违法违规提供融资，坚决遏制隐性债务增量。（各镇党委、政府，县财政局、县农业局、县扶贫办、人民银行平远支行）

中共平远县委办公室
关于印发《中共平远县委巡察工作规划
（2017—2021）》的通知

（2018年12月25日　平委办发〔2018〕14号）

各镇党委，县委各部门，省、市属驻平各单位党组（党委）：

《中共平远县委巡察工作规划（2017—2021）》已经县委同意，现印发给你们，请结合实际认真贯彻落实。

中共平远县委巡察工作规划（2017—2021年）

为贯彻落实《中央巡视工作规划（2018—2022年）《中共广东省委巡视工作规划(2018—2022年》《中共梅州市委巡察工作规划（2017—2021年》，进一步巩固深化发展巡察工作，根据《中国共产党巡视工作条例》和中央《关于市县党委建立巡察制度的意见》，结合我县实际制定本规划。

一、总体要求

（一）指导思想

以习近平新时代中国特色社会主义思想为指导，全面贯彻党的十九大和十九届二中、三中全会精神，深入贯彻习近平总书记重要讲话精神，增强“四个意识”，坚定“四个自信”，忠诚履行党章赋予的职责，坚决维护习近平总书记党中央的核心、全党的核心地位，坚决维护以习近平同志为核心的党中央权威和集中统一领导，坚持党要管党、全面从严治党，按照新时代党的建设总要求，以加强党的长期执政能力建设、先进性和纯洁性建设为主线，以党的政治建设为统领，贯彻中央巡视工作方针，坚定不移深化政治巡察，坚持发现问题、形成震慑不动摇，推动全面从严治党向纵深发展，严肃党内政治生活，净化党内政治生态，夯实党执政的政治基础，为平远推进“一城一区一带”建设，创建优山美水生态之星“精致小城·大美平远”提供坚强纪律保证。

（二）总体目标

坚持巩固、深化、发展，通过5年努力，构建具有平远特色的更加科学、更加严密、更加有效的巡察监督体系，为我县全面从严治党提供强有力支撑。

政治巡察进一步深化。把党的政治建设摆在首位，强化政治监督作用，保证全县各级党组织和党员干部更加坚决维护习近平总书记的核心地位、维护党中央权威和集中统一领导。

巡察监督体系进一步完善。建立健全巡察联动的监督体系，形成规范化、制度化的巡察工作机制，加大整治群众身边不正之风和腐败问题力度，打通全面从严治党“最后一公里”。

全覆盖质量进一步提高。坚决完成一届任期内全覆盖任务，创新方式方法，提高巡察质量和效果，做到发现问题、形成震慑全覆盖，推动落实管党治党政治责任全覆盖，增强党的意识、严明党的纪律全覆盖。

成果运用进一步强化。巡察整改和成果运用的责任更加明确、机制更加健全、督查督办更加有力，用好问责武器，推动整改落实，发挥标本兼治的战略作用。

监督合力进一步形成。把巡察监督与纪检、组织等党内其他监督有机结合，与国家机关监督、民主监督、司法监督、群众监督、舆论监督有效贯通，增强监督合力。

（三）基本原则

坚持统一领导、分级负责。建立由县委统一领导，县委巡察机构组织实施、被巡察党组织积极配合巡察组开展工作的领导体制和工作机制。

坚持实事求是、依规依纪。准确发现问题、客观分析问题、如实报告问题。严格把握政策，不干预被巡察单位正常工作，不履行执纪审查职责，提高依规依纪监督水平，使巡察工作经得起实践、人民和历史的检验。

坚持人民立场、依靠群众。牢固树立以人民为中心的价值取向，践行党的根本宗旨，贯彻党的群众路线，人民群众反对什么、痛恨什么，就重点巡察什么、整改什么，增强人民群众获得感，保持党同人民群众的血肉联系。

（四）工作方针

反腐败斗争形势依然严峻复杂,全面从严治党永远在路上。必须保持战略定力，坚持严的标准不降、严的尺度不松、严的力度不减。坚决贯彻习近平总书记关于巡视工作方面的重要论述，认真落实“发现问题、形成震慑，推动改革、促进发展”的工作方针。

发现问题是巡察工作的生命线。牢固树立有重大问题应当发现而没有发现是失职、发现问题没有如实报告是渎职的观念。坚持问题导向，突出工作重点，着力发现党的领导、党的建设、全面从严治党等方面存在的问题，推动解决人民群众反映最强烈、对党的执政基础威胁最大的突出问题，做到利剑高悬、震慑常在。

推动解决问题是巡察工作的落脚点。做好巡察“后半篇文章”，强化整改落实和成果运用，推动改革、促进发展。深化标本兼治，强化不敢腐的震慑，扎牢不能腐的笼子，增强不想腐的自觉，让党员干部习惯在受监督和约束的环境中工作生活。

二、坚定不移深化政治巡察

政治巡察必须把坚决维护习近平总书记党中央的核心、全党的核心地位，坚决维护以习近平同志为核心的党中央权威和集中统一领导作为根本政治任务，作为“纲”和“魂”。聚焦坚持和加强党的全面领导、新时代党的建设总要求、全面从严治党，突出关键少数，突出“一把手”，查找政治偏差，督促各级党组织强化管党治党政治责任，推进党的建设新的伟大工程。

（一）围绕党的政治建设，重点检查坚决维护习近平总书记党中央的核心、全党的核心地位，坚决维护以习近平同志为核心的党中央权威和集中统一领导情况。看是否认真贯彻中共中央政治局关于加强和维护党中央集中统一领导的若干规定，在思想上政治上行动上坚决维护习近平总书记党中央的核心、全党的核心地位，坚决维护以习近平同志为核心的党中央权威和集中统一领导；是否坚持和加强党的全面领导，紧密结合实际贯彻党的十九大精神和党中央重大决策部署；是否认真贯彻党章和新形势下党内政治生活若干准则，坚定理想信念宗旨，严明政治纪律和政治规矩；是否完善和落实民主集中制各项制度，做到“四个服从”，自觉维护党的团结统一；是否存在违反“五个必须”要求、搞“七个有之”的问题；是否存在坚决全面彻底肃清李嘉、万庆良恶劣影响不力的问题；是否存在个人主义、分散主义、自由主义、本位主义、好人主义，宗派主义、圈子文化、码头文化，搞两面派、做两面人，以及商品交换原则侵蚀党内生活，政商勾结破坏党内政治生态等问题。

（二）围绕党的思想建设，重点检查学习贯彻习近平新时代中国特色社会主义思想情况。看是否把学习宣传贯彻党的十九大精神作为首要政治任务，深入学习领会习近平新时代中国特色社会主义思想和基本方略、习近平总书记重要讲话精神；是否扎实推进“两学一做”学习教育常态化制度化，认真开展“不忘初心、牢记使命”主题教育；是否严格落实意识形态工作责任制，牢牢掌握党对意识形态工作的领导权，旗帜鲜明反对和抵制各种错误观点。

（三）围绕党的组织建设，重点检查选人用人和基层党组织建设情况。看是否坚持党管干部原则，突出政治标准，树立正确选人用人导向，匡正选人用人风气；是否严格按党的干部工作原则、程序、纪律办事；是否在动议等环节存在“一把手”说了算等问题；是否存在打招呼、递条子，干预干部选拔任用等问题；是否存在任人唯亲、封官许愿、搞亲亲疏疏等问题；是否存在“带病提拔”、跑官要官、买官卖官、拉票贿选等问题；是否存在干扰换届、破坏选举等违反换届纪律行为；是否认真落实省委、市委、县委加强党的基层组织建设工作部署；是否存在一些基层党组织弱化、虚化、边缘化问题。

（四）围绕党的作风建设，重点检查整治“四风”情况。看是否认真执行中央八项规定及其实施细则精神，以及省委、市委、县委实施办法，并结合本地本部门实际制定具体落实措施；领导干部是否带头转作风、摆表现、找差距，形成“头雁效应”；是否坚持不懈改作风转作风，紧盯“四风”隐形变异、改头换面等新动向，防止享乐主义、奢靡之风反弹回潮。着力查找在执行上级决策部署，尤其是在坚决打好打赢三大攻坚战和扫黑除恶专项斗争中，是否存在表态多调门高、行动少落实差等突出问题；是否存在以会议贯彻会议、以文件贯彻文件、只作批示不抓落实等重痕迹、轻实效的形式主义问题；是否存在懒政怠政、不担当、不作为、乱作为等脱离群众的官僚主义问题；是否存在特权思想和特权现象。

（五）围绕党的纪律建设，重点检查党规党纪执行情况。看是否坚持高标准、守底线，严格落实廉洁自律准则、党内监督条例、纪律处分条例、问责条例；是否加强纪律教育，强化纪律执行，以政治纪律和组织纪律为重点，带动廉洁纪律、群众纪律、工作纪律、生活纪律严起来；是否坚持惩前毖后、治病救人，运用监督执纪“四种形态”，抓早抓小、防微杜渐。

（六）围绕夺取反腐败斗争压倒性胜利，重点检查领导干部廉洁自律和整治群众身边腐败问题情况。看是否认真落实全面从严治党主体责任和监督责任，深入推进本镇本单位党风廉政建设和反腐败斗争；是否对巡视巡察发现问题整改到位，做到真改实改、全面整改；是否落实巡察工作主体责任，加强对巡察工作的领导；着力发现和推动查处党的十八大以来不收敛、不收手，问题线索集中、群众反映强烈，现在还在重要领导岗位、可能还要提拔使用的领导干部，特别是政治问题和经济问题相互交织形成利益集团的案件，重点领域和关键环节的腐败问题；着力发现和推动查处群众身边的不正之风和腐败问题，特别是脱贫攻坚中的腐败问题、黑恶势力背后的腐败问题、落实惠民政策中的腐败问题，督促被巡察党组织把惩治基层腐败问题牢牢抓在手上，推动全面从严治党在基层见到实效。

三、建立巡察上下联动的监督网

积极探索并不断完善巡察上下联动的监督网，形成市县上下联动、市县巡察“一盘棋”的工作格局。

（一）健全上下联动的领导体制。坚持和完善中央统一领导，分级负责的领导体制。严格执行市委巡察工作领导小组关于县级党委书记听取巡察汇报情况制度，并将党委书记听取汇报时的讲话、巡察情况汇报材料报市委巡察机构备案。规范巡察工作重要事项报备工作，巡察工作规划、年度计划、重要规章制度、领导小组成员变动情况等报市委巡察机构备案，完善县委巡察机构定期向市委巡察机构报告工作制度。

（二）建立上下联动的工作机制。建立巡察工作约谈制度、督查制度、责任追究制度，层层传导压力，做到责任落实上下联动。统筹部署巡察全覆盖任务，做到全覆盖上下联动。围绕党中央重大决策部署和省委、市委、县委重要工作部署及行业领域普遍性问题联动开展监督检查，做到专项巡察上下联动。将上级巡视巡察反馈意见整改情况纳入本级巡察重点，做到成果运用上下联动。建立巡察信息报送和发布机制，做到宣传工作上下联动。

（三）完善上下联动的制度体系。参照中央、省委、市委巡视巡察工作制度，完善县委巡察工作相关配套制度。配合市委巡察办开展县级交叉巡察工作，完善县级巡察全覆盖规划和全县村级党组织巡察全覆盖的实施意见，着眼上下联动，构建内容协调、程序严密、配套完备、有效管用的巡察制度体系。

四、坚决完成一届任期内巡察全覆盖任务

创新路径方式，统筹安排常规巡察，深化专项巡察，强化“机动式”巡察，加大“回头看”力度，坚决完成一届任期内巡察全覆盖任务。

（一）常规巡察任务。十三届县委巡察全覆盖对象包括各镇党委、县委工作部门，县政府部门和直属机构、县人民团体。县委巡察组原则上每年开展3–4轮常规巡察。结合常规巡察，对被巡察党组织的党建党廉工作、选人用人工作、干部担当作为情况和意识形态工作责任制落实情况开展专项检查。

（二）其他巡察任务。根据党中央重大决策部署及省委、市委、县委部署要求，配合做好“提级巡察”，组织开展市级部署的各领域的专项巡察等，进一步配合市委开展县级交叉巡察，着力破解“地方小、人头熟、监督难”问题。将村级巡察纳入县委巡察工作总体规划，坚持有形覆盖和有效覆盖相统一，注重分类实施、突出重点，实现一届任期内对所辖村（社区）党组织巡察全覆盖，打通巡察向基层延伸的“最后一公里”。根据县委要求，结合纪检监察、审计、司法、组织、信访等机关和部门提供的情况，针对重点人、重点事、重点问题，灵活开展“机动式”巡察。在完成巡察全覆盖的基础上，从十三届县委巡察过的部门和企事业单位中，选择若干党组织开展“回头看”，重点了解巡视巡察整改落实情况，发现新问题，形成持续震慑。

五、强化巡察整改和成果运用

巡察监督成效关键在整改。要明确责任、完善机制、督查督办、严肃问责，确保件件有着落、事事有回音。

（一）明确责任。被巡察党组织担负巡察整改主体责任。党委（党组）书记是第一责任人，要建立问题清单、责任清单、任务清单，做到即知即改、立行立改、全面整改。被巡察党组织领导班子要围绕巡察发现的问题及时召开专题民主生活会，认真开展批评和自我批评，深刻反思、剖析根源。纪检监察机关负责处置巡察移交的领导干部问题线索以及违反中央八项规定及其实施细则精神和“四风”方面突出问题。组织部门负责处置巡察移交的基层党组织建设、执行民主集中制、干部选拔任用、干部担当作为等方面问题。意识形态主管部门负责督促处理巡察发现的意识形态方面问题。有关职能部门负责办理巡察发现的普遍性、倾向性问题。相关机关或部门应于巡察反馈后3个月内向巡察机构反馈办理情况。

（二）完善机制。坚持和完善巡察情况“双反馈三通报”制度。县委巡察工作领导小组全体成员参加巡察反馈，县委巡察组向被巡察党组织及其主要负责人分别反馈巡察情况。县委巡察办应及时向党委、政府相关领导通报其分管领域、单位的巡察情况，向县纪委监委相关监督检查部门、派驻纪检监察组和组织部相关部门通报相关单位的巡察情况，向党委、政府相关职能部门通报其管理或联系单位的巡察情况。完善巡察移交机制，按照干部管理权限和职责分工，将问题和线索分类现场移交纪检监察机关、组织部门、意识形态主管部门和有关职能部门。建立完善巡察整改统一部署和跟踪指导机制，明确整改标准、严明整改纪律。健全领导约谈机制，由党委、政府分管领导对被巡察党组织主要负责同志进行巡察整改约谈，纪检监察部门、组织部门、巡察机构派出人员参加约谈，讲透存在问题、讲明整改责任，强化巡察整改监督。建立完善巡察反馈和整改公开机制，接受党内和社会监督。

（三）督查督办。建立县委巡察工作领导小组成员督导巡察整改制度，压实巡察整改主体责任。建立党委、政府分管领导对被巡察单位的巡察整改工作实行“三个必需”的督查制度；建立纪检监察机关和组织部门对巡察整改情况督查督办制度，把督促巡察整改落实作为纪检监察机关和组织部门日常监督的重要内容，把巡察结果作为干部考核评价、选拔任用的重要依据，完善县委巡察组和县委巡察办会商研判巡察整改情况制度，严格审核巡察整改报告。县委巡察办从每轮巡察对象中随机抽取不少于20%的党组织开展督查。推动自查自纠、举一反三，强化调研督导、发函督办、现场督查，对整改不力的党组织开展专项督办检查。建立完善成果运用台账管理制度，加强“件件有着落”情况统计分析，实行“销号式”管理，不定期通报移交被巡察党组织问题线索的处置情况，督促相关责任主体及时办理移交事项。实行问题线索报备制度，县委巡察发现的问题线索台账及处置办理情况，按照时间要求报市委巡察办备案。

（四）以巡治本。县委巡察机构要加强对巡察发现的普遍性、倾向性问题和其他重大问题的研究分析，形成专题报告，为县委推进全面深化改革提供决策参考。被巡察党组织要针对巡察发现的突出问题举一反三、建章立制，建立以巡治本长效机制。

（五）严肃问责。整改不力是失职，不抓整改是渎职。对巡察成果运用不到位，敷衍整改、整改不力、拒不整改的，县委巡察办应及时向县委巡察工作领导小组报告，由县委巡察工作领导小组提请县委或督促有关部门严肃问责、公开曝光，使监督问责常态化、长效化，确保巡察成果落实落地。

六、加强组织保障

全面从严治党任重道远，巡察工作只能加强，不能削弱，必须在各方面给予更加有力的保障。

（一）加强组织领导。县委要切实担负起巡察工作主体责任，严格落实党章和巡视工作条例、关于市县党委建立巡察制度的意见等有关规定要求，进一步完善党委书记等“五人小组”听取巡察情况汇报和听取汇报情况报备制度。要健全完善巡察机构，明确巡察办作为党委工作部门，配齐配强专职人员，充实工作力量。县委巡察工作领导小组要在县委的领导下，对全县巡察工作一体谋划、一体部署、一体推动，切实加强巡察工作的组织领导，强化示范传导、政策指导和典型引导，推动全县巡察工作在坚持中深化、在深化中发展。县委巡察办要准确把握职责定位，加强基础建设充分发挥统筹协调、指导督导、服务保障等作用。

（二）打造过硬队伍。坚持用习近平新时代中国特色社会主义思想武装头脑、指导实践，按照“信念过硬、政治过硬、责任过硬、能力过硬、作风过硬”要求，打造让党放心、人民信赖的高素质专业化巡察队伍。压实巡察机构党组织队伍管理责任，充分发挥党支部战斗堡垒作用。巡察组组长要切实履行“一岗双责”，加强对巡察干部的教育监督管理。严明纪律作风要求，严格按程序办事，重大问题及时请示报告；切实纠正和防止口大气粗、盛气凌人等问题，严肃查处以巡谋私、超越权限、跑风漏气等行为。探索建立“巡察后评估”制度，对工作作风和执行纪律等情况进行评估，加大对“重大问题应当发现而没有发现”“发现问题没有如实报告”等情况的倒查问责力度。加大教育培训力度，通过“以干代训”“上挂下派”等方式，提高履职能力。

（三）发挥巡察熔炉作用。把巡察岗位作为发现、培养锻炼干部的重要平台。突出政治标准，严把入口，尤其要选好配强组长、副组长和专职人员，坚决防止搞人情安排、照顾性安排。建立纪检监察、组织人事、政法、财政、审计等人才库，注重从各级优秀干部特别是后备干部中抽调人员到巡察岗位锻炼，探索建立后备干部和新提拔干部到巡察组挂职机制。拓宽巡察干部成长晋升渠道，增强队伍生机活力。

（四）加强信息化建设。积极运用全国、全省巡视巡察工作数据管理系统和市县相关大数据平台，利用科技手段，拓展统计、查询、共享及智能研判等功能，为巡察工作向纵深发展提供科技支撑。

附　　录

一、一把手访谈 | 平远县委书记宋才华：以“一城一区一带”推动高质量发展

2018-08-01 10:02 《梅州日报》

掌上梅州讯 市委七届五次全会提出，要坚持生态优先、推动绿色发展，以新时代新担当新作为，奋力开创梅州工作新局面。日前，平远县委书记宋才华接受本报记者专访，畅谈了平远如何贯彻落实市委全会精神，按照“生态优先、绿色发展”要求，以新担当新作为推动高质量发展。

记者（以下简称“记”）：宋书记好！当前，平远正在全面贯彻习近平总书记重要讲话精神。日前召开的平远县委十三届六次全会，按照省委十二届四次全会和市委七届五次全会的要求，对以新担当新作为推动高质量发展作了哪些再部署、再深化？

宋才华（以下简称“宋”）：党的十九大胜利闭幕后，每逢习近平总书记发表重要讲话和省委、市委召开重要会议、作出重大决策，我们都第一时间组织传达学习，并开展“大学习、深调研、真落实”活动，推动边学习边调研边落实。

抓好学习贯彻是一个常学常新、历久弥新的工作，这次我们专门召开一次县委全会，目的在于组织全县广大党员干部在把握精神实质上下功夫、在找准发展定位上下功夫、在解放思想观念上下功夫、在新担当新作为上下功夫，进一步学深悟透习近平总书记重要讲话精神，深刻领会省委全会和市委全会的重大意义、灵魂主线、形势使命、关键重点等，坚定生态优先、绿色发展的信心和决心。

记：市委七届五次全会要求，要坚持生态优先、推动绿色发展。平远将如何吃透精神、把准定位、对标前行？

宋：今年初，我们召开了县委十三届五次全会，谋划了构建“一城一区一带”新格局的新思路，即通过建设生态宜居宜业美丽县城、生态工业园区和生态富民带，推动平远高质量发展。今后，我们会沿着既定方向走下去，并根据形势发展不断地进行改进、丰富和完善。

一方面按照全省全市区域协调发展新战略的要求，最大限度地发挥自身优势，在生态文明、社会治理等方面放大优势拉长板、走在前列。另一方面对标先进，在完善产业体系、构建开放格局等方面精准发力补短板、迎头赶上，努力以新的更大作为开创平远振兴发展新局面。

一是建设较为完备的现代产业体系。积极探索“生态+”发展模式，大力发展绿色低碳新型工业、做强做优绿色高效农业、培育壮大现代服务业，重点加快园区创建省级高新区和创业创新孵化基地等建设，推动“东台生态园”等大项目尽快落户建设。依托资源禀赋和原有产业集聚优势，加快一抹禾香酒业项目和长布半岛旅游大桥、烟雨松溪民俗风情街建设，以及梅畲田园综合

体EPC项目包招投标工作等，推动一批特色小城镇、田园综合体、休闲农业综合体建设。

二是创建生态宜居美丽城乡。推动G206线绕城段、S225线县城至石正段改造提升工程，稳步推进碧桂园等商住项目，加快南区市场片区改造等工作，动工建设县第四小学、一间公立幼儿园等，带动新老城区组团式发展。大力推进“五片示范·百村整治”，力争至2019年70%以上村庄达到干净整洁村标准，至2020年底所有行政村达到干净整洁村标准，60%以上村庄达到美丽宜居村标准。

三是推动形成全面开放新格局。力争G206线绕城段年底动工建设，G358线改扩建项目年底完成线路优化、设计评审工作，梅平高速平远段明年上半年通车。主动对接做好平武高速、瑞梅铁路平远段等项目规划建设工作，谋划推进一批“四好农村路”。同时，完善南沙·平远国际经贸合作中心运营机制，探索互补项目落地税收等利益共享机制；推动与龙岩武平、赣州寻乌等地交通互联互通、旅游互惠共赢等；主动对接粤港澳大湾区辐射带动，鼓励乡贤企业回乡投资兴业，努力培育区域经济合作和竞争新优势。

四是打好防范化解重大风险、精准脱贫、污染防治三大攻坚战。积极化解和严控地方政府债务，坚决守住不发生区域性系统金融风险的底线；采取压实帮扶责任、落实帮扶措施、做实帮扶台账、扎实开展“回头看”等方式，落实好精准脱贫攻坚战三年行动方案；以中央环保督察“回头看”为契机，推动解决生猪养殖污染、跨界河流水污染等一批环境保护突出问题；加强国家公园、森林公园、自然保护区建设，建设“青山抱绿水，绿水绕青山”的良好生态环境。

五是着力营造共建共治共享社会治理新格局。深入推进扫黑除恶专项斗争三年攻坚战，推进法治政府建设和法治县、法治镇、民主法治村（社区）三级同创，加强重点领域安全生产监管，坚决防范和遏制重特大事故发生，不断擦亮“广东最具安全感山区县”招牌。发挥文化“软实力”对社会治理的引领、规范作用，推动国家卫生县城和全国县级文明城市创建。活化利用好红色资源，依托“马克思路”“列宁路”，开发南粤古驿道“寻乌调查”红色之旅线路，并将于11月举行南粤古驿道定向大赛。

记：谋划和推动高质量发展，争当绿色发展引领者，不仅自然生态要山清水秀，政治生态也要风清气正。平远县将如何贯彻落实新时代党的建设总要求，落实好全面从严治党责任，营造风清气正的政治生态?

宋：我们坚决贯彻落实新时代党的建设总要求，全面推进党的各项建设，努力保持政治生态的绿水青山。重点是扎实推进新时代文明实践中心建设，持续抓好习近平新时代中国特色社会主义思想和党的十九大精神学习宣传贯彻，进一步增强“四个意识”，坚定“四个自信”，坚决维护以习近平同志为核心的党中央权威和集中统一领导。

坚决抓好中央和省委巡视组对巡视工作反馈意见的全面整改落实，坚决全面彻底肃清李嘉、万庆良恶劣影响，不折不扣地贯彻落实总书记、党中央和省委、市委的各项决策部署。加强意识形态阵地建设管理，协调联动抓好重大舆情的监管预警、应急处置，全方位筑牢意识形态安全的“护城河”和“防火墙”。

深入落实加强党的基层组织建设三年行动计划，推动全县基层党组织建设全面进步、全面过硬。认真贯彻落实《关于进一步激励广大干部新时代新担当新作为的意见》，抓住想干事、敢干事这两个关键点，注重把重点项目、乡村振兴等重点工作作为比选干部的“大赛场”，强化能力培训和实践锻炼，增强党员领导干部“八大本领”。深入整治“四风”突出问题，推动中央八项规定精神成风化俗。深入开展扶贫领域腐败和作风问题、涉黑涉恶腐败和“保护伞”问题、环保领域腐败和失职失责问题等三项专项治理，着力解决发生在群众身边的突出问题。

本报记者：李　跃
见习记者：傅思林
特约记者：朱双玲
实习编辑：刘　滨

二、南粤古驿道定向大赛平远站即将开启：唤醒红色记忆　推动乡村振兴

2018-11-01 10:45 《梅州日报》

11月3日至4日，2018年南粤古驿道“天翼4K高清杯”定向大赛暨《寻乌调查》红色之旅（第七站·梅州平远）活动将在平远县八尺镇角坑村举行。以此次赛事为契机，该县在对古驿道进行修复建设的同时，全力推进古驿道活化利用，将其与乡村振兴、基层党建、红色文化等结合起来，让古驿道焕然一新、村庄越来越美。

经过修缮后的角坑村址成为当地展示红色文化和党建文化的主阵地

盘活古驿道　擦亮红品牌

走进八尺圩镇，沿着坝子里河堤往角坑村委行走，“梅州岃红军路欢迎您”9个大字映入记者眼帘，旁边竖立着红色大字标语“没有调查就没有发言权——毛泽东《寻乌调查》”。角坑村村委处，由旧舞台改建的红色文化展厅已经修建及布展完毕，工作人员正在进行最后的清理工作。

“八尺现有遗存36.3公里的古驿道，梅州岃是其中一处，也是此次古驿道定向大赛的赛事地点。它曾是‘盐米古道’，跨越粤赣两省，是重要交通干线，也曾是‘红军路’，‘毛泽东《寻乌调查》之路’。”八尺镇镇长卓巩说，1929年至1930年间，红四军曾三次到平远广泛开展政治宣传工作，发动群众打土豪，组织革命暴动，并于1930年5月帮助平远建立县革命委员会，使赣南、闽西、粤东苏区连成一片。红四军在平远的活动，为毛泽东的《寻乌调查》提供了有效保障，也使毛泽东较早地认识到要走农村包围城市，最后夺取城市的正确道路。

角坑村古朴的田园栈道为村容村貌增色不少

“为了更好地活化利用古驿道，我们借助赛事的契机，在还原古驿道历史面貌的同时，深挖古驿道及其沿途的红色资源，打造红色革命教育基地，擦亮红色品牌。”卓巩说，在筹备过程中，不仅对“八尺进士公园—角坑田寮下—梅州岃—雪峰庵—高塘寨—塘心桥”共11.5公里的古驿道精品路线进行了修复，还对马栏铺红军宣讲旧址、角坑村红军标语墙、雪风庵红色交通站、金溪交通站旧址、八尺事件遗址、排下红军标语墙、德士乡苏维埃政府旧址等红色遗址进行了整理、修缮和保护，并专门打造了马栏铺红军文化展厅、《寻乌调查》展厅等红色文化展厅，再现古驿道古朴之风的同时展现红色历史。

古今相融合　村庄焕新颜

一河两岸溪流潺涓、绿茵遍地，碧水中白鸭游荡。田园栈道上，可见广袤原野稻浪金黄、五谷飘香，阡陌间新房林立。行走村庄，“弘扬苏区精神，推进乡村振兴”等红色元素为主题的精美墙绘随处可见。在角坑村生活了70多年的肖志勇告诉记者，半年来，角坑村发生了翻天覆地的变化，整个村庄都焕然一新了。

“4米路面拓宽为6.5米，破旧不堪的古驿道修复为原样，废旧舞台变成了红色文化展厅，残旧的红色遗址被修葺一新，闲置校舍变成了党建活动中心，村民生活越来越好了，村庄越来越美了。”肖志勇说。

卓巩告诉记者，这半年来，八尺镇把古驿道文化与乡村振兴、党建文化和红军文化等结合起来，对沿途村道进行拓宽和绿化，并根据古驿道沿线，打造了观景平台，文明新风、社会主义核心价值观宣传阵地，角坑村党建文化展厅，田园栈道，文化小广场等20多个小节点。还不断加快古驿道沿线八尺、角坑两个村新农村建设步伐，大力开展“三清三拆三整治”工作。在400多名党员干部3个多月的努力及村民的支持配合下，至目前，角坑村共丈量清拆面积达22226.4平方米，拆除危旧房8636.3平方米，完成外立面改造90%以上。

修旧如旧的古驿道吸引了不少游客体验

角坑村原来的羊肠小路变成6.5米宽的村道，一河两岸风景宜人

随着新农村建设的推进，文明新风也在角坑村劲吹。“以前不少村民不注重卫生，牲畜随意放养，村中遍地是鸡粪。现在大家都讲文明了，主动将牲畜用竹篱圈养起来，昔日‘鸡飞狗跳’现象不再有，以往脏乱差的环境得到有效治理。”角坑村党支部书记肖昭穆说，现在环境好了，生活质量高了，村民对村里的事也更上心了。就拿这次定向大赛来说，需要在古驿道沿途设置临时厕所，不少村民听到后主动把自家厕所作为“爱心厕所”，为大赛提供方便。

相关链接

毛泽东与平远

1930年5月红四军在平远的活动，为毛泽东的《寻乌调查》提供了有效的保障，同时使毛泽东较早地认识到：中国革命要胜利，就必须把马克思列宁主义的普遍真理同中国革命实践相结合，探索出一条前人没有走过的道路，即农村包围城市、武装夺取政权的正确道路。

1929年7月，在毛泽东直接指导的中共闽西第一次代表大会上，确定了以下计划和步骤：“加紧长汀、武平工作，注意瑞金、会昌、寻乌、平远、蕉岭工作；建立闽西、赣南、东江、湘赣边界四个区的最高党部，指挥四区域的工作，造成四省边界的赤色政权；应与东江、赣南两地党部发生秘密关系。”

毛泽东在《寻乌调查》中多次提到平远八尺，角坑村沿途展示出不少以《寻乌调查》为元素的红色文化

1930年3月18日，以毛泽东为书记的红军前委决定“红军第四军的行动应该以三个月为期分兵分路游击”。5月，红四军按照向广东平远等地扩大红色区域的计划，分兵平远，在平远游击了18天，帮助平远组织红色武装，建立红色政权，扩大红色区域。

红四军直接帮助平远建立县革命委员会，造成赣南、闽西、粤东苏区连成一片，是毛泽东以农村包围城市、最后夺取城市的伟大战略思想的伟大实践之一；是平远乃至广东革命史上的一个富有特殊意义的重大事件。

红四军分兵平远期间，毛泽东详细了解寻乌（含调查平远商人）的商业状况、人口结构、土地关系、交通运输等问题，写下了他伟大而著名的《寻乌调查》。毛泽东在寻乌调查过程中，对平远的革命形势非常关注、对平远的经济社会状况熟悉了解、对平远的群众接触密切。

今天我们再阅《寻乌调查》，便会发现其中涉平远尤其是八尺的情况很多，有20多处提到平远的人和事，其中八尺有15处。毛泽东对于红四军分兵平远寻乌安远，印象很好，且比较深刻，他在《寻乌调查》序言中就特别提到：“因为红军部队在安远、寻乌、平远做发动群众的工作，故有时间给我们开调查会”。

本报记者：李　跃　傅思林
特约记者：朱双玲
摄　　影：钟小丰
视频剪辑：张贝婕
见习编辑：邓继章

三、走马平远看乡村振兴：平远就是一幅山水画

2018-07-09 08:58 《梅州日报》

掌上梅州讯 小暑过后，平远晴间有雨，空气中弥漫着泥土的芬芳。沿着蜿蜒的村道来到上举镇八社村，两旁白墙黛瓦的农舍依山而建，房前屋后沉甸甸的小红辣椒挂满枝头，点缀着整个村庄，映红了村民的生活……

河头镇向阳村大力推进社会主义新农村建设，贫困村实现美丽蝶变

上举镇八社村以产业发展巩固脱贫成果，红辣椒长势好，村民喜笑颜开

驱车沿弯弯的山路盘旋而上，一头钻进绵延的大山，四周丛树环绕，泗水镇梅畲田园综合体就坐落在这样的山坳里。走进村里，沿着观光长廊的节点点缀水面的水车，在粼粼波光中格外夺目；踏上九曲观光长廊，远处连片水稻随风摇曳，不时有身着统一农耕服的农耕队在劳作，农民如今已摇身变为股民和员工……

泗水镇梅畲村的修缮和保护工作按照修旧如旧的方式，保留客家村落的古朴原貌

古老的梅畲村正一步步变为景区，焕发出新的生机和活力

沿着平坦整洁的硬底化村道驶入河头镇向阳村，一溪清水绕着村寨流淌，两旁的青灰色瓦片农舍依山傍水而建；清拆老房子留下的旧石磨、泥巴墙铺成的小广场，打造出让人记得住乡愁的小公园；穿过篱笆小道，错落有致的民房外墙，社会主义核心价值观内容和客家民俗故事跃然墙

上；在村委会，镇、村干部正在讨论着下半年的发展计划……

在仁居镇社南村，当地干部群众对废旧老屋、猪舍、旧厕所等进行拆除，不少村民还无偿捐出土地，为村道美化、绿化腾空间、提“气质”……

这些如同世外桃源的景致，正是平远县大力推进乡村振兴，打造各具特色又互为融合的生态富民带所激活的一池池春水。

彩色墙绘让客家民居旧貌换新颜

仁居镇社南村大部分民居已完成客家特色外立面改造

如今的平远农村，经新农村建设的一番“梳洗”，已出落得“亭亭玉立”。

不久前召开的全市乡村振兴工作会议和日前闭幕的市委七届五次全会，为全市生态宜居美丽乡村建设画出了路线图，明确了时间表。当前，平远正按照市委市政府的统一部署，坚持从党建引领、环境整治、规划先行、产业发展和乡风文明五个方面推进，全面擂响全域推进生态宜居美丽乡村建设的战鼓，加快“绿水青山就是金山银山”的转化实践。

“幸福都是奋斗出来的”“永远跟党走，共建新农村”……行走平远乡村，随处可见的标语、口号，似乎都在昭示着乡村更美好的明天。

撰　文：朱双玲　傅思林

图　片：林　翔

编　辑：罗伟新

四、平远县河头镇向阳村：党建扶贫带来贫困村蝶变

2018-04-17 19:24 南方网

清拆老房子留下的旧石磨，泥巴墙铺成的小广场，打造出让人记得乡愁的乡村公园；穿过篱笆小道，错落有致的民房外墙绘着浓墨重彩的客家壁画，一句句社会主义核心观值观和客家民俗故事跃然墙上；沿着新改造的风雨桥行走，田里茂盛生长的水稻与道路两旁绿化相映成趣；远处，“永远跟党走、共建新农村”的标语和劳作的村民似乎都在昭示着村庄更美更好的希望……

眼前如同世外桃源的景致，是平远县河头镇向阳村从去年8月开始推进社会主义新农村建设后出现的风景。在向阳村社会主义新农村建设中，始终以党建工作作为引领，带动新农村建设新风尚。

党员示范助推新农村建设

“做梦都没想到，半年村里就会发生这么大变化。”在村址一旁的小卖部里，正与村民闲聊的80岁老伯陈士达说起村变化，嘴上乐开花。他说，半年前，村里其实是另一番模样。他家虽建了房子，但由于周边杂房、猪舍都没拆除，门口的道路只能通过拖拉机，房子周遭环境也比较杂乱。后来，在村党员陈生军的示范带动下，陈士达了解到村里正在推进新农村建设，便响应号召拆掉了老房子，不仅让小汽车通到了家门口，还让房屋周边环境“颜值”大为提升。

向阳村是平远20个省定贫困村之一，去年7月11日，时任省委书记胡春华曾到该村调研。“‘三清三拆三整治’是我们新农村建设要做的第一步，也是春华书记和村民们的要求。”村支部书记黄志坚坦言。如果不把村民发动起来，新农村建设的土地问题就是第一道“拦路虎”。清拆的土地，涉及几十户村民。村委会召开村民代表大会商讨建设方案，党员和村民理事会挨户上门，晓之以理动之以情，最终建设公园、广场、沿河公路的计划得到了一致拥护，新农村建设顺利推进。目前，全村已累计投入900多万元，拆除杂房、茅厕等房屋1425间约23000平方米，清理鱼塘 9500平方米、沟渠6780米，整治生活垃圾、生活污水43宗，清理村巷道建筑材料、杂草杂物85吨，完成外立面改造房屋78户，实施完成向阳村牌、沿河公路、村规民约主题公园等9宗节点工程项目。

“真希望我们村也能像向阳村这样建设得这么漂亮。”陈士达老人们的闲聊引来路过的河清村村民林烺标前来。“现在向阳村把村庄、房屋建设得这么精致漂亮，我们也想跟着改造。”林烺标说道，话语背后尽是对向阳村新农村建设成效的肯定和赞许。

引进企业建蔬菜基地增加贫困户收入

村庄环境好了，为村庄发展打下了基础。作为省定贫困村，向阳村在对口帮扶单位广州南沙区国土规划局的帮助下，集约产业帮扶资金，引进本地企业祥涛餐饮配送公司流转50亩土地成立鹏祥蔬菜基地种茄子、瓜果等蔬菜。

贫困户陈桂冉妻子早逝，上有80多岁的老母亲，下有5个月大小孙女，再加上一个智障妹妹，日子过得十分清贫。由于穷，儿媳生完女儿后离家出走，儿子外出打工，平日家里家外都靠他一个人支撑。

“你家里近期还好吗，还什么好的想法，我们一起解决……”这是近日帮扶党员陈祝生走进他刚刚搬入新家时的问候。为了让贫困户脱贫并长期稳定增收，该村探索“党员+贫困户”帮扶模式，15名55周岁以下的家党员分挂39户贫困户，围绕“衣食住”不定期到贫困户家中了解生产生活情况。至目前已有24户脱贫，另有15户预计今年可全部脱贫。

在陈祝生的帮助下，陈桂冉向基地流转了2.2亩土地，除了每年获取1100元租金外，他还利用农闲到基地参与劳作，获得每日80元的收入。“有了这份收入，总算对脱贫有了信心。”说起未来的日子，陈桂冉充满了希望。

编　辑：锶　森

五、大美平远　脐橙飘香——平远县第十四届脐橙文化旅游节侧记

2018-12-10 10:00 《梅州日报》

农特产品展销会上，市民在脐橙“塔”前拍照留念

青山绿水“脐”相连，五湖四海“橙”相约。7日至8日，平远县举行第十四届脐橙文化旅游节，通过农特产品展销、文艺晚会等系列活动，吸引了大批游客前来品橙赏景。同时举行的飞龙果业脐橙鲜榨橙汁生产线开榨和新农人助推乡村振兴暨金融助农交流会，以橙为媒、以景为台共襄盛举，更好地打响平远农业品牌。

飞龙果业20万吨脐橙鲜榨橙汁生产线投产

市民在农特产品展销会上品尝新鲜脐橙和鲜榨橙汁

展销旺　晚会闹游客点赞平远脐橙

门前“橙塔”高筑，游人驻足留影；展棚内鲜橙可口，品尝者和购买者无数，皆交口称赞；现场同时有糍粑制作、特产批发、美酒香茗……7日，本届脐橙文化旅游节农特产品展销会在平远县人民广场率先开展，54家参展商带来脐橙、沙田柚、有机茶叶、高山茶油、米、南药、酒类等名特优新的富硒产品和特色小吃，现场热闹非凡、购销两旺。

“每年脐橙节，我都会和家人一起来凑热闹，购买脐橙和土特产，顺便欣赏平远美景。”市民姚女士拎着大包小包高兴地说。李氏家庭农场的李志濠告诉记者，展销会首日销量不错，刚才就有数名汕头游客在他的展位品尝和购买了脐橙，对平远脐橙赞不绝口，认为糖度高、质量佳，还说要通过电商平台再次购买。

7日晚8时许，以“希望的田野”为主题的本届脐橙文化旅游节文艺晚会在平城花园南门广

◀农特产品展销会上现场制作糍粑

主题文艺晚会现场

金融助农签约仪式

场举行。晚会上，歌舞、朗诵、非遗表演等10多个节目逐一上演，为群众和游客带来一场精彩纷呈的视觉盛宴。当晚虽然天气寒冷，气温低于10℃，还飘起小雨，但观众热情不减，不少人撑伞围观、拍照，台下不时发出阵阵掌声。现场还进行了金融助农和龙头联农签约、现代农业脐橙产业园揭牌、客家菜师傅获得者颁奖等活动。

橙飘香　菜秀色节会活动亮点纷呈

本届脐橙文化旅游节亮点纷呈，不仅有“橙香”，还有“菜色”。记者注意到，在农特产品展销会上，首次出现了客家菜师傅菜品展位。“红菌豆腐头”“炒黄板”“全猪汤”等10多道平远特色客家菜被摆上展台，吸引不少游客驻足。6名客家菜师傅、6样平远特色客家菜肴获奖作品更在文艺晚会上被隆重推出。

“今年首次在脐橙节融入‘粤菜（客家菜）师傅工程’是一种创新、一大亮点，有助于进一步打造平远美食品牌，使其与脐橙一起成为平远全域旅游的靓丽名片。”平远县旅游协会会长张力中介绍说。

本届脐橙文化旅游节还发生不少“业界大事”，如现代农业脐橙产业园揭牌、飞龙果业20万吨脐橙鲜榨橙汁生产线投产等。8日上午，平远风池飞龙产业园内机器呜呜作响，空气中橙香四溢，首批鲜橙现场开榨。记者现场品尝了新榨橙汁，只觉汁香味浓、鲜甜可口。据该公司董事长、平远县脐橙协会会长陈俊平介绍，该项目由飞龙公司投入5000万元引进，在全国率先攻克了脐橙去苦、除涩的世界性深加工难题，可生产NFC鲜榨橙汁、橙肉、香精油、橙皮油系列产品，有效延伸脐橙产业链，增加产品附加值。

同时，本届脐橙文化旅游节期间还举行了“新农人助推乡村振兴暨金融助农交流会”，旨在以“互联网+”模式，积极助推电子商务交易平台基础建设，推动平远乡村加快振兴。

撰　　文：傅思林　李　跃　朱双玲
摄　　影：吴腾江
见习编辑：杨　颖

六、平远21日举办茶香节，传承创新打造“客家炒绿”之乡

2018-04-17 09:49 《梅州日报》

明前茶飘香，茶乡采茶忙。三月下旬以来，随着气温逐步升高，平远各地茶叶也进入了采摘期，走进各大茶场，处处可见茶农抢抓农时，采摘春茶的场景。4月21日，平远县茶叶协会和旅游协会将在石正镇源丰茶园举办以“感受名茶文化、领略平远风情”为主题的第二届“客家炒绿”茶香节，引导茶企、茶农抱团发展，在传承创新中打造“客家炒绿”之乡。

与一般茶园呈梯田形状不同的是，源丰茶园如同一个盆地，茶树长势良好更显葱葱郁郁

利用新技术管出大成果

从平远县城出发进入莲花山脉，汽车沿着崎岖的山路爬行了近20公里后，便来到了位于莲花山海拔近千米的平远源丰茶场。

进入茶场，只见1000多亩的茶园含绿吐翠，茶树绿意盎然，整齐有序地排列在田间，片片绿芽探出身子，尽情地享受着春天的阳光雨露。数十名茶农在成垄的嫩绿茶田间双手翻飞“翩翩起舞”，采摘今年第一批春茶。随后，采摘下来的片片鲜嫩茶叶进入生产车间，开始一系列复杂程序，最终成为一片片等待冲泡的干茶叶。

“今年春茶3到4万斤，产值可达3000万元。”茶场负责人沈允锐说。去年，公司开始加强茶园现代化建设，实施全园自动化滴灌控制系统，改变了传统靠天吃饭的农业种植管理方式，并成为广东省有机绿茶标准化示范区。所以尽管今春雨水偏少，茶场利用自动滴灌系统和农场主版农眼监控体系，用一部手机对茶场进行24时实时监控，让茶场获得了丰收。

与源丰茶场一样利用“农眼系统”管理茶园的还有园山湖茶场。技术员沈子玉告诉记者，要生产出好茶叶，必须综合考虑温度、湿度和风向等自然因素。以往需要大量人工才能采集到这些数据，如今通过“农眼系统”就可以解决，不仅使茶场降低了管理成本，还提升了茶叶品质。今年茶场可实现产值1500万元。

笔者从平远县农业局获悉，近年来，该县引导茶场将互联网等技术应用在种茶上，有效提升了茶叶品质，提高了企业的品牌价值。目前全县茶叶种植面积1.9万亩，总产800多吨，产值1.6亿元。目前平远锅叾土特产有限公司、平远源丰农业发展有限公司、园山湖茶业有限公司、茗丰茶业、威华茶场等茶企生产的“石正云雾”绿茶、“石正金红”红茶、“石正云雾”乌龙茶、“锅叾”水仙绿茶和“石正岩韵”乌龙茶5个产品获得广东省名牌农产品称号。

打响平远“客家炒绿”品牌

“平远是客家鼻祖程旼故里，也有客家炒绿之乡美誉。我们正在积极探索，打造更多客家绿茶精品，打响客家炒绿品牌。”平远县农业局局长黄新生说，平远自古就有“逢客必住山，逢山必有茶”的说法。“雨洗青山四季春”的宜茶环境，“高山云雾出名茶”的独特地形，孕育了众多优质名茶，早在明清时期，平远的锅叾茶与南台茶就是嘉应“八大历史名茶”之一。

为进一步打响茶叶品牌，在梅州市茶叶协会的示范带动下，平远于2016年4月成立了茶叶协会，并成功举办首届千人禅茶会暨客家炒绿发展研讨会，助推茶叶产业健康发展，加快创建客家炒绿之乡。

“不同于浙江一带的绿茶口感，传统客家炒青绿茶的感官品质特征是浓郁的‘炒米香’或‘高火甜韵’。”沈允锐一家从祖父那辈开始做茶，到他这一代已是第三代。从小就开始跟着父亲学做茶，继承了从曾祖父手里传下来的客家炒茶工艺的沈允锐在传承先辈制茶工艺的同时，还根据实际需要加入现代制茶工艺元素，对客家炒绿进行了丰富和提升。他告诉笔者，源丰公司的客家炒绿工艺中特别增加了初炒、复炒、风选、匀堆等程序。“传统工艺制作出来的绿茶是凉性的，增加了初炒、复炒等程序的绿茶，变成温性了，适合饮用的人群更广泛。”

沈允锐表示，随着政府和茶企对茶业发展的重视，“客家炒绿”品牌效应已初显。现在，凭着独特技艺和纯正品质的“客家炒绿”，正受到越来越多消费者的喜爱。“希望‘客家炒绿’能够和潮州的单枞乌龙茶、英德的红茶形成三分天下的格局”。

21日举办第二届茶香节

四月春风暖意尽，绿韵茶香飘平远。为进一步提升“客家炒绿”知名度，4月21日，平远县将举办第二届“客家炒绿”茶香节。活动以“感受名茶文化、领略平远风情”为主题，设有“客家炒绿”购销合同签约、平远茶园风光摄影比赛、文艺表演等活动，来自华南农业大学、省农科院茶叶研究所、省茶叶协会的专家将和各地茶商、茶友一起品茶香、话茶事，共同感受依依茶韵、悠悠茶香和浓浓茶文化。并围绕平远今后如何打造“客家炒绿”之乡，针对平远“客家炒绿”绿茶的发展前景，进行把脉问诊。　　（朱双玲　赖　强　朱其添）

编　辑：泽　江（实习）

主题索引

☆☆☆

说明

一、本索引采用主题分析方法，款目按汉语拼音字母（同音字按声调）顺序排列。

二、索引款目后的数字表示内容所在的页码，数字后面的拉丁字母（a、b）表示栏别（即版面的左右栏）。

三、同一主题的内容在文中多次出现的,在其款目后用不同的页码标明。

四、本索引对特载、大事记、光荣榜、法规选录、文献选录及附录等篇不做内容主题分析。

☆☆☆

D

H

J

K

L

M

N

P

Q

R

S

T

W

X

Y

Z